고통받는 몸

유진 들라크루아를 보고 그린 제리코의 습작
Etude de Géricault d'après Eugène Delacroix 1818-1819

세계를
창조하기와
파괴하기

# 고통받는 몸

일레인 스캐리
메이 옮김

**THE BODY IN PAIN**
The Making and Unmaking of the World

오월의봄

차례

서론

이 책의 주제는 하나이지만 이 주제를 다시 세 개의 주제로 나눌 수 있다. **첫째는** 육체적 고통을 표현하는 일의 어려움이며, **둘째는** 이 어려움 때문에 발생하는 정치적·지각적 문제이고, **셋째는** 물질적·언어적 표현 가능성의 본성으로, 간단히 말해 인간의 창조가 지니는 본성이다.

세 주제를 머릿속에서 세 개의 동심원처럼 그려보면 좋을 것이다. 첫 번째 주제의 가장 깊숙한 곳에 도달했을 때 우리는 자신이 의도했든 아니든 두 번째 주제가 그리는 더 큰 원 안에 서 있다는 사실을 깨닫게 되며, 세 번째 원의 한가운데에 지금껏 줄곧 서 있었다는 사실도 곧이어 알게 된다. 세 원 중 어느 한 원의 중심에 서 있는 것은, 곧 세 원 모두의 중심에 서 있는 것과 같다.

육체적 고통엔 목소리가 없다. 하지만 고통이 마침내 목소리를 찾을 때 고통은 이야기를 시작한다. 육체적 고통이 말하는 이야기는 위에서 말한 세 주제를 서로 떼어놓을 수 없다는 이야기이며, 한 주제가 이미 다른 주제에 포함되어 있다는 이야기이다. 이 이야기를 기록하는 일, 그럼으로써 더 커다란 포괄의 구조를 가시화하는 일은 이 책 전체를 통해서 할 과제이지만, 여기 시작 부분에서 세 주제를 따로따로 간단히 설명해두는 것도 좋겠다.

고통받는 몸

## 육체적 고통의 표현 불가능성

타인의 육체적 고통에 관해 들을 때 그 사람의 몸 내부에서 일어나고 있는 사건은 마치 보이지 않는 영토 아래 땅속 깊은 곳 어딘가에서 일어나고 있는 일처럼 느껴진다. 이 영토는 매우 불길한 느낌을 줄 수도 있지만 아직 눈에 보이는 지표면 위로 드러나지 않았기 때문에 실재하지 않는 영토이다. 아니면 타인의 육체적 고통은 별과 별 사이에서 일어나는 사건들만큼이나 멀게 느껴질 수도 있다. 과학자들이 논하는 수수께끼 같은 이야기 속에 나오는, 은하계 사이에 존재하지만 아직은 포착할 수 없는 비명 같은 소리[1]라든지 "여러 물질이 모여 그 안에서 알 수 없는 폭발적 현상이 발생하곤 하는, 멀고 먼 세이퍼트$^{Seyfert}$ 은하"[2]처럼 말이다.

땅속 지층이나 세이퍼트 은하, 그리고 타인의 몸 안에서 일어나고 있는 고통과 같이 볼 수 없는 종류의 대상은, 감각을 통해 확인할 수 없기에 막연히 심상치 않게 여겨질 뿐 비현실적이다. 중요성으로 가득 차 있음에도 우리의 지력$^{知力}$ 앞에서는 증발해버린다. 명멸하다가는 이내 사라져버린다.

물론 육체적 고통은 우리 발아래 깊숙한 곳이나 머리 위 저 멀리서 발생하는 게 아니라, 우리가 매일같이 돌아다니는 바로 이 세계에 살고 있는 사람들의 몸 안에서 발생하며, 때로 그들은 우리에게서 겨우 몇 센티미터밖에 떨어져 있지 않은 사람일 수도 있다. 머나먼 우주에 비유(이러한 비유에는 오랜 전통이 있다)하고자 하는 유혹은 그 자체로 고통의 승리를 말해주는 것일 수 있다. 고통은 고작 몇 십 센티미터의 반경 안에서조차 한 사람이 느끼는 현실과 다른 이들의 현실 사이에 완전한 단절을 일으키며, 견디기 어렵고 피하고 싶게 만드는$^{aversive}$ 고통의 성질은 어느 정도는 이 단절에서 나오기 때문이다.

따라서 누군가가 '자기 자신의 육체적 고통'을 말할 때와 '타인의 육체적 고통'을 말할 때, 마치 완전히 별개의 종류인 일들을 두고 말하고 있는 것처럼 보일 수 있다. 고통이 자신의 것인 사람에게 고통은 '노력 없이도' 파악할 수 있는 것으로, 아무리 대단한 노력을 한다고 해도 고통을 파악할 수 **없기가** 불가능하다. 반면 고통받는 이의 몸 밖에 있는 사람에게는, 고통을 파악하지 **못하는** 것이야말로 '노력 없이도' 할 수 있는 일이다. 이 사람이 고통의 존재를 전혀 인지하지 못한 채로 있기는 쉽다. 노력한다고 해도 고통이 정말로 존재하는지 계속 의문을 품을 수도 있고, 아니면 고통의 존재를 부인하는 놀라운 자유를 누릴 수도 있다. 또 지속적인 관심을 쏟으며 최선의 노력을 다해서 마침내 그것을 성공적으로 이해한다고 해도, 이 사람이 이해하는 '그것'의 괴로움은 실제 '그것'의 미미한 단편에 지나지 않을 것이다. 이처럼 고통 중에 있는 사람에게 고통은 논박할 수 없게 또 절대적으로 현존하는 것이어서, '고통스러워하기'는 '확신하기'의 가장 생생한 예로 여겨질 수 있을 정도이다. 반면 타인에게 고통은 도무지 잡히지 않는 것이어서 '고통에 관해 듣기'는 '의심하기'의 가장 좋은 사례가 될 수도 있다. 이렇듯 고통은 공유하기 불가능한 무언가로서, 부인될 수 없는 것이자 동시에 확증될 수도 없는 무언가로서 사람들 가운데 나타난다.

고통이 할 수 있는 일이 무엇이든 그 일부는 고통의 공유 불가능성을 통해 성취되며, 고통은 언어에 저항함으로써 이 공유 불가능성을 확보한다. 버지니아 울프Virginia Woolf는 썼다. "영어로 햄릿의 사변과 리어왕의 비극을 표현할 수는 있어도, 오한이나 두통을 표현할 수는 없다. …… 평범한 여학생도 사랑에 빠지면 셰익스피어나 키츠John Keats로 자신의 마음을 대신 말할 수 있지만, 아픈 사람이 머릿속의 통증을 의사에게 묘사하려고 하면 언어는 즉시 말라버린다."[3] 울프의 지적은 두통에도 맞지만, 암이나 화상, 환상사지, 뇌졸중, 또 병명이 없는 몸의 증상에 동반될 수 있는 극심하고도 장기간에 걸친 고통에는 당연히 훨씬 더 잘 들어맞는다. 육체적 고통은 언어에 저항할 뿐만 아니라, 언어를 적극적으로 분쇄하여 인간이 언어를 배우기 전에 내는 소리와 울부짖음으로 즉각 되돌린다.

고통받는 몸

울프는 특정 언어 하나만 관찰했지만, 그녀가 묘사하는 본질적인 문제는 영어뿐만이 아닌 모든 언어의 특징이다. 여러 언어를 살펴봤을 때 고통의 표현 가능성에 변동이 **없다**는 뜻이 아니다. 어느 지역 사람들은 소리 내어 우는 경향이 있고 또 다른 지역 사람들은 울음소리를 억누르는 경향이 있는 등, 인류학 연구는 고통에 대한 반응이 문화에 따라 다양하게 규정되어 있음을 잘 보여준다. 또 어느 언어에는 다양한 수준으로 변하는 고통의 몸 경험felt-experience을 기록할 수 있는 특정 소리와 단어들이 있지만, 다른 언어에는 이 소리와 단어들에 상응하는 소리나 단어가 없을 수도 있다. 소포클레스Sophocles의 작품에서, 고통스러워하는 필록테테스Philoctetes는 **변화하는** 여러 울부짖음과 비명을 쏟아낸다. 그리스어 원문에서 그의 울부짖음과 비명은 정식 단어들(그중에는 열두 음절짜리 단어도 있다)로 표현되지만 영어에서는 상응하는 말을 찾기가 어려워서, 어느 번역본에서는 구두점에만 변화를 준 "아"라는 단일 음절(아! 아!!!!)로 나타내기도 했다. 그 밖의 많은 예를 열거할 수도 있겠지만, 이런 문화적 차이는 전체적으로 봤을 때 매우 좁은 변동 범위를 보일 뿐이며, 따라서 핵심 문제는 결국 보편적으로 같다. 이 핵심 문제는 특정 언어가 유연하지 못하다거나 특정 문화가 어떤 표현을 저해하는 데서 온다기보다는 고통의 완전한 경직성 자체에서 온다. 즉 고통이 언어에 저항한다는 점은 단지 부수적이거나 우연한 속성 중 하나가 아니라 고통의 본성이다.

왜 고통의 핵심에 이러한 언어의 부서짐이 존재하는지, 또 왜 고통이 언어의 부서짐을 필요로 하는지는 앞으로 많은 페이지에 걸쳐 점차 분명해질 것이지만, 여기서 고통이 지니는 예외적 특성을 인간의 다른 모든 내적 상태와 비교해봄으로써 그 대강의 내용을 부분적으로나마 이해해보자. 현대 철학자들 덕분에 우리는 의식의 내적 상태가 일반적으로 외부 세계의 대상을 수반한다는 인식에 익숙해졌다. 말하자면 우리는 그냥 '감정을 품는' 것이 아니라 누군가 또는 무언가에 **대한** 감정feelings for을 품으며, 그래서 사랑은 x에 대한 사랑이고, 두려움은 y에 대한 두려움이고, 양가감정은 z에 대한 양가감정이다. '~를 향한 증오' '~을 보기' '~를 향한 허기' 등등 대상을 갖는 모든 감정 상태, 지각 상태, 신체 상태를 죽 적어보면 매우 긴 목록이 나올 것이다. 목록 내용은 우리가 다행으로 여기는 상태와 싫어하는 상태 사이를 오가겠지만, 그에 상관없이 이 목록 전체에서 계속 확인할 수 있는 것은 몸의 경계를 넘어 외부의 공유할 수 있는 세계로 이동해나가는 인간의 능력이다.[4] 하지만 이런 목록과 그 안에 담겨 있는 인간의 능력 확인은 우리가 인간 내부로 들어가서 마침내 육체적 고통에 도달할 때 갑자기 중단된다. 육체적 고통은 의식의 다른 상태들과는 달리 지시 내용을 갖지 않기 때문이다. 육체적 고통은 무언가에 **대한** 것이거나 무언가를 **향한** 것이 아니다. 대상$^{object}$을 갖지 않는다는 바로 이 이유 때문에, 육체적 고통은 다른 어떤 현상보다도 더 언어로 대상화$^{objectification}$되는 데 저항한다.

고통 이외의 다른 의식 상태는 대상이 박탈되면 육체적 고통에 가까워지곤 한다. 반대로 육체적 고통이 대상화된 상태로 변환되면 고통이 제거된다. 또는 고통의 견디기 어려운 괴로움$^{aversiveness}$이 적어도 일부 제거된다. 그렇다면 언어에 가닿는 것이 일반적으로 불가능한 이 같은 경험의 영역에 손을 뻗어 그 경험을 담아낼 수 있는 언어 구조를 만들려는 노력에는 많은 것이 달려 있게 된다. 대상화를 향한 길 위에 **고통 자체**를 올려놓음으로써 고통의 탈-대상화 작용을 뒤집고자 하는 인간의 노력은 실질적이고 윤리적인 중요성으로 가득 찬 기획이다.

누가 이러한 전도$^{顚倒}$의 저자일까? 다시 말해 고통을 말하기 위한 언어의 창조자, 혹은 창조자 비슷한 사람들은 누구일까? 이 책을 준비하는 단계에서 다섯 집단 사람들이 사용하는 말을 계속 참고했기 때문에, 여기서 그들이 누구인지 밝히는 게 유용하겠다. 단 고통의 언어를 만들고자 하는 노력에는 오랜 역사가 있으며, 이 다섯 집단에 속하는 사람들은 그 오랜 노력에 참여했던 이들의 명단 전체에서는 매우 일부일 뿐이다.

첫 번째는 당연히 몸소 큰 고통을 겪은 개인들이다. 본인이 자기 말

고통받는 몸

을 기억하거나, 친구가 기억하거나, 아니면 병력病歷 등에 기록으로 남았기 때문에 나중에 다른 사람들이 이들의 말에 접근할 수 있었다. 단어의 전체 숫자는 빈약할 수도 있지만, 또 틀이 될 수 있는 문장에 결합하지 못한 채 허공으로 내던져진 말일 수도 있지만, 이런 언어의 단편들을 통해서 우리는 고통에 관해 알게 될 뿐 아니라 말을 창조할 수 있는 인간의 능력에 관해서도 알게 된다. 고통이 울부짖음과 신음이라는 전前-언어로의 역행을 일으키는 순간을 목격하는 것은 언어의 분쇄를 목격하는 것이다. 반대로 한 사람이 그 전-언어에서 빠져나와 감응력Sentience*상의 사실들을 투사하여 말로 만들기 시작할 때 거기 현전하는 것은, 언어 자체가 탄생하는 지점에 현전하도록 허용된 것과 거의 마찬가지이다.

때로 고통을 겪는 당사자가 아니라 그를 **대신해** 말하는 사람들이 고통의 언어를 만들어내곤 한다. 이 사실은 놀랍지 않다. 고통 중에 있는 사람은 보통 말할 수 있는 자원을 전부 잃은 상태이기 때문이다. 타인이 느끼는 괴로움을 표현하는 일에는 어려움이 많을 수 있지만 그 일을 하고자 하는 이유도 많을 수 있다. 그리하여 고통이라는 가장 철저히 사적인 경험이 공적 담론의 영역으로 들어오는 통로가 생긴다. 위에서 말한 다섯 집단 중 나머지 네 집단이 만드는 말이 이 같은 통로를 만든다.

아마도 가장 명백해 보이는 통로는 의학이다(고통의 언어를 만드는 두 번째 영역). 의사가 하는 작업의 성공 여부는 고통을 말하는 조각난 언어를 듣는 데 필요한 예민함, 또 그 조각난 언어를 더 명확하게 말할 수 있도록 이끌고 해석하는 데 필요한 예민함에 달려 있기 때문이다. 하지만 '**아마도** 가장 명백해 보이는'이라는 말에는 주저함이 담겨 있다. 의료 전문가 집단을 경험해본 많은 사람의 이야기를 들어봤을 때 반대 의견이 나올 수도 있어서이다. 이 반대 의견은 의사들이 인간의 목소리를 신뢰하지 않고, 따라서 듣지 않는다는 것이다. 또 환자가 몸에서 일어나는 사건을

---

\*     고통과 즐거움 등을 느낄 수 있는 능력.

설명할 때 의사들은 사실 환자의 목소리를 '신뢰할 수 없는 해설자'로 여긴다는 것, 즉 환자의 말 너머에 있는 육체적 사건 자체에 가닿기 위해 가능한 한 재빨리 우회해야만 하는 무엇으로 여긴다는 것이다. 고통의 몸 경험은 혈구 수에 변동을 일으키지 않으며 엑스레이에 음영으로 표현되지도 않고 CAT 스캔 영상에 형체를 띠고 나타나지도 않는다. 이런 몸 경험을 유일하게 외부의 징후로 나타내는 것이 환자가 말로 하는 보고라면, 그 말이 아무리 불충분하다고 해도 환자의 목소리를 우회하는 것은 몸에서 일어나는 사건을 우회하는 것이며 환자를 우회하는 것이고 고통받는 사람을 우회하는 것이다. 의사들은 엑스레이로 찍을 수 있는 암은 실재한다고 믿으면서도, 그 암이 가져오는 고통은 믿지 않을 수도 있고 그래서 진통제를 불충분하게 처방할 수도 있다. 다른 모든 인간 경험의 맥락과 마찬가지로 의학의 맥락은 서론 도입부에서 지적한 놀라운 현상을 보여주는 한 사례가 된다. 즉 고통스러워하기는 확신하기이지만, 고통에 관해 듣기는 의심하기이다. 그리고 다른 맥락에서와 마찬가지로 의학의 맥락에서도 다른 사람들이 내비치는 의심은 이미 고통받고 있는 이가 느끼는 괴로움을 증폭한다.

하지만 의학의 맥락에는 반대되는 다른 사례도 많다. 인간의 몸에 깊은 애정을 품고 인간의 목소리를 마음 깊이 존중하면서 나날의 직무를 해내는 의사 개개인은 언제나 있었다. 또 고통의 본성과 그 치료에 관심을 쏟는 의학은 역사적으로 오래전부터 있었으며, 특히나 지금 시대의 의학은 더욱 큰 관심을 쏟기 시작했다.

아래 사례는 얼핏 보기에 그저 우연으로 보일 수도 있지만, 고통이라는 육체적 문제를 다루는 의학 연구가 언어를 만드는 문제와 얼마나 밀접한지를 잘 보여준다. 오늘날 고통의 생리학을 설명하는 이론적 모델 중 가장 설득력 있고도 정확한 것으로 여겨지는 모델을 만든 연구자는 새로운 통증 진단 도구를 발명한 사람이기도 하다. 이 통증 진단 도구는 환자들이 느끼는 통증의 개별 특징을 이전에 가능했던 것보다 훨씬 더 정확하게 표

　　　　　　　　　　　　　　　　　　　　고통받는 몸

현할 수 있게 했다. 로널드 멜잭Ronald Melzack은 현재 많은 이에게 높은 평가를 받는 '통증관문조절이론Gate Control Theory of Pain'을 동료 패트릭 월Patrick Wall과 함께 창시한 학자이며, 또 W. S. 토거슨W. S. Torgerson과 함께 '맥길 통증 설문지McGill Pain Questionnaire'라는 진단 도구를 개발하기도 했다. 이 설문지는 통증관문조절이론만큼 유명하지는 않지만, 병원과 통증 클리닉 계界에서 매일같이 사용되는 진단 도구로서 조용히 칭송받고 있다.

멜잭은 '중간 정도의 통증' '심한 통증' 같은 전통적인 의학 용어가 고통의 한 측면일 뿐인 강도만을 묘사한다고 생각했고, 고통을 이렇게 단 하나의 차원에서 묘사하는 일은 마치 시각 경험이라는 복합적인 영역을 오직 광속光束*의 측면에서만 묘사하는 일과 같다고 생각했다.[5] 이 같은 멜잭의 인식은 진단을 위한 설문지를 개발하는 동기가 됐다. 그리하여 멜잭과 토거슨은 환자들이 가장 자주 언급하지만 외관상으로는 무작위로 보이는 단어를 모은 다음, 일관성을 띠는 집단으로 다시 분류했다. 이 집단들은 일단의 단어 내부에 존재하는 일관성을 드러냄으로써 통증의 특징을 가시화한다. '욱신거리는 통증'이라든가 '타는 듯한 통증'이라는 문구에 나오는 형용사를 따로따로 들었을 때는, 말하는 사람이 통증을 겪고 있다는 일반적인 사실 이외에 별 정확한 정보를 주지 못하는 듯 보일 수 있다. 하지만 '욱신거리는'이라는 말을, '지근지근하는' '지끈거리는' '맥박치는 듯한' '두드리는 것 같은' 등 자주 등장하는 다른 말과 함께 놓으면, 이 다섯 가지 말이 강도는 다르지만 모두 주기적으로 명멸하는 감각을 표현한다는 점이 분명해지고, 따라서 통증의 몸 경험에서 일관성이 있는 차원은 '시간적 차원'이라는 점도 분명해진다. 이와 비슷하게 '타는 듯한'이라는 말을 다른 세 개의 단어('뜨거운 통증' '얼얼한 통증' '화끈거리는 통증')와 같은 맥락에 놓으면, 이 단어들이 강도는 다르지만 통증에 '열감熱感의 차원'이 있음을 표시한다는 점에서 유사하다는 것이 분명해진다. 여기 더

---

\* 　단위 면적당 빛의 양.

해 '꼬집는 듯한' '짓누르는 듯한' '파먹어 들어가는 듯한' '경련이 나는 것 같은' '으스러지는 듯한'이라는 말들은 모두 멜잭과 토거슨이 '압통'으로 칭한 통증을 표현한다. 이 범주들에서 더 큰 범주가 나온다. '시간' '열감' '압박' 그룹에 속하는 단어들은 다 함께 통증의 내용 중 **감각적인** 부분을 표현한다. 또 위에서 언급하지는 않은 다른 단어 그룹들은 **정동적인** 부분을 표현하며, 또 다른 그룹들은 통증 평가와 관련된 **인지적인** 부분을 표현한다.

맥길 통증 설문지의 정확한 민감도는 몇 년 더 시험해보고 사용해봐야 완전히 명확해지겠지만, 이 진단 도구가 환자의 고통 묘사를 더 쉽게 해준다는 점은 이미 분명하다.[6] 또 환자들이 선택한 단어들의 배열은 특정 질환의 존재 여부뿐 아니라 고통을 줄이는 가장 효과적인 수단을 알아내는 데도 유용하다. 예를 들어 환자가 '화끈거리는' '맥박치는 듯한' '다다다 쏘는 듯한'이라는 세 표현을 선택한다면, 의사는 환자의 통증에 열감·시간·공간 차원의 특징이 있음을 알 수 있다. 이 특징은 특정 질환에서 상대적으로 더 전형적으로 나타나기 때문에 의사는 그런 통증을 수반할 수 있는 질환이 관절염인지 암인지 신경 손상인지 질문할 수 있다. 나아가 이 세 차원의 특징을 지니는 통증이 특정 치료법이나 약물에 더 민감하다는 사실이 맥길 통증 설문지가 사용되기 시작한 초기부터 알려졌기 때문에, 의사는 치료 과정을 어떻게 시작하는 것이 최선인지도 알 수 있다.

통증이라는 의학적 문제가 해결되었다거나, 의학의 맥락에서 통증을 표현하는 문제가 해결되었다는 뜻은 아니다. 하지만 위와 같은 진단 설문지의 매개 구조를 통해, 언어는 내부에서 일어나는 사건을 드러내는 외부의 이미지를 제공할 수 있게 됐다. T. S. 엘리엇[T. S. Eliot]의 시구를 따오자면, "마치 영사기가 스크린 위에 신경조직의 무늬를 드러내 보이듯" 말이다. 멜잭과 토거슨은 새로운 단어를 발견한 것이 아니라, 환자 자신들에게서 나온 한정된 기존 어휘 안에 존재하는 구조를 드러냈다. 그러므로 인간의 목소리는 믿을 만하지 못한 것이 아닐 뿐 아니라 오히려 물질적 현실

고통받는 몸

의 가장 표현하기 어려운 측면까지도 정확히 드러낼 수 있다는 멜잭의 가정이야말로 이 진단 도구의 발명에 필수적이었다. 멜잭은 인간의 목소리가 지닌 지시 능력을 깊게 믿었다. 그는 언어 안에서 고통의 몸 경험이 담긴 기록을 찾아냈고, 어떤 고통이 어떤 질환의 징후인지와 함께 적절한 치료의 제안까지 찾아냈다. 맥길 설문지는 이 모두에 관해 정보를 준다. 나아가 멜잭은 언어 안에서 신경학적·생리학적 경로의 비밀까지도 발견한다. 즉 이후 '통증관문조절이론'으로 알려지게 되는 이론을 그가 맨 처음 직관적으로 깨달은 것은 환자들의 언어를 듣던 중이었다고 한다.[7]

　　언어에 대한 이 같은 믿음은 의학의 맥락이 아닌 다른 맥락에서 이루어지는 작업들에서도 나타난다. 의료 병력이나 진단 설문지와는 다른 종류의 언어적 기록인 국제앰네스티의 출판물, 개인의 상해 재판 기록, 개별 예술가들이 쓴 시와 이야기들도 고통에서 언어로의 이행을 기록한다. 이런 기록들은 고통의 언어가 만들어지는 다섯 영역 중 나머지 세 영역을 이룬다. 세 종류의 기록 전부는 사람들이 공유하는 담론의 영역 안으로, 즉 상대적으로 사적인 환자-의사 사이의 대화보다 더 광범위하고 더 사회적인 담론의 영역 안으로 고통이 들어올 수 있게 한다. 이 책의 주요 관심사는 이런 공적 영역이기 때문에, 이후 위 세 종류의 기록을 각각 때로는 논의의 전면에서 때로는 배면에서 폭넓게 사용할 것이다.

　　국제앰네스티가 지닌, 고문 중단을 가져오는 능력의 핵심은 육체적 고통이라는 현실을 고통받고 있지 않은 사람들에게 전달하는 능력에 달려 있다. 예를 들어 어떤 사람이 앰네스티의 소식지를 우편으로 받았을 때 이 소식지의 말들은 어떻게든 누군가의 몸 안에서 경험되고 있는 견디기 어려운 괴로움을 독자에게 전달해야만 한다. 그 사람의 나라는 매우 먼 곳일지도 모르고, 그 사람의 이름은 발음조차 안 될 수 있으며, 일상적인 삶이 더는 존재하지 않는다는 사실 외에 그 사람의 삶에 관해 알려진 바가 없을 때라도 그렇다. 소식지의 언어는 어조상의 불안정성을 만들어내는 특유의 압력에 저항하고 이 압력을 극복해야만 한다. 다른 사람의 몸이라는 가장 내밀한 영역이 소식지의 언어가 취하는 암묵적 대상이거나 명시적 대상이기 때문에 그 언어는 가능한 한 대단히 능란해야 한다. 또 고통에서 가장 중대한 사실은 **고통이 지금 존재한다**는 것이며 고문에서 가장 중대한 사실은 고문이 **지금 일어나는 중**이라는 것이기 때문에 소식지의 언어는 가능한 한 대단히 급박해야 한다. 대단히 능란하면서도 급박해야 하는 두 어조는 보통 서로 반작용을 일으키기 때문에 이 둘을 동시에 유지하면서 말하기는 더욱 어려운 일이 된다.

소식지의 목적은 독자가 고문 관련 정보를 수동적으로 수용하게 하는 것 이상으로, 독자가 고문 철폐를 적극적으로 지원하도록 촉구하는 것이다. 한때 '소식지 독자'였던 사람이 이제는 '소식지 필자'가 되어, 정부 관료 등 고문 중단 권한이 있는 사람들에게 발언하기 위해 자신의 언어로 말할 수도 있다. 아니면 국제앰네스티가 형성되던 시기에 과거 정치범이었던 사람들의 언어를 가져와 활용했듯이, 소식지 필자가 된 독자는 국제앰네스티가 제공한 언어를 활용할 수도 있다. 매우 간단한 설명이지만 여기서 다음과 같은 사실을 알 수 있다. 의학 맥락의 작업에서와 마찬가지로 앰네스티의 작업이 가정하는 것은, 고통을 언어로 표현하는 행위가 고통을 감소시키고자 하는 집단적 과제에 꼭 필요하다는 점이다. 또한 의학에서 그랬던 것처럼 여기서도 인간의 목소리는 물질적 현실을 정확히 반영해야 한다. 고문을 중단시키는 앰네스티의 능력은 앰네스티가 지닌 국제적 권위에 달려 있으며, 이 국제적 권위는 앰네스티의 말이 현실과 정확히 일치한다는 평판에 달려 있기 때문이다. '누군가가 고문당하고 있다'는 말은 **정말로** 누군가가 고문당하고 있지 않은 한 선언될 수 없고 선언되지도 않는다.[8]

육체적 고통이 언어 안으로 들어오는 네 번째 영역은 법정이다. 사람이 크게 다쳤을 때 민사 소송이 뒤따르기도 하는데, 이런 소송에서 배상 개념은 가시적인 몸의 상해뿐만 아니라 비가시적인 육체적 고통의 경험에까지 확대되어 적용된다. 거리를 두고 봤을 때, 상해 배상 소송에는 국제앰네스티의 작업이나 의학 맥락의 작업들이 지닌 도덕적인 명확함이 없는 듯 보일 수도 있다. 예를 들어 배상 소송에서는 (원고에게 금전적 보상을 가져올 수도 있는) 고통을 표현하는 언어적 행위가 정확히 어떤 방식으로 고통이라는 육체적 사실을 제거하는 데 도움이 되는지가 즉각적으로 분명하지는 않다. 또 언어와 물질적 현실이 서로 일치하느냐를 두고 벌이는 논쟁 자체가 소송을 이루는 구조의 한 부분이어서, 원고 측 변호사가 하는 고통 묘사가 정확하지 않다고 피고 측 변호사가 반박할 수도 있다(극심한 상해의 경우에는 반박이 어려운 경향이 있다). 의료 기관과 국제앰네스티 같은 국제기구를 발명한 문명이 왜 몸의 고통에 대한 법적 '치료/배상 remedy'도 만들어냈는지, 그 이유는 뒤에서 명확해질 것이다. 지금으로선 고통을 표현하는 일의 어려움을 배상 소송 역시 극복해야 한다는 점을 아는 것으로 충분하다. 고통을 표현해야 하는 압력 아래에서는 변호사도 언어의 발명자이자 다른 사람(원고)을 **대신하여** 말하는 사람, 그리고 다른 사람의 육체적 고통이라는 현실을 고통받고 있지 않은 사람들(배심원들)에게 전달하고자 하는 사람이 된다.

마지막으로 고통을 말하기 위한 언어가 창조되는 다섯 번째 원천은 예술이다. 이로써 우리는 문학에서 고통을 재현한 작품이 (거의) 없다는 버지니아 울프의 푸념으로 커다란 원을 그리듯 돌아오게 된다. 고통받고 있는 사람은 자신의 언어가 실패해서 놀라고 낙담할 수도 있지만, 예술가들조차도 대개 고통 앞에서 입을 다문다는 사실을 알면 위안받을지도 모른다. 예술가에게는 평생의 작업뿐 아니라 일상 습관까지가 모두 언어 표현을 정제하고 확장하기 위한 것임에도 그렇다. 하지만 고통 앞에서 침묵하지 않았던 예술가의 개별 사례들이 존재하며, 이 사례들은 훨씬 더 강력한 형태의 위안을 제공한다. 그 말들을 우리가 사용할 수 있기 때문이다. 우리는 예술가들이 지어낸 이야기 속에서 고통 표현에 상응하는 부분을, 때로는 몇 단락이나 되는 말들을 찾을 수 있으며, 현실에서 침묵할 수밖에 없는 위기가 찾아올 때 이 말들을 빌릴 수 있다.

문학 작품이라는 광활한 공간 여기저기서 우리는 단지 우연이 아니라 핵심적이고 집중적으로 몸의 고통을 다루는 특별한 연극을, 이례적인 영화를, 또 예외적인 소설을 만난다. 소포클레스의 《필록테테스》에서는 한 문명 전체의 운명을 결정할 어떤 사건이 계속 지연된다. 그 문명에서 온 사절들이 일단 멈춰 서서 인간 몸의 본성과 인간 몸의 상처와 그 상처에서 비롯된 고통을 먼저 고려하도록 하기 위해서이다. 잉마르 베리만 Ingmar Bergman 감독의 〈외침과 속삭임 Cries and Whispers〉은 어느 여성의 일기 내용을 비추며 시작한다. "월요일 아침이다. 그리고 나는 아프다." 이 영화 촬영감독은 계속해서 등장하는 배경색을 위해 200가지 종류의 여러 붉은 색을 찍어야 했다. 이 영화는 이렇게 내부적인 감응력상의 사실들을 '외침과 속삭임'이라는 명료하지 않은 전-언어로부터 공유 가능한 대상화의 영역으로 끌어내기 위해 영화가 지속되는 내내 노력한다.

문학 작품에서 고통이라는 주제는 역시 매우 드물지만, 그래도 다른 예술 장르에 비하면 더 자주 작품 한쪽 구석에 잠깐이라도 나타나는 편이다. 단 한 줄이든 단 한 장면이든, 또 작가가 어떤 식으로 썼든, 문학 작품 속 구절들은 고통의 속성을 드러내는 방향으로 작동하기도 한다. 작가는 그저 고통을 향해 소리치며 욕설을 뱉을 수도 있고, 고통에 이름을 하나 붙일 수도 있다. 프랑스 소설가 위스망스 Joris-Karl Huysmans는 "이 쓸모없고 부당하고 불가해하고 부적절하고 혐오스러운 것, 그것은 바로 육체적 고통" [9]이라고 썼고, 니체 Friedrich Nietzsche는 "나는 내 고통에 이름을 지어줬다. 나는 그것을 '개'라고 부른다"라고 썼다. 니체는 마침내 주도권을 잡았다는 듯 위엄 있게 선언한다. "그것은 다른 여느 개들처럼 충직하고 아무 일에나 끼어들며 뻔뻔하고 유쾌하고 영리하다. 나는 그것을 꾸짖고 나쁜 기분을 쏟아낸다. 다른 이들이 자신의 개, 하인, 부인에게 하듯이." [10] 고통이 빚어낸 고립의 한가운데에서는, 매우 비타협적으로 개인주의를 옹호하던 사람마저 돌연 동반자들과 함께 있기를 선호하게 될 수 있다. 니체의 경우처럼 동반자가 오로지 상상 속에만 존재하고 위협이 되지 않을 정도로 열등

고통받는 몸

할 수도 있지만 말이다.

문학에 재현된 육체적 고통이 드물다는 사실은 햄릿의 고뇌, 리어왕의 비극, 울프가 말한 '평범한 여학생'의 가슴앓이 등 다른 고난에 얼마나 끈질기게 예술이 가시성을 부여했는지를 생각해볼 때 더욱 놀랍다. **심리적** 괴로움은 표현하기 어려울 때도 있지만 **분명** 지시 내용이 **있고** 언어적으로 대상화**될 수 있**어서, 예술에서 거의 습관처럼 빈번히 묘사됐다. 토마스 만<sup>Thomas Mann</sup>의 《마의 산<sup>Der Zauberberg</sup>》에 나오는 세템브리니는 고통을 겪는 일에 관한 것이 **아닌** 문학 작품, 즉 우리를 도울 차비가 되어 있지 않은 문학 작품은 사실상 존재하지 않는다고 말한다. 물론 '도움'이라는 문제는 자명하지 않다. 우리의 연민은 고통스러워하는 가상의 인물에겐 도움이 되지 않지만 실제 살아 있는 가족과 친척에겐 도움이 될 수 있음에도, 우리가 가족이나 친척보다는 가상의 인물이 겪는 괴로움(육체적이든 심리적이든)에 더 관심을 쏟게 될 위험이 늘 있다. 또 예술가들이 너무나 성공적으로 괴로움을 표현한 탓에 예술가 집단이 가장 진정으로 고통받는 사람들로 여겨지고, 그래서 도움이 절박하게 필요한 다른 사람들에게서 의도치 않게 관심을 빼앗을 위험도 있다.

한편 이런 위험들은, 앞에서 서술한 언어화의 맥락 각각에서 나타났던 고통 표현하기와 고통 제거하기 간의 관계가 무엇이냐는 일반적인 질문에 다시 주목하게 한다. 일단 두 번째 주제로 넘어가면 이 질문이 왜 중요한지가 더 분명해질 것이다.


## 고통의 표현 불가능성이 가져오는 정치적 결과

지금까지의 명시적인 논의 주제는 육체적 고통을 표현하는 일의 어려움이었지만, 이와 함께 매 순간 또 다른 주제가 계속 근처에서 서성거리고 있었으니, 그것은 바로 고통을 표현하기가 어렵기 때문에 그 결과로 발생하는 정치적 문제들이다. 앞에 나온 핵심 관찰 내용으로 돌아가 그 네 가지 내용이 각각 어떤 정치적 결과를 수반하는지 살펴보면, 고통이라는 문제가 권력 문제와 얼마나 복잡하게 뒤얽혀 있는지 알 수 있다.

첫째, 우리는 방 안에 같이 있는 두 사람 중 한 사람이 고통받고 있지 만, 이 사람의 고통을 다른 사람은 조금밖에 이해하지 못하거나 또는 전혀 알아채지 못하는 일이 자주 발생한다는 것을 살펴봤다. 이런 관찰 내용은 "어떻게 고통받고 있는 사람과 같이 있으면서도 그 고통을 모를 수 있는 가"라는 질문을 암묵적으로 던지고 있으며, 이 질문은 불가피하게 두 번 째 질문으로 이어진다. "나아가 어떻게 몸소 그 사람에게 고통을 가할 정 도로, 그리고 계속해서 고통을 가할 정도로 그 고통을 모를 수 있는가?" 이 두 번째 질문을 이 책에서 다각도로 다룰 것이다.

둘째, 우리는 고통을 표현할 수 있는 언어가 보통 존재하지 않는다 는 것, 고통은 다른 어떤 현상보다도 더 언어적 대상화에 저항한다는 것 을 살펴봤다. 어느 현상을 **언어적으로 재현**하는represent 일의 상대적 용이함 이나 어려움은 그 현상을 **정치적으로 대변**하는represent 일의 용이함이나 어 려움에도 영향을 미친다. 예를 들어, 지적 열망을 표현하는 일이 몸이 느 끼는 허기를 표현하는 일보다 더 어렵기 때문에 교육 문제보다는 영양실 조나 기근 문제가 사회적으로 더 널리 인지된다. 반대로 재산이라는 것과 재산이 위험에 처할 수 있는 상황이 신체장애와 장애인이 위험에 처할 수 있는 상황보다 묘사하기 어려운데도, 사회가 '장애인의 권리' 개념을 만들 어내기 매우 오래전에 '재산권' 보호를 위한 복잡한 절차를 만들어놨다는 사실에 우리는 놀라게 된다. 어느 두 개의 현상 중 더 가시적인 쪽이 더 많 은 관심을 받게 된다는 말은 정확할 뿐만 아니라 동어반복이다. 하지만 육 체적 고통이라는 감응력상의 사실은 단순히 다른 사건들보다 표현하기가 조금 더 어렵다거나 조금 더 비가시적인 것이 아니라 표현이 거의 불가능 하며 완벽하게 비가시적이다. 그래서 문제는 고통이 같은 장소에서 일어 나는 여타의 현상 모두보다 관심을 덜 받을 수도 있다는 사실을 넘어선다.

고통받는 몸

어느 환경 안에서 유일하게 일어나고 있는 일이 육체적 고통뿐이라고 해도, 마치 고통이 거기 존재하지 않는 것처럼 그 환경을 서술할 수도 있다. 그리하여 예를 들어 고문을 가하는 정권뿐 아니라 때로는 그 밖의 사람들도 고문을 **정보** 수집 방식이나 놀랍게도 **첩보/지성**intelligence 수집 방식으로 서술한다. 1장에서는 고문을 두고 광범위한 구조적 분석을 한다. 위에서 지적한 잘못된 서술을 가능하게 하는 지각 과정을 드러내는 일이 분석의 첫 단계가 될 것이다. 2장은 전쟁 서술에서 상해 입히기라는 사실이 어떤 경로를 통해 사라지는지 밝히기 위해, 클라우제비츠Carl von Clausewitz와 리들 하트B. H. Liddell Hart, 처칠Winston Churchill, 소콜로프스키V. D. Sokolovskiy를 비롯해 여러 전쟁 이론가의 저작을 검토하는 데서 시작한다. 전쟁의 핵심 활동은 상해를 입히는 것이고 전쟁의 핵심 목표는 적보다 더 많이 상해를 입히는 것임에도, 고문에서와 비슷하게(하지만 절대 똑같지는 않다) 전쟁을 주제로 하는 전략적·정치적 서술에서 상해 입히기라는 사실이 부재하는 경향이 있다. 고의든 고의가 아니든, 고문이나 전쟁에 관한 잘못된 서술은 어느 정도는 몸의 고통이나 상해가 주요 내용인 사건을 정확히 묘사하기가 본질적으로 어렵기 때문에 나타난다.

앞에서 나온 세 번째 핵심 내용은 두 번째의 연장으로, 고통을 표현할 수 있는 언어가 없긴 하지만 고통을 겪고 있는 사람들과 이들을 대신해 말하고자 하는 사람들이 고통을 제거하고자 할 때 모두가 사용할 수 있는 단편적인 언어화 수단이 존재한다는 것이었다. 육체적 고통은 언어를 매우 끈덕지게 공격하며, 그래서 환자, 의사, 앰네스티 활동가, 변호사, 예술가들의 말을 살펴봤을 때 고통의 공격을 극복하기 위한 언어 전략은 몇 개 안 되며 계속 반복된다. 이 언어 전략들은 무기라는 언어적 기호를 중심으로, 다른 말로 하자면 이 책에서 '작인 언어'language of agency'*라고 칭할 언어를 중심으로 돌고 있다. 하지만 우리는 이 언어적 기호가 본질적

---

* 여기서 작인作因은 몸에 고통을 일으키는 사물을 뜻한다.

으로 매우 불안정해서 주의 깊게 통제되지 않을 때 엇나간 결과를 가져올 수 있으며, 완전히 반대되는 목적에 의도적으로 동원되기까지 할 수 있다는 점을 보게 될 것이다. 고통이 가시화되도록 유도하는 게 아니라 고통을 더한 비가시성 속으로 내몰고, 고통의 제거를 돕는 게 아니라 고통 가하는 일을 돕고, (의학, 법, 예술에서처럼) 문화를 연장하는 게 아니라 문화를 해체할 수도 있다는 것이다. 작인 언어가 철저히 긍정적인 잠재력을 지니면서도 다른 한편 철저히 가학적인 잠재력을 지닌다는 사실은, 이 두 잠재력을 분리하기가 불가능하다는 결론으로 이어지지 않는다. 또는 긍정적인 방식으로 작인 언어를 사용하는 사람들이 가학적인 방식으로 사용하는 사람들의 행위에 어떤 식으로든 연루되어있다는 결론으로 이어지지도 않는다. 오히려 그 반대이다. 작인 언어를 사용하는 이 두 가지 방식은 별개일 뿐 아니라 서로를 배제한다. 이후 우리는 문명의 핵심 과제 중 하나가 작인 언어라는 가장 기본적인 기호를 안정시키는 일임을 볼 것이다.

시작 부분 논의에서 나온 네 번째 관찰 내용은, 고통이 부인될 수 없는 것이자 동시에 확증될 수도 없는 무엇으로서 사람들 사이에 나타난다는 점이었다. 그래서 고통은 철학 논의 안에서 확신의 사례로 언급될 수도 있고 회의의 사례로 언급될 수도 있다. 고통스러워하는 것은 **확신하는** 것이며 고통에 관해 듣는 것은 **의심하는** 것이다. 하지만 우리는 고통과 믿음과의 관계가 지금까지의 설명보다 훨씬 더 문제적임을 알게 될 것이다. 몸으로 느낀 고통의 속성들felt-attributes of pain이 언어적 대상화라든지 다른 수단을 통해 가시적인 세계로 끌어올려진다면, 그리고 **이 대상화된 속성들의 지시 대상이 인간의 몸임이 이해된다면**, 어떤 이의 고통이라는 감응력상의 사실을 다른 사람도 인식할 수 있게 된다. 하지만 몸으로 느낀 고통의 속성들이 가시적인 세계로 끌어올려지기는 했으나 **인간의 몸이 아니라 다른 지시 대상**에 붙게 될 수도 있다. 다시 말해 고통의 강렬한 생생함이나 논박할 수 없는 실제성reality, 또는 고통이 지니는 '확실성' 등 몸으로 느낀 고통의 특성들이 몸에서 분리·전유되어 다른 무엇, 즉 그 자체로

고통받는 몸

는 이러한 속성들을 결여한 무엇, 그 자체로는 생생하지 않거나 실제가 아니거나 확실하지 않은 무엇의 속성으로서 제시될 수도 있다. 이 책의 논의 전반에서는 이런 과정을 '유추類推 입증analogical verification' 또는 '유추 실증analogical substantiation'이라고 부를 것이다. 한 사회의 핵심 관념, 이데올로기, 문화적 구축물이 명백하게 허구라는 이유나 기타 이유로 통상적인 실증 형태를 박탈당하고 더는 사람들의 믿음을 끌어내지 못하게 되는 시기가 존재한다. 이렇게 사회 안에 믿음의 위기가 나타나는 특정 순간에는 인간 몸이 지니는 순수한 물질적 사실성을 빌려서 그 문화적 구축물에 '실제성'과 '확실성'의 아우라를 부여한다. 앞으로 논의가 진행되면서 이 점이 점차 더 분명해질 것이다. 책의 앞부분 절반인 제1부는 문명의 근간을 이루는 가정들이 붕괴하는 시기에 사회가 유추 입증에 얼마나 핵심적으로 의존하는지를 보인다. 1장에서는 고문에서 일어나는 유추 입증을 밝히고, 2장에서는 전쟁의 구조적 논리 안에서 유추 입증이 얼마나 핵심 위치를 차지하는지를 드러낸다. 제2부에서는 유추 실증 과정에 대한 의존을 감소시키고 그 과정의 대체물을 찾는 일이 문명의 고유하고도 계속되는 기획의 일부임과, 이 기획이 서구 사회에서는 물질문화 또는 물질적 자기-표현을 향해 가중되는 압력과 연관됨을 보인다.

　서두의 네 가지 핵심 내용을 다시 살펴보며 분명해졌고 앞으로 더욱 분명해질 지점은, 육체적 고통을 명료하게 표현하기란 어려우며 이 어려움이 매우 심각한 정치적·지각적 문제로 이어질 수 있다는 것이다. 고통 표현 실패는 언제나 타락한 권력이 고통을 전유하도록, 또 권력과 고통이 뒤섞이도록 작동한다. 고통의 속성들을 대상화하는 데 실패했을 때든, 속성들을 대상화하긴 했지만 그 속성들이 인간 몸 안의 원래 자리를 지시하게 하는 데 실패했을 때든 마찬가지이다. 반대로 성공적인 고통 표현은 언제나 이 같은 전유와 혼합을 드러내고 전유와 혼합이 일어나지 않도록 작동한다.

　이 책에서는 위와 같은 정치적·지각적 문제가 나타나는 경로들을 기술적記述的으로, 또 개념어에 거의 기대지 않고 추적하려 한다. 사용할 수 있는 기존의 관련 용어가 앞으로 다룰 내용에서 없을 때가 많기 때문이다. 드물게만 다소 개념적인 용어를 논의 안으로 들여올 것인데, 앞 장에서 다룬 현상이 이후의 장에서 다시 나오고 있음을 명확히 하기 위해서이다. 예를 들어 1장은 고통의 속성들이 고통 자체에서 분리되어 정치적 구축물에 부여되는 과정을 집중적으로 서술하지만, 이 과정을 일컫는 하나의 명칭을 고수하지는 않는다. 하지만 이와 똑같은 현상의 다른 판본이 2장의 4절과 5절에서, 또 4장의 1절부터 3절까지에 다시 등장할 때는 '유추 입증'이라는 명칭을 (거의 일종의 약칭으로) 써서, 여러 판본 간에 유사점은 무엇이며 근본적으로 중대한 차이점은 무엇인지 이야기하고 생각해보기 쉽게할 것이다. 어느 시점에 가면, 예를 들어 '지시 작용의 불안정성'이라든지 '지향 대상' 등 네다섯 개 정도의 용어가 필요해지겠지만, 이미 각 용어가 지칭하는 현상을 앞에서 설명했을 것이며 따라서 용어가 어떤 식으로 사용되는지, 또 어떤 질문들이 그 용어를 따라오게 되는지는 이미 명확할 것이다. 한 가지 예외는 '작인 언어'라는 말로, 이 용어는 책 시작 부분에서부터 나오기 때문에 미리 설명해두는 것이 도움이 될 듯하다.

　　고통을 표현하는 기존 어휘에서 형용사는 그리 많지 않고, 그래서 고통을 직접 묘사한 글을 살펴볼 때 우리는 거의 곧바로 '마치 ~ 같은' '마치 ~같이 느껴진다' '마치 ~인 듯하다'라는 구문을 마주친다(V. C. 메드베이V. C. Medvei는 1948년에 발표한 통증에 관한 논문에서 이 사실을 지적했다[11]). 발화가 일어나는 직접적인 맥락이 의학이든 문학이든 법이든 상관없이, 이런 구문에서는 단 두 종류의 비유가 반복해서 나타나고 또 나타난다. 그 내부 작동에 많은 문제가 뒤따르는 비유들이다. 두 가지 비유 중 하나는 고통의 외부 작인, 즉 고통을 일으키는 것으로 묘사되는 무기를 언급하며, 다른 하나는 고통을 수반하는 것으로 묘사되는 몸의 손상을 언급한다. 예컨대 사람들은 망치가 없는데도 "망치가 척추 위에 떨어지는 것 같다"거나, 팔과 피부가 온전한데도 "팔 관절이 다 부러져서 그 들쭉날쭉한 끝부분이 피부를 뚫고 나오는 것 같다"고 말한다. 육체적 고통은 작인이나 손상과 같지 않고 작인이나 손상 없이 존재할 때도 많지만, 작인과 손상은 고통을 지시할 수 있다. 그래서 우리는 고통 경험 자체를 전달하려 할 때 자주 작인과 손상에 기댄다.

여기서 혼란스럽지 않도록 덧붙이자면, 실제로 무기나 상처가 존재하는 고통이 당연히 있을 수 있다. 망치가 정말로 거기에 있을 수도 있고 뼈들이 정말로 피부를 뚫고 나올 수도 있다. 나아가 이 무기나 상처가 다친 사람이 느끼는 괴로움을 옆에 있는 사람에게 즉각 전달해줄 수도 있다. 사실 무기와 상처는 아프다는 감각을 바로 연상시키기 때문에, 다친 사람이 실제로는 아프지 않다고 하더라도 주위 사람에게 아프지 않다는 사실을 믿게 만드는 일이 더 어려울 수도 있을 정도이다. 사고를 당해 통증이 시작된 환자들의 의료 기록에서, 망치가 사다리에서 떨어져 척추에 부딪힌 순간처럼 사고를 묘사하는 문장이 통증을 직접 묘사하는 문장보다 더 성공적으로 환자의 고통을 전달할 수도 있다. 1초간 지속된 망치의 충돌과 1년간 지속된 고통은 당연히 같을 수 없는데도 그렇다. 또 환자에게 "망치로 두드리는 것 같은" 통증을 느끼느냐고 물어보면 환자는 아니라고 말하면서 "칼로 찌르는 듯한" 통증이라고 고쳐 말해줄지도 모른다. 여기서 요점은, 실제 작인(발바닥을 뚫고 들어오는 못)이나 상상 속의 작인("발바닥을 뚫고 들어오는 못이 있는 것 같이 느껴진다"는 말) 모두 고통받는 사람의 몸 외부에 있는 누군가에게 고통의 몸 경험 일부를 전달할 수 있다는 것이다. 즉 실제 작인 때문이든 상상 속의 작인 때문이든 고통을 느끼는 경험과 못은 같지 않지만, 못은 모양·길이·색을 가지기 때문에, 또 몸의 외부 경계 위에 존재하거나(실제 작인) 몸의 외부 경계 위에 존재하는 것으로 머릿속에 그려볼 수 있기 때문에(상상 속의 작인), 본래는 내적이며 공유 불가능한 경험을 외재화하고 대상화하며 공유 가능하게 만들기 시작한다.

고통을 표현하기 위해 무기(실제 무기이든 상상 속의 무기이든)와 상처

(실제 상처이든 상상 속의 상처이든)를 결합해서 사용할 수도 있다. 몸의 손상이 때로 작인의 한 종류로 나타나기 때문에, 이 두 가지 비유의 내부 작동은 어느 정도 서로 겹치며 두 비유를 사용할 때 따라붙는 지각적 문제들도 서로 겹친다. 고통받는 느낌은 어떤 작용을 받고 있다는 느낌을 수반해서, 사람들은 이 느낌을 세계가 자신에게 작용하고 있다는 식으로 표현하거나('칼이 ~하는 것 같은 느낌이다') 자기 몸이 자신에게 작용하고 있다는 식으로 표현한다('뼈가 ~를 뚫고 나오는 것 같은 느낌이다'). 따라서 기본적으로 무기의 이미지를 가리키는 '작인 언어'라는 말은 상처의 이미지로도 의미가 연장된다. 그럼에도 몸의 손상을 언급하는 비유는 보통 매우 다른 지각적 문제들을 수반하기 때문에, 이 문제들이 무엇이고 또 문화가 이 문제들을 어떻게 해결하는지는 따로 떼어내어 이후의 작업에서 다뤄야 할 것이다.

실제 물리적 사실로서의 무기는 몸 안으로 들어가 고통을 발생시키는 사물이며, 지각적 사실로서의 무기는 고통 및 고통의 속성들을 몸 밖으로 끌어내어 가시화할 수 있다. 무생물은 '고통스러워'한다거나 기타 감응력 경험을 할 수 없음에도, 고통을 무기 **안에서 인지하는** 정신적 습관은 매우 오래전부터 꾸준히 이어져왔다. 호메로스Homer는 화살이 잠시 후 만들어낼 심한 상처가 화살 안에 이미 담긴 채로 전달되는 모습이 보인다는 듯이, 화살에 "검은 고통이 실려" 있다고 말한다.[12] 여기서 고통은 마치 화살이 싣고 가는, 만져볼 수 있는 짐처럼 거기 존재한다. 14세기의 신비주의자인 마저리 켐프Margery Kempe는, 못이 유발할 수 있는 고통뿐 아니라 못 때문에 고통을 겪는 사람이 만들어내는 신음과 울음까지도 이미 못 안에서 들을 수 있다는 듯 "떠들썩한 못"이라는 표현을 한다.[13] 비트겐슈타인 Ludwig Wittgenstein은 사람에게 상처를 입힐 수 있는 돌을 예시로 들면서 돌 표면에 "통증 유발 부위"가 있다고 말할 수 있는지 묻는데, 이 질문도 위와 같은 부류의 인식에서 나왔다.[14] 1979년 구겐하임 미술관이 전시한 요제프 보이스Joseph Beuys의 작품에도 비슷한 인식이 나타나 있어서, 칼날을 반

고통받는 몸

창고로 감은 작은 조형물의 제목은 〈손가락을 베었을 땐 칼에 붕대를 감으시오<sup>When you cut your finger, bandage the knife</sup>〉였다.

여기서 요점은 단순히 고통이 무기(또는 상처)의 이미지 안에서 이해될 수 있다는 것이 아니다. 그보다 무기의 이미지 없이는 고통이 거의 이해될 수 없다는 것이다. "나는 채찍과 전갈, 뜨거운 무쇠와 함께 있는 사람들을 생각하지 않고는 무한한 고통을 개념화할 수가 없다"[15]며 곤혹스러워하는 마이클 왈저<sup>Michael Walzer</sup>의 말을 이해 못할 사람은 거의 없을 것이다. '고통<sup>pain</sup>'이라는 말 자체의 어원이 '처벌<sup>punishment</sup>'이라는 뜻의 **'포에나<sup>poena</sup>'**라는 사실은, 고통이라는 내밀한 사건에 이름을 붙이는 너무도 기본적인 행위를 하는 데도 정신적으로 공중제비를 넘는 일이 필요함을, 다시 말해 몸에 고통을 발생시킨 요인으로 제시할 수 있는 외부 사회 환경으로 전환하는 일이 필요함을 보여준다.

고통을 표현할 수 있는 작인 언어의 잠재력을 생각해볼 때, 고통을 대상화하여 제거하고자 하는 작업들에서 작인 언어가 계속 재등장한다는 사실은 놀랍지 않다. 맥길 통증 설문지에 나오는 기본 형용사 중 다수가 작인을 단어 안에 포함한다. 예를 들어 불타는 듯한<sup>burning</sup>, 칼로 찌르는 듯한<sup>stabbing</sup>, 송곳이 파고드는 듯한<sup>drilling</sup>, 꼬집는 듯한<sup>pinching</sup>, 파먹어 들어가는 듯한<sup>gnawing</sup> 등의 형용사가 그렇다. 멜잭이 명확하게 짚듯, 환자는 '불타는 듯한'이라는 단어로 팔 통증의 특징을 표현하거나 '마치 팔에 불이 붙은 것 같다'는 구문을 사용할 수도 있다. 또 눈 뒤쪽의 통증을 '송곳이 파고드는 듯한'이라는 단어로 묘사하거나 '마치 송곳이 ~하는 것 같다'는 구문으로 말할 수도 있다. 어떤 통증 치료에서는 환자에게 몸 안의 무기나 물체를 떠올린 다음 머릿속에서 그 사물을 바깥으로 밀어내보라고 명확하게 권한다. 이런 치료의 선례로는, 무당이나 의사가 적당한 모양을 가진 물체를 사용해서 통증을 몸에서 모방적으로 '끌어내는' 훨씬 더 오래된 치료법이 있다. 또한 의학 연구자들은 생리학 기제를 묘사하고 그려내는 데도 작인 언어를 사용한다. 일례로 '통증의 **방아쇠** 지점<sup>trigger points</sup>\*'이라는 용어는 통증이 시작되는 몸의 지점이나 통증이 퍼지는 경로를 가리킨다.*

의학 맥락 외에 앞서 설명한 국제앰네스티, 법, 예술 같은 다른 맥락에서의 작업들도 무기 기호가 지닌 이러한 표현상의 잠재력을 인식하고 있다. 1963년 어느 신문에 고문 도구의 이미지가 실렸을 때 대중은 그 사물이 시각적으로 제시하는 인간의 고통에 즉각 반대하는 목소리를 냈고, 이 사례를 보며 국제앰네스티는 모든 계층과 집단을 망라하는 사람들에게서 협력을 끌어낼 수 있겠다고 생각했다.[16] 개인 상해 재판의 최종 변론에는 원고의 '고통과 괴로움'을 묘사하는 데 주력하는 부분이 있으며, 무기 기호는 여기서도 거듭 사용된다. 오디세우스는 필록테테스의 고통을 계속해서 완전히 무시하지만, 이 상황은 무기 기호가 개입하면서 뒤집힌다. 오디세우스가 필록테테스의 활(그 활이 아니면 뭐겠는가)에 관심을 기울여야만 하는 상황에 처하고, 결국 그는 필록테테스의 고통을 '보게' 된다.**

짧게 열거한 위 예들은 작인 언어가 지닌 긍정적인 잠재력을 보여준다. 자신의 고통을 표현하고자 하는 이들(멜잭의 환자들)이나 다른 사람의 고통을 대신 표현하고자 하는 이들(앰네스티, 소포클레스), 또는 다른 사람의 고통을 상상해보려는 이들(왈저)이 어떻게 작인 언어를 사용했는지를 이 예들에서 볼 수 있다. 이 예들을 상세히 검토해보면, 앞에서 강조한 매우 중요한 지점을 다시 한 번 확인할 수 있다. 고통을 표현하기 위해서는 몸으로 느낀 고통의 특성들을 대상화해야 하며 **동시에** 이 특성들의 지시

---

\* 　보통 '통증 유발점'으로 번역한다.

\*\* 　《필록테테스》의 줄거리는 다음과 같다. 필록테테스는 트로이 원정에 참여했다가 독사에 물리며, 상처가 심해지고 악취가 나자 오디세우스는 그를 렘노스섬에 버린다. 트로이 전쟁이 길어지면서, 필록테테스가 헤라클레스에게서 받은 활이 있어야 승리할 수 있다는 예언이 나온다. 오디세우스와 아킬레우스의 아들 네옵톨레모스는 렘노스섬으로 돌아와 계략을 써서 필록테테스에게서 활을 빼앗는다. 굶주림과 낫지 않는 상처로 고통받는 필록테테스를 보며 연민하게 된 네옵톨레모스는 마음을 바꿔 오디세우스의 반대에도 불구하고 활을 돌려준다. 오랜 원한을 품고 있던 필록테테스가 활을 쏘아 오디세우스를 죽이려 하자 네옵톨레모스가 그를 말린다. 마지막 순간 헤라클레스가 등장하여 필록테테스가 그들과 함께 트로이로 가는 것이 제우스신의 뜻이라고 말한다.

대상을 계속 가시적으로 유지해야 한다는 것이다. 다시 말해 우리가 보고 있는 속성이 다른 어떤 것의 속성이 아니라 **고통의** 속성임이 확실할 때만 무기 이미지는 고통의 **속성들**을 볼 수 있게 해준다. 작인 언어가 매우 문제적인 성격을 갖는 이유, 이 언어가 본질적으로 불안정한 이유는, 그것이 언어와 지시 대상 사이에 단절을 허용하기 때문이며, 그럼으로써 잘못된 동일시가 일어나고 고통의 속성이 다른 무엇에 속하게 되도록 허용하기 때문이다. 작인 기호가 갖는 이점은 이 기호가 몸 가까이에 있다는 것이고, 단점은 이 기호가 몸으로부터 공간적으로 쉽게 분리될 수 있다는 것이다.

실제 무기가 대개 사람들을 치유하기보다는 다치게 한다는 사실을 생각해볼 때, 무기 도상圖像이 고통 중에 있는 사람을 돕는 방향으로 일상적으로 작동한다면 놀라운 일일 것이다. 하지만 물론 그렇지 않다. 작인 언어가 정치 담화 안으로 들어올 때, 이 언어는 아래의 상쾌하지 못한 예들이 보여주듯 위에서 설명한 사용법과는 거리가 먼 방식으로 사용되곤 한다. 어떤 일에서든 승리를 거둘 때마다 리처드 닉슨Richard Nixon이 하기 좋아했고 그래서 언론인들을 불쾌하게 한 말이 있다. "진짜 시원하게 딱지를 떼버렸다"는 말이었다.[17] 정치인 조지 월리스George Wallace는 정적에게 "가시 달린 철조망으로 관장"을 해주고 싶다고 말한 적이 있다. 발언에 대해 공식적으로 사과하길 요구받았을 때 월리스는 그 말의 잔인함이 아니라 분변학糞便學스러움이 문제였다고 믿는 듯했다.[18] 린든 존슨Lyndon Johnson 대통령이 베트남 전쟁 동안 사용한 언어 습관에서도 작인 언어를 볼 수 있다. 존슨은 군사적·정치적 승리를, "너구리 가죽을 벽에 못질해버렸다"고 묘사하곤 했다. 로널드 레이건Ronald Reagan은 중성자 폭탄을 생산하기로 한 미국의 결정에 소련이 보인 반응을 두고, 큰 차원의 일과 작은 차원의 일을 놀라울 정도로 혼동하면서 이렇게 불평했다. "[러시아인들은] 뾰족한 못을 깔고 앉은 것처럼 **빽빽** 소리를 질러대고 있다."[19] 이런 말들이 무해하지 않다는 점은 확실하지만 얼마만큼 해로운지는 확실하지 않기 때문에, 그 유의미함 또는 무의미함을 두고 오랜 시간 논쟁할 수도 있을 것이다. 어찌되었든 자명하고도 이론의 여지가 없는 사실은, 위 문장들이 뭘 표현하든지 간에 육체적 고통은 표현하지 않는다는 것이다. 위 네 개 문장 중 어디에서도 무기 기호는 육체적 고통의 견디기 어려운 괴로움을 가시화하는 방향으로 작동하지 않는다. 또 어느 사물의 작용을 받고 있는 것으로 묘사되는 사람의 몸 경험에 동정 어린 관심을 끌어내고자 무기 기호를 사용하는 것도 아니다.

작인 언어가 지원해서 일어나는 특정한 지각적 혼란이 고통과 권력의 뒤섞임이라는 점은 뒤에서 분명해질 것이며, 지금 시점에서는 다음과 같은 사실을 알고 있는 것만으로 충분하다. 말로 표현된 문장이나 한 문단의 글, 또는 시각적 이미지에서 무기 기호가 나타난다고 해서 고통을 제시하려는 노력이 있었다는 뜻은 아니며, 오히려 이런 말이나 이미지가 고통의 본성을 더 깊은 어둠 속으로 밀어넣는 때도 잦다는 것이다. 사드<sup>Marquis de Sade</sup>의 저작에서 장황하게 등장하는 무기들, 또 일부 패션 화보나 회화에 나오는 무기들이 그렇다.

지금까지 작인 언어를 부정적으로 사용한 예를 잠시 살펴보았다. 이후 1장에서는 여기서처럼 문장 하나하나를 살펴보는 것이 아니라, 작인 언어가 더 거대한 사건의 구조 안으로 진입하여 작인 언어가 지닌 가학적인 잠재력의 극한에 달하게 되는 경우를 살펴본다. 고문에서 한 사람의 몸은 다른 사람의 목소리로 번역되고 인간의 실제 고통은 정권의 권력이라는 허구로 전환되며, 이 과정은 부분적으로는 작인을 강박적으로 전시함으로써 가능해진다. 2장에서도 다시 무기 기호를 살펴본다. 무기 기호가 지원해서 일어나는 지각적 혼란 때문에 전쟁에서 상해 입히기가 수행하는 기능과 상해 입히기 대신 사용될 수 있는 활동의 특징을 정확히 파악하기가 어려워진다.

문화 안의 통상적인 가정들이 잠정적으로 중단되는 고문과 전쟁이라는 두 사건에서 작인 언어는 핵심 위치를 차지한다. 그래서 문화의 기본 구조들은 반대로 작인 기호를 안정시키는 데 노력을 쏟아붓는다. 책의 나머지 절반인 2부 3장에서 5장까지는 문명이 어떻게 계속해서 '작인'을 수정해가는지를 논한다. 언어적·시각적 **도상**에서 나타나는 변화라는 틀에서 문명의 작인 수정을 살펴보거나, 도상이나 이미지의 재구조화가 아닌 **실제 사물**의 재구조화라는 틀에서, 또는 그러한 실제 사물들과 관련된 인간 **활동**이라는 관점에서 작인 수정을 살펴볼 것이다. 첫 번째 틀에서는 십자가라는 기호와 국기에 나타나는 기호를 다루며, 두 번째 틀에서는 무기에 형태 변화를 줘서 도구나 인공물로 바꾸는 일을 다루고, 세 번째 틀에서는 구약성서에 나타나는, '상처 입히기'를 '창조하기'에서 공들여 분리하는 정신적 노동을 다룬다. '도구' '인공물' '재구조화' '창조하기' 같은 용어들은 아직 제시하지 않은 이 책의 세 번째 주제로 이어진다.

## 인간의 창조가 지니는 본성

지금까지 우리는 육체적 고통이 표현하기 어렵다는 것을 살펴보았으며, 이 표현 불가능성에 정치적 결과들이 뒤따름을 보았다. 이후에는 육체적 고통의 표현 불가능성에서 정확히 무엇이 문제가 되는지를 분명히 하고, 그럼으로써 '표현 불가능성'이 가져오는 정치적 결과들이 역으로 '표현 가능성'의 본질적인 특성을 드러냄을 볼 것이다(언어적 표현 가능성이든 물질적 표현 가능성이든). 우리의 첫 번째 주제가 두 번째 주제로 이어졌듯, 두 번째 주제도 이렇게 필연적으로 세 번째 주제, 곧 인간의 창조가 지니는 본성으로 이어진다.

이 책이 크게 **파괴하기**unmaking와 **창조하기**making라는 두 부분으로 나뉜다는 사실이 시사하듯, 이 책의 핵심 관심사는 결국 '파괴uncreate'란 무엇이고 '창조create'란 무엇인가이다. 여기서는 먼저 고문과 전쟁에 관한 핵심 논의를 개략적으로 살펴보고, 그다음 이 핵심 논의의 어떤 점 때문에 '창조하기'를 더 깊이 이해할 필요성이 나타나는지 알아본다. 그러고 나면 책 앞부분 절반의 내용이 어떻게 뒷부분에서 다루는 창조라는 문제로 이어지는지가 간략하게나마 설명될 것이다.

1장은 1970년대에 정치범으로 수감됐던 사람들의 구술 자료를 바탕으로, 고문이 지리적으로 광범위하게 발생하지만 고문의 구조는 일관되고도 거의 변동이 없음을 보인다. 고문의 구조 안에는 동시에 일어나며 분리할 수 없는 세 가지 사건이 있다. 순서대로 써야 한다면 다음과 같다. 첫째는 육체적 고통 가하기이며, 둘째는 고통의 여덟 가지 핵심 속성을 대상화하기이고, 셋째는 이 속성들을 정권의 기호로 번역하기이다.

1장의 목적은 이렇게 세 부분으로 이루어지는 고문의 구조를 명확히 밝히는 것이 전부이다. 하지만 고통의 속성이 **어느 것이든** 대상화된 다음 전유된 사례를 살펴보면, 책 뒷부분에서 왜 창조하기라는 주제로 넘어갈 수밖에 없는지도 분명해진다. 지금 시점에서 가장 친숙한 고통의 속성을 불러내보자면, 바로 육체적 고통이 언어를 분쇄한다는 것이다. 고문이 몸에 가하는 고통은 그 자체로 언어를 분쇄하지만, 고문은 또한 심문을 통해 고통의 언어 분쇄 능력을 극화劇化한다. 다시 말해 언어 분쇄 능력을 외부 환경 안에 대상화한다. 심문의 목적은 필요한 정보를 끌어내는 일이 아니라, 죄수의 목소리를 눈에 보이도록 해체하는 일이다. 여기서 '분쇄<sup>destroy</sup>'가 아니라 '해체<sup>deconstruct</sup>'라는 말을 썼다. 심문이 죄수의 목소리를 '눈에 보이도록 분쇄한다'고 말한다면, 이 말은 그저 '고문이라는 사건의 **결과**로 죄수의 목소리가 부서진다'는 말과 같기 때문이다. 목소리를 부수는 것만이 목적이라면 언어적 심문은 필요 없다. 고통을 가하는 것만으로 그 목적을 달성할 수 있기 때문이다. 하지만 여기에 더해, 오랜 시간에 걸쳐 이루어지는 심문은 언어가 탄생하는 경로를 한 단계씩 거슬러 올라가면서 이 역행하는 움직임을 눈에 보이도록 대상화하며, 그럼으로써 언어가 탄생하는 경로를 뒤집고 파괴하고<sup>uncreate</sup> 해체한다. 우리는 앞으로 이와 같은 파괴하기의 무언극이 고문의 모든 세부를 관통하면서 계속 재등장함을 볼

고통받는 몸

것이다. 이 무언극은 언어적 구축물(문장, 이름)에 관련된 세부뿐 아니라, 물질적 인공물(의자, 컵) 및 정신적 대상(의식의 대상)과 관련된 세부 또한 관통하면서 계속 나타난다. 그리하여 결국엔 이 무언극이 단지 틀을 이루는 커다란 사건 안에서 반복되는 요소 하나가 아니라, 틀을 이루는 사건 자체임이 분명해질 것이다. 다른 말로 하자면, 세 부분으로 이루어진 고문의 구조 전체가 눈앞에 드러나면서 우리는 우리가 보고 있는 것이 무엇인지를, 그리고 우리가 보고 있는 것이 **바로** 파괴하기의 구조임을 점차 깨달을 것이다. 이 말의 함의가 무엇인지는 2장을 요약한 후에 다시 살펴보기로 한다.

전쟁에도 구조가 있다. 전쟁의 구조는 더욱 복잡하며 그 구조를 파악하기 위해서는 복잡한 여러 세트의 논의와 하위 논의가 필요하다. 두 사람이 나오는 사건에서 수많은 사람이 관련된 사건으로 이동해간다고 할 때, 또 한 방향의 상해 입히기를 전제로 하는 사건에서 양방향의 상호적 상해 입히기를 전제로 하는 사건으로 이동해간다고 할 때 예상되는 바이다. 전쟁의 구조를 살펴보는 이런 복잡한 논의를 2장에서는 다섯 개의 절을 통해서 하려고 한다. 또한 다섯 개의 절 전체에서 포괄적인 논의도 함께 진행할 것이다.

2장의 1절과 2절은 각각 '전쟁은 상해 입히기이다'와 '전쟁은 경기이다'라는 두 전제를 쌓아 올린다. '경기를 통해 승자와 패자를 나누는 활동과 상해 입히기 간의 다른 점은 무엇인가'라는 질문을 하기 위해서이다. 이 질문은 너무도 중요하다. 만일 상해 입히기에 단 하나의 기능만 있다면, 다시 말해 상해 입히기의 유일한 기능이 '한 편이 다른 편보다 더 많은 상해를 가해서 교전 세력 가운데 승자를 정하는 것'뿐이라면, 거의 모든 종류의 인간 활동이 상해 입히기를 대신할 수 있을 것이기 때문이다. 따라서 상해 입히기에는 분명 또 다른 기능이 있다. 3절은 위 질문에 대해 지금까지 있었던 유일한 답, '전쟁은 자기 결과를 집행할 수 있는 능력을 지닌다'가 참일 수 없음을 보인다. 클라우제비츠는 전쟁이 집행 능력을 갖는다는 답을 명시적으로 냈고, 20세기의 정치·군사 이론가들은 암묵적으로 그와 같은 답을 냈다. 클라우제비츠는 자기 설명이 틀렸을까봐 우려했지만, 비슷한 논의를 편 20세기의 이론가들은 그 답에 존재할지도 모르는 오류를 클라우제비츠보다 잘 알지 못하는 것 같다. 4절은 전쟁의 구조에 관한 논의에서 가장 길고 중요한 단계로, '집행 능력'과는 다른 답을 낸다. 훼손된 몸들이 지니는 강렬한 실제성이 종전 시 승리한 측의 문화적 구축물과 승리라는 개념 자체에 물질적 실제성의 아우라를 부여하는 데 사용되며, 이 과정은 좀 더 합법적인 실증 수단이 제시될 때까지 계속된다는 것이다. 5절에서는 고문에서 인간 몸이 어떻게 사용되는지와 전쟁에서 인간 몸이 어떻게 사용되는지를 비교한다. 두 사건 각각의 유추 입증* 과정 사이에 존재하는 도덕적 거리를 설명하기 위해서이다. 고문과 전쟁은 (몸의 실제성이 문화적 구축물에 실제성을 부여하는 데 사용된다는 점에서 같지만 '동의'라는 지점에서 다르다. 전쟁에서 자기 몸이 입증 과정에 사용되는 사람들은 이런 극단적인 인간 몸 사용에 동의한 것이지만, 고문에서는 아니다. 2장은 핵전쟁이 재래식 전쟁 모델보다는 고문의 모델에 훨씬 더 가깝다는 점을 보이면서 끝맺는다. 핵전쟁이 고문 모델에 가까운 이유는, 입증 과정에 자기 몸이 사용되는 사람들이 동의를 행사하는 일이 구조적으로 불가능하기 때문이다.

고문에 관한 장이 그랬듯, 전쟁에 관한 장의 핵심 목표는 전쟁이라는 거대한 사건의 성격을 논하는 것이지 '파괴하기unmaking'의 내부 모습을 드러내는 것이 아니다. 하지만 다시 고문을 논하는 장에서와 마찬가지로, 우리는 파괴하기의 내부 모습을 드러내는 이 두 번째 과업에 착수하지 않고서는 위 핵심 목표를 달성할 수 없음을 알게 된다. '전쟁의 구조'와 '파괴하기의 구조'는 두 개가 아닌 하나의 주제이기 때문이다. 이 뒤섞임은 놀랍기도 하지만, 한편으로는 명백한 사실의 재확인이다. 즉 우리는 고문과

---

<sub>*</sub> 14쪽 참조.

　　　　　　　　　　　　　　　　　　　　　고통받는 몸

전쟁이 분쇄destruction 행위이며, 따라서 창조creation의 반대임을 이미 알고 있다. 또 문명의 중단을 수반하며, 따라서 문명의 반대임도 이미 알고 있다. 매우 멀리 떨어져서 두 사건을 본다고 해도 이런 사실들을 즉각 이해할 수 있다. 하지만 멀리서는 알 수 없으며 두 사건의 내부로 들어가야만 자명해지는 사실이 하나 있다. 바로 고문과 전쟁이 완전히 문자 그대로, 또 실질적으로 창조하기 활동의 전유이며 모방이고 전도라는 사실이다. 고문과 전쟁의 구조를 밝히고 비교해보면, 인간의 창조하기 활동이 지어내기making-up와 실제화하기making-real라는 두 단계를 수반한다는 점이 분명해진다. 첫 번째 단계는 정신적으로 상상하는 것이고, 두 번째 단계는 정신적 대상에 물질적 또는 언어적인 형태를 부여하는 것이다. 나아가 창조하기를 전유하고 해체하는 일은 첫 번째 단계에서 발생하기도 하고 두 번째 단계에서 발생하기도 한다는 점도 분명해진다.

2부는 1부에서 반전反轉된 윤곽으로만 나타난 '창조하기creating'의 구조를 명확하게 밝힌다. 3장은 특히 '정신적으로 상상하기'('지어내기' 단계)를 다루며, 4장과 5장은 언어적·물질적 인공물 창조하기 활동('실제화하기' 단계)을 살핀다. 3, 4, 5장의 핵심 논의는 이전 장들에서 나온, 몸의 고통과 상해에 관한 상세하고 중요한 관찰 내용에 기반을 둔다. 1부에서 2부로 넘어가는 부분에서 그 관찰 내용을 요약하여 제시할 것이다. 3, 4, 5장의 논의를 따라가면서 우리는 페가수스와 전보를 마주치고, 제단, 전구, 코트를 마주치고, 담요, 제조물 책임 재판, 노래, 백신, 성서를 마주칠 것이다.

'창조하기' '발명하기' '만들기' '상상하기'라는 말들은 20세기에 도덕적으로 반향이 있는 어휘는 아니다. 예를 들어 '상상하기'는 보통 윤리적으로 중립적이거나 도덕과는 무관한 현상으로 이야기된다. '물질적으로 창조하기'라는 말의 함의도 비슷하게 밋밋하며, '물질주의materialism'라는 말과 뒤섞이면서 때로는 조롱하는 의미까지 담기기도 한다. 하지만 제1부에서는 이제껏 없던 질문을 던질 텐데, 아래와 같이 정식화할 수 있는 질문이다. 많은 사람이 절대적으로 비도덕적이라고 여기는 사건인 고문 안에 창조의 해체가 존재한다. 모든 사람이 도덕적으로 문제가 있다고 여기며 일부 사람은 근본적으로 비도덕적이라고 여기는 또 다른 사건인 전쟁의 구조 안에도 창조의 해체가 존재한다. 창조를 해체하는 고문과 전쟁의 도덕성이 이렇게 낮다고 할 때, 해체되지 않은 온전한 형태의 창조가 높은 도덕성을 지닌다고 여기지 않는 것은 이상하지 않은가? 또 고문과 전쟁이라는 사건은 부정의와 얽혀 있다고 생각하면서, 창조하기 활동은 정의와 얽혀 있다고 생각하지 않는 것은 이상하지 않은가? 고통을 가하는 일은 세계 파괴하기를 수반한다고 여기면서, 고통을 제거하는 일은 세계를 만드는 정신적·언어적·물질적 과정인 창조하기 활동을 핵심적으로 수반한다고 여기지 않는 것은 이상하지 않는가? 물론 창조하기의 도덕성을 파괴하기의 비도덕성에서 유추할 수는 없으므로, 이 책에서는 창조하기 자체를 살핌으로써 그 도덕성을 보일 것이다. 앞으로 논의하겠지만, 창조하기에 윤리적 내용이 들어 있지 않다고 일반적으로 생각한다는 사실 자체가 도덕성 측면뿐 아니라 다른 많은 측면에서 우리가 얼마나 잘못되게, 또 단편적으로 창조를 이해하고 있는지 말해준다. 창조하기에 가치를 매기는 일이 아니라 창조하기를 정확하게 기술하는 일이 중요하다. 창조하기에 **정말로 윤리적 결과가 따른다면, 창조하기가 무엇인가**를 분명하게 이해하는 일은 고문이나 전쟁 같은 대규모의 비상상황에서뿐 아니라 물질 분배의 불평등 같은 다른 오래된 딜레마 안에서 어떤 일이 일어나고 있는지를 우리가 더 신속히 파악할 수 있게 해주기 때문이다.

길게 봤을 때, 우리는 육체적 고통을 **표현**하는 일에 관한 이야기가 궁극적으로는 **창조**라는 더 큰 틀 안으로 열려 나가는 모습을 볼 것이다. 그러면서 **육체적 고통**에 관한 이야기도 팽창하는 본성을 지닌 인간의 **감응력**에 관한 이야기가 될 것이다. 여기서 인간의 감응력은 '몸으로 느끼는 살아 있다는 사실'로서, 때로 우리에게 지극한 행복을 주기도 한다. 고통받는 사람은 '마치 ~같이 느껴진다' '마치 ~인 듯하다'라는 말을 사용해서 고통을 표현하며, 이 기본적인 '마치 ~ 같은' 구문은 책 뒷부분에서는 창조하기에 수반되는 일군의 반反사실적 수정*으로 이어진다.

이 책은 타인들이 어떻게 우리에게 가시적이 되는지, 또는 어떻게 가시적이지 않게 되는지 논한다. 또 우리가 어떻게 언어적·물질적 인공물을 통해 자신 및 본래는 내부적인 감응력상의 사실들을 타인에게 드러낼 수 있는지, 반대로 인공물의 탈실제화derealization**가 어떻게 타인의 가시성을 앗아가는 데 일조할 수 있는지 논한다. 제목 '**고통받는 몸**'은 이 책이 논의 대상으로 삼는 가장 축소된 공간, 살아있는 물질이 이루는 자그마한 원을 가리킨다. 소제목 '**세계를 창조하기와 파괴하기**'는 또 다른 논의 대상인 가장 광활한 영토를 가리킨다. 하지만 두 제목은 함께 간다. 고통받는 몸에서 가장 문제가 되는 것은 바로 세계의 창조와 파괴이기 때문이다.

---

\* 여기서 '반사실적'으로 번역한 'counterfactual'이라는 단어는 '어떤 일이 현재의 사실과는 다르게 일어날 수도 있었음'을 표현하는 말로, 영어의 가정법적 조건문을 뜻하기도 한다. 이 책에서 '반사실적 수정counterfactual revision'이라는 말은 창조의 본성을 설명하는 맥락에서 등장하여, 인간이 기존 현실에는 없거나 기존 현실과는 다른 것을 상상하고 만들고 수정해가는 활동 또는 그렇게 수정된 것을 가리킨다.

\*\* 만들어진 것이 실제성을 지니지 않도록, 더는 실제가 아니며 허구, 허위이도록 만드는 과정.

# 1부

# 파괴하기

# 1장

## 고문의 구조:

실제 고통을
권력이라는 허구로
전환하기

작인 언어가 지니는 가학적인 잠재력은 그 어디에서보다 고문에서 가장 가시적이다. 고문에는 언어, 즉 인간의 특정 말과 소리가 포함되지만, 고문 자체가 언어이며 대상화이고 실연實演이기도 하다. 또 고문에는 너무도 괴로운 실제 고통을 한 사람에게 가하는 특정 행위들이 포함되지만, 고문 자체가 고통의 몸 경험을 표명하고 증대한 것이기도 하다. 죄수의 몸 안에 고통을 발생시키기 위해 사용하는 과정들 자체를 통해, 고문은 보통 사적이고 소통 불가능하며 고통받는 사람의 몸 경계 안에 한정되어 있는 어떤 것의 구조와 거대함을 가시화한다. 그런 다음 고문은 지각적 전환을 해냄으로써 자신이 대상화한 것의 실제성을 부인하고 왜곡한다. 이 지각적 전환이란, 고통의 광경을 완전히 환영처럼 만드는 동시에 고문자들 및 그들이 대변하는 정권에게는 완전히 설득력 있는 권력의 스펙터클로 만드는 일이다. 육체적 고통은 논박이 불가능할 정도로 실제여서, 고통을 발생시킨 권력에도 '논박할 수 없는 실제성'을 부여하는 것처럼 보인다. 고문이 사용되는 이유는 물론, 고문을 가하는 바로 그 권력의 실제성이 매우 논쟁적이고 고문을 가하는 바로 그 정권이 매우 불안정하기 때문이다.[1]

절대적 고통이 절대적 권력이라는 허구로 전환되도록 돕는 것은 바로 강박적이고 자의식적인 작인 전시이다. 가장 단순한 수준에서 전시되는 작인은 무기이다. 여러 국가의 고문 피해자들이 한 증언을 보면, 잠시 후 자신을 아프게 할 무기를 바라보도록 강요당했다는 진술이 거의 빠짐 없이 등장한다. 그리스 군사정권(1967~1974) 아래에서 죄수들은 벽에 걸린 채찍, 회초리, 곤봉, 막대기를 쳐다보고 있도록 강요당했으며, 고문자의 주먹 크기와 고문자의 이름 첫 글자가 새겨진 반지를 살펴보도록("고문자가 끼고 있던 반지는 구타를 더 고통스럽게 만들었습니다"), 또한 다른 죄수의 피가 말라붙어 있는 채찍을 쳐다보도록 강요당했다.[2] 하지만 정권이 주되게 사용하는 무기가 무엇이든 그 무기는 수많은 무기 중 하나일 뿐이고, 그 무기의 전시는 끝없이 증식하는 수많은 전시 행위 중 하나일 뿐이다. 고문은, 고문이라는 사건과 주변 환경의 가능한 모든 측면을 고통의 작인으로 전환하는 과정일 뿐만 아니라 이 전환을 선언하는 과정이기 때문이다. 고문자들의 은어를 보면, 필리핀에서는 잔혹 행위가 벌어지는 방을 '영화 제작실'[3]이라고 불렀고, 남베트남에서는 '영화 감상실'[4], 칠레에서는 '파란 조명이 비추는 무대'[5]라고 불렀다. 이런 이름들은 우연히 나타난 것이 아니다. 반복되는 전시 행위를 기반으로 해서 권력이라는 가공의 환영을 생산하려는 목적을 지닌 기괴한 보상극劇*이 고문이기 때문이다.

그렇다면 고문이라는 도덕상의 '어리석음stupidity'**에는 무의식적인 구조가 있다. 위 고문자들의 은어에서 이 어리석음은 덜 야만적이고 덜 외설적인 형태로 나타났다. 가장 커다란 윤곽 차원에서, 고문은 동시 발생적으로 항상 나타나는 세 가지 현상으로 이루어진다. 이 현상들을 분리해 순차적인 단계로 나눈다면 다음 순서대로 일어날 것이다. 첫째, 고통이 한 사람에게 가해지며 계속 점점 증강된다. 둘째, 고통받는 사람의 몸 안에서

---

\*    육체적 고통의 실제성을 전유하여 불안정한 권력의 실제성을 보충하는 현상을 스캐리는 '보상적compensatory'이라는 말로 표현한다. 지은이 주1을 참조하라.

\*\*   이 책 전체에서 '어리석음'이라는 말은 사람 또는 사물이 '다른 사람의 감응력을 감각하지 못함'을 뜻한다. 1장과 2장은 인간의 어리석음의 한 형태인 고문과 전쟁을 논하고, 5장에서는 사물의 어리석음을 논한다.

계속 증폭되는 고통은, 또한 대상화되어 고통받는 사람의 몸 외부에 있는 이들에게 가시적이 된다는 의미에서도 증폭된다. 셋째, 대상화된 고통은 고통임이 부인되며 권력으로 읽히게 되는데, 작인의 강박적인 매개 때문에 이 같은 번역이 가능해진다. 아래에서는 고문 안에서 몸과 목소리가 놓인 장소를 설명할 것이며, 그러면서 위 세 현상이 어떻게 작동하는지가 차차 드러날 것이다.

## I. 고통과 심문

고문을 이루는 가장 주요한 육체적 행위는 고통 가하기이며 가장 주요한 언어적 행위는 심문이다. 후자 없이 전자만 일어나는 경우는 드물다. 종교재판 같은 역사상의 고문 사례들은 심문이라는 요소를 반드시 포함하고 있었으며, 현대에도 마찬가지이다. 예로부터 고통은 '질문'을 동반했다는 뜻이다. 고대 역사에서도 고통과 질문은 계속해서 같이 붙은 채로 나타난다. 인도에서 야크샤yaksha* 숭배자들에게 붙잡힌 외부인은 일련의 수수께끼를 질문받은 다음 희생 제물로 바쳐졌다.[6] 육체적 행위와 언어적 행위 간의 연관성, 몸과 목소리 간의 연관성은 자주 잘못 진술되거나 오해된다. 심문을 통해 알아내고자 하는 정보가 고문의 **정당한** 동기로 여겨지는 때는 거의 없지만, 거듭해서 고문의 동기로 여겨진다. 하지만 중대한 정보를 알고 있는 사람 한 명이 심문당한다고 할 때, 이런 사례 하나당 수백 명의 사람이 정권의 안정성이라든지 정권의 자기 이미지에 중요한 일이라곤 아무것도 모르는데도 심문당한다.[7] 그리스에서는 달걀이 너무 작다는 이유로 달걀장수를 체포하기도 했고,[8] 칠레에서는 감방에 갇힌 사람들이 군용기가 추락했다는 TV 뉴스를 보고 손뼉을 쳤다는 이유로 처벌받았

---

* 인도 신화와 불교 경전에 등장하는 귀신. 한국어에서는 '야차'로 음역된다.

다.[9] 불안정한 정권하에서 사람들을 체포하고 처벌하는 동기가 이처럼 종종 허구이듯, 고문의 동기로 가장하는 이유들도 허구이다.

　육체적 잔혹 행위의 동기가 정보를 얻기 위해서라는 견해는, 질문 내용보다는 질문의 어조와 형태에서 나온 견해이다. 질문 내용이 모욕적일 정도로 아무 상관없는 일에 대한 것일 때도 질문들은 **마치** 그 질문들이 잔혹 행위의 동기가 된다는 듯, **마치** 그 질문들에 대한 대답이 중대하다는 듯 선언되고 전달되기 때문이다. 인간이 말할 때 의문문과 평서문과 명령문이, 나아가 이 세 종류 문장의 강한 꼴인 감탄문이 이렇게 심문에서처럼 하나로 합쳐져 있는 경우는 드물다. 각 문장 형태의 어조에 내포된 화자-청자 간 관계는 전부 근본적으로 달라서, 평서문에서는 서로 독립적이고 의문문에서는 불확실한 의존이 나타나며 명령문에서는 한쪽이 우위에 있다. 심문에서는 이런 어조와 관계들이 감탄문의 급박함 안에서, 다른 문장 형태들은 존재하지 않고 또 다른 문장 형태들에 전혀 제한받지 않는 것처럼 가장 절대적인 상태까지 고조된다. 어조와 관계들의 이러한 급속한 미끄러짐과 충돌은 매우 극단적인 수준의 불안정성을 내보여서, 심문하는 사람의 존재가 심문의 결과에 달린 것으로 보일 정도이다. 사실 이처럼 문장 형태가 뒤섞이는 일이 육체적 잔혹 행위는 수반하지 않으면서 사적이고 비정치적인 언어 안에서 발생할 때는, 질문하는 사람의 존재가 정말로 청자의 응답에 달려 있을 수도 있다. 가령 질투심에 찬 연인이라든지 어떤 일에 대경실색한 부모가 질문을 퍼부을 때가 그렇다. 이들은 자신만의 확신에 빠져 있다가, 또 다음 순간엔 청자가 인정하길 애걸한다. 확신과 애걸 사이를 왔다 갔다 하면서 질문을 던지고 자신만의 정답을 우기기도 한다. 하지만 고문자가 던지는 질문들의 내용과 맥락이 분명히 보여주듯, **마치** 답변 내용이 중요한 것**처럼** 질문된다고 해서 답변 내용이 실제로 중요하지는 않다. 핵심은 심문이 고문 외부에 존재하는 고문 동기나 이유가 아니라는 점이다. 심문은 고문의 구조 내부에 있다. 심문과 육체적 고통이 긴밀하게 연결되어 서로 상호작용하기 때문이다.

　　　　　　　　　　　　　　　　　　　　　　　　　고통받는 몸

고통과 심문은 불가피하게 함께 발생한다. 그 이유 중 하나는 고문자와 죄수가 고통과 심문을 서로 반대되는 것으로 경험하기 때문이다. 정치적 의미가 있는 듯 가장하는 어떤 질문은 고문자에게는 너무나 중요해서 기괴한 잔혹 행위도 서슴지 않게 될 정도이지만, 잔혹 행위를 경험하는 죄수에게는 너무나 하찮고, 그래서 죄수는 답을 한다. 질문의 날조된 위급성과 중요성 때문에 고문자에게는 인간의 고통이라는 절대적이고도 단순한 사실이 보이지 않으며, 고통 가하기라는 도덕과 관련된 사실이 무미건조한 사실이 된다. 반면 바로 자신의 고통이라는 절대적이고 단순하며 압도적인 사실 때문에 죄수에게는 그 어떤 질문의 중요성도, 나아가 질문이 지시하는 세계의 중요성마저도 무미건조하고 보이지 않게 된다. 심한 고통은 세계를 분쇄한다. 자백을 강요함으로써 고문자는 심한 고통이 세계를 분쇄한다는 사실을 죄수가 진술하고 대상화하도록 강요한다. 이것이 바로 정권에게 죄수의 답변 내용은 가끔만 중요하지만, 답변이라는 형태와 죄수가 답변한다는 사실은 언제나 중대한 이유이다.

고문자들뿐만 아니라 고문 행위를 끔찍해하면서 피해자에게 동정을 느끼는 사람들조차 자백을 은밀히 경멸하곤 한다. 이런 경멸은 직접 고통을 경험하지 않은 사람들이 육체적 고통이라는 현실에 접근하기가 얼마나 어려운지를 보여주는 많은 예 중 하나일 뿐이다.[10] '배신'이라는 단어에 기초한 언어는 자백의 본질을 왜곡한다. 사실 자백을 하며 죄수는 자기 자신을 배신하며, 또 친구, 가족, 조국, 대의 등 자아를 구성하는 세계의 모든 측면을 배신하는 것이다. 비정치적인 맥락을 살펴보면 배신이라는 언어가 얼마나 부적절한지 바로 알 수 있다. 치과의사의 드릴이 노출된 신경에 가닿는 순간, 사람들은 흔히 별을 본다고 말한다. "별을 본다"라는 말은 그 순간에 의식의 내용물이 지워지며, 자녀의 이름, 친구의 얼굴에 대한 기억이 모두 부재하게 된다는 뜻이다. 하지만 이 '부재'의 본질은 '배신'이라는 말로는 드러나지 않는다. 부재의 본질은 생각과 감정으로 이루어진 창조된 세계가 말 그대로 존재하기를 멈춘다는 것이다. 한 사람의 자아와 세계를 구성하며, 언어를 낳았고 또 언어에 의해 가능해지는 심리적·정신적 내용물이 사라진다는 것이다. 존재하길 멈춘 무언가를 배신할 수는 없다. 존재하길 멈춘 무언가에 충실하지 못할 수도 없다.

커다란 고통은 지각을 붕괴시키며 이 과정은 자백에서 대상화된다. 이런 지각 붕괴 과정에 초점을 맞추는 이야기는 실제이든 허구이든 많지 않다. 사르트르Jean-Paul Sartre의 단편소설 〈벽The Wall〉은 그 많지 않은 이야기 중 하나로, 지각 붕괴 과정의 일부를 보여준다. 이야기는 스페인 파시스트 정부하의 어느 죄수가 자신이 사형선고를 받았다는 사실을 알게 되기 직전에 시작해서, 사형선고가 적어도 잠정적으로는 취소되었다는 사실을 알게 된 직후에 끝난다. 죄수가 받은 갑작스러운 형 집행 유예는 잠시 동안은 말이 안 되는 것처럼 보인다. 친구가 숨어 있는 장소를 알려주면 목숨을 살려주겠다고 정권이 제안했을 때 주인공은 거짓 정보를 줬고, 따라서 자신의 죽음을 벌어둔 것이나 마찬가지였기 때문이다. 이야기 끝부분에서 죄수는 바로 자신이 알려준 장소에서 친구가 붙잡혔다는 사실을 알게 된다.

위 설명을 듣고 〈벽〉이 참담한 아이러니의 느낌을 주면서 끝난다고 예상할 수도 있다. 〈벽〉의 결말이 반어적 구조를 거의 전형적으로 보여주기 때문이다. 일련의 반전들이 급속하게 일어나고(사형될 것이라 예상했지만 곧 갑작스러운 집행 유예가 있고, 형이 유예되었다는 사실에 안도하지만 곧 유예를 위해 어떤 값을 치렀는지 알게 된다), 반대되는 것들이 결합하며(이유 없는 우연은 진부하지만, 이 진부함이 배신이라는 심각한 사건을 일으킨다), 인식의 한계가 계속해서 드러난다(죄수는 자신이 숨긴다고 생각했지만 실은 드러내고 있었고, 자기 의지대로 움직일 수 있는 영역이 매우 작을 것으로 판단하고 받아들였지만 사실은 생각보다도 훨씬 더 작았다). 하지만 결말은 반어적 충격을 거의 전혀 주지 않는다. 이야기를 읽어가면서 독자는 이 소설 끝부분의 사건이 통상적으로는 사람의 마음을 움찔하게 하고 졸아들게 하고 일순 정지하게도 만드는 리듬을 가진다는 사실을 인식할 것이다. 하지만 이런 인

식은 오로지 먼 거리에서 바라보고 있는 듯한 느낌으로 일어날 뿐이고, 그
래서 독자의 실제 반응은 아마 어깨를 한 번 으쓱하는 일에 가까울 것이
다. 결말 부분의 완전한 밋밋함은 이 소설이 묘사하는 의식 상태, 즉 점점
더 또렷해지는 몸과 점점 더 실체가 사라져가는 세계 사이의 간극이 한가
운데에 놓여 있는 의식 상태를 보여준다. 또 사실은 우리 자신도 이런 의
식 상태에 들어가 있음을 깨닫게 한다. 몸과 세계 사이에 놓인 이 압도적
인 단 하나의 간극 때문에, 우리가 보통 '반어적'이라고 인식하는 정도가
덜한 간극들 및 이 간극들이 속한 세계는 멀리 있으며 전부 무너져 내리
고 있는 것처럼 보인다.[11]

　　〈벽〉에서 주인공 파블로 이비에타의 경험은 큰 고통을 당하고 있는
사람의 경험과 똑같지는 않아도 거의 비슷하다고 할 수 있다. '고문을 당
한다면 분명 달라는 정보를 줄 것'이라고 재빨리 덧붙이는 부분이 있는
것으로 봐서 이비에타는 고문을 당하지는 않았다. 하지만 사형선고를 받
았다가 갑자기 유예 처분을 받았고, 따라서 사실상 '모의 처형'을 경험했
다고 할 수 있다. 모의 처형은 그리 오래지 않은 과거에 칠레, 브라질, 그
리스, 필리핀 같은 곳에서 흔했던 고문 형태로, 필리핀에서는 '죽는 과정'
이라고 불리기도 했다. 고통과 죽음의 유사한 점인 극단성과 절대성은 고
문과 죽음의 경계 위에서 찾아볼 수 있다. 이런 유사성을 가시화하는 데
물론 특정 고문이 필요하지는 않다. 부족 성인식에서 고통이 죽음의 상징
적인 대체물로 사용되는 예는 매우 빈번하다.[12] 실제 죽음에서는 느끼기
불가능한 죽음의 몸 경험에 상응하는 것이 바로 고통임을 사람들이 직관
적으로 인지하기 때문일 것이다. 고문과 죽음 둘 다 몸 때문에 발생한다.
둘 모두에서 의식의 내용물은 분쇄된다. 고문과 죽음은 가장 격렬한 부정
으로, 반인간적인 것, 절멸, 도저히 견딜 수 없는 괴로움이 가장 순수하
게 표현된 것이다. 단 하나는 부재이고 다른 하나는 몸으로 느끼는 현존이
며, 하나는 감응력의 중단 안에서 일어나고 다른 하나는 감응력의 끔찍한
과부하로 나타난다. 그렇다면 일어나는 맥락에 상관없이 육체적 고통은

언제나 죽음을 모방하며, 육체적 고통을 가하는 일은 언제나 모의 처형이다.

영국 소설가 조지 엘리엇$^{George\ Eliot}$은 "모든 사람은 죽는다"는 일반적인 인식이 "나는 죽는다ー곧"이라는 구체적인 인식으로 치환되는 순간을 묘사한 적이 있다. 다음날 총살당할 예정임을 파블로 이비에타가 알게 되는 순간은 바로 그런 순간과도 같다. 죽음이 '곧' 올 것이라고 말할 수 있을 때 죽음은 이미 시작된 것이다. 이비에타는 죽어가고 있다. 자신의 생명을 끝낼 손상을 입었기 때문이 아니라, 생명을 끝낼 몸을 경험하기 시작했기 때문이다. 죽임을 당할 수 있는 몸을, 죽임을 당하는 순간 자신을 존재하게 했던 조건들을 앗아갈 몸을 경험하기 시작했기 때문이다. 예정된 사형이 집행될 아침까지 밤새도록 이비에타의 몸은 두 가지 상태를 정신없이 왔다 갔다 하면서 몸 자체에 주의를 환기한다. 몸은 대단히 민감해지거나 반대로 둔감해짐으로써 몸 자신을 드러낸다. 뺨이 화끈거리고 후각이 혼란스러울 만큼 예민해지거나(8), 땀이 흐르고 소변이 나오고 있다는 신호를 몸이 보내지 않기도 한다(6, 12).[13] 이비에타에게도 사르트르에게도 이런 이원성은 흥미를 끌만큼 역설적이지도 않고 당혹스럽지조차 않다. 몸이 자신을 주장하는 이 두 가지 방식은 별 설명 없이 그저 함께, 나란히 존재할 뿐이다. 이비에타의 몸은 "작은 생채기들이 수없이 난 것처럼 …… 고통으로" 가득 차 있다(8). 이 몸은 고통이다. 아프게 하는 날카로운 감각이며, 아픔 때문에 극도로 각성해 있다. 이 몸은 상처이다. 둔하고, 모든 것을 잊었으며, 아픔에 무심하고, 아픔뿐 아니라 다른 그 무엇에도 무심하고, 조용하며 무감각하다. 이 몸은 너무도 강렬하게 살아 있는 조직으로, 고통받을 때처럼 때로는 외설적일 정도로 강렬하게 살아 있다. 동시에 이 몸이 있기에 이비에타는, 또 모든 사람은 언젠가 죽는다.

이비에타는 몸을 자신이 묶여 있는 "커다란 벌레"로(12), 함께 묶여 있지만 자신과는 아무 관계가 없다고 느껴지는 거대한 사물로 지각한다. 몸의 거대하고도 육중한 현존 안에서 나머지 세계는 사소해진다. 다른 모

고통받는 몸

든 것은 뒤집혀 내용물이 비워진 것과도 같다. 한때는 가득 차 있었으나 이제는 윤곽이고 스케치일 뿐이다. 스페인이라든지 무정부주의처럼 며칠 전에는 극적인 현실이었던 것이 이제는 긴급하지도 않고 의미도 없다. 적 敵인 심문자들과 대면해도 예전에 모국과 대의에 대해 느꼈던 감각이 되살아나지 않는다. 이비에타는 심문하는 자들의 몸짓과 복장, 의견, 행동이 바보스러울 정도로 하찮아 보이며 "괴상하고 우습기 짝이 없다"고 묘사한다(15). 그는 심문자들의 이데올로기나 잔혹함에 분노를 느끼기보다는 그들의 진지한 모습에 어리둥절해한다. 또 자신들도 언젠가는 죽는다는 사실을 인식하고 있지 못한 그들의 모습에 당혹해한다. 이처럼 모국과 신념을 상실한 것은 세계와 자아가 하찮아졌음을 보여주는 많은 신호 중 하나일 뿐이다. 고작 하루 전만 해도 사랑하는 여인에 대한 생각이 이비에타의 의식을 가득 채우고 있었고, 그래서 말을 들어줄 적당한 사람이 옆에 없는데도 그녀를 묘사하는 애정 넘치는 말들이 흘러나올 정도였다. 하지만 이제 그 여인은 돌이킬 수 없을 정도로 멀어졌고, 이비에타는 작별의 말 몇 마디를 나눌 기회조차 거절한다(11). 감방 안의 물리적 사물들, 가장 직접적이고도 구체적인 의식의 대상들조차 내용물이 비워지고 그저 스케치가 된다. 이비에타는 벤치, 등불, 석탄 더미가 "기묘하게 보였다. 보통 때보다 형태가 지워져 있었고 더 엷었다"고 말한다(12).

이 소설의 화법도 전체적으로 스케치 같은 특성을 띤다. 소설이 묘사하는 경험의 윤곽은 더할 나위 없이 명료하지만, 모든 격렬한 감정은 제거되어 이비에타의 세계만큼이나 균질하고 균일한 표면, 즉 벽 안으로 흡수된다. 이 소설에서 일어나는 사건이 불러일으킬 수도 있었던 공포는 독자에게는 '그런 사건이 있었다'는 단순한 사실로 대체된다. 하지만 시야의 가장자리에서 독자들은 잠깐씩이나마 글이 묘사하는 사건을 감지할 수 있어서, 사건의 텅 빈 윤곽뿐만 아니라 현재 발생 중인 세계 붕괴라는 위기의 속도와 힘과 방향을 느낄 수 있다. 의식의 대상들 전부가 한 번에 쭉 휩쓸려 나간다. 가장 멀리 있는 것에서 가장 친밀한 것까지, 시각의 한계

공간에 존재하는 것에서 몸 경계 바로 바깥 공간에 존재하는 것까지, 북두칠성에서 스페인까지, 사적인 기억이 담긴 영역에서 가장 변치 않는 사랑과 믿음의 대상들까지, 그리고 마침내는 이비에타가 앉아 있는 벤치와 발치의 석탄 더미까지 모두 절멸된다. 세계가 축소되는 이런 끔찍한 움직임은, 거대한 고통에 압도되거나 임박한 죽음을 자각하고 압도된 사람의 고통으로 구겨진 얼굴에 문득 드러나곤 한다.

사르트르가 묘사하는 지각 과정은 정치적 맥락뿐 아니라 죽음이 가까운 모든 곳에서 일어나며, 따라서 노화에도 적용된다. 몸은 나이 든 사람의 세계와 자아를 말소하는 방향으로 작동하며, 때로는 젊은 사람들이 그 같은 몸의 작동에 일조하기도 한다. 중년을 넘겼고 더는 일하지 않는 사람들에게는 위의 세계 와해와 비슷한 일이 이미 진행 중일 수 있다. 그럴 때 이들은 예전의 직업, 살면서 했던 활동과 선택들을 잘못됐거나 하찮은 것으로 보게 된다. 이비에타의 스페인만큼이나 무의미해지지는 않겠지만, 또한 이비에타에게는 거의 끝난 과정이 이들에게는 막 시작되는 참일 수도 있겠지만, 동일한 과정을 통해 무의미해진다. 몸이 무너져가면서 몸은 점점 더 큰 관심의 대상이 되어 다른 모든 대상의 공간을 강탈한다. 그리하여 마침내 몹시 나이 들고 아픈 사람에게 세계는 오직 자신을 둘러싼 1미터밖에 안 되는 반경의 원일 수 있으며, 이 사람이 지각하고 말하는 것의 유일한 내용은 먹은 음식, 배설 문제, 통증 악화, 의자나 침대의 편함 또는 불편함밖에 없을 수 있다. 스트라빈스키[Igor Stravinsky]는 나이 듦을 "계속 줄어들기만 하는 기쁨의 반경"이라고 묘사한 적이 있다. 이렇게 세계 안에서의 기반이 계속 줄어드는 일은 노년을 재현한 작품들에서 거의 항상 나타난다. 이비에타가 앉아 있는 벤치가 그의 밑에서 무너져 사라져가는 것처럼, 노년 아래의 지면도 실체가 사라져가고 더는 그 사람에게 속하지 않게 된다.[14] 소포클레스의 희곡에서 오이디푸스는 고국 테베에 돌아오는 것이 금지된 사람이자, 콜로노스 땅의 침입자, 무단출입자이기도 하다. 셰익스피어의 리어왕은 오래도록 굴욕을 당한 후, 마침내 비좁지만 딸과

고통받는 몸

함께할 수 있는 공간인 감옥에 들어가고자 하지만 뜻대로 되지 않는다. 리어왕은 그 대신 한 나라의 끝, 절벽 좁은 가장자리에 홀로 남는다. 스트라빈스키가 "계속 줄어들기만 하는 반경"이라고 표현한 일을 가장 문자 그대로 당하고 있는 인물이 있다면, 바로 베케트<sup>Samuel Beckett</sup>의 《행복한 나날들<sup>Happy Days</sup>》의 주인공 위니일 것이다. 이 희곡에서 지면은 그녀를 허리께에서 삼킨 채로 가두고 있다가 얼마 안 있어 더 작은 반경의 목둘레로 좁혀 들어온다. 위 희곡들은 각기 여러 가지 함의로 가득하지만, 모두 어느 정도는 살아 있으려는 안간힘을, 조금이라도 더 머물면서 계속해서 세계 안으로 자기 자신을 연장하려는 안간힘을 극화한 것이다. 이 작품들에서 세계와 자기-연장은 많은 숫자의 수행기사와 시종으로 나타나기도 하고(《리어왕<sup>King Lear</sup>》), 익숙한 사물이 가득 찬 가방으로(《행복한 나날들》), 역사가 길지 않은 도시가 원로의 축복을 필요로 하는 것으로(《오이디푸스 왕<sup>Oedipus Rex</sup>》), 아니면 가장 명백한 예인 사랑스러운 자녀로 나타나기도 한다(《리어왕》).[15] 어느 경우든 모두 같은 종류의 안간힘을 표현한다. 세 작품 모두에서 목소리는 자기-연장의 마지막 원천이 된다. 말하고 있는 한 자아는 몸 경계 너머로 연장되어 몸보다 훨씬 더 큰 공간을 차지할 수 있기 때문이다.[16] 각 희곡이 지니는 힘의 상당 부분이 고도의 언어적 기교에서 온다는 것은 우연이 아니다. 나이 든 등장인물들이 말을 매우 많이 한다는 것, 작품에 나타나는 대단한 솜씨가 문체 과시라기보다는 생존 방식인 것도 우연이 아니다. 오이디푸스가 의례화된 과거 및 고백과 맹세의 미래를 오가며 하는 매우 열정적인 말이든, 리어의 명령과 탄원과 날카로운 외침과 고함 소리든, 끊임없이 떠드는 위니의 말이든 모두 그렇다. 침묵 속에서 자아의 경계는 자아와 함께 죽게 될 몸의 경계와 일치하게 된다. 위 등장인물들의 쉴 새 없는 말하기는 그들이 이 사실을 이해하고 있음을 표현한다.

죽어감 그리고 죽음에서와 마찬가지로, 심한 고통 중에 있을 때 몸의 주장은 세상의 주장을 완전히 무효로 만든다. 고통의 절멸 능력은 카를 마르크스<sup>Karl Marx</sup>가 관찰한 것처럼, "정신적 괴로움에는 오직 하나의 해독제가 있으니, 그것은 바로 육체적 고통이다"[17]라는 단순한 경험적 사실에서 드러난다. 마르크스의 발언에 깔린 전제는, "신이시여 제게 육체적 고통을 주지 마옵소서. 그럼 도덕적 고통은 제가 알아서 하겠나이다"[18]라는 오스카 와일드Oscar Wilde의 말에서 약간 비틀려서 나타나기도 한다. 19세기 사람들은 광기에 담긴 특권을 상기시키는 글을 거의 주기적으로 남겼다. 이후 한 세기가 넘도록 이런 글들에 사람들이 끝없이 매혹될 것을 예상이라도 하고 있었던 듯 보일 정도이다. 19세기 사람들은 자신들의 육체적 안녕으로부터, 또는 가장 정교하게 언어를 구사하는 계층 사람들의 육체적 안녕으로부터 정신적 괴로움과 혼란의 세세한 모습을 끌어냈다. 이런 글은 마르크스와 와일드의 예처럼 경구의 형태를 하고 있기도 했고, 이야기로 확장되어 나가기도 했다. 조지 엘리엇의 소설에서 아서 도니손은 육체적 고통이 자신을 권태에서 빼내줄지도 모른다고, 그래서 자신과 어린 처녀 헤티를 망치지 않도록, 또 자신이 속한 집단의 위계 규범을 어기지 않도록 도와줄지도 모른다고 생각한다.[19] 에밀 졸라Émile Zola의 작중 인물 엔느보 사장은 광산 노동자들처럼 "굶주린 배가 고통으로 뒤틀려서 머리가 빙빙 돌게"되면, 이루지 못한 결혼을 떠올리며 느끼는 떨쳐낼 수 없는 비통함이 곧바로 사라질 것이라고 생각한다.[20] 육체적 고통은 심리적 고통을 말소할 수 있다. 육체적 고통이 모든 심리적 내용물을 말소하기 때문이다. 그 내용물이 고통스러운 것이든 즐거운 것이든 중립적인 것이든 마찬가지이다. 우리는 육체적 고통이 광기를 끝낼 수 있다고 생각한다. 이런 인식은 자아와 세계의 모든 측면을 끝낼 수 있는 육체적 고통의 능력을 우리가 부지불식간에 인정하고 있음을 보여준다.

육체적 고통이 지닌 절멸 능력을 보여주는 또 다른 예는 종교 체험에서 거듭 나타나는 육체적 고통이다. 종교적 금욕주의자가 자신에게 가하는 채찍질은, 종종 주장되듯 몸이 주장하는 바를 관심의 대상에서 제거하여 몸을 부인하는 행위가 아니다. 오히려 몸을 강조하는 행위로, 세계 안의 내용물을 지워버리고 이 세상의 것이 아닌 힘, 내용물이 없는 어떤 힘

고통받는 몸

이 들어오도록 길을 내는 것이다. '세계를 체로 쳐내기' 또는 '길 내기'라는 이 논리는 많은 사람이 믿는 거대 종교의 의식에서는 물론이고, 극도로 사적인 환시에서도 왜 강박적으로 고통이 나타나는지를 일부 설명해준다. 나아가 왜 그리스도의 십자가형이 기독교의 핵심에 위치하는지, 왜 원시적인 여러 예배 형태에서 고통 의례가 절정을 차지하는지도 설명해준다. 또 이 논리는 에밀리 브론테Emily Brontë의 《폭풍의 언덕Wuthering Heights》이 기반을 두는 원칙도 일부 설명해준다. 록우드의 꿈 안에서 맨 처음 선언되는 이 원칙은, 순례자의 지팡이는 몽둥이이기도 하다는 것이다.* 길 내기 논리는 왜 위스망스의 작품 속 유명한 댄디**조차 큰 고통을 겪게 되자 종교적 개심을 떠올리는지, 왜 잔혹극의 주창자 앙토냉 아르토Antonin Artaud가 자신의 탁월하고도 광기에 찬 글에서 잔혹함을 흉내 냄으로써 궁극적이면서도 본질적인 현실 원리를 하늘로부터 무대 위로 끌어내릴 수 있다고 말하는지, 그리고 매우 다른 여러 맥락과 문화 안에서 발생함에도 왜 형이상학적인 것이 중간 항인 세계를 끈질기게 배제하면서 육체적인 것과 계속함께 나타나는지를 어느 정도 설명해준다.

물론 고문을 당하는 사람의 위치는 종교적 맥락에서 고통을 경험하는 사람이나, 죽음이 가까운 노년, 또는 치과에서 아파하고 있는 사람의 위치와는 많은 면에서 근본적으로 다르다. 단순하고도 본질적인 차이 하나는 지속 시간이다. 치과의사의 드릴은 고문자의 도구로도 사용될 수 있다. 하지만 치과에서는 영원처럼 느껴지는 몇 초 동안만 드릴이 신경에 닿아 있는 반면, 고문에서는 영원처럼 느껴지는 셀 수 없이 많은 초 동안 드

---

* 작품 시작 부분에서 히스클리프가 사는 저택에 머무르게 된 록우드는 꿈을 꾼다. 꿈속에서 록우드는 '순례자의 지팡이'라는 막대기를 가져오지 않았다고 나무람을 당하며, 이후 꿈속 장면이 바뀌어 록우드가 목사를 규탄하자 교회 신도 전체가 순례자의 지팡이를 들고 달려들어 몽둥이질을 하려고 한다.
** 프랑스 소설가 조리스 카를 위스망스의 대표작 《거꾸로》(1884)의 주인공 데 제생트를 말한다. 데 제생트는 기존 질서와 권위에 환멸을 느끼면서, '거꾸로'라는 원칙에 따라 자신만의 방식으로 사는 실험을 해보는 인물이다.

릴이 닿아 있다. 하루에 17시간일 수도 있으며, 29일 동안 매일매일 4시간씩일 수도 있다. 두 번째 차이는 통제권이다. 고문당하는 사람은 자기 뜻대로 고통 속으로 들어왔다가 나갈 수 없다. 수난일에 하는 묵상의 고통 속으로 들어왔다가 나가는 기독교 신자라든지, 치료 요법 때문에 생기는 고통 속으로 들어왔다가 나가는 환자와는 다르다. 세 번째 차이는 목적이다. 고문에서, 세상 안의 사물들이 들어오는 통로를 깨끗이 비우는 이유는 종교에서처럼 영적 차원에서 감지할 수 있는 신성한 힘이 접근할 수 있도록 공간을 만들기 위한 것이 아니다. 또 병원이나 치과에서처럼, 세계의 기반이 되는 몸을 고쳐서 세계가 다시 돌아올 수 있게 하기 위해서도 아니다. 노년의 인간이 느끼는 세계 부재는 자신이 세계 안에 부재하게 되는 일을 미리 경험하는 것으로 이해할 수도 있다. 언젠가는 일어나게 돼 있지만 경험할 수는 없는 죽음이 경험할 수 있는 형태로 일어나고 있다고 볼 수 있다는 뜻이다. 반면 고문에서는 이렇게 조금이나마 긍정적인 설명조차 가능하지가 않다. 고문에서와 같은 잔혹한 무의미함은 아마 사고나 질환, 또는 통증 경로 자체의 이상 때문에 발생하는 장기간의 혹독한 고통에나 존재할 것이다. 그럼에도 여러 비정치적인 맥락을 지금까지 제시한 이유는, 이 맥락들을 살펴보면 고통에 관한 핵심 사실 하나가 즉시 자명해지기 때문이다. 고통 안에 너무도 뚜렷하게 존재하지만 '배신'이라는 용어가 은폐하는 이 사실은 다음과 같다. 심한 고통은 한 사람의 자아와 세계를 분쇄한다. 자아와 세계의 분쇄는 우주가 몸 바로 옆까지 수축하는 것처럼, 아니면 몸이 부풀어 우주 전체를 채우는 것처럼 공간적으로 경험된다. 심한 고통은 또한 언어를 분쇄한다. 한 사람의 세계를 채운 내용물이 붕괴하면서 그 사람 언어의 내용물도 붕괴하며, 자아가 붕괴하면서 자아를 표현하고 투사하던 언어는 그 원천과 주어를 빼앗긴다.

　세계, 자아, 목소리는 고문이 발생시키는 격렬한 고통 때문에 사라진다. 또는 거의 사라진다. 배신이라는 말은 세계, 자아, 목소리가 자백 때문에 사라진다고 암시하지만, 그렇지 않다. 죄수의 자백은 세계, 자아, 목소

고통받는 몸

리가 거의 사라졌다는 사실을 대상화하여, 이것들의 비가시적인 부재, 또는 '거의 부재'를 고문자들에게 가시화할 뿐이다. 고문받는 사람은 몸이 느끼는 두터운 고통 너머에서 희미하게 들려오는 심문자의 말에 고개를 끄덕이며 사람이나 장소의 이름을 되는대로 내뱉는다. 이 이름들은 말의 형태로 간신히 뭉쳐 있으며, 이 이름들이 세계 안에 지시하고 있는 대상과 상관이 없다. 이 사람은 이렇게 말하고 있다. "그래, 이제 모든 것이 거의 다 사라져버렸다. 이제 거의 남은 것이 없다. 이 목소리조차, 내가 내고 있는 이 소리조차 내 말이 아니라 다른 사람의 말이다."

여기서 출발 지점으로 잠시 돌아가보자면, 고문은 두 종류의 행위로 이루어진다. 가장 주요한 육체적 행위인 고통 가하기와 가장 주요한 언어적 행위인 심문이다. 심문이라는 언어적 행위는 다시 '질문'과 '대답'이라는 두 부분으로 이루어진다. 질문과 대답이 각기 통상적으로 갖는 함의는 고문에서 일어나는 언어적 행위를 완전히 왜곡하여, '질문'을 '동기'로, '대답'을 '배신'으로 잘못 이해하게 만든다. 전자의 오해는 고문자를 믿을 만하게 만든다. 고문자에게 정당화할 수 있는 이유를 제공하고 잔혹 행위에 설명을 제공한다. 후자의 오해는 죄수를 의심하게 만든다. 고문자가 아니라 죄수를, 죄수의 고통이 아니라 죄수의 목소리를 그의 자아 상실과 세계 상실의 원인으로 만든다. 이 두 가지 오해는 분명 우연이 아니며 별개도 아니다. 첫 번째 오해는 책임 면제이고 두 번째 오해는 책임 떠넘기기로, 이 두 가지 오해는 함께 고문의 도덕적 현실을 거꾸로 뒤집는다. 고문에서 일어나는 **육체적** 행위를 볼 때는 거의 모든 사람이 곧바로 고문자에게 질겁하고 소름 끼쳐 할 것이다. 도덕적 책임의 경계선을 이보다 더 극명하고 간단히 그려낼 수 있는 인간의 상황, 즉 한 사람을 연민하며 반대편 사람의 주장을 내칠 수 있는 이보다 더 강력한 이유가 존재하는 상황은 상상하기 어렵다. 하지만 관심의 초점이 고문의 **언어적** 측면으로 이동하면, 도덕적 책임의 경계선은 바로 흔들리면서 고문자를 수용하고 신뢰하는 방향으로 모양을 바꾸기 시작한다.[21] 기본적인 도덕적 반응이 멈추고 그 방향이 바뀌는 전도가 일어나는 것이다. 이러한 전도는 고문에서 몸과 목소리 사이에 어떤 종류의 상호작용이 일어나는지 드러내며, 극심한 육체적 고통을 가하는 일에 왜 불가피하게 심문이 동반되는지 시사한다.

고문자가 죄수 바로 옆에 서 있다고 해도, 둘의 육체적 현실 간의 거리는 엄청나게 멀다. 죄수는 압도적인 육체적 고통 속에 있지만 고문자는 전혀 고통을 겪고 있지 않다. 고문자에게는 자기 몸 안에서 발생하는 고통도 없고, 바로 옆에서 괴로워하는 몸이 느끼는 고통도 없다. 고문자는 옆에 있는 자신과 똑같은 인간이 겪는 고통을 전혀 알지 못하고 함께 느끼지도 않는다. 그렇기에 그 고통의 현존을 견딜 수 있을 뿐 아니라, 몇 분이고 몇 시간이고 고통을 계속 현존하게 하고, 가하고, 유지할 수 있다. 죄수와 고문자를 갈라놓는 거리는 아마도 두 인간을 분리하는 가장 먼 거리일 것이지만, 그럼에도 비가시적인 거리이다. 양단에 놓인 두 가지 육체적 현실이 모두 비가시적이기 때문이다. 죄수는 모든 것을 멸하는 부정을 경험한다. 이 부정은 죄수의 몸 전체에서 너무도 강하게 느껴져서 눈앞의 공간으로, 또 귀와 입 안에서 넘쳐흐를 정도이지만, 다른 누구도 이런 부정을 느끼거나 알아채지 못한다. 반면 고문자는 '모든 것을 멸하는 부정'의 부재를 경험한다. 그리하여 죄수와 고문자가 각각 경험하는 육체적 현실은, 다시 말해 모든 것을 멸하는 부정 및 부정의 부재는 언어적 현실로 번역된다. 이 번역은 비가시적인 거리를 가시적으로 만들기 위해, 고통 차원에서 일어나고 있는 일을 권력 차원에서 일어나는 일로 만들기 위해, 전적으로 감응력의 양식 안에서 일어나고 있는 일을 자기-연장의 양식과 세계의 양식 안에서 일어나는 일로 바꾸기 위해 이루어진다. 고문자가 묻고 외치고 강요하고 간청하는 질문들은 고문자에게 세계가 존재한다는 사실을 대상화하며, 질문들의 날조된 긴급성을 통해 고문자의 세계가 매우 중대하다고 선언한다. 고문자의 세계가 지닌다고 주장되는 중대함은 고문의 잔혹함에 의해 확증되며, 고문자의 세계는 그 잔혹함에 동기를 제공하고 정당화할 수 있다. 고문자의 세계는 죄수의 답변에서 대상화되는 축소

고통받는 몸

되고 갈기갈기 찢긴 세계와 계속 나란히 놓임으로써 거대해진다. 죄수의 답변은 모든 대상이 붕괴했다는 사실을 명료하게 표현한다. 애착과 사랑과 취향과 오랜 친밀함 안에서 함께하며 유대감을 키워온 대상들을 포함해 모든 대상이 붕괴했다는 사실이 답변에서 드러나는 것이다. 죄수의 세계 기반이 계속 수축해야만 고문자가 팽창하는 영토 감각을 느낄 수 있다. 고문자의 질문과 죄수의 대답은 오랜 시간 계속되는 비교 전시이자, 번갈아가며 세계지도를 펼쳐 보이는 일과도 같다.

　나아가 두 세계의 이러한 전시는 자아들의 전시 또는 목소리들의 전시로 이해할 수도 있다. 세계, 자아, 목소리의 전시는 거의 하나의 현상이기 때문이다. 예를 들어 '동기'와 '배신'이라는 어휘는 그 자체로 고문자와 죄수의 개인성이 다르게 인지됨을 보여준다. 고문자에게 동기가 있다고 여기는 일은 고문자에게 심적psychic 내용물이 있다고 여기는 일과 같다. 죄수의 자백은 바로 심적 내용물이 그 자신에게 존재하지 않음을 고백하는 것이지만, '배신'이라는 용어는 죄수가 의도적으로 자신의 심적 내용물을 저버렸다고 비난한다. 또한 질문과 대답은 다음과 같은 사실을 대상화한다. 죄수에게는 목소리가 거의 존재하지 않지만, 고문자와 정권의 목소리는 이제 죄수가 그들의 말을 하기 때문에 배가되었다는 사실이다. 목소리가 거의 존재하지 않는 죄수의 자백은 언어 붕괴 과정에서 중간지점에 위치하며, '무언無言에 근접했음'을 귀로 들을 수 있도록 대상화한 것이다.

　따라서 심문은 정권에게 매우 중대하다. 고문에서 일어나는 육체적 사건들 안에서 고문자는 아무것도 '가지고 있지' 않다. 고문자는 오직 부재만을, 고통의 부재만을 갖는다. 고문자가 죄수로부터의 거리를, '가지고 있음'의 측면에서 경험하기 위해 둘 간의 육체적 차이는 언어적 차이로 번역된다. 고통의 부재는 세계의 현존이 되고, 고통의 현존은 세계의 부재가 된다. 짝을 이루는 이 같은 전도를 거쳐 고통은 권력이 된다. '죄수의 고통이 커질수록 고문자의 세계도 커진다'라는 등식을 '죄수에게는 세계가 부재한다'라는 중간 항이 매개한다. 즉 죄수의 고통이 커질수록 (죄수의 세계는 작아지고 그리하여 반대로) 고문자의 세계는 커진다. 이 일단의 전도는 고통을 대상화하는 동시에 왜곡한다. 고통의 중대한 측면 하나를 대상화함으로써 고통의 다른 모든 측면을 왜곡하는 것이다. 의식의 내용물이 말소되고 세계 기반이 제거되는 상황은 고통 때문에 생겨난다. 따라서 이런 상황이 대상화된 것, 예를 들어 자백은 고통이 존재한다는 징후이자 도움을 구하는 요청이 되어야 한다. 또 관심과 지원이 필요한 극단적인 상황이라고 선언해주는 역할을 해야 한다. 하지만 고통이 초래한 이 상황은 실제로는 오히려 고통이 존재한다는 주장을 의심하고 관심을 밀어내며, 아무도 고통을 보지 못할 것이고 고통이 방치될 것임을 확실히 하는 역할을 한다. 고문자들뿐 아니라 보통 사람들도 일반적으로 자백을 '배신'으로 인식한다. 이 경향은 죄수에게 세계가 부재한다는 것이 고통 중에 있는 그 사람에게 연민을 가져오기보다는 오히려 경멸을 가져온다는 사실을 매우 명백하게 해준다. 고통 때문에 발생한 세계 상실이 오히려 고통이 존재한다는 주장을 은폐하는 이 현상은, 한 사람의 육체적 고통을 다른 이의 권력으로 이해하게 하는 지각 과정 전체에서 핵심 단계이다.

한 인간이 다른 인간의 존재가 지니는 논박할 수 없는 정당성을 '인지'할 때, 그녀는 타인의 근원적 현실을 다음 두 장소 중 하나에서 발견한다. 감응력상의 복합적인 사실 안에서 또는 감응력의 대상들 안에서, 다시 말해 의식의 사실 안에서 또는 의식의 대상들 안에서이다. 정상적이고 평화적인 맥락에서라면, 발견은 두 장소에서 함께 일어나며 두 장소는 서로를 암암리에 가리킨다. 설명하자면 이렇다. 우리는 자기-연장이 세계 안에서 형태를 취한 것인 감응력의 대상들을 존중한다. 대상들이 우리를 타인에게 속하는 감응력상의 사실로 인도하기 때문이다. 글로스터의 백작지위, 위니의 손가방, 이비에타의 스페인, 리어왕의 깃털*은 집으로 돌아

---

*  전쟁에서 패한 리어왕과 코델리아는 감옥에 갇히고, 얼마 후 코델리아는 교살당한다. 딸의 시신을 팔에 안은 리어왕은 코델리아의 숨이 깃털을 움직이게 했으며 그녀가 아직 살아 있다고 착각한다.

고통받는 몸

가는 길을 보여주는 반짝이는 빵부스러기 같은 것이다. 이것들은 압도적인 내부의 사실을 드러내는, 외부 세계에 존재하는 흔적이다. 하지만 두 장소는 서로 완전히 분리될 수도 있다. 이런 분리가 일어나면, 감응력이나 감응력의 대상 중 한쪽에서 다른 하나를 발견하는 바로 그 습관이 이제는 오해를 부추긴다. 한쪽의 부재에서 다른 쪽의 부재를 보며, 글로스터의 백작 지위 상실에서 글로스터의 감응력 상실을 보는 것이다. 이런 오해는 지각적 잔혹 행위로서, 사적이고 조용한 방식으로 글로스터의 눈을 뽑아내는 일과도 같다.*

정치적 상황이란 정의상 거의 다음과 같은 뜻이다. 개인성의 두 장소가 어느 한쪽으로 쏠린 관계에 있거나 아니면 완전히 분리되어 서로 적대적으로 작동하기 시작하는 상황, 또는 그렇게 작동시키기 시작하는 상황이다. 고문은 이런 상황의 가장 극단적인 예다. 한 사람이 다른 사람의 감응력 때문에, 다른 이의 감응력에도 '불구하고'가 아니라, 점점 더 많은 세계 기반을 획득하기 때문이다. 고문이 만들어내고자 하는 전체 등식, '죄수의 고통이 커질수록 고문자의 권력은 커진다'는 이렇게 고쳐 말할 수 있다. '죄수가 더 크게 느낄수록more sentient 고문자가 갖는 감응력의 대상들은 더 많아지고 더 광범위해진다.'[22] 이 등식의 중간단계도 같은 종류의 언어를 사용해서 다시 쓸 수 있다. '고문자는 자백을 받아내려고 고통을 가한다'는 말은, '고문자는 죄수의 감응력을 이용해 죄수가 갖는 감응력의 대상들을 말소한다' 혹은 '고문자는 죄수의 살아 있음aliveness을 이용해 죄수가 살아가는 이유들을 부순다'는 말과 같다. 그리고 마침내, 이 전 과정은 자기-증폭한다. 죄수의 감응력이 죄수의 세계를 분쇄하면서, 위에서

---

\* 글로스터 백작과 아들들의 이야기는 리어왕과 딸들 간의 이야기와 함께 《리어왕》의 주요 줄거리를 이룬다. 글로스터 백작에게는 적자 에드거와 서자 에드먼드가 있었는데, 백작은 충실한 에드거를 모함하는 에드먼드의 간계에 속아 에드거가 자신을 해하려 했다고 믿는다. 이후 글로스터 백작은 비참한 지경에 처한 리어왕을 도우려 하나 에드먼드가 이 사실을 리어왕의 둘째 딸 부부에게 알려 눈이 뽑히는 처벌을 받고, 에드먼드가 글로스터 백작 지위를 이어받는다.

설명한 대로 이제는 죄수의 세계 부재가 감응력의 자기주장을 분쇄한다. 자백은 죄수에게 살아갈 이유가 더는 없다는 사실을 드러내지만, 죄수가 격렬할 정도로 너무나 살아 있다는 사실을 바로 이 자백이 은폐한다. 확장하는 세계 기반을 보여주는 고문자의 무언극은 죄수에게 세계가 부재함을 고문의 각 단계와 과정에서 거듭, 계속해서 표명하는 데 의존한다. 죄수의 세계 부재를 보여주는 방식 중 자백은 핵심적이지만, 다른 표명 방식들도 있다.

## II. 고문받는 사람에게 일어나는 세계 와해를 대상화하기

고문받는 사람의 의식의 내용물이 붕괴했으며, 이 사람의 세계가 수축하고 있고 최종적으로는 와해했다는 사실은 자백을 통해 인정되고 대상화된다. 또한 고문자가 무기로 사용하는 물리적 사물, 고문자의 행동, 고문자의 언어를 통해서도 대상화된다. 고문자의 무기, 행위, 말은 필연적으로 전부 세계에서 끌어온 것들로, 각기 다른 규모로 보여주긴 하지만 어쨌든 모두 고문자가 세계와 얼마만큼 깊게 관계를 맺고 있는지를 가시화한다. 셋 중에서 무기처럼 더 물리적으로 실재하는 것이 더 작은 세계를 재현한다. 물리적 사물로서의 무기는 인간 거처shelter의 기본 단위인 방 안 공간을 점하며, 따라서 가장 정제되고 수축된 형태로 세계를 재현한다. 감방은 쇠창살이 쳐 있고 잠겨 있고 감시받고 있어서 더 큰 세상이 거의 들어올 수가 없지만, 고문자는 육체적 행위와 말을 통해 더 넓은 세계의 면면들, 즉 더 광대한 형태로 존재하는 문명을 암시하여 방 안으로 들어오게 한다. 아래에서 설명하겠지만, 고문자는 죄수 내부에서 일어나는 세계의 붕괴와 의식의 말소를 무기, 행위, 말이라는 세 영역 모두에서 극화한다. 잔혹하고 무자비하고 야만적인 고문은 문명을 지워 없애는 일이 자신의 본성임을 (무의식적일지라도) 자의식적이고 노골적으로 선언하며, 의식

고통받는 몸

안에 창조되어 있는 내용물 파괴하기를 실연한다.

정상적인 맥락에서라면 거처의 가장 단순한 형태인 방은 인간의 삶에서 가장 평화로운 잠재력을 표현한다. 방은 몸이 확대된 것이다. 몸이 몸 안에 있는 개인을 에워싸고 보호하듯 방은 방 안에 있는 개인을 따뜻하고 안전하게 보호한다. 몸과 마찬가지로 방의 벽은 자아의 주위에 경계를 쳐서 세계와 무차별적인 접촉이 일어나지 않도록 막는 한편, 창문과 문을 통해 자아가 세계로 이동해나가고 또 세계가 들어오도록 한다. 창문과 문을 정교하지 않은 감각 기능 같은 것으로 볼 수도 있다. 방은 몸이 확대된 것이지만, 동시에 세계가 축소된 것, 문명이 축소된 것이기도 하다. 몸이 확대된 것인 방의 예를 보자면, 몸이 개인에게 안정된 내부 공간을 확보해주고자 하듯 방의 벽은 몸의 이런 노력을 모방한다. 즉 벽은 체온을 안정시켜서 몸이 체온 안정을 위해 쓰는 시간을 줄이고, 타인과의 거리를 제어하여 몸이 경직된 채로 주위를 살피는 조심스러운 자세를 계속 취하지 않아도 되게 한다. 벽은 위의 방식을 포함해 여러 방식을 통해 몸처럼 행동하며, 그리하여 오히려 몸은 더욱 벽과는 다르게 행동할 수 있다. 한편 이런 모든 일을 하는 벽은 독립된 사물, 몸에서 자유로우며 몸에서 분리된 사물이기도 하다. 물질적이든 언어적이든 '창조하기 행위'를 통해 몸 경계 너머 공간으로 자신을 투사하고자 하는 인간의 충동을 실현한 사물인 것이다. 그리고 이런 창조하기 행위가 증식되고 집적되고 공유된 것을 우리는 문명이라고 부른다.

거처가 몸을 그대로 닮은 동시에 매우 도드라지는 문명의 한 예라는 사실은 서로 모순되지 않는다. 전자 때문에 후자가 가능하기 때문이다. 몸이 편안할 때만이, 즉 몸이 더는 지각과 관심의 강박적 대상이 아닐 때만이 의식은 몸 이외의 다른 대상을 찾을 수 있으며, 개인에게 외부 세계가 생겨나고 자라날 수 있다(그 외부 세계의 일부는 이미 존재하며 일부는 이제 형성될 참이다). 방은 방 외부 구조의 세세한 부분을 통해, 또 방 안 가구를 통해 인간 몸의 편의를 도모하며, 그리하여 인간이 더는 몸에 관심을 쏟지 않아도 되게 한다. 가구$^{furniture}$는 '푸르니르$^{fournir}$'라는 말에서 왔다. '푸르니르'는 '진전시키다$^{further}$' 또는 '앞으로 내보내다$^{forward}$'라는 뜻으로, 한 사람이 자신을 밖으로 투사한다는 의미를 띤다. 바닥, 의자, 침대라는 세 가지 기본 요소, 또는 더 간단히 하자면 바닥, 스툴$^{stool}$, 매트는 몸이 들고 나는 자세와 위치의 집합을 공간적으로, 즉 늘 볼 수 있는 형태로 만든다. 또 이 세 요소는 가장 빈번히 몸의 무게를 떠받치는 몸 안의 세 위치를 대상화하며, 몸 안에서 무게를 지탱하는 위치를 계속 바꿔야만 하는 몸의 필요를 대상화하고, 끝으로는 몸의 무게를 완전히 잊고 다른 것들에 더 마음을 쓰는 상태로 가볍게 이동해야 하는 몸의 필요를 대상화한다. 기본 요소인 방이 증식되어 방들이 있는 집이 되고 집이 증식되어 집들이 있는 도시가 될 때, 이 연속하는 문명의 증강 과정에서 몸도 계속 전달된다. 서구 문화에서 집 안의 모든 방은 몸에서 일어나는 일 하나하나에 부응해서, 주방과 먹기, 화장실과 배설하기, 침실과 잠자기처럼 짝지어진다. 도시도 마찬가지이다. 몸의 움직임은 디트로이트의 자동차 산업에서 볼 수 있으며, 시력과 기억력은 로체스터의 필름과 복사기 산업에서 볼 수 있다. 하지만 '문명의 개화$^{flowering}$'라는 말이 정확하게 표현하듯 문명이 외부를 향해 펼쳐지기 시작하는 곳은, 바로 벽이 에워싼 방 안쪽 공간 그리고 가정생활과 관련이 있는 그 안의 내용물이다. 필라델피아 시가 시청 앞에 설치한 빨래집게 기념물은 이 사실에 매우 아름답게 경의를 표한다. 클래스 올덴버그$^{Claes\ Oldenburg}$의 작품 〈빨래집게$^{Clothespin}$〉는 가정에서 쓰는 조그만 사물을 뒤바꿔 12미터 높이로 우뚝 서서 아치를 이루는 웅장한 사물로 만들었다. 평범한 빨래집게에는 가정적인 것의 특징인, 감싸고 '끌어안는' 몸짓이 확연히 나타나 있다. 팔 같은 금속 부속을 통해 나뭇조각 하나가 다른 나뭇조각을 끌어안고, 세 부분은 이제 한 몸처럼 움직이면서 다른 사물을 집게에 연결하고 또 사물들끼리 연결한다. 올덴버그의 〈빨래집게〉는 두 연인의 부드럽고도 확신에 찬 포옹을 담은 작품이며, 따라서 이 작품에서 무생물의 연속되는 끌어안는 동작이 나온 원천이자 가닿고자 하는 목적지

고통받는 몸

는 인간들의 포옹에 존재하는 포용적인 감응력이다. 이 빨래집게 작품은 거대하면서도 시청 건물과 편안하게 어울린다. 영속하는 것, 불후의 가치를 지닌 것은 일상적인 것 안에 있음을 인식하며, 커다란 지성이 줄 수 있는 드넓은 즐거움을 소소한 재치를 통해 발견한다. 누르기$^{press}$와 표현하기 $^{express}$를 같은 것으로 보며, 안에 담아두기와 뻗어나가기를 같은 것으로 본다. 이 모든 특성은 가정적인 것이 지니는 핵심적이고 압도적인 특징을 번역한 것이며 그 특징에 보내는 찬사이기도 하다. 그 특징이란 바로 가정적인 것의 보호하고 공간을 한정하는 행위 안에서 인간의 가장 광활한 잠재력이 나타난다는 것이다.

고문에서 세계는 방 하나 또는 몇 개로 축소된다. 정상적인 상황일 때 인간의 거처에는 베풀고 문명화하려는 충동이 존재하는데, 이 충동을 확인하고 이 충동에 주목하게 하는 이름을 고문실에 붙이는 경우가 자주 있다. 그리스에서는 고문실을 '손님방'[23]이라고 불렀고 필리핀에서는 '안가安家'[24]라고 불렀다. 거처에 존재하는 베풀고 문명화하려는 충동에 주목하게 하는 일은 이 충동을 절멸하겠다는 선언의 시작 부분일 뿐이다. 고문실은 고문이 일어나는 주변 환경 이상의 것이며, 구타와 화상 입히기와 전기 충격을 일으키는 데 사용되는 다양한 기구가 놓인 공간 이상의 것이다. 고문실은 말 그대로 또 다른 무기, 고통의 작인으로 전환된다. 벽, 천장, 창문, 문 등 방 기본 구조의 모든 측면이 이런 전환을 겪는다. 스페인 사람들에게 고문당한 바스크 사람들은 가장 무서웠으며 타격이 컸던 고문으로 '빗장'을 꼽는다. 문에 빗장을 계속 빠른 속도로 걸었다가 풀었다가 함으로써 죄수들이 고문이 곧 또 시작될 거라는 생각에 계속 떨게 만드는 행위였다.[25] 포르투갈 독재정권 시기의 비밀경찰$^{PIDE}$이 소지했던 비품 중에는 뜻을 알 수 없는 말들이 적힌 메모가 있었다. 잔혹 행위를 당했던 사람들의 말에 따르면 고문자들은 며칠이나 수면 박탈을 당한 죄수들이 갇혀 있는 방 문 앞에서 이 말들을 읽었다고 한다.[26] 솔제니친$^{Aleksandr\ Solzhenitsyn}$은 《제1원$^{The\ First\ Circle}$》에서 최대한 귀에 거슬리도록 문을 쾅 닫거나, 반대로 매우 조용히 문을 닫아서 시끄럽게 닫을 때와 마찬가지로 사람을 불안하게 만들도록 훈련받은 보초들을 묘사한다.[27] 필리핀의 수감자들은 고문자가 그들의 머리를 반복해서 벽에 찧었다고 보고한다.[28] 시리아에 억류되었던 이스라엘 군인들은 다음과 같은 고문을 당했다고 묘사한다. 고문자들은 이스라엘 군인을 타이어에 끼운 다음 천장에 연결된 줄에 매달아서, 구타당하는 동안 타이어와 함께 앞뒤로 흔들리게 했다. 또 성기에 줄을 매달아 문손잡이에 달아놓고는 줄을 두들겼다.[29] 그리스 군사정권하에서 고문당한 사람들의 증언에 따르면, 창밖을 내다보는 행위가 구타를 당하는 계기가 되기도 했다고 한다. 고문자들은 죄수를 창문으로 데려간 다음 "창밖으로 내던지겠다de-fenestrate"*고 위협하거나, 벽에 등을 대고 서서 음란한 말을 하게 시키거나, "벽아, 지나가게 길을 열어라"라는 말을 반복하면서 벽을 밀게 했다. 또 스페인 고문자들이 했던 '빗장' 고문과 비슷한 고문을 하거나, 문을 열어두고 죄수나 죄수의 친구, 가족을 해치겠다는 내용의 대화를 해서 죄수가 듣게 했다.[30]

고문실 실제 구조의 모든 측면이 불가피하게 고문 과정에 합쳐지면서, 방의 내용물인 가구와 비품들도 무기로 전환된다. 가장 흔한 예는 욕조로, 수많은 나라의 고문 사례에서 매우 도드라지게 나타난다. 하지만 욕조는 방 안의 가구나 비품을 고문에 사용한 여러 예 중 하나일 뿐이다. 필리핀의 계엄령 시기에 고문당했던 사람들은 의자, 간이침대, 서류 보관함, 침대에 몇 시간이나 며칠, 어떤 경우는 몇 달을 같은 자세로 묶여 있거나 수갑이 채워진 채로 있었다고 한다.[31] 또 고문자들은 이들을 "패밀리 사이즈 탄산음료 병"으로 구타하거나, 의자로 손을 짓이기거나, 머리를 "냉장고 문 모서리에 계속 찧"거나 "서류 보관함 모서리에 박아댔다."[32] 방은 그 구조와 내용물이라는 두 측면 모두에서 무기로 전환되고converted, 탈-전환되고deconverted, 파괴된다. 고문은 사물이 죄수를 절멸하는 데 참여하도록

---

\*    '창밖으로 내던지다'는 뜻의 'defenestrate'는 '창문이 있다'는 뜻의 단어 'fenestrate'에서 왔다.

만들고, 모든 것이 무기임을 사물이 표명하게 한다. 그러면서 사물 자체도 절멸되며, 사물과 함께 문명이라는 사실도 절멸된다. 이제 벽도 없고, 창문도 없으며, 문도, 욕조도, 냉장고도, 의자도, 침대도 없다.

한 사람이 심하게 다치고 있다는 압도적인 사실에 비하면, 무기의 정확한 본성이나 문명의 해체를 흉내 내어 극화하는 일은 기껏해야 부차적일 뿐이다. 그럼에도 여기서 무기와 문명 해체의 극화가 서로를 표현한 것이자 증폭한 것임을 아는 일은 매우 중요하다. 즉 대상$^{object}$을 탈-대상화하기$^{de-objectifying}$, 만들어진 것$^{the\ made}$을 파괴하기$^{unmaking}$는 고통이 한 사람의 세계에 붕괴를 초래하는 방식을 외재화하는 과정이며, 동시에 이 세계 붕괴 자체가 문자 그대로 고통스러운 것, 고통을 유발하는 직접적인 원인이 된다. 냉장고를 몽둥이로 만드는 전환에서 냉장고는 사라지고, 냉장고의 사라짐은 커다란 고통 중에 있는 사람이 경험하는 세계(하늘, 국가, 벤치)의 사라짐을 대상화한다. 그리고 냉장고의 사라짐이라는 사실 자체, 냉장고가 몽둥이가 되는 이행 자체가 고통을 가한다. 보호하기라는 가정적인 행위는 상처를 입히는 행위가 되고, 상처를 입히면서 사물은 사물이 아닌 것이 된다. 사물의 본질은 밖으로 뻗어나가는 인간의 잠재력을 표현한 것이다. 또한 사적이며 고립시키는 자신만의 필요 밖으로 나와서 공유 가능한 세계 안으로 자신을 투사할 수 있는 인간 능력을 표현한 것이다. 이 세계는 형체가 있으며 대상화되었기에 공유 가능하다. 하지만 상처를 입히면서 이제 사물은 개별적인 수축을 표현하며, 인간이 느끼는 감각 중 가장 자신에게만 몰두해 있고 자신만을 경험하는 감각으로 후퇴했음을 표현한다. 1970년대의 고문 보고서들에 위에서 언급한 것 같은 흔한 일상 사물들이 나타나는 데는 이유가 있으며 우연이 아니다. 1940년대의 독일에 관해 우리가 알고 있는 것 중 너무도 많은 부분이 '화장로火葬爐' '샤워실' '전등갓' '비누' 같은 말들과 붙어 있다는 사실과 마찬가지이다.

죄수의 물리적 세계는 방과 방 안 내용물에 한정되며, 문명을 구현한 것들은 문을 통과할 수 없다. 하지만 다음과 같은 문명의 제도 두 가지가 물리적으로 존재하지는 않으면서도 고문이 이루어지는 동안 계속 암시되고, 그리하여 밀폐된 방이라는 물리적 현실 뒤에서 어른거리면서 그 현실을 뒤덮는다. 일상 사물이 그랬듯 이 제도들도 무기로 이용되며 그럼으로써 파괴된다. 첫 번째 제도는 당연히 재판이다. 고문의 기본 틀은 재판을 뒤집은 것, 원인과 결과를 전도한 것이다. 재판은 처벌로 이어질 수도 있는 증거를 검토하지만, 고문은 증거를 생산하기 위해 처벌을 이용한다. "유죄가 아니라면 유죄가 될 때까지 패라" "베트콩이 아니라면 베트콩임을 인정할 때까지 팰 것이며, 베트콩임을 인정하면 더는 감히 베트콩일 수 없을 때까지 팰 것이다"라는 남베트남 고문자들의 표어는, 어느 곳에서 일어나든 고문이라면 그 과정 자체에 언제나 가시적으로 존재하는 무언가를 선언한다.[33] 두 번째 제도는 의료로, 이 제도도 전도된 채로 고문 과정에 항상 나타난다. 솔제니친의 《수용소군도The Gulag Archipelago》는 러시아에서 의사가 고문자의 '오른팔'이 되는 과정을 그린다.[34] 그리스 군사정권에 복무한 고문자들에 대한 재판 동안, '코파스Kofas 박사'로 언급되던 남자는 줄곧 관심의 초점이었다.[35] 필리핀 죄수들이 당한 고문에 관한 보고서는 '원치 않은 치과 치료'를 언급한다.[36] 칠레에서는 어이없을 정도로 아무렇게나 이루어진 치료 때문에 환자들의 상태가 악화되었다고 증언한 사람이 여럿 있었고, 치명적인 약들을 수감자에게 과다 투여한 사례들도 보고되었다.[37] 포르투갈 사례에서 의사들은 고문 절차를 더 효과적으로 설계하기 위해, 고문 때문에 몸을 못 쓰게 된 죄수들을 직접 연구하는 것은 물론 이 죄수들의 사진까지 연구했다.[38] 브라질에는 '미친 치과의사'와 '수술대'로 불리는 고문 방법들이 있었다.[39] 이스라엘 측에 붙잡혀 있던 시리아 포로들은 이스라엘 사람들이 불필요한 절단 수술을 했고 상처를 휘발유로 닦아냈으며 터무니없이 많은 양의 피를 뽑았다고 주장했다.[40] 우루과이에서 의사들은 환각, 심한 고통, 질식을 일으키는 약 투여를 도왔고, 고문자를 돕길 거부한 의사들이 하도 많이 사라져서 의료·보건 체계가 위기 상황에 처할 정도였다.[41] 이런 사례를 끝없이 늘어놓는 일은 불필요할 것

고통받는 몸

이다. 의학이 고문에 의료기구나[42] 이름을 제공했을 뿐이든, 또 의사가 진짜 의사였든 의사인 척했을 뿐이든,[43] 의사가 고문 방법을 고안하고 직접 잔혹 행위를 했든 아니든, 죄수가 다시 고문당할 수 있도록 치료함으로써 고문 과정을 도왔든 아니든, 도움을 가장해 고문 과정을 정당화했든 아니든 마찬가지이다. 의료 제도는 사법 제도와 마찬가지로 고통의 실제 작인으로 이용되는 동시에 고통이 인간 의식에 미치는 영향을 표명한 것이 되며, 그럼으로써 해체되고 파괴된다. 고문 과정에서 암시되는 기타 제도들도 있지만, 간헐적으로 나타나며 보통은 고문실이나 지휘 본부 위치 때문에 우연히 생기는 일이다. 예를 들어 칠레의 경기장, 파라과이의 경찰서, 그리스의 교통통제사무소, 더 일찍이는 알제리의 사탕공장이 그랬다.[44] 반면 의료와 법, 보건과 사법은 장소에 상관없이 어디에서나 나타나며, 이는 고문의 본성에서 비롯된다. 둘은 몸과 국가를 제도로 정교하게 구현한 것이기 때문이다. 의료와 법은 강제수용소에서 가장 지속적으로 전도되어 나타난 제도이기도 하다. 두 제도는 독일이 누렸던 현대적이고 산업화된 대중 사회의 지위에 맞춰 약간 다르게 정의되어 나타났다. 즉 '몸'은 의학이 아니라 의학의 변종인 과학 실험실에서 나타났고, '국가'는 사법 절차인 재판이 아니라 생산 과정인 공장에서 나타났다.

고문자는 주변의 물리적 환경을 이용해서 문명의 가장 작은 단위 자체를 해체하며, 고문자의 행동은 문명의 더 큰 단위인 주요 제도 두 가지를 암시하고 뒤집는다. 그러면서 고문자의 말과 몸은 밖으로 뻗어나가서 더 먼 곳에 존재하는, 문명이 현시顯示된 것들을 더 많이 분쇄한다. 고통을 당하는 사람이 언어 이전의 소리인 울부짖음과 비명으로 되돌아가면서, 고통을 가하는 사람도 전-언어, 냉담한 소음들로 되돌아간다. 이런 회귀는 정치범이었던 사람들의 말에서 회고되거나 소설 속 잔혹 행위 묘사에서 나타나기도 한다. 일례로 에밀 졸라의 《목로주점L'Assommoir》에 나오는 비자르 영감 묘사가 그렇다.* 고문자의 집요한 질문과 고함, 조롱, 횡설수설, 음담패설, 이해할 수 없는 웃음, 짤막하게 내뱉는 말, 툴툴거리는 소리

등 그의 언어 또는 전-언어 안에는 어떤 단어들이 존재한다. 고문자가 임의로 가져온 이런 단어들은 고문에 붙이는 이름일 때도 있고, 죄수의 몸에 붙이는 이름일 때도 있다. 이 용어들은 인간이 만들어낸 것들이 이루는 영역, 기술과 인공의 세계로 계속해서 이동해나간다. 고문에서 일어나는 압도적인 경험에 고문자들이 이름을 붙인 사례들을 되짚어보면, 인간에 대한 이중의 부인, 즉 고통을 당하는 특정 인간에 대한 부인 그리고 문명이 생산한 것들 안에 현존하는 집단으로서의 인간에 대한 부인을 더 쉽게 이해할 수 있다.

> 방 중앙에는 평범한 욕조 하나가 있었는데, 꽤 컸습니다. 벽에 나 있는 구멍에 플라스틱 파이프가 달려 있었고, 파이프에서 물이 흘러나와 욕조를 채웠지요. 반대편 벽에는 말등자보다 약간 작은, 철로 된 고리 두 개가 달려 있었습니다. 왼편에는 철도 신호기처럼 커다랗고 붉은 등이 있었고요. 맞은편에는 벽을 파낸 다음 색을 칠해서 만든 십자가가 있었는데, 세로 30센티미터에 가로 15센티미터 정도의 크기였습니다. 저를 담당하고 있던 사람이 십자가를 쳐다보게 하더니 집게손가락으로 십자홈을 만지면서 말했어요. "지난 12월에 재봉사 하나가 바로 여기에서 죽었지. 아는 걸 말하지 않으면 같은 일을 당하게 될지도 몰라……"
> 제가 대답하지 않자 그들은 즉시 붉은 등을 켜고는 바라보게 했습니다. 5분도 안 돼 눈이 부셨어요. 보이는 것이라곤, 커다랗고 위협적인 둥근 구름 같은 것밖에 없게 됐어요. 2미터쯤의 크기에, 가장자리는 어둑어둑했지요.
> 그들은 먼저 발을 밧줄로 묶고 손은 등 뒤로 묶고는 저를 욕조 가장

---

* 알코올 중독자인 비자르 영감은 술에 취해 아내를 폭행하곤 하다가 결국은 부인의 배를 걸어차 죽이고, 그 후에는 딸을 대신 학대한다.

고통받는 몸

자리에서 제일 높은 부분에 앉혔습니다. 옷은 벗겼고요.

갑자기 어깨를 붙잡더니 욕조 바닥으로 밀어 넣더군요. 숨을 참으며 물 밖으로 머리를 꺼내 공기를 들이마시려고 필사적으로 애썼습니다. 어찌어찌 머리를 빼냈지만 다시 물속으로 밀쳐졌고, 나가려고 더욱 거세게 발버둥치자 그자들 중 가장 몸무게가 많이 나가는 이들이 제 상반신 부분을 발로 짓눌렀습니다. 저는 공기 부족을 더는 참을 수 없었고 입과 코와 귀로 물을 들이켜기 시작했습니다.

물이 들어오면서 귀가 윙윙거리기 시작했어요. 귀가 풍선처럼 부풀어 오르는 것 같았습니다. 그런 다음 날카로운 휘파람 소리 같은 것이 났는데, 그때 아주 크게 들렸던 그 휘파람 소리는 지금도 완전히 사라지지 않아서 사방이 조용할 때면 들리곤 합니다. 물을 더 들이켤수록 숨 쉬려는 발버둥도 더 커졌고, 그들 모두가 저를 욕조 바닥으로 눌러야 했습니다. 제 머리, 가슴, 손을요……

아마 한 8리터에서 10리터쯤 되는 물을 마신 것 같아요. 그자들이 저를 꺼내 바닥에 눕혔고 한 명이 배를 세게 밟았습니다. 호스에서 물이 분출되는 것처럼 입과 코에서 물이 뿜어져 나왔습니다.

그러고는 또다시 물고문이 시작됐습니다. 배에서 물을 배출시킨 다음에요. 그런 다음에는 의자에 앉혔어요. 제가 이제 기진맥진해서 힘이 없었기 때문에, 그자들은 벽에 달린 고리는 사용하지 않고 밧줄 닿은 것으로 채찍질했습니다……[45]

몸에 일부러 고통을 가하는 위와 같은 행위에 이름이나 용어를 붙이는 일은, 언어와 문명이 그 자신의 분쇄에 동참하도록 하는 일이다. 선택된 이름들을 보면 여기서 일어나는 언어와 문명의 자기 분쇄가 더 분명해진다. 위에서 묘사한 고문 방식은 1970년대에 필리핀, 베트남, 우루과이, 브라질, 파라과이에서 사용된 것으로 물, 비눗물, 더러운 물이 사용되었을 때는 거의 모든 곳에서 '잠수함'이라고 불렸고, 몇몇 나라에서는 물에 전기를 통하게 하고는 '포르투갈 잠수함'이라 불렀으며, 죄수에게 비닐봉지를 씌우거나 죄수를 배설물에 담갔을 때에는 보통 '물기 없는 잠수함'이라고 불렀다. 고문 명명법은 통상적으로 문명의 세 영역에서 온다. 첫 번째 영역은 위의 예처럼 인간의 발명품이나 기술상의 위업이다. 오랜 시간 가해진 격렬한 고통으로 몸이 일그러지고 뒤틀릴 때, 그 고통이 특정 발명품이나 기술상의 위업을 모방한다고 주장되는 것이다. 브라질에서는 고문당하는 사람의 고통을 '전화기'라고 불렀고, 베트남에서는 '비행기 여행', 그리스에서는 '모토롤라Motorola', 필리핀에서는 '산 후아니코 다리San Juanico Bridge'*라고 불렀다.[46] 두 번째 영역은 문화 행사, 의례, 놀이이다. 고문을 가리키는 말로 아르헨티나에는 '춤'이 있었고, 필리핀에는 '생일 파티', 그리스에는 '오르되브르hors d'oeuvres'{전채} '다과회' '토스트가 있는 다과회'가 있었다.[47] 먹기나 움직이기 등 몸의 기본적인 행위를 고문 과정의 어느 시점에서 들여올 때, 고문자가 만든 단어들이 겨냥하는 것은 당연히도 먹기나 움직이기라는 행위 자체가 아니라 만찬이나 춤처럼 먹기나 움직이기를 의식적으로 문명화하고 정교화한 행위이다. 세 번째 영역은 자연 또는 문명화된 자연이다. 이 영역이 고문 안으로 들어오는 빈도는 위의 두 영역보다 낮으며, 보통 앙증맞거나 자그마하거나 신화화되어서 인간적인 틀로 쉽게 동화될 수 있는 자연의 일부로 한정된다. 베트남의 '호랑이 우리'는 예외적이고, 더 전형적인 사례로는 그리스의 '작은 산토끼', 브라질과 우루과이의 '앵무새 횟대', 브라질의 '용의 의자'가 있다.[48] 이 모든 사례는 통상 문명 안에서 일어나는 일을 가리키는 단어를 가져다가 극도로 고통스러운 몸의 뒤틀림을 가리키는 이름으로 삼고, 이런 명명은 부정의 순환 고리를 생산한다. 즉 극한의 고통 안에서 인간은 존재하지 않는다. 그 인간은 인간이 아니라 전화기일 뿐이다. 그리고 다시 이 전화기도 존재하지 않는다. 그것은 전화기가 아니라 한 인간을 분쇄하는 수단일 뿐이고, 분쇄

---

*    1969년 착공해 1973년 완성되었으며 필리핀에서 가장 긴 다리로 유명하다.

      고통받는 몸

되는 이 인간은 더는 인간이 아니라 그저 전화기일 뿐이고, 다시 이 인간은 전화기가 아니라 그저 전화기를 분쇄하는 수단일 뿐이다. 인간을 부정하고 문명이 드러난 것을 부정하는 이 같은 이중의 부정은 서로 결합하여 제3의 부정을 낳는다. 고문자가 현재 일어나고 있는 일의 인지를 부정하는 것으로서, 앞의 두 가지 부정이 계속되도록 하는 부정이다. 고문자들의 은어는 인간의 모든 현실이 만들어지는 지각 과정을 가리킬 뿐 아니라 지각 과정을 생산하는 데 일조한다. 고문에서 만들어지는 인간의 현실은 끔찍할 정도로 현존하지만 보이지도 않고 들리지도 않는다.

　고문자의 언어와 행동, 물리적 환경은 세계를 마치 세 개의 고리처럼 죄수 앞에 가져온다. 즉 이것들은 문명의 기술적·문화적인 측면을 임의로 구현하며, 이렇게 구현된 문명 아래에는 의료와 법이라는 두 가지 주요 사회 제도가 놓이고, 다시 이 두 제도 아래에는 거처의 기본 단위인 방이 놓인다. 죄수의 자백이 그의 우주가 수축해 좁혀 들어오고 있음을 가시화하듯, 고문자도 이 세계 붕괴를 재연한다. 죄수를 절멸하기 위해 만든 과정 안에서, 죄수 앞으로 문명을 가져온 다음 이 문명을 절멸하는 것이다. 고문이 문명의 해체를 무의식적으로 흉내 내면서 거꾸로 따라 올라가는 이 경로는, 문명의 산물인 언어와 문학 안에 기록되어 있다. '손님을 맞는 주인host'과 '여인숙hostel'과 '환대하는hospitable'과 '병원hospital'이라는 단어들에 내포된, 보호하고 치유하고 확장해가는 행위는 모두 '호스페스hospes'*라는 한 단어에서 만나고, 이 단어는 다시 집, 거처, 피난처를 뜻하는 어근 '호스hos'로 역행한다. 하지만 일단 '호스'에 도착하고 나면 '호스페스'에 담긴 관대함은 '호스티스hostis'라는 단어를 향하는 다른 방향으로의 움직임 때문에 지워질 수 있다. '적'이라는 뜻의 '호스티스'는 '적개심hostility' '인질hostage' '숙주host'의 어원으로, 여기서 '호스트host'는 호혜와 평등의 행위를 통해 자신의 권력 기반을 자진하여 내주는 '주인'이 아니라, 모든 기

---

*　　주인, 손님, 이방인 등의 뜻을 갖는 라틴어.

반을 빼앗긴 '숙주'이자 성찬식의 빵host, 희생 제물이다. 카프카Franz Kafka의 〈유형지에서In the Penal Colony〉에는 커다란 재봉틀같이 생긴 정교한 사형 기계가 나온다. 이 기계는 소설에서 묘사하는 고문에서조차, 문명을 파괴하는 데는 모든 창조의 기반인 가정적인 것으로의 회귀와 가정적인 것의 훼손이 반드시 필요하다는 점을 보여준다. 이러한 세계 파괴하기, 창조된 세계를 파괴하기는 고통 중에 있는 사람의 심적 경험을 대상화한 것이며, 나아가 파괴하기 자체가 고통의 원인이 된다. 세계는 사르트르의 〈벽〉에서처럼 축소되어 압도적으로 텅 비고 균질한 벽이 되지만, 여기서 벽은 사르트르의 소설에서처럼 사람을 세워두고 처형하는 황량하고 획일적인 표면 이상의 것이다. 벽, 즉 세계 자체가 사형 집행인의 무기가 되어 처형을 집행한다. 에드거 앨런 포Edgar Allen Poe의 〈함정과 진자The Pit and the Pendulum〉는 정치적으로 순진하고 멜로 드라마적이기도 하지만, 모든 고문 형태를 여러 측면에서 대표하는 단 하나의 정제된 고문 형태를 마지막 부분에서 보여준다. 바로 벽이 방 한가운데에 있는 인간 위로 무너져서 그를 산 채로 뭉개버리는 것이다.


## III. 몸을 목소리로 변환하기

세계를 고문자의 무기고 안으로 가져와 전유하는 일은 고문 전 과정에서 결정적인 단계이다. 이 장 시작 부분에서 말했듯, 고문에 동원되는 작인의 강박적인 매개를 통해 죄수의 고통은 왜곡되어 권력의 실제성을 기만적으로 단언해주는 것이 되고,[49] 대상화된 고통은 고통임이 부인되고 권력으로 읽히게 되기 때문이다. 처음에는 고문자들 자신이나 그들이 주로 사용하는 도구만이 무기 혹은 작인으로 보이지만, 점차 주변 환경도 무기가 되면서 작인이 팽창해간다는 감각을 만들어내고 증폭한다. 죄수 이외의 모든 것이 무기로서 존재하는 상태가 되며, 최종적으로는 죄수마저

고통받는 몸

도 모든 것이 무기가 되는 작인의 지각적 전략 안으로 동화된다. 이 최후의 동화가 일어나는 과정을 가시화하기 위해 고통과 심문과의 관계, 즉 육체적 행위와 언어적 행위 간의 연관성을 다시 살펴볼 것이다. 고통을 권력으로 번역하는 일은 궁극적으로는 몸을 목소리로 변환하는 일이기 때문이다. 이 변환의 일부는 몸과 목소리 간의 불일치에서 비롯되며, 또 일부는 몸과 목소리의 일치에서 비롯된다.

　고문에서 일어나는 권력의 무언극의 상당 부분은 몸과 목소리의 대립에서 출현한다. 고문자는 자신의 몸과 목소리를 반대되는 것으로 경험하고, 죄수도 자신의 몸과 목소리를 반대되는 것으로 경험한다. 죄수의 몸과 목소리 경험은 고문자의 몸과 목소리 경험을 뒤집은 것이다. 그리하여 네 쌍의 대립이 존재한다. 즉 죄수에게는 고통이 거대하게 현존하지만, 고문자에게는 부재한다. 정치적 허구 안에서 질문은 고문자에게는 엄청나게 유의미하지만, 죄수에게는 무의미하다. 죄수에게 몸과 몸의 고통은 압도적으로 현존하지만, 목소리, 세계, 자아는 부재한다. 고문자에게 목소리, 세계, 자아는 압도적으로 현존하지만, 몸과 고통은 부재한다. 이 여러 대립의 쌍은 매 순간 고문자와 죄수 사이의 거리를 선언하며 증대시키고, 그럼으로써 고문자의 권력을 극화한다. 합법적 형태의 권력과 마찬가지로, 기만적 형태의 권력도 언제나 몸에서의 거리에 기반을 두기 때문이다.

　하지만 몸과 목소리가 이렇게 일관되게 대립한다는 것은 둘이 서로를 거울처럼 비춘다는 뜻이기도 하다. 마주보는 위치에 놓인 몸과 목소리는 서로를 반사하고 증폭한다. 고통은 고문당하는 사람과 고문자 간의 어마어마한 차이를 보여주는 육체적인 척도이다. 두 사람이 얼마나 공간적으로 가까운지와는 상관없이, 고통당하기와 고통 가하기만큼 멀리 떨어져 있는 경험은 없기 때문이다. 고통과 마찬가지로 심문도 두 사람 간의 어마어마한 차이를 언어적으로 대상화한 것이다. 자기 질문에 대답을 들어야겠다고 막무가내로 우기면서, 고문자는 이제 상대편에게는 존재하지 않는 세계를 소유하고 있다는 특권 또는 부조리에 탐닉한다. 고문실에서는 몽둥이를 들거나 전기 스위치를 올리는 일의 매우 가까이에서 언어가 발생하며, 언어는 또한 두 사람 사이의 전시된 거리를 비교하고 그럼으로써 그 거리를 배가한다. 이곳만큼 언어가 육체적 고통의 구체적인 작인에 가까워지는 곳은 없다. 한 사람의 말이 무기가 되면서 다른 한 사람의 말은 고통을 표현한 것이 된다. 고통을 표현하는 죄수의 말은 많은 경우 죄수가 얼마나 심하게 아픈지 외에는 고문자에게 아무것도 말해주지 않는다. 질문은 그 내용과는 상관없이 상처를 입히는 행위이고, 대답은 그 내용과는 상관없이 비명이다. 육체적 행위와 언어적 행위가 이렇게 하나가 된다는 점은 고문자들 자신이 사용하는 언어에서 부지불식간에 인정된다. 그리스 군사정권하에서 고문을 주도했던 장군들은 죄수들이 두려워하던 두 가지 종류의 노출, 즉 벌어진 상처와 자백 간의 관계를 극적으로 표현하는 이미지를 심문하면서 거듭 사용했다. "하루는 하치지시스가 제 가슴팍을 주먹으로 세게 치고는 말했습니다. '자, 이제 너는 모든 걸 말할 거다. 너는 장미꽃처럼 열리게 될 거야.'"[50] 그리스 군사정권하에서 사용된 여러 가혹행위 중 발바닥을 때리는 고문을 제외하고 가장 지속적으로 이루어진 행위는 죄수의 앞가슴뼈를 반복해서 가격하는 것으로, 죄수가 피를 토하게 만들곤 했다. 고문자들은 이런 몸 손상으로부터 자백을 뜻하는 은어를 만들어냈다. "여기서 너는 그걸 전부 다 토해내게 될 거다" "네가 바로 우리가 추적해온 택시운전사 미치이야. 이제 너는 우리 손안에 있고 우린 모든 걸 알아. 여기는 ESA*야. 너는 피를 토하게 될 거고 자신에 대해 말하게 될 거다."[51]

　육체적 고통과 심문이 결합하는 두 번째 방식은 첫 번째 방식과 똑같이 중요하고 똑같이 잔혹하며, 육체적 고통과 심문이 필연적으로 함께 일어날 수밖에 없는 이유를 한층 더 설명해준다. 심문이 고통처럼 상처를 입

---

* 　그리스 헌병대. 그리스 군사정권(1964~1974)하에서 안보·정보기관 역할을 했으며 고문과 살인을 저질렀다.

히는 방식인 것과 같이, 고통은 심문처럼 죄수로 하여금 자기 자신을 배신하게 한다. 고문은 죄수가 어떤 것에도 행위자$^{agent}$가 되지 못하도록 체계적으로 막으면서 동시에 죄수가 무언가의 작인$^{agent}$인 것처럼 가장한다. 사실 죄수는 자신의 세계, 말, 몸에 대한 통제력을 박탈당했고 따라서 자신의 세계, 말, 몸에 대한 모든 책임 역시 박탈당한 것이지만, 이 사실에도 불구하고 죄수는 자백을 자기-배신으로 이해하며 나중에 다른 이들도 그럴 것이다. 죄수에게 자백을 강요할 때, 아니면 죄수가 읽지도 않은 자백서에 서명하도록 강요할 때, 고문자는 일종의 무언극을 연출하고 있는 것이다. 이 무언극 안에서 절멸당하는 사람은 자신을 절멸하는 작인으로 전환된다. 극 자체는 거짓이지만, 이 극은 육체적 고통 안에 이미 현존해 있으며 실제인 무언가를 흉내 낸다. 즉 이 무언극은 고통이 지니는 '몸으로는 강렬하게 느껴지지만 비가시적'이라는 측면에 가시적으로 상응한다. 고통을 겪는 환경(집, 병원, 고문실)에 상관없이, 또 고통의 원인(질환, 화상, 고문, 통증 회로 자체의 이상)에 상관없이, 큰 고통 중에 있는 사람은 자신의 몸을 고통의 작인으로 경험한다. 고통받는 몸은 끊임없이 신호를 보낸다. 이 신호는 너무도 텅 비어 있고 균질하며, 동시에 요란하게 울려 퍼지는 괴로움으로 가득 차 있다. 몸이 자신을 알리는 이 신호는 '내 몸이 아프다'는 느낌뿐 아니라 '내 몸이 나를 아프게 한다'는 느낌을 포함한다. 고통의 이런 측면은 고통의 다른 측면 대부분과 마찬가지로 고통을 겪는 사람의 몸 경계 밖에 있는 이들에게는 보통 비가시적이지만, 간혹 심한 고통을 느끼는 첫 순간에 맹렬히 도망치는 어린아이나 짐승의 모습에서처럼 가시적이 되기도 한다. 이런 때 아이나 짐승은 마치 자기 몸이 뒤에 남겨두고 갈 수 있는 주변 환경의 일부인 것처럼 몸에서 도망친다. 자기-증오, 자기-소외, 자기-배신, 나아가 친구·가족·사상·이데올로기 등 자아에 담겨 있는 모든 것에 대한 증오, 그 모든 것에서의 소외, 그 모든 것에 대한 배신을, 심리적 영역에서 육체적 감각의 영역으로 번역한다면 바로 심한 고통이 될 것이다. 여기서 심리적 영역은 내용물이 있으며 언어를 사용할 수 있는 영역이고, 육체적 감각의 영역은 내용물이 없으며 말로 표현할 수 없는 영역이다.

고통 안에 존재하는 이 보이지 않는 자기-배신의 감각은 강요된 자백에서 대상화되며, 나아가 강요된 동작들에서도 대상화된다. 강요된 동작들은 죄수의 몸을 **적극적인** 작인으로 만든다. 몸을 죄수가 느끼는 고통의 실제 원인으로 만드는 것이다. 베트남에서 죄수는 비좁은 공간 안에 갇혀 몸이 비틀린 자세를 취한 채로 몇 달 또는 몇 년을 있었고, 스페인에서는 계속 오리걸음을 걸었고, 필리핀에서는 쓰러질 때까지 쭈그려 앉아 있거나 구타당하면서 무거운 돌을 옮겼으며, 아르헨티나에서는 매일 11시간씩 감방 안에 꼿꼿이 서 있었다. 그리스에는 '매듭 묶기'라고 불리는 고문이 있었는데, 죄수가 머리를 최대한 뒤로 젖히고 계속 침을 삼키게 하는 고문이었다.[52] 죄수가 자기 몸을 작인으로 느끼게 되는 순간 중 하나는, 강요받은 자세를 유지하거나 실행하는 데 실패해서 다른 처벌을 받을 때이다. 하지만 죄수와 고문실 안에 있는 이들에게 죄수의 몸 자체가 고통의 작인이 되었음을 가장 뚜렷하고도 직접적으로 전시하는 것은 동작 그 자체이다. 이런 상황 외부에 있는 우리는 불편한 느낌이 조금 생기기도 전에 몇 분마다 자세를 바꾸고, 그래서 동작 자체가 얼마나 심한 고통을 가져올 수 있는지를 바로 인식하지 못할 수도 있다. 그러나 11시간 동안 꼼짝 않고 서 있는 일은 정교한 기구와 장치가 만들어낼 수 있는 상해만큼이나 격렬한 고통을 근육과 척추에 발생시킬 수 있다. 고통의 생리학 분야를 선도하는 연구자인 W. K. 리빙스턴W. K. Livingston은 동료의 통증을 이해하지 못했던 경험을 아래와 같이 묘사한다. 그 동료는 절단 수술을 받은 후 수년 동안 토할 것 같은 느낌을 주는 통증을 매일 겪고 있었는데, 자기 통증을 팔이 땅기는 느낌이라고 설명할 때가 많았다.

왜 아프다는 이야기를 할 때 손이 땅기는 느낌을 그렇게나 자주 강조하는지 물은 적이 있다. 동료는 엄지손가락 위로 손가락들을 꽉 쥔 다음 팔목을 굽히고 해머록* 자세로 팔을 올린 채 그대로 멈춰 있어 보라고 했다. 그는 내가 더는 견딜 수 없을 때까지 이 자세로 있게 했다. 5분 후 땀이 뻘뻘 났고 손과 팔에 참을 수 없을 정도로 경련이 나서 자세를 풀고 말았다. 그가 말했다. "하지만 나는 손을 내릴 수 없지요."[53]

몸소 고개를 뒤로 젖히고 세 번 침을 삼켜볼 때만 사람들은 103번, 아니면 303번 침을 삼키는 일이 어떤 것인지를, 자기 몸과 근육과 뼈 골격이 자신에게 가할 수 있는 잔혹 행위가 어떤 것인지를 조금이나마 이해한다. 고문당하고 있는 정치범은 자기 몸이 가할 수 있는 잔혹 행위를 물론 매 순간 상기하게 된다. 강인함과 기쁨을 주는 모든 원천이, 또 세계 안으로 이동해나가거나 세계를 자신에게 가져오는 모든 수단이 이제는 몸이 몸 자신을 배반하게 하는 수단이 되어, 몸이 몸 자신을 먹어치우게 한다. 눈은 오로지 타는 듯한 빛이 들어오는 입구가 되고, 귀는 오로지 무자비한 소음이 들어오는 입구가 된다. 세계를 문자 그대로 몸 안으로 취하는, 너무도 단순하고 경이로운 행위인 '먹기'는 굶주림의 의례들로 대체된다. 이 의례들에는 음식을 아예 주지 않거나 구역질나는 음식을 주는 일이 포함된다. 세계가 몸으로 들어오는 것을 통제하기 위해 출현한 두 감각 양식인 미각과 후각도 모두 체계적으로 학대당한다. 고문자는 죄수의 코와 입 안을 지지고 상처를 내거나, 벌레가 들끓는 물질 또는 부패한 물질을 사용한다. 배설 같은 평범한 욕구나 성욕처럼 특별한 욕망은 계속해서 분노와 혐오를 유발하는 원천이 된다. 가장 사소하고 평화로운 몸의 행위조차 작인의 한 형태가 된다.《제1원》에서 솔제니친은 죄수들이 자는 동안 손을 담요 밖에 두도록 강요받은 일을 묘사하고는 이렇게 쓴다. "악마 같은 규칙이었다. 잘 때 손을 감추고 손을 몸에 대고 있는 것은 자연스러우며 깊이

---

\*     hammerlock. 레슬링에서 상대방의 팔을 등 쪽으로 올려 꺾는 것.

뿌리박혀 있고 사람들이 잘 의식하지 못하는 인간의 습관이다."[54] 죄수의 몸은 죄수의 목소리와 마찬가지로 자신을 겨누는 무기가 되고, 적의 편이 되어 죄수를 배신하며, 그 자체가 적이 된다. 죄수의 체력, 감각 능력, 몸의 욕구와 욕망, 몸이 몸 자신에게 기쁨을 주는 방식, 그리고 마지막으로 위에서처럼 몸의 몸 자신을 향한 자그맣고도 가슴 저린 친밀함의 몸짓 모두 무기가 되며 적이 된다.

죄수에게 몸과 목소리 간의 관계는 대립으로 시작되어(고통이 너무도 실제이기에 '질문'은 실제가 아니며 무의미하다), 그다음에는 일체화되나(질문은 고통과 마찬가지로 상처를 입히는 한 방식이 되며, 고통은 질문과 마찬가지로 자기-배신의 수단이 된다), 최종적으로는 다시 한 번 대립으로 끝난다. 고문 과정이 하는 작업은 바로 인간을 둘로 쪼개는 것이기 때문이다. 즉 고문 과정은 언제나 현존하고 있으나 드러나지 않는 자아와 몸 간의 구분, '나'와 '내 몸' 간의 구분을 뚜렷이 도드라지게 만든다. 보통은 병과 죽음이라는 극단에서만 드러나는 구분이다. 사람들은 '자아' 또는 '나'를 더 사적이고 더 근본적으로 중심부에 있는 것으로서 경험하며, 그러면서도 몸이라는 다리를 건너 세계 안에 참여하는 것으로서 경험한다. 그리고 이 '자아', '나'는 목소리에, 언어에 '체화embodied'되어 있다. 고문자의 목표는 한쪽을, 즉 몸을 분쇄함으로써 몸이 뚜렷하고도 압도적으로 **현존하도록** 만들고, 다른 한쪽을, 즉 목소리를 분쇄함으로써 목소리가 **부재하도록** 만드는 것이다. 이 두 가지 일이 함께 일어남으로써 고문은 다른 모든 심한 육체적 고통의 경험과 마찬가지로 죽음을 흉내 내게 된다. 죽음에서 몸은 뚜렷하게 현존한다. 반면 목소리로 대표되는, 좀 더 파악하기 어려운 부분은 놀라울 만큼 부재한다(너무도 부재해서 그 행방을 설명하기 위해 천국이라는 것이 창조되었을 정도이다).

말과 소리를 주변 환경에 투사하는 능력을 통해 인간은 자신의 몸이 차지하는 공간보다 훨씬 넓은 공간에 거주하면서 이 공간을 인간화하고 자신의 것으로 만든다. 억압적인 정권하에서 이런 공간은 언제나 축소

고통받는 몸

되며 고문에서는 거의 완전히 제거된다. "저놈한테서 그것을 끄집어내"라는 말에서 '그것'은 단지 약간의 정보 이상의 것으로, 말하는 능력 자체를 지시한다. 쓰거나 녹음하여 종이나 테이프에 담아갈 수 있게 된 자백은 고문자가 하고자 하는 일이 무엇인지를 가장 구체적으로 보여준다. 그것은 바로 죄수가 소리를 내도록 만든 다음 그 소리를 화자에게서 끊어내어 가져가는 것, 그래서 죄수의 소리를 정권의 소유로 만드는 것이다. 고문자는 죄수의 자백의 말뿐만 아니라 죄수의 모든 말과 소리를 자신의 것으로 만들고자 한다. 포르투갈에서 죄수들을 압박하던 방식 중 하나는 다른 죄수들에게 계속 커다란 목소리로 말하게 하는 것이었다.[55] {그럼으로써 죄수가 아니라 고문자가 죄수의 목소리를 통제하고 있음을 과시했다.} 그리스에서는 이와 비슷한 규칙이 언어적 형태를 띠지 않는 소리에까지 확장되었다. "[그 장교는] 답변에 만족하지 못했고 저를 또 때렸습니다. …… 그러고는 보초가 제 발소리가 들리게 걸으라고 명령하더군요. 속보速步로 걸어야 한다고 했습니다."[56] 고문자는 죄수를 아프게 하면서, 동시에 죄수가 말하고, 노래하고, 또 물론 비명을 지르게 만든다. 고통에 압도당한 인간은 언어 이전의 소리인 비명으로 되돌아간다. 고문자들은 이 비명마저 죄수에게서 끊어내어 다음 두 가지 방식 중 하나를 통해 고문자들의 소유로 만든다. 첫 번째는 비명을 다른 처벌 행위의 계기로, 작인으로 만드는 것이다. 처음에 고문자가 비명을 유발함으로써 죄수의 목소리를 통제하고 있음을 과시했듯이, 이제 고문자는 비명을 멈추게 함으로써 과시한다. 고문자는 베개, 권총, 철로 된 공, 더러운 천 조각, 배설물을 담은 종이 봉지를 죄수의 입 안으로 밀어 넣거나, 굉음을 내는 모터를 죄수 머리 옆에 놓거나, 전기를 사용해 죄수의 턱을 수축시킨다.[57] 두 번째 방식은 죄수의 비명을 자백의 말과 마찬가지로 테이프에 녹음해서 다른 죄수들, 가까운 친구, 가족에게 들리도록 틀어놓는 것이다. 이 방식은 여러 나라에서 사용되었다.[58] 투옥되어 고문당했던 사람들이 하는 묘사는, 어디서 나오고 있는 것인지 알 수 없는 울부짖음, 짧은 문장, 조각난 말들로 언제나 가득하다.

누군가는 흐느끼고 있고 누군가는 비명을 지르고 있고 누군가는 외친다. "그만! 얘 죽게 생겼잖아!" 누구일까, 이 사람은 내가 훼손되는 모습에 뭐라고 하는 걸까, 나를 볼 수 있는 걸까, 아니면 이 사람도 지금 잔인한 짓을 당하고 고통스러워하는 걸까, 이 비명들은 지금 고문당하는 중인 사람에게서 나오는 걸까 아니면 전에 고문당한 사람의 소리를 녹음한 걸까, 혹 내 남편의 목소리일까 내 아이의 목소리일까, 이 파고드는 듯한 소리들은 정말로 고통받고 있는 인간이 내는 소리일까 아니면 나를 조롱하고 괴롭히려고 만들어낸 소리일까?

이 닫힌 세계 안에서 대화는 심문으로 대체되고, 인간의 말은 자백을 통해 그 사람에게서 분리되고 인간의 울부짖음으로 붕괴한다. 이 울부짖음조차 다시 분리되어 죄수 자신이나 친구를 겨누는 또 다른 무기가 된다. 이 부서지고 절단된 목소리들의 세계 안에서 가장 치유가 되는 강력한 순간은 어쩌면 당연히도, 상상을 초월하는 고립과 자기 자신의 육체 안으로 삼켜지는 것만이 유일한 현실이 된 사람에게 인간의 목소리가 와 닿는 순간이다. 여전히 절단된 채로 허공을 떠다니는 목소리일지라도 그렇다. 오랫동안 독방에 갇힌 채 거듭 고문당한 죄수는 어느 날 빵덩이 안에서 작은 쪽지가 든 성냥갑을 발견한다. 쪽지에 적혀 있던 말은 "코라죠Coraggio!", 즉 "용기를!"이라고 속삭이는 단어 하나였다.[59] 어느 우루과이 남성은 자신의 말이 목적지에 잘 도착했는지 확인하는 신호를 정했다. "내 사랑, 이 편지를 받는다면 다음 물건 꾸러미 안에 보아Boa 비누 반쪽을 넣어줘요."[60] 크리스마스 이브, 수감되어 있던 칠레 여성들은 분리된 수용소에 있던 남자들을 향해 온 힘을 다해 직접 만든 노래를 불렀다. "힘을 내요, 호세, 내 사랑." 그러자 조용히 하라는 보초들의 욕설 섞인 고함 소리 사이로 "바람에 실려 약하게 …… 남자들의 답가가" 들려왔다.[61] 국제앰네스티의 광범위하고도 지속적인 노력을 통해 증식하는 이런 행위들은, 고문당한 사람들 각자에게 목소리를 되찾아주려는 노력이며, 언어를 사용해 고통이 고통 자신을 정확하게 설명하도록 하려는 노력이다. 또 이런 행위들은 쇄도

고통받는 몸

하는 편지와 전보를, 그리고 침묵당한 사람의 목소리를 대신하여 그의 목소리로 말하는 많은 목소리들을 고문 정권 앞에 내놓으려는 노력이다. 죄수에게 가장 기본적인 정치적 기반을 돌려주고 나아가 심적 내용물과 정신적 밀도를 돌려주고자 하는 이런 행위들의 변환 능력은 최종적으로는 거의 생리학적이다. 고통이 한 사람의 세계, 자아, 목소리를 분쇄하는 방식을 증대하는 행위들로 이루어져 있는 것이 고문이기 때문에, 목소리를 회복시키는 위와 같은 행위들은 고통을 규탄하는 일이 될 뿐만 아니라 고통을 감소시키는 일과 거의 같은 것, 고문 과정 자체를 부분적으로 되돌리는 일이 된다. 이런 사례들에서든 아니면 사적인 연민의 맥락에서든, 염려하는 마음이 담긴 행위와 인간의 접촉은 고통받는 사람에게 세계 안에서의 자기-연장을 제공한다. 건강하고 자유로운 한 인간이 다른 이의 고통을 인정하고 표현할 때, 몸 이외의 문제를 명확하게 말할 수 없는 고통받는 사람을 대신해서 말할 때, 이 사람은 기꺼이 자신을 다른 이의 심적 또는 감응력상의 요구를 나타낸 이미지로 변화시키고 있는 것이다. 고통받는 사람의 몸 외부 공간에 존재하는 이 이미지는, 고통받는 사람이 자기-연장 능력을 다시 획득할 때까지 그 건강한 사람의 능력을 통해 세계 안으로 투사되고 세계 안에서 온전하게 유지된다. 연민은 세계를 제자리에 붙잡아둠으로써, 또는 세계 안에 존재할 장소를 고통에게 제공함으로써 병과 고통의 능력을 약하게 만들며, 큰 고통이나 심각한 병을 겪고 있는 사람이 산 채로 몸에 삼켜지는 데 맞선다.

고통의 철저한 주관성을 인정하는 것은 고통과 세계의 단순하고도 절대적인 양립 불가능성을 인정하는 것이다. 고통과 세계 둘 다 서로에게서 분리되어야만 생존할 수 있다. 둘을 하나로 묶는 일은, 다시 말해 고통을 언어로 대상화하여 세계 안으로 가져오는 일은 둘 중 한쪽을 분쇄한다. 국제앰네스티의 사례나 다른 영역에서 이루어지는 유사한 노력에서처럼 고통은 고통 자체가 감소하고 분쇄되는 방향으로 대상화되고 명료하게 표현되어 세상 안으로 들어올 수도 있고, 고문 및 유사한 형태의 가학행위에서처럼 대상화되는 동시에 왜곡될 수 있다. 고통이 명료하게 표현되기는 했으나 고통이 아닌 다른 무언가를 지시하게 되고, 이 과정에서 세계가 분쇄되거나 아니면 세계를 대신해 극화된 무언가가 분쇄될 수 있다는 것이다. 이 장의 시작 부분에서 주장했으며 또 지금까지의 설명이 보여주고자 했듯, 고문은 구조를 갖추고 있는 잔인함과 어리석음의 한 형태이다(이 잔인함과 어리석음이라는 단어는 멸시의 뜻이 담긴 꼬리표가 아니라 말 그대로의 의미가 있다). 고문에 존재하는 구조의 어떤 부분들은 미리 계획되었을 수도 있지만, 대부분은 무의식적인 것으로 보인다. 그리고 계획되었든 무의식적이든 이 구조는 고통의 본성에, 권력의 본성에, 고통과 권력 간의 상호작용에, 그리고 고통 및 권력 각각의 궁극적 원천 간의 상호작용에 기반을 둔다. 여기서 각각의 궁극적 원천이란, 고통의 핵심 장소인 몸과 권력의 핵심 장소인 목소리를 말한다. 고문의 구조는 동시 발생적인 세 현상을 언제나 포함한다. 아래에서는 설명과 요약에 편리하도록 이 현상들을 세 개의 단계로 분리해 순차적으로 제시하겠다.

## IV. 고문의 구조 안에 존재하는 동시발생적인 세 가지 현상

1) 고통 가하기
2) 고통의 주관적 속성들을 대상화하기
3) 대상화된 고통의 속성들을 권력의 기호로 번역하기

세 단계 중 첫 번째는 한 인간에게 커다란 육체적 고통을 가하는 것이다. 이 단계는 고문 과정 중 가장 극악무도한 부분이지만 이 하나만으로는 고문자의 목적을 달성할 수 없다. 커다란 고통은, 고통을 경험하는 개인에게는 압도적으로 현존하며 다른 어떤 인간 경험보다도 뚜렷하게 실제이지만, 다른 사람들에게는 거의 비가시적이어서 그들은 그 고통을 느끼지도 알지도 못한다. 고통의 이런 측면은 다양한 정치적·사적 맥락에서 큰 고통을 겪어본 사람들이 인정하는 바이며, 심리학·철학·생리학의 관점에서 고통을 연구하는 사람들도 같은 주장을 한다. 또 상식적으로 생각해봐도 명백하다. 오랜 시간 동안 괴로워하며 내지르는 한 사람의 비명은 고통이 고통받는 사람의 의식을 내리누르는 방식과 비슷하게 듣는 사람의 의식을 내리누르지만, 비명은 고통받는 사람의 경험 중 한정된 부분만을 전달한다. 아마 이런 이유 때문에, 시각 예술에서 인간의 비명을 그린 이미지가 상당히 자주 나타남에도 대부분 청각 경험은 같이 묘사되지 않는 것일지도 모른다. 이런 작품들은 비명 소리를 전달하지 않고, 그래서 오히려 매력적이고도 정확한 재현물이 된다. {비명을 듣는다고 해도 실제 고통 경험을 알기란 거의 불가능하기 때문에, 아예 청각 경험을 묘사하지 않은 작품이 오히려 그 불가능성을 정확히 보여줄 수도 있다는 것이다.} 그뤼네발트Matthias Grünewald, 스탄치오네Massimo Stanzione, 뭉크Edvard Munch, 베이컨Francis Bacon, 잉마르 베리만, 에이젠슈테인Sergei Eisenstein의 스케치와 회화와 영화 장면에는, 누구에게도 가닿지 못하는 소리를 지르는 열린 입, 누구도 들을 수 없는 소리를 지르느라 완전히 탈진한 한 인간이 등장한다. 이런 입, 이런 인간은 고통이 고통받는 사람을 삼켜버리지만 누구도 그 사실을 감지하지 못하는 상태를 보여준다. 죄수가 고통을 경험하는 것만으로는 고문자에게 충분하지 않다. 고문자들에게는, 고통받는 사람에게 이미 논박할 수 없도록 명백한 고통의 실제성이 외부에 있는 사람들에게도 똑같이 논박할 수 없도록 명백한 것이 되어야 한다. 그리하여 고통을 생산하면서 진화해가는 몇몇 고문 과정에서 고통이 가시화되도록 만든다.

따라서 고문의 두 번째 단계에서는 고통의 주관적인 특성들이 대상화된다. 죄수의 내적 경험은 화상, 뇌졸중, 암, 환상사지에서 비롯된 심한 고통을 겪는 사람의 경험과 비슷하거나 같을 수도 있으나, 동시적으로 외재화된다는 면에서 다르다. 아래 열거하는 고통의 속성들은 환자와 고문받는 죄수의 몸 경험 둘 모두에 해당하지만, 오직 후자의 맥락에서만(또는 대상화가 이루어지는 기타 영역에서만) 외부에서 이 속성들을 파악할 수 있다.

— 고통의 첫 번째 측면이자 가장 본질적인 측면은 도저히 견디기 어렵고 회피를 유발한다는 것이다. 다른 감각들이 갖는 내용물은 긍정적일 수도 있고 중립적일 수도 있고 부정적일 수도 있지만, 고통의 내용물은 그 자체가 부정否定이다. 만일 고통 중에 있는 사람에게 고통이 싫게averse 느껴지지 않는다면, 그리하여 고통이 그 사람 안에 회피하고 싶은aversive 느낌을 끌어내지 않는다면, 철학적 논의에서건 심리학적 정의에서건 그것은 고통이라고 불리지 않는다.[62] 고통은 부정을 순수하게 육체적으로 경험하는 것이며, '적대적임against'을 감각의 측면에서 표현한 것이다. 어떤 사람에게 적대적인 무언가를, 그 사람이 적대할 수밖에 없는 무언가를 감각으로 번역한 것이다. 고통은 한 사람의 내부에서 발생하지만, '자신이 아닌 것' '내가 아닌 것'이자 너무나 이질적이어서 당장 제거되어야만 하는 무언가로 즉시 식별된다. 고문에서는 이 같은 내부의 육체적 경험에 상응하는 외부의 정치적 대응물이 함께 나타난다. 이 외부의 정치적 대응물이란 자신의 몸 밖 공간에 존재하는 죄수, '적'이라고 주장되는 죄수이다. 죄수는 적이 되어가면서 견디기 어려운 괴로움aversiveness을 인간의 모습으로 체화한다. 이 인간은 육체적 고통에서와 마찬가지로, '내가 아님' '나에게 적대적임against me' 외에는 다른 심리적 특징이나 내용물을 갖지 않는다. '적대적임'이 조용히 내재해 있는, 싫고 꺼려지는 정치적 상황은 많다. 가령 점령당한 도시나 감옥이 그렇다. 이런 상황들에서 '적대적임'은 지금 당장은 아니지만 언젠가 가까운 미래에 발현될 태세로 있다. 반면 고문은 그 본성 자체가 타자라는 상태, 적대되는 상태, 적이라는 사실을 현재의 매 순간 끌어내고 확인하고 선언하며, 잔혹 행위와 혐의 추궁을 통해 실연한다.

— 고통의 첫 번째 측면과 밀접한 관련이 있는 두 번째와 세 번째 측면은, 작인을 이중으로 경험하는 것이다. 고통은 '적대적임'을 모조리 감

고통받는 몸

각으로 나타낸 것이며, 또한 적대적인 '무엇'을, 내부적인 동시에 외부적인 '무엇'을 나타낸 것이기도 하다. 실제 무기가 존재할 때라도 고통당하는 사람은 내부 작인 때문에 고통받고 있다는 감각을 오히려 더 크게 느낄 수 있다. 칼, 바늘, 핀이 몸으로 들어갈 때 사람들이 칼, 바늘, 핀을 느끼는 것이 아니라 자신의 몸을, 자신을 아프게 하는 자신의 몸을 느낀다는 관찰 결과가 종종 나온다. 반대로 실제 외부 요인이 전혀 없는데도 외부 작인을 생생하게 느끼기도 한다. 부재하는 외부 작인을 느끼는 이런 감각은 고통을 표현하는 우리의 기본적이고도 일상적인 어휘에 뚜렷이 나타난다. 칼로 찌르는 듯한 고통, 쑤시는 듯한 고통, 구멍을 뚫는 듯한 고통, 타는 듯한 고통 등이 그렇다. 그렇다면 육체적 고통에서는 자살과 살인이 하나로 만난다. 고통받는 사람은 안과 밖 모두의 작용을 받는 것처럼 느끼며 안과 밖 모두에 의해 절멸되고 있다고 느끼기 때문이다. 자기 자신이 고통의 작인이 되었다는 감각은 고문의 여러 국면에서 가시적으로 나타나며, 주요하게는 의례화된 자기-배신인 자백과 강요된 동작들을 통해서 극화된다. 외부 작인에 대한 감각은 거처와 문명을 고문자의 무기고 안으로 체계적으로 동화시키면서 대상화된다. 하지만 내부와 외부 그리고 위두 가지 형태의 작인은 최종적으로는 서로에게 자리를 내주면서 하나로 합쳐진다. 내부 작인인 자백과 강요된 동작들은 이제 외부 작인의 한 형태가 된다. 한 사람의 몸과 목소리가 더는 그 사람에게 속하지 않기 때문이다. 고문 도구로 전환된 물리적·문화적 환경도 마찬가지로 외부적이면서 내부적이 된다. 고문 도구로 전환된 환경이 인간 의식에 고통이 미치는 영향을 보여주는 이미지로서 기능하기 때문이다.

— 이렇게 내부와 외부 간의 경계가 무너지면서 육체적 고통의 몸 경험이 갖는 네 번째 측면이 나타난다. 바로 사적인 것과 공적인 것이 거의 외설적으로 뒤섞이는 것이다. 이 뒤섞임은 절대적인 사적 상태에 포함된 안전함은 제외한 채 고독만을 가져오며, 완전히 공적인 것에 포함된 동료

애나 경험 공유 가능성은 제외하고 자기-노출만을 가져온다. 예술이 고통을 대상화할 때 이런 고립과 노출의 결합에 집중하는 경우가 자주 있다. 잉마르 베리만의 영화들은 수치를 당하는 강렬한 순간과 육체적 고통을 거듭해서 함께 등장시킨다. 〈톱밥과 금속 조각<sup>Sawdust and Tinsel</sup>〉에는 신의를 저버린 아내에게 여전히 애정을 느끼는 서커스 광대가 등장한다. 영화 시작 장면에서 광대는 아내를 안고 조롱하며 지켜보는 군인들 사이를 지나 돌로 된 가파른 언덕을 오른다. 벌거벗은 아내는 너무나 무겁고, 광대의 맨발은 돌에 찢긴다. 소포클레스의 《필록테테스》에 나오는 영토는 울퉁불퉁한 암석으로 이루어진 작은 섬이다. 오래전, 부상당한 필록테테스가 괴로워하며 몸부림치자 함께 항해하던 동료들은 혐오스러워하면서 그를 이 섬에 버리고 갔고, 우리는 이 섬을 배경으로 영웅의 몸부림을 지켜보고 듣는다. 이 섬은 고국과 인간들에게서 완전히 단절되어 있으며, 동시에 자연 환경에 완전히 노출되어 있다. 프랜시스 베이컨<sup>Francis Bacon</sup>의 작품에 전형적으로 등장하는 소재는 홀로 있는 인물이다. 인물은 단 위에 있거나, 거의 절대적으로 균일한 주황-빨간색을 배경으로 벌거벗은 채 있거나, 다양한 기하학적 형태의 틀 아래에 있다. 이런 요소들은 인물의 홀로 있음을 더욱 도드라지게 만든다. 이렇게 보는 사람에게서 극단적으로 분리되어 있지만(베이컨은 캔버스에 유리를 덮어서 한층 더 심하게 분리하길 원했다), 동시에 이 인물은 무자비하게 노출되어 있기도 하다. 단지 천이나 옷으로 보호되지 않은 채 벌거벗었기 때문이 아니라, 인물의 녹아내리는 몸이 안에서 바깥으로 노출되면서 가장 비밀스러운 내부를 드러내기 때문이다. 위 예술 작품들은 고립과 노출의 결합을 대상화하여 가시화한다. 둘의 결합은 고통의 몸 경험에 언제나 현존하지만 외부에 있는 사람들에게는 보통 보이지 않는다. 반면 고문에서 고립과 노출의 결합은 계속되는 외부 행위·활동의 일부이다. 계속 감시당하기 때문에 평화롭게 사적으로 존재할 수 없는 상태에서 죄수는 자기 몸의 가장 내밀하고 내부적인 사실들(고통, 배고픔, 메스꺼움, 섹슈얼리티, 배설)에 대처하도록 강요받는다. 또 인

고통받는 몸

간과의 접촉이 없기에 평화로운 공적인 것은 존재하지 않으며, 오직 공과 사의 추악한 전도만이 존재한다.

— 육체적 고통의 다섯 번째 측면은 언어 분쇄 능력이다. 고통은 언어로 대상화하는 능력, 즉 자기-연장의 주요 원천이자 고통을 세계 밖으로 끌어내 제거할 수 있게 하는 도구를 분쇄할 수 있다. 언어를 분쇄하기 전에 먼저 고통은 언어를 독점하고 언어의 유일한 주제가 된다. 여러 면에서 자백에 비정치적으로 상응하는 아프다는 호소는 점점 더 죄수가 하는 말의 유일한 양식이 되어간다. 나아가 일관성이라도 있었던 아프다는 호소는 결국엔 고통이 깊어지면서 언어 습득 이전의 소리로 대체된다. 고통은 표현되는 데 저항할 뿐 아니라 언어 능력을 분쇄하며, 고문에서는 언어 능력을 분쇄하는 이런 고통의 성향이 공공연하고도 과장된 형태로 재연된다. 고문자들은 죄수의 몸을 훼손하거나 죄수를 죽여서 목소리를 영원히 없앨 수도 있고, 그렇지 않더라도 여러 다른 방식으로 고통의 언어 능력 분쇄를 흉내 내어 극화한다. 고문자들은 임시로 목소리를 끊어내고, 끊어낸 목소리를 자신들의 것으로 만들고, 그 목소리가 자신들의 말을 하게 하고, 그들이 원할 때마다 그 목소리가 울부짖게 하거나 조용히 하도록 만들고, 그 목소리를 껐다 켰다 하고, 목소리의 주인은 물론 다른 죄수들을 학대하는 데 그 목소리를 사용한다. 비정치적인 맥락에서 한 사람이 아프다고 호소할 때, 이 사람의 호소하는 언어, 망가지고 있는 언어, 부재하는 언어는 때로 가장 절박한 순간에 오히려 아픈 사람의 요구를 가리고 믿지 못하게 만든다. 자백을 둘러싼 '배신'이라는 말에 담겨 있는 비웃음은 비정치적인 맥락에서 일어나는 이런 과정을 훨씬 더 심각한 형태로 보여준다. 미국의 뉴스 매체들이 처음으로 육체적 고통이라는 문제에 지면을 내주고 동정 어린 태도를 보이기 시작했던 1976년과 1977년에조차, "당신이 아프다고 불평할 때 통증은 비로소 통증이 된다"라든지 "만성 통증이 통증을 만들어낸다" 같은 제목이 붙은 지역 신문 기사들이 드물지

않았다.[63]

— 육체적 고통의 여섯 번째 요소는 다섯 번째 요소와 겹치지만 똑같지는 않다. 바로 고통이 의식의 내용물을 말소한다는 것이다. 고통은 복잡한 사고와 감정의 대상들을 절멸할 뿐 아니라 가장 기본적인 지각 행위의 대상들도 절멸한다. 절멸은 예를 들어 힘들게 지켜가야 하는 끈끈한 신의를 분쇄하는 데서 시작하여, '앞이 안 보이게 하는 심한 고통<sup>blinding pain</sup>'이라는 표현이 함의하듯 말 그대로 한 사람의 보는 능력을 분쇄하는 것으로 끝날 수 있다. 자백을 통해 인정되는 이 세계 와해는, 고문실의 모든 부분과 나아가 고문자의 행동과 말에서 형체를 띠고 나타나는 더 큰 세계의 모든 부분을 무기로 전환해 없애는 데서 극화된다.

— 앞의 여섯 측면에 기반을 두는 고통의 일곱 번째 측면은 절대성이다. 고통이 시작될 때 고통은 '내가 아닌 것'이지만, 끝에는 '고통이 아닌' 모든 것을 제거한다. 처음에 고통은 끔찍하긴 하지만 아직은 내부에 한정된 사실로서 발생한다. 그러나 최종적으로는 몸 전체를 차지하고 몸 너머의 영역으로 넘쳐흘러서 내부와 외부에 있는 모든 것을 점령하고, 내부의 것과 외부의 것을 외설적일 정도로 구별할 수 없게 만들며, 고통과는 상반되며 고통이 주장하는 바에 위협이 되는 언어나 세계 안으로의 연장 같은 것들을 모두 체계적으로 분쇄한다. 고통은 너무도 협소하기에 끔찍하다. 다른 한편 고통은 한 사람의 존재에서 보편적이고도 편재하는 단 하나의 사실인 것처럼 보이게 될 때까지 다른 모든 것을 고갈시키고 대체한다. 어떤 관점에서 고통에 접근하든 고통의 절대성은 계속 나타난다. 신경학적·생리학적 설명들도 고통이 얼마나 광범위하게 나타나는지를 거듭 인정한다. 통증 경로를 제거하려고 했다가 실패한 외과적 조치들이 많은데, 몸이 너무도 쉽고 빠르게, 또 끝없이 새로운 경로들을 만들어내기 때문이다.[64] 이런 실패는 고통이 얼마나 완전히 몸을 장악하는지 보여준다. 멜잭은 뇌

고통받는 몸

안에 있다고 주장되던 통증 관장 부위라는 것에 관해 이렇게 쓴다.

> 뇌에 있는 '통증 센터'가 통증 감각 및 통증 반응을 주관한다고 전
> 통적으로 가정되었다. 하지만 통증 센터 개념은 통증의 복잡성을
> 설명하는 데 완전히 부적합하다. 사실 뇌 전체가 실질적인 통증 센
> 터로 여겨지지 않는 한 그 개념은 완전히 허구이다. 시상, 시상 하
> 부, 뇌간망상체, 변연계, 두정 피질, 전두 피질 모두 통증 지각에 관
> 여하기 때문이다. 그 외의 뇌 영역들도 통증의 감정적·운동적 측면
> 에 명백하게 관여한다.[65]

고통의 절대성은 몸 경험에서도 마찬가지이다. 다른 감각들이 고통
받는 사람의 주의를 끌어 고통을 줄여줄 때도 있지만, 극심한 고통을 오랫
동안 계속 겪고 있는 몸은 종종 모든 감각을 고통으로 해석하기 시작한다.
남북전쟁에 참여한 외과의이자, 일류 작가는 아니지만 다작을 남긴 소설
가이며, 부상과 통증에 관한 의학 연구·관찰에서 중요한 연구자인 S. W.
미첼[Silas Weir Mitchell]은 다음과 같이 썼다.

> 의사가 아니라면 오래 계속된 심한 통증이 몸과 정신 양자에 가져
> 올 수 있는 영향을 인식하기 어려울 수도 있다. 수술 상처가 너무도
> 끔찍한 통증과 국소 경련을 야기한 사례들에 관한 기록은 많다. 이
> 런 상태가 수일 또는 수주일 지속되면 표면 전체가 감각 과민 상태
> 가 되고, 감각들은 더 심하게 갱신되는 고문을 위한 진입로가 되어
> 버린다. 그리고 마침내는 모든 진동, 빛의 변화, 그리고 …… 무언가
> 를 읽으려는 노력조차 또 다른 고통을 불러일으킨다.[66]

고문은 고통의 절대성을 갈망한다. 앙토냉 아르토는 고통이 어떻게
"심해지고 깊어지면서 고통 자신의 원천 및 접근 수단을 감수성의 모든

차원에서 증식"하는지 묘사한 적이 있다.[67] 고문자들은 고통 자체와 마찬가지로 고문자 자신들의 원천과 접근 수단을 계속 증식하여, 마침내는 고문실과 그 안에 있는 모든 것이 죄수가 느끼는 것을 외재화한 거대한 지도가 되도록 만든다. 고문은 자신이 모델로 삼는 고통만큼이나 강박적일 정도로 협소하고 반복적이지만, 고통보다는 더 눈에 보인다. 고문에는 일정 크기의 공간, 걸어 나갈 수는 없지만 걸어 다닐 수 있는 공간이 있기 때문이다. 이 공간 안에서 들을 수 있는 것, 볼 수 있는 것, 만질 수 있는 것, 맛볼 수 있는 것, 냄새 맡을 수 있는 것 모두에는 죄수의 고통이 감지 가능하도록 현시되어 있다.

— 여덟 번째이자 지금으로선 마지막이 될 고통의 측면은, 대상화된 고통의 측면들을 나열하기 전에 이미 언급했다. 바로 고통이 대상화에 저항한다는 것으로, 고통의 가장 무시무시한 측면 중 하나였다. 고통은 고통을 겪고 있는 사람에게는 논박할 수 없도록 실제이지만, 가시적인 몸의 상처나 병명이 없을 때 그 고통은 다른 사람들에게는 실제가 아니다. 이 철저한 존재론적 분리는 고통의 절멸 능력을 배가한다. 고통이 인정받거나 인지되지 못하는 일은 부정과 거부의 또 다른 형태이며, 몸이 느끼는 견딜 수 없는 괴로움에 사회적으로 상응한다, 여기서 만일 인정과 인지가 존재한다면 자기-연장의 한 형태로서 기능할 수 있다. 이 끔찍한 이분二分과 배가는 고문에서 다시 한 번 배가되고 증식되고 증대된다. 전에는 고통받는 사람의 고통이 주관적으로는 실제이지만 대상화되지 않아 다른 모든 사람에게 비가시적이었다면, 고문에서는 고통이 거대하게 대상화되어 모든 곳에서 가시적이며 내부 세계만큼이나 외부 세계에서도 논박할 수 없도록 현존하지만, 동시에 이 고통이 절대적으로 부인되기 때문이다.

위와 같은 부인은 고문을 구축하는 일련의 과정 중 세 번째 주요 단계이다. 이 단계는 고통의 대상화된 모든 요소를 권력의 기호로 번역하고,

고통받는 몸

인간 고통의 확대된 지도를 정권의 강력함을 나타내는 엠블럼으로 전환한다. 이런 번역은 권력과 고통 양자에서 공통으로 나타나는 현상, 곧 작인 때문에 가능하며 또 작인을 가로지르면서 일어난다. 발전기, 채찍과 각목, 고문자의 주먹, 벽, 문, 죄수의 섹슈얼리티, 고문자의 질문, 의료 제도, 죄수의 비명, 죄수의 아내와 아이들, 전화, 의자, 재판, 잠수함, 죄수의 고막, 이 모든 것과 또 그 밖의 많은 것이, 인간의 것이거나 인간의 것이 아닌 모든 것, 물질적으로 현존하거나 언어적으로 현존하는 모든 것, 실제로 현존하거나 암시됨으로써 현존하는 모든 것이, 넘쳐나는 무기들의 일부, 고통을 지시할 수도 있고 권력을 지시할 수도 있는 무기들의 일부가 된다. 커져가는 고문자의 자아 감각이 바깥으로 전달되어 죄수의 증가하는 고통에 더해지면서, 한 사람은 계속되는 수축으로 경험하는 무엇을 다른 이는 계속되는 팽창으로 경험한다. 실제 물리적 사실인 무기는 몸 안으로 들어가 고통을 생산하는 사물이고, 지각적 사실인 무기는 고통을 몸에서 끌어내 가시적으로 만든다. 혹은 더 정확하게 말하자면, 지각적 사실인 무기는 고통의 속성들을 몸에서 끊어내어 대신 정권에 부착한다. 여기서 고통의 속성들이란 논박할 수 없는 실제성, 절대성, 다른 모든 것을 지울 수 있는 능력, 극적인 변환과 세계 와해를 가져오는 힘이다. 무기가 가교 혹은 기제의 역할을 하여, 고통의 속성들을 그 원천에서 끌어내고 고통받는 사람으로부터 분리하여 권력을 지시할 수 있게 만드는 것이다. 이제 적어도 이 외설스럽고도 한심한 극*이 지속되는 동안은 고통이 아니라 정권이 논박할 수 없는 실제이며, 고통이 아니라 정권이 절대적이며, 고통이 아니라 정권이 다른 모든 것을 지울 수 있으며, 고통이 아니라 정권이 세계를 와해할 수 있다.

기만적이고 무자비한 이런 종류의 권력은 고통 자체는 부인하면서 고통의 속성들이 자신의 것이라 주장한다. 고통을 부인하는 행위는 고통의 속성들을 자기 것이라고 주장하는 행위만큼이나 권력에게 필수적이다. 부인 행위는 당연히 고문자에게 실질적으로 도움이 된다. 고문자는 먼저 고통을 가하고 그다음 고통을 대상화하며 마지막으로는 고통을 부인한다. 스스로 눈먼 사람이 되는 마지막 행위가 있어야만 '고통을 더 많이 가하기'인 첫 번째 단계로 돌아갈 수 있다. 다른 사람이 고통받고 있다는 현실이 고문자의 의식 안으로 들어오면 그는 즉시 고문을 멈출 수밖에 없기 때문이다. 하지만 맹목과 권력의 결합은 자기-증폭하는 순환을 쉽게 하려는 실용적인 이유에서만 비롯된 것이 아니며, 그 훨씬 이상이다. 둘의 결합은, 고문자의 권력이 고문자 자신을 눈멀게 한다거나 눈멂 자체를 수반한다는 뜻이 아니다. 눈멂을 필요로 한다는 뜻조차 아니다. 맹목과 권력의 결합은 바로 고문자의 눈멂이, 그의 자발적인 무無도덕 **자체가** 고문자의 권력이거나 그 권력의 커다란 부분이라는 것이다. 이 사실은 가학적 형태의 권력을 문명이 기반을 두는 평화적이고 합법적인 형태의 권력과 비교해볼 때 거의 자명해진다. 문명 안에서 이루어지는 모든 행위는 몸의 필요에 공명하는 방식으로 몸을 넘어선다. 즉 사람들은 벽을 세우거나 옛 친구의 편지에 답장하면서 몸을 극복하고 자신을 몸의 경계 너머로 투사하지만, 그럴 때에도 체온을 일정하게 유지해야 하는 몸의 필요를 표현하고 충족한다. 문명의 더 고양된 순간이나 자기-연장의 더 정교한 형태는 몸에서 훨씬 더 멀리 떨어져 있을 때 발생한다. 전화나 비행기는 손수레보다 더 뚜렷하게 인간의 몸이라는 한계를 극복한 예이다. 하지만 이런 예에서처럼 몸에 크게 맞설 때조차 문명 안에는 언제나 몸에 대한 완전한 헌신이 담겨 있다. 몸에 주의를 기울임으로써만 몸에 더는 주의를 기울이지 않을 수 있기 때문이다. 고문은 평화적인 형태의 권력에 존재하는, 몸을 '극복하는' 행위의 압축본이다. 고문자가 육체적 행위와 언어적 행위 둘 모두를 통해 죄수를 지배하기는 하지만, 궁극적인 지배를 위해서는 죄수의 기반이 점점 더 육체적이 되고 고문자의 기반은 점점 더 언어적이 되어야 한다. 또 죄수는 목소리가 없는 거대한 몸이 되고 고문자는 몸이 없는 거대한 목소리(두 개의 목소리로 이루어진 목소리)가 되어야 하며, 최종적으로 죄수는 자신을 오직 감응력의 차원에서만 경험하고 고문자는 자신을 오직 자기-연장의 차원에서만 경험해야 한다. 고문자는 이 모든 방식을 통해 죄수의 반대항인 자신의 위치와 죄수로부터의 거리를 극화하며, 나아가 자신이 몸에서 얼마나 멀리 있는지 극화한다. 가장 극단적인 거리두기 행위는 다른 이의 상처를 부인하는 데 있다. 부인에 기초한 권력의 전략들 안에는, 긍정적이고 문명화된 형태의 권력에서와 마찬가지로 성취의 위계가 있다. 몸에서 멀어질수록 몸을 점점 더 크게 초월한 것이다. 따라서 건강한 보통 사람들의 권리 인정을 정권이 거부하는 일은 정권의 손수레라고 할 수 있고, 고통 중에 있는 사람들을 인정하지 않고 돌보길 거부하는 일은 정권의 비행기라고 할 수 있다.

고문의 최종 생산물이자 결과인 이 권력이라는 허구의 전시는 최종적으로는 고문의 시작점이라고 주장되는 동기, 즉 정보에 대한 필요와 연관된 것으로 보여야 한다. 고문은 너무도 거짓된 동기에 대단히 뚜렷하게 도드라지는 위치를 부여하며, 이는 이례적이지 않다. 앞에서 짚었듯, 고문을 자행하는 정부가 저지르는 체포와 불필요한 처벌 같은 기타 정치적 폭력 행위는 오로지 경멸을 내보이려는 게 의도가 아닐까 싶을 정도로 너무도 임의적인 동기를 설명이라고 내놓곤 하기 때문이다. 프랑스의 단두대에 관한 카뮈Albert Camus의 성찰이나 히틀러의 독일에 관한 아렌트Hannah Arendt의 사유처럼, 역사상 잔혹함의 순간들을 탐구하다보면 제시된 동기들이 얼마나 명백하게 거짓이었는지를 거의 반드시 논하게 된다. 사형이 공식적으로 발표도 되지 않는다면, 그 목적은 범죄 억제일 수 없다. 히틀러가 자행한 대량학살을 불러일으킨 것은 전쟁이 아니다. 오히려 전쟁 때문에 학살이 가능했다.[68]

이 같은 거짓 동기 현상은 '변명'이나 '합리화'라는 말로는 적절하게 설명할 수 없으며, 이 현상이 계속 반복해서 일어난다는 사실은 거짓 동기가 잔혹함의 형식 논리 안에 고정된 위치를 차지함을 암시한다. 논리적 시간 위에서 고문의 동기는 허구적으로 만들어낸 권력과 다른 지점에 놓여 있지만, 그럼에도 그 권력에 대체로 상응한다. 즉 고문 동기는 고통을 주기 이전에 왜곡된 고통이며 권력은 고통을 가한 이후에 왜곡된 고통이다. 고문 동기와 권력, 둘은 함께 죄수가 인간으로서 하는 주장에 사람들의 관심이 가닿지 못하도록 하는 폐쇄회로를 형성한다. 무기 또는 작인이나 원인을 전시함으로써 고통의 속성들을 고통에서 끌어낼 수 있듯이, 동기 전시는 고통의 작인$^{agency}$에 원인$^{agency}$을 제공하고 고통의 원인$^{cause}$에 이유$^{cause}$를 제공함으로써 고통의 속성들을 그 원천에서 한층 더 멀리 끌어낸다. 죄수의 고통이 고문자의 권력으로 전환되는 일이 무기 전시와 함께 시작한다면, 동기 전시는 고문자의 권력이 고문자 자신의 취약함과 필요라는 관점에서 이해되도록 한다(심문이 계속된다는 것은 동기도 상당히 지속적으로 전시된다는 뜻이다). 물론 동기는 연민이라는 자연스러운 반응이 실제 고통을 당하는 사람 쪽을 향하지 못하게 하는 방법일 뿐이다. 아렌트는 나치 친위대(SS) 고위 간부이자 유대인 학살의 책임자인 힘러$^{Heinrich\ Himmler}$의 말들이 "유대인 문제를 해결하라는 명령, 그것은 한 조직이 받을 수 있는 가장 무시무시한 명령이었다"와 같은 표현으로 가득했다고 지적한다. 그녀는 이렇게 설명한다.

> 따라서 문제는 자기 양심을 극복하는 것이라기보다는, 육체적 고통이 눈앞에 있을 때 평범한 사람들이 느끼는 동물적인 동정심을 어떻게 극복하느냐였다. 힘러 자신도 최소한 겉으로는 이런 본능적인 반응 때문에 상당히 괴로워한 것으로 보이는데, 그가 사용한 방법은 매우 간단했고 또 대단히 효과적이었던 것 같다. 비결은 바로 본능적인 동정심의 방향을 돌리는 것, 말하자면 자신을 향하게 하는 것이었다. 그래서 힘러를 비롯한 살인자들은 '내가 사람들에게 얼마나 끔찍한 짓을 했는지!'라고 말하는 대신, '내 의무를 다하려다가 얼마나 끔찍한 일들을 지켜봐야 했는지, 그 임무가 얼마나 무겁게 내 어깨를 짓눌렀는지!'라고 말할 수 있었다.[69]

고통받는 몸

{자신의 강제수용소 경험을 바탕으로 쓴 책에서} 브루노 베텔하임 Bruno Bettelheim은 강제수용소 보초들이 죄수들에게 거듭 했던 말을 언급한다. "이 총으로 널 쏴버릴 수도 있겠지만, 너는 총알값만큼의 가치도 없어." 죄수들에게는 거의 아무런 느낌을 주지 않는 말이라서 왜 그런 말을 계속 반복하는 것인지 베텔하임은 이해할 수가 없었는데, 나중에서야 그런 발언이 보초들 자신에게 발휘하는 효과 때문에 SS 훈련의 일부로 교육되고 있음을 알아차렸다고 한다.[70]

거짓 동기 아래에 깔려 있는 지각 구조는 뚜렷한 무기 이미지가 없을 때도 존재하지만, 실제 무기가 등장하는 위 사례에서는 그 지각 구조를 더욱 전형적으로 볼 수 있다. 모든 무기는 양쪽의 말단末端을 지닌다. 타인의 고통을 자신의 권력으로 전환하면서, 고문자는 이 전환 전체를 오로지 무기의 안전한 쪽 말단에서만 경험한다. 하지만 혹시라도 고문자의 관심이 다치기 쉬운 쪽 말단 방향으로 내려가기 시작할 때, 그래서 끊어져 나온 고통의 속성들이 죄수의 감응력이라는 근원으로 돌아가기 시작할 때, 고문 동기는 이러한 움직임을 막아서 다시 고통의 속성들을 몸 밖으로 끌어낼 수 있게 한다. 만일 보초의 인식이 총알의 경로를 따라가기 시작하면 총알의 경로 자체가 휘어져서 죄수가 아닌 보초 자신이 총알의 목표물이 될 수 있다.

따라서 폭발하는 머리라든지 목숨을 잃는 것 같은 내적 경험을 자각하는 방향으로 보초가 이동해가는 일은 중단되고, 그 대신 총알값이 낭비된다는 생각 쪽으로 방향이 바뀌어야 한다. 총에 맞는 것과 총알값을 쓰는 것, 강제수용소에서 거대한 규모로 일어나는 잔혹 행위의 희생자가 되는 것과 그 잔혹 행위들을 봐야만 하는 것, 고문으로 극심하고도 오랜 육체적 고통을 겪는 것과 약간의 정보가 필요한 것, 이런 두 차원의 일들 사이에 언제나 엄청난 괴리가 존재한다는 사실은 중요하지 않다. 거짓 동기의 작동은 형식적인 것이지 실질적인 것이 아니기 때문이다. 거짓 동기는 두 차원의 일들을 비교해봐야 하는 장소에 사람들의 생각이 가닿는 것 자체를 막는다. 권력은 신중하다. 권력은 자신을 은폐한다. 권력은 다른 이의 고통에 기반을 두며, 자신의 유아론唯我論을 보장해주는 폐쇄적인 순환을 통해 '다른 이'가 존재한다는 인식이 아예 생겨나지 못하게 한다.

고통받는 몸

2장

## 전쟁의 구조:

훼손된 몸들과
고정되지 않는 쟁점을
병치하기

고문은 너무나 극단적인 사건이어서, 고문을 다른 어떤 것으로 일반화하거나 다른 어떤 것을 고문으로 일반화하는 일은 부적절해 보인다. 고문의 비도덕성은 너무도 절대적이고 고문이 가져오는 고통은 너무도 실제라서, 사람들은 고문을 다른 주제와 함께 대화에 올리길 꺼릴 정도이다. 거북한 주제를 피하려는 경향은 사람들 내면에 깊이 뿌리박혀 있으며, 고문을 논하길 꺼리는 태도도 여기서 나온다. 이런 태도는 우리를 권력에 더욱 취약하게 만든다. 고문이라는 사건을 마주할 때 그 즉시 도덕적인 직관과 충동이 나타나 인간의 감응력을 옹호해주긴 하지만, 고문에 관해 말하길 꺼리는 태도 때문에 이런 직관과 충동들이 도움이 될 수 있을 만큼 충분히 멀리 나가지는 못하기 때문이다. 우리는 가장 신봉하는 것들을 위해 나서야 할 때 가장 주저한다. 신에 무언가를 비유하는 일을 피하던 고대인들처럼, 어쩌면 우리 본능은 이 세계의 담론 안으로 고문이 들어오지 못하게 막음으로써 다른 것과는 감히 비교할 수 없는 고통에 경의를 표하는 것이 아닐까. 그 결과 감응력이 호소하는 바를 위해 작동할 수도 있었던 우리의 도덕적 직관은 거의 감응력 자체만큼이나 표현되지 않은 채로 내부에 남는다.

　권력은 거의 모든 사안들과 매우 쉽게 뒤섞일 수 있고, 그래서 권력은 전략과 이론들 안에서 끝없이 펼쳐지면서 계속 허물을 벗을 수 있다.

고통받는 몸

이런 전략과 이론들은 매우 타당할 수도 있고 명백하게 부조리할 수도 있지만, 타당하든 부조리하든 그 형태를 통해, 다시 말해 인간의 말 안에서 발생한다는 바로 그 사실을 통해 권력이 주장하는 바와 권력이 대변하는 바를 세계 안에 증가시킨다.

이와는 대조적으로 고통에서는 다음 두 가지 중 하나가 맞는 말이다. 고통은 명료하게 표현되지 못한 채로 남거나, 처음으로 명료하게 표현되는 순간 다른 모든 것을 침묵시킨다. 고통이라는 현실이 언어로 표현되는 순간, 고통은 이후에 이어지는 모든 진술과 설명을 우스꽝스럽고 부적절하게 보이도록, 고통을 당하는 사람의 머리 안에서 사라지는 세계의 내용물만큼이나 텅 빈 것으로 보이도록 한다. 고통이라는 최초의 사실 외에 모든 말은 고통을 사소화한 것이며, 핵심을 놓친 것이고, 고통을 놓친 것으로 보인다. 예컨대 고통은 이러저러한 인간적 원칙을 위반한다거나, 고통이 이렇게 혹은 저렇게 대상화될 수 있다거나, 이런 지점에서 고통은 증폭되고 저런 지점에서는 고통이 위장된다거나 하는, 고통을 좀 더 상세히 설명하는 모든 말들이 그렇다. 그 결과 고통은 몸의 철옹성과도 같은 사적상태에서 언어로 끌어올려지는 순간, 즉시 몸 안으로 다시 떨어진다. 그무엇도 고통의 이미지를 세계 안에 유지해주지 않으며 고통이 나온 장소를 가리키며 경고해주지도 않는다. 고통은 명료하게 표현되지 못한 무엇으로부터 반쯤 나와서 말이 되었다가는 재빨리 다시 물러난다. 고통이 비가시적인 이유는 부분적으로는 고통이 언어에 저항하기 때문이지만, 고통의 강력함 때문이기도 하다. 고통의 강력함은 고통을 고립시키고, 다른 사건들의 맥락에서는 고통이 보이지 않게 만들며, 언어에 막 도달한 고통이다시 뒤로 물러나 파괴적인 상태에 머물게 한다. 고통이 자신을 인정해달라는 주장은 절대적이지만, 고통이 결국 인정되지 못하는 채로 남는 데 바로 이 절대적인 주장이 일조한다.

인간들의 사건 중 고문만큼이나 변명의 여지가 없는 사건은 없을지도 모르지만, 그 외의 사건들도 사실 고문과 똑같은 핵심 질문을 던지곤 한다. '어떤 지각 과정에 의해, 어떻게 고통받고 있는 사람과 같이 있으면서도 그 고통을 모를 수 있는가. 나아가 어떻게 몸소 그 사람에게 고통을 가할 정도로 그 고통을 모를 수 있는가'라는 질문이다. 그리고 고문 외의 사건들에서도 마찬가지로, 답변의 중심에는 작인 언어가 가능하게 하는 몸과 목소리 간의 상호작용이 있다.

고문과 가장 명백하게 유사한 사건은 전쟁이다. 고문 형태 중 고문자는 죄수를 건드리지 않는 대신 죄수들이 서로 상처를 입히게 하는 고문이 있다. 이 고문 방식은 고문과 전쟁 간의 연관성을 드러낸다. 고문과 전쟁의 분명한 차이 중 일부는 상징적·허구적인 것이 고문에서 훨씬 더 두드러지게 나타나기 때문에 생긴다. 전쟁에서는 적이 외부의 분리된 공간에 있으며, 상대편 국민과 문명을 말살하려는 충동은 대부분의 경우 자기-분쇄$^{self-destruction}$가 아니다. 혹은 적어도 처음에는 자기-분쇄로 여겨질 필요가 없다. 반면 고문에서는 보통 적이 내부에 있으며, 어느 집단 사람들과 이들의 문명을 분쇄하는 일은 자기-분쇄이자 자신의 나라를 없애는 일이다. 그렇기 때문에 고문은 더 극적이어야 한다. 고문이 행하는 분쇄가 방 몇 개 안에서 상징적으로[1] 실연되어야만 한다는 것이다.

전쟁과 고문은 똑같은 두 가지 목표물을 갖는다. 바로 한 나라의 국민과 이들의 문명이다. 또는 앞부분에서 사용한 용어로 말하자면, 감응력과 자기-연장이라는 두 영역이다. 고문은 전쟁보다 상징적인 것에 훨씬 더 많이 의존하며, 이 의존은 감응력과 자기-연장 두 영역 모두에서 일어난다. 전쟁과 고문 둘 모두에서 가장 기본적인 형태의 '문명' 분쇄가 일어난다. 베를린이 폭격당하고 드레스덴이 불태워졌을 때는 특정 이데올로기만 해체된 것이 아니라 자기-연장 능력을 보여주는 주요 증거들도 해체되었다. 베를린이 폭격당했을 때는 문화적으로 규정된 사물, 몸짓, 사고思考만 분쇄된 것이 아니라 인간들의 사물, 몸짓, 사고가 분쇄되었고, 드레스덴이 불태워졌을 때는 드레스덴의 건물이나 독일 건축술만 분쇄된 것이 아니라 인간의 거처가 분쇄되었다. 고문은 해체에 해당하는 행위이다. 고문은 전쟁의 분쇄 능력을 흉내 낸다. 고문이 거리, 집, 공장, 학교라는 구체적인 물리적 사실을 분쇄한다기보다는, 죄수의 정신 속에 존재하며 방 안의 가구와 물건 안에 존재하는 거리, 집, 공장, 학교를 분쇄한다. 탁자를 무기로 전환하는 일은 공장을 불태우는 일과 같다. 자백을 듣는 일은 도시의 한 구역이 폭발하는 광경을 내려다보는 일과 같다. 이와 똑같은 형태의 상징적인 대체가 첫 번째 목표물인 인간의 몸 자체라는 맥락에서도 일어난다. 여기서 인간의 몸은 두 번째 목표물인 문명이 시작된, 감응력이 있는 원천이다. 전쟁의 목적은 살인이다. 반면 일반적으로 고문은 살인을 극화한다. 감각의 측면에서 죽음과 등가인 고통을 가해서, 처형을 장기간 계속되는 모의처형으로 대체하는 것이다. 관련 숫자를 보면 실제의 것과 극화된 것 사이에 존재하는 위와 같은 차이를 더 잘 느낄 수 있다. 1970년대와 1980년대에 수천 명에 이르는 정치범들이 고문으로 몸이 손상됐고, 그래서 국제앰네스티는 고문을 '전염병'이라고까지 부르기도 했지만, 부상당한 사람의 숫자를 따져보자면 당연히 전쟁 쪽이 훨씬 더 많다. 고문에서 개인은 '개인들'을 대신 나타낸다. 수시간, 수일 또는 수주 동안 계속 매우 가까운 거리에서 이루어진다는 점이 거대한 숫자를 대신하고, 희생자의 상처에 접해 있다는 점이 전쟁에서는 큰 숫자를 통해 달성되는 '엄청난 규모'의 감각을 제공한다.

전쟁보다는 고문이 훨씬 더 뚜렷하게 극적인 것에 의존하긴 하지만, 전쟁에도 상징적인 요소가 적지 않다. 전쟁의 상징적 요소는 전투라는 일종의 극장에서 쓰이는 언어 안에, 국제적인 담화와 각본, 무대 안에 조용히 기록되어 있다. 나아가 궁극적으로는 전쟁도 고문과 마찬가지로 실제와 허구의 단순하고도 놀라운 혼합에 기반을 둔다. 고문과 전쟁 둘 모두에서 고통 중에 있는 몸, 상해를 입은 몸, 없애기 어려운 죽은 몸 등 몸의 논박할 수 없는 실제성은 자신의 원천에서 분리되어 이데올로기나 쟁점에 부여된다. 또는 평화적인 실증의 원천들을 수용하지 못하거나 평화적인 실증의 원천들이 등을 돌린 정치권력에 부여된다. 노래 경연 대회나 체스 게임이 아니라 전쟁이라는 수단을 통해 국가 간의 갈등을 해결하는 데에는 그 결과가 지속된다는 점을 제외하고는 이점이 없다. 노래 경연 대회에서는 참가자들이 참가를 그만두고 나가버리는 순간, 대회 결과를 결정하는 일련의 규칙들이 임의적이라는 사실이 즉시 분명해진다. 참가자들은 전에는 이 규칙들에 동의했지만 이제는 동의하지 않을 수도 있으며, 그래서 현실을 강제하는 규칙의 능력이 대회 끝까지 계속되지 못할 수도 있다. 현실은 인간들의 참여 행위에 의해 생겨나며, 참여가 멈출 때 흩어져 사라지기 때문이다. 전쟁의 규칙들도 마찬가지로 똑같이 임의적이며 조약, 협약, 참여에 의존한다. 그러나 전쟁 결과의 합법성은 경기가 끝나도 살아남는다. 전쟁 참가자 중 너무도 많은 이들이 어떤 영구적인 참여 행위 안에 동결되기 때문이다. 다시 말해 승자 측의 쟁점이나 이데올로기는 엄청난 숫자의 훼손되고 벌어진 인간의 몸이 지니는 순수한 물질적 무게를 통해 잠시간 실제 '사실'의 힘과 위치를 획득한다.

아래에서는 전쟁의 구조에 대한 이 간략한 설명을 더 천천히 자세하게 제시할 것이다. 그다음엔 널리 받아들여지는 전쟁에 관한 잘못된 설명과 비교해서 어떤 차이가 있는지 보여주고, 그리하여 이 잘못된 설명 때문에 생길 수 있는 혼란을 방지할 것이다. 고문 내부에서 일어나는 일들과 전쟁 내부에서 일어나는 일들 사이의 유사성이 점차 드러날 것이며, 어떤 핵심 요소가 고문에서는 완전히 부재하는 도덕적 모호함을 전쟁에 부여해서 고문과 전쟁을 다르게 하는지도 드러날 것이다. 고문을 불법화하고자 하는 이들에게는 고문 금지의 '무조건적인' 이유를 제시하는 일이 전혀 어렵지 않았지만,[2] 전쟁 개시를 불법화하는 데 똑같은 열정을 가지고 힘썼던 이들은 무조건적인 금지 이유를 찾지 못해 노력을 중단하거나, '무조건적인' 금지 자체는 도덕적으로 옹호될 수 없을지도 모른다는 인식에 도달한 경우가 매우 많았다. 그 이유도 앞으로 분명해질 것이다.

고문과 전쟁 간의 단순하고도 중요한 외형상의 차이가 논의 시작 부분부터 나온다. 고문과 전쟁이 구조적으로 유사하기는 하지만 각각의 기

고통받는 몸

본적인 모습은 다른 장소에서 생겨난다. 고문의 구조는 고문자와 죄수 두 사람 간의 육체적·언어적 상호작용 안에 존재하며, 그 상호작용 안에서 모양을 갖춰간다. 몸과 목소리 간의 특수한 관계는 전쟁의 구조에서도 중심에 놓이긴 하지만, 이 **관계**는 병사와 병사, 병사와 장교, 병사와 민간인 등 어느 두 사람 간의 **관계** 안에서 찾을 수 있는 것이 아니다. 또 전장을 사이에 둔 채 서로를 마주하고 훼손하고 있는 수십만의 사람들처럼 커다란 두 개의 인간 집단 간의 **관계** 안에서 찾을 수 있는 것도 아니다.[3] '몸과 목소리의 극단적 사실들을 병치하기'라는 전쟁의 근본 구조는 전쟁의 가장 큰 구성 부분 간의 **관계** 안에 존재한다. 다시 말해 전쟁의 근본 구조는 전쟁 **내부에서** 발생하는 전체 사상자와, 전쟁 **외부에** 위치하는 언어적 쟁점 간의 관계 안에 존재한다. 자유, 국가의 주권, 분쟁 대상 지역에 대한 권리, 특정 이데올로기가 해당 국가 밖에서도 권위를 갖는다는 주장 등이 언어적 쟁점이 될 수 있다. 이 언어적 쟁점들은 전쟁 행위가 시작되기 **전부터** 거기에 있고 전쟁이 끝난 **후에도** 거기 있다. 또 전쟁을 벌이고 있는 사람들에게는 전쟁 동기이자 정당한 이유로 이해되고, 종전 후에는 전쟁 활동에 의해 실증된 무엇으로 혹은 (패자 측에서는) 실증되지 않은 무엇으로 인식된다. 여기서의 핵심 질문인 '상해 입히기라는 강박적 행위와 이 행위를 수행하는 이유가 되는 언어적 쟁점 간의 관계는 무엇인가'는 전쟁 내부의 내용물과 전쟁 외부에 위치하는 무엇 사이의 관계를 묻는다. 이 질문에 답하려면 일단 한 걸음 물러나 전쟁의 내부 사실 **두 가지** 간의 관계를 먼저 정의해야 한다. 첫째, 전쟁에서 가장 일차적인 활동은 상해 입히기injuring이다. 둘째, 전쟁은 곧 경기이다. 전쟁에 참여할 때 사람들은 단순히 상해를 입히는 행위에만 참여하는 것이 아니라 상호적인 상해 입히기 활동, 즉 상대편보다 더 많이 상해를 입히기가 목적인 활동에 참여한다. '전쟁은 ○○이다'라는 구문은 수세기 동안 여러 서술어를 동반했지만, 위에서 꼽은 두 서술어, 즉 '상해 입히기'와 '경기'보다 정확하고 총체적인 정의를 내리는 서술어는 없다. 이 두 서술어가 정확히 서로 어떤 관계인지를 이해한다면, 우리는 그 바로 전에 나온, 육체적 상해와 언어적 쟁점 간의 관계를 묻는 더 근본적인 질문에 답할 수 있을 것이다.

그렇다면 논의의 출발점은 다음과 같은 가정이다. 전쟁은 전쟁보다 더 큰 인간 경험의 범주 중 두 가지에 속한다는 것이다. 여기서 전쟁보다 '더 큰 범주'라는 말은 전쟁이 두 범주에 포함되는 항이라는 뜻이다. 첫째, 전쟁은 폭력의 한 형태로, '상해 입히기'가 근본 활동인 사건들에 속한다. 둘째, 전쟁은 경기 범주에 속한다. 전쟁의 본성은 상해 입히기와 경기 각각에 따로 존재한다기보다는 둘 간의 관계 안에 존재하지만, 둘이 시야에서 사라지게 되는 방식이 각기 다르기 때문에 당분간은 둘을 따로 봐야 한다. 따라서 한 걸음 물러나 우리의 두 가지 '자명한 전제들'이 정말로 자명한지 먼저 확실히 해야 한다.


# I. 전쟁은 상해 입히기이다

전쟁의 주요 목표이자 주요 결과는 상해 입히기이다. 맞바로 반박하기에는 너무도 자명하고 거대한 사실이지만, 이 사실은 여러 간접적인 방식으로 반박되어 여러 개별 경로들을 따라 시야에서 사라져버릴 수 있다. 또는 아예 생략됨으로써 시야에서 사라져버릴 수도 있다. 사람들은 상해 입히기라는 사실을 마주하지 않으면서 어느 군사 행동에 관한 역사적·전략적 설명이 나온 책을 몇 권이고 읽을 수도 있고, 현재 전쟁에서 벌어지는 사건을 다루는 특집 보도를 계속해서 들을 수도 있다. 책이나 뉴스에서 묘사하고 있는 사건들의 목적이 태우기, 폭파하기, 폭격하기, 절단하기 등 인간의 몸 조직을 변환하는 것이며, 인간들이 자신의 연장延長으로 여기는 사물들의 표면, 형태, 온전함을 변환하는 것이라는 사실을 마주하지 않을 수 있다는 것이다. 생략이 발생하는 이유는 상해 입히기라는 행위가 너무도 자명해서 더 명료하게 설명할 필요가 없다는 느낌을 주기 때문일 수도

고통받는 몸

있고, 설명하는 사람이 상해 입히기 행위를 인지하지 못했기 때문일 수도 있으며, 전쟁 활동의 핵심 내용을 잘못 재현하고자 하는 적극적인 욕망 때문일 수도 있다. 전쟁 활동을 잘못 재현하고자 하는 의식적인 노력은 사악한 동기 몇 개라든지 상대적으로 선한 동기 몇 개를 파편적으로 나열하는 일로 끝나기도 한다.

지금 이 부분에서 밝히고자 하는 것은 상해 입히기가 시야에서 사라지는 경로들이지 동기가 아니다. 경로 하나에는 여러 동기가 있을 텐데 짧은 논의 안에서 그 모두를 열거하기란 불가능하기 때문이고, 또 한두 가지의 동기만을 설명한다면 오해를 낳을 수 있기 때문이다. 나아가 동기를 살펴보지 않는 훨씬 더 중요한 이유가 있다. 지엽적인 동기와는 무관하게 전쟁의 구조에서 상해 입히기는 시야에서 부분적으로 사라져야만 하고, 그래서 전쟁의 구조는 언제나 이런저런 동기를 통해 상해 입히기를 감춘다. 앞으로 점점 더 분명해질 텐데, 고문이 '고통 가하기, 고통의 대상화, 고통을 끊어내어 다른 위치로 고통의 속성들을 보내기'라는 세 개의 분리된 단계를 수반하는 것처럼, 전쟁도 이와 유사한 육체적·지각적 사건들의 구조를 수반한다. 즉 대규모의 상해를 서로 가하는 일과 이 상해를 끊어내어 다른 곳에 상해의 속성들을 부여하는 일 둘 모두가 전쟁에 필요하다. 상해의 속성들을 상처에서, 인간의 몸이라는 원래 자리에서 끊어내지 않으면 이 속성들을 다른 위치로 옮길 수가 없다.

또 논의 시작 부분부터 의식하고 있어야 할 점은, 상해를 인간의 몸에서 끊어내지 않고는 전쟁 지속이 불가능하지만 이 끊어내기를 하는 이들이 꼭 전쟁 지속을 바라는 이들은 아니라는 점이다. 상해 끊어내기는 독점적으로 이루어지지 않는다. 정치적, 군사적, 철학적 입장 때문에 전쟁 지속에 관여하는 이들의 말과, 특정 무기를 금지하거나 특정 전쟁을 중단시키거나 또는 전쟁 일반을 없애기 위해 일하는 이들의 말을 살펴봤을 때, 전자에서보다는 후자에서 손상을 입은 인간의 몸들이 갖는 육체적 직접성이 **일반적으로** 더 가시적이라고 한다면 틀린 말은 아닐 것이다. 하지만 이런 일반화에는 매우 복잡한 단서와 예외들이 따라붙기 때문에, 이 일반화가 옳다고 해도 별로 쓸모가 없을 정도이다. 이런 단서들은 세 가지 사실에서 나온다. 첫째, 전쟁에 적극적으로 반대하기 위해 상해 입히기와 정치적 목표 간의 관계를 반드시 정확히 인식하거나 기술해야 하는 것은 아니다. {즉 전쟁을 반대하는 이들의 말에 상해 입히기가 반드시 등장하는 것은 아니다.} 둘째는 첫째 경우와는 반대이다. 분쟁에 계속 참여하도록 대통령, 수상, 정치인이 국민을 독려할 때 이들은 전쟁을 수용하고 적극적으로 지지하기까지 한다. 그러면서 이들은 종종 상해 입히기 행위의 핵심성에 여러 수준으로 주목하게 하고 또 여러 수준으로 상해 입히기 행위를 가늠해본다. {즉 전쟁을 옹호하는 이들의 말에서 상해 입히기가 반드시 사라지는 것은 아니다.} 헨리 키신저Henry Kissinger와 윈스턴 처칠의 정치 저술과 클라우제비츠, 리들 하트, 소콜로프스키의 전략 저술이 그렇다. 셋째, 재래식 전쟁에는 엄청난 숫자의 사람들이 참여하지만, 이 중 매우 소수의 사람만이 전쟁을 멈출지 혹은 계속할지를 언어적으로 옹호하는 데 적극적으로 참여한다. 그리고 상해 입히기가 시야에서 사라지는 일과 관련해 이 소수의 사람들의 말에서 아마도 가장 중요한 점은, 이들의 비공식적인 대화에 상해 입히기가 등장하지 않는다는 점이다. {즉 전쟁을 멈추려는 이들이든 지속하려는 이들이든 일상 대화에서는 상해 입히기가 사라진다.}

인간의 몸 조직에서 발생하는 변환을 능란하면서도 연민을 담아 조심스럽게 전달하는 글들이 있다. 이런 글을 읽을 때, 훼손된 몸은 독자의 눈 바로 앞에 놓이며 손상된 살은 조명을 받듯 강조되고 독자는 머리를 붙들린 것처럼 눈을 돌릴 수 없게 된다. 예를 들어 베트남, 드레스덴, 히로시마, 나가사키에서 소이燒夷 무기가 어떤 결과를 가져왔는지를 언어적·시각적으로 설명하는 스톡홀름 국제평화연구소Stockholm International Peace Research Institute의 연구물이 그렇다.⁴ 대부분의 무기는 어떻게든 사람을 죽일 수 있으므로 무기가 상해를 입힐 수 있는지나 최종 손상의 극단성에 따라서 무기를 분류하는 일은 무의미해 보인다. 이보다는 사람들이 죽음에 이를 때

고통받는 몸

까지 겪어야 하는 고통의 강도와 지속 시간으로 무기를 분류해볼 수 있을 것이다. {그랬을 때 특히 소이 무기 때문에 상해를 입은 사람들은 오랜 시간 동안 엄청난 고통을 겪는다}. 이런 소이 무기를 없애고자 하는 스톡홀름 국제평화연구소의 연구물에서, 위에서 말한 것처럼 능숙하고도 연민이 담긴 서술은 대단히 중요하다. 전쟁의 본성을 이해하려면, 어느 자그마한 베트남 소녀의 화상 입은 얼굴과 타버린 팔이라는 고통스러운 상처, 또는 나중에 소녀가 창문, 강, 숟가락의 표면에서 반사되는 자신의 지워진 이목구비를 보며 지을 공포에 질린 표정이 다른 많은 국가 수천 수백만의 사람들의 상처로 증식돼야 한다. 한편 그러면서도 어느 시점에서 상해는 개별적으로 이해되어야 한다. 고통은 다른 모든 형태의 감응력처럼 개인의 몸 내부에서 경험되고 개인의 몸 내부에서 '일어나는' 것이기 때문이다. 한편 상해의 개별성을 담으려는 이런 연구는 소녀의 상처가 폭격을 하며 의도했던 결과인지 우연한 결과인지, 소녀의 상처가 네이팜탄을 발명하거나 판매한 제조업체나 기업의 시야 안에 있었는지 아니면 완전히 시야 바깥에 있었는지, 그리고 가장 중요하게는 전쟁에 동의한 국민이 이런 사건을 비롯해 기타 여러 가지 일에 동의했는지 아닌지를 일일이 밝히지 않을 수도 있다.

위 질문들에 관한 훨씬 더 단도직입적인 설명은 전쟁 발생을 옹호하거나 최소한 수용하는 글에서 나올 수 있다. 정치적, 전략적, 역사적, 의학적인 모든 관련 글 중에서 클라우제비츠의 《전쟁론On War》은 상해 입히기가 전쟁에서 구조적으로 핵심 위치에 있음을 아마 가장 성공적으로 드러낸 저작일 것이다. 예를 들어 침략에 관해 설명하면서 클라우제비츠는 "여기서 당면 목표는 적국 정복이나 적국 군대 파괴가 아니라, 오직 **전반적으로 손상**damage**을 입히는 것**이다"라고 말한다. 또 다른 부분들에서는 침략의 목표가 "적의 고통을 증가시키는 것"이라고 여러 번 분명하게 짚는다.[5] 전투에서 병사가 달성해야 하는 주목표는 너무도 빈번히 잘못 제시되듯 동료 병사 보호나 '방어'가 아니라, 적군 병사에게 상해를 입히는 것이다. 만일 주목표가 동료 병사 보호나 방어라면 그저 동료들을 다른 지역으로 이끌고 가면 된다. 병력 보호는 중요한 목표이긴 하지만, 적이 목적 달성을 할 수 없게 만드는 부차적이고 '소극적인' 목표일 뿐이다.[6] 클라우제비츠는 손상이라는 핵심 사실을 뚜렷하게 드러냈고, 특정 전술을 사용해서 달성하고자 하는 특정 형태의 손상을 구체적으로 적시했다. 이런 이유로 그는 '무자비하다'는 잘못된 평가를 받았지만, '놀라울 정도로 탁월하다'라는 정당한 평가도 같은 이유 때문에 나온다. 우리는 클라우제비츠가 쓴 글의 모든 페이지 위에서 거대한 지성을 감지할 수 있다. 부분적으로 이는 그가 자신의 서술 능력을 매 순간 언제나 발휘하고 있기 때문이다. 수많은 세기 동안 쓰인 전쟁에 대한 문자 기록과 구술 기록들은 전투가 바로 앞에서 벌어지고 있을 때 인간의 서술 능력이 얼마나 쉽게 붕괴하는지를 증명한다. 또 인간의 서술 능력이 전투의 중심과 주변을 비롯해 모든 곳에서 일어나고 있는 일들을 단단히 붙잡기보다는, 너무도 재빨리 상해 입히기로부터 물러나 전투에서 일어나는 가장 지엽적이고 주변적인 활동을 소재로 삼기 시작한다는 사실을 증명한다. 앞에서 '생략'이라고 이름 붙인 일에서 시작하여 상해 입히기가 시야에서 사라지는 경로들을 하나하나 짚어갈 것이다. 생략 이외의 다른 경로들이 갖는 성격은 여러 공식적인 글에서 인용한 구절과 함께 아래에서 자세히 설명할 것이다. 단 인용한 말들이 의미 있으려면, 이런 구절들이 일반 대중의 비공식적이고 기록으로 남지 않은 대화 안에 상응하는 부분을 갖는다는 점을 인식하고 있어야 한다. 전쟁이라는 주제가 우리의 일상적인 활동 안으로 들어오는 때는 우리가 길을 걷거나 저녁 식탁 앞에 앉거나 빌린 책이라든지 공구를 친구에게 돌려주는 동안이기 때문이다.

상해 입히기가 사라지는 두 번째 경로는, 상해 입히기라는 사건을 적극적으로 재서술하면서 상해 입히기 행위, 상해를 입을 조직, 상해를 가할 무기에 다른 이름을 붙이는 것이다. 미국에서 미사일 발사대 지지탑은 '체리 따는 사람'이라고 불리며,[7] 북베트남에 엄청난 양의 소이탄을 투하하는 일이 포함되었던 미국의 군사 작전들은 '셔우드 숲Sherwood Forest'*과 '분홍 장미'라고 불렸고,[8] 제2차 세계대전 당시 일본의 자살 공격 전투기들은 '밤에 피는 꽃들'로 불렸으며,[9] 일본의 수용소에서 생체 실험 대상이 되었던 죄수들은 '통나무'라고 불렸고,[10] 타넨베르크**에서 3만 명의 러시아인들과 1만 3,000명의 독일인이 사망한 제1차 세계대전 중의 어느 날은 이후 '추수 날'로 불렸다.[11] 이렇게 식물 영역의 언어가 거듭 나타나는 이유는, 식물 조직이 살아 있음에도 불구하고 고통에 영향받지 않는다고 여겨지며, 따라서 식물에 관련된 이름을 사용하면 고통의 현실이 서술 안으로 들어오지 않게 하면서도 손상 가하기를 언어 안에 기록할 수 있기 때문이다. 살아 있는 식물 조직은 '감응력 없음nonsentience'에 가까운 감응력의 특정 범주를 차지한다. 식물 관련 언어보다 더 빈번하게 나타나는 사례는 강철, 목재, 철, 알루미늄처럼 무기 재료가 되는 금속 및 기타 물질의 명백한 특성인 '감응력 없음'에서 따온 언어를 쓰는 것이다. 이런 언어는 상해 가하기와 당하기라는 철저하게 외상적인 두 사건을 '중화neutralize'한다.[12] 여기서 '중화neutralization' 혹은 '중성화neutering'라는 말 자체가 상해 입히기를 재서술할 때 사용하는 주요 어휘이다. 비슷한 말로, '청소cleaning' '일소cleaning out' '정화cleaning up'[13] 같은 변형된 말들도 있으며, '용해liquification'처럼 금속의 기본 특성이 변화하는 일을 가리키는 표현들도 사용된다. 이런 말들은 처음에는 무기에만 적용되어서, '중화'되어야 하는 것은 상대편의 화력, 즉 총, 로켓, 탱크이다. 하지만 그다음에는 총을 들고 있는 사람, 로켓을 발사하는 사람, 탱크 운전사로 이동해가고, 나아가 총을 들고 있는 사람의 민간인 여동생, 로켓을 발사하는 사람의 삼촌, 탱크 운전사의 자녀 등으로 이동해간다. 이제 인간들은 다치게 하거나, 태우거나, 사지를 떼어내거나, 죽여야 하는 대상이 아니라 '중화' '일소' '용해'되어야 하는 대상이다.

---

* 영국 중부의 삼림 지대. 예전에는 왕실의 사냥터였으며, 전설 속의 영웅 로빈 후드의 근거지로 유명하다.

** 제1차 세계대전 당시 러시아군이 독일군에게 참패당한 전투가 있었던 동프로이센의 마을.

무기를 집합적으로 일컫는 말로 '무기들/팔들arms'이라는 단어가 사용된다는 사실에서 확인되듯, 무기는 인간 몸이 연장된 것이다. 하지만 위에서 설명한 어휘에서는 반대로 인간 몸이 무기가 연장된 것이 된다. 권총을 쥐고 있는 열아홉 살짜리 소년은 어깨에서 부기 말단까지 1미터 길이의 팔을 갖고, 권총이 발사되면 소년이 가닿을 수 있는 거리는 1미터에서 500미터로 바뀐다. 이 1미터 길이의 팔에서 처음 80센티미터는 감응력이 있는 조직이고, 나머지 20센티미터는 감응력이 없는 물질이다. '중화' 언어에서는, 총의 금속 표면에서 일어나는 변환을 지칭하기에 적당한 용어가 소년의 체화된 팔에서 일어나는 변환을 묘사하기 위해 사용된다. 또 반대로 원래는 인간의 팔 조직에서 일어나는 달갑지 않은 변환을 묘사하기 위해 생겨났던 용어가 무기로 확장된다. 이제 적 병사는 자신이 소년을 '중화'하고 총에 '부상을 입혀야' 하는 이상한 위치에 있음을 깨닫는다. '이란 사막에서 헬리콥터들이 피해/상해injury를 입었다' '셰필드함艦이 포클랜드제도 영해에서 치명적인 손상/부상wound을 입었다'는 말들처럼, 부상 관련 언어가 무기에 적용되는 일을 따로 떼어놓고 보면 완전히 부적절한 것은 아니다. 무기도 도서관이나 도시와 마찬가지로 인간을 투사한 것이기 때문이다. 하지만 '부상' 언어가 무기에 적용되는 즉시 이 언어는 투사가 시작된 원천인 감응력이 있는 몸에서 끌어올려져서 분리된다. 살인과 상해 입히기의 언어는 더는 도덕적으로 반향을 일으키지 못한다. 수천 명의 열아홉 살짜리 독일 군인의 몸을 성공적으로 폭격하는 일을 '열매 맺기/성과 내기producing results'라고 부를 수 있기 때문이며,[14] 경제 제재 때문에 민간인들이 굶주림과 전염병으로 죽어가는 일을 '부차적 결과'라고 부를 수 있기 때문이고,[15] 라디오를 켜면 탱크 병기고가 '크게 피해/상해injury'를 입었다는 뉴스를 듣게 되거나 책을 펼치면 정부가 어느 '비밀 기지를 끝장내길kill' 원한다는 말을 읽을 수 있기 때문이다.[16] 일단 두 국가의 국민이 서로에게 손상을 입히는 데 헌신하겠다고 동의했을 때, 언어의 와해 그 자체는 도덕적으로 엄청나게 파괴적인 것이 아닐 수 있다. 또 이런

고통받는 몸

언어의 와해는 불가피하거나 어쩌면 '필수적인' 것으로까지 여겨질 수도 있다. 이 어려운 문제들에 관해 여기서 질문을 제기하거나 답하지는 않을 것이다. 이번 장에는 다음 두 가지 사실을 기록한다는 비교적 단순한 목표가 있을 뿐이다. 첫째, 상호적 상해 입히기는 전쟁의 강박적인 내용물이다. 둘째, 상호적 상해 입히기의 핵심성은 종종 시야에서 사라지곤 한다.[17]

위에서 보인 전형적인 어구와 문장들로 나타나는 사고 습관은 단지 파편적인 것이 아니라, 전쟁에서 일어나는 사건들을 인식하는 관례적인 양식으로 거대하게 공식화되어 있다. 무기와 몸 사이의 용어 교환이 가장 심각한 모습으로 나타나는 경우는, 여러 많은 맥락[18]에서 전쟁의 핵심적인 내부 활동이 '상해 입히기'가 아니라 '무장해제'로 간주되거나 서술될 때다. 무장해제라는 용어가 상해 입히기와 동의어로 쓰일 때도 있긴 하나,[19] 많은 경우 무장해제 용어를 사용하는 목적은 명백하다. 바로 무기를 제거하는 평화적인 활동을 무기 제거 작전 중에 발생하는 인간의 상해, 즉 단지 우연하고도 불행한 일로 제시되는 사건과 갈라놓기 위해서이다. 그리하여 무기를 오로지 '방어용'이라고 말하는 것을 넘어, 거의 '평화주의적'으로 들릴 정도로 무기를 향해 반감을 내보이는 표현이 전쟁 서술 안에서 거듭 나타난다. 이런 혼동은 핵전쟁 논의에서 거대한 부분을 차지하게 되었는데, 어쩌면 핵전쟁이라는 개념 자체가 이 혼동의 역사에서 절정을 이루기 때문인지도 모른다. 핵무기는 첫 교전에서만 3억 명의 사상자를 낼 수 있으며, 공격 표적인 국가의 영토 바깥에서 격추되면 다른 국가 영토에 떨어진다. 다시 말해 무기는 이제 인간의 몸에 전례 없는 상해를 입힐 수 있게 되었으며, 엄청난 상해를 입히지 않기가 사실상 어려워졌다. 따라서 이런 역사적 시점에 '대對미사일요격미사일anti-missile missile' 같은 이름이 무기에 붙는 것은 어쩌면 당연하다. 또 어느 무기의 유일한 목표물, 의도적으로 겨냥하는 목표물, 일차 목표물이 마치 다른 무기인 것처럼 거듭 묘사되는 일도 이상하지 않다. 이제 무기가 초래하는 결과는 상해가 아니라 '무장해제'로 서술된다.[20] 상해 입히기와 무장해제의 결합은 반어적이지만 우연이 아니다. 둘의 결합은 길고도 풍부한 역사가 있는 어떤 혼동이 드러난 것으로 이해해야 한다. 전쟁에 관한 사유의 역사에서 이처럼 끈질기고 만연한 동시에 완전히 틀린 오류는 아마 한두 개밖에 없을 것이다.

재래식 전쟁 내부에는 무장해제 행위가 실제로 포함된다. 사망한 병사는 그의 소총이 여전히 잘 기능하고 있음에도 '무장해제된' 병사라고 불린다. 또 군수품 제작소나 트랙터 공장, 군수 차량을 생산하는 자동차 회사 공장 파괴 등을 목표로 하는 임무는 어느 전쟁에서나 흔하다. 상해 입히기와 무장해제의 혼동을 바로잡기 어려운 이유는 이렇게 재래식 전쟁 안에 실제로 무장해제 행위가 존재하기 때문이다. 나아가 이와 유사하지만 바로잡기는 좀 더 쉬운 또 다른 혼동이 있다. 전쟁 외부에서 발생하는 사건을 전쟁 내부로 가지고 들어오는 일로, 다음과 같은 예를 들 수 있다. 누군가 특정 전쟁이 가져올 **결과**가 어느 국가나 국민에게 더 큰 정치적 자유를 줄 것이라고 믿으면서(또 실제로 그런 결과가 나올 수도 있다), 전쟁의 내부 활동을 '해방하기'로 잘못 생각할 수 있다. 이 사람이 숲속에 있는 군인들을 관찰하는 위치에 있게 되었다고 해보자. 군인들은 나무 뒤에 숨어서 움직이고, 조심스럽게 이동하며, 소총을 들어 올리고, 사라지고, 다시 나타나고, 피 흘리고, 쓰러진다. 이런 몸짓들을 하고 있는 숲속 몇 백 명의 사람들을 지켜봤을 때, 이곳에서 일어나고 있는 일차적인 활동을 가장 잘 파악한 말은 '해방하기'가 아니라 상호적 상해 입히기이며, 이 사실에 위 관찰자도 동의할 것이다. 물론 그는 여전히 전쟁 외부의 일을 끌고 들어와서 전쟁 내부를 서술할 수도 있다. 즉 처음에 전쟁의 내부 활동을 '해방하기'로 서술했던 이 사람이 이제, '억압' 행위를 한다고 봤던 상대편도 숲속에서 자기편과 거의 똑같은 몸짓들을 하고 있다고 서술할 수도 있다는 것이다. 하지만 외부 사건은 전쟁 안에서 문자 그대로 일어나는 일과는 분명 구분되며, 또 그 내부의 일에서 추상화되어 나온다. 전쟁 내부에서 실제로 일어나는 활동을 인간의 두뇌로 가늠하는 일은 위의 예에서보다 훨씬 더 어렵다. 군인들은 몸을 숨긴 채로 숲속의 양지와 음지를 지나가며, 서로에게 총을 쏘고, 상대편이 보유하고 있다고 알려진 탄약 비축분에 접근하려 애쓴다. 이렇게 전쟁 내부에서는 무장해제와 상해 입히기가 함께 일어나고, 그래서 위에서처럼 숲속 군인들을 지켜보고 있다고 해도 어떤 활동이 중심이며 또 어떤 활동이 중심 활동의 확장인지 알기 어렵다. 우선 관찰자는 자기가 바라보는 일의 핵심 활동을 '상해 입히기'로 파악할 수 있다. 정확한 이해인지 확인하려면 숲에서 일어나는 상해 입히기와 전쟁 외부에서 일어나는 상해 입히기 간의 유사성을 살펴보면 된다. 전쟁 외부에서 일어나는 상해 입히기는 탱크가 아니라 자동차 때문에, 총이 아니라 칼 때문에 일어난다. 절벽에서 떨어뜨리는 것이 아니라 계단 아래로 밀어서 일어난다. 수천 명이 동일한 행위를 하는 가운데 상해를 입히는 것이 아니라 개별적으로 손상을 입힌다. 매일 하는 평범한 일이 아니라, 범죄로 처벌받을 수 있는 일 또는 자기방어로 무죄를 받을 수 있는 일이다. 그럼에도 이모든 경우에서 몸은 다른 몸 때문에, 즉 자신은 상해를 입지 않으려고 애쓰는 동시에 위험을 무릅쓰는 다른 사람의 몸 때문에 손상된다. 아니면 관찰자는 핵심 활동을 상해 입히기가 아닌 '무장해제'로 파악할 수도 있다. 하지만 이 경우 그는 숲속 군인들이 수행하는 일차적 활동과 국가들이 군비축소 조약을 조인하는 일, 또는 경쟁 관계에 있는 이웃 주민들이 함께 계약서에 서명하는 일 사이의 유사성을 찾기 어려울 것이다. {무장해제 활동은 군비축소 조약이나 계약서 서명과는 달리 전혀 평화적이지 않다.}

핵심 활동을 상해 입히기로 파악하는 첫 번째 경우를 두고 이렇게 주장할 수도 있다. 숲속 군인들의 모습을 보고 난 관찰자가 전쟁의 일차적인 활동을 '상해 입히기를 통한 해방하기' 혹은 '억압자들에게 상해를 입힘으로써 해방하기' '비상호적 결과를 내기 위한 상호적 상해 입히기'로 부른다면, 그 활동을 '해방하기'로 서술할 수도 있다고 말이다. 관찰자가 숲속에서 일어나는 일을 무장해제로 파악하는 두 번째 경우에도 이와 비슷한 방식으로 주장할 수 있다. 군비축소 협약을 끌어내는 원동력이자 협약의 결과는 바로 상해의 부재이지만, 관찰자가 '상해 입히기를 통한 무장해제'를 나름대로 규정하고 그럼으로써 숲속에서 일어나는 일과 군비축소 협약 간에 근본적인 차이가 없는 것처럼 만든다면 숲속에서의 활동을 무장해제로 부를 수도 있다는 것이다. 하지만 두 용어가 동의어로 이해되는 경우를 제외하고, '상해 입히기를 통한 무장해제'라는 말은 여전히 전쟁 활동을 잘못 재현한다. 상해 입히기를 부차적인 활동으로 잘못 파악하기 때문이다. 전쟁 활동의 실체와 목적 모두를 좀 더 정확하게 표현하는 말은 '상해 입히기를 통한 무장해제'가 아니라 '상해 입히기와 무장해제를 통해 상대편보다 더 많이 상해 입히기<sup>out-injure</sup>'이다. 각 진영은 상대편보다 더 많이 상해를 입히고자 애쓰며, 이런 노력은 두 가지 방식으로 이루어진다. 첫 번째 방식은 상대 진영에 속하는 몸들에 상해를 가하는 것이다. 두 번째 방식은 총알을 피하고 군수품 제작소나 탄약 비축분을 파괴해서, 자기 자신이 상해 입는 일을 막는 것이다. 총알을 피하고자 달리고, 몸을 숙이고, 나무 뒤로 몸을 던지는 모든 행위는 적의 무기를 무장해제하는 행위 혹은 적의 무기를 중화하는 행위라고 말할 수 있다. 전쟁에서 각 진영이 상대편을 무장해제시키길 원한다는 말은 각 진영이 상대편에게 손상을 가하는 동시에 자신이 손상을 면하는 정도를 높이길 원한다는 사실을 표현할 뿐이다.[21] 전쟁의 핵심 활동을 무장해제로 보는 이 특정한 혼동은 너무도 근본적이기 때문에 논의의 나중 부분에서도 몇 번 다시 명확히 할 것이다. 지금 여기서 이 혼동에 관해 이야기한 이유는, 상해 입히기에 '무장해제'라는 이름을 붙이는 일이 상해 입히기를 재서술하여 비가시화하는 여러 방식 중 하나이기 때문이다.

상해 입히기를 비가시적으로 만드는 지금까지의 두 경로인 생략과 재서술은 물론 서로 거의 분리할 수가 없다. 둘은 서로를 표명한 것이다. 즉 재서술을 더욱 적극적인 생략의 한 형태로 이해할 수 있다. 몸의 손상이라는 사실을 말로 언급하거나 문자로 기록하면서 그 사실을 빼놓는다기보다는, 일단 포함은 시키지만 그다음 적극적으로 없애버리는 것이다. 아니면 생략을 재서술의 가장 성공적인 형태 또는 가장 극단적인 형태로 이해할 수도 있다. 이때 생략의 언어는 너무나 성공적으로 상해라는 사실을 감싸고 있어서 우리는 그 언어의 표면 아래 상해가 존재함을 감지하거나 짚어낼 수 없다. 재서술에서처럼 상해라는 사실은 표면 가까이 떠오르지만 다시 표면 아래에 고정되고 만다. 전략 저술 장르에서 나타나는 공식적인 관습은 생략과 재서술을 구분하는 일이 얼마나 어려운지 보여준다.

주기적인 전사자 수 집계나 '적과 아군의 사상자 수 비율$^{kill\ ratios\ '22}$을 예외로 하자면, 적대관계에 있는 두 국가 군대 사이에서 일어나는 거대한 지리적 상호작용의 뒤얽힘과 복잡성을 재현할 때 수십만 군인들에게 일어나는 실제 상해는 잘 언급되지 않는 경향이 있다. 군대의 이동과 활동은 인간과 관련된 내용이 제거된 채 오로지 탈체화된$^{disembodied}$ 사건들의 연속으로 순화되어서 나타나곤 한다. 이렇게 서술된 사건들은 추상화된 특성을 보이며, 특히 인간의 고통이라는 영역에서 뚜렷하게 멀리 떨어져 있다. 단순히 텍스트에서 몸을 완전히 비워냈기 때문만은 아니다. 평범한 형태의 몸은 텍스트 바깥으로 추방되지만, 조금 다른 모습의 몸이 다시 텍스트 안으로 들어온다. 다시 말해 양측 군대는 각각 한 명의 체화된 전투원이 되곤 한다. 이 같은 전투원은 실제 인간 몸이 갖는 근본적인 이원성을 지녀서, 상해를 가하는 동시에 상해를 입을 수 있다. 보통 성인 인간은 수직 방향으로 1.5미터에서 1.8미터쯤 되지만, 이 군인의 길이는 거인처럼 거대하게 확장된다. 거인은 이탈리아에 한 발을 두고 다른 한 발은 북아프리카에, 머리는 스웨덴에 둔다. 한쪽 팔은 프랑스 해안을 향해 물러나다가 다음 순간 갑자기 독일 쪽으로 치고 나간다. 이제 강 횡단은 수많은 개인이 벌이는 사건이 아니다. 이들 중에는 수영을 잘하는 이도 있고 못하는 이도 있으며, 몸이 젖고 추운 것에 약한 이도 있고 비교적 강한 이도 있으며, 양쪽 제방 사이에 놓인 다리 위에 갇히는 일을 최악의 악몽으로 생각하는 이도 있고 오히려 그 같은 심판의 순간을 기다려온 이도 있다. 하지만 이제 강을 건너는 것은 이 여러 개인이 아니라, 통합된 생물체 하나이다. 단한 걸음에 강을 건너는 이 생물체에는 사단 이름이나 지휘관 이름이 붙기도 한다. 제2차 세계대전에서 미 육군을 지휘한 오마 브래들리[Omar Bradley]는 쓴다. "심슨[Simpson]은 라인강 서쪽 제방에서 정지 명령을 내린 몬티[Monty]의 결정을 두고 불평했다. 자신이 사소한 반대는 무시하고 강을 훌쩍 뛰어넘을 수도 있었다는 것이다."[23] 또 비슷한 종류로, 다음과 같은 표현도 있다. "아르덴* 곳곳에서 우리를 추격하다가 적은 우리의 화기火器, 특히 근접신관[proximity fuse]**의 살인적인 공중 폭발에 노출되었다. 휘르트겐숲***에서 입은 부상을 아직도 치료하고 있는 제4사단은 이렇게 역할이 전환되자 비웃음 섞인 만족감을 느꼈다."[24] 위와 같은 서술이 몇 페이지나 단락 전체에 계속된다면 해당 글은 거인들이 등장해서 강을 성큼 건너고 숲속을 활보하는 신화집 같은 것이 되겠지만, 당연히도 이런 서술은 추상적인 논의가 이어지는 중에 잠깐씩만, 또 띄엄띄엄 나타난다.

군대를 한 명의 거인처럼 서술하는 일은 단락 전체에서 계속될 필요가 없고, 대신 한 단어나 한 구절, 아니면 우리에게 친숙한 줄거리를 갖는 어떤 이야기의 조각만으로도 충분하다. 이런 묘사는 널리 공유된 관습이기 때문이다. 그리하여 군대는 '선봉[spearhead]'이나 '망치' 같은 거대한 무기 하나가 될 수 있으며, 군의 부서나 부분은 '맹장/부속 조직[appendix]'이나 '하복부/취약점[underbelly]'이 될 수 있고, 각 군대는 '관통될' 수 있는 '아킬레스의 건'이라든지 취약한 '뼈마디[hinge]' '관절[joint]' '등[rear]'을 가질 수 있으며, 두 개의 사단은 '어깨를 나란히 하고' 서 있다가 공격을 받았다든지 등등으로 서술될 수 있다. 군대를 하나의 거대한 생물체처럼 표현하는 일은 어느 저자 한 사람이 만들어냈다기보다는 공유된 관습이지만, 그중에서도 다른 사람보다 더 훌륭히 해내는 이들이 있다. B. H. 리들 하트는 이런 식의 표현을 매우 빈번하고도 명민하게 사용한다. 예를 들어 제1차 세계대전 당시 독일군 장군 루덴도르프[Erich Ludendorff]의 "숙원이었던 벨기에 주둔 영국

---

\* 프랑스 북동부 산림 지대. 제2차 세계대전의 격전지.

\*\* 목표물에 접근하면 작동되는 기폭 장치.

\*\*\* 독일 국경지역에 있는 숲. 제2차 세계대전의 격전지.

고통받는 몸

군을 향한 결정적인 **일격**blow"이라는 표현을 한다. 여기서 영국군 공격은 루덴도르프 본인의 거대하게 확대된 손으로 날리거나 날리지 않을 일격이 된다. 또 "그는 서쪽 참호 선의 돌출부인 콩피에뉴*를 **집어내는**pinch out 데 실패했다. …… 루덴도르프의 **일격**은 전술적으로 성공했지만, 거꾸로 이 성공이 실패의 원인이 됐다. …… 루덴도르프는 세 개의 거대한 쐐기를 박아 넣었다. 하지만 어느 것도 핵심 동맥을 끊어놓을 만큼 깊이 관통하지는 못했다"라고도 쓴다.[25] 리들 하트가 알렉산더 대왕이나 나폴레옹의 전략 또는 마른 전투**에서 사용된 전략을 기술하는 부분에서, 거대한 전투병 한 명이 움직이기 시작한다. 이 거인은 느린 화면 영상처럼 우아하게, 거대한 사지를 들어 올렸다 내렸다 하며 무게를 이리저리 배분하는 춤을 춘다. "그는 먼저 적이 자원과 관심을 자신들의 왼쪽 측방/옆구리flank로 옮기게 한 다음 적의 우익과 중앙을 압박해 들어갔다. …… 그는 이 실패를 최종적으로는 이점으로 전환했다. 자기 무게를 적의 좌익으로 옮기는 척했으나, 실제로는 적의 우익과 중앙으로 옮긴 것이다."[26]

전략 저술, 군사 저술, 정치 저술 등 어떤 글에서 나타나든, 위의 관습적 표현들이 인간의 상해를 감추려는 노력에서 나오는 것이 아니라 저술의 목적에 맞춰서 나온다는 점을 강조해야겠다. 군대를 한 명의 거대한 전투병으로 만드는 관습은 개개인들의 운명이 아닌 군대 전체나 국민 전체의 운명이 전투 결과를 결정한다는 사실을 표현한다. 또 규모가 너무도 거대해서 시각적 경험의 완전히 바깥에 존재하는 사건들에 가시성을 부여한다는 장점도 있다. 하지만 이 관습은, 인간들이 집단을 이루어 참여하는 사건 중 가장 극단적인 체화가 일어나는 사건 서술에서 인간 몸이 사라지는 데 일조한다. '상해'를 완전히 생략한다거나 엄밀히 말해 재서술한다기보다는, 더 이상 인지할 수 없거나 해석할 수 없는 장소, 즉 거인이라는 상

---

\* 프랑스 북부의 도시.

\*\* 제1차 세계대전 중 프랑스 마른강 유역에서 있었던 대전투.

상의 몸으로 상해를 재배치하는 것이다. 동맥이 절단된 거인, 거머리에게 수없이 물린 거인[27] 등, 우리는 상상의 몸에 발생하는 상상의 상처를 보고 느낀다. 그 상상의 몸 자체를 이루는 수많은 진짜 인간들의 몸, 실제이기에 상처를 입을 수 있는 인간의 몸 조직에 발생하는 상해는 사라진다.

상상의 상처는 이렇듯 군대의 전략적 취약성이라는 관념을 분명하게 표현하고 '생생하게 만드는$^{vivifying}$' 방식 중의 하나가 된다. 'vivify'라는 단어는 문자 그대로 '생명을 준다'는 뜻이다. 독자가 이런 식의 표현이 이루어지고 있음을 알아챈다고 해도, 대부분은 그저 '다채롭게' 표현하려는 의도가 담긴 서술 방식으로 받아들일 것이다. 절단된 거대한 동맥이라는 이미지의 표면 바로 아래에는 실제로 동맥이 절단된 몸이 끔찍하도록 많이 있지만, 거대한 동맥은 실제 손상된 몸들에 관심을 집중시키기보다는 다른 곳으로 주의를 돌린다. 사실 이런 서술상의 관습이 실제 몸의 손상을 지시하는 문장 가까이에서 발생할 때 오히려 실제 손상을 표현한 문장으로 향하는 관심을 빼앗아 전유하는 경향이 있다. 규모가 커서 시각적으로 강렬하기 때문이고, 또 생각해보기에 불편하지 않기 때문이다. 거대한 상상의 생물체가 입은 상해가 아무리 시각적으로 놀랍다고 하더라도, 실제 상해와는 달리 그 상해는 우리를 망연자실하여 할 말이 없게 만들지 않는다. 또 벌어져 있는 인간의 몸을 전처럼 벌어지지 않은 상태로 되돌릴 수 없다는 무력감 때문에 수치스럽게 하지도 않는다. 1915년 4월 22일 이프르*에서 독일군이 처음으로 염소가스를 사용한 일을 묘사하면서 리들 하트는 "염소가스 중독으로 사망한 이들과 고통스럽게 질식해 쓰러져 있는 이들로 가득한" 공간이 6.5킬로미터에 걸쳐 생겨났다고 쓴다. 한 문장을 건넌 다음 이 6.5킬로미터는 어느 거인 입 속의 공간으로 표현되며, 체화된 군인들은 입 안의 이빨이 된다. "염소가스 덕에 독일군은 입 한쪽에서 어금니들을 뽑아내듯 신속하게 전선 돌출부 북쪽 측방/옆구리$^{flank}$에 있

---

*     벨기에 서부의 소도시. 제1차 세계대전의 격전지.

                                  고통받는 몸

던 방어군을 제거했다. 전선 돌출부 전방과 남쪽 측방에 남은 이빨들로는 캐나다 사단(지휘관 앨더슨$^{Alderson}$), 빈 공간 가까운 곳의 제28사단(지휘관 벌핀$^{Bulfin}$), 제27사단(지휘관 스노우$^{Snow}$)이 있었다. 이들은 함께 플러머$^{Plumer}$ 장군 휘하의 제5군단을 이뤘다. 이프르에 도달하기 위해 독일군이 한 일은 뒤쪽에서 힘을 가해 이 모든 이빨을 헐겁게 만든 다음 6.5킬로미터를 밀고 내려가는 것뿐이었다."[28] 비슷한 예로, 처칠은 1944년 6월 6일 하원 연설에서 연합군의 로마 입성을 선언하고 평가하면서 양측의 전사자 수가 2만 명과 2만 5,000명이라고 정확히 짚어 말한다. 하지만 우리의 관심은, 또는 당시 그곳에서 연설을 들었던 사람들의 관심은 4만 5,000명의 사망자에게로 옮겨가지 않을 수도 있다. 전사자 수를 말하기 직전에 등장했던 인상적인 이미지 하나가 계속 어른거리고 있기 때문이다. 그 이미지는 여덟아홉 명쯤 되는 독일 거인들로, 이들은 여덟아홉 사단 정도 되는 독일군을 나타낸다. 이 독일군은 이탈리아로 방향을 바꿨다가 "2월 중순에 있었던 중요한 전투에서 안치오* 거점 병력이 전개한 성공적인 저항 때문에 격퇴당하고 이빨이 부러졌다".[29] 몸에 손상을 입은 거인은 보통 우리의 동정이나 분노, 수치심을 자아내지 않으며, 또 여기서처럼 엄청난 재앙의 한가운데에서도 다소 우스꽝스러워 보인다.[30]

지금까지 나온 두 가지 서술 형태에서 상해 입히기 활동과 이 활동이 만들어내는 상해는 보이지 않게 된다. 생략의 경우에는 시야에 부재하며, 재서술의 경우에는 적극적으로 시야 바깥으로 쫓겨난다. 하지만 상해 활동과 그 결과로 발생하는 상해가 언제나 비가시성을 달성하고 유지할 수 있는 것은 아니다. 예를 들어 제1차 세계대전 종전 시점에는 3,900만의 시체가 있었고, 제2차 세계대전 종전 시점에는 4,700만에서 5,500만 사이의 시체가 있었다. 일단 이렇게 상해가 가시화되면 나타나는 어휘가 몇 개 있는데, 아마 이 단어들이 위에서 살펴본 서술 방식들보다 더 놀라울 것이

---

* 이탈리아의 항구도시. 제2차 세계대전에서 연합군의 상륙 작전이 있었던 곳.

다. 이 어휘들은 가시화된 상해에 우연적이고 부수적이고 부차적인 위치를 부여한다. 인간이 입은 부상은 위에서처럼 시야 밖으로 쫓겨나는 것이 아니라 시야의 중심부에서 주변부로 밀려난다. 여전히 가시적이긴 하지만 주변적인 위치로 상해 입히기가 밀려나는 것이다. 여기에는 네 가지 주요 경로가 있다.

첫 번째 경로는 상해와 죽음과 손상을 전쟁의 '부산물'로 칭하는 것이다. 부산물이라는 용어 앞에는 보통 수식하는 말이 붙어서, '끔찍한 부산물' '필요한 부산물' '용인할 만한 부산물' '불가피한 부산물' '용인할 수 없는 부산물'처럼 표현된다. 어떤 표현이 등장하느냐는 해당 사례에서 어떤 주장을 하고 있느냐에 달렸다. 하지만 상해를 '부산물$^{by\text{-}product}$'이라고 부른다면 생산물$^{product}$은 과연 무엇일까? 사람들이 고심해서 전략과 무기를 설계하는 이유는 바로 상해를 입히기 위해서이다. 상해는 다른 무언가를 생산하는 도중에 우연히 생산되는 것이 아니다. 상해는 모든 군사 활동이 계속해서 끈질기게 지향하는 목표이다. 어느 헬리콥터의 공중 정지 능력, 또 어느 헬리콥터에 부착된 특별한 레이더, M150 장갑차보다 더 빨리 500미터를 주파할 수 있는 M113 장갑차의 능력처럼, 무기에 관한 복잡한 설명을 보다보면 길을 잃을 수 있다. 하지만 이런 설명이 제시하는 것은 언제나 그 사물이 갖는 '상해 능력의 상대적인 정도'이거나, '상해를 가하는 동안 피해를 당하지 않고 계속 상해를 입힐 수 있는 능력의 상대적인 정도'이다. 전자의 능력은 적을 포착하고 적에게 접근해 손상을 가하는 능력이고, 후자의 능력은 전자에 더해 그 사물이 망가져서 못 쓰게 되기 전까지 최대한 오래 적에게 계속 손상을 가하는 능력이다. 마찬가지로 전략적 결정에서 복잡한 문제는 결국 어디서 어떻게 가장 잘 상해를 가할 수 있느냐, 또는 상해 능력 유지를 위해 상해를 입지는 않으면서 어디서 어떻게 상해를 가할 수 있느냐이다. 여기서 '가장 잘' 상해를 가한다는 말은 반드시 '최대한'을 뜻하지는 않는다. '생산'이나 '창조'라는 언어는 틀리지 않다. 이런 어휘는 전에는 존재하지 않았으며 자연적으로는 발생하

고통받는 몸

지 않는 무언가가 인간들의 의식적인 행위와 창의성을 통해 존재하게 되었다는 사실을 인정한다. 또 이 같은 '생산' 비유 안에 정치적 자유,[31] 영토의 합법성, 특정 지역에 대한 권리 주장 같은 전쟁 외부의 목표도 포함한다면, 상해를 '중간 생산물'이라고 불러도 틀리지 않을 것이다. 상해는 언젠가, 또 어떻게든 최종 생산물(정치적 자유)이 될 것이기 때문이다. 이 '어떻게든'은 뒤에서 다시 논하겠다. 상해를 전쟁의 일차적 활동에서 비롯된 '생산물'이라든지 장기적인 결과로 나아가는 도중의 '중간 생산물'이라고 칭하는 것은 정확한 표현이지만, 상해를 부산물로 보는 것은 어느 경우에도 옳지 않다. 누군가가 나무를 자르면서 자신의 목표는 종이를 만드는 것이지 나무를 죽이는 것이 아니라고 말한다면, 이때 수많은 잘린 나무들은 집적된 노동 행위를 통해 적극적으로 만들어낸 중간 생산물이지 부산물이 아니다.

'부산물'이라는 언어에는 '우연한' '원치 않았던' '의도치 않은' '예상치 못한' '쓸모없는'[32]과 같은 뜻이 함축되어 있다. 마지막 단어 '쓸모없는'은 가장 참담하다. 다른 단어는 책임 회피일 뿐이지만, '쓸모없는'이라는 단어는 양측이 전쟁 활동을 통해 하고자 한 것이 무엇이었든 어느 편의 죽음도 거기서 핵심적으로 쓸모 있지는 않았다고 말하기 때문이다. 인간들의 공동체가 죽음에서 쓸모를 발견한다는 사실은 압도적이다. 이 극단적인 '쓸모'는 '죽음이 필요하다'에서 '죽음이 요구된다'로의 전환에서 암시된다. 군인들은 **이 쓸모** 때문에 자신들이 불려나왔으며, 자신들이 **이 쓸모**에 동의했다고 생각한다. 즉 자신들이 '조국을 위해 죽기'나 '조국을 위해 죽이기'에 동의했으며, 그래서 전장에 나왔다고 이해한다. 나아가 죽음에 '조국을 위해서'라는 쓸모가 있을 것이라는 사실도 압도적이다. 하지만 무엇보다 압도적인 일은 바로 해당 공동체가 자신들은 이 쓸모와 아무 관계가 없다고 부인하면서, 이미 발생한 죽음들을 '쓸모없다'고 부르는 일이다. 나가사키와 드레스덴 거리에 있었던 수백만의 사람들, 제2차 세계대전에서 사망한 2,000만 명의 러시아인, 제1차 세계대전에서 장애를 입은 프랑스와 영국 사람들, 베트남에서 죽은 5만 7,000명의 미국인은 전쟁의 부산물일 뿐이다. 어느 전쟁의 쓸모가 무엇이든, 목표가 무엇이고 성취한 것이 무엇이고 어떤 것을 달성했고 어떤 결과가 나왔든, 이 죽고 다친 사람들 모두와는 그다지 핵심적인 관계가 없다.

주변적인 위치로 상해 입히기가 밀려나는 두 번째 주요 경로는 생산이라는 언어에서 완전히 벗어나서, 우연하고도 예기치 않았다는 관념을 강조한다. 여기서 상해는 상해 외의 다른 목표를 향해 가는 길 위에서 일어난 일로 제시된다. 첫 번째 종류의 어휘가 상해를 무언가의 생산 과정 중에 발생한 의도치 않은 결과로 만든다면, 이 두 번째 종류의 비유는 상해를 도착지로 향하는 길 위에 나타난 예측할 수 없었던 방해물로 본다. 우리는 X(자유, 권한)를 향한 길 위를 운전해가고 있다. 그러다가 길 위에 올라서 있는 많은 사람을 갑자기 발견하거나 길이 넓어지면서 사람들이 일하는 밭을 가로지르게 되고, 사람들을 차로 친다. 죽은 사람들을 '우연히 수반된 일'로 서술하는 것은, 첫 번째 종류의 어휘에서 죽은 사람들을 딱히 쓸모가 없는 부산물로 말하는 것만큼이나 그 죽음을 아무것도 아닌 일로 만든다. 생산 비유에서도 그랬듯, 길 비유에서 인간의 지성은 전쟁에서 일어나는 상해의 본성을 분명하게 짚고 이해하는 데 매우 가까이 접근한다. 하지만 다음 순간 이 비유를 비틀어서 애초에 지성이 직관적으로 감지했던 무언가가 시야에서 벗어나게 한다. 사람들이 전쟁의 내부 활동에 관해 말할 때 상해는 어떤 목표를 향한 길 위에 놓여 있는 무엇이 아니라 목표 그 자체이다. 자유나 영토 주권 등 전쟁 활동 외부의 목표를 길 비유 안에 포함한다면, 상해가 아니라 이 외부 목표를 목적이나 목적지로 말해도 틀리지 않다. 하지만 길 비유를 이렇게 사용할 때 핵심적으로 봐야 할 점은, 상해를 입은 몸들이 목표를 향한 길 **위에 있는** 무언가가 아니라 **그 자체가** 목표를 향한 **길**이라는 점이다. 국가 지도자들이 전쟁 외에는 희망하는 결과에 도달할 방법이 없다고 이야기한다고 하자. 이때 이들은 말은, 먼 곳의 도시에 도달하고자 하는 어떤 사람이 현재 위치에서 갈 수 있는

고통받는 몸

길이 하나밖에 없을 때 하는 말과 같다. 하지만 여기서 상해를 입은 몸들은 그 자체가 목적지에 가닿는 길을 짓는 재료이다. (앞에서 어떻게 상해가 자유라는 최종 산물로 변환되는 중간 생산물일 수 있느냐는 분석을 미뤘던 것처럼, 여기서도 우리는 상해라는 길이 어떻게 자유라는 도시에 이를 수 있느냐라는 질문을 미루고 있다.) 즉 상해를 입은 몸들이 부산물이 아니라 생산물 또는 중간 생산물이었던 것처럼, 길 비유에서 상해를 입은 몸들은 우연히 길에 들어선 무엇이 아니라 길 끝에 있는 목적지이거나 목적지로 가는 길 자체이다.

위에서는 널리 퍼져 있는 전 지구적 현상인 전쟁 안에서 생산 비유와 길 비유가 나타나는 것처럼 설명했다. 하지만 사실 각 비유는 특정 전쟁의 특정 순간에 관한 특정 서술 내부에서 작동하며 그런 서술 안에서 인지된다. '우연한' 상해라는 관념은 전쟁 서술 어디에서나 나타난다. 일례로 공중 폭격 묘사에서는 길이라는 공간적 비유가 함의하는 상해의 우연함이나 공간적 충돌이 강조되고, 그래서 폭탄의 영향 반경 안에 들어가는 지면이 예기치 못하게 확장되었다는 식으로 서술되곤 한다. 선형의 이미지가 원형의 이미지가 되면서 길 끝에 있던 목표는 원 정중앙의 점이 된다. 길 위로 들어선 사람·사물들과의 의도치 않은 충돌은 이제 의도치 않았던 원둘레의 팽창이 되어, 감응력이 있거나 없는 엄청나게 넓은 지면이 폭탄의 영향 범위가 된다. 이런 사고 습관을 보여주는 구체적인 사례는 끝이 없을 정도이다. 케네디[John F. Kennedy] 대통령에 관한 책에서 시어도어 소런슨[Theodore Sorensen]은 쿠바 미사일 사태 당시의 일화를 서술한다. 군사 고문들은 '수술처럼 정밀한 공격[surgical strike]'을 할 수 있다고 계속 이야기했지만, '수술처럼'이라는 단어에서 주장되는 정확성이 불가능하다는 사실이 결국 확실해진다. 케네디는 '수술처럼'이라는 군사적 허구에 따라 조처를 한다면 거대하고 참혹한 재앙이 일어날 수도 있음을 깨달았다고 한다.[33] 마이클 왈저도 비슷한 사례를 제시한다. 제2차 세계대전에서 연합군 전투기가 정확하게 폭격할 수 있었던 한계는 8킬로미터 반경이었다. 하지만 오해를 불러일으키는 '전략적 폭격strategic bombing'이라는 용어가 습관적으로 사용되었고, 그리하여 폭탄이 빗나가서 엄청난 규모의 손상이 발생하는 일은 '예측 가능한' 일이었음에도 '의도치 않은' 것으로 불렸다는 것이다.[34] 위 두 사례에서 폭격을 지칭하는 데 사용되는 공식 용어인 '수술처럼 정밀한 공격'과 '전략적 폭격'은 이미 그 안에 폭격을 하는 이들의 목표를 넘어서서 발생할 상해를 예상하는 말이 담겨 있다. 이런 용어 중 특히 놀라운 예는 도시, 민간인, 경제 시설 목표물을 '간접 목표물'[35]이라고 부르는 것이다. 철저히 민간인을 배제한 제1차 세계대전의 전장들처럼 민간 목표물이 전적으로 군사적인 목표물에서 구분될 때만 간접 목표물이라는 용어가 정당할 수 있다. 하지만 그럴 때에도 이 용어는 손상을 가하는 작인이 간접 목표물을 직접 겨냥하게 하는 괴상한 상황을 만들어낸다. (발생하는 상해가 얼마나 끔찍한지와는 상관없이, 상해 만들어내기는 정확히 군의 목표였던 적이 없으며, 지금도 아니고, 또 앞으로도 아닐 것이다.) 이런 상황은 어떤 교전에나 수없이 많을 것이므로 여기서 또 나열할 필요는 없겠다. 핵심적으로 봐야 할 점은 다음과 같다. 길 비유에서 상해는 다른 곳에서 만들어낼 상해를 향해 가는 '길 위에서' 우연히 일어난 것으로 이해된다. '군인들에게 상해 입히기'로 가는 길 위에서 일부 민간인이 학살당했다든지, '민간인들에게 상해 입히기'로 가는 길 위에서 일부 아동이 우연히 죽임을 당했다는 것이다. 그리고 최종적으로 군인, 민간인, 성인, 아동에게 가해진 모든 상해는 '상해를 입히지 않는noninjuring 목적지에 이르기 위한, 상해를 입히지 않는 길 위에서 일어난 상해'로 이해된다.

　　세 번째 종류의 어휘는 비용cost 어휘이다. 여기서 상해는 무언가를 구입하는 비용이다. 비용 용어는 '생산' 어휘와 공통점이 매우 많다. 두 비유 모두 생산과 교환에 관련된 더 큰 어휘군에 속하기 때문이다. 생산 어휘에서 상해는 '중간 생산물'이었다. 이 중간 생산물은 일단 전쟁의 경계선을 넘어 전쟁 외부의 목표들이라는 영토로 들어가면 결국 자유라는 최종 생산물로 변환될 것이었다. '비용'도 구조적으로 이런 중간 생산물과 거의 똑같은 위치에 있다. 위에 나온 베인 나무들은 종이로 변환될 중간 생산물이었다. 이와 마찬가지로 매일 옷감을 짜서 '돈을 번' 다음 종이를 구입한다면, 여기서 돈은 베인 나무들처럼 중간 생산물이며 최종 생산물인 종이로 변환된다. 사람들이 직물 공장에 나가서 종이로 변환될 돈을 마련하는 것처럼, 비용 비유는 이렇게 사람들이 전쟁에 나가서 나중에 어떻게든 자유로 변환될 상해를 만든다고 말한다(문제적이지만 궁극적으로는 타당한 이 변환 주장도 나중에 다시 설명할 것이다). 비용 용어는 생산 비유와 너무도 비슷해서, 생산 비유에는 없는 나름의 특징을 가지고 있지 않다면 따로 소개할 이유가 없을 정도이다. 비용 비유에서 전형적으로 일어나는 일이 하나 있다. 바로 상해를 비롯해 전쟁의 다른 부정적인 결과들이 계속 후퇴하면서 더 작고 작은 단위를 위한 '비용'이 되는 것이다. 상해를 가지고 구입하는 무언가는 갈수록 더 작아진다. 처음 시작은 '전쟁(상해)은 자유를 위한 비용이다'처럼 거대한 주장일 수 있다. 여기서 물론 '자유' 대신 '더 유리한 국경선 설정' 등 다른 참전 이유가 나올 수도 있다. 이 주장의 영역은 수축하기 시작한다. 처음에 전쟁은 비용으로 여겨졌지만, 이제는 다른 비용을 들여 구입한 물건이 된다. 예를 들어 전투가 전쟁의 비용이 되는 것이다. 엄청난 규모의 상해라는 스펙터클 앞에서 사람들은 경악하며 돌아설 수도 있고, "전쟁은 자유를 위한 비용이다"이라는 말로는 자신이 지금 본 광경을 완전히 소화할 수 없음을 깨달으면서 비슷한 시도를 한 번 더 해볼 수도 있다. 이들은 한숨을 쉬며 다음과 같은 말로 자신을 위로한다. "아 이런, 전투는 전쟁을 위한 비용이지." 두 문장 각각의 첫 번째 단어, 전쟁과 전투는 '상해'를 뜻한다. 'X는 Y를 위한 비용이다'라는 이 특정한 구문이 나타나는 순간은 보기 괴로운 광경을 자기 자신이나 다른 이들에게 납득시키고 설명해야 할 때이며, 그래서 상해라는 말 대신 전쟁과 전투라는 말을 사용한다. 다시 말해 동지애, 의사들의 치료, 영웅적 행위의 순간을 불러낼 때는 절대로 일부러 'X[동지애]는 Y를 위한 비용이다'라는 구문을 불러내지 않는다. 두 번째 문장 '전투는 전쟁을 위한 비용이다'에서 상해는 더 작은 장소에 부과된다. 상해는 이제 전쟁 자체가 아니라 전쟁을 위한 비용이 된다. 그다음에는 두 번째 문장의 첫 번째 용어가 세 번째 문장의 중간을 차지해서, 사람들은 "글쎄, 살육은 전투를 위한 비용이지"라고 말한다. 또 그다음 이 세 번째 문장의 첫 번째 말은 네 번째 문장의 중간에 나온다. "피는 살육을 위한 비용이지"라고 말한다는 것이다.[36] 한 사람이 이 네 문장을 다 말한다는 뜻이 아니다. 한 국가의 국민은 각자 중얼거리면서 위 네 문장들을 오가며 계속 더 정교한 표현을 만들어낸다. 이들은 마치 그 말들이 공중에 계속 떠 있도록 하려는 듯, 볼 수 있고 평가할 수 있는 위치에 그 말들이 착륙하지 못하게 하려는 듯 끊임없이 말을 이어간다.

그리하여 비용 어휘는 아래처럼 점점 후퇴하는 일련의 명제들이 나타나도록 허용하고 부추긴다.

**전쟁**(상해)은 자유를 위한 비용이다.
**전투**(상해)는 전쟁을 위한 비용이다(앞 문장에서는 전쟁이 상해였다).
**살육**(상해)은 전투를 위한 비용이다(앞 문장에서는 전투가 상해였다).
**피**(상해)는 살육을 위한 비용이다(앞 문장에서는 살육이 상해였다).

연속된 이 문장들은 동어반복이다. 거꾸로 읽어보면, 상해는 상해를 위한 비용인데, 이 상해는 상해를 위한 비용이고, 다시 이 상해는 상해를 위한 비용이며, 이 상해는 자유를 위한 비용이다. 즉 상해를 가지고 상해를 구입할 수 있는데, 이 상해는 상해를 가지고 구입할 수 있고, 다시 이 상해는 상해를 가지고 구입할 수 있으며, 다시 이 상해를 가지고 자유를 구입할 수 있다. 한편 같은 말이 반복되는 가운데 상해 행위의 핵심성이 자명해지기보다는 오히려 계속 줄어든다. 첫 번째 문장의 거대한 상해를 가령 도시 하나의 파괴라고 한다면, 이 상해는 자신 안으로 접혀 들어가서 두 번째 문장에서는 집 한 채의 파괴가 되며, 세 번째 문장에서는 집

고통받는 몸

안 벽장의 파괴, 마지막으로 네 번째 문장에서는 벽장 안 선반 하나의 파괴가 된다. 우리가 더는 상해를 인지하지 못하게 된다거나 상해의 힘을 느끼지 못하게 된다는 말이 아니다. 손상된 머리, 떨어져 나간 팔, 열린 복부 등 선반 위에 놓인 상해는 벽장 문 앞에 서 있는 관찰자를 무섭게 노려볼 것이며, 경악과 공포로 토할 것 같이 만들 것이며, 압도할 것이고, 열린 상처 부위가 아니라 겨눈 총 앞에 서 있는 것처럼 털썩 무릎을 꿇게 할 것이다. 하지만 적어도 관찰자는 자신이 조금만 시선을 돌리면 다른 것들을 볼 수 있다는 것을 안다. 다른 선반 위에는 다른 물건이 있고, 다른 벽장이 있고, 햇빛과 신문과 잠자는 고양이가 있는 다른 방들이 있다. 이 사람은 상해가 여기, 저기, 또 저기, 그리고 저기, 눈을 둘 수 있는 모든 곳에 있음을 알 필요가 없으며, 모든 선반과 모든 방과 도시 전체의 모든 거리가 피, 살육, 전투, 전쟁으로 덮여 있다는 사실을 알 필요가 없다.

위 세 번째 종류의 어휘는 상해를 연이어 축소하는 단위들로 밀어 넣고, 상해는 시야에서 점점 더 뒤로 물러난다. 네 번째 종류의 어휘도 비슷하다. 연장하는 행위를 반복함으로써 상해에서 점점 더 멀리 떨어진다.[37] 계속 늘어나는 우산대가 달린 우산과도 같다. 상해는 평화적인 다른 무언가가 연장된 것 또는 연속된 것이다. 클라우제비츠의 유명한 격언, "전쟁은 다른 수단에 의한 정치의 연장이다"라는 표현은 복잡하고 규정하기 어려운 현상을 대단히 쉬운 말로 제시한다. 전쟁이라는 현상이 이제껏 계속 자명했던 것처럼 보일 정도이다. 또 이렇게 쉽고 간명하게 정리함으로써 권위와 신뢰성을 확보한다.[38] 그럼에도 이 발언은 '전쟁은 평화 또는 평화 시 활동의 연장이다'라는 주장으로 보이기도 하고, 그래서 전쟁을 평화적인 활동과 함께 묶음으로써 전쟁을 지우는 것처럼 보이기도 한다. 특히 따로 떼어내어 인용할 때 그렇다. '전쟁은 다른 수단에 의한 평화의 연장이다'라는 문장에서 전쟁을 설명하는 서술어 부분이 문법적으로 우위를 점한다. 즉 '평화와의 연속성'이 '상해 입히기라는 다른 수단에 의한'보다 문법적으로 더 중요한 위치에 있다는 뜻이다. 클라우제비츠의 말을 살짝 패러디한 문장들은 많다. "죽어가는 것은 다른 방식의 삶일 뿐이다"라든지, "피를 흘리는 것bleeding은 숨을 쉬는 것breathing과 거의 마찬가지이다" 같은 말들이 있다. 이런 말은 재치를 부려보긴 했으나 논리에 맞지 않으며, 클라우제비츠의 정의에 맞먹을 만한 무게도 없다. 반면 원래 문장만큼 유명하진 않지만 그만큼이나 진지하며 지적으로 탁월한 주장도 있다. 예를 들어 리들 하트가 군사 전략에 대해 내린 비범한 정의에서 클라우제비츠의 말과 똑같은 구조가 나타난다. 하트는 다음과 같이 쓴다. 전략의 목표는 대단히 유리한 상황을 만들어내는 것인데, 특히 "그 상황 자체를 만들어 내려는 전략을 세우지는 않는다고 해도, 전투를 통해 그 상황을 연장하려는 전략은 나올 수 있을"[39] 만큼 유리한 상황을 만들어내는 것이다. 이 문장은 놀라울 정도로 훌륭한 정의이다. 우리에게 친숙한, 클라우제비츠의 말과 비슷한 방식으로 문장을 구성해서 사고를 우아하게 전환해내는 데다가 매우 성공적으로 사유해낸 것처럼 보인다. 사람들의 비판적 사고가 잠시 작동을 멈출 정도이다. 하트의 발언 자체가 틀린 것은 아니며 어쨌거나 전략 영역에 존재하는 전통[40]을 요약해서 보여준다고 할 수 있지만, 그럼에도 위 말은 여러 방향의 잘못된 사고로 이어질 수 있다. 문자 그대로 해석했을 때 하트의 말은 상해 입히기를 실패한 전략, 또는 더 나쁜 전략의 한 형태로 서술하는 듯 보인다. 클라우제비츠의 원래 말에 비추어보면, 20세기에 일어난 살육의 기록은 탈선한 정치의 기록이 된다. 이제 리들 하트의 말에 따르자면 그 살육의 기록은 탈선한 군사 전략 또는 부적절한 군사 전략의 기록이 된다. 타넨베르크, 마른, 갈리폴리*, 바르샤바**에서의 전투는 군대가 당연히 해야 하는 일이 아니라 군의 실패한 작업 또는

---

\* 제1차 세계대전 당시 대영제국-프랑스 연합군은 1915~1916년에 걸쳐 터키의 갈리폴리반도에서 오스만 제국군에 맞서 상륙 전투를 벌였고 패배했다. 제1차 세계대전의 핵심 전투 중 하나이다.

\*\* 1919~1921년에 걸친 소련-폴란드 전쟁 중 바르샤바 외곽에서 전투가 있었다. 이 전투에서 폴란드 군이 크게 승리하여 전세를 역전했다.

고통받는 몸

군의 실패이다. 살인, 강간, 절도 같은 민간 범죄의 발생을 법 집행 체계나 경찰력 집행 체계의 붕괴 때문으로 서술할 수 있다. 반면 전투를 군 체계의 와해로 이해하는 입장은 그만큼의 타당성을 가질 수 없다. 이런 입장은 전투를 군이 존재한다는 사실 자체 때문에 일어나는 일이 아니라, 군의 존재에도 불구하고 일어난 일로 본다.

리들 하트의 정의가 표면에서 말하고 있는 바는 상해의 영역에서 분리된 이상적인 군사 전략인 것처럼 보일 수 있다. 하지만 위 정의는 전략을 전투에서 분리하고 전략을 상호적 상해 입히기에서 분리하는 방향으로 작동할 뿐이다. 또한 하트의 정의는 분명 일방향의 상해 입히기를 가정하며 여기에는 항복, 감금, 심지어는 육체적 손상 입히기까지도 포함된다. 클라우제비츠도 지적하듯, 적이 후퇴하거나 철수하거나 교전을 중단한다는 사실만으로는 군사적 이득이 전혀 없다. "적보다 우위에 서는 것, 다시 말해 교전을 중단할 수밖에 없는 위치로 적을 몰아넣는 것 자체는 목표가 될 수 없다[관념적인 득점표는 필요 없기 때문에]. 이런 이유로 적보다 우위를 차지하는 일은 목표를 정의할 때 포함될 수 없다. 그렇다면 남는 것은 파괴 과정에서 나오는 직접적인 이익뿐이다. 직접적인 이익에는 군사 활동으로 발생시킨 사상자뿐 아니라 적 후퇴의 직접적 결과로서 발생하는 사상자도 포함된다."[41] 따라서 '성공적인 전략이란 전투가 포함되지 않은 결정'이라는 말은, '성공적인 전략이란 상해 입히기가 일방향으로만 발생하는 전략'이라는 말과 같다. 다시 말해 상해 입히기가 상호적이고 양방향으로 일어나면 더 나쁘거나 차선의 무력 형태(전투)이며, 한 편이 다른 편보다 최종적으로 **더 많이 상해를 입힐**out-injuring 때만 전투는 **일방향의 상해 입히기**라는 이상적인 상황에 가까워진다. 그렇다면 원래의 정의는 상해 입히기에 대조되는 것으로 상해 입히지 않기를 상정하는 듯 보였지만, 사실은 양방향의 상해 입히기에 대조되는 것으로 일방향의 상해 입히기를 상정한다. 이것이 리들 하트의 정의가 실제로 의미하는 바라면, 대단히 정확한 정의이다. 하지만 하트의 정의를 다르게 풀어낸 위의 설명은 원래

정의만큼 평화적으로 들리지도 않고 우아하지도 않다. 또 평화적이고 우아하게 보이기 위해 애초에 하트가 그런 식으로 정의를 내린 것이다.

지금 논의에서는 하트의 정의를 광범위하게 퍼져 있는 어떤 사고 습관을 보이기 위한 하나의 모델로 사용하고 있다. 이 사고 습관이란 상해 입히기를 좀 더 무고한 활동의 연장으로 서술하는 것이다. 하트의 정의가 지니는 강점과 약점을 가늠해보는 또 다른 방식은, 전략의 관점에서 시간에 따른 상해 입히기 행위의 변동에 주목해보는 것이다. 폴 J. 케츠케메티 Paul J. Kecskemeti는 종전 시 일어나는 일을 대단히 효과적으로 표현했다. 즉 참가자들이 다음 판을 하지 않는 데 동의하는 것, 각자 결과를 충분히 상상할 수 있기에 다음 판을 할 필요가 없다고 생각하고 그래서 한 편이 항복하는 것이다.[42] 이는 널리 수용되는 이해 방식이기도 하다. 이런 설명은 전투 등 전쟁의 내부 단위에도 똑같이 적용된다. 양측은 마지막 판을 벌이지 않을 수도 있다. 가령 전투의 마지막 다섯 시간을 포기하는 것이다. 나아가 전투 결과를 가늠해보는 순간은 전투의 앞부분으로 더 밀려나고 밀려나서, 참가자들이 전투의 후반 전체(가령 이틀)나 전투의 4분의 3(가령 사흘)을 포기하는 데 동의할 수도 있다. 최종적으로는 리들 하트의 위치에까지 올 수도 있다. 전투가 시작되기도 전에 참가자들이 자신의 상대적인 상황을 평가해보고는 결과가 너무도 자명하다는 이유로 실제 교전을 포기하는 것이다. 상대편의 우월한 상해 능력에 압도되어 한 편은 항복한다. 여기서 중요한 점이 있다. 시간 관점에서 봤을 때 '적에게 상해 가하기'와 '상해 가하기에 관한 적의 인식' 사이에는 두 가지의 기본 관계가 있으며 위 상황은 그중 하나라는 것이다. 여기 묘사된 상황에서 상해에 관한 적의 인식은 상해에 선행하며 상해를 예측한다. 적의 인식에서 상해 유형은 조정될 수도 있지만, 상해라는 사실 자체가 제거되는 법은 없다. 항복한다고 해서 그냥 집에 갈 수 있는 것이 아니라 총알을 맞거나 붙잡혀서 갇히기 때문이다. 예상되는 상해의 전략적 반대항은 예상치 못한 상해이다. 첫 번째 경우인 예상되는 상해에서 한 편의 상해 능력은 상대편의 항복을 유

고통받는 몸

도하기 위해 상해를 실제로 가하기 전에 상대편에게 과시된다. 두 번째 경우인 예상치 못한 상해에서는 상해 능력을 적이 알지 못하도록 감춘다. 상해를 가할 수 있는 능력이 실행되기 **전**에는 상대편이 그 능력을 볼 수 **없어야** 하며, 이상적으로는 상해 능력이 실행되는 **동안**에도 그 능력을 볼 수 없어야 한다. 아니면 최소한 상해 능력이 실행되는 처음 몇 분간은 볼 수 없어야 한다. 상대편이 상해를 가하는 때와 자기편이 상해를 입고 있다는 자각 사이에 최소 몇 분의 지체가 있어야 하는 것이다. 상해 능력이 실행되기 시작한 **후**에야 상대편이 그 능력을 볼 수 있어야 한다. '예상되는 상해'와 '예상치 못한 상해'는 똑같은 상해이지만 시간상에서 다른 지점에 놓여 있을 뿐이다. '예상되는 상해'는 **예측되었을** 때 가장 큰 효과가 있다고 판단되며, '예상치 못한 상해'는 전혀 **예측되지 못했을** 때 가장 큰 효과가 있다고 판단된다. 이 점은 다음과 같은 사실을 다시 한 번 강조해주기 때문에 중요하다. 즉 전투를 배제한다는 측면에서 훌륭한 전략은 상해 입히기를 배제하는 전략이 아니라, 상해 입히기의 또 다른 유형인 '시간 차원을 고려한 상해 입히기', 다시 말해 '예비적으로 상해 입히기'를 벌이는 전략이다.

위에서는 전쟁이 끝나는 시점을 전투가 끝나는 시점으로 이동시키고, 이 시점을 다시 전투의 중간 지점으로, 그리고 다시 전투의 시작 지점으로 밀어내봤다. 전쟁에서도 이와 마찬가지로 이어지는 전투를 하나씩 제거해서 마침내는 전쟁 자체가 시작되지 않은 상황에 도달할 수 있다. 양편은 군비 경쟁에서처럼 오로지 자신들의 무기와 상해 능력을 과시할 뿐이며, 육체적 손상이 발생하기 전에 한 편이 물러나서 항복한다.[43] 여기서 다시 강조해야 하는 중요한 점이 있다. 예비적인 상해는 일종의 실제 상해라는 것이며, 지금 제시하는 가상의 상황은 가령 한 편이 영토 일부를 내주거나 상대편의 이데올로기가 더 우월하다고 인정하면서 굴복하는 상황이라는 것이다. 반면 유일하게 핵무기를 보유한 어느 국가가 자신의 모든 요구에 굴복할 것을 다른 국가들에게 강요해서 뜻을 이룬다고 하자. 이

때 전투나 전쟁이라는 상호적 상해 입히기는 '상해 입히지 않기'에 의해 대체된 것이 아니라, 일방향의 예비적인 상해에 의해 방지되고 대체된다. 이 상황은 양편이 똑같은 무기들을 가지고 있다가 똑같이 물러난 상황과는 크게 다르다. 그런 상황에서는 한쪽이 일방적으로 항복하는 것이 아니라 양쪽이 공동으로 후퇴해서 분쟁을 피하며, 따라서 예상되는 상해는 **오직** 예비적이고 상상된 것일 뿐 절대 실제로는 수행되지 않기 때문이다. 핵무기 보유로 상대를 굴복시키는 상황은 또한 어느 편도 무기를 가지고 있지 않은 상황과도 다르다. 무기가 없는 상황에는 실제 물리적 전쟁이 없을 뿐 아니라 상해를 예상함으로써 항복하는 실제 상해도 없으며, 양측은 상해 능력을 과시하지도 않는다. 양측은 부상을 가하거나 부상당하는 일에 관한 생각 자체를 하지 않는다. 이 두 가지 상황은, 한 국가가 엄청나게 능력 차이가 나는 무기를 혼자만 계속 보유하고 있으면서 대등한 무기를 갖고자 하는 상대 국가의 야심을 전쟁 도발로 야유하거나, 질투심 때문에 생각 없이 따라 하려는 시도로 일축하는 상황과는 극단적으로 다르다. 이 무기 보유국은 '무기가 하나만 있으면 평화를 보장하지만 둘이 있으면 전쟁이 일어난다'고 주장하거나, '우리가 가지고 있으니 저들도 가지고자 한다'며 비난한다. 자신의 영토 경계 외부에 있는 사람들에게 상해를 입힐 수 있는, 일방향의 절대적인 능력을 향한 꿈은 고문자의 꿈에 가까워질 수 있다. 이런 꿈을 꾸는 주체가 민주국가이든 독재국가이든 그렇다. 고문자는 절대적인 비상호성을 꿈꾼다. 자신은 체화되지 않은 상태에 있는 한편, 상대방은 상대방 자신이 언제라도 심하게 훼손될 수 있음을 인식하고 있음으로써 철저히 체화된 상태에 머물러 있길 바란다.

전쟁에서 상해 입히기 행위는 핵심적이지만, 이 핵심성은 여섯 가지 경로를 통해 사라질 수 있다. 전쟁에서 인간 몸이 지니는 핵심성이 여섯 가지 경로를 통해 부인될 수 있다는 것이다. {이 여섯 가지 경로는 생략, 재서술, 그리고 네 가지 비유이다.} 첫째, 상해 행위의 핵심성은 전쟁에 관

고통받는 몸

한 공식적인 말과 일상적인 말 모두에서 **생략**될 수 있다. 둘째, 상해 행위의 핵심성은 **재서술**되어서 생략된 만큼이나 비가시적이 될 수 있다. 이 경우 살아 있는 인간의 몸 조직은 식물처럼 최소한으로만 살아 있거나 금속처럼 생명이 없는 물질이 되어, 감응력이 있으며 살아 있는 조직이 겪는 고통에서 면제된다. 아니면 '무장해제disarming'라는 말에서처럼, 생물의 어휘와 무생물의 어휘를 뒤섞고 금속에서 일어나는 변화가 모든 관심을 차지하게 만들 수도 있다. 또는 거인이라는 상상의 몸에 상해를 재배치함으로써 상해의 개념을 바꿀 수도 있다. 셋째, 네 가지 비유는 상해 행위의 핵심성을 생략하거나 재서술하지는 않고 감응력이 있는 인간 몸 조직에서 실제로 상해가 발생함을 인정한다. 하지만 비유를 통해 상해는 **가시적이긴 하나 주변적인 위치에 놓인다**. 부산물이 되거나, 목적지로 가는 길 위에 있는 무언가가 되거나, 비용 어휘에서처럼 자신 안으로 계속 작게 접혀 들어가는 무언가가 되거나, 다른 평화적인 사건이 연장된 무언가가 된다.

다음 절의 분석에서 핵심은 상해 입히기가 얼마나 복잡한 경로를 통해 사라지느냐가 아니라 그보다 훨씬 간단하고 근본적인 사실이다. 바로 상해 입히기가 전쟁의 핵심 활동이라는 것이다. 상해는 전쟁의 생산물이자 비용이며 전쟁의 모든 활동이 향하는 목표이자 목표로 가는 길이다. 상해가 가시적이든 비가시적이든, 생략되었든 포함되었든, 포함되면서 바뀌었든, 서술되었든 재서술되었든 상관없이 언제나 그렇다. 상해는 전쟁 내부의 가장 작은 구석에도 존재하며, 여러 행위가 확장되어 나간 가장 커다란 교전의 단위에도 여전히 존재한다. 상해 입히기의 핵심성이라는 전제는 이어질 분석의 대전제이지만 지극히 단순하다. 너무도 기본적이고 자명하며, 전쟁에 관한 복잡하고도 도덕적으로 정교한 일련의 질문에 앞선다. 이런 복잡한 질문들은 이 책의 논의에서는 언급하지도 않을 것이다. 버트런드 러셀Bertrand Russell은 도덕적으로 문제가 많은, 인간들의 어떤 말하기 습관을 지적한다. 사람들은 '조국을 위해 죽이러 나간다'라는 사실을 인정하기보다는 "조국을 위해 죽으러 나간다"고 말한다는 것이다.[44] 물루

드 페라운<sup>Mouloud Feraoun</sup>은 모든 전쟁 참가자의 보편적인 자기-서술을 '죽이러 나간다'는 측면에서 요약한다. "정당한 대의를 수호하며, 정당한 대의를 위해 죽이고, 부당한 죽음을 무릅쓴다."<sup>45</sup> 하지만 지금 논의에서 살펴볼 점은 이런 말들 간의 세세한 차이가 아니라 공통분모이며, 이 공동되는 부분은 앞으로 계속 가정될 것이다. 어느 소년이 조국을 위해 '죽으러' 간다고 선언하거나 조국을 위해 '죽이러' 간다고 선언할 때, 실은 조국을 위해 자신의 것이든 남의 것이든 '몸 조직을 변환하기 위해' 전쟁에 나간다고 말하는 것이다. 이어질 논의의 최종 목적은, 인간 몸 조직의 변환이 한 국가의 자유, 이데올로기의 자율성, 도덕적 정당성이 될 수 있는 어떤 사건의 논리 구조를 이해하는 것이다. 지금 시점에서 기정사실은 상해 입히기의 핵심성뿐이다. 마이클 왈저는 정당한 전쟁과 정당하지 않은 전쟁을 주제로 한 복잡한 분석의 한복판에서 적는다. "전쟁은 죽인다. 그게 전쟁이 하는 일 전부이다."<sup>46</sup> 루이스 심슨<sup>Louis Simpson</sup>은 제2차 세계대전을 두고 이렇게 쓴다. "보병의 주요 업무는 폭격당하는 것이다. 각자 자신만의 방식으로 이 업무를 한다. 일반적인 방식은 누워서 가능한 가장 작은 공간을 차지하도록 몸을 움츠리는 것이다."<sup>47</sup> 상해 입히기의 핵심성이라는 전제는 수없이 많은 방식으로 부인될 수 있다. 하지만 전쟁을 똑바로 바라봄으로써 인정될 수도 있다. 또 도덕 철학자, 보병, 시인, 전략가, 장군, 화가 등 전쟁을 응시했던 이들이 남긴 말을 살펴봄으로써 인정될 수도 있다. "하지만 보라", 전투 재현 방법에 관해 레오나르도 다 빈치<sup>Leonardo Da Vinci</sup>가 남긴 긴 설명의 마지막 문장을 시작하는 말이다. 먼지와 태양과 말 몸통과 인간의 몸과 육체적 고통을 겪는 얼굴과 기진맥진한 얼굴로 가득한 커다란 시각적 캔버스를 언어로 그려낸 후, 다 빈치는 숨차게 이어진 설명을 돌연 멈추고는 말한다. "하지만 보라, 뭉개진 피로 덮이지 않은 지면이 혹시 있는지."<sup>48</sup>

전쟁은 집요하고 가차 없이, 훼손되고 벌어진 인간 몸 내부의 내용물을 취하여 전쟁 내부의 내용물로 삼는다.

고통받는 몸

## II. 전쟁은 경기이다

우리의 두 번째 전제는 전쟁이 '경기<sup>contest</sup>'라는 것이다. '전쟁은 경기이다'라는 문장에서 주어를 설명하는 보어인 '경기'는 '상해 입히기'보다 훨씬 덜 충격적이며, 그래서 전쟁이 경기라는 사실을 가시적으로 유지하기가 훨씬 더 쉽다. 전쟁을 경기와 같다고 보기가 꺼림칙할 수도 있다. 꺼림칙한 느낌은 상해 입히기를 은폐하는 데 일조하는 충동과는 거의 반대되는 충동 때문에 생긴다. 전쟁과 경기를 동일시하길 피하거나 분명하게 거부하는 이유는 '경기'가 언제나 '게임'이나 '놀이' 같은 인접한 동의어와 함께 나타나기 때문이다. 이런 단어들은 전쟁을 단지 일반적인 평화 시 활동과 뒤섞는 것이 아니라, 그중에서도 내용과 결과 면에서 가장 심각하지 않아 보이는 특정한 평화 시 활동과 뒤섞는다. 사실 전쟁을 경기와 같은 것으로 보는 관점이 옳고 중요하다고 주장하는 현재 분석은 지금까지 해온 이야기를 뒤집는 것처럼 보일 수 있다. 앞에서 이런 식의 뒤섞음을 허용하고 부추기는 서술 관행의 오류를 강조했기 때문이다. 아래에서는 전쟁을 경기와 같은 것으로 보는 입장에 내재한 위험을 간략하게 요약하고, 이 같은 위험에도 불구하고 왜 둘을 같은 것으로 봐야 하는지로 넘어갈 것이다.

전쟁의 '심각함'을 짚고 '놀이'와 '전쟁'이 서로 반대된다고 지적하는 것만으로는, 놀이처럼 장난의 의미가 내포된 말을 전쟁 안으로 끌어오는 일이 매우 부적절하다는 사실을 설명하는 데 충분하지 않다. 노동처럼 놀이와 완전히 반대되는 것도 평화의 경계 안에 존재하기 때문이다. 하지만 전쟁을 우리에게 친숙한 평화 시의 일들과 대비해봄으로써 게임과 전쟁의 어감이 얼마나 극단적일 정도로 다른지를 분명히 할 수 있다. 놀이를 할 때 감각은 감각 자신을 경험하며, 그래서 놀이는 감각적일 때가 잦다. 반면 노동은 놀이보다 훨씬 더 깊숙한 체화를 수반한다. 인간이라는 생물은 세계에서 자신을 떼어낼 수 없을 정도로 세계와의 상호작용 안에 깊이

침윤되어 있다. 세계와의 상호작용을 멈춘다면 인간은 죽을 수도 있으며, 그래서 인간은 이어지는 일단의 움직임을 거의 멈춤 없이 계속 한다. 놀이의 본성은 다르다. 활동이 이루어지는 세계 안에 잠겨 있는 것은 한 사람의 일부뿐이고, 이 사람은 그 세계를 자유롭게 드나든다. 사람들은 전에 한 번도 해보지 않은 놀이를 바로 시작할 수 있고, 또 그만큼이나 바로 끝낼 수 있다. 놀이 중인 사람은 자신의 활동에서 자신을 떼어낼 수 있기 때문에 안전하다. 놀이 중인 사람은 노동을 하는 사람보다 몸 외부의 세계에 더 약한 강도로 작용한다. 때로 놀이 중인 사람이 외부 세계를 위태롭게 한다면, 이는 그 자신이 위험에서 면제되어 있고 그래서 자신이 그 세계에 어떤 변화를 일으키고 있는지에 무신경하기 때문이다. 바위 옮기기, 피아노 생산하기, 아무것도 없던 곳에 건초 밭이나 집을 만들기처럼, 노동하는 사람worker은 세계 안에 커다란 변화를 일으키려 '애쓴다/노동한다work'. 그리고 이런 커다란 변화를 일으키려면 노동하는 사람은 자신 또한 크게 변화되는 데 동의해야 한다. 노동하는 사람의 근육, 자세, 걸음걸이는 분명히 변화할 것이고, 상해를 입는 일 같은 더 심각한 변화를 무릅쓰기도 한다. 세계 안에 변화를 일으키기 위해 노동하는 사람 자신이 변화되어야 한다는 것은 노동의 본성으로, 석탄 캐기, 농사, 건설, 물건 만들기 같은 육체노동이나 수작업에서 극적으로 드러난다.

　이렇게 대조해봤을 때 전쟁이라는 활동은 가장 줄기차게 극단적이고 혹독한 노동이다.[49] 군인이 전쟁 활동에서 직면하는 생존의 위태로움은 노동하는 사람이 마주하는 위태로움과는 다르다. 노동하는 사람은 자신의 노동을 통해 생계를 유지해야 하며 노동을 멈추면 결국 굶어 죽게 된다. 노동하는 사람의 위험은 실제이지만 분산되어 있다. 군인의 생존은 더 직접적이고 더 극심하게 위태롭다. 군인의 일차 목표는 다른 군인을 죽이는 것이며, 군인이 해야 하는 일은 다른 군인을 목표물로 삼으면서도 자신을 계속 살아 있도록 하는 것이다. 군인이 몰두하는 세계 변환은 단순히 상해 입히기의 가능성을 수반하는 정도가 아니라 상해 입히기 자체이고, 군

고통받는 몸

인의 몸은 이 상해 입히기라는 자기-변환에 매 순간 직면해 있다. 군인은 하루 단위로 상해 입히기 활동에 들어왔다가 나갈 수 없다. 노동하는 사람은 대부분 하루의 끝에 짤막한 휴식을 누린다. 이 시간에는 노동이 면제되고 노동 이외의 완전히 다른 동작들을 해도 된다. 군인은 그렇지 않다. 군인이 노동에서 최종적으로 떠나는 시기는 군인 자신의 의지로 결정되지 않으며, 며칠, 몇 달, 몇 년 후이든 전쟁 종료에 달려 있다. 또 종전 후에 영원히 전쟁에서 빠져나오지 못할 가능성도 매우 크다. 모든 종류의 노동에서 노동하는 사람은 자신을 노동의 원료와 뒤섞으며 결국엔 그 원료에서 자신을 분리할 수 없게 된다. 이 사실을 가장 직접 보여주는 예는 노동하는 사람의 몸을 덮은 잔여물로, 팔 위의 석탄가루, 머리칼 사이로 들어간 날알, 손가락 위 잉크 자국 같은 것이다. 하지만 전쟁에 나간 소년은 다른 노동에서는 거의 찾아볼 수 없을 만큼 인간들과 뒤섞이고 자기 노동의 원료와 뒤섞인다. 소년은 점점 자신이 속한 부대, 연대, 사단, 그리고 무엇보다 국가 집단(가령 독일인이라는 이름을 공유하는 집단)에서 자신을 떼어낼 수 없을 것이며, 다른 사람들도 소년을 그렇게 인식할 것이다. 또 소년은 위장복이나 위장 자세를 통해 지면과 똑같이 보이고자 하며, 자신이 걷고 뛰고 기어 다니는 지면의 성질 및 조건들과 떼어낼 수 없을 정도로 뒤섞인다. 소년은 딸기가 많이 달린 땅이나 눈이 쌓인 땅과 하나가 된다. 지면과 수평이 되도록 몸을 숙이고 달릴 때, 옆에 있는 둥근 바위의 곡선에 자기 등의 곡선을 맞추고자 몸을 구부릴 때, 가느다란 나무 뒤에 숨어 나무와 비슷하게 몸을 좁히고 곧게 만든 채로 가만히 서 있을 때, 모방은 소년의 노동이다. 그는 느릅나무이고 진흙이며, 106사단이고, 본토에서 떨어져 나와 위험 속에서 프랑스의 숲을 부유하며 가로지르는 작은 독일 영토 조각이다. 그는 한국의 어느 탁 트인 산비탈에 쐐기처럼 박혀 그곳의 참기 어려운 태양과 비에 의해 재가공되는 미국 땅 한 조각이다. 그는 바다처럼 검푸르다. 자신이 날아다니는 대기처럼 엷은 회색이다. 그는 대지의 녹색 그늘에 흠뻑 젖어 있다. 그는 오스트레일리아의 붉은 피를 담고 있는 연한 갈색의 용기容器로, 갈리폴리에서 곧 개봉되어 비워질 것이며 그곳의 바위와 능선에 섞여 다시는 구분할 수 없게 될 것이다.*

한 사람이 자신을 자기 활동에서 분리할 수 있는 정도는 놀이, 노동, 전쟁 각각에서 극단적으로 다르며, 이 정도 차이는 놀이, 노동, 전쟁을 분리하는 거리가 표현된 것이다. 각 활동이 낳는 결과에는 엄청난 규모 차이가 있고, 그래서 전쟁과 놀이의 비교는 거의 외설적인 일이 된다. 한쪽이 사소해지거나 반대로 다른 한쪽에 버틸 수 없을 정도의 무거운 동기와 결과를 부여하게 되는 것이다. 전쟁과 놀이의 뒤섞임은 '전쟁은 게임이고 게임은 전쟁이다'처럼 둘이 단순히 똑같다는 주장으로 나타날 수도 있고, 한쪽의 속성을 다른 쪽의 영역으로 가지고 들어오는 것으로 나타날 수도 있는데, 후자가 더 빈번하다. 속성의 이동은 어느 방향으로든 일어날 수 있다. 전쟁에서 나타나는 적을 향한 가차 없는 증오심은 유비를 통해 평화 시의 게임과 경기 서술 안으로 도입되곤 한다. 그러면 게임과 경기에서 나타나는, 경쟁심에 불타는 열망과 집착은 전력을 다해 상대방을 부수고자 하는 마음이 위장된 것이 된다. 반대로 사회진화론처럼 평화 시 게임에서 일어나는 경쟁을 인류 '진보'에 공헌하는 것으로 보는 낙관적인 해석이 전쟁 서술 안으로 도입될 수도 있다. 그러면 놀랍게도 전쟁 자체가 인류 진보와 진화에 공헌하는 것이 된다.[50] 전쟁과 놀이 어느 한쪽의 속성을 다른 쪽으로 가지고 들어오는 일은 이처럼 부적절할 수 있으므로 아예 '경기' 언어를 모두 피하거나, 아니면 매우 조심스럽게 사용해야 한다.

위와 같은 여러 위험이 있지만, 그럼에도 지금 논의에서는 전쟁과 경기가 같다고 주장할 것이다. 전쟁의 활동 구조 전반을 봤을 때 **전쟁은 분명 경기**이기 때문이다. 좋은 의도에서라도 경기 어휘를 꺼린다면 전쟁 활동에서 가장 중요한 다음과 같은 사실들, 즉 상호성에 관련된 사실들이 보

---

* 제1차 세계대전 중 1915년 갈리폴리 전투에 참여한 대영제국군에는 오스트레일리아 군인들도 있었다.

이지 않게 될 수 있다. 위에서 자신이 하는 노동과 그 원료에 떼어낼 수 없을 정도로 삼켜져 있는 것으로 묘사했던 그 사람들이 이제는 어느 영토를 통과하여 또 다른 사람들을 향해 이동한다. 이 다른 사람들도 원료와 노동에 똑같이 삼켜져 있는 채로 상대편 사람들을 향해 이동한다. 양편 모두는 자신들이 하도록 지정된 노동에서 서로 상대편을 **능가하려**<sup>out-perform</sup> 애쓴다. 여기서 지정된<sup>appointed</sup> 노동이 아니라 해체된<sup>deconstructed</sup> 노동이라고 말할 수도 있겠다. 이 사람들이 몰두하고 있는 일은 세계 만들기라기보다는 세계 파괴하기<sup>unmaking</sup>이기 때문이다. '경기' 언어는 매우 중요하다. 이 언어에 상호성<sup>reciprocity</sup>이라는 핵심 사실이 나타나 있기 때문이다. 또 '상호적<sup>reciprocal</sup>' '비상호적<sup>nonreciprocal</sup>' 그리고 '일방향의' '양방향의'라는 말들이 전쟁 활동을 서술하는 데 주요 범주임을 경기 언어가 분명하게 해주기 때문이다. 경기 언어 없이는 양방향의 상해 행위와 일방향의 상해 행위라는 선택지들이 상해 입힘과 상해 입히지 않음 간의 대립으로 앞에서 설명한 것처럼 잘못 재현되고 오해될 수 있다. 1장에서 설명한, 작인 기호가 동반하는 지각적 문제들은 전쟁에서 엄청나게 확대된다. 무기 두 개가 서로를 마주하면서 작인 기호가 배가되고 뒤집히기 때문이다. 이 지각적 문제들을 해결하려면 상호 간에 이루어지며 뒤집힌 활동의 틀 전체를 그 시작부터 기록해야 한다. 따라서 아래 이어질 분석에서는 경기라는 구조적 사실을 역설할 것이며, 그와 동시에 경기라는 말에 포함된 '놀이'의 어조를 배제해야 한다고 주장할 것이다.

놀이, 게임, 경기는 서로 동의어로 여겨질 만큼 넓은 영역을 공유한다. 하지만 놀이와 게임이라는 앞의 두 용어는 각 활동이 형식을 갖추는 정도에서 차이가 있으며, 게임과 경기라는 뒤의 두 용어는 형식을 갖춘 활동 중에서도 어느 부분이 강조되느냐에서 차이가 있다. '놀이'라는 용어는 한 사람이 자신의 놀이 활동에서 분리될 수 있음을 말해줄 뿐이지 형식 구조의 존재 여부를 규정하지는 않는다. 놀이를 하는 사람이 한 명밖에 없을 수도 있고 열 명쯤 있을 수도 있으며, 규칙이 있을 수도 있고 없을 수도 있으며, 정해진 시작과 끝이 있을 수도 있고 갑자기 흐지부지 끝날 수도 있다. '게임'이라는 용어는 형식을 갖춘 놀이, 일정 정도로 조직화된 놀이, 즉 시작과 끝이 있으며 특정 규칙에 따라 진행되는 중간 부분이 있는 놀이를 가리킨다. 가장 흔히 사용되는 의미에서 '게임'은 활동을 공유하지만 활동의 결과는 공유하지 않는 양측이 있음을 뜻한다. 가령 두 명 모두 달리기를 하지만 그중 한 명만이 '일등 주자'로 불리게 된다는 것이다. '경기'라는 용어도 비상호적인 결과를 낳는 상호적 활동을 수반하지만, '게임'과 '경기'는 각각 강조점이 다르다. 전자에서는 '상호적 활동'이 강조되지만 후자에서는 '비상호적 결과'가 강조된다. 전쟁은 그 활동의 구조를 봤을 때 경기이다. 상호적 활동을 통해 비상호적 결과를 내고, 의도와 동기의 무게가 최종 사실인 비상호적 결과에 놓이기 때문이다. 비상호적 결과라는, 전쟁을 끝내는 이 독특한 형태는 전쟁의 다른 부분보다도 전쟁을 진정 더 전쟁답게 만든다. 다른 방법이 모두 실패했을 때 사람들이 전쟁을 중재 방식으로 사용하도록 몰아가는 것도 바로 종전의 독특한 형태이다.

공식적·비공식적인 전쟁 서술은 종종 특정한 평화 시의 게임을 암시하거나 일반적인 형태의 게임이 지니는 포괄적인 속성을 암시한다. 이런 서술은 전쟁이 '경기 구조'를 갖는다는 사실을 간접적으로 인정한다. 또 전쟁이 경기 구조를 갖기에 전쟁과 게임을 비교하는 서술이 나온 것으로 이해할 수도 있다. 폴 퍼슬Paul Fussell이 제1차 세계대전에서의 언어적 인식 형태와 기억 형태를 논하면서 인상적으로 보여주듯, 전쟁에 관해 말하면서 게임을 암시하는 일은 젊은 전투병들의 언어와 행동에서 습관적으로 나타난다. 솜강 전투*에서 대치하던 양편 사이의 중간 지대로 영국군은 축

---

* 1916년 프랑스 솜강 유역에서 있었던 제1차 세계대전의 서부전선 전투 중 하나. 영국군과 프랑스군이 독일군과 4개월에 걸쳐 벌인 이 전투에서 총 100만 명 이상의 사상자가 발생했다. 전투의 첫날 영국군의 네빌 대위는 '축구공 돌격'이라는 유명한 작전을 펼쳐서, 공격 명령과 함께 영국군이 축구공을 차며 독일군의 진지를 향해 돌격하도록 한다. 독일군의 사격으로 네빌 대위 자신을 포함해 많은 군인이 죽었지만 영국군은 결국 진지를 차지한다.

고통받는 몸

구공을 차올렸고, 이 공은 현재 박물관에 보존되어 있다. 공 주위에는 여전히 공중으로 껑충 뛰어올라 힘차게 공을 걷어차며 그날의 전투를 시작했던 어느 영국 소년의 동결된 이미지가 희미하게 맴돌고 있을지도 모른다. 이 소년의 이미지만 축구공의 가죽 표면에 스며 있는 것이 아니라 비슷한 소년 수백 명의 고함과 동결된 동작이, 언어적 파편과 몸짓의 순간이 그 공에 달라붙어 있을 수도 있다. 축구, 크리켓, 육상 경기의 친숙한 방식을 따라서 전투에 사용한 사례는 베르셰바*에서 있었던 오스만 제국군 측 전선에 대한 공격이나 갈리폴리 전투 등에서도 있었기 때문이고,[51] 또 기록되지 않은 서부전선 전투의 어느 순간에도 비슷한 상황이 있었을지 모르기 때문이다. 그 영국군의 축구공에는 시대와 출신 국가를 막론하고 거의 아이에 가까운 수많은 청년의 이미지가 달라붙어 있을 수도 있다. 이 어린 청년들은 전쟁에서 사용되는 언어와 신체 동작, 힘껏 뻗은 팔, 이기고자 하는 열망에서 직관적으로 경기 구조의 기호와 신호를 찾아내고 발견한다. 어감상 전쟁을 경기에 비유하는 일이 부적절할 수도 있다는 사실에는 신경 쓰지 않는다. 제1차 세계대전에 관한 퍼즐의 연민 어린 서술에서처럼 전쟁을 호의적으로 또 거리를 두고 보면, 게임을 흉내 낸 전쟁의 '천진함'이 보인다. 하지만 호의를 거두고 봤을 때, 밖에서 바라보는 '구경꾼'에게 게임을 흉내 낸 몸짓들은 공중에 원반을 던지는 활동과 베트남에서의 공중 폭격 활동을 뒤섞는 일처럼 잔인하고 거칠며 외설적으로 보일 수 있다.[52] 이런 반응은 정당할 수도 있고 아닐 수도 있다. 게임과 전쟁을 뒤섞는 일에 대한 반응은 여럿으로 갈린다. 1979~1980년 이란과 미국이 대립하던 시기의 처음 몇 주 동안, 두 나라 사이에 매일 벌어진 일을 축구 경기 점수처럼 알리는 극장 간판이 나타났다. 이 이미지가 언론을 통해 퍼져나갔을 때 환호한 사람도 있겠지만, 수치스러워하며 얼굴을 찌푸린 사람도 분명 있을 것이다.

---

* 　　현재 이스라엘 남부의 도시로 제1차 세계대전의 전장이었다.

전쟁에 직접 참가하는 사람들의 언어와 몸짓에서 게임이 암시되듯, 군사 전략가들도 게임을 언급한다. 리들 하트는 공중 기동력과 탱크 도입 이후의 기동 공격 간의 차이를 설명하면서 체스 게임을 예로 들어 체스에서 기사를 움직이는 수와 여왕을 움직이는 수 간의 차이를 비교한다.[53] 이 예는 전쟁과 유사한 것으로 인용되는 게임이 위의 예들처럼 팀 운동만은 아니고 보드게임일 수도 있음을 보여준다. 또 결투일 수도 있고, 위험을 예상하기 어려운 경우에는 도박일 수도 있다. 예를 들어 '핵 도박'이나 '핵 주사위 던지기'라는 표현은 근래 들어 친숙한 말이 되었다.[54] 전쟁과 경기를 함께 언급하면서도 둘의 동일시를 거부하기 위해 '부정[not]' 구문을 사용하기도 한다. 이런 방식으로 말하면 전쟁과 경기가 동종 관계에 있음을 표시할 수 있으면서도 전쟁의 의미가 여타 경기처럼 축소되거나 여타 경기의 의미에 오염되지 않는다. 일례로 1944년 6월 8일 처칠은 국민이 "지나치게 낙관하지 않도록, 이 일이 경주[run] 한 번으로 해결될 거라는 생각을 갖지 않도록" 경고해달라고 하원의원들에게 부탁한다.[55] 부정 구문의 다른 판본도 있다. 군사적 충돌이 수행된 방식을 비난할 때에만 전쟁을 경기에 비유하는 표현을 사용하는 것이다. 제1차 세계대전을 연구한 역사가 바버라 터크먼의 책에는 타넨베르크 전투에서 러시아 장군 질린스키[Jilinsky]가 사용한 전략을 두고 그의 동료가 한 말이 나온다. 이 동료는 "말 전체를 잃는 것이 게임 목표인 러시아 체커 게임 포다프키[Poddavki]를 하기 위해 세운 것 같"다고 질린스키의 전략을 묘사한다.[56] 정치인들은 전쟁을 게임으로 보는 어휘의 어감이 부적절함을 눈치채고 있을 때가 많고, 그래서 특정 게임을 참조해서 말하기를 피하는 경향이 있다. 그럼에도 정치인들이 전쟁이 꼭 필요하다고 주장할 때 게임의 일반적인 속성들이 단편적으로 나타나곤 한다. '상대편' '시합 참가자' '물리치기' '이기기' 같은 말들이다. 미 국무부 장관 알렉산더 헤이그[Alexander Haig]가 한 어느 연설은 **"승리에 따라오는 상"**이라는 말로 시작한다.[57] 키신저는 베트남 전쟁을 두고 **"시합 참가자** 중 한쪽이 주도권을 쥐게 되어 있었다"고 적는다.[58] 처칠은 1945년

고통받는 몸

봄 유권자들에게 "우리는 여전히 일본을 **물리쳐야** 합니다"라고 재차 강조했다.[59] 이런 용어들은 불가피하게 나타난다. 이 용어들이 가리키는 것은 다른 경기 모두에 속하는 속성들이자 전쟁에도 속하는 속성들이기 때문이다. 전쟁이 경기임을 증명하기 위해 군인과 전략가와 정치인들이 전쟁을 경기로 보는 언어를 흔히 사용한다는 사실에 기댈 필요는 없다. 전쟁 참가자나 논평가들의 언어가 평화 시의 경기에서 따온 친숙한 용어를 사용한다는 이유만으로 전쟁을 경기와 같은 것으로 본다면, 이는 다음과 같은 식의 논증이다. 알프스가 산맥임을 증명할 때 산맥의 웅장함과 형태 자체에 근거를 두는 것이 아니라, 알프스의 어느 계곡과 산길 이름이 미국 동부에 있는 앨러게이니산맥을 암시하기 때문에 알프스가 산맥이라고 주장하는 것이다. 전쟁이 경기인 것은 전쟁의 구조가 경기 구조라는 거대한 사실 때문이다. 전쟁과 경기를 같은 것으로 제시하지 않으려고 애쓴 전쟁 정의들이 있다. '전쟁은 ~한 경기 혹은 대립이다'의 보어를 완곡한 표현으로 대체해서 '전쟁은 ~한 상황이다' '전쟁은 ~한 상태다', 심지어는 '전쟁은 ~한 제도다' 등으로 표현하는 것이다. 분명 고심 끝에 나온 말들이겠지만, 보어를 꾸미는 절에 거의 바로 경기 개념이 다시 나타난다. 예를 들어 국제법의 아버지 휴고 그로티우스Hugo Grotius의 말, 전쟁은 경기가 아니라 "겨루고 있는contending [경쟁하는contesting] 집단들이 있는 상태"라는 표현이 그렇다.[60]

앞에서 전쟁의 핵심 활동을 상해 입히기로 보는 것이 단순한 전제라고 말했다. 이 사실이 너무도 단순하고 지극히 명백하며 전쟁의 복잡한 다른 특성들에 앞서 존재하기 때문이었다. 전쟁의 형식 구조를 경기로 파악하는 것도 마찬가지로 똑같이 기본적이고 단순하다. 전쟁이 경기임을 알기 위해 그 형식 구조의 복잡한 부분으로 들어가 어려운 분석을 할 필요가 없다. 예를 들어 지금 논의에서는 '이상적인' 전쟁이든 '일반적인' 전쟁이든, 전쟁이라는 경기가 전투가 아닌 다른 교전 형태를 통해서 일어나는지 아니면 결정적인 하나의 전투 또는 많은 전투를 통해서 일어나는지를 결정할 필요가 없다. (제1차 세계대전에서는 615개의 전투가 있었고, 1936~1939년 스페인 내전에서는 100개의 전투, 1935~1936년 에티오피아 전쟁*에서는 8개의 전투, 1921~1925년 리프 전쟁**에서 0개의 전투가 있었다.[61]) 분쟁이 지속되는 동안 작동하는 다양한 국제 규약의 위상에 관련된 중요하고 어려운 질문들을 던질 필요도 없다.[62] 또 기관총, 탱크, 헬리콥터같이 무기 기술에서 일어난 새로운 혁명 때문에 전쟁 구조의 어떤 요소들이 바뀔 수 있는지 파악하지 않아도 된다. (소련의 군사 전략가 소콜로프스키의 말에 따르면, 핵무기는 전쟁 지속 기간을 극적으로 단축했을 뿐 아니라 전방과 후방이라는 전통적인 구분을 완전히 없앰으로써 전쟁의 공간적 배치를 근본적으로 변화시켰다. 또 핵무기는 군의 주요 임무 중 하나였던 거대한 병력 모으기를 없앰으로써 예전에는 전쟁의 보편적인 속성으로 여겨졌던 부분을 근본적으로 변화시켰다. 거대하게 집중된 병력이라는 것이 이제는 핵무기의 일부로 그 안에 이미 들어가 있기 때문이다.[63]) 그리고 전쟁의 어느 두 부분 사이에 존재하는 복잡한 관계를 판단하지 않아도 된다. 가령 최초의 선전포고 형식과 항복 형식 간의 관계라든지 항복 형식과 조약의 성격 간의 관계 등을 파악할 필요가 없다.[64] 지금 논의에서는 전쟁의 구조에 관한 단 하나의 사실, 즉 '전쟁은 경기이다'만을 기록할 것이며, 전쟁이 경기라는 사실은 부차적으로 따라붙는 형태 변화에 상관없이 근본적이며 변하지 않는다. 전쟁이 전투를 통해서 이루어지든 상해 입히기의 다른 장場을 통해서 이루어지든, 전쟁의 지속 기간이 몇 시간이든 몇 년이든, 사용되는 무기가 재래식 무기이든 핵무기이든, 전쟁이 참가국들의 영토에서 일어나든 중립 지역 영토·영해에서 일어나든 아니면 대기권 밖의 높은 곳에서 일어나든, 전쟁이 국제 규약과 협약을 지키며 진행되든 규약과 협약을 무시함으로써 전쟁이 이미 적극적으로 실행하고 있는 문명의 와해를 더욱 악화시키든, 여기서 서술하는 내용

---

\* 무솔리니의 확장 정책에 따라 이탈리아가 에티오피아를 침공해 일어난 전쟁.

\*\* 모로코 리프 지역의 베르베르족이 스페인 점령 세력에 대항해 벌인 전쟁. 프랑스가 스페인 측에 합세하면서 결국 리프 지역 부족들이 패배한다.

고통받는 몸

은 여전히 사실이다.

전쟁의 경기 구조를 인식하면 '전쟁은 경기이다'라는 문장에 요약된 몇몇 속성을 인식하게 된다. 전쟁은 경기이며, 이 경기에서 참가자들은 자신들을 두 편으로 나누고, 최종적으로는 한 편을 승자로 정하고 다른 한 편을 패자로 정할 수 있는 활동에 참여한다. 더 정확하게 말하자면 패자가 자신을 패자로 인식할 수 있게 해서 다른 한 편이 자동으로 자신을 승자로 인식하게 하는 활동에 참여한다. 전쟁 돌입에 동의하면서 참가자들은 이원성$^{duality}$의 구조 안으로 진입하며, 이 이원성은 자신을 말소해간다. 참가자들은 이원성 구조 안으로 진입하지만, 참가자 모두가 이 이원성을 임시적이며 견딜 수 없는 것으로 여긴다. 이 이원성은 이중성$^{doubleness}$을 극단적으로 고수함으로써 이원성 자신을 제거하고 단일성의 상태로 대체하는 수단을 제공한다. 어느 쟁점의 성격을 결정할 수 있는 한 편의 권리를 이 이원성이 마침내 합법화하기 때문이다. 여기서 전쟁이 경기로서 갖는 첫 번째 주요 속성은 개전開戰 순간에 발생하는, 다수의 상태에서 이항의 상태로의 전환이다. 두 번째 속성은 종전 순간에 발생하는, 이항의 상태에서 일항의 상태로의 전환이다. 일단 전쟁이 개시되면 전쟁 직전까지 있었던, 흩어져 있는 5억 명의 사람과 5억 개의 계획과 관심사는 더는 존재하지 않는다. 이 5억 개의 개별적인 정체성들이 갑자기 **두 개의** 분리된 정체성으로 뭉쳐서 러시아 사람과 미국 사람이 되기 때문이다. 국가 정체성의 숫자가 두 개 이상이거나 내전에서처럼$^{65}$ 두 개 미만인 경우라고 해도 전쟁 동안에는 두 개의 정체성이 된다. 1900~1901년 의화단 사건에서는 12개의 참전국이 있었고, 1902~1903년 베네수엘라 위기 때는 4개, 1904~1905년 러일 전쟁에서는 2개, 1906~1907년 중앙아메리카 전쟁에서는 4개, 1910~1920년 멕시코 혁명에서는 2개, 1911~1912년 이탈리아-튀르크 전쟁에서는 2개, 1912~1913년 제1차 발칸 전쟁에서는 5개, 제1차 세계대전에서는 38개, 1926~1936년 중국 국공 내전에서는 1개, 1916년 아일랜드 봉기에서는 2개, 1917~1920년 러시아 혁명에서는 6개였으며, 제2차 세계대전에서는 매해 증가해서 최대 57개의 참전국이 있었다.[66] 전쟁의 쟁점 또한 개전 시에는 다수일 수도 있고 하나일 수도 있다. 한 편에는 6개라든지 60개의 요구 사항이 있고 다른 편에는 2개의 요구 사항이 있을 수도 있으며, 이 2개의 요구 사항은 상대편과 겹칠 수도 있고 아닐 수도 있다. 아니면 양편이 공유하는 단 하나의 쟁점이 있을 수도 있다. 하지만 어떤 경우든 쟁점의 다수성이나 일항성은 전쟁 과정에서 두 개로 정리된다. 무엇을 두고 분쟁하게 될지는 각 편이 쟁점에 대해 갖는 권리이기 때문이다. 종전 시점까지는 이중성이 지배한다. 카를 슈미트[Carl Schmitt]는 '친구'와 '적'의 구분이 정치에서 근본적인 구분으로, 도덕철학에서의 선과 악 그리고 미학에서의 미와 추에 해당한다고 봤다.[67] 친구와 적의 구분은 전쟁에서는 절대적인 양극성으로 전환된다. 이 양극성은 '우리-그들'이라는 용어로 나타날 수도 있고, 아니면 좀 더 중립적인 이름의 쌍으로 나타날 수도 있다. 헨리 키신저가 "우리 편-너희 편이라는 문구"라고 칭한 전자의 용어는 '공격하는 측-방어하는 측' '침략자-방어자' 같은 익숙한 군사적 쌍에서 볼 수 있다. 전쟁 참가자들은 절대 자신을 침략자로 보지 않기 때문에 '우리-그들' '우리 편-너희 편' 용어를 사용한다. 좀 더 중립적인 후자의 용어로는, 붉은색-흰색 또는 파랑-회색, 냉전 시기의 동구권-서방, 미국·한국·베트남에서의 남-북, 남북 전쟁 당시 북부 연방-남부 연합, 제1차 세계대전에서의 연합국-동맹국 또는 제2차 세계대전에서의 연합국-추축국이라는 두 편으로의 연합이 있다. 전쟁을 지배하는 이중성은 나아가 친구-적으로 나뉜 우주에 살고 있는 모든 사람뿐 아니라 모든 사물과 모든 장소에도 적용되는 광범위한 세계관이 된다. 예를 들어 폴 퍼슬은 제1차 세계대전 당시 널리 퍼져 있던 이원적 범주들을 기록한다. 사람들은 가시적인 친구-비가시적인 적 또는 정상적인 사람들(우리)-기괴한 사람들(그들)로 나뉘었으며, 경관은 알려진 곳-알려지지 않은 곳 또는 안전한 곳-적대적인 곳으로 나뉘었다.[68] 이런 집요한 이원성은 전쟁이 끝날 때까지 지배적이고, 그래서 종전 시점에서야 다음과 같은 사실이 비

고통받는 몸

로소 분명해진다. 즉 강력한 이중성의 상태가 그동안 줄곧 이중성의 상태 자체를 제거하는 과정에 있었으며, 둘의 상태가 하나의 상태를 향해 나아가고 있었고, 똑같이 교전 중이라는 평등함이 이 평등함 자체를 평화로운 불평등으로 변환하고 있었다는 것이다. 이 평화로운 불평등에는 한편을 '승자'로 정하는 일이 수반된다.

지금까지 설명한 두 가지 사실인 '전쟁의 핵심 활동은 상해 입히기이다'와 '전쟁은 형식 구조에 있어 경기이다'가 일단 전제되면, 다음 질문을 통해 전쟁의 본성을 가늠해볼 수 있다. 즉 무엇이 전쟁을 다른 경기와 다르게 하는가? 어떤 경기이든 참가자들은[69] 특정 활동 X를 수행하며, 또한 다른 이들보다 '더 잘 X해야만out-X' 한다. 다시 말해 참가자들은 다른 이들보다 더 잘 헤엄치고, 더 잘 논쟁하고, 빵을 더 잘 굽고, 철자를 더 잘 맞추고, 사고를 더 잘해야 한다. 여기서 재능 경연 대회처럼 참가자들이 언제나 서로 같은 활동을 수행하지는 않는다고 말할 수도 있을 것이다. 누구는 노래하고 누구는 춤추고 누구는 독백극을 하기 때문이다. 하지만 이 모든 활동을 재능 과시라는 똑같은 X로 이해해서 각 참가자가 다른 참가자들보다 더 잘 재능을 과시하고 더 많은 재능이 있어야 하는 것으로 볼 수도 있다. 전쟁에서 공통적인 활동 'X'는 상해 입히기이다. 참가자들은 상대방보다 더 많이 상해를 입히기out-injure 위해 노력해야 한다. 양편 모두 상해를 가하지만 상해를 더 빠르고 크게 입히는 편이 승자가 된다. 혹은 반대로 표현하자면, 더 크게 상해를 입거나 자신이 더 크게 상해를 입었다고 믿는 편이 패자가 된다. '자기 스스로 믿는다'는 중요한 조건인데, 견딜 수 있는 피해와 견딜 수 없는 피해 사이의 경계선에 해당하는 상해 정도는 나라마다 다를 것이기 때문이다. 전쟁에서는 때로 절대적인 기준으로 볼 때 상해를 덜 입은 쪽이 더 큰 상해를 입은 상대편보다 더 먼저 나름의 상해 한계선에 도달하는 일이 일어나곤 한다. 이는 후자의 승리를 의미한다. 클라우제비츠가 짚었듯 전쟁 참가자 모두에게는 상대편이 요구하는 영토적·

이데올로기적 희생보다도 더 참을 수 없는 피해의 강도와 규모가 존재한다.[70] 각 편은 육체적 손상은 수용할 수 있지만 이데올로기적 또는 영토적 희생은 수용할 수 없다고 인식하면서 전쟁을 시작한다. 전쟁을 진행하면서 각 편은 상대편에게 근본적인 지각적 전도를 일으키고자 한다. 육체적 손상은 수용할 수 없는 것으로 바꾸는 한편 이데올로기적 또는 영토적 희생은 수용할 수 있는 것으로 바꾸려고 노력하는 것이다. 따라서 '상대편보다 더 많이 상해 입히기' 혹은 '각 편은 상대편보다 더 많이 상해를 입히기 위해 노력한다'라는 표현은 더 정확하게 말하자면 다음과 같은 문장이 된다. '각 편은 자신이 견딜 수 없는 상해 한계에 도달하기 전에 상대편이 그 나름의 상해 한계에 먼저 도달하게 만들기 위해서 노력한다.' 이 사실을 이해해야만 지금 논의를 수많은 실제 전쟁에 적용할 수 있다.

물론 전쟁에는 무기 제조, 연료 채굴, 식량 조달, 부상자 간호 등 많고 많은 다른 기량도 필요하다. 하지만 전쟁 결과에 얼마나 기여하느냐와는 상관없이 이런 기량 중 어느 것도 전쟁이라는 경기의 근간은 아니다. 상해 입히기처럼 승자와 패자를 결정하는 방법이 될 수는 없다는 뜻이다. 전쟁 승자와 패자를 결정하는 방법이 작물 재배 능력이라고 한다면, 연합국과 추축국이 작물 재배 기간으로 한 번의 봄과 여름이라든지 일곱 번의 봄과 여름을 할당한 다음 더 많은 누적 수확량을 내는 쪽이 승자가 되고, 지켜보던 국제사회 앞에 어떤 쟁점이 어떻게 되어야 하는지를 정할 수 있는 권리를 그 승자가 가지면 된다. 결정 방법이 의료라면, 경쟁하는 양측의 의료 체계를 비교할 방법을 고안할 수 있을 것이며, 이런 방법에는 자연 발생적 질병이나 평화 시 발생하는 상해의 치료만이 포함될 뿐 의술을 과시하기 위해 대학살을 실행하는 일은 필요하지 않을 것이다. 결정 방법이 전략이라면 양측은 전쟁 계획을 제출하기만 하면 된다. 계획을 실행할 필요는 없이 그저 더 훌륭한 책략과 더 뛰어난 판단을 골라서 승자를 정할 수 있다. 많은 수확량, 문턱이 낮으면서도 효율적인 의료 체계, 교묘한 동시에 강력한 전략은 상대편보다 더 큰 상해를 입히는 자기편의 능력에 기여하기 때문에 전쟁에 기여한다. 다시 말해 더 많이 상해 입히기는 부분적으로는 참가자들이 건강하고 다치지 않고 영양 섭취를 충분히 하고 최대한 의학의 치료를 받음으로써 성취된다. 하지만 본질적이고도 결정적인 행위는 상해 입히기 활동이며, 더 많이 상해를 입는 쪽은 아마 당연히도 더 적은 수확량과 이론적으로 덜 훌륭한 전략을 가진 쪽이 될 것이다. 앞에서 짚었듯 전쟁의 외부 쟁점이라는 측면에서 전쟁이라는 경기의 결정적 활동을 설명하는 입장은 매력적이긴 하지만 완전히 틀렸다. 전쟁 참가자들은 상대편보다 더 많이 해방하기를 하고 있는 것이 아니며, 해방 행위를 상대편보다 더 낫게 수행하기를 하고 있는 것도 아니고, 한 토막의 영토에 대해 자기편이 갖는 역사적 권리의 정당성을 서로에게 더 잘 증명하기를 하고 있는 것도 아니다. 전쟁 내부에 있지만 핵심적이지는 않은 활동의 측면에서 전쟁의 결정적 활동을 설명하는 입장도 마찬가지로 매력적이긴 하지만 틀렸다. 전쟁 참가자들은 기본적으로 석탄 채취에서 상대편을 능가하고자 하는 것이 아니며, (더 많은 무장해제가 더 많은 상해 입히기와 같은 뜻일 때를 제외하고는) 상대편보다 더 많이 무장해제시키기를 하고 있는 것도 아니고, 상대편보다 신을 더 잘 믿기를 하고 있는 것도 아니고, 남겨두고 온 가족을 생각하면서 상대편보다 더 많이 사랑하기를 하고 있는 것도 아니다. 이 모든 행위와 속성은 분명 존재할 수도 있고, 어쩌면 참가자들에게 더 잘 부상을 가하고 더 잘 부상을 참는 능력을 줄 수도 있겠지만 말이다. 그렇다면 역시 전쟁에서 핵심적인 것은 상해 입히기의 깊이, 규모, 강도, 속도이며, 더 많이 상해 입히기라는 위업을 달성하는 측이 승자로 결정된다.

전쟁을 다른 형태의 경기와 차별화하는 지점이 아직 나오지 않았다는 점에 주목해야 한다. 상해 입히기는 승자와 패자를 정할 수 있게 했지만, 다른 경기의 기반이 되는 **모든** 행위와 속성도 승자·패자 결정을 할 수 있게 한다. 송아지를 묶는 활동은 송아지 묶기 대회에서 승자와 패자를 정하고, 환상적인 건물의 설계는 건축 경진 대회에서 승자와 패자를 가르며,

농구에서 골의 숫자는 게임의 승자와 패자를 결정한다. 전쟁의 유일한 기능이 승자와 패자를 결정하는 수단을 제공하는 것이라면, 이 결정 작업은 송아지 묶기, 아름다운 건물 구상, 공을 던져 공중에 달린 바구니 속으로 집어넣는 일을 함으로써 쉽게 달성될 수 있다.

우리는 승자·패자 결정이라는 기능 이외에 '더 많이 상해 입히기'가 수행하는 **두 번째** 기능을 밝혀야 하며, 그럼으로써 전쟁을 기타 모든 경기와 다르게 만드는 무언가가 존재하느냐라는 질문에 답해야 한다. 다른 경기들의 기반이 되는 행위·속성과 상해 입히기를 차별화하는 무언가가 존재하느냐는 질문이다. 두 가지 가능성 중 하나는 사실이다. 아무것도 없거나 무언가가 있거나. 만일 아무것도 없다면 다른 유형의 경기가 전쟁의 기능을 전쟁만큼이나 잘, 그리고 훨씬 덜 고통스럽게 수행할 수 있다. 물론 그러려면 과거의 모든 전쟁을 다른 경기로 대체할 수도 있었다는 가슴 아픈 깨달음이 필요할 것이고, 미래에 있을 전쟁을 다른 경기로 대체할 수 있다는 각성이 수반돼야 할 것이다. 반대로 만일 무언가가 존재한다면 다시 아래 둘 중 하나가 옳다. 첫째, 우리는 과거의 전쟁이든 미래의 전쟁이든 전쟁이 필요하며, 전쟁이 하는 작업에 상당하는 일을 다른 형태의 활동은 수행하지 않고 수행할 수도 없다고 결론 내려야 할지도 모른다. 둘째, 아니면 전쟁을 차별화하는 그 '무언가'를 파악하고 명료하게 밝힐 수 있을지도 모른다. 그러면 우리는 처음에는 존재하지 않는 듯 보이거나 존재하지 않았던, 전쟁에 상당하는 활동을 찾거나 개발할 수 있을 것이다. 그렇다면 '무엇이 여타 경기의 기반이 되는 행위와 상해 입히기를 다르게 만드는가'라는 질문은 쉽게 대답할 수 없지만, 쉽게 덮어둘 수 있는 문제도 아니다.

고통받는 몸

# III. 무엇이 여타 경기의 기반이 되는
## 행위·속성과 상해 입히기를 다르게 만드는가

위 질문에 대한 답을 특히나 더 복잡하게 만드는 단순한 요소가 있다. 평화 시 경기에 참가하는 사람의 수는 대체로 작지만, 전쟁에는 거대한 숫자의 사람이 참가한다는 것이다.[71] 위 질문에 대한 답에서 가장 널리 퍼져 있는 오류는 사실 전투원 한 명의 이미지를 전쟁의 개념적 모델로 취하는 데서 나온다. 전쟁의 결정적인 활동을 상해 입히기로 상상하기는 하지만, 엄청나게 많은 숫자의 사람에서 두 명으로 상해 입히기의 규모를 축소하는 데서 오류가 생긴다는 것이다. 이 모델이 어떻게 부적절한지는 이후에 분명해질 것이므로, 여기서는 여타 경기들의 작은 규모에 전쟁을 끼워 맞추는 데서 오는 문제를 논하기보다는 반대 방향으로 움직여보려 한다. 즉 증대된 규모의 상해 입히기에 기반을 두는 것이 아니라 다른 활동에 기반을 두는 일반적 형태의 경기를 통상적인 전쟁 참가자 규모와 비슷해질 때까지 확대해서 상상해보겠다.

숫자 차이는 승자와 패자를 결정하는 다른 수단과 전쟁 간의 중요한 차이이기는 하지만, 그 자체로 결정적인 차별화 요소는 아니다. 따라서 숫자 차이가 다른 요소와 결합한다면 전쟁을 대체할 수 있을지도 모르지만, 숫자 차이만으로는 전쟁을 대체하는 다른 경로가 나오지 않는다. 설명하자면 이렇다. 비교적 평화적인 어떤 활동에 기반을 두는 경기를 상상해볼 수 있다. 이 활동은 갈등 중인 양편의 인구 집단에 할당되고, 양쪽 각 문명의 모든 구성원은 거대하게 확대된 체스 경기라든지 테니스 경기에 편성된다. 구성원 전부가 아니라 상당수, 이를테면 18세부터 35세 사이의 모든 젊은 층 성인들만 참여할 수도 있다. 이런 대전에는 1,000일, 또는 2,000일, 3,000일이 걸릴 것이고, 그 기간에 승리와 패배 기록은 축적된 성공과 실패 기록에 계속 추가된다. 이 성공과 실패 기록은 빈번히 선언되기는 하지만 두 집단 구성원들이 모두 경기 과정에 언제나 상상의 차원에서 참여하고 있을 수 있도록 3일, 10일, 30일 등 다소 불규칙한 간격으로 공표된다. 체스라든지 테니스 같은 분야의 기량이 한 국가 안에서 상상을 초월할 정도로 동일하다면, 다시 말해 전쟁에서 국민에게 요구되는 협소하고도 균일한 일단의 기량보다도 더 극단적으로 동일하다면, {그래서 경기 결과를 쉽게 예상할 수 있다면} 그 대신 다른 여러 경기를 치를 수도 있을 것이다. 징집된 모든 시민이 기계 발명, 자수, 권투, 노래, 달리기, 수영, 스키, 체스, 춤 등등[72] 경쟁 영역을 선택하도록 하고, 각자가 선택한 활동을 적국의 상대방이 선택한 활동과 적절히 조정하면 된다. 이 조직화 작업은 아마 전쟁에 필요한 조직화 작업보다 그리 크지 않을 것이며, 이렇게 특수하게 조직화하는 과정을 통해 인구 전체의 참여 수준을 더 높게 만든다는 점에서 사실 이득이 된다. 징집되지 않은 시민들의 에너지는 대부분 지원 활동으로 흡수된다. 이들은 경기 참가자들의 수송과 호위를 맡거나, 참가자들이 경기를 준비하고 경기에 참여하고 경기 후 체력을 회복하는 집중 기간 동안 참가자들의 직업을 대신할 수도 있다. 참가 규모의 거대함은 결정적이다. 징집된 사람과 징집되지 않은 사람의 수도 거대해야 하지만, 끝없이 계속되는 매일의 고된 과정에 쏟아야 하는 정신적 관심의 정도와 깊이도 거대해야 한다. 중요한 것은 개인들의 의식이라기보다는 국민 의식으로, 국민 의식은 경기가 진행되는 과정에서 반드시 변해야 한다. 참가자들의 경우에는 확실하게 변해야 하고, 비참가자들까지 포함하는 인구 집단 전체의 측면에서는 상당한 정도로 변해야 한다. 여기서 국민 의식은 다른 사람들에게 활동을 대리시키거나, 올림픽 게임에서처럼 적은 수의 참가자들의 운명만을 뒤바꿔서는 변화될 수 없다.

전쟁 과정에서 적어도 한 측은 지각적 전도를 겪어야만 한다. 폴 케츠케메티는 이 전도를 '정치적 재교육political reorientation'이라고 부른다.[73] 국가 정체성에 필수적이고 본질적으로 보이는 자기-이해의 요소, 주장, 쟁점이 전에 있었다고 해도, 이런 지각적 전도가 일어난 후에는 그 요소, 주장, 쟁점이 사라지거나 변화해도 국가 정체성이 지워지거나 와해되거나

고통받는 몸

돌이킬 수 없을 정도로 손상되는 것처럼 보이지 않는다. 위에서 상상해본, 전쟁을 대체하는 경기는 사람들의 몸이나 도시, 빌딩, 다리, 공장, 가옥, 개인성의 물질적 기호와 연장延長에 손상을 가하지 않으며, 바로 이 점에서 전쟁과 다르다. 전쟁에는 불가결했던 세계 해체가 이 상상의 경기에서는 중립적 활동으로 대체되었다고 할 수도 있을 것이다. 여기서 중립적 활동이란 국가의 에너지를 경기에 집중함으로써 추가적인 세계-짓기 기획을 막거나 최소한 지체시키지만, 지금껏 문명이 상상하고 현실로 이루어낸 것을 적극적으로 분쇄하지는 않는 활동을 말한다. 하지만 전쟁이 하는 일을 다른 상상된 경기도 완수하려면 세계 해체는 여전히 어느 한 장소, 즉 인간 의식의 내부에서는 일어나고 있어야 한다. 국가의 자기-서술 중 어떤 측면들은 전에는 반드시 존재해야 하는 것으로 보였지만, 이제는 국가의 와해를 일으키지는 않으면서도 국가와 상관없는 것이 되어야 하기 때문이다. 전쟁은 사람, 물질문화, 그리고 내부 문화인 의식의 요소들을 분쇄한다. 평화적인 경기에서 앞의 두 개는 손상되지 않고 온전히 남는다고 하더라도 세 번째인 의식의 요소들은 분쇄되어야 한다. 패배한 국가는 과거의 일부를 지우고 자신을 다시 상상하기 시작해야 한다. 자신을 온전한 실체로서 다시 믿고 다시 이해하고 다시 경험하기 시작해야 한다. 단 이 온전한 실체는 전에 보유했던 영토적 또는 이데올로기적 속성들의 일부를 더는 갖고 있지 않은 실체이다. 이 속성들에는 나라 이름이나 정부 형태가 포함되기도 한다. 위에서 상상해본 경기의 존재 이유는 두 편 중 어느 쪽이 자기 속성을 상실하게 될지를 결정하는 것이었다. 따라서 양측 국민이 경기에 대규모로 깊숙이 참여하지 않는다면, 이런 경기는 전쟁을 대체하기는커녕 전쟁이라는 경기의 복제를 시작하지도 못한다.

하지만 전쟁을 대체하는 경기가 전쟁을 복제하기 **시작**한다고 해도 전쟁의 **끝**을 복제하지는 못한다. 전쟁은 그 종결의 본성이라는 측면에서 경기 중에서도 특별하기 때문이다. 상해 입히기라는 활동을 통해 만들어내는 결과가 영토 문제를 결정할 권리처럼 완전히 다른 어휘로 번역될 수 있다는 점에서 전쟁은 특별하다. 양국은 국제 체스 대회라든지 테니스 대회, 또는 매우 다양한 활동에 기반을 두는 시합을 벌이는 데 일단 동의할 수 있다. 하지만 패배가 최종적으로 명백해지는 순간 누가 어느 섬들에 대해 더 많은 권리를 갖는지, 패배한 국가를 통치할 정부 형태의 결정 권리를 누가 갖는지가 경기 결과에 따라 결정되도록 패자가 순순히 허용하는 경우는 상상하기 어렵다. 시합 참가국들은 갑자기 마음을 바꾸어 결과에 따르길 거부할 수 있다. 심리학적으로 더 현실적인 상황은 아마 다음과 같을 것이다. 한창 시합을 벌이다가 가령 '노래하기'를 경기의 합리적 기반으로 삼는 것이 정당하냐며 의문을 제기할 수도 있고, 상대편이 선수들에게 금지된 호르몬제를 줬다거나 썰매의 금속 날을 미리 따뜻하게 해서 썰매가 빨리 가게 만들었다고 비난할 수도 있으며, 상대편 국가에서 자라는 나무 또는 상대편 국가에 나무를 공급하는 제3국의 나무로 더 좋은 바이올린을 만들 수 있으며 그래서 두 국가 사람들의 바이올린 연주 실력을 비교하는 일이 불가능하다고 생각하게 될 수도 있고, 또 상대편 국가의 우수한 컴퓨터 기술 때문에 체스 게임에서 유리한 것이 아닐까 의심할 수도 있다. 결과에 순응하길 거부하는 일이 어떤 모습으로 나타나든, 경기의 속성 자체가 이제 경기를 통해 해결하고자 했던 바로 그 갈등의 요소이자 쟁점이 된다. 경기의 속성 자체가 두 국가가 전쟁을 벌이도록 만들었던 쟁점들 사이에 다시 포함될 수도 있다는 것이다.[74] 이와는 달리 전쟁에서의 승자와 패자 지정은 수용되어서 외부 쟁점들의 성격을 결정한다.

경기 활동의 내적 성격과 외부 쟁점의 내적 성격이 서로 전혀 무관하다는 점은 여기서 중요하지 않다. 어느 국가 국민이 '수영 경기 우승자'라는 타이틀을 얻는 것과 '국제 유정油井 임대 문제를 마음대로 정할 수 있는 권리'를 가지는 것 사이에는 본질적으로 분명 아무 관련이 없으며, '최고의 상해 가해자'라는 이름을 얻는 것과 국제 유정 임대 문제 같은 쟁점을 결정할 수 있는 권리를 얻는 것 사이에도 마찬가지로 아무런 내적 관련이 없다. 상해 가하기 행위 자체는 이런 쟁점들을 해결하는 데 있어서 승자·

패자 결정의 기반이 되는 다른 행위, 사건, 재능보다 더 적합하다고 할 수 없고, 따라서 덜 바람직하다. 오직 쟁점이 군사력인 경우에만 상해 입히기는 본질적으로 적합한 것이 된다. 이 '적합함'은 오해를 낳을 수도 있고 동어반복적이기도 한데, 물리적 능력이 쟁점이 되는 그 지점에서 이미 상해 입히기의 영역으로 들어간 것이기 때문이다. 어쩌면 갈등 중인 두 국가는 자신의 국가 개념에 통합적이면서도 상대편과 경쟁할 수 있는 활동이나 속성을 찾아낼 수 있을지도 모르고, 그랬을 때 이런 속성은 경기 내용과 외부 쟁점 내용 간에 내적 관계가 있다고 시사하는 듯 보일 수 있다. 미국과 소련의 분쟁에서 경쟁의 기반을 '양측 국민의 개인화 정도 비교 분석'에 두는 일은 수용되기 어려울 것이다. '개인화'라는 속성은 한쪽의 기본 정치철학과 더 잘 조화를 이루기 때문이다. 반면 민주주의와 사회주의라는 정부 형태는 둘 다 식량 공급과 분배를 극히 중요하게 여기며 자신들의 분배 방식이 도덕적으로 더 우월하다고 여긴다. 그러므로 앞에서 상상해본 수확량에 기반을 두는 경기가 타당하게 보일지도 모른다. 승자·패자를 정하고, 특정 쟁점을 뜻대로 할 수 있는 더 큰 권한을 어느 정부가 가질지 정하는 타당한 방식으로 보일 수 있다는 것이다. 또 다른 예를 들 수도 있다. 《연방주의자 논집The Federalist Papers》*과 마르크스의 저작이 각각 다른 방식으로 묻는 질문이 있으며, 양국의 국가 설립 구상에는 이 질문에 답이 되는 정치 구조를 창조하고자 하는 욕망이 담겨 있다. 이 질문은 바로 '어떤 종류의 정치 구조가 고귀하고도 관대한 국민을 만들어내는가'이다. 그리하여 양국은 고귀함과 관대함이라는 국민의 특성을 판단하는 시합 형태에 동의할 수도 있을 것이다. 이를테면 의료 체계의 비교라든지 폭력 범죄 수준의 비교(아마 고귀하고도 관대한 사람들은 범죄를 저지르지 않을 것이므로), 또는 부를 분배하고 공유하는 방식의 비교 등등이 시합 형태가 될 수

---

\* 알렉산더 해밀턴, 제임스 매디슨, 존 제이가 작성해 1787~1788년에 발표한 85편의 논설. 미국 헌법의 근거를 상세히 서술했으며 헌법안에서 제안한 연방제와 정부 구조를 해설했다. 미 헌법 해석에서 핵심 자료이다.

있다.

여기서 세 가지 방식의 다른 독해가 있을 수 있다. 첫 번째로, 정부 형태의 우수성을 비교하는 위와 같은 경기에서 승자 타이틀을 얻는 것과 승리한 국가가 획득하는 쟁점 결정 권한 사이에 본질적인 연관성이 있다고 주장할 수 있다. 가령 경기 결과에 따라 제3의 신생국이 민주주의와 사회주의 중 어느 정부 형태를 취할 것인가와 같은 쟁점이 그렇다. 정부 형태 문제가 쟁점이며 갈등의 원인일 때, 두 가지 정부 형태 중 식량 공급이나 관대함의 함양에 있어 더 효과적인 것으로 드러난 쪽이 그 제3국의 정부 형태가 되는 결과는 적절해 보이기도 한다. 두 번째로, 위와 같은 경기는 외부 쟁점과 양립할 수 없다는 주장이 있을 수 있다. 식량 재배라든지 의료처럼 관대하거나 평화적인 속성을 취한 다음 그 속성을 상대국 국민이 갖는 지위의 합법성을 부인하는 근거로 사용한다면, 여기에는 사실상 내적 모순이 있다는 것이다. 또 특정 영토를 승자가 차지한다면 더 큰 경제적 안녕과 부를 얻게 될 텐데, 이런 영토 쟁점을 풍부한 식량 공급이라는 경기로 결정한다는 것은 모순이며 차라리 영토라는 외부 쟁점과는 아무 상관이 없는 수영 경주로 결정하는 것이 덜 모순된다고 말할 수도 있다. 세 번째로는 다음과 같이 주장할 수 있다. 식량 공급과 의료처럼 관대하거나 평화적인 속성은 국제사회에서 공유하는 국가 개념에 필수적이고 따라서 갈등의 대상이 된 쟁점과 내적으로 연관되어 있지만, '상해 입히기'보다 더 많이 연관되어 있는 것은 아니다. 상해를 입힐 수 있는 능력, 더 일반적으로 표현하자면 군대의 존재도 국제사회에서 공유하는 '주권'과 '국가' 개념에서 필수적이기 때문이다. 하지만 지금까지 설명한 세 입장 중 어느 것이 가장 정확하다고 여겨지는지는 결국 중요하지 않다. 어느 경우이든 참가자들이 위 경기의 결과에 순응하는 정도는 앞에서 살펴본 경주 등 완전히 임의적인 활동에 기초한 경기의 결과에 순응하는 정도와 다르지 않을 것이기 때문이다. 관대하고 평화적인 속성에 기반을 두는 경기도, 전쟁을 통해 최종적으로 해결할 쟁점의 숫자를 늘림으로써 갈등

고통받는 몸

을 복잡하게 만들 뿐이다. '식량 공급을 가장 잘하는 나라'를 한 가지 작물의 양으로 정할 것인가 아니면 음식의 가짓수와 다양함으로 정할 것인가? 양 자체가 중요한가 아니면 영양학적 우수함이 중요한가, 그리고 그걸 어떻게 측정할 것인가? 가장 정당하거나 효율적이거나 풍부한 분배 형태란, 인구 집단의 일부에 과잉 분배가 존재하고 점점 더 많은 계층 사람들이 이 '과잉 부문'으로 진입해가는 비율에서 나타나는 것인가, 아니면 전인구 집단에 고르게 또 거의 보이지 않게 퍼져 있으며 지속적으로 커지는 소규모의 공급 증가분에서 나타나는 것인가? 의료 기술은 치료 가능한 특이 질병의 숫자에서 볼 수 있는 것인가, 아니면 최소한의 건강관리가 보장된 국민의 비율에서 볼 수 있는 것인가? 앞에서 언급한 경기들과 마찬가지로 이 새로운 경기들은 갈등 당사국 중 '선택하는' 수단을 제공하기보다는 오히려 더 많은 갈등의 소재를 제공할 가능성이 높다. 그렇다고 했을 때 경기 활동과 외부 쟁점 사이의 내적 관련성은 꼭 장점만은 아니다. 오히려 상해 입히기나 수영 같은 경기가 더 큰 장점을 가진다는 주장도 나올 수 있다. 상해 입히기나 수영 같은 경기는 핵심 활동이 외부 쟁점과 전혀 관련이 없으며, 따라서 끝없이 자기-증폭하는 갈등의 복잡함에서 떨어져 있는 해결 방식을 제공하고, 완전히 임의적이지만 (상해 입히기의 경우) 당사자들이 동의하는 승자 선택 절차를 제시해준다는 것이다.

상해 입히기의 이점은 종전 시점에야 나타난다. 지금 논의의 핵심 질문인 '전쟁을 여타 경기와 다르게 하는 것은 무엇인가'에 대한 답은, 전쟁에서는 양측이 승자·패자 결정을 이후에도 계속 지속되는 결정으로 수용하며 그럼으로써 승자가 자신의 쟁점을 실행할 수 있다는 것이다. '승리'의 순간, 즉 평등과 이원성의 상태가 돌연 불평등과 단일성의 상태가 되는 순간이 얼마나 오래 지속되든, 이 순간이 하루 만에 일어났다고 여겨지든 한 시간, 아니면 1분만에 일어났다고 여겨지든, 전쟁 결과는 '종전'이라는 짧은 전환의 순간 이후에도 오래 지속된다. 종전이라는 시간 경계를 넘어서 전후의 쟁점 처리를 통해 영구적으로 대상화되고 기념되는 것이다.

하지만 이런 설명은 위의 질문을 또 다른 질문으로 대체했을 뿐이거나 원 질문을 살짝만 바꿔서 다시 내놓았을 뿐이다. 원래 질문이 조금 바뀌어서 '상해 입히기의 본성 중 무엇이 상해 입히기가 만들어내는 결과를 지속시키는가'라는 질문이 되었을 뿐이라는 뜻이다. 일반적인 평화 시의 경기에서 '상賞'[75]이라고 불리는 것에 '쟁점들'이 구조적으로 상응한다고 보는 입장도 마찬가지이다. 조금 다른 용어를 사용해서 결국은 똑같은 질문을 되풀이할 뿐이다. 이 경우에는 질문이 다음과 같아질 것이다. '식량 재배, 테니스, 의료, 예술적 디자인을 겨루는 경기에서 패자는 거의 분명히 승자가 상을 차지하도록 내버려두지 않을 것이다. 이와는 달리 왜 상해 입히기에 기반을 두는 국제 경기에서 패자는 승자가 상을 갖도록 허용하는가.' 상해 입히기가 아닌 다른 수단으로 패배한다면, 패자는 자기-신념 체계를 이루는 요소들을 부인하는 데 동의하기보다는 아마 경기 자체를 부인할 것이다. 새로운 용어나 새로운 비유를 사용한 문구는 모두 똑같은 문제를 다시 가져올 뿐이다. '이기는 쪽이 쟁점을 결정할 수 있는 권리를 얻는다'라는 문장에서 첫 단어 '이긴다'와 마지막 단어 '얻는다' 사이에 발생하는 전환을 어떻게 설명할 수 있는가? 이 '이긴다, 얻는다' 구문을 설명해주는 것은 무엇인가? 무엇이 상해 입히기가 지닌 힘을 상해 활동이 종료된 이후에도 살아남을 수 있게 만드는가? 앞부분의 분석에서 나왔던 표현들로 돌아가보자면, 무엇이 상해를 입어 벌어진 몸들을 자유 같은 언어화된 쟁점으로 번역되도록 만드는가? 상해라는 길은 어떻게 자유라는 마을에 도달하는가, 혹은 상해라는 중간 산물은 어떻게 자유라는 최종 산물로 전환되는가?

    답은 기본적으로 하나뿐이다. (클라우제비츠의 논의는 이 답을 명료하게 설명한다. 반면 여타 많은 역사적·정치적 전쟁 서술은 이 답을 설명 없이 사실로 가정한다.[76]) 바로 군사적 경기가 다른 경기와 다른 점은 경기 결과에 결과 자체를 집행하는 능력이 있다는 것이다. 승자는 자신의 쟁점을 실행할 수 있다. 패자에게는 이제 전투를 재개할 능력이 없기 때문이며, 쟁점을 두

고통받는 몸

고 겨루거나 경기의 성격, 경기 결과, 경기 결과가 가져오는 정치적 결과를 두고 겨룰 수 없기 때문이다. 경기의 기반 활동인 상해 입히기는 승자와 패자를 지정해서 경기 활동 자체를 중지시키며, 이 점은 다른 경기에서도 대개 마찬가지이다. 하지만 이에 더해 상해 입히기는 다른 경기와는 달리 양 참가자 중 한쪽이 경기 활동을 다시 한 번 수행할 능력을 더는 갖고 있지 않도록 만든다. 이 같은 설명이 참이라면 전쟁은 분명 불가피할 텐데, 전쟁의 대체물 또는 상응물이 없을 것이기 때문이다. 전쟁의 대체물이 존재하려면, 경기의 기반이 되는 활동을 수행할 능력을 없애고 나아가 어떤 방법으로든 겨룰 수 있는 다른 모든 능력을 없애는 또 다른 경기가 있어야 한다. 이를테면 노래 대회의 패자가 시합을 치른 결과 더는 노래할 수 없게 되어서, 노래를 한 번 더 부를 기회를 요구할 수 없게 만들어야 한다는 것이다.[77] 이런 경기는 체스 경기에서 패배한 선수의 공간적 상상력이 영구히 망가지는 것과도 같다. 아니면 자수 놓기 대회 참가자가 손가락 끝의 작은 근육을 미세하게 움직일 수 있는 능력이나 섬세한 색깔을 시각적으로 활용할 수 있는 능력을 영원히 잃어버리는 것과도 같다. 또 경연 대회에서 무대를 가로지르며 춤추던 무용수가 마지막 지점에 발을 내디딘 순간 패배에 이르렀을 뿐 아니라 다시는 걸을 수 없게 되는 것과도 같다. 물론 노래 대회, 체스 시합, 자수 대회, 무용 경연의 경우 위 설명은 사실이 아니다. 하지만 지금 논의에서 말하려는 것은 전쟁에서도 마찬가지로 위 설명이 사실이 아닐 수 있다는 것이다.

전쟁 결과가 집행 능력을 지닌다는 견해는 전략의 공식적 언어뿐 아니라 전쟁을 서술하는 일상적인 언어 안에도 스며 있어서 우리의 전쟁 이해를 크게 제약한다. 패자에게서 보복 능력을 완전히 박탈한 전쟁이 역사에 분명 기록되어 있긴 하다. 인구 전체를 절멸하거나 노예로 삼곤 한 고대 그리스나, 주민이 매우 듬성듬성 분포한 까닭에 전투 이후 새로운 군대를 편성할 수 없었던(따라서 그 전투가 결정적인 전투가 되었던) 중세 북유럽이 그랬다.[78] 하지만 이 같은 기록은 예외적이다. 전쟁의 현상학을 제시한 뛰어난 저작에서 클라우제비츠도 전쟁의 집행 능력이라는 조건이 전쟁의 본질적 특성이라고 말한다. 그러나 곧이어 곤혹스러울 정도로 많은 숫자의 사례에 이 본질적 특성이 부재함을 발견한다. 예를 들어 《전쟁론》 1권 2장에서 클라우제비츠는 쓴다.

> **적을 무장해제시킨다**는 목적은 **이론상의 전쟁** 목표이자 전쟁의 정치적 목적을 달성하기 위한 최종 수단으로, 나머지 모든 수단을 자기 일부로 병합해야 한다. 하지만 사실 이 목적이 현실에서 언제나 나타나는 것은 아니며, 평화의 조건으로서 완벽히 달성되어야 하는 것도 아니다. 전쟁 이론은 절대로 위 목적을 법칙의 수준에 올려놓아서는 안 된다. 참전국 중 한쪽이 무력해졌다고 할 수 있기 전에, 심지어 힘의 균형에 중대한 변화가 나타나기도 전에 조약이 체결된 경우는 많다. 더욱이 실제 사례를 검토해보면 **적을 패배시킨다**는 관념 자체가 비현실적으로 보인 전쟁들이 많아서 새로운 범주 하나가 나올 정도이다. 적국이 훨씬 더 강한 전력을 보유했던 전쟁들이 그러하다. …… 순수한 이론이 가정하는 대로 전쟁이 나타난다면, 뚜렷하게 차이가 나는 전력을 가진 국가 간의 전쟁은 부조리할 것이며 따라서 가능하지도 않을 것이다. 최선의 경우라고 해도 물리적 열세는 정신적 요소가 보상해주는 정도로는 극복될 수 없는 데다가, 오늘날 유럽의 사회 조건을 보건대 정신적 전력은 크게 도움이 되지 않는다. 현실에서 전쟁은 **매우 불균등한 전력**을 보유한 상대 간에 벌어져왔다. **이론이 가정하는 순수한 개념에서 실제의 전쟁은 자주 제거된다.**[79]

패전국이 무력해지기 전에 끝나는 전쟁, 힘의 균형에 중대한 변화가 나타나기도 전에 끝나는 전쟁, 분명히 더 강력한 적에 맞서 시작되는 전쟁, 극적인 전력 차이를 보이는 상대 간의 전쟁 등 이 문제적인 전쟁이라는 범주에 더해, 클라우제비츠는 긴 분석을 해가면서 '이상적' 전쟁 주장을 더욱 훼손하는 설명을 추가한다. 예를 들자면 이렇다. 교전에서 한편이 후퇴하기까지, 이기는 측과 지는 측의 사상자 수는 거의 차이가 나지 않을 수도 있고 때로는 이기는 측의 사상자 수가 더 클 수도 있다.[80] 마침내 패자 측 군대에 실제로 절대적인 패배가 있을 때라도 이 패배를 시간 밖으로 꺼내놓고 봤을 때만 절대적인 것이지, 아마 패배한 측은 이 절대적인 패배를 병력이 돌아오고 회복될 때까지의 '일시적인 재난'으로 인식할 것이며 나름대로는 정확한 인식일 것이다.[81] 이런 구절에서 클라우제비츠는 공공연히 곤혹스러워한다. 이상에 도달하지 못하는 실제의 문제라고 반복해서 서술하긴 하지만,[82] 어쩌면 클라우제비츠는 '이상'과 '실제'가 사실 '잘못된 설명'과 '옳은 설명'일 수도 있음을 알고 있었을지도 모른다. 또 문제는 이론에서 현실이 사라진다는 것이 아니라 전쟁을 이해할 수 있는 기반 전체가 사라진다는 것임을 인식하고 있었을지도 모른다. 전쟁을 다른 경기와 구별 짓는 요소, 전쟁이라는 수단을 꼭 써야만 하는 이유를 정당화하는 단 하나의 요소가 사라지는 것임을 그가 알고 있었을지도 모른다는 것이다. 전쟁이 자기 결과를 집행하는 능력을 지니지 않는다면 전쟁을 정당화할 수 없는 것은 물론, 애초에 전쟁이라는 수단을 사용하는 이유가 되었던 속성 자체가 사라진다. 클라우제비츠의 동요하는 어조는 그가 이 사실을 인식하고 있었음을 보여주는 것일 수 있다.

　이런 문제적인 범주에 속하는 사례는 클라우제비츠가 살았던 시대뿐 아니라 20세기의 전투와 전쟁에서도 많다. 제1차 세계대전의 많은 전투는 미미한 차이로 결정 났다. 러일 전쟁의 유명한 여순항 포위에서, 패배한 러시아 측에는 3만 1,306명의 사상자와 실종자가 있었지만 승리한 일본 측에는 5만 7,780명의 사상자와 실종자가 있었으며 여기에 더해 각기병에 걸린 3만 3,769명의 병사까지 있었다. 또 양측 모두 약 30만 명의 전력을 보유한 채로 전쟁에 돌입했는데, 봉천 전투에서 러시아 측에는 6만 명의 사상자가 발생했지만(항복 이후에 2만 5,000명이 포로가 되었다) 일본 측에는 7만 1,000명의 사상자가 발생했다.[83] 나아가 더 중요하게 봐야 할 것은 현대 주요 전쟁들의 종료이다. 이 예들을 보면 왜 클라우제비츠가 '전쟁이 자기 결과를 집행하는 능력을 지닌다는 것이 전쟁의 기반'이라는 전제를 간혹 미심쩍어 했는지 이해할 수 있다.

베트남 전쟁과 제2차 세계대전은 많은 사람에게 가장 친숙한 두 전쟁이다. 이 전쟁들에서 패자의 위치는 집행 능력이라는 전쟁의 기반이 존재하지 않음을 각기 매우 다른 방식으로 예증한다. 미국이 북베트남에 패배했을 때 '패자가 군사 적대를 지속하고 연장할 능력을 상실했음'이라는 요소는 없었다. 미국의 군사 역량은 수세에 몰리던 시기에도 북베트남이 보유한 역량의 몇 배에 달했다. 이런 미국의 위치는 이례적으로 보이지만 사실 클라우제비츠가 분류한 전쟁 범주 중 일부에 들어맞는다. 즉 크게 세력 차이가 나는 상대 간의 전쟁, 전력에 큰 변화가 있기 전에 종결되는 전쟁, 패배하는 측이 무력해지기 전에 종결되는 전쟁이다. 베트남 전쟁에서 미국의 패배와 비슷한 예로는 클라우제비츠가 언급하는 전쟁들뿐 아니라 다음과 같은 현대의 전쟁도 있다. 1954년 베트남에서 프랑스의 패배, 1962년 알제에서 프랑스의 패배, 1956년 수에즈에서 영국의 철군이 그렇다. 이 예들에 '식민지 전쟁' 등의 표제를 달아 예외적인 범주로 묶을 수도 있겠지만, 이 전쟁들에서 일어난 일을 예외라기보다는 통상적인 결과의 확대로 이해하는 것이 더 정확할지도 모른다. 제2차 세계대전 종전 시 독일의 위치는 베트남전 종전 시 미국의 위치와는 매우 달랐다. 비교적 근래에 있었던 모든 전쟁 중에서도 제2차 세계대전은 이상적 형태의 전쟁에 요구되는, '적국의 상해 능력을 철저히 무력화하기'에 가장 가까이 접근한 전쟁 종결을 보여준다. 미국인들 대부분은 연합국의 요구였던 무조건 항복을 이례적이라고 인식하지 않았다. 아마 무조건 항복이라는 조건이 남북 전쟁의 목표이기도 했다는 점이 어느 정도 영향을 미쳤을 것이다. 그러나 사실 그러한 항복 형태는 드물다.[84] 나아가 이렇게 극단적인 패배, 점령, 무장해제가 일어난 경우에도, 시간 틀이 며칠과 몇 주에서 몇 주와

고통받는 몸

몇 달로 바뀌면 '절대적임'이라는 개념은 사라진다. 클라우제비츠도 이 점을 지적했다. 제2차 세계대전의 종결을 보면, 패배한 측이 매우 빠른 속도로 회복을 시작했다는 사실도 놀랍지만 패자의 회복을 대하는 승자들의 태도도 놀랍다. 제2차 세계대전 종전 후 미국의 유럽 재건 및 원조 계획인 마셜 플랜Marshall Plan이 역사적 사실로서도 주목할 만하며 상상을 통해 만든 구축물로서도 특별한 이유는 여럿이다. 무엇보다 이 계획은 전쟁의 구조를 밝혀준다. 패자가 회복 능력을 지니지 않아야 한다는 필요조건이 전쟁의 구조 안에 없음을 보여준다는 것이다. 국무부 장관 조지 마셜George C. Marshall이 1948년 1월 8일 상원 외교위원회에서 한 연설과 1947년 12월 19일 트루먼Harry Truman 대통령이 의회에 보낸 교서를 보면, 이들은 유럽의 경제 회복 계획에 서독을 포함시키는 일이 위험하거나 터무니없거나 또는 의외가 아닐지를 깊이 고민하고 있지 않다.[85] 이 쟁점은 대통령의 교서 후반에 짧게 등장할 뿐 명확하게 다뤄지지 않는다.[86] 검토라기보다는 설득의 행위인 이 연설과 교서는, 유럽경제협력위원회Committee of European Economic Cooperation의 기술 보고서들이 담고 있는 상세한 실제 자료를 염두에 두고 있지만 그중 어느 부분도 인용하지는 않는다. 한층 더 의미심장하게도, 연설과 교서 모두 끊임없이 일반론을 이어가다가 단 한 번 구체적인 자료를 언급한다. 집단적 회복이 실현될 수 있다는 가능성을 보여주는 예로써 제시된 자료였다. 유일하게 등장하기에 취약하면서도 훨씬 더 울림이 큰 이 세부 정보는 유럽 연합국(영국, 프랑스, 벨기에, 네덜란드, 룩셈부르크, 노르웨이, 그리스)에서 나온 것도 아니고, 중립국(스위스, 스웨덴, 터키, 덴마크, 아이슬란드)에서 나온 것도 아니고, 추축국 중 상대적으로 덜 중요한 이탈리아에서 나온 것도 아니다. 바로 독일 자료였다. "지난 몇 달간 서독 루르 지방의 하루 석탄 생산량은 23만 톤에서 29만 톤으로 증가했다."[87] 적의 무능함 안에서 자신들이 거둔 승리의 모습을 보거나 적보다 경제적 우위에 있다는 사실에서 전후의 자신감을 끌어내기보다는, 적이 온전히 힘을 회복하도록 지원하기 위한 계획 하나가 탄생한다. 더욱 놀랍게도 위 연설과 교서는 적이 이미 보유하고 있는 힘에 공공연히 감탄하면서, 자신들의 계획이 모든 참가자에게 크게 성공적일 것임을 장담하는 근거로 바로 적의 그 힘을 지목한다.[88] 전쟁이 자기 결과를 집행할 능력을 지녔던 예들이 역사상 있긴 하지만, 위와 같은 제2차 세계대전의 종결은 전쟁의 집행 능력이 전쟁의 구조에서 본질적이지 않음을 증명한다. 제2차 세계대전의 종결과는 완전히 달랐던 베트남 전쟁의 종결과 그 외 20세기 전쟁들의 종결도 마찬가지로 이 사실을 증명한다.

클라우제비츠가 말하는 문제적인 범주의 전쟁들과 마찬가지로, 위와 같은 방식의 전쟁 종결은 두 명의 사람에서 두 집단의 많은 사람으로 맥락이 바뀔 때 상해 입히기의 특성이 변한다는 사실을 보여준다. 또한 이인ᄀᄉ 모델이 두 집단 사이에서 일어나는 일을 설명하기에 정확하지 않다는 것을 보여준다. 전쟁이 자기 결과를 집행하는 힘을 지닌다는 가정은 전쟁에 대한 특정 사고에서 나오는 정신적 반사 작용 같은 것인지도 모른다. 이런 사고는 전쟁이라는 경기의 활동을 명확히 상해 입히기로 보긴 하지만, 상해 입히기를 서로 죽이고자 애쓰는 두 사람 사이에 일어나는 활동으로 상상한다. 두 사람 간의 목숨을 건 싸움에서라면 싸움 결과는 자신을 집행하는 힘을 **분명 지닌다**. 두 사람의 싸움에서는 승자와 패자가 정해지면 쟁점은 더는 분쟁의 대상이 아니며, 쟁점 실행이 허용되어 집행으로 이어진다. 경기를 통해 패자가 항의하거나 의문을 제기하는 능력이 제거되었기 때문이다. 쟁점에 대한 패자의 견해 자체가 싸움에서 진 그 사람과 함께 죽어버렸다는 것이다. 어느 두 사람 외에는 인간이 닿은 적 없는, 달빛 아래 희고 검게 빛나는 영토를 떠올려보자. 이 두 사람은 특정 바위나 나무에 대해 자신에게 권리가 있다고 주장하고, 그래서 이 바위나 나무는 갈등의 대상이 된다. 또는 자신이 꿈에서 본 어느 신에 대한 관념을 상대편도 공유해야 한다고 우긴다. 두 사람이 이런 쟁점을 두고 육체적으로 다툰다면 결국은 한 사람만이 남게 될 것이다. 바위에 대한 하나의 권리만이, 신에 대한 하나의 관념만이 남게 될 것이다. 이 하나의 권리나 관념은 체화된 생존자와 함께 살아남는다. 다른 권리, 다른 관념, 다른 체화된 전투원은 더는 존재하지 않게 된다.[89] 여기서 왜 하나의 쟁점만이 살아남는지 이해하지 못할 사람은 없을 것이다. 또 다른 쟁점은 그 쟁점을 주장하는 사람이 지닌 세계-의식의 측면으로서만 존재한다. 그 쟁점은 그의 자기-연장의 단편이며 그에게 부착되어 있고, 그래서 그가 나타날 때 나타나고 사라질 때 함께 사라진다. 이제 한밤중, 위 영토 위 어둠 속에 있는 두 집단을 상상해보자. 양 집단은 어느 반도를 독차지하고 싶어 하고, 그 반도에 대해 서로 권리를 주장한다. 아니면 신이나 정치적 유토피아에 대한 관념을 상대방도 공유해야 한다고 주장한다. 이럴 때 상황은 앞의 경우와는 근본적으로 다르며, 따라서 앞의 모델은 쓸모없어진다. 양측의 전투가 끝난 후에는 먼저의 광경에서처럼 한쪽의 쟁점이 지배적이 된다. 즉 해당 반도에 대한 하나의 권리만이 이론의 여지 없이 남으며 하나의 정치철학만이 유일하게 남는다. 단 앞에서 본 광경과는 달리 이제 쟁점의 단일성은 살아남은 사람들의 일항성에서 나오지 않는다. 양쪽 집단에는 각기 다른 숫자의 체화된 생존자가 남아 있을 것이기 때문이다.

두 상황을 하나의 공식으로 요약해보자. 체화된 인간들은 문자 (X, Y)이고, 갈등의 대상이 되는 관념, 문화, 쟁점, 탈체화된 자기-연장의 형태, 재산권 개념, 영토, 천국은 프라임 기호가 붙은 문자 (X', Y')이다. 첫 번째 상황에서 전투 이전에 존재하는 요소는 X+X'+Y+Y'일 것이고 전쟁 후에는 X+X'가 된다. 이와는 달리 두 번째 상황에서 전투 이전에 존재하는 요소는 X+X'+Y+Y'이다가 전쟁 후에는 X+X'+Y가 된다. 전쟁의 '집행 능력' 주장과 위의 첫 번째 상황에서는 Y가 사라지기 때문에 Y'도 사라지지만, 두 번째 상황에서는 그렇지 않다. 대량학살이나 노예 삼기가 언제나 전쟁에 포함되어 있어야만 두 번째 상황이 첫 번째 상황에 들어맞을 것이며, 첫 번째 상황이 두 번째 상황을 설명하는 적절한 모델이 될 것이다. 하지만 소수의 역사적 사례를 제외하고는 전쟁에 대량학살이 포함된다는 것은 사실과 거리가 멀며, 오히려 대량학살과 비슷한 행위가 발생했을 때 이런 행위는 전쟁 외부에 있으며 잔혹 행위의 영역에 있는 것으로 여겨진다. 또 인류가 핵무기 제거를 외치게 된 이유는 대량학살의 가능성 때문이다. 그렇다면 대량학살 또는 적의 상해 능력을 영구적으로 제거하기는 전쟁의 구조적인 필요조건이 전혀 아닐뿐더러 사실 전쟁의 해체, 해체의 해체로 보인다.

여러 논자 중에서도 클라우제비츠가 가장 분명하게 설명한 전쟁의 집행 능력이라는 가정은, 널리 공유되지만 잘못됐다. 오류는 두 사람의 싸움을 모델로 삼는 데서 나오는 것일 수 있다. 세 가지 근거를 들어보자. 첫째, 전쟁이 집행 능력을 지닌다는 설명은 두 명의 개인 사이에 전쟁이 일어난다고 상상해봤을 때는 옳다. 둘째, 비교적 제한된 전쟁에서조차 사건들은 시각이나 여타 감각 경험을 훨씬 넘어서는 규모로 일어나며, 따라서 통상적으로 지도나 모형을 사용할 수밖에 없다. 세 번째 근거는 두 번째 근거의 특정 사례이자 직접 관련이 있는 사례이다. 전략가, 역사가, 정치철학자들을 비롯해 아마도 이제껏 전쟁을 두고 발언할 기회가 있었던 모든 이들이 넘치도록 갈고닦아온 전쟁 묘사 관습이 존재한다. 바로 두 국가의 병력을 거대하고도 단일한 두 명의 전투병으로 상상하는 것이다. 이 관습은 기본적으로 전쟁을 하는 **동안**의 부대 이동과 군사 행위의 시각화를 돕기 위해 존재하지만, 전쟁 **종료**가 지니는 성격을 사고할 때도 (부적절하게) 사용될 수 있다. 집행 능력 가정과 이인 전투병 모델의 연관이 명시적으로 나타날 때가 종종 있다. 일례로 프로이트<sup>Sigmund Freud</sup>는 〈왜 전쟁인가 Why War?〉라는 글에서 쓴다. "[상대편이 요구 사항을 포기하도록 만든다는] 목표는 승자의 폭력이 적을 영구히 제거했을 때, 다시 말해 그를 죽였을 때 가장 완전히 성취된다." 뒤에서는 이렇게 적는다. "[도시, 지역, 인종, 국가, 제국 등 단위 집단들 간의] 전쟁은 약탈로 끝나든지, 그중 한쪽이 완전히 전복·정복되는 것으로 끝나든지 둘 중 하나이다."[90] 물론 지금 논의에서 가장 중요한 점은 '집행 능력'이라는 개념의 오류이지, 이 개념이 이인 전투병 모델에서 나왔는지 아닌지가 아니다.

클라우제비츠는 전쟁의 형식 구조라는 개념을 명료히 설명한 유일한 인물인지도 모른다. 또 여러 전쟁에서 이 형식상의 특성이 부재한다는 점을 분명하게 서술한 유일한 인물인지도 모른다. 하지만 명료하게 말했다는 측면에서만 유일할 뿐, 그가 전쟁의 집행 능력을 가정한 유일한 사람인 것은 아니며 이 가정이 틀리지 않은지 의심한 유일한 사람도 아니다. 너무도 널리 퍼져 있어서 거의 인간의 집단적인 성향으로 보일 정도인 어떤 경향이 존재하기 때문이다. 이 경향은 전쟁이 자기 결과를 집행하는 능력을 지닌다고 믿는 동시에 믿지 않는 것이며, 집행 능력 가정이 분명히 사실이라고 인식하는 동시에 거의 분명히 사실이 아니라고 인식하는 것이다(사실이 아니라면 다른 평화적인 경기가 전쟁을 대체할 수 있으며 대체해야만 한다). 또 집행 능력 가정을 실제 전쟁이 일어나도록 허용할 정도로는 믿으며 전쟁이라는 관념이 정당해 보일 정도로는 믿지만, 전쟁에 관한 사후事後 서술들이 이 집행 능력이라는 핵심 요소를 포함할 수 있을 정도로 확실히 믿지는 않는 것이다. 믿음과 불신으로 뒤엉킨 이런 행위는 클라우제비츠의 경우처럼 한 사람에 의해 전부 표현되기보다는, 대여섯 가지의 입장들로 나뉘고 각각의 입장을 사람들이 개별적으로 선택하면서 표현된다. 그리하여 이 문제 전체는 등장했다가 사라지고, 가장자리만 보였다가 표면 전체가 보이고, 그 의미 전체가 드러났다가 가려지곤 하는 식으로 나타난다. 전쟁이 자기 집행 능력을 지닌다는 관념은, 첫째로 저자나 화자가 말하는 내용 안에서 가정될 뿐 명확하게 선언되지 않을 수도 있고, 둘째로 명확하게 표현될 수도 있다. 셋째로 누군가는 명확하게 표현된 이 관념이 완전히 틀렸다고 생각할 수도 있다. 동시에 이 사람은 전쟁을 이해할 수 있게 하는 토대가 자기 손안에서 지금 막 허물어졌다는 사실을 인식할 수도 있고 인식하지 못할 수도 있다. 넷째로 또 누군가는 전쟁의 집행 능력이라는 관념에 부합하는 사실이 특정 전쟁에 또는 특정 종류의 전쟁에 부재함을 알아차릴 수도 있으나, 전쟁 일반에 그 관념이 부재하는 게 아닐까 의심하기보다는 특정 전쟁에 고유한 지리적·정치적·군사적 특성 때문에 그 관념이 부재한다고 생각할 수도 있다. 즉 전쟁에 대한 그 관념에 결함이 있다기보다는 특정 전쟁에 결함이 있다고 여긴다. 다섯째로 전쟁의 집행 능력이라는 관념에 부합하는 사실이 일반적으로 존재하지 않음을 깨닫고 전쟁 종료를 다르게 설명하지만, 그러면서도 상해 입히기 활동이 적합한지는 질문하지 않을 수도 있다. '대체할 수 있다면 상해 입히기를 전부 다 대체할 것이지 왜 최후의 순간에만 대체하는가'라고 묻지는 않는 것이다.

위의 각 입장을 사례 하나로 설명한다면 게으른 일일지도 모른다. 각 입장의 주창자가 매우 많기 때문이다. 또 입장들이 상호작용하면서 미묘한 차이와 까다로운 문제들이 끝없이 반복되고, 그러면서 점차 국민 전체의 차원에서 두터운 담화의 결을 만들어내기 때문이다. 그럼에도 위 입장들의 대표 사례를 살펴보면 각 입장이 얼마나 친숙한지를 바로 알아차릴 수 있다. 전쟁의 집행 능력이라는 원칙을 가정하기는 하지만 명확히 선언하지는 않는 첫 번째 입장은 전략 분석에서 자주 나타난다. 이런 분석에서는 전쟁의 자기 결과 집행을 달성 가능한 목표로 그냥 가정해버리고 검토는커녕 정확하게 명명하지도 않는다. 그러면서 제1의 수단이나 제2의 수단을 통해서 그 목표를 달성하는 데 각각 어떤 상대적 이점이 있는지 논의하곤 한다. 예를 들어 한스 델브뤼크Hans Delbrück는 적을 완전히 섬멸하는 전략의 대안으로 제2의 수단인 소모 전략을 제시한다. 결정적이고도 절대적인 결과를 내는 일이 가능하다고 이미 전제되어 있어서 실제로 분석·검토·논의되는 것은 그런 결과를 낳기 위한 수단뿐이다. 전쟁의 집행 능력이 명확히 설명되지 않고 이미 가정되어 나타나는 일은 물론 전략 담론에서뿐만 아니라 문화적·철학적 탐구에서도 나타난다. 앞에서 언급한 프로이트의 에세이에서 전쟁 종결이 지니는 문제적 성격이나 집행 능력이라는 개념은 그 글의 주제가 아니지만, 인용한 구절에서 명확히 볼 수 있듯 사실로 가정된다.

두 번째 입장은 전쟁의 집행 능력이라는 원칙을 분명하게 짚고, 그래

고통받는 몸

서 그 원칙의 오류를 인식하기가 더 쉽다. 국무장관 알렉산더 헤이그는 국제전략문제연구소에서 한 연설에서, 역사적으로 사회는 언제나 "승리의 대가가 충분히 크거나 항복의 결과가 충분히 심각할 때 완전한 파괴"를 감행했다고 말한다.[91] 이에 관해 시어도어 드레이퍼Theodore Draper는 "우둔한 발언"이라고 논평하면서 "기원전 146년의 제3차 포에니 전쟁 이래로 완전 파괴의 전쟁은 없었다"[92]고 지적한다. 이 지적은 전쟁의 집행 능력 관념이 틀렸다고 보는 세 번째 입장으로 이어진다. 두 번째 입장의 옹호자인 헤이그가 전쟁이 상대편의 완전한 파괴를 수반한다고 믿는 것은 역사적 무지 때문일 수도 있고, (세 번째 입장의 옹호자들이 암시하곤 하듯) 무자비하기 때문일 수도 있다. 아니면 상대편을 완전히 파괴하지 않는다면 전쟁 자체는 잔혹하기만 한 우둔한 짓임을 그가 의식적으로 또는 무의식적으로 인정하기 때문일 수도 있다. 전쟁을 대체할 수 있는 다른 경기에서는 일어나지 않을 뼈아픈 피해를 전쟁이 발생시키는 데다가, 다른 경기가 내지 못하는 결과를 전쟁이 낸 적은 사실 없었기에 전쟁은 '우둔한 짓'이다. 헤이그와는 달리 세 번째 입장의 옹호자들은 전쟁의 집행 능력 가정이 틀렸음을 정확하게 보고 있다. 단 특권적 사건으로서의 전쟁이 구조적으로 붕괴한다는 사실을 인식하고 있을 수도 있고 아닐 수도 있다. 두 번째와 세 번째 입장의 복잡함, 그리고 두 입장 사이에서의 동요는 무조건 항복 또는 그보다 온건한 형태의 항복을 두고 벌이는 논쟁에서 볼 수 있다. 또 무제한 전쟁과 제한 전쟁을 두고 벌이는 논쟁에서 가장 빈번하게 나타난다. 이런 논쟁들은 학문적·이론적 차원에서 발생할 수도 있고, 핵전쟁처럼 특정 형태의 전쟁 때문에 촉발될 수도 있고, 군 당국과 민간 정부 간에 무제한-제한 전쟁이라는 쟁점을 둘러싸고 광범위한 견해차가 있었던 한국전쟁에서처럼[93] 실제 전쟁 때문에 발생할 수도 있다.

네 번째 입장은 특정 전쟁의 특이성 때문에 집행 능력이라는 결과가 부재한다고 여긴다. 익숙한 사례로는 베트남 전쟁에서 나타난 예외적인 모습을 동남아시아 지역의 특수성이나 촌락 생활이라는 사회구조, 게릴라 전투의 성격이라는 관점에서 설명하는 분석들이 있다.[94] 또 한국전쟁 분석 중 "전쟁에서 승리를 대신할 수 있는 것은 없다"라는 맥아더의 유명한 말도 한 예이다.[95] 1951년 4월 5일 하원에서 공개된 맥아더의 서신에 등장하는 이 선언이 전쟁에 관련된 말 중에서도 유명해진 이유는 사실 맥아더가 생각하는 종류의 '승리'가 없었기 때문이고 '대신할 수 있는 것'이 존재했기 때문이다.* 리들 하트는 제1차 세계대전이 초래한 피해와 참호전이 결정적이지 않다는 사실에 개인적으로 괴로워하면서 "전장에서의 결정적 승리"라는 클라우제비츠의 관념이 틀렸다고 봤다. 그러나 이 관념의 오류가 '결정적 승리'라는 끝의 두 단어에 담겨있지 않은지 의심해보는 대신 앞 단어 '전장에서의'가 틀렸다고 결론 내렸으며, 이에 따라 경제·산업 목표물을 폭격함으로써 달성하는 결정적 승리를 옹호하게 됐다.[96] 하지만 문제가 되는 이 '결정적이지 않음'은 상해 입히기의 새로운 영역이 된 다른 목표물에서도 똑같이 나타날 수 있다. 히로시마와 나가사키 원폭 투하가 일본에 대한 승리를 가져온 사건이 아닐 뿐 아니라 승리를 앞당긴 것도 아니라는 주장들이 있다.[97] 이런 주장에 이의를 제기할 수도 있겠지만, 찬반 논의가 있을 수 있다는 사실 자체가 원폭 투하 사건이 그렇게 명쾌하지 않음을 보여준다. 또 독일 여러 도시를 목표로 한 가장 맹렬했던 폭격은 승리가 확실해진 이후에 있었다는 주장들도 있다.[98] 참호전이 결정적이지 않다는 사실 때문에 나온 리들 하트 나름의 해결책이 다른 영역들에서 차례차례 계속 반복되는 모습을 상상해볼 수 있다. 각 해결책은 그 직전의 해결책만큼이나 결정력이 없음에도 불구하고 매번 평자들을 다음과 같은 결론으로 이끌어간다. 즉 해당 해결책이 결정적인 결과를 내지 못하는 이

---

\*     당시는 한국전쟁에서 중공군의 남하와 미국의 휴전 모색으로 전선이 38선 부근에서 고착되고 있던 시기였다. 여전히 중공군과의 전면전을 희망하던 맥아더는 공산주의에 맞선 아시아에서의 전쟁에서 승리하지 못한다면 유럽도 공산주의에 항복하고 말 것이라고 서신에 쓰며, 북진과 완승을 위해 적극적으로 행동하지 않는 트루먼 정부를 비판한다. 서신이 공개된 후 맥아더는 해임된다.

                고통받는 몸

유, 혹은 결정적인 결과를 내는 데 기여하지 못하는 이유는 결정 능력 개념 자체의 오류 때문이 아니라 해당 영역의 특수성 때문이라는 것이다. 따라서 이들은 언젠가는 결정력이 없는 것으로 인식될 또 다른 새로운 표적을 제안한다. 각 해결책에서 똑같은 일이 반복되고 있다는 점을 이들은 인식하지 못하고, 그래서 그 해결책들 자체가 왜 전쟁을 중지해야하는지 논증하고 있는 것이나 마찬가지라는 사실을 깨닫지 못한다.

여러 방식으로 변주되는 네 번째 입장이 시사하는 바는 이렇다. 한국전쟁처럼, 특정 전쟁에 결정적인 종결이 전쟁 전체의 차원에서 존재하지 않는다면 이는 특수하고 역사적으로 문제적인 경우라는 것이다. 아니면 전쟁에 결정적인 종결이 있기는 하지만 전투를 포함해 어떤 사건이 그 결정적이라는 특질을 낳는지는 알 수 없다는 것이다. 또는 참호전 같은 어떤 사건을 관찰했을 때 결정적이라는 속성이 그 사건에서 나오지 않았다면, 그만큼 자세히 관찰하지 않은 다른 사건 때문에 결정적이라는 속성이 나타났다고 볼 수도 있다. 참호전에서 결정적이라는 속성이 발생하지 않았다면 민간인에게 피해를 준 데서 그 속성이 발생했다고 보는 것이다. 이렇게 점점 축적되는 여러 예는 집행 능력 현상이 정말로 존재하는지 거듭 묻게 한다. 결정적인 종결이 존재하는 전쟁이 드물다는 사실은 매우 중요하며, 이 사실의 반대가 참이 **아님**을 강조하는 일도 마찬가지로 중요하다. 다시 말해 큰 차이가 나는 승리를 거두는 전투와 전쟁들이 있다고 해도 집행 능력 현상의 존재가 증명되지는 **않는다**. '격차가 큰 승리' 혹은 '결정적 승리'라는 용어가 집행 능력 현상에 부합하려면, 이 용어들이 뜻하는 상황이 패배한 측이 상대방에게 상해를 입히는 능력을 영구적으로 박탈당하는 상황에 가까워져야 한다. 패자 측을 절멸하거나 노예로 만들거나 영구적으로 점령·통치해야 한다는 것이다. 집행 능력 현상의 부재는 약간의 차이만으로 결정적 결과를 낸 전쟁에서 훨씬 더 쉽게 볼 수 있지만, 그렇다고 전쟁이 결정적으로 종결된다는 것이 그 전쟁의 종결에서 집행 능력 현상이 나타난다는 것과 같지는 않다. 둘은 매우 다르다. 나아가 승리가 너무도 절대적이어서 '자기 결과를 집행할 수 있는 능력'이라는 조건에 정말로 들어맞거나 그 조건에 가까운 전쟁이 존재한다고 해도, 집행 능력이라는 조건이 전쟁에 본질적임이 입증되지는 않는다. 절대적인 승리를 거둔 전쟁이 존재한다는 사실은 집행 능력 조건이 때로 전쟁의 특성이 될 수 있으며 우연한 속성임을 보여줄 뿐이지, 집행 능력 조건이 전쟁 구조에 필수적인 속성임을 보여주지는 않는다. 전쟁의 **구조**를 밝히고자 한다면 구조를 이루는 요소들은 전쟁의 실제 예들 (거의) 전부에 공통적이어야 한다. 또 전쟁이 전쟁이기 위해서는 반드시 이 요소들이 존재해야 한다.

전쟁의 종결을 다르게 설명하는 다섯 번째 입장은 집행 능력 현상을 믿는 동시에 불신하는 인간들의 습관을 다른 입장보다 더욱 분명히 드러낸다. 다섯 번째 입장에 속하는 설명 중에서도 단연 자주 선택되는 설명은 사기morale라는 요소나 도덕적/정신적moral 요소를 드는 것이다. 이 두 요소는 보통 뒤섞인다. 지금까지 우리는 상해 입히기가 승자와 패자를 정하지만 집행 능력을 지니는 활동은 아니라고 논했다. 따라서 상해 입히기는 다른 경기와 비교했을 때 상해 입히기 활동을 선호하게 하는 차별화된 속성을 지니지 않았다. 이제 사기가 승리를 결정한다는 주장에 따르면 상해 입히기 활동은 승자와 패자를 정하는 작업조차 하지 않는다. 그렇다면 더욱, 처음부터 상해 입히기 활동을 다른 평화적인 활동으로 대체했어야 한다. 하지만 사기 입장을 주장하는 사람들은 희한하게도 절대 이런 결론을 끌어내지 않는다. 나폴레옹의 유명한 격언은 승리를 거두는 데 기여하는 정신적 요인 대 물리적 요인의 비율이 3 대 1이라고 말한다. "나는 사기가 전쟁에서 가장 중요하고도 유일한 요인이라고 생각한다"는 영국 육군 원수 버나드 로 몽고메리Bernard Law Montgomery의 계산에서처럼 그 실제 비율은 낮아지기도 하고 높아지기도 하지만,[99] 나폴레옹의 주장은 특히 군사 저술들에서는 얼추 맞는 것으로 널리 받아들여진다.[100] 최종적으로 패자로 명명되든 승자로 명명되든 모든 군인에게 상상하기 어려운 강인함과 용기, 동지애, 기민함, 자기희생, 자부심, 활기 같은 순전히 정신적이며 또 정신

고통받는 몸

력과 관련된 자질들이 요구된다는 점은 분명하다. 또 이런 자질과 군인들의 전반적인 자기-신념 수준에 현저한 차이가 있을 수 있다는 점도 분명하다. 하지만 이 두 지점을 인정한다고 해서, 사기가 더 높은 쪽이 승리하게 되며 승리는 어느 쪽의 사기가 더 높은지를 드러낸다고 주장하는 것은 아니다. 문제 많은 이 주장에 반대할 수 있는 네 가지 근거가 있으며 그중 마지막 근거가 지금 분석에서 가장 중요하다.

첫째, 사기 주장은 공정하지 않고 일관성 없게 이루어진다. 패자 측이 아니라 승자 측의 군역사가와 정치 수사학자들이 사기라는 이유를 제시하는 경향이 있다. 또 물리적 기량을 사기라든지, 최악의 경우로는 도덕성으로 번역하는 일이 얼마나 저속한지를 곧바로 드러내는 일단의 비슷한 사례가 있음에도 사기 주장은 거의 공격받는 법이 없다. 1940년대 전반기에 연합군이 독일 국민보다 도덕적으로 우월했다는 생각은 이론적으로 가능하다. 하지만 연합군의 승리 자체가 사기나 도덕성 차이를 보여주는 것이라고 말한다면, 독일이 폴란드에 맞서 신속하게 승리를 거둔 일과 프랑스에게서 순식간에 항복을 얻어낸 일, 또 독일이 거의 저항 없이 유대인들을 강제수용소에 집어넣은 일은 독일인들이 다른 세 집단 사람들보다 더 우월하다는 사실이 표명된 것이다. 당시 승자였던 히틀러는 이런 해석을 아마 흔쾌히 받아들였을 것이다. 이와 마찬가지로 미국 남북 전쟁의 종결을 북군의 더 높은 사기나 도덕성의 차이를 보여주는 것이라고 말한다면, 남부에서 흑인들이 애초에 노예 생활을 한 역사는 백인들의 우월한 사기가 표명된 것이다. 당시 노예제도를 지지하던 남부 지도자들은 아마 이 해석을 받아들였을 것이다. 북부의 도덕성이 우월하지 않았다는 말이 아니다. 적어도 압도적으로 중요한 쟁점 하나에서는 북부의 도덕성이 분명 우월했다. 다만 군사적 승리가 그러한 우월성을 증명하거나 표현하지는 않는다는 뜻이다. 물리적·정치적 힘은 전시에도 평화 시와 마찬가지로 유혹적이고, 그래서 관찰자들은 그 힘을 도덕적 우월성으로 재서술하곤 한다.

사기 주장을 반박할 수 있는 두 번째 근거는 사기의 내적 특성이다. 이 특성은 일관성 없이 사기라는 요소를 언급하는 일에서 이미 암시되고 있으며 똑같이 문제가 많다. '사기'와 '도덕'의 함의를 성공적으로 구분해서 전자만을 주장할 수 있다고 해도, 사기 개념은 여전히 정신적인 것의 아우라를 지니는 경향이 있다. 자기-초월 능력이라든지 육체적 사건과는 구분되는 의식 형태를 뜻하는 경향이 있다는 것이다. (사기와 도덕은 서로 무관할 수도 있고 상반되게 작동할 수도 있다. 예를 들어 높은 사기는 자신만이 옳다고 여기는 외골수적인 태도를 수반하곤 하는데, 이런 태도는 도덕적 요소에 의해 약화될 가능성이 크다. 양측의 상대적 장점이나 전쟁에서 수행하는 행위에 어떤 미덕이 있는지를 자기 반성적으로 숙고하는 경우가 그렇다.) 나폴레옹의 주장처럼 사람들에게 친숙한 설명은 사기를 육체적 행위에서 분리할 수 있는 무엇으로서, 심지어는 육체적 행위에 반대되는 무엇으로서 지목하는 경향이 있다. 하지만 전투의 마지막 몇 시간을 지켜본다면 그렇지 않다는 것을 알 수 있다. 가령 36시간 내내 계속된 대치로 기진맥진하고 허기지고 부상당한 양편의 사람들을 지켜본다면, 또 몇 시간 동안 전우들의 몸이 잘리는 모습을 보고 그들의 사체 옆에 있음으로써 격심한 상실을 경험하고 있는 사람들을 지켜본다면 사기를 육체적 행위와 분리해서 말할 수 없을 것이다. 그리고 **만일** 한 편의 사람들이 다른 편에 비해 전투를 지속할 수 있는 것으로 **보인다면**, 이런 '사기'의 우위를 가장 사실에 가깝게 또는 가장 문자 그대로 서술하는 말은 바로 '자신이 심하게 다쳤을 때라도 계속해서 상해를 입힐 수 있는 능력'이다. 이런 일을 할 수 있길 원하는 사람도 있겠지만, 그럼에도 '이런 일'은 지속되는 상해 입히기 능력을 가리키는 말일 뿐이며 상해 입히기 활동에서 분리할 수 없다. 또 '이런 일'에 자기 초월의 아우라가 있다고는 보이지 않으며, 몸의 압력과 공포를 넘어 살아가는 능력이라든지 몸의 압력과 공포에서 자유로운 무언가를 생산할 수 있는 능력이 있어 보이지도 않는다. 보통 자기 초월의 아우라와 능력은 자신도 큰 고통 속에 있음에도 불구하고 다른 사람을 간호하는 이들, 청력

고통받는 몸

을 잃었어도 계속해서 음악을 작곡하는 이들, 더 소박하게는 자신의 몸이나 가족의 몸에 손상을 입고도 계속 일상적인 활동을 해나가는 이들이 지니고 있는 것으로 여겨진다.[101]

사기 주장을 반박할 수 있는 세 번째 근거는 사기 주장에 증거가 전혀 필요하지 않다는 점이다. 전장에서 나오는 군사 보고서, 특히 병력증강이나 계획 변경을 요청하는 보고서에는 사기에 관한 서술이 포함되어 있기도 하지만, 사기가 최종 결과를 결정했다는 주장을 하면서 양측의 사기를 직접 관찰하고 비교 분석해서 뒷받침하는 때는 드물다.[102] 사실 양편 사망자 수의 커다란 차이처럼 한 편이 어떻게 이겼는지를 설명하는 육체적 사건이 없을 때 오히려 사기가 승리 요인으로 언급되는 경향이 있다. 이는 끈질기게 계속되는 순환 논법이다. 승리했지만 승리가 핵심적으로 어디서 일어났는지 알 수 없을 때 높은 사기가 존재했기 때문이라고 추론하는 것이다.

사기 주장에 반대하는 네 번째 근거이자 가장 중요한 근거는 구조적인 것이다.[103] 만일 '사기'가 어느 군대의 상해 능력을 단순히 총합한 것이라면 사기 설명은 전쟁의 구조적 논리 안에 특별히 문제를 만들어내지 않는다. 하지만 사기를 상해 능력과는 분리되며 '도덕성'과 적당히 혼합된 무언가로 주장한다면, 이런 주장은 그 자체를 반박하는 논증 구조를 만들어낸다. 집행 능력 현상을 믿는 동시에 불신하는 행위가 전쟁의 일부가 되기 때문이다. 위 주장 안에서 어떤 일이 벌어지는지를 그려보려면 '사기'라는 불분명한 **속성**을 하나의 **활동**으로 번역해서 사기를 상해 입히기와는 별개의 것으로 논해봐야 한다. 사기를 별개의 활동으로 묘사하면 사기와 상해 입히기 양자가 구분된다는 주장을 계속 가시적으로 유지할 수 있다. 사기는 생존이라는 날것의 육체적 사건을 뜻하기보다는 인간 정신을 뜻하고, 또 몸의 한계를 넘어서 살 수 있는 능력, 상징과 대체물의 영역 안에 거주할 수 있는 능력을 뜻한다. 그렇기 때문에 사기는 세계-분쇄하기만큼이나 자주 세계-짓기와 연관되고 또 살인만큼이나 자주 창조하기와 연관된다. 따라서 사기는 앞부분에 나온 작곡, 노래하기, 돌보기, 집짓기, 체스 등 수백 가지의 다른 평화적인 활동 안에 존재한다고 볼 수 있으며, 이 활동들로 표현될 수 있다. 예를 들어 노래하기는 사기를 드러낼 수 있다. 전쟁의 마지막 단계를 상해 입히기와는 구분되는 사기 요소에 달린 것으로 설명하면, 아래와 같은 서사를 따라 전쟁 모델 하나가 나올 수 있다. 두 국가 국민 사이에 갈등이 생겨나고, 승자를 정하기 위해 이들은 경기를 하는 데 동의한다. 이들은 3년간 계속되는 거창한 노래 경연을 벌일 수도 있고 3년간 전쟁을 벌일 수도 있다. 양측은 후자를 택한다. 노래 경연과 전쟁 모두 승자·패자를 정하게 해주긴 하지만, 상해 입히기는 노래하기와는 달리 자기 결과를 집행하는 힘을 지니기 때문이다. 그러나 이들이 서로를 도살(이 단어가 추악하다면 이 단어가 가리키는 행위는 훨씬 더 추악하다)하면서 세 번의 가을, 세 번의 겨울, 세 번의 봄, 두 번의 여름을 통과하여 세 번째 여름이 다가올 즈음, 이들은 상해 입히기가 자기 집행 능력을 갖지 않을 뿐 아니라 승자와 패자를 정해주지도 않음을 깨닫는다. 각 측의 전사자 수는 오르락내리락하는 중에도 서로 비슷해지는 경향이 있고, 따라서 전사자 수는 양측의 불균등을 드러내기보다는 양측의 균등을 계속 다시 확고히 하기 때문이다. 그리하여 여기 전쟁의 끝에서, 이례적인 덕德 또는 이례적인 상해 입히기가 나타날 예정이었던 바로 이곳에서, 갑자기 노래 경연을 전쟁의 전체 틀 안으로 집어넣기 위한 준비가 필요해진다. 전쟁 종결을 위해 상해 입히기가 다른 대안을 제치고 선택되었지만 다시 노래 경연을 벌이게 되는 것이다. 오래된 건축물에 세부 장식을 후대에 새로 만들어 덧붙이는 것처럼, 이 노래 경연은 전쟁에서 최종적으로 빠져나갈 수 있는 통로로 갑자기 덧붙여진다. 바로 이런 상황이 사기 주장과 마찬가지이다. 전쟁 종결 직전에 11시간 동안의 체스 경기라든지 테니스 경기, 재능 경연 대회 개최를 껴 넣고는 전쟁에서 일어난 잔혹 행위를 수용하는 것이다. 이런 짧은 경기는 상해를 대체할 수 없다. 수없이 많은 상해가 이때쯤 이면 벌써 일어났고 전쟁 최후의 날들에도 계속 일어날 것이기 때문이다.

　　　　　　　　　　　　　　고통받는 몸

이 경기가 대체하는 것은 바로 승자와 패자 결정인데, 전에는 승패 결정을 위해 상해 입히기가 필요하며 나아가 정당화된다고 여겨졌다. 그리하여 급조된 엉성한 노래 경연이 벌어진다. 노래하는 목소리를 들었다는 말이 여기저기서 나오긴 하지만 누구도 이 경연을 정확히 본 적은 없다고 한다. 이 작은 노래 경연은 3년 동안의 학살 한가운데에 놓인 조그만 보석과도 같다. 승자와 패자를 결정하기 위해 노래 경연을 벌이자는 생각은 처음에는 거부되었으나, 이제는 다시 승패 결정 작업을 끝내기 위해 노래 경연에 의지한다.

전쟁 종결을 다른 식으로 설명하는 다섯 번째 입장은 집행 능력 현상을 믿는 동시에 의심하는 우리의 집단적 능력이 표명된 것이며 그래서 더 중요하다. 특히 다른 네 입장과 함께 놓였을 때 더욱 그렇다. 여기서 집행 능력 현상은 현재 논의의 핵심 질문, 즉 '무엇이 전쟁을 여타 경기와 다르게 하는가'에 대한 답이 아닌 것으로 보이며 그리하여 우리는 원래 질문으로 다시 돌아가게 된다.

전쟁을 다른 경기들과 비교했을 때 나오는 결론들은 서로 모순되는 듯 보일 수 있다. 먼저 전쟁과 유사한 경기는 없으며 따라서 치환될 수 없다. 가장 해볼 만한 두 가지 대체 경로는, 다른 평화적인 경기를 전쟁의 규모로 엄청나게 확대하거나 상해 입히기의 영역을 평화 시 경기들에 일반적인 규모로 축소하는 것이다. 하지만 이런 대체 경기가 전쟁의 결과를 복제하지는 않는다. 다른 한편 전쟁을 다른 잠재적인 대체물과 차별화하는 것이 무엇인지는 명확하지 않다. 전쟁은 승자·패자 결정 작업을 수행할 뿐, 쟁점을 다시 겨루는 활동을 패자가 더는 수행할 수 없도록 만들지는 않는 것으로 보이기 때문이다. 그러나 이런 결론들의 모순은 얼핏 봤을 때보다 그렇게 크지 않다. 전쟁을 차별화하는 특성, 다시 말해 패자와 승자가 다른 경기에서라면 하지 않을 정도로 결정된 결과를 준수한다는 사실에는 의문을 제기하지 않았기 때문이다. 지금까지는 결정된 결과가 집행 능력 원칙을 통해서 실행된다는 설명, 즉 패자에게 다른 선택의 여지가 없기에 결과에 승복한다는 설명에만 의문을 제기했다. 패자가 어쩔 수 없이 승복하게 된다는 가정이 사실이 아니라는 논의였다는 것이고, 패자가 정말로 승복하는지는 여기서 묻지 않았다. {그리고 패자가 결과에 따르지 않는다면 전쟁을 다른 경기와 차별화하는 특성이 아예 사라진다.} 나아가 집행 능력 원칙이 사람들이 일반적으로 믿는 방식대로는 작동하지 않지만 그럼에도 어쨌든 작동하는 이유는, 오로지 많은 사람이 집행 능력이 작동한다고 믿고 있기 때문일지도 모른다. 여러 사람이 의견을 공유해서든, 스스로 판단해서든, 또는 자기성찰이 부족한 충동과 직관에서 나온 것이든 국민들이 집행 능력 원칙을 사실로 여기면, 이 원칙은 사실일 수밖에 없기 때문에 사실이 되는 것이 아니라 사실이어야 한다고 여겨졌기 때문에 사실이 된다. 전쟁이 자기 결과를 집행하는 능력을 가진다고 여겨지고, 그럼으로써 자기 집행 능력을 가지도록 **허용되기** 때문에 전쟁 결과는 종전 순간을 넘어 오래 지속되면서 '쟁점 처리'로 번역된다.

집행 능력 원칙이라는 것 자체는 엄밀한 의미에서 존재하지 않는다. 그럼에도 이 원칙이 사실이라고 가정함으로써, 또 이 원칙에 의문을 제기하지 않음으로써, 혹 의문이 제기되면 이 원칙을 재확인함으로써, 그리고 가장 중요하게는, 이 원칙에 따라서 행동함으로써 집행 능력 원칙은 실제로 효과를 발휘한다. 그러므로 여기서 우리가 마주한 질문은 어떻게 상해 입히기가 (두 사람에서 두 집단 사람으로 확장됐을 때) 논박할 수 없는 결과를 낳느냐가 아니다. 그보다는 논박할 수 없는, 또는 논박해서는 안 되는 결과를 낳는다는 허구를 상해 입히기가 어떻게 또는 왜 만들어내느냐이다. 큰 차로 이기든 간발의 차이로 이기든 일단 전쟁이 끝나고 나면 **마치** 전쟁이 자기 결과를 집행하는 능력을 발휘한 것**같이** 보인다. 바로 이 '**마치 ~ 같은**'이라는 기제, 이 '**마치 ~처럼**'이라는 반사적인 반응이 마침내 전쟁이 어떤 수단에 의존하는지를 드러내줄지도 모른다. 두 집단이 '승자'와 '패자'로서 각각 자리를 맡고, 최후의 경계를 넘어서 이제 막 끝난 세계-

　　　　　　　　　　　　　　　　　　　　고통받는 몸

분쇄 활동과 이제 막 시작될 세계-다시 짓기 활동을 가르는 좁은 영토 한 조각 위에 설 때 전쟁이 의존하는 끔찍한 수단이 있다는 것이다. 이 수단을 밝히기 위해 다음 절에서는 '마치 ~처럼'이 수행하는 기능을 논한다.

## IV. 전쟁 종결:
## 훼손된 몸들과 고정되지 않는 쟁점을 나란히 놓기

일반적인 평화 시 활동에서 국민국가가 개인성의 복잡하고도 깊숙한 곳에 의식되지 않은 채로 어느 정도나 존재하는지는 판단하기 어렵다. 국가가 의식의 가장 깊은 층들을 관통해 국가 자신을 개인의 몸에 현시하는 정도를 가늠하기 어렵다는 것이다. 국가가 거기에 '거의' 존재하지 않는 듯 보일 때도 있지만, 아무리 희미하다고 해도 분명히 존재하는 것처럼 보이는 순간도 많다. 예를 들어 사람들이 습관적으로 자기 안으로 집어넣고자 하는 외부 대상, 즉 문화적으로 특정한 음식물을 향한 몸의 허기라는 신진대사의 신비 안에는 국가가 존재하는 듯 보인다. **거의** 존재하지 않는 듯 보이지만, 사람들이 습득한 자세, 몸동작, 걸음걸이, 미소를 잘 짓거나 짓지 않는 버릇 안에, **거기**에는 국가가 존재하는 듯 보인다. 또 사투리 억양 안에, 혀, 입, 목구멍의 배열과 몸 전체를 통해 소리를 울리고 증폭하는 작은 근육들의 복잡한 움직임 안에, **거기**에는 존재하는 듯 보인다. 그래서 한 사람이 방을 가로질러 걸어갈 때 사람들은 그 사람의 몸에서 발산되는 개인의 역사를 볼 수 있다. 어깨와 머리, 엉덩이, 다리, 팔의 자세와 움직임에 조지아주에서 보낸 그의 소년 시절과 맨해튼에서 보낸 청소년기가 드러난다.

몸 안에 습득되어 존재하는 문화는 외부에서 부과된 것으로 설명되기도 한다. 피에르 부르디외Pierre Bourdieu가 지적하듯 '폴리스polis'와 '공손한polite'이라는 단어는 어원상으로 연결되어 있고, 그래서 "공손함politeness에서 비롯된 양보는 언제나 정치적political 양보를 포함한다".[104] 하지만 몸 안에 습득되어 존재하는 문화 중 최소한 일부는 몸에서 기원하는 것으로 봐야 한다. 몸에서 유래한 문화는 몸이 자신의 초기 환경과 절연하기를 거부하는 데서 나오고, 또 몸이 특정 시공간에 거주하고 있다는 기호들을 말 없이, 때로는 아름답게 몸 자신의 리듬과 자세의 일부로 집요하게 흡수하는 데서 나온다. 인간이라는 동물은 매우 어릴 때 '문명화되어civilized' 똑바로 서기, 걷기, 손을 흔들고 신호하기, 듣기, 말하기를 배운다. 이 보편적인 '문명화civilizing' 과정은 특정 사회civil realm, 특정 반구(남반구나 북반구), 특정 국가, 특정 국가 권력, 특정 지역 안에서 일어난다. 이런 정치 영역들에 대한 몸의 충성은 작은 몸짓 하나에 존재하거나 수많은 몸짓 안에 존재한다. 몸의 문화 습득이 이런 식으로 더 정확하게 파악되든 아니든 상관없이 정치 영역들에 대한 몸의 충성은 몸 안 깊숙이 영원히 존재할 것이다. 또 언어 습관이나 한 사람의 국가 정체성에 대한 관념 안에 존재하는 탈체화된 형태의 애국심보다도 더 영구히 몸 안에 존재하고 더 떼어내기 어려울 것이다. 몸의 정치적 정체성은 보통 무의식적으로, 노력 없이, 매우 이른 시기에 습득된다. 영국의 유아들은 태어난 지 몇 달 만에 눈썹을 치켜세우고 있는 법을 배운다고 한다. 또한 몸의 정치적 정체성은 가장 나중에 상실하는 애국심인지도 모른다. 미국 이민 3세대와 4세대 연구에 따르면, 언어, 민담, 명절 등 다른 모든 문화적 관습이 사라지거나 관습을 저버린 후에도 문화적으로 규정된 육체적 고통의 표현은 매우 오랫동안 남아서, 아일랜드계 미국인, 유대계 미국인, 이탈리아계 미국인 사이에 차이가 있다고 한다.[105]

몸에 '기억된' 것은 오래 기억된다. 어느 열다섯 살짜리 소녀가 자전거에서 내렸다가 이후 스물다섯이 되어 다시 자전거에 오르면, 몸이 잊은 것은 10년간의 공백기뿐인 것처럼 그녀는 전혀 힘들이지 않고 다시 능숙히 자전거를 탈 수 있다. 그녀의 몸은 좁다랗게 은빛으로 회전하는 바퀴를 타고 아주 멀리 돌아다니는 법을 여전히 기억한다. 이와 마찬가지로 피

고통받는 몸

아노 건반 위에 놓인 소녀의 손가락은 청각 기억에 없는 노래를 다시 찾아낼 수도 있다. 이 노래는 마치 그녀의 손가락 끝에서 탄생하는 듯이 보일 것이고, 처음 몇 번의 타건에선 좀 더듬거릴 수도 있겠지만 그다음엔 숨쉬기를 하는 양 손가락 끝에서 술술 빠져나오는 것처럼 보일 것이다. 이렇게 거의 '정치와 무관한' 예마저도 정치와 완전히 무관하지는 않다. 소녀의 몸에는 문화적으로 특정한 시간과 장소에서 보낸 삶이 기록되어 있기 때문이다. 그녀는 자전거와 피아노가 발명된 이후의 시간을 살고 있고, 왕족이나 엘리트뿐 아니라 일반 대중도 이 사물들을 사용할 수 있는 장소에 살고 있다. 이전 세기에 살던 사람들은, 아니면 사물이 존재하지 않는 나라에서 온 사람들은, 둥근 날개를 타고 지표면 위를 미끄러지는 소녀라든지 상아 막대 위로 손가락을 움직여서 음악을 만들어내는 소녀의 이야기를 들으면 그 소녀가 천사나 여신이라고 생각할지도 모른다. 육체적 기억 형태 중 어떤 것들은 물론 문화가 미치는 범위 바깥에 있어서, 일상적인 평화 시라는 맥락에 선행하고 그 맥락보다 깊숙이 있으면서도 그 맥락 안에 존재한다. 면역력을 주는 몸의 항체antibody 시스템은 기억 시스템으로 설명되기도 한다. 몸이 이물질foreign bodies에 한 번 맞서고 나면 다음번에는 그 이물질을 인식하고 기억해서 몸 자신의 방어 수단을 방출하기 때문이다. 유전학 연구에서도 DNA와 RNA의 자기-복제 메커니즘은 육체적 기억의 한 형태로 이해된다.[106]

몸에 기억된 것은 오래 기억된다. 자전거 타는 법을 잊어버리라든가, 손가락 끝에 남아 있는 아는 노래를 빼내라든가, 항체나 자기복제라는 기억을 없애라고 강제하는 일은 불가능하다. 이런 기억을 없애려면 몸 자체에 직접 침투해 몸을 바꾸고 상처를 입혀야 할 것이다.[107] 몸의 정치적 정체성도 역시 쉽게 바꿀 수 없다. 어느 영국인 눈앞에 다른 나라 국기가 걸린다면 이 영국인은 눈썹을 치켜세운 채 바라보거나 시선을 돌릴 것이다. 몸은 정치적인 만큼이나 정치적으로 변화시키기 어렵고, 그래서 명백하게 **비정치적인** 특성을 획득하는 경향이 있다. 몸은 **새로운** 정치적 강요에 쉽사리 물들지 않고 그 영향력 바깥에 있음으로써 비정치적으로 보인 다는 것이다.[108] 중국 광둥 지역 주민들이 국가의 산아 제한 목표를 순순히 받아들이지 않고 '체화'하지 않은 것은 어쩌면 당연하다. 광둥 지역에서는 7,000년을 이어져 내려온 줄산에 관한 봉건적 철학이 남아 있어서 '부모 당 아이 하나'라는 표어를 무력하게 만들곤 했다. 가족계획사업 관계자가 열 번, 스무 번, 백 번을 방문해도 소용이 없었고, 가족계획에 따르고자 하 는 부부에게 특별 장려금을 주는 서약 프로그램도, 따르지 않는 부부에게 재봉틀 등 가사에 중요한 도구를 몰수하겠다는 위협도 소용이 없었다.[109] 국민들이 새로운 정치철학을 흡수하게 만들려면, 기존의 정치철학을 흡수 한 적이 없는 사람들에게 새로운 철학을 소개하는 것이 가장 좋은 방법이 다. 다시 말해 아이들이 새로운 철학을 가장 쉽게 배울 수 있다. 이런 변화 는 급진적인 정의를 향할 수도 있지만 극단적인 부정의를 향할 수도 있다. 학교에서의 인종 통합 정책을 통해 미국 아이들에게 인종 평등을 가르친 일은 전자의 예이고,[110] 히틀러 소년단 소속 독일 아이들에게 인종 증오를 가르친 일은 후자의 예이다. 부르디외는 문화적 '습속manners'이 한 세대에 서 다른 세대로 대물림된다고까지 말한다. "이런 방식으로 체화된 원칙들 은 의식의 영향이 미치지 않는 곳에 자리 잡는다. 따라서 자발적·의도적 인 변형이 이루어질 수 없고, 뚜렷하게 드러내기도 어렵다. 이 감춰진 교 육은 '몸을 곧게 하고 서 있어라'든가 '나이프를 왼손에 잡지 말아라'처럼 사소한 명령을 통해 하나의 우주론 전체를, 윤리를, 형이상학을, 정치철학 을 주입할 수 있다. 이런 교육이 달성하는 '성변화聖變化'*를 통해서 **만들어 진** 몸, 가치들이 부여된 몸은 말로 표현하기 너무도 어렵고 소통 불가능하 며 모방할 수 없고, 따라서 매우 귀중하다."[111]

전쟁에서 일어나는 상해 입히기의 성격을 두고 많은 이야기를 할 수 있겠지만 그중 몇몇만이 우리가 직면한 가장 중요한 질문에 실마리를 제

---

*   기독교 성찬식에서 빵과 포도주가 그리스도의 살과 피로 변화하는 것.

공한다. 상해 입히기는 어떻게 영속하는 결과를 만들어내는가, '마치' 패자가 상해 입히기 활동을 재개할 능력을 박탈당한 것'처럼' 보이는 결과를 어떻게 만들어내는가라는 질문이다. 실제로 그런 위치에 패자가 있게 되는 경우는 거의 없음에도 말이다. 전쟁에서 상해 입히기의 성격에 관해 첫 번째로 짚을 점은, 몸이 평소에는 비정치적이다가 전쟁이 일어나는 순간 정치적이 되는 것이 아니라는 점이다. 특정 문화의 경계 내에 거주하는 사람은 어릴 때 그 문화를 흡수하며, 그뿐만 아니라 국민국가는 언제나 체화되어 있는 시민들과 별도의 통지 없이 날마다 상호작용을 계속한다. 특히 정치철학에 아무 변화가 없다면 더욱 그럴 것이다. 어쩌면 정치철학이 갖는 속성이나 미덕, 결점은 그 정치철학이 인간의 몸과 교차하는 장소에서, 그 정치철학이 인간의 몸을 건드리는 장소 또는 건드리지 않기로 동의하는 장소에서 가장 분명하게 나타난다고까지 주장할 수 있을지도 모른다. 이런 장소로는 의료 체계, 식품과 의약품 안전 보장, 법체계가 있다. 어느 정치철학은 의료 체계를 공식적·비공식적으로 뒷받침해서 누구의 몸은 치료하고 누구의 몸은 치료하지 않을지 결정한다. 또 어느 정치철학은 몸 안으로 들어가는 음식과 약의 질과 신뢰성을 보장하거나 하지 않는다. 법체계는 타인의 몸을 향한 개인의 행위를 식별하여 국가가 어떤 행위들은 '정치적으로 불온'하다고(반사회적, 야만적, 불법적, 범죄적이라고) 지정하도록 하며, 그리하여 위반자의 몸에 직접 국가 권력을 부과하고 그 정치적으로 불온한 존재 혹은 야만적 존재를 분리해서 다른 시민과 접촉하지 못하게 한다.

몸과 국가가 어느 정도까지 서로 얽혀 있는지를 쉽게 이해할 수 있는 방법은 둘의 관계가 가장 명백하고도 지속적으로 표명된 것들을 살펴보는 것이다. 일례로 한 사람의 시민권이 일반적으로 해당 국가 경계 내에서의 육체적 **현존**을 수반한다는 사실은 너무도 명백해서 오히려 간과하기 쉬운 몸과 국가 간의 관계이다. 또 몸과 국가 사이에 접촉이 일어나는 복잡하고도 특정한 지점들은 거의 임의적으로 나타나는데, 이 지점들을 살펴봄으로써 둘이 얽혀 있는 정도를 파악할 수도 있다. 예를 들어 미국의 불법행위법law of torts에서 제조물 책임에 관련된 판결들은 인간 몸 안으로 들어간 사물들(음식, 음료)이나 몸 표면에 직접 사용된 사물들(화장품, 비누)에서 처음 시작됐고, 이후에 몸과의 관계에서 덜 직접적인 사물들(음식물 용기, 고객의 시야와 가시성을 확보해주어야 하는 쇼핑몰 주차장 조명)로 확장되었다.[112] 미국 형법에서는 범죄로 기소된 사람에게 자신을 유죄로 만드는 말을 하도록 강요할 수는 없지만, 신체적으로는 자신을 유죄로 만들도록 강요할 수 있다. 이를테면 신원 확인을 위해 법정에 출두하도록 명령할 수 있고, 혈액이나 모발 표본을 제공하도록 강제할 수 있다는 것이다. 이런 표본은 상해를 입은 사람 주변에서 발견된 물질과 일치할 수도 있다.[113] 예를 하나만 더 들자면 대법원이 미국 헌법의 '사생활 보호 권리'를 발동시킨 재판들은 심리, 종교, 직업에 관련된 쟁점을 다루기보다는 인간 몸에 직접 관련이 있는 주제(임신, 피임, 세대 관계의 정의)를 다루는 경향이 있다.[114] 몸과 국가 사이의 복잡하고도 특정한 위와 같은 상호작용은 모든 국가에 여러 형태로 존재할 것이다. 국가, 대륙, 반구에서의 정치적 지형을 변환하는 데 전쟁을 통한 인간 몸들의 변환이 필요한 것처럼 보일 때가 많은 이유는 바로 정치적으로 습득되는 것들이 전시에는 물론 평화 시에도 깊숙이 체화되기 때문이다.

인간의 몸은 이렇게 전시는 물론 평화 시에도 정치적이지만, 이 사실이 두 상황 안의 몸-국가 관계가 연속적임을 뜻하는 것은 아니다. 우리는 여기서 전쟁에서 일어나는 상해 입히기의 성격에 관련해 더 중요한 두 번째 지점에 도달한다. 일상적인 삶에서 나타나는 몸-국가 관계는 전쟁에서 일어나는 일들을 절대 정상화하지 않으며, 오히려 전쟁을 벌인다는 것이 지니는 예외적인 성격을 강렬하게 드러낸다. 무엇보다 먼저 눈앞에 드러나는 것은 국가가 얼마나 극단적으로, 또는 극단적일 만큼 문자 그대로 국가 자신을 몸 안에 새기는가 하는 점이다. 재래식 전쟁에 참여하는 사람들의 **동의**라는 이례적인 사실을 염두에 두고 달리 말하자면, 인간의 몸이 얼

고통받는 몸

마나 문자 그대로 자기 자신을 열고 '국가'가 몸의 상처 안에 기록되도록 허용하는가 하는 점이다. 평화 시 어떤 이는 눈썹을 치켜세우는 것만으로 국가라는 정치적 현실을 문자 그대로 몸 안으로 흡수할 수 있다. 그는 자신이 속한 정치 공동체에서의 성원권을 위해, 또 자신의 성원권을 자신도 의식하지 못한 채 승인하면서 이마 근육 몇 개의 반사 작용을 **변화**시킨다. 이와는 대조적으로 이제 전쟁에서 그는 어떤 지역에 들어가서 어떤 행위에 참여함으로써 자신의 이마, 눈썹, 눈이 찢겨나가는 데 동의한다. 다시 말해 정치적 존재인 그의 삶은 단순히 탈체화된 믿음, 사상, 관념들만 수반하는 것이 아니라 평화 시에나 전시에나 똑같이 육체적인 실제 자기-변환을 수반한다. 단 평화 시와 전시에 일어나는 변환의 형태와 규모는 비교할 수 없을 정도이다. 자기-변환의 지속 시간을 예로 들어보자. 평소에 국가나 민족$^{nation}$은 매일 몇 초 동안 하는 특정 종류의 악수나 인사의 형태로 팔다리에 기록되어 있을 수도 있고, 매년 며칠 동안 추는 어느 지방 고유의 춤을 통해 다리와 등에 흡수되어 있을 수도 있다. 하지만 평소 국가$^{state}$에 몇 초나 몇 분 대여했다 되찾는 바로 그 팔과 다리는 전쟁에서는 다치고 잘려나가면서 영구히 국가에 대여될 수도 있다. 성인 인간은 본인의 동의가 없으면 새로운 정치철학이 언어적으로 부여된다고 해도 보통 육체적으로 '변환되지' 않는다. 그렇기에 더욱 사람들이 전쟁에 나가는 데 동의하곤 한다는 사실, 몸에 이러한 극단적인 자기-변환을 허용하는 데 동의하곤 한다는 사실은 매우 놀랍고 진정 감탄할 만하다. 군인이 자신의 몸 변환에 개인적으로 동의하는 행위를 묘사하기 위해 관례적으로 쓰이는 '영웅적 무용武勇' '희생' '헌신' '용기'라는 용어는 전쟁의 집단적 야만과 어리석음의 한가운데에서라도 부적절하게 들리지 않으며 거짓도 아니다.

전쟁 결과의 지속 기간에 관한 질문의 답은 **부분적으로는** 전쟁이라는 경기 활동의 지속 기간에서 나온다. 몸에 기억되는 것은 오래 기억된다. 엄청나게 많은 참가자의 몸은 철저하게 변환되며, 이 새로운 변환들은 평화 시로 이월된다. 그리하여 20세기에 있었던 여러 전쟁에 참여한 미국의 역사는 어느 미국 가족 내 생존 세대들을 가로지르면서 조용히 전시될 수 있다. 조부의 일그러진 발은 프랑스에서 맞은 유산탄 조각의 위치와 착륙 지점을 영구히 기념할 것이며, 그루터기만 남아 있던 옥수수밭을 고생스럽게 진군해갔던 이야기가 그 발에 언제나 달라붙어 있을 것이나. 1942년 육군 훈련소를 휩쓸었던 류머티스성 열 때문에 심장이 망가진 아버지는 이 병으로 전투에서 면제되었지만 아시아 독감에는 치명적으로 취약해졌고 몇 십 년 후 이 독감으로 죽는다. 사촌의 다친 허리와 절뚝이는 다리는 걸을 때마다 '베트남'이라는 말을 외치는 듯하며, 이런 그의 몸은 수많은 동료가 입은 부상과 더불어, 언어적으로 기념되든 아니든 전쟁의 기억은 전쟁에서 다친 사람들(생존해 있든 땅에 묻혔든)의 몸 안에 살아남는다는 사실을 분명히 한다. 한 국가의 국민 전체나 영토 전체가 전쟁에 말려들면 전쟁의 역사는 더욱 광범위하게 자신을 선언한다. 밝고 현대적이고 주황과 황갈색 빛으로 '새롭게' 건축된 도시인 베를린은 바로 이 '새로움'을 통해 자신이 예전에 겪은 파괴를 고백한다. 대대적으로 파괴되었기에 그 '새로움'이 필요했던 것이다. 놀라울 정도로 '현재'이고 1960년이고 1970년이고 1985년인 앞쪽 대로들과, 대로 건물 바로 뒤 1945년에 멈춰 있는 듯 보이는 건물 안마당 사이의 시간적 불일치도 예전의 대대적인 파괴를 고백한다. 이 안마당들에 보수되지 않은 채로 남아 있는 총알구멍은 시간을 그 자리에 붙잡아놓고 있어서, 공중에서 폭격당하고 도시 구획 하나하나를 전부 점령당했던 베를린을 말해준다. 유서 깊은 건축물들이 많은 은백색과 남보라색의 파리는 손상되지 않은 오래된 거리와 건물들을 통해 그 도시의 생존과 항복을 알린다. 여기저기에 붙어 있는, 레지스탕스 전사자들을 기리는 현판을 제외하고는 거리와 건물들의 장엄한 외관은 전쟁에 훼손되지 않았다. 이와는 달리 제1차 세계대전에서 프랑스는 젊은 층 남성 세 명 중 두 명이 죽거나 팔다리를 잃는 등 큰 피해를 입었다. 이런 역사도 지하철 창문에 붙은 안내문에 여전히 남아 있다. "번호가 붙은 자리는 상이군인 우선 좌석입니다." 꿋꿋이 서 있는 그 도시 아래를 매일 달리는 이 명문銘文은 지상에 기록된 제2차 세계대전의 이야기와 대위 선율처럼 나란히 놓이며 또 그 이야기를 부분적으로 설명해준다.

여기서 예로 든 물리적/육체적physical 기호들은 그것들을 만들어낸 물리적/육체적 활동보다 10년, 40년, 또는 60년 더 오래 살아남았다. 전쟁이 끝난 지 2년이라든지 4개월이 지난 종전 직후의 시기에 국민들은 전쟁이 남긴 것을 여전히 너무도 강하고 일상적이고 거대하게 경험하지만, 위 기호들은 이 시기 경험의 희미한 윤곽만을 드러낸다. 반면 종전 직후 생존자들은 이 기호들 안에 잠겨 있고 삼켜져 있다. 지금부터 우리는 바로 이 기간을 이해해보고자 한다. 이제 막 종전이 선언되고, '승자'와 '패자'가 정해지고, 강화講和 조건 및 전후 쟁점들의 처리가 협상되고 수용되고 실행되는 과정에 있는 때이다.

논의 초반에 짚은 내용으로 돌아가보자면 전쟁에는 손상이 일어나는 세 영역, 즉 변환이 일어나는 세 영역이 있다. 첫째는 체화된 사람들이다. 둘째는 물질문화, 즉 인간들의 자기-연장이다. 셋째는 국가 의식의 여러 측면들, 정치적 신념, 자기-정의定義 같은 무형문화이다. 전쟁이 목적으로 삼는 영역은 세 번째이다. 전쟁을 대체하여 국가 간의 갈등을 해결할 수 있는, 상상할 수 있는 다른 모든 경기에서도 마찬가지이다. 갈등 중인 국가들의 자기-정의가 충돌했기에 전쟁이 일어났으며, 최소한 둘 중 한 편이 자기-신념 형태, 자기-연장 형태를 철회하거나 포기하거나 변화시킨다면 갈등은 사라지기 때문이다. 전쟁에서 첫 번째와 두 번째 종류의 손상은 양편 중 어느 쪽이 세 번째 종류의 손상을 겪을 것이냐를 결정하는 수단이다. 양편 모두 첫 번째와 두 번째 종류의 손상을 겪을 것이지만, 오직한 편만이 세 번째 종류의 손상을 입게 된다. 이 세 번째 영역에서의 변화를 어느 편이 겪을지 결정하는 것이 '승자'와 '패자' 지정이다. 그리고 승자·패자 지정 기능에 더해, 종전이 선언되고 나면 이제 첫 번째와 두 번째 손상 영역은 세 번째 손상 영역의 영구적 기록으로서 기능한다. 상해 입히기 경기가 끝나고 난 후에도 이 두 손상 영역은 오래도록 남아서 그러한 경기가 있었다는 사실, 전쟁이 있었다는 사실, 승자와 패자가 있었다는 사실을 대상화한다. 여기서 다음과 같은 점에 주목해야 한다. 세 번째 영역의 손상은 **누가** 승자였고 **누가** 패자였나를 대상화 혹은 명시하는 것이 아니라, 전쟁이 **있었고** 승자와 패자가 있었음을 대상화 혹은 명시할 뿐이다. 전쟁 결과가 준수되는 이유는 부분적으로는 손상된 영역이 기록으로 남기 때문이다. 논박할 수 없는 결과를 낳는 것은 '상해 입히기'가 아니다. 지고 있는 편에는 부상을 당했음에도 여전히 총을 들 수 있는 사람이 많을 뿐 아니라, 전쟁이 시작되었을 때에는 13세, 14세, 15세였던 군인들의 형제자매가 이제는 18세, 19세, 20세로 자라 있다. 군인 집단은 대대적인 파괴가 일어나고 있는 중에도 자신을 재생한다는 뜻이다. 하지만 일단 종전이 합의되면, 전쟁이 일어났고 전쟁 중단에 양측이 동의했다는 사실이 그들의 몸과 물질문화 안에 새겨진다.

앞의 3절에 나온 이론상의 대체 경기들은 위와 같은 기념/기억 memorialization에 해당하는 일을 수행하지 못한다. 전쟁을 대체하며 장기간에 걸쳐 대규모로 열리는 테니스 경기를 상상해본다면 무엇을 기념의 수단으로 삼을지도 생각해봐야 한다. 두 국가의 모든 도시와 마을에 있는 공원에 테니스 코트(직물 짜기 경기였다면 베틀)를 축소한 모형을 짓는 것으로는 충분치 않을 것이다. 이런 모형은 전통적으로 마을 공원에 설치하는 전쟁 조각상이나 현수막과 같은 것일 뿐, 손상된 몸들의 감응력에 남거나 국토 위에 남아서 계속 경험할 수 있도록 기념하는 무언가가 될 수 없기 때문이다. 이런 모형보다는 몸에 더 가까이, 몸 바로 곁에 있는 기록이 필요하다. 가령 8년 동안 모든 참가자의 팔꿈치 위쪽에 감아두는 푸른색 실을 생각해볼 수 있다. 실은 눈에 잘 안 띄고 약해 보이겠지만 계속해서 피부를 가볍게 누르고 있을 것이며, 이 압력을 통해서 변함없이 몸 위에서 계속 존재감을 발휘할 것이다. 승자나 패자나 똑같이 푸른색 실을 감을 텐데, 전쟁에서 일어나는 육체적 손상은 기념 기능을 하지만 특정해서 기념하지는 않기 때문이다. 즉 전후에 승자들은 살고 패자들만 죽는 것도 아니

고통받는 몸

고, 승자들은 다치지 않은 채로 살아 있고 패자들은 다친 채로 살아 있는 것도 아니고, 다친 승자들은 모두 다리를 잃는다거나 다친 패자들은 모두 손이나 눈을 잃는 것도 아니다. 그러므로 대상화를 대체하는 방식도 두 나라 국민 모두에게 똑같아야 한다. 이 방식은 '비상호적 결과를 내기 위해 상호적 활동을 수행하기'가 포함되는 과정이 있었다는 사실을 증명하기만 하면 된다. 또 실 같은 것이 아니라 갈등 해결 과정의 기억을 흡수한 사소한 몸동작을 일상생활의 일부로 만들어서 이 동작을 통해 기억을 대상화할 수도 있다. 이를테면 두 나라의 모든 사람이 걷기 직전과 걸음을 멈추기 직전에 발등을 앞쪽으로 구부리는 동작을 익힐 수도 있을 것이다. 발등을 구부리는 동작은 습관이 돼서 의식하지 못하는 사이에 평화 시 활동들로 이월될 것이며, 종전 후 재개된 모든 세계-짓기 노동에 이 동작은 항상 수반되겠지만 가끔씩만 의식될 것이다.

위에서 상상해본 가느다란 푸른 실이나 앞쪽으로 구부린 발 같은 기호는 전쟁의 '기호/흔적$^{sign}$'에 상당하기에는 분명 부적절하다. 하지만 왜 부적절한지를 사유해봄으로써, 위에서 상상해본 기호들이 충분히 대체할 수 없는 상해라는 것이 어떤 본성을 갖는지를 밝힐 수도 있을 것이다. 또 그리하여 전쟁을 나타내는 기호에 '적절하게' 상당하는 것이 무엇인지를, 평화적이면서도 설득력이 있는 대체물이 무엇인지를 언젠가 알게 될 수도 있을 것이다. 따라서 위 상상 속 기호들은 별다른 이유 없이 제시된 것이 아니다. 이런 상상의 대체물을 곰곰이 생각해보는 일이 이상하고 당혹스럽기까지 하다면, 전쟁이 다른 경기에 비해 우월한 단 한 가지 지점에 주목하지 않는 것은 훨씬 더 이상한 일이 아닐까? 즉 전쟁의 결과는 준수된다는 점, 그리고 상해 입히기가 작동하는 이유가 부분적으로는 상해가 만들어내는 영속하는 기호 때문이라는 점에 주목하지 않는 것은 훨씬 더 이상한 일이 아닐까? 또는 기념/기억 과정을 통해 전쟁 결과가 유지된다는 사실을 알게 되었음에도 전쟁을 대체해서 기념 작업을 똑같이 수행할 기호를 찾거나 만들어내지 않는다면, 이것이 더 이상하고 인간적으로 당혹스러운 일이 아닐까? 사람들은 상해 입히기와 상해 당하기라는 전쟁의 무시무시한 내부 활동에 동의할 뿐만 아니라 전쟁의 종료, 전쟁이 끝났다는 사실에도 동의한다. 인간의 동의 능력, 즉 계약·공약·서약·절차를 만들 수 있는 인간의 능력은 마치 자연법칙인 양 준수되는 결과를 낳을 수 있다. 특히 상해의 본성이 인간의 동의 능력이 발휘되는 데 어떻게 기여하느냐라는 질문은 논의 처음부터 암암리에 존재한 관심 주제였다. 이번 장을 마무리하는 지금 논의에서는 이 질문을 완전히 명백한 주제로 삼아 다룰 것이다.[115]

위에서 살펴본 상해 입히기의 특성, 즉 승자와 패자를 구분하지 않고 기념한다는 특성을 좀 더 자세히 살펴봐야 한다. 몸과 믿음 간 관계가 첫째로 극단적이며 둘째로 지속된다는 점 외에 상해 입히기의 성격에서 또 다른 주목할 만한 점이 있기 때문이다. 바로 상해의 지시 방향이 완전히 유동적이라는 점이다. 상해 입히기의 이 세 번째 특성은 전쟁이 어떻게 해소되는지를 이해하는 데 아마도 가장 핵심적일 것이다. 상해 입히기라는 경기 활동은 양측이 다투는 쟁점과는 아무 관계가 없다. 남북 전쟁 동안 부상당한 북군과 남군 병사들의 몸을 나란히 놓는다고 해도 이 상처들이 양측의 다른 정치적 신념을 나타내지는 않는다. 러시아 병사, 강제수용소에서 온 유대인 포로, 히로시마 거리에 서 있던 민간인처럼 제2차 세계대전에서 부상당한 세 사람이 함께 있다고 해도 이들 몸의 무언가가 연합국과 추축국의 쟁점이 어떤 다른 특성을 갖는지를 말해주지는 않는다. 이 상처들은 누가 이겼고 졌는지를 보여주지 않는다. 앞에 나왔던 사례를 다시 보자면, 어느 미국인 할아버지의 발과 사촌의 허리께에 있는 뒤틀린 뼈가 미국이 제1차 세계대전에서는 이겼고 베트남 전쟁에서는 졌다는 사실을 보여주지는 않는다. 프랑스 어느 세대 사람들의 몸에 남은 상처가 1918년에 프랑스가 이겼는지 졌는지를 말해주지 않으며, 베를린 거리에 남은 가시적인 손상이 1945년에 독일이 이겼는지 졌는지를 말해주는 것도 아니다. 베트남 영토에 남은 폭탄 구멍이 승리를 쟁취한 핵심 장소를 표시하는

고통받는 몸

것도 아니다. 이 모든 예에서 표시되는 것은 '전쟁'이 있었다는 것, 즉 '비상호적 결과를 내기 위한 상해 입히기라는 상호적 활동'이 있었다는 것뿐이다.

그렇다면 전쟁에서 상해 입히기 활동은 분리된 두 가지 기능을 갖는다. 먼저 상해 입히기 활동은 패자와 승자를 결정하는 수단이 된다. 그리고 전후에는 승자·패자와는 무관하게 그 상해 활동 자체의 기록이 된다. 첫 번째 기능에서 상해는 지시 작용을 한다. 두 편 중 어느 쪽에 상해와 손상이 발생했느냐는 매우 중요하며, 분쟁 당사국들 및 이들을 지켜보고 있는 국제사회는 '사상자 수 비율'을 주시한다.[116] 반면 두 번째 기능에서 상해가 가리키는 장소는 더는 이원적이지 않다. 이제 상해는 전쟁이 일어났고 또 끝났음을 일괄해서 실증한다. 두 기능에 나타나는 지시 방향의 차이는 분쟁 **동안**과 분쟁 **이후** 사상자 수가 차지하는 위치가 어떻게 달라지는지를 봄으로써 알 수 있다. 미 남북 전쟁 중에 전투가 있었고 지금까지 이 전투에서 2만 명의 사상자가 있었다고 하자. 여기서 북부가 2,000명을 잃고 남부가 1만 8,000명을 잃었는지, 아니면 남부가 2,000명을 잃고 북부가 1만 8,000명을 잃었는지, 북부와 남부가 각각 1만 명씩을 잃었는지를 아는 것은 매우 중요하다. 이 차이들은 누가 전투에서 이길지를 결정한다. 또 여러 전투를 통해 최종적으로 둘 중 어느 편이 상대편보다 '더 많이 상해를 입히는지'를 결정하는 데,[117] 즉 승자·패자를 결정하는 데 기여한다. 하지만 일단 승자와 패자라는 명칭이 최종적으로 붙고 전쟁이 끝나면 해당 전투나 전쟁 전체에서 사상자가 어떻게 배분되었는지는 중요하지 않다. 한쪽의 사상자가 압도적으로 많았든 사상자가 비슷했든 상관없이 위 2만 명 전부는 이제 함께 승자 및 승자의 쟁점들을 실증한다. 혹은 다음과 같이 말해도 거의 똑같이 정확한 표현이다. 즉 위 2만 명 전부는 패자의 쟁점들이 더는 존재하지 않거나 사라졌음을 실증한다. 남북 전쟁이 끝날 무렵 남부의 어느 가족은 말할지도 모른다. "남부의 자치권, 경제와 인종에 관한 남부의 견해가 존속하는 일은 우리에게 너무도 중요하다. 지금까지 9만 4,000명이 그 중요성을 실증하기 위해 죽었다." 북부의 어느 가족은 이렇게 말할 수도 있다. "이 나라의 단결, 산업화된 북부가 패권을 잡는 것, 그리고 인간다운 정의正義를 향해 북부가 품은 신념은 너무도 중요하다. 이 신념을 위해 우리 젊은이들 11만 명이 죽었다." 하지만 일단 선생이 끝나고 나면 이 같은 언어적 설명은 다른 설명으로 대체되는 경향이 있다. 대체되는 설명에서 사상자 수는 9만 4,000명과 11만 명이 아닌 20만 4,000명, 병사한 이들까지 포함하면 53만 4,000명이며, 이 사상자 수는 전부 함께 단 하나의 결과를 실증한다. 혹은 단 하나의 결과를 내기 위해 치른 대가로 여겨진다. 그 결과란 "인종 문제에서의 정의와 국가의 단결은 하나의 국가인 미국에게 너무도 중요했다. 그래서 남북 전쟁에서 53만 4,000명이 죽었다" 혹은 "신생국인 미국은 노예제도 때문에 온전치 못했고 그 제도를 폭력적으로 제거해야 했다. 그래서 남북 전쟁에서 53만 4,000명이 죽었다"이다. 남부의 어느 소년은 봉건적인 농업 제도를 위해 자신이 부상당하고 또 부상을 입히는 일을 감수한다고 믿었고, 이 신념 때문에 전쟁이 끝나기 전까지 많은 어려움을 겪다가 결국 죽음에 이른다. 하지만 일단 전쟁이 끝나면 소년의 죽음은 봉건적 농업 제도와 그 제도가 의존했던 인종 불평등이 사라졌음을 실증한다.

상해 입은 몸의 지시 방향이 유동적이라는 점은 위와 같은 언어 습관, 즉 종전 후 모든 사상자 수를 단 하나의 현상으로 언급하는 언어 습관에 분명하게 나타난다. 이와 같은 종류의 또 다른 언어 습관이 있다. 양측의 상해를 구별하긴 하지만 다음 **두 가지 경우에만** 한편에 발생한 상해를 언급하는 것이다. 한편이 이겼다는 사실을 명확하게 하려는 경우, **또는** 졌다는 사실을 명확하게 하려는 경우이다. 이 언어 습관에서 상해를 입은 사람들의 숫자는 어느 국가가 이겼다거나 졌다는 말과 나란히 놓이며, 이는 발생한 상해가 승리 **또는** 패배를 보여주는 '증거'로 여겨짐을 보여준다. "그들이 이겼다. 1만 명이 거기서 전사했다"와 "그들이 졌다. 1만 명이 거기서 전사했다"는 두 가지 문장은 거의 같은 빈도로 등장한다. 그래서 사

고통받는 몸

람들은 이렇게 말한다. "러시아가 타넨베르크 전투에서 졌다. 3만 명의 러시아인이 거기서 죽었다" "제2차 세계대전에서 러시아가 독일에 승리했다. 2,000만 명의 러시아인이 그 전쟁에서 죽었다". 두 가지 문장은 서로를 무효화하지 않으며 둘 모두 의미 있는 진술이다. 상해는 서로 다른 종류의 현상들을, '승리'와 '패배'처럼 너무 달라서 정반대인 현상들까지도 실증한다고 여겨지며 또 그렇게 사용된다. 이 사실은 상해가 지닌 특별한 성격을 보여준다. 죽음들을 일괄하여 단 하나의 현실로서 언급하는 일과, 한 편의 죽음을 그 편의 승리나 패배를 증명하는 것으로 언급하는 일 모두 몸의 지시 작용이 불안정하기 때문에 생겨난다. 몸의 지시 작용이 불안정하므로 어떤 결과가 나오든 몸이 자신의 실제성을 그 결과에 부여할 수 있다. **일단 전쟁이 끝나고 나면** 육체적 변환들은 이제 각 편에 속하는 것이 아니라 아무 편에도 속하지 않는 동시에 두 편 모두에 속하는 것처럼 보인다. 부분적으로는 바로 이 이유 때문에 상해가 **전쟁 동안** 핵심 활동이 아니라거나 상해가 승자와 패자를 결정하는 데 핵심적이지 않다는 잘못된 관념이 나타나며, 그리하여 상해가 전쟁 서술에서 재현되지 않거나 잘못 재현되는 것일 수 있다. (앞에서 살펴보았듯 상해가 전쟁 서술에서 재현되지 않는 경우로는 생략과 재서술이 있었고, 잘못 재현되는 경우로는 '부산물' 비유, '우연한 발생' 비유, '더 작은 것으로 대체되는 비용' 비유, '평화적인 활동이 연장된 것' 비유가 있었다.)

전시에 정치적 신념과 몸의 관계는 평화 시보다 훨씬 더 극단적이고 지속적이며, 그리하여 더욱 '실체가 있고^substantial' 더욱 강렬하게 '실제^real'이며 경험할 수 있을 정도로 실제이다. 나아가 위에서 보았듯 평화 시보다 문화적으로 덜 특정적이다. 더 극단적이고 지속적이라는 전자의 속성과 문화적으로 덜 특정적이라는 후자의 속성은 함께 전쟁 종료 시에 발생하는 '마치 ~ 같은' 현상이 일어날 수 있게 한다. 예를 들어 어떤 사람이 '조국을 위해^for his country' 눈과 이마를 희생시킬 때 일어나는 자기-변환은 이 사람이 무의식중에 '조국 때문에^for his country' 눈썹을 치켜세울 때 일어나는

변화보다 훨씬 더 극단적이지만, 전자의 내용물이 조국을 지시하는 정도
는 후자의 경우보다 훨씬 덜하다. 즉 눈썹을 습관적으로 특정한 위치에 두
는 버릇은 그리스, 미국, 러시아적이라기보다는 영국적이며, 전시에 일어
나는 극단적인 자기-변화는 이에 비하면 덜 영국적이다. 몸이 지니는 지
시 작용의 불안정성은 상해 입히기에서 극단에 달하지만, 전쟁에서 상해
를 입지 않은 몸들도 지시 작용의 불안정성을 특징으로 한다. 역사가 윌
리엄 맥닐<sup>William McNeill</sup>은 전쟁에서의 기술 변화가 문명 발달 과정을 따라
어떻게 나타났는지 연구한다. 그는 17세기 현대식 군대의 창설이 "과학
의 탄생 등 같은 시대에 있었던 여타 커다란 진보만큼이나 놀라운 방식으
로 이루어진" 일이었다고 본다.[118] 또 많은 사람이 함께 발맞추어 행군하거
나 모든 참여자가 일련의 42개 동작을 정확하게 똑같이 수행하여 총을 발
사하는 등 규칙적 움직임을 훈련함으로써 특정 종교나 국가의 기호가 군
인의 몸에서 사라지는 결과가 나타난다고 짚는다. "훈련과 새로운 일과는
군인들의 정신에 영향을 미쳐서 신병의 출신과 기존 경험은 한 명의 군인
으로서 그가 하는 행동과 대체로 관계없게 될 정도였다."[119] 이와 같은 훈
련과 일과는 기본적인 전략 개념과 마찬가지로 국제적으로 전파되어[120] 전
쟁에 참여하는 양측 국가 모두 공유하게 되는 경향이 있다.

상해의 경우에는 더욱더 몸에서 문화적 내용물이 없어진다. 상처를
북한, 독일, 아르헨티나, 이스라엘의 것으로 만드는 무언가가 더는 몸에
남아 있지 않기 때문이다. 한때 어느 소년의 얼굴이었던 것의 내부에, 또
는 몸통이었던 것의 내부에 그 무언가는 이제 존재하지 않는다. 몸이 날아
가기 직전만 해도 소년은 중국, 영국, 미국, 또는 러시아라는 국가 정체성
을 지녔지만, 이제 노출된 뼈와 폐와 피는 빨간 바탕에 노란 별 다섯 개라
든지 유니언 잭, 아니면 별과 줄무늬들, 망치와 낫의 형상에 더는 속하지
않는다. 또 죽기 직전까지 소년은 계속 국가를 불렀을지도 모르지만, 이제
그 벌어진 몸 위에 국가의 첫 소절이 적혀 있지는 않다. 살아 있을 때만 소
년은 노래할 수 있었다. 다시 말해 살아 있을 때만 소년은 자기 몸이 지시

하는 방향을 결정하고 통제할 수 있었고, 자신의 체화된 인격과 현존을 통해 어떤 관념과 신념을 실증할지를 결정할 수 있었다.

소년의 상처는 아무것도 지시하지 않는다. 피가 떨어지는 군복이라든지 국적을 확인해주는 탈체화된 상징물의 단편과 기타 문화적 기호에서 그 상처가 지향했던 지시 대상을 추론할 수는 있다. 이 시점에서 몸과 문화의 극단, 몸과 폴리스의 극단, 감응력과 자기-연장의 극단은 가까이 있음으로써만 서로 관련을 맺는다. (몸은 언제나 체화되어 있다. 문화는 보통 일부는 체화되어 있고 일부는 탈체화되어 있지만, 이제는 완전히 탈체화된 형태의 자기-연장이 된다.) 소년은 이라크 영토에 있는 이란 사람일 수도 있고 북한에 있는 미국 사람일 수도 있으므로 여기서 '가까움'은 몸과 영토의 가까움이 아니다. 가까이 있기에 서로 연관되는 것은 몸과 군복, 몸과 국기, 또는 몸과 언어적 확인이다. 몸과 언어적 확인의 예로는, 동료 군인이 수풀 사이에서 소년을 찾아낸 다음 옆에 무릎을 꿇고 소년의 신분을 증명할 수 있는 무언가를 찾아내 근처에 서 있는 사람들에게 "얘 미국인이야"라고 알려줄 때를 들 수 있다.

하지만 몸의 지시 방향이 근접 혹은 병치에 의해 결정된다고 할 때 가까이 있는 것, 병치되는 것은 다른 것으로 바뀔 수 있다. 다른 상징물이나 문화의 단편이 상처 옆에 놓일 수 있으며, 그러면 상처의 강렬한 실제성은 이제 그 다른 단편에 달라붙어 있는 일단의 다른 신념을 위해 작동할 수도 있다. 이런 전환이 뚜렷하게 발생하는 예로는, 소년이 죽었다는 소식을 적이 듣고 그 죽음을 죽음이 아니라 성공적인 살해로 이해하며 소년의 죽음이 자신들의 편에 속하고 자신들의 대의를 실증한다고 이해하는 경우가 있다. 프랑스 소년의 몸에 난 상처를 '프랑스의 것'이라고 생각하고 싶어 하는 사람도 있을 것이다. 그러나 상해가 존재하는 장소 바깥으로 상해의 속성을 끌어낼 수 있다는 것, 마치 소년의 가슴 조직과 몸 나머지 부분과의 연결이 끊어지면서 상처가 생긴 것처럼 상해의 속성을 밖으로 끌어낼 수 있다는 것이 바로 상해의 본성이다. 소년이 그 상처 때문에 죽는다면, 몸 전체가 크게 영향을 받고 철저하게 변환될 것이다. 이제 소년의 몸 전체가 상처이다. 죽은 소년의 몸은 소년의 편에 속하는가? 아니면 소년을 죽인 자의 편, 즉 소년을 '제거한/데리고 간took' 편에 속하는가? 죽은 소년의 몸은 양편 모두에게 속하거나 어느 편에도 속하지 않는다. 이 사실은 전쟁이 끝난 후 작동하는, 죽은 몸의 '지시하지 않는nonreferential' 성격을 드러낸다. 이 비지시성은 지시 활동을 모두 없앤다기보다는 놀라운 지시 활동의 자유를 죽은 몸에 부여한다. 지시 활동의 방향은 이제 개인성이나 동기라는 원래 맥락에 따라 제한되거나 통제되지 않으며, 따라서 종전 시 지시 활동이 움직여갈 수 있는 방향들은 늘어난다. 부상당한 소년이 살아남는다면 얼마 동안 소년은 강렬하도록 실제인 가슴팍의 고통에 모든 관심을 쏟을 것이며, 그래서 소년의 신념은 잠시 뒤로 밀려날지도 모른다. 하지만 회복해감에 따라 고통은 소년의 신념을 다시 증명하고 소년이 확신하는 바에 고통의 강렬한 실제성을 부여할 수도 있다. 한편 소년이 죽는다면 그의 벌어진 몸이라는 강렬한 스펙터클은 소년을 발견한 전우들의 정치적 신념이나 국가를 향한 충성에 강렬함이라는 특성을 부여한다. 전우들은 소년의 살flesh에 적들이 해놓은 짓을 보고 경악하면서 자신들의 임무를 다해야겠다고 더욱 생생하게 느끼게 될 수도 있다는 것이다. 적들에게도 마찬가지이다. 소년의 죽음은 다른 많은 죽음과 함께 하나의 숫자로서 적들의 자기-신념을 되살아나게 할 수 있다. "영국인 열 명이 폭발로 죽었다. 아일랜드 만세!" "드레스덴이 전부 불타고 있다. 연합국의 대의여 만세!"인 것이다. 몸과 문화의 극단은 처음에는 군복에서 흘러내리는 피 안에 나란히 놓였으며 이제는 이 문장들 안에 나란히 놓인다.

위 부상당한 소년의 경험이나 다른 군인들이 소년을 발견한 경험에서 볼 수 있는 지시 활동의 유동성은 위와 같은 경험들을 하나로 묶어서 볼 때 가장 명확해진다. 앞에 나온 사례 중 남북 전쟁의 전체 사상자 수가 단 하나의 결과를 실증하는 때가 그렇다. 다른 모든 전쟁에서도 마찬가지이다. 제2차 세계대전에서 5,000만 명의 죽음은 전후 승자들이 결정한 결과를 실증한다. 5,000만 명 중 반절만 패자가 전에 '소망했던' 쟁점 또는 한때 '믿었던' 신념을 실증하는 것이 아니다.[121] 5,000만 명의 죽음 전체는 어느 쟁점을 영속하는 현실로 남게 하고 다른 쟁점은 사라지게 한다. 또 이라크와 이란 사이의 전쟁이나 이스라엘과 아랍 국가들 사이의 전쟁처럼 현재 진행 중인 전쟁에서는 사상자 수가 각 편에 속하며, 사상자 수가 각 편에 배분되면서 승자와 패자를 정하도록 작동한다. 하지만 시간이 흘러 언젠가 전쟁이 끝나면 양편의 사상자는 전쟁 결과를 일괄하여 실증할 것이다.

지금까지 상해 입히기의 일부 속성을 드러내봤다. 드러낸 속성을 더 상세하고 명료하게 표현하기 위해서는 이 속성들을 종합적인 분석틀 안에 놓아야 한다. 아래에서는 이 종합적 분석틀이 무엇인지 간략히 요약할 것이다. 훼손된 몸이 지니는 지시 작용의 불안정성은 생각해보기에 매우 불쾌할 수 있다. 무엇보다 다음과 같은 점에서 그렇다. 어느 국가의 국민이 자신들의 의지를 폭력적이고 육체적으로 피해가 큰 방식으로 전시함으로써 마침내 무언가를 확증하지만, 이 무언가를 해당 국민의 것으로 확보하는 능력을 부정하기 때문이다. 그리하여 일단 전쟁이라는 경기가 끝나고 나면 상해 입히기의 기능은 멈춘다고 주장하고 싶어질 수도 있겠지만, 이런 충동은 피해야 한다. 그 주장이 사실이 아니기 때문이다. 만일 사실이라면, 즉 상해 입히기가 승자와 패자를 정하기 위한 수단을 제공하는 역할만을 한다면 다른 경기 활동이 전쟁을 대신하여 전쟁과 똑같이 승자와 패자를 정하는 수단이 될 수 있다. 전쟁이 승자와 패자를 정하는 첫 번째 기능만을 가진다는 주장은, 그렇다면 전쟁이 하는 일이 너무도 평화적이고 쉽게 복제될 수 있는데도 왜 인간들이 전쟁의 대체물을 내놓지 못하는지를 설명하지 못한다. 전쟁을 대체하는 활동은 상해 입히기와는 달리 승자와 패자를 지정하기만 할 뿐 그 승자·패자 지정이 강력하고 지속되며 준수되도록 만들지는 못한다. 논박할 여지가 없고 더는 '다툴 수 없는' 것처럼 수용되는 활동 종료를 만들어내지 못한다는 것이다. 따라서 질문은 '전쟁에서의 상해 입히기가 정확히 어떻게 이러한 작업을 하는가?'가 된다. 지금까지 강조했듯 상해 입히기가 계속 겨룰 수 있는 힘을 패자 측에서 제거함으로써 전쟁을 종료시키는 것이 아니다. 상해 입히기는 **마치** 패자가 더는 겨룰 수 있는 능력을 가지지 않은 **것처럼** 실제이고 절대적이고 강렬한 결과를 제공함으로써 전쟁 종료를 가져온다. 이번 절에서 탐구하고 있는 것이 바로 이 '마치 ~ 같은'이라는 기능의 본성이다.

　　그렇다면 지금 논의의 전체 틀 안에는 네 가지 핵심 부분이 있다. 첫 번째와 두 번째 핵심 부분은 상해 입히기의 두 가지 기능이다. 첫 번째 기능은 승리와 패배를 결정하는 것이다. 상해 입히기는 어느 집단이 승리 또는 패배할지를, 갈등의 대상이 된 신념 중 어느 쪽의 신념이 승리 또는 패배할지를 정한다. 두 번째 기능은 첫 번째 기능이 생산하는 결과를 실증하는 것이다. 두 기능이 매우 다르고 또 서로 분리될 수 있다는 점이 분명해지면, 패자가 상해를 가할 수 있는 능력을 더는 보유하지 않게 된다는 '집행력' 논의로 돌아가 오류를 살펴볼 수 있다. 오류는 상해가 수행하는 작업 전체를 두 가지 기능 중 첫 번째 기능에만 배정하기 때문에 생긴다. 또 승자와 패자 범주를 **철저하게** 확정한다는 점이 상해 입히기를 다른 경기 활동과 차별화하는 지점이라고 잘못 생각하면서, 사실상 '승자'는 '살아 있음'을 의미하고 '패자'는 '죽었음'을 의미하도록 몰아가기 때문에 생긴다. 그러나 상해 입히기에는 첫 번째와는 완전히 별개인 두 번째 기능이 있다. 두 번째 기능은 승자의 쟁점들이 전반적으로 실행되어 **실제화될**made real 때까지 첫 번째 기능이 생산한 결과를 절대적이고 **실제처럼 보이도록** seem real 만드는 것이다. 이 두 번째 기능, '기호로서의 상해'는 시간상으로 과거와 미래 양쪽 모두를 가리킨다. 기호로서의 상해는 우선 과거에 있었던 활동을 영구히 가시화하며 따라서 기념/기억 기능을 지닌다. 한편으론 미래 쪽을 향해 아직 발생하지 않은 일을 지시하며 따라서 '마치 ~ 같은' 기능을 지닌다. '마치 ~ 같은' 기능을 상해의 '허구 생산' 기능 혹은 '실제성 부여' 기능이라고 부를 수도 있다. 상해가 명백한 실제성을 제공하는

　　　　　　　　　　　　　　　　　　　고통받는 몸

원천으로서 역할을 하기 때문이다. 이 기능에서 상해는 승자 측의 쟁점에 맞춰 개략적으로 정해진 청사진에 따라 전후 세계가 재건설될 때까지 전쟁 결과를 단단히 제자리에 붙잡아놓는다. 상해의 실제성 부여 기능이 작동하지 않는다면 전쟁 결과는 매우 허약할 것이다. 이 기능은 허구성을 수반하지만 이것이 기만을 수반한다는 뜻은 아니다. 기호로서의 상해는 **허위인 것**을 실증하는 것이 아니라, **아직 사실이 아닌 것**을 실증하기 때문이다. 이 실제성 부여 기능은 다시 상해가 지니는 두 가지 속성에 기대어 작동한다. 이 상해의 두 속성이 핵심 결론의 세 번째와 네 번째 부분이자, 지금 논의에서 전쟁의 근본 구조로 보는 것의 세 번째와 네 번째 요소이다. 둘 중 첫 번째 속성은 상해라는 가시적이고 경험 가능한 변환에 **강렬하고 생생한 실제성**이 있다는 것이다. 상해가 실제성의 기원이 되는 장소인 인간 몸 안에 존재하기 때문에, 또 특히 상해가 일으키는 변환의 '극단성'과 '지속성' 때문에 상해는 강렬하고 생생한 실제성을 띤다. 두 번째 속성은 상해의 실제성이 어느 쪽이든 한편의 쟁점들에 부여될 수 있다는 것이다 (양편의 입장이 혼합된 쟁점들에 부여될 때도 있다). 그럴 수 있는 이유는 훼손된 몸의 지시 작용이 특정한 방향을 가리키지 않기 때문에, 다른 말로 하자면 훼손된 몸의 특성인 **지시 작용의 불안정성** 때문이다. 아래에서는 이와 같은 상해의 두 속성을 간단히 설명할 것이다. 그러면서 전쟁이라는 활동이 전체적으로 어떤 모습인지, 또 전쟁을 대체할 수 있는 활동의 모습은 어떠할지가 점차 더 분명해질 것이다.


## 지시 작용의 불안정성

훼손된 몸의 비지시성 그리고 지시 작용의 불안정성은 같은 현상이며, 병사들이 보편적으로 하는 선언인 '조국을 위해 죽을 것이다'나 '조국을 위해 죽일 것이다'를 다시 살펴봄으로써 이 현상을 이해할 수 있다. '죽기' '죽이기' '조국을 위해'라는 세 문구를 살펴보자. '죽기'와 '죽이기'에서는 국가를 가리키는 지시 작용이 희미해졌다가 둘이 '조국을 위해'에 결합함으로써 그 지시 작용이 다시 돌아온다. 즉 '조국을 위해'라는 말이 방향을 덧붙여줌으로써 '죽기'와 '죽이기'에서 분쇄된 지시 방향이 구제되거나 다시 확립된다. 종전 시에 병사가 패자 측에 속한다면 병사가 해온 행위들은 그가 처음에 전쟁에 나가는 동기를 선언했을 때 지정한 국가를 실증하지 않을 것이다. 어떻게 이런 일이 일어나게 되는지는 그 원래의 동기 선언을 살펴봄으로써 가장 잘 이해할 수 있다.

**죽이기**. 전쟁은 인간 경험 중 예외적이라고 이야기되곤 한다. 평화 시에는 모든 국가가 '범죄적인' 것으로 간주하는 살인 행위를 전쟁이 허가하기 때문이다. 이것은 정확한 관찰이며 '국가를 지키기 위해'라는 동기에서 행한 살인 행위가 국가를 해체한다는 사실을 인정하고 있다. 국가는 보통 몸에 자신을 현시하기 때문이다. 다시 말해 병사는 조국을 위해 살인을 하는 데 동의하지만, 평화 시였다면 살인 행위는 그 병사가 정치적으로 불온하다는 사실을 드러내고 그를 국가의 도덕적 공간 외부에 놓았을 것이다. 살인을 하면서 병사는 문명 안에서, 또 그의 조국이라는 특정한 문명 안에서 다른 체화된 인간들과 접촉할 때 가장 기본적인 규칙인 것을 파기한다. 병사는 자신에게서 문명을 박탈하고 자신을 탈문명화하며, '관념'이나 '신념'만을 없애는 것이 아니라 타인의 몸과 관계를 맺는 데 있어 습득되어 깊이 체화된 일단의 육체적 충동과 몸짓을 없앤다. 직립 자세를 버리고 문명화되기 이전의 유아기 때처럼 손발로 기어 다니라는 요구를 문득 받기라도 한 양, 병사는 자기 몸 안에 습득된 것들을 철저하게 지워 없앤다. 그는 '조국을 위해' 자신을 '파괴하는unmake' 데 동의한다. 자신을 해체하고 자신에게서 문명의 내용물을 비워내는 데 동의한다. 이런 일이 실제로 '그의 조국을 위해' 수행되는지를 지금 논의에서 질문하지는 않지만 무시하고 있지도 않다. 여기서 말하고자 하는 것은 다음의 사실일 뿐이다. 살인이 그의 조국을 위해 이루어진다는 사실이, 다시 말해 문명 또는 그의 조국이라는 특정 문명을 위해 이루어진다는 사실이 그 살인 행위 **내부에** 가시적으로 **존재하지 않는다**는 점, 즉 그가 수행하는 체화된 몸짓들 내부에 존재하지 않는다는 점이다. 평화 시 그가 이웃의 몸에 부드럽게 닿을 때나 길에서 마주친 지인과의 사이에 약간의 공간을 둘 때 우리는 그 몸짓과 자세에서 문명을 '볼' 수 있다. 특히 매우 싫어하는 사람을 만났을 때 그 사람을 박살 내기보다는 그저 피해버리면서 자제력을 발휘하는 때 우리는 문명이 문자 그대로 그 사람 안에 존재하고 있음을 볼 수 있다. 이 사람은 위에서 말한 세 가지 행위를 하다 말고 고개를 들어 '문명을 지키기 위해' 자신이 이런 행동을 하고 있다고 굳이 밝힐 필요가 없다. 반면 병사의 살인 행위 내부에는 문명이 담겨 있지 않기 때문에, 병사가 특정 문명, 즉 그의 행위가 가리키는 지시 대상을 위해 살인 행위를 하고 있다는 사실은 '내 조국을 위해'라는 주장을 덧붙임으로써 재-확립되고 전달된다. 여기서 '내 조국을 위해'라는 주장은 언어화된 주장이거나 군복처럼 물질화된 주장일 수 있다.

**죽기**. 인간을 '파괴하고' 몸에서 국가를 비워내는 일은 죽거나 부상을 입을 때도 일어난다. 자연적으로 '주어진' 것이자 '만들어진' 것이기도 한 몸이 해체되기 때문이다. 아일랜드인의 가슴팍이 박살 날 때, 아르메니아 소년의 다리와 사타구니에 총알이 관통할 때, 러시아 여인이 불타는 마을 안에서 목숨을 잃을 때, 미군 위생병이 전장에서 산산조각이 날 때, 이들이 입는 부상은 아일랜드의 것도 아니고, 아르메니아의 것도 러시아의 것도 미국의 것도 아니다. 여기서 일어나는 일은 바로 아일랜드 사람을 파괴하는 일이고, 아르메니아 소년을, 러시아 여인을, 미국 병사를 파괴하는 일이기 때문이다. 나아가 이 모든 경우에서 몸 각각에 존재하는 문명을 파괴하는 일이기 때문이다. 이 사람들이 파괴될 때 특정한 방식으로 동작하길 배운 팔이 파괴된다. 피와 살만 파괴되는 것이 아니라 피아노 연주를 할 수 있게 하는, 손에 담겨 있는 움직임들도 파괴된다. 특정 도구의 무게와 감촉을 세세히 알고 있는 손가락과 손바닥이 파괴된다. 자전거 페달을 밟는 방법을 '습득했던$^{had\ by\ heart}$', 다시 말해 그 방법을 몸에 깊이 뿌리박힌 습관으로 가지고 있던 발이 파괴된다. 복잡한 춤 스텝을 담아둔 머리와 팔과 등과 다리가 파괴된다. 모든 것이 몸 조직과 함께 해체된다. 몸 조직은 모든 배움이 이루어지는, 감응력이 있는 원천이며 장소이기 때문이다.

　　이렇듯 죽음에서 파괴되는 것이 무엇인지 언제나 '점호'를 해봐야 한다. 호메로스는 서구 문명의 시작 지점에 있었던 전쟁을 기록하면서 처음으로 그러한 점호 작업을 한 사람이다. 트로이인의 죽음이든 그리스인의 죽음이든 호메로스는 다음의 네 가지 측면에서 각 죽음을 기록한다. 첫째는 죽는 사람의 이름이다. 둘째는 죽는 사람의 몸에 접근하는, "어두운 고통으로 차 있는" 무기이다. 셋째는 무기가 몸 안으로 진입하는 위치 및 느린 동작 화면처럼 서서히 커지는 상처이다. 이런 기록을 보며 우리는 거기서 일어나고 있는 일이 감응력이 있는 조직을 해체하는 일이라는 걸 이해하게 되며, 또 이런 해체가 언제나 특정 경로를 따라 발생한다는 걸 이해하게 된다. 네 번째이자 마지막은 문명의 어떤 속성이다. 해당 속성은 죽는 사람에게 체화되어 있거나 그 부모 또는 친구에게 체화되어 있다. 양육 능력과 우정을 쌓을 수 있는 능력 자체가 문명의 본질적인 속성이기 때문이다.[122] 몸과 뒤얽혀 있던 각 속성은 상처의 한가운데로 불려나온 다음 파괴된다. 페다이오스의 머리 힘줄을 찢고 이빨을 지나 혀를 잘라낸 창은 "페다이오스를 자기 자식처럼 정성스레 양육한" 고귀한 테아노의 수고도 관통한다. 페레클로스의 오른쪽 둔부를 뚫고 들어가 방광과 뼈를 관통한 청동 창끝은, 장인$^{匠人}$ 하르몬의 손자이자 텍톤의 아들 페레클로스의 안에서 형체를 갖춘 조선술과 숙련기술도 관통한다. 악쉴로스가 전차에서 추락해 죽는 일은, 모든 이를 환대하며 맞아들이던 악쉴로스의 대로변 저택이 있던 곳, 즉 잘 지어진 도시 아리스베의 몰락이기도 하다. 에피클레스의 위대한 영혼이 깃든 머리를 거대하고 울퉁불퉁한 돌덩이가 가르고 짓이길 때, 에피클레스와 사르페돈의 우정도 산산조각이 난다.[123] 20세기의 전쟁에서 발생한 수많은 죽음에서도 마찬가지이다. 미국에게 베트남 전쟁

고통받는 몸

은 5만 7,000개의 이름일 뿐만 아니라 5만 7,000개의 이름이자 몸이자 체화된 문화이다. 로버트 길레이의 왼편에서 포탄이 접근해 몸 안으로 진입한 다음 시꺼멓게 폭발을 시작했을 때 로버트 길레이라는 사람만 죽은 것이 아니다. 학교 운동장을 가로지르며 질주하던 길레이를 매주 관중석에서서 지켜보던 사람들의 이미지도 몸 안에서 폭발해 사라졌다. 매뉴엘 폰트의 호리호리한 몸 주변으로 불길이 좁혀 들어가 피부와 두개골과 뇌를 태웠을 때 매뉴엘 폰트라는 사람만 죽은 것이 아니다. 내성적인 그가 공부하곤 했던 학교 구석의 후미진 장소들까지 함께 타버렸다.* 그 외 죽어간 수만 명의 사람을 두고도 이런 식으로 계속 적어갈 수 있다. 전쟁에서의 죽음이 특정 영토를 위해서 발생했다는 사실을 표시하기 위해서는 '내 조국을 위해서'라는 말을, 즉 죽음의 동기가 가리키던 방향을 덧붙여야만 한다. 어느 영토 위에서 사람들은 피아노를 연주하고 자전거 페달을 밟았다. 이 영토 위에 있는 학교로 아이들은 매일 등교했다. 차분한 아이나 활달한 아이나 모두 그랬다. 그리고 바로 이 영토를 위해 사람들이 죽었다는 사실은 '내 조국을 위해서'라는 말을 더함으로써 표시되어야 한다. 사람들의 죽음은 그 자체로 피아노, 자전거, 반 친구, 동료, 학교로 이루어지는 체화된 영토를 파괴하는 일이기 때문이다.

**내 조국을 위해서.** '죽기'와 '죽이기'는 위와 같이 내부 지시 대상을 갖지 않는다는 점에서, 또 지시 대상을 가지려면 별도의 명시가 필요하다는 점에서 비슷하다. 죽기-죽이기라는 말 외에 '상처 입기/상처 입히기hurt'나 몸 조직 '변환되기/변환하기alter'처럼, 죽고 죽이는 일 둘 모두를 동시에 담고 있는 용어도 마찬가지이다. 지시 대상을 규정하고 그럼으로써

---

\* 로버트 길레이와 매뉴엘 폰트 모두 뉴저지주 채텀고등학교 출신으로 베트남전에서 전사했다. 1977년 방송된 리처드 거다우Richard Gerdau의 다큐멘터리 〈전쟁에 나간 우리 반The Class That Went to War〉은 이들의 이야기를 다루어 좋은 평가를 받았다. 채텀고등학교 1964년 졸업반 학생 125명 중 24명이 군 복무를 했고, 이들 중 길레이와 폰트 두 사람이 죽는다. 감독 거다우는 이들의 동급생이었다.

**한정하는** '내부의' 무언가가 죽기-죽이기 안에는 없다. 하지만 바로 이 이유 때문에 죽기-죽이기 행위는 끌어올려진 다음 다른 지시 대상과 묶일 수 있다. 즉 '그의 조국을 위해서' 했던 일이 나중에는 '적국을 위해서' 한 일이 될 수 있다. 또는 '두 국가가 함께 존재하며, 둘 중의 한 편이 주도하여 결정하는 어떤 특성(가령 국경)을 갖는 전후 세계를 위해서' 한 일이 될 수도 있다. 사람들이 죽을 때 문명 자체가 파괴된다는 점은, '조국을 위해서'라는 전쟁 참가자들의 동기가 해체되어 원래 동기와는 정반대인 결과로 대체될 수 있다는 사실에서 아마도 가장 자명하게 나타난다. 그렇지만 동기를 설명하는 '내 조국을 위해 죽고 죽인다'가 의미하는 바가 '양측 모두 상호적 행위를 수행하고 양측 모두 비상호적 결과를 받아들일 것을 요구하는 갈등 해결 과정에 내 조국이 참여한다는 사실을 실증하기 위해 죽고 죽인다'라고 한다면, 전쟁에서 살해된 이들의 몸이 최종적으로 실증하는 바는 그들의 원래 동기에 모순되지 않는다. 패자 측에 속한 몸들이라고 해도 마찬가지이다. 이렇듯 부상당해 벌어진 몸들이 특정 영토에 대한 어느 국가의 권리 옆에 최종적으로 나란히 놓이면, 이 몸들은 그 권리에 힘과 설득력을 부여한다. 그 '권리'가 역사적 선례에서 나왔다고 주장되든, 국제 규약에서 나왔다고 주장되든, 그 문화가 지닌 신이라는 관념에서 나왔다고 주장되든 언제나 그렇다. 식민 지배국으로서 갖는 국제사회에서의 특권이라는 관념 옆에 나란히 놓이면 이 몸들은 그 특권을 실증한다. 자결권 옆에 나란히 놓이면 이 몸들은 자결권을 실증한다. 이 목록은 계속 이어질 수 있다. 각 경우에 실증되는 것은 전쟁의 구조 자체이다. 이 구조 안에서 양측은 전쟁이 시작된 날부터 어떤 유일한 상호적 활동을 해야만 한다. 또 이 구조 안에서 양측은 전쟁이 시작된 날부터 비상호적 결과를 수용해야 한다고 여겨진다.

고통받는 몸

## 실제성 부여

이렇듯 상해 입히기는 두 번째 기능에서 합법화의 형식으로 사용된다. 상해 입히기는 쟁점들과 내적 연관성이 없지만 그럼에도 실제성의 원천을 열어젖힐 수 있으며, 이 실제성의 원천이 쟁점들에 힘과 지속 능력을 부여하기 때문이다. 다시 말해 전쟁 결과는 패자가 결과에 이의제기하는 능력을 완전히 상실함으로써 실증되는 것이 아니라 어떤 지각 과정을 통해서 실증된다. 전쟁 결과를 실증하는 이 지각 과정은, 훼손된 몸의 존재가 부인되어 몸이 이번 장의 1절에서 설명한 여섯 가지 경로 중 하나를 따라 사라지는 바로 그 순간에 몸의 극단적 속성들이 다른 언어로 번역될 수 있게 한다. 몸의 극단적 속성들을 몸에서 끊어내 다른 위치에 둘 수 있게 하는 것이다. 물질세계가 지닌 힘은 5만 7,000명이라든지 5,000만 명의 훼손된 몸들에서 분리되어 다른 것에 부여된다. 몸에서 떨어져 나온 물질세계의 힘은 상해 입히기의 첫 번째 기능에 의해 승리한 것으로 정해진 쟁점과 이데올로기에 부여될 뿐 아니라, 승리라는 관념 자체에도 부여된다.[124]

위와 같은 실제성 이전移轉 과정은 **몸이 지니는 논박할 수 없는 실제성이 독자적인 실제성을 갖지 못하는 쟁점의 속성이 되도록** 한다. 이 과정이 얼마나 복잡한지는 1장에서 고문을 분석하면서 살펴보았는데, 고문에서는 이 과정이 가장 근본적이고도 해체된 형태로 나타났다. 이후의 장들에서는 실제성 이전 과정이 문명 안에서 어떻게 일어나는지 살펴볼 것이다. 문명 안에서 일어나는 실제성 이전 과정은 고문에서와는 매우 다르며 평화적이다. 창조된 문화의 세계가 '실제성'이라는 특성을 획득해가는 과정이 이후 점점 가시화될 것이다. 이 과정은 고문과 전쟁에서 뒤집혀서 해체된 형태로도 드러나며, 해체되지 않았으며 문명화된 형태로도 드러난다. 앞으로 가시화될 지각 과정은 발명된 관념·믿음·만들어진 사물들이 자연적으로 주어진 세계와 똑같은 존재론적 지위를 차지하는 것처럼 받아들여지고 다루어지게 한다. 만들어진 세계가 일단 자리를 잡으면 합법적이며 친숙한 '실증' 형태들을 획득한다.[125] 만들어진 것이 '실제'임은 곧바로 감지할 수 있는 그 자체의 물질적 사실을 통해 확인된다. 가령 모래언덕 저편에 존재한다고 주장되는 보이지 않는 도시가 아니라 감각의 지평 내에 존재하는 도시가 있다고 하자. 이 도시는 물질화되어 존재하며 시각·촉각·청각·후각을 통해 확증될 수 있다. 도시의 실제성은 모든 감각에 가닿으며, 따라서 도시의 존재는 관찰자 자신의 몸 내부에서 확인된다. 한편 물질화된 형태를 띠지 않으면서 만들어진 것도 있다. 예를 들어 정의라는 관념, 중력 이론, 전기에 대한 설명 같은 것들은 몸으로 경험할 수 없다. 그렇지만 증거가 되는 사실들을 통해 증명할 수는 있다. 중력 이론 자체는 볼 수 없지만 떨어지는 사과는 볼 수 있는 것이다. 이렇게 물질화된 형태를 갖지 않는 것이 '실제' 혹은 '참'일 수 있는 것은, 그것이 물질화된 사례를 통해서 또는 그것을 경험할 수 있는 사례를 통해서 증명되기 때문이다. 반면 위와 같은 실증 형태가 존재하지 않는 때도 있다. 창조 작업의 매우 초기 단계라든지 전쟁에서처럼 믿음의 위기가 발생할 때가 그렇다. 전쟁에서는 세계가 재빨리 재발명되어야 하기 때문에 국민을 창조 작업의 초기 단계로 갑작스럽게 되돌려 보낸다. 이런 때 물질세계에 아무 기반이 없는 탈체화된 관념은 몸 자체에서 실제성의 외양을 빌릴 수 있다. 몸은 인간의 정신 안에서 처음부터 강력한 실제성을 띠는 영역이기 때문이다. 이 탈체화된 관념은 물질적 형태가 발견되지 않아서 아직은 사실이 아니기에 물질세계에 기반이 없을 수도 있고, **또는** 근본적으로 허위라서 물질적 형태를 절대로 가질 수 없기에 물질세계에 기반이 없을 수도 있다.

다시 말해 관찰자가 사물을 보거나 만지는 등 자신의 몸 안에서 경험함으로써 그 사물의 존재를 증명하는 친숙한 실증 과정과는 달리, 위와 같은 때 관찰자는 탈체화된 관념 옆에 나란히 놓인 사람이나 짐승의 훼손된 몸을 보고 만진다. 그리고 훼손된 몸의 실제성을 감각을 통해 경험함으로써 자신이 그 관념의 실제성을 경험했다고 믿는다. 예를 들어 설명하자면

고통받는 몸

이렇다. 도시는 만들어진 것이지만 실제이다. 도시의 청사진은 여전히 감각을 통해 경험 가능하지만 건설된 도시에 비하면 덜 경험 가능하다. 따라서 도시의 청사진은 도시보다는 덜 실제인 것으로 여겨지며, 만들어진 것으로 더 즉각 인지된다. 한편 도시가 언어적 주장으로서만 존재할 수도 있다. 어느 예언자가 "내년 바로 이 땅 위에 도시가 존재하게 되리라"고 말하는 경우가 그렇다. 예언자가 이 말을 하면서 몸 하나를 째고 내장 안에서 도시가 출현할 정확한 날짜를 읽어낼 때 사람들은 도시의 등장을 설득력 있는 진실로 믿고 받아들일 수도 있다. 벌어진 몸이 도시가 등장할 것이라는 말에 몸의 사실성을 빌려주기 때문이다. 이와 마찬가지로 신이라는 관념, 번개에 관한 설명, 바람을 다스릴 수 있다고 주장되는 통치자의 능력이 신체 일부 옆에 병치되면, 그 신체 일부가 이런 주장들의 사실성을 '입증'하거나 '실증substantiate'할 수 있다. 그 신체 일부가 지닌 논박할 수 없는 '실체substance'를 병치된 관념·설명·능력이 갖는 것으로 읽히게 되는 것이다. 마치 다음과 같은 일이 벌어지는 것과도 같다. 사람 몸이든 짐승 몸이든 벌어져 열린 몸을 대면하면 인간의 정신은 눈을 지나서 머릿속으로 마구 돌진하는 그 몸의 실제성을 지각할 수밖에 없지만, 동시에 정신은 거의 같은 속도로 반대 방향으로 도망쳐서 다른 무언가에 실제성이라는 속성을 부여하는 것이다. 특히 그 다른 무언가가 가까이에 있고 또 정신이 거부한 실제성이라는 속성을 받아들여 그 실제성이 가리키는 지시 대상으로서 행동할 준비가 돼있을 때, 이 과정이 더욱 쉽게 일어난다. 창조 과정 중의 어느 한순간에 몸이 왜 이렇게 무시무시한 실증 능력을 지니는지를 당분간은 이해하기 어려울 수도 있다. 그럼에도 고대와 동시대의 여러 많은 맥락을 통해 몸에 이런 능력이 있다는 사실을 입증할 수 있다.

지금 논의는 몸이 지니는 실증 능력이 전쟁에서 나타날 때만을 일단 다루고 있지만, 몸이 다른 것으로 번역되는 일이 전쟁에서 나타날 때와 문명 안에서 평화적으로 발생할 때 각각의 형태 차이를 짚어본다면 도움이 될 것이다. 문명 안에서 발생하는 몸 번역은 전쟁에서 발생하는 몸 번역의 안티테제이다.[126] 이 두 가지 형태의 몸 번역은 같은 문화적 시점에 발생하기도 하며, 이런 때 둘 간의 차이를 볼 수 있다. 예를 들어 인도 브라만교의 희생제의는 이 종교에서 핵심이 아니게 된 후에도 때때로 재등장했다. 도시 안의 중요한 지점들을 절대로 정복되지 않는 장소로 만들기 위해서였다. 제의에서 도살된 사체는 주요 문, 성채, 둑의 토대에 매장되었다.[127] 이 같은 희생제의 행위는 몸의 물질적 사실을 탈체화된 문화적 허구, 즉 도시 내의 해당 지점들이 난공불락이라는 주장으로 번역한다. 또한 도시 건설 자체도 이 같은 번역을 한다. 도시 건설을 통해 인간 몸의 기본 속성들은 장벽과 문의 배치에 투사되며, 동시에 장벽과 문을 배치함으로써 인간 몸의 기본 속성들을 보호한다. 나아가 도시 건설은 문자 그대로 몸 자체를 노동을 통해 바깥으로 번역하여 인공물로 만듦으로써 이루어진다. 하지만 희생제의 안에서 발생하는 번역은 도시 건설이 수반하는 번역과는 세 가지 면에서 다르다. 첫째, 희생제의에서는 누군가를 해쳐야 한다. 둘째, 희생제의에서는 용어의 뒤틀림이 존재한다. 번역 이전에 몸이 지닌 속성은 번역 이후에는 정반대의 속성이 된다. 즉 권력을 투사하기 위해 고통이 필요하고, 불멸을 투사하기 위해 필멸이 필요하며, 난공불락이라는 성질을 투사하기 위해 취약함이 필요하다. 감응력이 없는 형태를 띠며 그리하여 더는 손상될 수 없는 한에서만, 사체와 난공불락인 문은 정복 불가능이라는 속성을 나란히 보유한다.[128] 셋째, 희생제의 안에서 발생하는 몸 번역은 문명 안에서 발생하는 몸 번역이 재빠르고 간단하게 이루어진 판본이다. 희생제의에서 일어나는 번역에서는 몸의 극단적인 사실이 승화의 극단과 나란히 놓인다. 여기서 몸의 극단적인 사실이란, 장벽에 투사되는 몸의 견고함이나 몸이 자신을 방어하는 성질 같은 몸 속성의 일부가 아니다. 또 노동할 때 에너지를 집중할 수 있는 능력 같은 몸 능력의 일부도 아니다. 그것은 몸 자체, 사체를 말한다. 그리고 승화의 극단이란 부분적으로 물질화되어 있어서 자기-실증하는 사물이 아니라, 완전히 언어적이고 탈체화된 주장, 즉 정복 불가능이라는 주장을 말한다.

희생제의에서 일어나는 번역의 세 번째 요소인 '물질적인 것의 극단과 비물질적인 것의 극단을 병치하기'가 앞의 두 요소(누군가를 해치기, 용어 뒤틀기)와 상관없이 일어날 때도 있다. 이런 때는 '물질적인 것의 극단과 비물질적인 것의 극단을 병치하기'가 반드시 부정적이지만은 않다. 세 번째 요소는 원시적 사고에서 여러 형태로 계속 출현한다. 몸과 목소리를 매개 없이 병치하는 일이, 몸의 사적 상태에서 문화의 풍부하게 매개된 형태들로 자기-변환하는 능력을 미리 연습하는 일인 듯 보일 정도이다. 또는 위에 나온 인도 도시의 예처럼 이 자기-변환 능력을 기념하는 일처럼 보이기도 한다. 세 번째 요소는 맹세의 초기 형태인 암묵적 계약에서 빈번히 나타난다. 암묵적 계약은 전쟁 이해에 시사점을 준다. 아직 실증되지 않은 결과를 준수하는 능력이 서약에서처럼 전쟁에도 필요하기 때문이다. 아브라함의 종은 이삭의 아내를 고르는 일을 두고 맹세하면서 손을 아브라함의 허벅지 아래에 넣는다.[129] 미래에 실현될 것이기에 아직은 실증되지 않은 말이 몸이라는 물질적 현실 바로 옆에 놓임으로써 실증된다. 아브라함의 종이 만지는 장소는 너무도 사적인 부분이라서 거의 몸의 내부와도 같다. 맹세를 하면서 몸의 내부를 노출하는 때가 자주 있다. 보통은 몸에 상처를 내는데, 몸 내부를 노출해서 물질세계의 힘을 비물질적인 것에 부여하려는 것이다.[130] 아랍인들은 낙타 피에 손을 담그는 행위를 하면서 서약의 말을 했다. 호메로스의 작품에서 사람들은 도살된 말 위에 서서 맹세를 했다. 로마인들이 서약의 말을 할 때는 돼지를 도살했다. 나가[Naga] 족의 두 사람이 함께 맹세를 할 때는 개를 반으로 잘랐다.[131] 때로는 맹세하는 사람 자신의 몸이 확증에 사용되기도 한다. 미국 원주민 중 주니[Zuni] 족은 화살을 목구멍 안으로 집어넣는다. 그 사람의 입에서 나오는 말이 물질적 실체의 영역에 근원을 두고 있음을 보여주기 위해서이다.[132] 또 맹세하는 사람 자신의 몸이 상처를 입고 벌어질 수도 있다. 예를 들어 세마 나가[Sema Naga] 족 사람들이 맹세할 때는 자기 집게손가락을 입으로 끊어낸다.[133]

　　매개되지 않은 이런 병치에서 놀라운 점은 병치되는 언어적 선언이 대개 몸 이외에 다른 실증의 원천을 지니지 않는다는 것이다. 이 사실은 종전 시 벌어진 몸들과 언어적 쟁점이 병치되는 방식과 관련이 있기도 하다. 몸과 병치되는 언어적 선언에서 주장되는 진실은 먼 곳에 있다. 위에서 살펴본 맹세들에서처럼, 그 진실이 미래에 속하거나 목격된 적 없는 과거에 속하기 때문이다. 아니면 내장이 배치된 모양에서 점괘를 읽어내는 예언자의 예처럼, 감각이 접근할 수 없는 종교적 영역에서 그 진실이 유래하기 때문이다. 아니면 의례가 수반하는 언어적 주장이 의례를 통해 진실로 확증된다기보다는 의례가 그 진실을 창조해낸다고 공공연히 인정되기 때문이다. 피로 의형제를 맺는 의례가 그렇다. 몸을 절개하여 서로 피를 섞음으로써, 보통은 내부적인 생물학 메커니즘에 의해서만 얻을 수 있는 관계를 획득하며 "이제 우리는 형제다"라는 언어적 주장을 확증한다. 물질적 현실 안에 몸 이외의 다른 기반이 없는 문화적 인공물이나 단편적인 상징, 만들어진 무언가(문장 한 줄처럼)를 위해 몸은 가장 극단적이고 절대적인 형태로 제시되는 경향이 있다. 즉 몸은 실증의 위기가 있을 때만 불려나온다. 탈체화된 문화적 단편은 이렇게 '고정되지 않는다unanchored'는 특성을 지니며, 이 특성 때문에 유동성을 지닌다. 반면 탈체화된 문화적 단편에 육체적으로 상응하는 몸은 유동성을 지니지 않는다. 전쟁에서 몸에 가해진 상해는 되돌릴 수 없지만 상징적 주장이나 쟁점들은 너무도 쉽게 바꿀 수 있다. 특정 전쟁에서 쟁점이 고정되지 않는 데는 특정 이유가 있을 수 있다. 먼저 맹세에서처럼 쟁점의 확증이 미래에 속하기 때문일 수 있다. 일단 권력을 잡고 난 후에야 정권이 대중의 지지를 받게 되고, 일단 전쟁이 끝나고 난 후에야 그 전쟁이 세계의 민주주의를 지킨 전쟁이 되는 경우가 그렇다. 아니면 예언에서처럼 쟁점이 실증되었다고 주장되지만 이 실증이 형이상학적으로나 역사적으로 접근할 수 없는 영역에서 유래하기 때문일 수 있다. 갈등의 대상인 영토에 대한 권리 주장을 신성한 무언가가 인가했다고 주장할 때가 그런데, 이 무언가는 의견을 직접 물어볼 수 없는 어떤 존재일 수도 있고 신비로우며 접근하기 어려운 역사적 변증법일 수

고통받는 몸

도 있다. 또 피로 의형제를 맺는 서약에서처럼, 특정 전쟁 활동이 보편적인 결과를 낳는다고 여기기 때문일 수도 있다. 몸 안의 피를 섞는 의례는 한순간에 일어나지만 사람들은 이후에도 의례에 참여한 이들이 계속 같은 피를 공유한다고 믿는다. 이와 마찬가지로 어느 전쟁 하나가 모든 전쟁으로 여겨지며 이 특정 전쟁의 종료가 모든 전쟁의 종료로 설명되기 때문에 쟁점이 고정되지 않을 수 있다. 마지막으로 19세기와 20세기의 전쟁에 관한 여러 매우 다른 설명에서 강조했듯 쟁점이 그저 사실이 아니기 때문에 고정되지 않을 수도 있다. 문화적 구축물, 주장, 쟁점이 거짓이기 때문에 고정되지 않는 것이다. 사실 바로 이 '고정되지 않음'이라는 성질이 문화적 구축물, 주장, 쟁점을 거짓말과 구분하기 어렵게 만들고, 그리하여 이것들이 너무도 쉽게 거짓말로 대체되도록 만든다. 전쟁의 쟁점이 대단히 정당할 때라도 마찬가지이다.

쟁점이 고정되지 않는 특정 원인이 무엇이든 언제나 일반적인 원인 하나가 있다. **갈등이 전쟁으로 이어지는 과정에서 각 편은 상대 국가의 쟁점·신념·사상·자기-관념의 정당성에 의문을 제기하고, 그럼으로써 이 관념들의 실제성이 훼손된다. 갈등은 누그러지지 않고 전쟁으로 이어진다. 이는 단지 전쟁이 갈등의 연장이자 격화이기 때문만이 아니라, 또한 갈등의 교정이자 전도**顚倒**이기 때문이다. 다시 말해 상해 입히기는** 분쟁국 중 승자와 패자를 골라내는 수단을 제공할 뿐 아니라, **인간의 몸을 대규모로 엶**opening**으로써 탈실제화되고 탈체화된 믿음을 물질세계의 힘·능력과 재연결하는 방식을 제공한다.**

전쟁으로 이어지는 갈등을 통해, '문화적 실제성'을 가졌던 각 편의 신념은 같은 편의 사람들에게도 '문화적 허구'로 드러난다. 평화 시의 신념은 자연적으로 발생한 '소여所與'인 양 의식되지 않은 채로 들어와 있다. 하지만 이 신념에 계속 문제가 제기되면서 같은 편의 사람들도 예전과는 달리 그 신념을 '발명된 구조물'로 볼 수 있게 된다. '문화적 허구'로 드러난 신념은 갈등이 격화되고 지속되면서 더욱 훼손되어 '문화적 사기'가 되는 위험에 처할 수도 있다. {자연적으로 발생한 듯 여겨지던 신념은 갈등 과정에서 훼손되어} 거북하게나마 '만들어진' 것으로 인식되었지만, 다시 이 '만들어진' 이 신념이 더욱 훼손되어 '실제가 아닌' '허위의' '비합법적인' '임의적인' 것으로 여겨진다는 것이다. 이런 탈실제화 과정이 더 길어질수록 각 편은 더욱 필사적으로 자신들의 문화적 구축물의 합법성과 실제성을 다시 증명하고 언어적으로 다시 천명하려 애쓴다. 인간은 자신들이 세계를 끊임없이 재창조하고 허구를 생산하고 문화를 건설하는 유일한 종임을 자랑스러워한다. 그러나 만들어진 것의 탈실제화를 눈앞에서 목격할 때, 인간은 자신이 창조해낸 것들의 한가운데에서 의식하지 못한 채로 거주해왔음을 깨닫는다. 이 과정은 무시무시한 자기-부인 과정이다.

이 자기-부인 과정의 윤곽은 특정 전쟁에 앞서 벌어진 갈등을 다룬 모든 역사적 서술에서 나타난다. 한쪽 국민이 상대편 국민의 신념과 자기-서술 형태를 적극적으로 깎아내리고 싶어 한다기보다는, 한쪽의 신념·서술이 다른 쪽의 신념·서술과 모순될 뿐이다. 따라서 자신들의 문화적 구축물을 계속 믿고 재천명하기만 해도 그들은 불가피하게 상대편 국민의 문화적 구축물을 해체하게 된다. 어떤 자기-서술들이 충돌했느냐와는 상관없이 자기-서술 형태를 생산하는 각 국가 국민의 권리는 언제나 서로 충돌한다. 제1차 세계대전 이전에 독일은 영국, 벨기에, 프랑스, 러시아 간에 맺은 일련의 조약이 독일을 고립시킨다고 믿었을지도 모른다. 반면 이 국가들은 독일이 프랑스를 고립시키지 못하게 방지하기 위해서 자신들이 조약을 맺었다고 여겼을지도 모른다. 1871년 베르사유궁전에서 맺은 조약에 따라 알자스-로렌 지방이 프랑스에서 잠정적으로 분리됐을 때, 프랑스는 그 영토 없이는 자신들의 국가가 온전하지 못하다고 생각했을 것이다.* 반면 독일은 알자스-로렌을 향한 프랑스의 갈망을 다르게 이

---

\* 프로이센-프랑스 전쟁에서 승리한 프로이센은 1871년 베르사유궁전에서 독일 제국 수립을 선포하며 프랑스와 프랑크푸르트 조약을 체결한다. 이 조약에 따라 프로이센이 알자스-로렌 지방을 차지한다. 그전에 알자스-로렌 지방은 1648년 베스트팔렌 조약에 따라 프랑스에 병합

고통받는 몸

해했을 것이다. 아마도 오랫동안 정당하게 독일 일부였던 땅을 탐하는 영토적 욕망으로 보고, 독일 핵심 지역을 향해 프랑스가 위험하게 확장하고 있다고 봤을 것이다.[134] 이렇게 양국이 자신들의 서술을 거듭 주장할수록 각국의 주장은 이웃 국가의 설명이 지니는 진실성을 부인한다. 또 각 측이 자신들의 동맹 개념이나 영토 개념을 수정한다면 이는 각자의 자기-서술과 자기-신념의 자주성을 포기하는 일이 된다. 모든 인간이 창조하지만 무엇을 창조하느냐는 나라마다 다르고, 경합하는 창조물들이 충돌하면서 이것들이 '단지' 창조물에 지나지 않을 뿐임이 드러나는 일은 참기 힘든 일이다. 어느 사건이 한 나라에서는 매우 깊숙이 내부적인 것으로 보인다고 해도, 이웃 나라의 자기-구축에서 그 사건은 매우 다르게 이해될 수 있다. 예를 들어 미래에 동독과 서독이 다시 합쳐질 때 통일의 원동력이 독일 내부의 국가 의식 깊숙한 곳에서 나온 것임을 아무도 의심하지 않을 것이다. 하지만 이 사건이 독일의 재편된 국경 내에서 안전하게 일어난다고 해도, 분명 프랑스와 러시아 내부의 자기-서술을 매우 깊숙이 침범할 것이다.

양측 국가가 갈등할 때 위와 같이 각 측은 자신의 문화적 구축물은 '실제'이고 상대편의 문화적 구축물은 '창조된 것', 따라서 '허구' '거짓말'이라고 거듭 주장한다. 자기-서술의 '실제성'을 증명하기 위해 각 측은 이용할 수 있는 실증의 원천 모두를 상대의 눈앞에, 그리고 더 중요하게는 자기 국민의 눈앞에 가져다 놓는다. 예를 들어 1979~1980년 사이 이란과 미국의 갈등*에서, 양국은 단순히 자신의 서술이 맞고 상대의 서술이 틀렸

---

되었다.

* 1979년 11월에 시작된 주駐이란 미국 대사관 인질 사건을 말한다. 미국은 오랫동안 이란의 팔레비 독재 왕정을 지원했고 그래서 이란 국민의 반미 감정이 컸다. 이슬람 혁명으로 왕정이 무너진 후 암 치료 명목으로 미국으로 건너간 팔레비 국왕의 입국을 미국이 허가하자, 분노한 시위대가 미 대사관을 점거해 50여 명의 미국인을 인질로 잡는다. 국제사회의 중재 노력과 미국의 구출 작전이 실패하고 1981년 1월에야 협상 조건이 합의되어 인질 전원이 석방되면서 사건이 종결된다.

다고 생각한 것이 아니라 자신의 서술은 '실제'이며 상대의 서술은 '실제가 아니'라고 진정으로 믿었다. 미국은 놀라워하며 항의했다. 인질을 붙잡아두는 일이 옳지 않음이 자명한데도, 이것이 이란에겐 안 보이나? 대사관의 면책특권이 국제사회에서 **실제성**을 가진다는 깃이 이란에겐 안 보이나? 이란 역시 놀라워하며 항의했다. 이란 국민에게 해를 끼쳤으며 앞으로도 해를 끼칠 인물에게 피난처를 제공하는 일이 옳지 않음이 자명한데도, 이것이 미국에겐 안 보이나? 그 인물이 이란 국민에게 입힌 손해가 **실제**이며 앞으로도 **실제**일 것임이 미국에겐 안 보이나? 미국의 질문에 대한 이란의 답은 '안 보인다'였다. 이란의 질문에 대한 미국의 답도 '안 보인다'였다. 그리하여 얼마 동안 '실제성 결투'가 벌어졌다. 양측은 자신들이 믿는 바의 밀도, 무게, 크기, 간단히 말해 '실체가 있음'을 보여주는 기호들을 더 많이 제시하기 위해 애썼다.

　　대위 선율처럼 주거니 받거니 하며 이루어진 이 같은 입증 노력은 자기-증폭했다. 미국은 국제법을 끌고 와서 미국 국민뿐 아니라 많은 국가의 국민이 그 법에 동의했다는 사실, 즉 그 법을 탄생시키고 실제성을 부여했다는 사실에 관심을 집중시켰다. 그러자 이란은 국왕의 죄를 증언하는 수많은 이란 국민의 이미지를 국제사회의 카메라 앞에 놓았다. 다시 미국은 다른 국가들이 국제법을 언급해주길 요청한다. 국제법이 과거에 한 번만 동의된 것이 아니라 이란의 행동에도 불구하고 바로 이 순간에도 여전히 유효하다는 사실을 가시화하기 위해서이다. 그리고 다시 이란은 이란인들뿐 아니라 축출된 국왕의 악행을 증언하는 이란 거주 미국인들과 다른 외국 국적의 거주민들을 국제사회의 카메라 앞에 세운다. 양측은 자신들의 서술을 실증하기 위해 역사를 불러낸다. 미국은 혁명 시기에 피난처가 갖는 의미를 자국민에게 상기시킨다. 이란은 팔레비 국왕이 원래 자리로 돌아올지도 모른다는 현재의 두려움이 정당하다는 것을 보여주기 위해, 1951년 미국이 팔레비 국왕을 지원해 왕위를 지킬 수 있게 한 일을 자국민에게 상기시킨다. 어느 쪽도 상대편의 자기-서술과 유사한 역사적 선례에 관해서는 자국민에게 말하지 않는다. 미국인들의 담화에서 의화단의 난*이 등장하는 일은 거의 없고, 이란인들의 담화에서 물라<sup>mullah</sup>**가 친親서방 성향의 왕들만큼이나 국민에게 고통과 공포를 줄 수 있다는 역사적 (그리고 예언 상의) 증거는 이야기되지 않는다.

무엇보다 양측은 몸이 지니는 논박할 수 없는 실제성을 계속해서 불러냈다.[135] 이 남자는 암으로 죽어가고 있다. 여기 의사의 진단서가 있다. 이란 사람들은 몸의 실제성을 믿지 않는가? 팔레비 국왕은 수천의 사람을 고문했다. 여기 당사자들의 진술이 있으며 국제적으로 존중되는 국제 앰네스티의 보고서가 있다. 미국인들은 몸의 실제성을 믿지 않는가? 숫자는 이란 편이다. 당신들은 한 남자의 몸이 아프다고 말하지만 우리는 수천 명이 다쳤다고 말한다. 아니다. 숫자는 미국 편이다. 당신들은 당신네 국경 안에서만 유효한 규칙을 말하지만 우리는 국제사회 내 모든 국가에서 유효한 규칙을 말한다. 시간 관점은 미국인들의 신념을 뒷받침한다. 당신들은 과거에 입은 몸의 피해를 말하지만 우리는 바로 지금 일어나고 있는 병을 치료하고자 한다. 아니, 시간 관점은 이란 편이다. 팔레비 정권하에서 영구적인 손상을 입은 사람들의 몸이 여기 있다. 그리고 팔레비 국왕이나 다른 서방의 대리인이 다시 돌아온다면 이전에 몸에 피해를 입었던 그 사람들은 다시 한 번 피해를 입을 것이다. 또 양측은 자신의 서술을 증명하려 하는 동시에 상대편의 설명을 깎아내리고자 한다. 팔레비 국왕의 억압적인 통치와 미국이 그 통치의 역사에 책임이 있다는 점이 미국의 자기-서술에 포함되지 않는다면, 미국의 자기-서술 능력을 비호하는 국제법은 탈실제화돼야 한다. 다시 말해 {국제법이 탈실제화되어 허구가 되

---

\*      청나라 말기 1899~1901년에 걸쳐 의화단이 일으킨 반외세, 반기독교 운동. 이들은 철도, 전선, 교회 등 서구에서 들어온 것들을 파괴하고 선교사와 기독교인들을 살해했다. 1900년 6월 의화단은 베이징의 외국 공관 지역을 포위했으며 포위된 지역 안에는 미국 공사관도 있었다.

\*\*    이슬람교 시아파의 고위 성직자. 1979년 이슬람 혁명 이후 이란에는 종교 지도자가 최고 권력을 갖는 정치 체제가 들어섰다.

었기에} 이란에서 미국인들은 인질로 붙잡혀 있을 수 있다. 한편 {대사관과 외교관의 권한을 보호하는} 국제법이 이란에서 아무런 실제성(강력한 권한의 특성이다)을 지니지 못한다면, 이란은 탈실제화돼야 한다. 다시 말해 {이란이라는 국가가 탈실제화되어 허구가 되었기에} 미국은 이란의 자산을 동결하고 미국 체류 중인 이란 학생들을 불확실한 지위에 둘 수 있으며, 그럼으로써 이란의 돈과 시민이 앞으로는 미 국경 안에서 잠정적으로 비실제성을 지닌다고 선언할 수 있다. 핵심 사건들은 양측의 자기-이해로 전유되며, 그중에서도 특히 인질들은 양측 모두에 '속한다'. 미국 사람들에게 인질들은 이란에서 부당한 취급을 받고 있는 미국 시민이다. 이란 국민에게 인질들은 이란인을 대리하는 사람들이다. 이란에 있는 미국인인 인질들의 고통에 미국은 관심을 가질 것이고, 인질들은 대리 행위를 통해 팔레비 국왕 치하에서 다친 이란인들의 주목받지 못한 고통에 관심을 끌어올 것이다. 그리하여 미국에서는 날마다 정오에 교회 종을 울려서 곁에 없는 미국인 인질들을 기억한다. 또 아야톨라 호메이니<sup>Ayatollah Khomeini</sup>는 《뉴욕타임스<sup>New York Times</sup>》의 한 면을 다 차지하는 크리스마스 메시지를 내서 정오의 교회 종소리가 이전 정권하에서 피해를 입은 모든 이란인을 기억하는 것이라고 말한다. 상대보다 더 잘 서술하기 위한<sup>out-describe</sup> 경기는 계속된다.

양국의 갈등은 전쟁으로 이어지지는 않았다. 양측이 각자의 문화적 구축물을 성공적으로 입증하는 동시에 상대의 문화적 구축물도 점차 인정했기 때문이다.[136] 하지만 갈등 초기 많은 미국인은 그들이 전쟁에 돌입할 준비가 돼 있다고 말했다. 심지어는 전쟁에 돌입하길 몹시 바란다고까지 고백했다. 전쟁 개시를 열망하는 감정의 구조는 무엇일까? '공격성'이나 '자존심' 같은, 동기와 관련된 심리적 단어는 이 질문에 답하지 못하며 같은 질문을 또 하게 만드는 다른 어휘를 가지고 올 뿐이다. 이란-미국의 갈등을 비롯해 국제적 갈등에서 전쟁을 열망하는 감정이 언제 어떤 맥락에서 일어나는지를 살펴봤을 때 알 수 있는 사실이 있다. 국가의 자기-신

고통받는 몸

넘 체계가 그 신념을 믿는 사람(애국자) 자신들의 몸이라는 물질적 사실과 그 몸들 안에서 일어나는 감정의 강렬함 외에 다른 강력한 실증의 원천이 없을 때 전쟁을 바라는 감정이 야기된다는 것이다.[137] 다시 말해 **국가가 국민에게 허구가 될 때 전쟁이 시작된다.** 이는 국민이 그 허구, 즉 국가를 얼마나 강렬히 사랑하느냐와는 관계가 없다.

이 사실을 이해하기 위해서는 '조국을 향한 그리움$^{longing for}$'과 '조국을 위한 살인$^{killing for}$'이라는 두 어구에서 '조국'이라는 단어가 갖는 존재론적 지위에 차이가 있음을 알아야 한다. 전자에서 조국이라는 대상은 지향상태$^{intentional state}$와는 상관없이 객관적으로 존재하지만, 후자에서는 그렇지 않다. 먼 타향에 있는 사람이 아일랜드를 그리워한다거나 이스라엘을 그리워할 때 여기서 아일랜드와 이스라엘은 '그리워하기'와는 상관없이 독립적으로 존재한다. 그 사람이 품고 있는 조국의 이미지에 따라 아일랜드와 이스라엘이 얼마나 달라질 수 있는지는 상관이 없다. 얼마나 부강한 모습으로 떠올리든 얼마나 약한 모습으로 떠올리든 아일랜드와 이스라엘은 객관적으로 존재한다. 반면 누군가가 아일랜드를 위해 죽는다든지 이스라엘을 위해 죽일 때 여기서 이 국가들은 독립적으로 존재하지 않는다. 즉 누군가가 '목숨을 바치는 이유$^{for which one dies}$'인 아일랜드가 존재한다면, 영국의 지배에서 벗어난 아일랜드가 존재한다면, 그는 죽고자 하지 않을 것이다. 또 누군가가 '살인을 하는 이유$^{for which one kills}$'인 이스라엘이 존재한다면, 이스라엘 국민과 이웃 나라 국민이 받아들일 수 있는 국경 안에서 안전한 이스라엘이 존재한다면, 그는 살인을 저지르고자 하지 않을 것이다. 누군가가 목숨을 바치는 이유인 영국이 존재한다면, 영토상의 자기-정의에 포클랜드제도가 포함되는 영국이 존재한다면, 그는 죽고자 하지 않을 것이다.* 누군가가 살인을 하는 이유인 독일이 존재한다면, 동질한 아리아

---

\* 포클랜드제도는 아르헨티나 근방의 군도이다. 19세기 초부터 오랫동안 아르헨티나-영국 간 영유권 분쟁의 대상이었다. 1982년 아르헨티나가 포클랜드제도를 공격하여 영국과 전쟁을 벌였고 10주 만에 영국이 승리한다.

인들로 이루어진 독일이 존재한다면, 유럽에서 강력한 국가로 국제적 인정을 받는 독일이 존재한다면, 이전 전쟁에서 받은 모욕감이 치유된 독일이 존재한다면, 그는 살인을 저지르고자 하지 않을 것이다. 누군가가 목숨을 바치는 이유인 민주주의가 세상에 존재한다면, 그는 민주주의를 펼칠 수 있는 세상을 만들기 위해 죽고자 하지 않을 것이다. 누군가가 살인을 하는 이유인 국가가 전쟁이 끝난 세계에 이미 존재한다면, '모든 전쟁을 끝내기 위한 전쟁'이라는 미명하에 그가 살인을 저지르고자 하지 않을 것이다. 목숨을 바치고 살인을 저지를 때 발생하는 몸의 변환은 조국이라는 대상을 위한 것이라고 주장된다. 이런 몸 변환의 발생 및 필요는 조국이라는 대상이 존재하지 않는 정도, 또는 조국이 더는 존재하지 않을 위험에 처했다고 인식되는 정도에 달려 있다. 그리고 이 조국이라는 대상은 죽음과 살인 행위를 통해 존재하게 된다고 여겨진다. 누군가가 '그리워하는' 러시아는 존재한다. 누군가가 '세금을 바치는' 짐바브웨는 존재하며 유지되어야 한다. 반면 1861년에 누군가가 '목숨을 바치는' 이유였던 미국, 지리적으로 또 도덕적으로 통일된 미국은 존재하지 않았다. 북부의 소년은 그렇게 통일된 미국이 존재하지 않았기에 살인을 한다. 소년은 자신의 행위를 통해서 그 미국을 존재하게 하고 만들어낸다. 이와 마찬가지로 남부의 소년이 죽는 이유인 '북부에서 확실히 분리된 자주적인 국가'는 존재하지 않으며, 소년은 자기 죽음을 통해 그 국가를 존재하게 한다. 남북 전쟁을 비롯해 다른 모든 전쟁에서 상해 입히기 경기는 아직 존재하지 않는 두 국가 중 어느 국가가 전쟁의 결과로서 생산될 것이냐를 정하기 위한 경기이다.

전쟁 직전의 갈등 안에서 일어나는 탈-실제화 과정은 이처럼 전쟁에서도 **계속 이어지며** 동시에 전쟁에 의해 **전도된다.** (즉 다시 실제화하는 과정이 나타난다.) 상대편의 문화적 구축물들을 탈-실제화하는 계속되는 작업은 양측 국민이 자신들의 신념과 충돌하는 상대방의 신념을 제거하기 위해 적극적으로 노력하면서 증강된다. 양측은 상대편을 제거하거나 탈-실제화하거나 절멸함으로써 자신의 국가의 자기-정의定義를 구해내려 하는 것이 아니라, 전쟁이라는 경기에서 승리자가 되어 자기편의 문화적 구축물을 실행할 수 있는 권리를 획득함으로써 그렇게 하고자 한다. 따라서 다른 경기 활동들이 대체할 수 있는 상해 입히기의 첫 번째 기능, 즉 승자와 패자 범주를 확립하는 기능은 갈등에서의 탈-실제화 과정을 **계속 이어간다**. 반면 {다른 경기 활동들이 대체할 수 없는} 상해 입히기의 두 번째 기능은 갈등의 **전도**이다. 상해가 승자 측의 쟁점들에 극단적인 물질적 기반을 제공하기 때문이다. 상해는 양측 국민이 승자 측의 쟁점들에 동의하고 그 쟁점들을 실행하고 실제화할 시간이 있을 때까지 그 쟁점들에 몸의 실제성이라는 속성을 부여한다.

종전이 선언된 순간과 처음 며칠과 처음 몇 주 동안, 경합하는 허구들은 전쟁이 시작되기 전보다 훨씬 작은 실제성을 갖는다. 이제 공식적으로 실제가 아니라고 선언된 패자 측의 허구와 지금부터 실제라고 받아들여지게 될 승자 측의 허구 **모두** 그렇다. 따라서 '이제 이 신념 중 하나가 참으로 받아들여질 것이다'라는 갑작스러운 주장은 이 주장을 설득력 있게 만드는 무언가가 없다면 공허하고 부조리한 말에 지나지 않는다. 앞에서 상상해보았듯 평화적인 경기의 끝에서 이런 주장이 나왔을 때 그 말은 힘을 갖지 못했다. 갈등 해소 과정이 논박할 수 없도록 명백히 있었음을 기념할 뿐 아니라, '강렬한 실제성'과 '논박할 수 없는 사실성'이라는 속성을 그 과정의 결과에도 부여하는 무언가가 존재해야 한다.[138] 그리하여 전쟁에서 일어나는 가차 없고도 엄청난 육체적 변환의 양옆으로 양측의 고정되지 않은 쟁점들이 놓인다. 실증을 박탈당한 쟁점들이 전쟁의 시작과 종료 시점에 틀을 이루며 놓인다는 것이다. 외부 문화적 구축물들의 비실제성이 육체적 변환을 둘러싸는 틀이 되면서, 이 비실제성은 전쟁의 내부 내용물이 지니는 실제성을 전유한다. 내부와 외부가 맺는 이 같은 관계를 매우 축약해서 보여주는 예가 맹세이다. 맹세에서는 벌어진 몸과 언어적 주장이라는 극단이 병치된다.

## 전쟁 내부의 언어가 지니는 고정되지 않는 특성

지금 논의에서 결정적으로 중요한 점은 육체적 변환에 틀을 부여하는 전쟁 **외부의** 쟁점들이 고정되지 않는 특성을 지닌다는 것이지만, 전쟁 **내부의** 모든 언어 형태도 마찬가지로 고정되지 않는 경향이 있다. 전쟁 내부에서 언어의 의미가 철저히 탈실체화된다는 사실, 즉 허구, 더 극단적으로는 '거짓말'이 존재한다는 사실은 빈번히 논의됐다. 전쟁 내부 언어의 주요 형태 중 하나인 전략부터 살펴보자. 전략은 단순히 거짓말을 수반하는 것 이상으로, 그 본질과 핵심이 '거짓말하기'인 언어 행위이다. 남북 전쟁 당시 남군 장군 스톤월 잭슨<sup>Stonewall Jackson</sup>의 "속여라. 오도하라. 놀라게 하라"는 전략 좌우명이 설득력 있게 요약하듯, 모든 전략 기획의 목표는 상대편에게 의미를 적극적으로 숨기는 것이다. 당신이 거짓말을 하고 있어도 적은 당신이 진실을 말한다고 믿어야 하고, 진실을 말하고 있어도 거짓을 말한다고 믿어야 한다.[139] 후자도 전자만큼이나 중요하다. 전략, 혹은 군사적 언어는 수많은 작은 부분이 모여 이루는 거대한 현상이며, 의미 감추기라는 목적을 적극적으로 알리는 표제들이 그중 여러 부분에 붙어 있다. 일례로 **암호**는 의미를 회수할 수 없게 만들려는 시도이다. 또는 아무렇게나 배열한 여러 겹의 기호 안에 의미를 파묻어서 상대편이 이해하지 못한 채로 시간을 보내면서 에너지를 낭비하게 하려는 시도이다. **위장**에서 거짓말이라는 원칙은 복장, 은신처, 기타 구조물 등으로 물질화되어 표현된다. 위장 군복을 입는 이유는, 당신이 거기 있더라도 적은 당신이 거기에 있지 않다고 생각해야 하기 때문이다. 아니면 당신이 서쪽에서 접근하고 있을 때 적은 당신이 동쪽으로 가는 걸 봤다고 믿어야 하기 때문이다. 위장은 언어 안에서도 작동한다. 리들 하트가 지적하듯, 애초에 탱크를 '탱크'로 명명한 이유는 제1차 세계대전에서 처음으로 사용될 때까지 그 무기를 '물탱크'라고 언어적으로 위장하기 위해서였다(저것들이 다 뭐지? 탱크야).[140] **허풍**이라는 표제도 언어적 허구가 핵심적으로 중요함을 드러낸다. 갑작스럽거나 예기치 못한 상해 입히기에서 상대편은 당신이 상대편에게 즉각 가할 수 있는 상해 능력을 실제보다 훨씬 작게, 또는 훨씬 멀리 있다고 인식해야 한다. 반대로 전투라는 상호적 상해 입히기 없이 한 편이 항복하게 만드는 상황의 상해 예측에서는, 자기편의 상해 능력이 실제보다 훨씬 크거나 실제보다 더 가까이 있다고 상대편이 믿게 해야 한다. 클라우제비츠는《전쟁론》곳곳에서 '잔꾀'와 '속임수'가 군사 전략에서 중대한 위치를 차지한다는 점을 인정한다.[141] 나폴레옹은 적의 통신 경로를 끊는 활동이 승리를 쟁취하는 데 가장 중요하다고 꼽는다.

그리하여 전쟁 내부에서, 점점 늘어가는 언어의 비실제성은 점점 늘어가는 상해의 명백한 육체적 실제성에 언어적으로 대응한다. 진짜인 육체적 내용물과 진짜가 아닌 언어적 내용물, 이 둘은 너무도 필연적으로 대응해서 거의 동의어로 이해될 때가 잦다. 마키아벨리[Niccolò Machiavelli]는 '힘과 책략'이 서로 거의 구분되지 않는다는 듯이 둘을 계속해서 짝지어놓는다.[142] 쇼펜하우어[Arthur Schopenhauer]도 '폭력과 거짓말'을 분리할 수 없다고 본다.[143] 따라서 둘 중 하나가 다른 하나를 야기한다는 사실, 상해 입히기가 전략을 필요로 한다는 사실, 상해를 입히는 데 거짓말이 필요다는 사실은 놀랍지 않다. 나아가 언어의 와해는 전쟁 내부 언어의 다른 영역들 안에서도 나타난다. 첫째는 언어적 제휴이고, 둘째는 전쟁 내부의 사건들에 대한 언어적 보고 또는 역사적 서술이며, 셋째는 전쟁 참가자들의 일상 대화이다. 전쟁이 발발하려는 시기에 비밀 조약을 맺는 일은 매우 흔하다. 두 국가 정부 간에 국민은 모르는 언어적 제휴를 하거나, 제3국의 정부와 국민은 모르는 언어적 제휴를 하는 것이다. 이런 이유로 평화안들 대부분은 비밀 조약 금지를 주요 조항으로 포함한다. 국제 정부를 논하는 칸트[Immanuel Kant]의 연구《영구평화론[Perpetual Peace]》의 첫 부분인 규약 1은 비밀 단서가 조약에 포함되어서는 안 된다고 규정한다. 벤담[Jeremy Bentham]의 평화안은 비밀 외교 활동을 금지한다. 생 피에르[Abbé Saint Pierre]는 국가 연합체의 동의 없이 성립된 조약을 금지한다. 국제연맹 탄생 이전에 제안된 14개 평화 원칙<sup>Fourteen Points</sup>*도 비밀 조약 금지를 요구한다.[144] 이와 비슷한 규정들
이 페이비언협회<sup>Fabian Society</sup>**, 평화실현연맹<sup>League to Ensure Peace</sup>***의 빅토리프로
그램<sup>Victory Program</sup>, 영국의 민주적통제연합<sup>Union of Democratic Control</sup>****, 그리고 네덜
란드반전협의회<sup>Dutch Anti-War Council</sup>*****가 작성한 규약에도 존재한다.[145] 또한 핵
실험 금지조약<sup>Nuclear Test Ban Treaty</sup> 같은 규약의 입안자들은 거짓말 때문에 규
약이 붕괴할 가능성까지 가정해서 그러한 가능성을 배제하기 위한 조항
을 고안해내야 했다. 그리하여 핵실험 금지조약에는 '확증' 조항이 있어
서, 핵무기를 가지고 있다는 어느 국가의 주장이 사실임을 확증하는 방법
들을 규정한다.[146] 평화 실현의 가능성을 최대화하려는 이 모든 규약에서
거듭 나타나는 '비밀' '의미 숨기기' '허구' '거짓말'의 금지는, 이 금지된
현상들이 일어나게 하는 작업이 전쟁에서 얼마나 핵심적인지를 시사한다.

이처럼 허구성은 육체적 상해에 선행하는 언어, 즉 상해 입히기를 발
생시키는 전략과 협정에서 사용되는 도구적 언어의 주요 속성이 된다. 나
아가 상해에 뒤따르는 언어, 즉 그날 있었던 장면들의 역사를 보고하는 언
어의 주요 속성도 된다. 죽은 몸들의 절대적인 사실성과 '전사자 수'의 허
구성은 습관처럼 서로 일치하지 않으며, 이 불일치 현상은 최근의 모든 전
쟁에서도 익숙하게 나타난다. 특정 교전의 결과와 의미를 서술하는 말들
도 모호하게 남을 때가 많다. 예를 들어 스탈린그라드 전투는 일찍이 제2
차 세계대전의 전환점 중 하나로 여겨졌지만, 교전 양측의 고의적인 왜곡
이 매우 심해서 한동안은 일관성 있는 설명이 불가능했다.[147] 일본 해군에

---

*  미국 대통령 우드로 윌슨<sup>Woodrow Wilson</sup>이 제1차 세계대전 이후의 평화 정착을 위해 1918년 1
   월 발표한 평화 원칙.

**  1884년 영국에서 창립된 사회주의 단체. 점진적 개혁을 통한 사회 변혁을 꾀했으며 세계 평화
   를 위한 국제조직 창설에 관심을 뒀다.

***  제1차 세계대전 발발 이후 국가 연합체를 만들어 전쟁을 방지하고 세계 평화를 유지해야 한다
   는 의견이 특히 영국과 미국에서 힘을 얻으면서 여러 단체가 조직됐다. 그중 하나인 평화실현
   연맹은 1915년 미국에서 창립됐다.

****  1914년 9월에 창립된 영국 단체. 평화 실현을 위해 대외 정책의 민주주의적 통제를 강조했다.

*****  1914년 10월 네덜란드에서 창립된 평화단체.

고통받는 몸

몸담은 사람이 미드웨이 해전* 결과를 논하는 일은 한동안 거의 반역 행위나 마찬가지였다.[148] 제2차 세계대전 당시 이탈리아 함대의 항복은 이탈리아 해군 당국이 결정한 위치와 시간에 따라 이루어졌지만, 연합군 측에서는 연합군 라디오 방송이 직접 정한 것처럼 신화화되었다.[149] 됭케르크에서 적을 앞에 두고 영국군이 철수한 일**은 1970년대까지는 군사적으로 영웅적인 행위이자 완전히 적절하고도 관례적인 일이었던 양 설명되었다.[150] 제2차 세계대전 말 아이젠하워Dwight D. Eisenhower의 독일 루르 작전에서 군대는 마치 한집 한집을 방문하듯 느리게 이동했다. 이후 미국에서는 훌륭한 전략이었다고 거듭 이야기되지만, 당시에는 이 작전에 불안해하던 영국군 사령부뿐 아니라 기뻐하던 독일군 사령부까지도 루르 지방에서의 지체를 이해할 수 없어 했다.[151] (이렇게 허구성이 상해에 뒤따르는 언어의 속성이 되므로) 그리하여 어느 전투·작전·전쟁에서 죽었다고 기록된 것보다 더 많은 사람이 죽었을 수도 있고, 거의 비긴 전투 또는 후퇴마저도 승리로 기억될 수 있으며, 어느 '패배'는 '주의 교란 작전'으로 재해석될 수도 있고,[152] '무조건 항복'이 '명예로운 항복'으로 재명명될 수도 있다.[153] 특정 교전의 성격이 잘못 재현되듯, 허구적인 전쟁 서술의 일반 구조 또는 허구적인 역사 해석의 일반 구조가 있을 수 있다. 이를테면 전사戰史에서 '위대한 인물' 패러다임***은 19세기 나폴레옹 전쟁 기간에 널리 퍼져 있었으며 20세기에도 완전히 사라지지 않았다. 톨스토이Lev Tolstoy는 전쟁을 주제로 한 자신의 작품에서 그 이론이 체계적인 허구임을 상술한다.[154]

지금까지 나온 세 범주의 언어가 전략, 협정, 역사였기 때문에 공식적 언어만이 고정되지 않는 특성을 지니는 것처럼 오해될 수 있다. 언어의

---

\* 1942년 6월 태평양 미드웨이 제도 주변에서 있었던 일본과 미국의 전투. 일본군은 보유 항공모함들을 격침당하고 참패했다. 이 전투는 태평양 전쟁의 판세를 바꾼 전환점이 됐다.

\*\* 1940년 독일군의 포위로 프랑스 됭케르크 지역에 고립된 영국군은 철수 작전을 실행해서 영국 본토로 탈출한다. 급박하고 위험했으나 성공적이었던 이 작전은 영국 국민을 결집했고 사기를 높였다.

\*\*\* 위대한 인물이 결정적이고 중요한 역사적 사건과 흐름을 만들어낸다는 관념.

와해는 모든 방향으로 퍼져나가서 전장에서 멀리 있는 민간인들과 전선에 있는 병사들의 일상생활에까지 파고든다. 프로이트는 〈전쟁과 죽음에 관한 고찰Reflections upon War and Death〉이라는 글에서 전장에 나가 있지 않은 사람들에게 대규모로 발생하는 우울증을 살핀다. 그는 이 같은 우울증이 부분적으로는 갑작스럽게 거짓말들을 승인하는 데서 유래한다고 본다.[155] 또한 역사가 마르크 블로크Marc Bloch가 《전쟁 회고록Memoirs of War》에서 그려내듯, 병사는 확실한 부상과 불확실한 의미의 한복판에서 하루하루를 살아간다. 언어의 모든 단편뿐 아니라 모든 소리와 소음이 의미를 발산하지만 동시에 그것들이 어떤 의미인지는 완전히 불확실하다. "나뭇잎 위로 똑똑 떨어지는 빗방울 소리"는 무해하지만, 사실 그 소리는 "박자를 맞춰 걸어가는 먼 발소리"일지도 모른다. "낙엽 깔린 숲의 지면 위로 바싹 마른 나뭇잎들이 떨어질 때 나는 금속성의 스치는 소리"는 "독일제 라이플총 개머리판에 달린 자동 장전기가 찰칵하는 소리"로 거듭 오해된다.[156] 병사가 자기 물통을 관통한, 논박할 수 없이 명백한 총탄구멍을 살펴보고 있을 때, 연대장이 말을 타고 지나가며 프랑스의 승리를 알린다. 병사는 기쁨으로 혼절한다. 나중에서야 병사는 자신이 들은 말이 팔에서 느껴지는 고통과 똑같은 실체를 지니지 않음을 깨닫는다. 또한 독일군이 사라졌다고 여기며 그렇게나 기뻐하던 그 순간에 독일군이 얼마큼 떨어져 있는지 또는 어느 방향에 있는지 전혀 몰랐음을 깨닫는다.[157] 언어는 점점 더 물질적 실체에서 분리된다. 블로크가 〈전쟁에서 전해지는 거짓 소식Réflexion d'un historien sur les fausses nouvelles de la guerre〉이라는 글에서 논하듯, 믿기 어려운 이야기, 허위 보고, 소문, 전설이 병사들의 말을 채우기 시작한다. 특히 몇 안 되는 군인들이 이동하면서 단 몇 분 사이에 자신들과 마찬가지로 이동 중인 다른 군인들에게 거짓된 말을 전하고 퍼뜨린다.[158] 전략, 협정, 역사의 언어가 반드시 허위인 것은 아니듯 일상 대화의 언어도 그렇다. 일상 대화의 언어가 언제나 허위라면 모든 대화가 완전히 명료할 것이다. 하지만 일상 대화에서 사람들이 듣는 모든 문장은 가능성에 완전히 열려 있다. 모든 일상적

고통받는 몸

인 발화는 언제나 폭발적인 이원성을 지녀서, 사실일 가능성이 매우 큰 동시에 거짓일 가능성도 매우 크다. 그리고 물론 발화의 사실이나 거짓 여부를 얼마나 정확하게 추측하느냐에 따라 한 사람의 생사가 결정되는 순간도 많다.

위에서 설명한 전략, 협정, 역사, 일상 대화라는 범주들은 암묵적으로 화자라는 측면에서 전쟁 내부 언어의 유동성을 서술한다. 이와 달리 전쟁 내부 언어를 내용이나 주제 측면에서 서술한다면 범주 목록은 매우 길어질 것이다. 이런 목록에서 재현되지 않거나 잘못 재현되는 내용에는 다음과 같은 것들이 포함될 것이다. 개개인의 동기, 정부의 동기, 군의 동기, 군인 수천 명의 위치와 그들이 향하는 방향, 상해 입히기 능력의 위치와 규모(잠수함은 눈에 보이는 수면 위에서 수면 밑으로 내려가고, 탱크는 물탱크가 지닌 견고함과 무해함을 흉내 내며, 총은 나무줄기 일부처럼 튀어나와 있고, 미사일은 그저 바람에 실려 가는 새들인 양 밝혀지지 않은 장소로 날아간다), 전투 내 사건들의 배치, 막대한 숫자의 군인들의 몸이 마주하게 될 운명 등등. 하지만 사라지는 모든 내용 중에서도 가장 중요한 것은 이번 장의 시작 부분에서 설명한 '상해의 사라짐', 즉 전략, 역사, 대화를 포함해 언어의 모든 영역에서 상해가 사라지는 것이다. 전쟁에서 상해라는 현상은 엄청나게 많은 거짓의 한가운데에서도 가장 논박할 수 없이, 또 되돌릴 수 없이 실제인 현상이다. 그뿐만 아니라 거대한 규모로 강박적이고도 끈덕지게 반복되어 매일 수백 번씩 존재하곤 하는 현상이다. 전쟁의 언어가 지니는 극단적인 비고정성은 이 상해라는 현상(손, 심장, 폐, 뇌의 변환)에서 언어가 분리될 때 가장 가시적이다. 상해가 지니는 속성들이 궁극적으로 승전국의 허구로 이전되기 위해서는 먼저 상해의 속성들이 그 원천에서 절단돼야 한다. 여기서 이 절단과 절연의 행위를 수행하는 주체는 {특정 집단의 사람들이 아니라} 각계각층의 수많은 사람들로, 이들은 아마 그 행위의 집단적 저자일 것이다.

지금 분석에서 가장 중요한 점은 전쟁을 **틀 짓는** 쟁점들의 비고정성,

그리고 이 고정되지 않는 언어적 틀이 전쟁 내부에서 가차 없이 발생하는 몸의 변환이라는 육체적 내용물과 어떤 관계를 갖느냐이다. 여기서는 이에 더해 전쟁을 틀 짓는 쟁점들의 비고정성이 전쟁 **내부에서 일어나는** 언어적 일관성 및 의미의 와해에 어떤 관계를 갖는지를 잠시 살펴보고 이해해보자. 이 주제도 지금 분석과 관련이 있기 때문이다. 전쟁 내부의 언어는 전쟁을 틀 짓는 언어의 조건을 열망한다. {전쟁을 틀 짓는 언어와 마찬가지로 고정되지 않는 성질을 지니고자 한다는 것이다.} 전쟁 내부에서 발생하는 허구를 이해하는 전통적인 방식은 다음과 같이 직접적인 동기와 필요의 맥락에서 허구를 보는 것이다. 누군가(전략가)는 먼저 언어의 의미를 공유하는 인간 공동체에서 적들을 분리해낸다. 이는 적들의 몸을 해체하기 위해서다. 다른 누군가(정부 지도자)는 전투에서 발생한 사건을 틀리게 재현한다. 국민이 계속 확실하게 전쟁에 참여하도록 하기 위해서는 막 일어난 어떤 사건에 국민이 정신적으로 참여하지 못하도록 그 사건에서 국민을 몰아내야 하기 때문이다. 또 다른 누군가(군인)는 적의 잔혹 행위를 두고 완전히 거짓인 이야기를 반복하거나 완전히 진실인 이야기를 반복하지 않는다. 그가 지금 총을 들고 가로지르는 지대는 실체가 있는 말이 전혀 존재하지 않는 곳이기 때문이다. 하지만 이런 사건들을 각각의 지엽적 동기라는 측면에서 정확하게 설명할 수 있다고 해도, 이 사건들이 집단적으로 어떻게 일어나는지는 전쟁이라는 것을 이루는 포괄적 틀 안에서 총체적으로 봐야 한다.

전쟁은 문화적 구축물을 탈실제화하는 동시에 최종적으로 재구성하기 위한 거대한 구조이다. 전쟁의 목표는 경합하는 두 문화적 구축물 중 어느 것이 실제가 되도록 허용할지를 정하는 것이다. 다시 말해 전전戰前에는 양측이 공유하는 공간에서 두 문화적 구축물이 충돌했지만, 전쟁 결과는 전후에 그 공간에서 어느 쪽의 문화적 구축물이 지배권을 가질지 정한다. 따라서 전쟁 선포는 '현실reality'이 이제 공식적으로 '잡는 사람이 임자'인 것이 되었다는 선언, 즉 이제 '현실'이 공식적으로 중단될 뿐 아니라

고통받는 몸

체계적으로 해체될 것이라는 선언이다. 양측은 이러한 해체를 매우 멀리까지 밀고 나가며, 그리하여 갈등 대상이었던 자기-정의 중 일부분이 '없는' 자신을 패자가 새롭게 상상하는 일은 전쟁 직전보다 더 수월하다. 거짓말, 허구, 왜곡은 전쟁 안에서 특정 화자들(정부 관료, 언론인, 장군, 병사, 공장 노동자)이 특정 상황에서 만들어내지만, 이 거짓된 말들은 다 함께 전쟁이 무엇인지를 집단적으로 대상화하고 확장한다. 전쟁이란, 문화적 구성물들이 더는 실제가 아니게 되는 것이다. 실체의 평화적 형태 전부를 문명 안의 인공물에서 체계적으로 철회하는 것이다. 또 **이와 동시에** 궁극적 실체, 즉 실증의 궁극적 원천을 캐내는 것이며, 몸 안 어두운 곳에 감춰져 있는 실제성의 육체적 토대를 한낮의 빛 아래로 끌어내는 것이고, 확증의 능력이 있는 귀한 광석을 사용할 수 있게 만드는 것이다. 여기서 폐, 동맥, 피, 뇌라는 인간 몸 내부의 내용물은 최종적으로 승자의 쟁점에 재연결되어 실제성을 빌려주는 풍부한 광맥이 된다. 평화적인 실증 형태가 존재하게 될 때까지, 훼손된 몸은 자신의 극단적인 실체를, 강렬하고도 가슴 아픈 실제성을 승자의 쟁점에 빌려준다.

이렇게 전쟁에서 상해 입히기는 구분되는 두 가지 기능을 수행한다. 첫째, 상해 입히기는 전쟁이라는 경기의 기반이 되며, 승자와 패자 결정에 도달하는 다른 방법들에 비해 아무런 장점이 없는 수단이다. 둘째, 상해 입히기는 첫 번째 기능의 결과로 정해진 승자의 쟁점에 실증의 원천을 제공한다. 이렇게 완전히 다른 두 가지 기능이 하나의 행위에 들어 있기 때문에 보통은 둘을 구분하기가 어렵다. 기껏해야 상해 입히기는 승자를 결정하는 첫 번째 기능을 수행한다고 인식될 뿐이다. 두 번째 기능에서 작동하는 지시 작용의 불안정성은 이 두 번째 기능이 존재함을 관찰자에게 환기하기보다는 때로 오히려 첫 번째 기능에까지 소급하여 그 기능도 사라지게 한다. 그리하여 상해를 전쟁의 쓸모없는 '부산물'이나 '우연한 결과'로 말하는 앞에서의 모든 서술에서처럼 상해에 '기능이 없다'고 이해하는 데 이른다. 이 두 가지의 매우 다른 기능이 말 그대로 분리된 공간에 할당되어 있을 때만 전쟁의 구조가 드러난다. 예를 들어 히틀러하의 독일이 그랬다. 당시 '경기로서의 상해 입히기'는 연합국과 대치하던 외부 공간에 존재했고, '실증으로서의 상해 입히기'는 강제수용소라는 내부 공간에 존재했다고 볼 수 있다. 이 같은 이중의 공간이 독일에만 있었던 것은 아니다. 중동, 베트남, 한국 전쟁에서도 전투라는 외부 공간과 수감한 군인들을 고문하는 내부 공간이 함께 존재하곤 했다. 나아가 훨씬 더 중요한 지점이 있다. 두 기능이 외부의 분쟁이라는 하나의 공간에서 일어날 때라도, 인간 몸의 '두 번째 용도'와 매우 유사한 일이 그 공간에서 언제나 발생한다는 점이다. 유사할 뿐 동일하진 않지만 말이다.[159] 제2차 세계대전의 전체 사상자 전부는 '기념 기능' 또는 '마치 ~같이 만드는 기능'에 기여한다. 다시 말해 연합국 병사, 연합국 민간인, 추축국 병사, 추축국 민간인, 어느 편도 아닌 민간인들의 훼손된 몸은 모두 방금 있었던 과정을 대상화하는 데 기여하거나, 아직 실행되지 않은 승자 측 쟁점의 실제성을 확증하는 데 기여한다는 것이다. 이런 기여는 연합국과 추축국 중 어느 쪽이 승자가 되든 상관없이 이루어지며 실제로도 그랬다. 이는 절대로 양측의 쟁점이 똑같다는 뜻이 아니다. 양측의 쟁점에는 정의正義 측면에서 커다란 차이가 있을 수 있고, 실제로 큰 차이가 있었다. 위 말은 그보다 실증 과정 자체는 무엇을 실증하느냐와는 관계없이 동일하다는 뜻이다. 즉 분쟁이라는 외부 공간에서 상해를 입은 몸들이 집단적으로 해내는 일은 실증되는 것이 무엇인지와는 관계가 없다. 실증되는 것은 너무도 아름답고 정의로운 문화적 구축물일 수도 있고, 이와는 정반대의 속성을 지닌 문화적 구축물일 수도 있다. 남북 전쟁에서 남부가 이겼다면 북부의 승리가 실증한 것과는 완전히 다른 무언가가 실증되었을 것이다. 그러나 그 전쟁이 실증 과정에 기여했다는 점은 어느 편이 이겼든 모두 똑같다. 또 미국 독립 전쟁은 영국에서 분리될 권리를 실증한 전쟁이었지만, 남북 전쟁은 분리를 금지하는 연방의 권리를 실증한 전쟁이었다.

상해 입히기의 두 가지 기능이 뒤섞여 있기 때문에 상해 입히기를 제대로 이해하기가 더 어렵고 상해 입히기에 더 의존하게 된다. 두 기능을 떼어내어 양식화되고 합리화된 판본으로 대체한다면 각각 매우 다른 대체 형태가 필요할 것이다. 첫 번째 기능을 대체하려면 승자와 패자를 정하는 비교적 평화적인 수단이 실행되어야 한다. 그 수단은 재능에 기반을 두든 운에 기반을 두든 오래 지속되며 복잡할 것이다. 동전 던지기는 절대 적당한 수단이 될 수 없다. 단 매우 오래 지속되며 정교한 과정을 따라 이루어지는 동전 던지기라면 혹 가능할지도 모르겠다. 막대한 숫자의 동전을 주조할 수 있는 틀을 만들어 동전을 생산하고, 동전의 무게를 재고, 난해한 수학적 조합에 따라 동전을 던지는 경기를 하는 것이다. 길고 복잡한 이 같은 과정은 패자에게 최종적으로 요구될 상상적 '재교육'의 심도에 상응하는 깊은 관심을 경기를 해가면서 끌어내기 위한 것이다. 두 번째 기능을 대체하기 위해서는 가령 다음과 같은 일을 해야 한다. 최종적이고 결정적인 일련의 행위를 마지막으로 수행할 주간이 다가오면, 갈등 중인 국가들 및 갈등의 결과에 어떤 식으로든 영향을 받는 국가의 국민은 경기가 있었음을 대상화하는 것으로 동의된 기호를 몸에 부착하거나 수행한다(실증 기능의 '기념' 부분). 이뿐만 아니라 사전에 협의한 대로 나라 곳곳에서 거대한 숫자의 사람이 모여서 각기 동물의 내장을 치켜들거나 붙잡고 있어야 한다. 이 행동은 승리했다는 관념을 확증하며, 또 승리했기에 이제부터 '실제'이게 된 쟁점을 확증한다(실증 기능의 '마치 ~ 같은' 부분).

구조적으로 분명하게 설명하기 위해 위와 같은 형태의 전쟁 대체를 제시해본 것이지만, 물론 생각만 해도 섬뜩하다. 인류 초기의 너무도 원시적인 의례에 우리 자신들이 참여하고 있는 장면을 상상해보면 인간종으로서 보편적으로 공유하는 수치심이 당연히 생겨날 법도 하다. 하지만 이 대체물이 우리를 수천 년 전으로 되돌려 보내는 것 같고 원시적이라고 해도, 전쟁이 의존하는 허구-생산 과정에 비하면 문명 안의 평화적이고도 친숙한 실증 형태를 향해 크게 한걸음을 내딛은 것이라고 할 수 있다. 원래 인간의 몸 내부를 가지고 했던 실증 작업은 인간의 창조 거의 모든 영역에서 수많은 전환 단계를 거쳤다. 그 첫 번째 전환 단계, 첫 번째 발걸음은 인간 몸을 짐승 몸으로 대체하는 것이었다. 전쟁은 문화적 구축물들을 탈실제화하고 재구성하는 몇 안 되는 구조 중 하나인데, 전쟁 안에서는 위와 같은 대체가 한 번도 발생한 적이 없다. 따라서 위와 같은 상상 속의 의례가 우리를 수천 년 전으로 데려가는 데 저항하는 마음이 든다면, 전쟁은 우리를 그 수천 년에 더해 한 해 더 과거로 데려간다는 점을 생각해봐야 한다.

## V. 고문과 전쟁: 둘의 차이

지금까지 살펴봤듯 전쟁은 (그 두 번째 기능에서) 고문과 마찬가지로 훼손된 몸의 속성을 고정되지 않는 언어적 구축물에 연결하는 구조이다. 고문에서 죄수는 목소리를 빼앗기고 몸만 남고, 심문하는 고문자는 고통에서 면제됨으로써 탈체화되며 언어적 구축물을 지닌다. 고문에서 **두 사람** 사이에서 일어나는 이 같은 일은 이전移轉 현상이다. 전쟁에서 이러한 이전 현상은 사상자 전체와 국가적 구축물 전체 사이에서 **거대한 규모로** 일어난다. 고문과 전쟁은 구조적으로 유사하다. 고문과 마찬가지로 전쟁은 고통의 속성을 자신의 것으로 주장하면서 고통 자체는 부인한다. 하지만 두 사건의 실증 기능을 차별화하는 결정적 요소가 존재하며, 이 요소는 고문에는 전혀 존재하지 않는 도덕적 모호함이 전쟁에는 왜 존재하는지를 부분적으로 설명해준다.

고문과 전쟁을 차별화하는 이 요소를 살펴보기에 앞서 짚어볼 점이 있다. 지금 논의에서 제시하는 특정 어휘와 구조적 분석 안에서가 아니더라도 고문과 전쟁이 서로 다름을 당연히 알 수 있다는 사실이다. 고문을 옹호하는 지적인 논의는 찾아볼 수가 없다. 그런 논의는 개념적으로 불가능하다.[160] 반면 전쟁을 옹호하는 논의는 많았고, 이 논의들은 최소한 세 개의 범주로 나뉜다. 첫째, 자신의 국가를 상대로 전쟁이 이미 시작됐을 때 널리 주장되는 참전 정당화 근거는 '방어'이다. 전쟁을 하는 정치적 정당성의 근거를 이렇게 자조, 즉 자신을 방어하는 능력으로 보는 오래된 철학적 전통이 있다.[161] 예를 들어《연방주의자 논집》전반에서 볼 수 있듯 미합중국의 설계자들은 이 자조라는 원칙을 명백하게 가정하고 있다.[162] 하지만 '전쟁'이라는 말이 보복뿐 아니라 개시를 뜻할 때도, 즉 공격당한 자신을 방어하는 것이 아니라 자신이 먼저 공격을 시작하는 것을 의미할 때도 전쟁을 옹호하는 논의가 존재한다. 이런 논의에는 최소 두 종류가 있는데, 대단히 설득력이 있지는 않을지언정 설득력이 아예 없는 것도 아니다. 그중 첫 번째이자 전쟁 옹호 논의 중 두 번째는 사용하는 어휘가 심리학적인 경향이 있으며, 개인이나 계급, 국가의 심리를 묘사한다. 심리학적인 논의가 개인, 계급, 국가라는 영역을 통과하며 진화해갈수록, 논의를 평가해서 옳다고 인정하거나 의심하기가 점점 더 어려워진다. 전쟁 옹호자들은 전쟁에 나가기를 거부하는 개인들의 동기를 '비겁함'이라고 설명할 수 있다. 이렇게 개인의 수준에서 전쟁을 옹호하는 논의는 논의라기보다는 임의로 하는 비난에 더 가까워 보이며 그다지 설득력이 없다. 전쟁 참여를 거부하는 데 필요한 용기가 전쟁에 나가는 데 필요한 용기만큼이나 클 수도 있다는 점이 너무도 분명하기 때문이다. 예를 들어 베트남에 간 사람들과 전쟁에 저항해 본국에 남아 있던 이들은 {용기라는 측면에서 차이가 있었다기보다는} 국가가 무엇인지에 관한 두 개의 서로 다른 관념을 실증하고 있었을 뿐이고, 또한 두 개의 서로 다른 실증 형태를 사용하고 있었을 뿐이다. 반면 논의 틀이 계급으로 변하면 똑같은 논의가 훨씬 더 선동적으로 변하며 잠재적으로 더 설득력이 있다. 카를 슈미트의 1928년 에세이 〈정치적인 것의 개념에 관하여On the Concept of the Political〉에는 평화주의적 충동이 계급 특권이라고 보는 분석이 나온다. 슈미트는 헤겔Georg Wilhelm Friedrich Hegel을 끌고 와서 '부르주아'라는 말이 '평화주의자'라는 말을 의미하도록 논의를 편다. 그의 논의에서 부르주아란 "정치와 무관하며 위험이 없는 사적 영역을 떠나고 싶어 하지 않는 개인"이다. 이들은 재산을 가졌기 때문에 (자신이 참여하지 않아도 어쨌든 발생할) 분쟁에서 자신은 면제된다고 믿는다.[163] 심리학적 논의가 개인 차원일 때는 무시할 만하지만 계급 차원일 때는 더 무시하기 어렵고,[164] 국가 차원일 때는 아마 가장 무시하기 어려울 것이다. 그리고 국가 차원의 논의일 때 반대자들은 반론을 펼치기보다는 회피하는 경향이 있다. 국가 차원의 논의는 '북유럽처럼 되는 것Scandinavization'*이라는 부정적인 용어를 사용하여 서술되기도 한다. 이 설명 틀에서 '중립성'과 '평화주의'라는 바람직한 국가의 특질은 부정적인 국가의 특질을 나타내는 '기호'가 된다. 이런 부정적인 국가는 퇴폐, 자기-신념의 소멸, 국가 개념의 쇠퇴, 재산에 근거하여 분쟁과 자기-갱신에서 면제되기 등의 특질을 지닌다고 주장된다.

지금까지 살펴본 첫 번째와 두 번째 주요 전쟁 옹호 논의는 모두 전쟁이 허구-생산 과정 혹은 문화적 구축물-실증 과정임을 암암리에 인정한다(전쟁이 창조 형태 중에서도 가장 고래의 것이라는 점은 신경 쓰지 않지만). 방어 논의는 정치적 '정당성'이나 '주권'을 자조와 같은 것으로 보는데, 이 논의를 달리 표현하자면 한 국가의 국민이 자신들의 신념인 영토 측면의 자기-정의와 이데올로기적 자기-정의를 실증하는 능력을 지닌다는 것이다. 여기서 실증 능력은 먼저 '지어내고' 그다음 '실제화'하는 능력이다. 이와 마찬가지로 심리학적 논의를 '비겁함'이라는 개인 차원의 용어에서 끌어내어 계급적 용어인 '자기-면제exemption'를 거쳐 국가적 용어인 '쇠퇴'라는 말에 적용해가는 논의를 보면, 이 논의가 계속 의문을 던지고 있는 것이 자기-갱신 능력 혹은 자기-재창조 능력이라는 점이 분명해진다. 또 여기서 쟁점이 '도덕적' 속성이라기보다는 '창조'에 필요한 속성이라

---

* 스칸디나비아 반도 국가들의 역사에서 나온 용어. 전쟁보다는 중립이나 유화책, 평화적 공존, 긴장 완화를 지향하는 외교 정책, 또 더 넓게는 문화적 태도를 가리킨다.

고통받는 몸

는 점도 분명해진다. 예를 들어 19세기의 프랑스 정치사상가 토크빌$^{Alexis de}$ $^{Tocqueville}$은 국민의 지적 창조성과 전쟁을 하려는 의지 사이에 연관이 있다고 주장한다. 평등한 상태에서 나오는, 전쟁을 꺼리는 경향이나 혁명을 꺼리는 경향은 사상적 혁명과 개인의 천재성을 억압한다는 것이다. 전쟁과 혁명을 피하는 이런 한계 안에서 천재성은 나타나지 않거나 나타난다고 해도 인식되지 못할 것이다.[165] 이와 비슷하게, 예술적 창조는 예술가 개인의 영역과 국민국가의 영역 모두에서 군사 문제에 열중할 때 나타나는 때가 많다는 사실이 자주 지적된다(군사 문제에 열중한 예술가 개인 중 가장 유명한 이는 레오나르도 다 빈치이다).[166] 예술에서 어느 국가가 우월한 위치를 차지하는지 그 변화의 역사를 보면 정치적 우위가 변화하는 역사와 같은 길을 가는 경향이 있다는 것이다.[167] 또 지그프리드 기디온$^{Siegfried Giedion}$, 루이스 멈퍼드$^{Lewis Mumford}$, 윌리엄 맥닐의 연구처럼[168] 기술의 역사를 추적한 주요 연구는 모두 전쟁이 기술적 발명을 일으켰음을 보여준다. 이 지점은 전쟁을 옹호하는 세 번째 주요 논의{공격 전쟁을 옹호하는 두 번째 논의}를 본 후 다시 살펴보도록 하겠다.

세 번째 전쟁 옹호 논의는 '정의' 논의이다. 이 논의는 어떤 쟁점이 정의로운지를 논하지는 않는다. 누군가가 싸우는 이유가 되는 어느 이데올로기가 '정의'라는 속성을 지닌다("우리 조국의 대의는 정당하다")는 식의 주장이 아니라는 뜻이다. 그보다 이 논의는 전 세계라는 국가들의 영역이 전쟁 돌입 가능성을 내포하고 있을 때만 이 영역이 '정의'라는 속성을 지닌다고 주장한다. 여기서 설명하려는 주장을 특정 국가의 전쟁 돌입이 정의롭다는 주장과 혼동해서는 안 된다. 전쟁 때문에 평화가 깨질 수 있는 세계보다 영구적 평화가 존재하는 세계가 '덜 정의롭다'는 주장은 그보다 훨씬 더 일반적이고 급진적인 주장이기 때문이다. 클라우제비츠는 '평화를 사랑'하는 국가가 언제나 가장 강력한 국가라고 본다. 우세한 세력의 평화가 계속 쟁점과 국경을 결정하는 상황은 그 우세한 국가에 압도적으로 유리하기 때문이다. 따라서 힘이 더 약한 국가는 강력한 국가가 자신을 직접적으로 억압한다고 본다(상대적으로 약한 이 국가는 역사 서술에서 '대륙에서 나타난 도전자ᵃ continental challenger'*로 불리기도 한다.) 아니면 자신이 변화하고 성장할 수 있는 잠재력을 가졌으나 우세한 세력의 평화 때문에 고착된 현재의 세력 배치가 자신의 변화와 성장을 간섭적으로 억압한다고 여길 수도 있다. 이는 자신이 직접적으로 억압당한다고 보는 입장만큼이나 과격한 입장일 수 있다. 특정 지도자나 국가들이 위와 같은 '정의' 논의를 했다고 이 논의가 타당하다는 뜻은 아니다. 레닌은 바로 위에서 언급한 클라우제비츠의 말을 매우 좋아했지만,[169] 이 사실은 클라우제비츠의 통찰이 '진실임'을 보여준다기보다는 전쟁을 벌이고자 하는 사람들에게 그 통찰이 '쓸모 있을' 수도 있음을 보여줄 뿐이다. 오히려 이 정의 논의에 존재할지도 모르는 타당성을 제시한 이들은 바로 여러 평화안의 기획자들이었다. 이들은 처음에는 세계에서 전쟁을 없애려는 열정에서 출발했다가, 전쟁이 없는 세계는 정의롭지 못한 세계일 수도 있다는 결론에 도달하곤 했다. 이들의 논리에 따르면, 전쟁을 전부 금지하는 일이 가능하다고 해도 아마 도덕적으로 바람직하지 않을 것이다. 전쟁을 금지하면 세계가 갑자기 '동결될' 것이기 때문이다. 그러면 이 세계의 특징이었던 국경의 '유동성', 통상 계약, 시장, 여러 이데올로기의 배치도 함께 동결될 것이고, 이는 특정 국가 국민에게 더 유리한 채로 세계가 멈춘다는 뜻이다. 그리하여 벤담이나 칸트의 평화안 같은 일부 평화안은 상비군의 완전한 폐지를 요구했지만, 페이비언협회 등의 평화안은 국가들이 어느 정도의 시간 동안 기다린 다음 전쟁에 돌입하는 것을 허용하는 조항을 명시적으로 포함한다.[170] 특정 국가의 이해관계와는 관련이 없는 보편적인 평화안들이 아니라 국가 간의 특정 '평화 조약'을 살펴보면 '예외 조항'이 매우 흔하다(전쟁에 돌입할 수 있는 '특권'을 방어하는 조항도 매우 흔하다). 전쟁을 허용하는 예외 조항이 흔한 탓에, 이러한 평화 조약들이 전쟁 가능성을 최소화하기

---

\* 대륙의 한 국가가 강성해지면서 해상 강국에 대항하게 될 때 그 신흥 강국을 지칭하는 말.

는커녕 다음 전쟁의 근거를 구체화해주며 사실상 다음 전쟁의 예측 모델 이나 설계안이 된다는 주장이 있을 정도이다.[171]

이 세 번째 논의는 앞의 두 논의와 마찬가지로 전쟁이라는 문제에서 중요한 것이 '허구-생산' 능력임을 가정하는 듯 보인다. 단 이 논의가 방어하는 것은 국가 차원의 자기-재창조라기보다는 사실상 지구 차원의 재창조이다. 이 논의의 핵심에는 다음과 같은 인식이 있다. 지구 전체를 가로지르는 정치적·영토적·문화적 구축물들의 전반적인 배치가 계속해서 재발명되고 수정되는 상황 속에 있으며, 더 많이 상해 입히기를 위한 경기인 전쟁이 이 계속되는 과정에서 극히 중요하다는 것이다.

위 세 가지 전쟁 옹호 논의 중에 타당성을 지니는 논의가 하나라도 있느냐는 여기서 답하기엔 너무도 복잡한 질문이다. 그 대신 짚어봐야 할 중요한 점은 다음과 같다. 설령 **타당하다고 해도** 이 논의들이 전쟁의 필요성을 보여주지는 않으며, '상호적 활동에 기반을 두고 모든 참가자가 준수할 비상호적 결과를 생산하는 경기'가 필요함을 보여줄 뿐이라는 점이다.[172] 어느 국가, 대륙, 또는 세계 전체의 자기-재창조에 허구 생산 과정이 필요하다고 해도 이 과정이 가장 초보적 형태인 전쟁에 동결되어 있을 필요는 없다. 다시 말해 문화적 구축물을 주기적으로 탈실제화하는 동시에 문화적 구축물이 완전히 실제화될 때까지 실증 형태를 제공함으로써 구성물이 재구성되도록 하는 과정이 필요하다고 해도, 그것이 반드시 전쟁일 필요는 없다. 어쩌면 전쟁이라는 실증 형태 자체가 탈실제화되어 재구성된 형태의 판본으로 대체될 수 있을지도 모른다. 전쟁 옹호 논의 중 타당하면서도 가장 매력적으로 보이는 논의는 전쟁이 위와 같은 재창조 과정에 기여한다는 논의이다. 여러 모습을 띠고 나타나는 이 논의가 매력적인 이유는 바로 창조와 자기-재창조 능력이 보편적으로 귀중하게 여겨지기 때문이다. 하지만 창조가 중요하다고 보편적으로 인식된다는 것은 결국 다음 사실을 암시한다. 전쟁이라는 실증 과정 자체도 재창조 과정을 거치게 하는 일이 중요하다는 것이다. 전쟁의 대체물은 국가들의 영역에서 주기적인 변화의 가능성을 보장하는 기제가 될 것이며, 이 기제는 국경 내부의 문화적 구축물의 유동성을 보장하는 국민국가의 선거라는 기제와 마찬가지의 것이다. 갈등 중인 국가들은 전쟁을 벌이는 대신 전쟁의 모든 구조적 속성을 받아 안을 수 있는 전쟁의 대체물을 발명하는 경기를 하는 데 동의할 수 있다. 가장 훌륭한 대체물을 만들어낸 국가가 이 국제 경기에서 승리하게 되는 것이다. 승리한 국가가 획득하는 것, 즉 경기 결과에 따라 실제화되는 쟁점들은 어쩌면 몇 세대 후에 바로 그 새로 발명된 갈등 해결 과정을 통해 탈실제화될 수도 있을 것이다. 전쟁의 대체물을 만들어낸다는 생각은 가설일 뿐이다. 따라서 '고정되어 있지 않고' 아직은 사실이 아니다. 그렇지만 전쟁을 재발명할 수 있다는 증거를 보여주는 압도적인 사실이 있다. 즉 문명은 (전쟁 이외의 다른 영역들에서) 매우 초기의 실증 형태를 계속 대체하여 초기 형태와 똑같이 강렬하지만 훨씬 더 평화적인 형태로 만들어왔다는 것이다. 이 책 뒷부분 반절의 주제가 바로 이러한 실증 과정 재발명이다.

실증 과정 재발명이라는 주제로 들어가기 전에 우리는 먼저 이 절의 원래 논점으로 돌아가서 고문의 구조와 전쟁의 구조를 다르게 만드는 요소를 명확하게 밝혀야 한다. 전쟁을 평화적인 과정으로 절대 대체할 수 없다고 해도 전쟁은 고문과 똑같지 않다. 이 사실은 아마 직관적으로 명백할 것이다. 즉 고문에서보다 전쟁에서 상해의 규모와 지속성, 또 죽음에 이르기까지 겪는 고통의 양이 훨씬 더 크지만, 그렇다고 해서 '군인들'을 '고문자들'로 생각하지는 않는다. 또 전쟁에서의 집단적 활동에 고문처럼 절대적인 도덕적 책임이 있다고 생각하지도 않는다. 고문과 전쟁의 결정적 차이를 명확히 해야 하는 이유는 전쟁을 변호하기 위해서가 아니라 다음의 세 가지 이유 때문이다. 첫째, 전쟁의 본성이 정확하게 서술될수록 언젠가 전쟁의 구조적 대체물이 나타날 가능성이 커진다. 둘째, 전쟁이 이미 계속되는 재발명 상태에 있다면, 전쟁은 문명 안에서 찾을 수 있는 평화적인 실증 모델 쪽으로 진보하거나 아니면 전쟁보다도 더 극단적인 해체, 즉 고

고통받는 몸

문이 추구하는 절대적인 실증 모델로 퇴보할 것이다. {이 사실을 가시화하기 위해서 고문과 전쟁의 차이를 명확히 해야 한다.} 셋째, 전쟁과 고문의 차이를 알게 되면 '핵전쟁'이 재래식 전쟁 모델보다는 고문 모델에 더 가깝다는 점을 분명히 할 수 있다.

전쟁과 고문 모두에서 몸과 목소리 사이의 정상적인 관계는 해체되고 대체된다. 훼손된 몸과 고정되지 않은 언어적 주장이라는 양극단이 나란히 놓이는 관계가 원래의 관계를 대체한다. 고문에서는 고통과 심문이 병치되며, 전쟁에서는 사상자와 언어적 쟁점이 병치된다. 고문과 전쟁 각각에서 허구가 생산되는데, 이 허구는 몸이 투사된 이미지이다. 즉 고통의 실제성은 정권의 실제성이 되고, 사체들의 사실성은 이데올로기나 영토 측면의 자기-정의가 지니는 사실성이 된다. 하지만 고문과 전쟁에서 '허구성'의 성격은 매우 다르다. 이 차이는 허구의 내용과는 상관이 없다. (허구를 확증하기 위해 사용된 인간의 상처를 제외하고 생각해봤을 때) 허구의 내용은 전쟁과 고문 어느 쪽에서든 좋을 수도 있고 나쁠 수도 있으며 정의로울 수도 있고 부정의할 수도 있기 때문이다. 전쟁의 쟁점은 '인간 평등'일 수도 있고 '노예제'일 수도 있다. 또 그리스도라는 관념 자체는 좋고 아름다운 문화적 구축물이지만, 종교 재판에서 그랬듯 그리스도의 실제성을 증명하기 위해 고문이 자행된다면 이런 일은 아리아 민족의 우월성이라는 본질적으로 흉악한 구축물을 위해 고문하는 것과 다를 바 없다. 고문의 '허구성'과 전쟁의 '허구성'의 차이가 허구의 내용과 상관없다는 점은, 고문과 전쟁이라는 두 가지 실증 형태가 똑같은 문화적 구축물 하나를 위해 발생할 수 있다는 사실을 생각해보면 매우 쉽게 설명된다. 이를테면 전쟁을 통해 국가의 헌법을 실증하는 일과 고문을 통해 헌법을 실증하는 일은 실증되는 내용이 같다고 해도 서로 다른 일일 것이다.[173] 고문과 전쟁의 '허구성' 차이는, 전쟁을 통한 실증에 '사기'라는 부정적인 용어를 사용하고 고문을 통한 실증에는 '허구'라는 중립적 혹은 모호한 용어를 사용한다는 점이 시사하는 차이보다 훨씬 크다. 둘의 허구성 차이는 고문과 전쟁에서 모두 문화적 구축물이 실증의 평화적 원천을 지니지 않지만, 하나는 근본적으로 '허위untrue'이고 다른 하나는 '아직은 사실이 아닐not-yet true' 뿐이라는 점에서 나온다. 다시 말해 고문은 동의를 얻지 못했기 때문에 훼손된 몸의 실증 능력이 필요하고, 전쟁은 양쪽 국민의 동의를 얻기는 했으나 동의한 바를 실행하는 데 시간이 필요하다.

패자 측의 사상자는 패전국 국민의 원래 신념에 반대되는 결과를 확증하기 때문에, 얼핏 봤을 때 양측 국민 중 절반만이 전쟁의 실증 기능에 동의를 한 것처럼 보일 수 있다. 하지만 상대방과는 다른 쟁점을 위해 싸우고 있다고 해도 양측의 모든 참가자가 같은 과정에 자신들의 몸을 제공하기로 동의한 것이다. 이 과정은 **시작되는 바로 그 순간** 결과의 비상호성을 가정하며, **시작 후엔** 오직 한 측의 쟁점만이 최후에 실제라고 선언될 것이라는 확실성을 내포한다. 모든 군인이 하는 일은 바로 이러한 최종적인 불평등을 향해 나아가는 것이다. 따라서 전쟁에 돌입할 때 참가자들이 동의한 것은, 다른 편의 쟁점은 제외하고 자신들의 쟁점만 실증하는 일이 절대 아니다. 참가자들은 전쟁에 돌입하는 바로 그 행위를 통해 **자신들의 쟁점 또는 다른 편의 쟁점**을 확증하는 데 동의한다. 일정 기간이 지나고 나면 이들은 더 적극적이고 구체적으로 승인한다. 예를 들어 미국 독립 전쟁 이후 영국 국민은 미국의 분리 행위를 받아들였을 뿐만 아니라 그 행위에 박수를 보냈다. 미국 남북 전쟁 이후 남부 주민은 자신들이 더 큰 연방에 속하게 되었다는 것과 자신들의 영토에서 노예제가 붕괴했다는 것을 받아들였을 뿐 아니라 자랑스러워하게 됐다. 전쟁에서와는 달리 고문당하는 죄수는 자신의 고통을 통해 생산되는 정권의 권력이라는 허구에 몸을 바치는 데 동의한 적이 없다. 고문에서 나타나는 권력의 무언극은 그 권력이 '실제가 아니'라는 점에서 '허구적'이며, 전쟁에서 승자 측의 쟁점은 그것이 '아직은 실제가 아니'라는 점에서 '허구적'이다. 고문에서 '허구'는 '실제성이 있다는 거짓말'을 뜻하지만, 전쟁에서 '허구'는 '실제성이 앞으로 생길 것이라는 예상'을 뜻한다.

고통받는 몸

고문과 전쟁의 관계는 극단적 해체를 통한 실증(고문)과 문명 안에서의 실증 간의 차이라는 전체 틀 안에서 볼 때 더 분명해진다. 전쟁은 이 두 종류의 실증 사이의 어딘가를 맴돌고 있기 때문이다. 앞에서도 제시했고[174] 이후의 장들에서 상세히 다룰 내용은 다음과 같다. 평화적인 형태의 창조에서 몸의 속성은 인공물(허구, 만들어진 것)로 투사된다. 인공물은 몸이 하는 일을 떠맡아 체화된 인간을 불편에서 해방하고, 그럼으로써 인간이 더 넓은 자기-연장의 영역으로 진입할 수 있게 한다. 예를 들어 의자는 척추를 모방하고 척추가 하는 일을 떠맡음으로써, 몸의 자세를 끊임없이 조금씩 바꿔야 하는 계속되는 괴로움에서 한 사람을 해방하며 정신이 등의 통증에 쏠려 있지 않게 한다. 이제 이 사람은 만들고 있는 점토 그릇에 주의를 집중하거나 친구의 말에 귀 기울일 수 있다. 고문에서는 이와 반대되는 일이 벌어진다. 몸에서 불편을 감소시키는 것이 아니라 몸에 극도의 고통을 가한다. 한 사람이 몸의 한계에서 벗어나 공유된 연장延長의 영역으로 들어갈 수 있게 하는 것이 아니라 세계-의식의 내용물이 계속 수축하고 붕괴하게 만든다. 고통을 줄이는 사물들을 만드는 것이 아니라 이미 존재하는 사물들을 고통을 가하기 위해 해체한다. 고문은 상상 속에서 만들기라는 평화적인 과정을 뒤집는 동시에 흉내 낸다. 다시 말해 고통이 중간 단계의 '인공물', 즉 **'생산된'** 몸의 상태가 되기 때문이다. 이렇게 생산된 고통의 속성은 정권의 권력에 투사되어 그 권력의 속성이 된다. 극단적으로 반대되는 위 두 사건 중 하나를 창조 구조의 모델로 보고 다른 하나를 창조 구조 해체의 모델로 볼 때, 전쟁이 고문과 똑같은 영역에 속한다는 점이 분명해진다. 고문에서와 마찬가지로 전쟁에서도 고통을 제거하는 인공물이 생산되는 것이 아니라 육체적 고통과 몸의 변화가 '생산된다'. 또 전쟁에서도 세계-의식의 내용물은 수축해야 한다(고문받는 사람의 정신이 몸의 고통으로 채워지는 것처럼 병사의 정신은 죽음과 죽이기라는 몸의 사건들로 강박적으로 채워진다). 나아가 전쟁에서도 훼손된 몸의 속성이 그 몸에서 분리되어 문화적 구축물에 투사되어야 한다.

창조 모델과 탈창조<sup>decreation</sup> 모델 사이의 거리는 엄청나게 멀다. '생산' '몸' '투사' '인공물' 같은 단어들이 두 모델을 설명하는 데 공통적으로 쓰이기 때문에 두 모델이 실제보다 서로 덜 반대되는 것처럼 보일 수 있다. 하지만 이 서로 겹치는 어휘는 그 자체로 두 모델 간의 차이가 얼마나 절대적인지를 보여주는 기호이다. 두 모델이 같은 용어를 공유하는 이유는 바로 하나가 다른 하나의 해체로서, 창조의 경로를 뒤집어 탈창조로 만든 것이기 때문이다. 다시 말해 고문은 창조가 멈추는 바로 그 지점에서 **시작한다.** 고문은 창조의 생산물인 인공물들, 즉 벽, 창문, 문, 방, 거처, 의학, 법, 친구, 조국 등을 전유하고 해체하는 데서 출발한다. 전유되고 해체되는 인공물들은 물질적 형태를 갖추고 존재하기도 하고 의식의 창조된 내용물로서 존재하기도 한다.[175] 나아가 고문은 창조가 시작되는 지점에서 **끝난다.** 애초에 창조 행위는 고통이라는 조건 때문에 촉발되었지만, 이제 고문은 창조 행위가 제거하는 고통을 '생산'한다. 창조에서 고통은 인공물에 의해 해체되고 대체되지만, 고문에서 인공물은 고통을 생산하기 위해 해체된다. 따라서 고문은 상상이 낳은 '생산물'을 해체할 뿐만 아니라 상상하기 행위 자체를 해체한다. 창조와 고문이 수반하는 활동의 구조는 둘 모두가 공유하는 경로를 따라가며 나타나지만, 창조와 고문은 서로 반대 방향으로 움직이며 그 경로 위의 특정 시점에서는 창조와 고문 중 오직 하나만이 발생할 수 있다. 창조와 고문 둘 모두에 공통적인 용어들은 다음의 사실을 선언한다. 창조와 고문은 특정 시점에서 오직 둘 중 하나만이 존재할 수 있는 어느 공간을 서로 차지하길 열망한다는 것이다. 따라서 창조와 고문은 '반대'일 뿐만 아니라 '상호 배타적'이다. 둘은 '철저히 상극'일 뿐 아니라 하나가 존재하기 위해선 다른 하나가 제거되어야 한다.

위의 두 모델에서 문명과 문명의 해체는 서로 절대적으로 다르다(문명의 해체를 지칭할 적당한 용어가 없으므로 여기서는 '탈–문명<sup>de-civilization</sup>'이라는 어색한 단어를 사용할 것이다). 문명과 문명의 해체가 같은 지반에 함께 존재할 수 없기에, 둘은 절대적으로 멀리 있다. 그러나 둘 사이의 거리가 좀 더

고통받는 몸

가까웠던, 개념적으로 앞서는 더 이전의 순간이 존재한다(꼭 시간상으로 앞서는 것은 아니다). 이런 순간에 문명과 탈-문명은 아직 극단적으로 다르지는 않고, 서로 다르게 되는 과정에 있다. 이러한 창조의 초기에는 만들어진 것the made thing, 즉 인공물에 아직 의자처럼 물질적 형태가 주어지지 않았고, 그래서 그 인공물은 아직 자기-실증을 하지 않는다. 의자는 '발명된 것'이자 '실제의 것'이기도 하다. 의자의 실제성은 나무 같은 자연 발생적인 사물의 실제성이 확증되는 방식과 정확히 같은 방식으로 확증된다. 의자와 나무 둘 모두 지각하는 사람의 몸 내부에서 지각을 통해 경험된다는 것이다. 물론 물리적 세계 안에서 사물(나무, 의자)의 속성(색, 모양, 소리)에 직관적으로 부여되는 실제성의 정도는 전부 다른데, 사물의 속성을 경험하는 몸 감각의 개수가 다르기 때문이다. 시각과 촉각 둘 모두를 통해 확증되는 사물의 속성은 시각과 촉각 둘 중 하나만을 통해 경험하는 속성, 또는 시각이나 촉각이 아닌 다른 감각 중 하나만을 통해 경험하는 속성보다 더 큰 실제성을 지니는 듯이 느껴지는 경향이 있다. 따라서 어쩌면 로크John Locke의 유명한 제1성질과 제2성질 간의 차이는 그 성질을 지각하는 감각 양태에 달린 것인지도 모른다. 형태나 크기 같은 제1성질은 시각과 촉각 모두에 가닿을 수 있는 속성들이고, 색·소리·맛·감촉·냄새 같은 제2성질은 시각과 촉각 둘 중 하나에만 가닿을 수 있거나(색깔은 볼 수 있지만 만질 수는 없다) 시각과 촉각 둘 중 어디에도 가닿을 수 없는(소리와 냄새는 들을 수 있고 맡을 수 있지만 보거나 만질 수는 없다) 속성들인 것이다. 이와는 달리 창조 과정 안에는, 발명된 사물이 세계 안에 물질적으로 현존하지 **않는** 단계, 따라서 **그 어떤** 감각에도 가닿을 수 **없고** 그렇기 때문에 실제성이 없거나 허구적이거나 또는 아직은 실제가 아닌 것으로 여겨지는 단계가 존재한다. 물질적 형태를 지닌다는 것은 자기-실증을 하는 형태를 지닌다는 것이다. 물질적 형태를 지니지 않는다는 것은 자기-실증을 하는 자율적인 능력이 없다는 것이다. 의자 제작을 두 단계의 '만들기'로 분해해볼 수 있다. 첫 번째 단계는 의자를 '상상하기', 즉 어떤 의자를 만들지 생각하거나 의자의 이미지를 떠올리는 것이다. 두 번째 단계는 의자 '만들기', 즉 의자의 물질적 형태를 만드는 것이다. 두 단계에서 모두 의자라는 사물이 '발명'되지만 오직 두 번째 단계에서만 그 사물은 '실제'이며 자기-실증한다. 둘 모두 '창조된 사물'이라고 불리겠지만, '창조된'이라는 말과 거의 동의어인 '허구적'이라는 말은 첫 번째에만 적용되는 경향이 있다. 후자의 사물은 실제이기 때문이다. 시인의 머릿속에 있는 도시는 허구이지만 맨해튼 섬 위에 있는 도시는 사실이다. '허구$^{fiction}$'와 '사실$^{fact}$'이라는 말 모두 '만들다'라는 뜻을 갖는 단어들에서 왔다(핑게레$^{fingere}$ '만들다'/픽툼$^{fictum}$ '거짓', 파케레$^{facere}$ '만들다'/곽툼$^{factum}$ '사실'). 하지만 일상에서 허구와 사실이라는 단어는 분명 다르게 사용되는데, 후자의 단어에서만 창조의 나중 단계인 물질적 구현이 발생하기 때문이다. 문명 안에서 '만들기'의 전 과정은 이렇게 '지어내기'와 '실제화하기'라는 개념적으로 분리되는 두 단계를 수반한다. 그리고 상상$^{imagination}$은 자신이 생산한 사물 안에서 자신의 활동이 더는 인지되지 않을 때에야 자기 작업이 완수되었다고 여긴다. 다음 장에서 이 같은 창조하기 과정을 자세히 설명할 것이다.

위에서 살펴본 문명 모델과 탈-문명 모델 구분에서 평화적 모델은 창조가 인공물을 '지어낼' 뿐 아니라 인공물을 '실제화'하기까지 하는 모델이다. 그러나 창조의 초기에 '실제화' 단계는 아직 일어나지 않았다. 창조가 '지어내기' 단계에만 도달해 있는 바로 이 같은 지점에서는 창조 모델과 탈-창조 모델 간의 구분이 더 불분명하다. 두 모델은 아직 완전히 분리되지 않았으며 자신들을 분리해가는 도중에 있다. 그리하여 이 첫 번째 단계에서는 발명된 것들의 '실제성'이 문제가 된다. 발명된 것이 의자의 이미지이든, 신이라는 개념이든, 도시가 미래에 어떤 모습일지에 대한 예언이든 마찬가지이다. 이러한 상상 속의 이미지라든지 믿고 있는 신념은 의자처럼 미래에 자기-실증 형태를 취할 능력이 있을 수도 있고, 그 능력이 아예 근본적으로 없을 수도 있다. 그러나 어느 경우이든 만들어진 것이 언어적 또는 물리적 연장延長을 동반하지 않은 단지 개념이거나 이미지이거나 신념일 때, 이 만들어진 것은 상상하기나 믿기 행위를 하고 있는 체화된 이의 정신 안에서만 실제성을 지닌다(이 만들어진 것이 조금이라도 실제성을 지닌다고 할 때). 그것을 믿는 사람의 몸 경계 바깥에 있는 사람에게는 실제성을 갖지 않는다. 여기서 중요한 점은, 그 만들어진 것을 상상하고 있는 사람에게조차 지각의 내용물에 비하면 상상된 그것이 '덜한 실제성'을 갖는다는 점이다. 의자의 이미지가 아무리 멋지다고 해도 지금 몸을 기대고 있는 나무, 볼 수 있고 만질 수 있는 나무보다는 덜 뚜렷하고 덜 강렬하다. 나무 몸통은 몸무게를 받치고 있으며 나뭇잎들은 얼굴을 스치고 흔들리며 소리를 낸다. 흄[David Hume], 야스퍼스[Karl Jaspers], 사르트르 등 '이미지'와 '지각' 간에 경험상 어떤 차이가 있는지를 설명하고자 했던 이들은 모두 지각은 '이미지'가 갖지 않는 '활력'을 갖는다는 데 동의했다('활력[vivacity]'은 '살다[live]'라는 뜻의 라틴어 '비베레[vivere]'에서 왔다. '살다'는 냄새 맡고 만지고 보고 맛보는, 감각적으로 '살아 있는[alive]' 경험을 말한다. 따라서 '활력'이라는 단어는 다음과 같은 사실을 암시한다. 지각함으로써 한 사람이 자신의 살아 있음[aliveness]을 경험하고 그 살아 있음이 사물의 실제성, 즉 사물의 '활력'을 확증하는 듯 보인다는 것이다[176]). 사르트르가 묘사한 대로, 이미지는 지각과 비교했을 때 "깊이가 없고" "2차원적이고" "결핍되어 있으며" "메말랐고" "얇다".[177] 위 철학자들이 관찰한 차이는 누구라도 관찰해볼 수 있다. 눈을 감고 몇 분간 어느 장소를 최대한 자세히 상상한 다음 눈을 뜨고 자신이 앉아 있는 방을 살펴보면 된다. 상상해본 그 장소를 실제 방보다 더 상세히 알고 있다고 해도 실제 방은 상상된 장소가 지니고 있지 않은, 즉각 인지할 수 있는 실제성을 지닌다. 실제 방은 매우 압도적인 색, 형태, 존재감의 활기를 띠고 있어서 방 안에 있는 사람이 그 순간 자신이 실제로 어디에 있는지 잠시라도 헷갈리는 일은 없다.[178] 자면서 꿈을 꿀 때처럼 경합하는 지각의 내용물이 없을 때만 상상된 대상은 실제 세계의 '선명함[vividness]'을 지니며, 이 '선명함'은 꿈꾸던 사람이 깨어나서 훨씬 더 '선명한' 정신적 내용물을 마주하면 재빨리 녹아 없어진다.[179] 상상된 이미지는 이렇게 상상하는 사람 자신에게조차 지각된 것들보다는 덜 실제이며, 상상하는 사람 외부에 있는 이들에게는 전혀 실제성을 지니지 않는다.

발명된 사물인 허구가 이렇게 그 자체로는 자율적인 실증의 원천을 지니지 않을 때 유추를 통해 실증할 수 있다. 이를테면 신이라는 개념은 자기-실증을 하지 않으며, 신이 실제로 있다고 주장되지만 그 실제성은 경험할 수 없다. 이럴 때 지각으로 경험할 수 있는 나무의 아름다움이 유추를 통해 신이라는 개념을 확증하기도 한다. 나무, 강, 바람, 산은 지각을 통해 '느낄 수 있는' 실제성을 지니고, 이 실제성 안에서 신의 현존을 '느낄' 수 있다는 것이다. 한편 풍경처럼 평화롭고 자연적으로 존재하는 것뿐 아니라 몸으로 느끼는 고통이나 상해에서 나타나는 가시적인 몸 변환이라는 스펙터클도 강렬하게 경험할 수 있으며, 따라서 이것들도 유추 실증의 원천으로 사용된다. 보기, 듣기, 만지기 등 상처 입지 않은 감각이 필요한 유추 실증과 상처의 아프다는 감각이 필요한 유추 실증 사이에 문명과 탈문명을 가르는 선을 그을 수 있다. 또 상처의 영역 안에서도 다시 인간의 상처와 동물의 상처 간에 구분선을 그을 수 있다. 인간의 희생을 동물의 희생으로 대체하는 순간은 문명의 요람기에 나타나는 특별한 순간으로 여겨진다(인간의 희생을 동물의 희생으로 대체하면서 암묵적으로 인간 몸은 특권적 공간이 된다. 실증이라는 중요한 과정에서 이제 인간 몸은 사용되지 않는다). 이 순간을 문명과 문명의 안티테제 사이를 가르는 초기의 구분선으로 볼 때, 고문과 전쟁 모두 여전히 탈문명 쪽에 함께 속해 있다는 점이 분명해진다. 고문과 전쟁 모두에서 허구가 유추 입증되는 데 **인간의** 상처가 필요하기 때문이다.

끝으로 인간의 상처 영역에만 또 다른 역행하는 단계를 취해볼 수 있다. 여기서도 서로 분리할 수 있는 두 개의 범주가 존재한다. 그중 한 범주만이 더 평화적인 실증으로 대체되는 움직임을 허용하여, 인간의 상처에서 동물의 상처로, 마침내는 상처 없음으로 진행되어 가도록 한다.[180] 다시 말해 전반적으로 부정적인 인간의 상처 영역 안에서도 다시 두 종류의 상

고통받는 몸

황 간에 차이가 있다는 것이다. 첫 번째는 믿음을 확증하는 인간 몸의 상처가 믿는 사람 자신에게 속하는 **상대적으로** 평화적인 상황이다. 두 번째는 이와는 완전히 다른 상황으로, 믿음을 확증하기 위해 몸에 상처를 입는 사람이 그 믿음을 가진 본인이 아니다. 전자의 예로는 어느 부족이 자신들이 느끼는 육체적 괴로움을, 감응력상에서 신의 존재를 입증하는 것으로 독해하는 상황을 들 수 있다. 후자의 예로는 어느 허구가 진짜임을 '증명하기' 위해 그 허구를 믿지 않는 사람을 희생하거나 고문하는 상황을 들 수 있다. 여기서 허구는 정치적인 것일 수도 있고, 종교적인 것일 수도 있으며, 성문城門이 난공불락이라거나 다음 해에 자기 부족에게 날개가 돋아서 날 수 있게 될 것이라는 주장일 수도 있다. 몸과 믿음 간의 첫 번째 관계에서 몸과 믿음, 혹은 고통과 이미지는 모두 한 사람에게 속한다. 이 첫 번째 관계는 가장 평화적이고 친숙한 실증 형태에 구조적으로 상응하는 문명 초기의 실증 형태이다. 가장 평화적이고 친숙한 실증 형태란, 가령 관찰자가 '나무를 봄'으로써 나무의 존재를 확증하는 것이다. 여기서 지각 행위(보기)와 지각 대상(보기의 내용물인 나무) 모두를 포괄하는 지각의 전체 구조는 관찰자의 몸 안에 존재한다. 이와 마찬가지로 평화적인 실증에 상응하는 실증의 초기 형태 안에서 고통이라는 감응력 경험과 실증되는 대상은 내부의 정신적 경험이라는 닫힌회로 안에서 함께 발생한다. 단이제는 '보기'가 아니라 '아파하기'라는 감응력 경험, 또 나무가 아니라 상상의 나무(또는 차이를 더 분명히 하는 예를 들자면 나무의 신神)가 내부의 정신적 경험 안에서 함께 발생한다. 나아가 이 사람이 자기 손의 고통이 지니는 '실제성'을 자기 상상 속 나무신이라는 개념이 지니는 속성으로 읽을 때, 사실상 그는 창조의 더 나중 모델에서처럼 인공적인 것을 구현함으로써 고통을 해체한 것이다. 그는 손의 고통을 의도적으로 증가시켜 고통의 속성을 상상 속 나무신에게 부여하면서 고통을 한층 더 해체할 수도 있다. 아니면 고통이 너무 괴롭기에 손을 치료하고 고통을 제거하길 선택하고, 나무신의 생생함이 감소하는 일을 받아들일 수도 있다. 어느 쪽의 일을 할 것인지는 나무신이 그에게 얼마나 중요하냐에 달려 있다. 두 가지 일 모두 자신의 몸 경계 안에서 일어나므로, 그는 고통 때문에 견디기 어려운 괴로움을 겪어야 한다는 단점과 나무신이라는 관념이 자기 정신 안에 현존하도록 한다는 장점을 비교할 수 있다. 또 이 장단점들의 상호작용을 조정하고 둘 중에 선택할 수 있다. 나아가 나무신의 생생함 **그리고** 고통의 부재 둘 모두를 가질 수 있다는 생각이 마침내 떠오를 수도 있다. 즉 외부 세계에 독립하여 존재하며 지각을 통해 감각에 와 닿을 수 있는 평화적인 실증의 원천을 찾아내는 방향으로 이동하는 것이다. 예컨대 나무신의 형상을 조각해서 만들면, 이 사람은 이제 생생함을 제공하기 위해 고통에 의존할 필요가 없다.

몸과 믿음 간 관계의 첫 번째 모델에서는 위에서처럼 단점을 조금이나마 벌충해주는 세 가지 장점이 있었지만, 실증하는 몸과 실증되는 믿음이 각기 다른 사람에게 속해서 몸과 믿음 간의 관계가 완전히 해체되는 두 번째 모델에는 이 같은 장점이 없다. 두 번째 모델에서는 첫째, 감응력과 자기-연장이 완전히 단절되어 서로에게 적대적으로 작동한다. 두 번째 모델에서 한 사람의 손에 생긴 상처와 다른 사람의 상상 속 나무신의 형상은, 인간이 외부 세계의 현실을 확증할 때 궁극적으로 의존하는 지각의 구조를 예상하여 모방한 것이 아니기 때문이다. 이에 상당하는 예는 다음과 같은, 있을 법하지 않은 상황밖에 없다. 즉 한 사람은 아무 내용물이 없는 '보기'의 감응력 경험을 하고(예를 들어 갑자기 강한 불빛이 눈앞에 밀려올 때처럼), 이와 동시에 또 다른 사람은 지각의 대상을 보는 행위 없이 그 대상을 경험하는 것이다(갑자기 생생한 나무의 이미지가 시각 장애인인 그 사람의 머릿속에 나타날 때처럼). 둘째, 희생자 몸 안의 고통은 인공물을 구현해도 해체되지 않는다. 구현된 인공물이 희생자에게는 현존하지 않기 때문이다. 또는 희생자가 그 인공물의 존재를 믿지 않기 때문이다. 셋째, 상처와 허구의 대상이 서로 다른 장소에 존재하기 때문에, 즉 그 둘이 하나의 통합된 의식 안에 있지 않기 때문에 상대적인 장단점을 판단해서 둘의 상

고통받는 몸

호작용을 조정하거나 둘 중에 선택할 수가 없다. 두 번째 모델에서 믿는 사람은 고통의 견디기 어려운 괴로움에서 분리되어 있다. 그래서 이 사람이 첫 번째 모델의 믿는 사람이 그랬듯 더 평화적인 방법을 통해 나무신을 생생하고 실제이도록 만드는 방향으로 나아갈 가능성이 더 낮다.

지금까지 살펴봤듯 두 모델 간의 차이는 바로 다음 지점이다. 즉 첫 번째 모델에서는 믿음을 확증하는 데 쓰이는 몸을 가진 사람이 그 믿음을 가진 사람이지만, 두 번째 모델에서 믿음을 가진 사람은 그 믿음을 확증하는 데 쓰이는 몸을 가진 사람이 아니다. 두 모델의 차이가 엄청남에도 불구하고 그 차이를 단 한 문장으로 말할 수 있다는 것은 어쩌면 불행한 일인지도 모른다. 이 허약하고 짧은 발화는 애초에 명확히 하고자 했던 그 차이의 거대함을 담을 수가 없다. 두 모델의 차이를 설명하는 위의 문장은 거의 시작하자마자 멈추고, 말이 되었다가는 다음 순간 끝난다. 두 모델의 차이가 지니는 중요성은 문장 안에 담길 수도 있고 사라져버릴 수도 있다. 유지될 수도 있고 문장 자체처럼 시야에서 재빨리 미끄러져 나갈 수도 있다. 두 모델의 차이가 지니는 중요성을 눈에 보이도록 유지하는 일이 이처럼 어려운 이유는 부분적으로는 창조가 무엇인지 우리가 잘 알지 못하기 때문이다. 20세기 사람들은 이전의 세계에서는 존재한 적이 없을 정도로 끊임없이 창조 행위에 몰두했다. 또한 이전 세기에는 인간의 창조물로 인식되지 않은 문화적 구축물 안에 인간 활동이 존재하고 있음을 밝히는 데 열중했다(그들은 신도 허구이고, 법도 허구이고, 나아가 아동기도 허구이고,[181] 섹슈얼리티도 허구이고,[182] '황무지'마저도 발명된 구축물임을 설득력 있게 밝혔다[183]). 그럼에도 허구의 **본성**에 관한 연구는 사실상 거의 없었고, 그리하여 현재 우리는 가장 기본적인 형태의 창조조차 거의 이해하지 못하고 있다. 창조는 과거 수세기 동안 '진리'에 관한 질문들이 지닌다고 여겨진 것만큼이나 커다란 도덕적·윤리적 중요성을 지닌다. 책의 뒷부분에서 이 사실을 이해하게 될 것이다. 인간의 창조가 지니는 본성이 완전히 밝혀지는 어느 날, 현재로서는 거의 비가시적인 여러 차이를 새로운 언어를 가지고 설명할 수 있을 것이다. 길게 이어지는 이 차이들의 시작 부분에는 '창조된 것'과 거짓, 허구와 사기 간의 근본적인 차이가 놓인다.[184] 창조는 단일한 사건 하나가 아니라 어느 구현 과정의 여러 시간 단계를 포함하며, 연속하는 각 단계에서 새로운 문제가 등장한다는 점이 명확해질 것이나. 또 특정 창조물의 도덕적·미학적 가치는 허구의 내용에만 달린 것이 아니라, 창조물이 상상은 되었으나 아직 실제화되지는 않은 상태에 있는 과도기에 그 창조물을 확증하는 데 사용하는 실증의 성격에도 달려 있음이 명확해질 것이다. 나아가 상해를 입은 인간 몸을 사용하는 가장 고래古來의 실증 형태에서 몸과 믿음 간의 가장 근본적인 관계를 이해하는 데 다음과 같은 질문이 핵심이 된다는 점도 매우 명확해질 것이다. 즉 몸을 상징적으로 대체하는 확증 과정에서 한 사람이 자신의 몸을 사용하는가, 아니면 그 창조된 구축물이 제공하는 혜택 바깥에 있는 사람의 몸을 사용하는가라는 질문이다. 누구의 몸이 사용되느냐 하는 이 차이는 뒷부분에서 더 명확하게 설명할 것이지만 지금 여기서도 살펴볼 필요가 있다. 고문과 전쟁은 서로 매우 유사하지만, 누구의 몸이 사용되느냐라는 이 결정적인 요소 때문에 마침내 차별화되기 때문이다. 고문과 전쟁 모두에 가장 고래의 실제성-부여 과정이 필요하다고 할 때, 실증의 위기 안으로 동원되는 것은 고문에서는 믿지 않는 사람의 몸이고 전쟁에서는 믿는 사람의 몸이다.

누구의 몸을 사용하느냐라는 이 구분은 재래식 전쟁과 핵전쟁을 가르는 도덕적 균열이 얼마나 큰지도 파악할 수 있게 한다. 재래식 전쟁과 핵전쟁 둘 모두가 똑같이 지니는 구조적 속성이 있으며, 그래서 지금까지는 '전쟁'이라는 포괄적인 용어를 사용하여 두 종류의 전쟁을 구분하지 않고 논의를 진행했다. 여기서 둘이 공유하는 구조적 속성이란, 참가자 모두가 준수할 비상호적 결과를 산출하기 위해 상해 입히기라는 상호적 행위를 하며, 상해를 입은 몸들이 지니는 실제성-확증 능력 때문에 참가자들은 그 비상호적 결과를 준수한다는 것이었다.[185] 하지만 이제 이 두 종류의 전쟁 사이에 존재하는 엄청난 구조적 차이를 짚어봐야 한다. 재래식 전쟁

고통받는 몸

에서 상해가 실증하는 믿음은 상해를 입는 사람들에게 속한다. 반면 핵전쟁에서 믿음은 이 믿음이라는 구축물을 실증하기 위해 사용되는 몸을 가진 사람들에게 속하지 않는다. 핵폭탄이라는 무기의 성질 자체가 상해를 입는 사람들이 자기 몸을 실증 과정에 제공하는 데 동의할 가능성을 없앤다. 이들은 육체적 고통이라는 단점과 믿음을 확증한다는 장점을 비교하여 전쟁을 해야 하는지 아닌지를 선택할 수 없다. 고통의 견디기 어려운 괴로움이 갈등의 대상이 된 문화적 구축물이 주는 이득보다 작은지 큰지를 비교해서 전쟁 참가 여부를 결정하는 선택지가 이들에게 없다는 것이다. 핵미사일 발사 순간이 다가올 때 당사국 국민의 의견을 들어볼 수는 없다. 따라서 핵전쟁은 (고문의 이인 구조를 넘어) 재래식 전쟁의 규모 이상인 엄청난 규모로 일어나지만, 그럼에도 재래식 전쟁 모델보다는 고문 모델에 들어맞는다.

무기 기술 혁명은 언제나 전투원의 참여 정도를 조정하는 경향이 있다. 스탕달<sup>Stendhal</sup>의 소설 《파르마의 수도원<sup>The Charterhouse of Parma</sup>》 앞부분에서 젊은 주인공 파브리치오는 나폴레옹 군대를 따라 전쟁터를 돌아다닌다. 어느 날 부대를 따라다니는 이동 매점의 주인 여자가 그를 걱정하며 말한다. "손힘이 아직 충분하지 않은데도 오늘 전투에서 칼을 들고 싸우게 됐구려. 총이라도 가지고 있다면 내 암말 않겠다만. 남들 다 하는 것처럼 당신도 총알을 쏠 수 있을 테니까 말이오."[186] 제대로 다루게 되는 데 수년이 걸리기도 하는 무기들이 있다. 이런 무기를 사용하려면 실제로 전투에 참여하기 전 수년간 미리 전투 참여를 연습해야 한다. 반면 전쟁이 시작되는 날 바로 참여 행위를 시작해서 실증 과정에 진입할 수 있게 하는 무기도 있다. 이동 매점 주인은 이 사실을 인식하고 있었다. 이렇듯 다른 무기에 비해 훨씬 더 장기간의 깊숙한 참여를 요구하는 무기들이 있다. 위 소설의 인물 외에도 무기 간의 이런 차이가 의미하는 바를 인식한 사람은 많다. 노엘 페린<sup>Noel Perrin</sup>은 봉건 시대 일본의 무기 연구에서 검과 총 간의 차이를 관찰한다. 사무라이들은 검 사용 기술을 습득하는 데 삶을 바쳐야 했다. 언젠가 때가 왔을 때 자신의 신념을 지킬 능력을 쌓기 위해서였다. 평생을 바쳐야 했던 이유는 바로 검이 지닌 성격 때문이다. 이후 총이 도입되어 무기에 익숙하지 않은 농부들도 수년간 수련을 쌓아온 사무라이만큼이나 쉽게 사람을 죽일 수 있게 되자 사무라이들은 충격을 받는다.[187] 이같은 기술 혁명의 결과로 전투는 사실상 민주화되었고, 사무라이 같은 전사 계층의 필요성은 사라졌다. 이와 유사하게 윌리엄 맥닐은 유럽에 석궁이 도입되면서 기사 계급이 더는 필요치 않게 되었음을 보인다.[188] 이후에 등장한 총은 석궁이 낼 수 있는 효과를 확대했다. 또 더 나중에 나온 총들은 기술적으로 점점 더 균일해지면서 사용에 필요한 연습량을 감소시켰다. 각 총기를 조준하는 법과 발사 특성을 병사들은 더는 익힐 필요가 없었다.[189] 예전에 무기를 사용하는 데 필요했던 기술들은 위와 같은 역사적 순간마다 점점 더 새로운 무기의 일부가 되었다. 전투 참가자들은 참가 행위에 바쳐야 하는 시간의 총량에서 점점 더 자유로워질 수 있었다. 계속된 발명 때문에 사람들이 점점 더 전쟁에서 해방되었다고 주장할 수도 있을 것이다.[190] 사무라이나 기사처럼 자기 신념을 실제로 실증해야 하는 순간을 준비하며 평생을 바치는 것이 아니라, 이제 사람들은 위기가 실제로 발생할 때 참가 행위에 진입하면 된다. 따라서 분쟁이 없는 기간에는 자유롭게 세계-짓기에 전념할 수 있다. 하지만 점점 더 많은 상해 입히기 '숙련기술skill'이 무기의 일부가 되면서 인간 몸이 그런 기술을 익힐 필요가 없어진다고 해도, 몸은 언제나 일정 정도의 숙련기술을 지니고 있어야 한다. 총은 혼자 전쟁터에 나가지 못하며, 총을 전쟁터에 가져가 조준하고 발사할 인간의 몸이 필요하기 때문이다. 이 최소한의 필요조건은 물론 핵미사일의 도입과 함께 사라진다.

얼핏 보기에 핵무기는 위에서 말한 자유를 극단적으로 확장한 것으로 보일 수 있다. 이제 사람들은 무기를 다루는 방법을 부단히 배워야 하는 준비 작업에서 자유로울 뿐 아니라, 실제로 전쟁이 시작된 후 무기를 발사하는 데 그들의 존재가 필요하지도 않을 것이기 때문이다. 전에는 몸

고통받는 몸

에 체화됐던 무기 사용 기술들이 핵무기 안으로 너무나 완전히 들어가버려서 이제 인간의 **숙련기술**은 전혀 필요 없다. 또 인간의 숙련기술이 필요하지 않기 때문에 무기를 발사하는 데 인간이 **나와 있을** 필요성도 제거되고, 인간 현존이 제거되기 때문에 인간의 **동의** 행위도 제거된다. **숙련기술을 무기의 일부로 만들기**는 이렇게 그 가장 성공적인 형태인 **동의가 필요 없는 무기 만들기**가 된다. 하지만 물론 '발사하는' 쪽에 있는 무기 말단에서만 인간 현존이 제거될 뿐이다. 무기에 맞는 쪽 말단에는 여전히 인간 몸들이 꼭 필요하다.

핵전쟁에서 일어나는 상해에는 여전히 재래식 전쟁에서와 똑같은 두 가지의 의도된 기능이 있다. 더 많이 상해를 입는 편이 생김으로써 승자와 패자가 결정되고, 상해 전체는 상호적 활동이 있었음을 기념하며 언어적 쟁점의 실제성을 (아마도) 확증하는 것이다. 핵전쟁에서 변하는 것은 전쟁과 경기 구조의 강력한 첫 번째 전제이다. 즉 믿음이 특정 국민에게 속하며 그 믿음을 실증하는 데 사용되는 몸도 그 특정 국민에게 속한다는 점이 변한다. 또한 감응력이 있는 몸 조직이 가장 극단적으로 사용되는 일을 해당 몸 조직의 소유자들만이 인가할 수 있다는 점이 변한다.[19] '동의' 어휘는 민주주의 개념에서 가장 근래에, 따라서 가장 친숙하게 정교화되었지만, 그 어휘 자체는 민주주의보다 훨씬 오래됐다. 고문과 핵전쟁에서는 민주주의적 충동이 해체될 뿐 아니라 문명의 기본적인 충동이 해체된다. 상징적 사고의 요람기에 나타나는 몸과 믿음 간 관계의 근본적인 온전함이 해체된다는 것이다. 첫 번째 전제가 이렇게 전쟁에서 제거되면, 그와 함께 상해의 두 번째 기능이 제거될 수도 있다. 핵전쟁이 유례없는 수준의 상해를 일으킴에도 이 상해가 준수되는 결과를 최종 산출하는 쪽으로 기능하지 않을 수 있다는 것이다. 핵전쟁의 상해는 경기가 있었음을 기념하겠지만 사람들이 이 경기에 자발적으로 참여하지는 않았기 때문이다. 국민들은 전쟁에서 일어난 상해를 양측 정부가 자신들에게 '저지른' 일로 경험할 수도 있고, 그리하여 양측 정부를 부정하게 될 수도 있다. 몸에 기억

되는 것은 오래 기억된다. 감응력이 있는 조직의 변환이 위와 같은 식으로 대대적으로 일어났을 때 몸은 아마 동의가 없었다는 사실을 기억할 것이다. 따라서 국민들은 결과를 받아들이는 대신 결과를 무시하고 정부에 저항할 수도 있다. 물론 나중에 거부하기보다는 핵무기가 사용되기 전에 하는 편이 나을 것이다.

　　재래식 전쟁에서도 전쟁의 '행위자'는 분쟁국 국민이 아니라 '왕과 대신들'이라는 주장이 나올 수 있다. 루소Jean-Jacques Rousseau를 비롯해 많은 사람이 이 같은 주장을 했다. 또 강제 징병이 자발적 전쟁 참가 행위를 제거하는 것으로 해석되기도 했다. 하지만 핵전쟁과 비교해볼 때 이런 주장은 전혀 사실이 아니다. 이론적으로 100 수준의 동의가 존재한다고 할 때 핵전쟁에서 동의 수준은 0이지만, 재래식 전쟁에서는 가령 88과 100 사이를 오갈 것이다. 제1차 세계대전 당시 징집된 어느 미국 소년을 상상해보자. 확신이 있었던 것은 아니나 이 소년은 감옥에 가거나 숨어 지내기보다는 전쟁에 나가는 걸 선택한다. 강요당한 행위이기는 하지만 그래도 어느 정도 동의가 발생한다. 소년은 이제 직장에 가서 자신이 떠난다는 소식을 알리고 서류를 정리하며 친구들과 특히 여동생 마거릿에게 이별을 고한다. 이런 작은 행위들을 하나하나 해가면서 소년의 동의와 참가 수준은 높아진다. 소년은 배에 올라 총을 집어 들고 군복을 입는다. 한 번만이 아니라 매일 아침 다시 군복을 입고 자신의 동의 행위를 갱신한다. 첫날엔 출전을 거부할 수도 있다. 300번째 날에는 다친 척하거나 맹장염인 척해서 한동안 전투를 면제받을 수도 있다. 최전선에서 적을 향해 총을 발사할 수도 있고, 최전선에 있지만 허공에 대고 총을 쏠 수도 있다. 소년 자신이 이렇게 체화된 참여를 주조해가는 일은 첫 번째 날에만 일어나는 것이 아니라 세 번째 날, 40번째 날, 500번째 날에도 계속 일어난다. 바로 이 이유 때문에 정부 지도자, 군 지휘관, 동료 병사들은 소년의 '동의'를 수없이 많은 날에 걸쳐 지속시키고 소년의 사기를 높이고자 노력한다. 소년에게 몸과 믿음 간 근본 관계는 여러 수준으로 계속 달라질 것이며 수많은 작은 행위를 통해 발산될 것이다. 소년이 자신의 몸을 걸고 싸우는 쟁점은 정부의 쟁점과는 다를 수 있다. 소년이 자신의 몸을 바치는 이유는 용기에 대한 그 나름의 관념이라든지 자신이 이해하는 야망이라는 것을 실증하기 위해서일 수 있다. 또는 민주주의가 위협받지 않는 세계를 실증하기 위해서일 수도 있다. 그렇다고 해도 이런 일을 수행하기 위해서는 소년에게 신념이 있어야 하며, 매일 그 신념의 중요성을 다시 확증해야 한다.

어쩌면 소년은 '속은' 것인지도 모르고, 정의가 아니라 부정의를 위해 싸우는 것인지도 모른다. 하지만 적에게 맞서야 하는 논거를 소년에게 제시하는 것은 정부가 해야 하는 최소한의 일이다. 배심원단 역할을 하는 국민과는 상관없이 정부가 군사 행동을 벌일 수 있다고 여기지 않는다면 말이다. (배심원단이 잘못된 정보를 받을 수 있다는 사실과 배심원 제도 폐지는 같지 않다.) 소년의 동의 없이 전쟁은 수행될 수 없다. 전쟁을 만드는<sup>author</sup> 주체는 국민이며, 국민의 '승인<sup>authorization</sup>' 없이 전쟁은 수행될 수 없다. 소년이 자기 몸을 제공하는 데는 동의했지만 소년의 동의 능력이 미치지 않은 다른 몸을 죽이기 위해 행동하고 있지 않느냐고 반박할 수도 있을 것이다. 이 말은 분명 사실이긴 하지만, 참호 너머 소년을 마주하고 있는 적도 마찬가지로 바로 그 장소에 나와 있음으로써 자기 몸 제공에 동의한 것이다. 나아가 무기의 양쪽 말단은 일대일 관계에 있기 때문에 한 병사의 몸이 위험에 처하면 다른 병사의 몸도 위험에 처한다. 물론 소년이 훌륭한 군인이라면 1 대 5라든지 1 대 20의 비율로 한 명 이상의 적에게 상해를 입히겠지만, 상대편에도 훌륭한 병사들이 있으므로 행위 대 위험의 기본 비율은 유지된다. 전투의 어느 시점에서 적의 몸 하나가 소년의 믿음을 실증하는 데 쓰일 수도 있고 반대로 소년이 적에게 몸 하나를, 즉 바로 자신의 몸을 제공할 수도 있다. 이 일대일 비율은 단지 겉보기에 '공평해' 보이는 것을 넘어 매우 중대한 기능을 수행한다. 일대일이라는 비율이 유지되기 때문에 사람들은 상해의 견디기 어려운 괴로움을 계속 인식할 수밖에 없다. 또 믿는 사람들에게 요구되는 대가가 있다는 사실도 계속 인식할 수밖에 없다. 일대일 비율은 이렇게 믿음이 상해 인식에서 완전히 풀려나 자유롭게 부유할 수 없게 한다. 무기의 양쪽 말단에 있는 인간들의 비율, 혹은 승인 대 위험의 비율은 일대일에 가까웠지만(전쟁에 따라 1 대 3이라든지 1 대 20으로 변한다), 핵전쟁에서는 1 대 수백만으로 변한다. 핵무기 발사 결정에 책임이 있는 정치인 및 군 수뇌부의 숫자와 그 결정 행위 때문에 사상자가 되는 사람들의 숫자를 세어보면 그 비율을 더 정확하게 계산할 수 있다.

핵전쟁에서 동의는 구조적으로 불가능하다. 국민은 어느 시점에서도 자신들의 의지를 발휘해 참여를 결정할 수가 없다. 이 사실은 시간상으로 분리된 다음의 세 순간을 각각 살펴보면 이해할 수 있다. 첫째는 전쟁 이전 시기이고, 둘째는 전쟁이 실제로 발발하는 순간이며, 셋째는 전쟁 기간을 구성하는 연속된 순간들이다.

먼저 전쟁 이전 시기를 보자. 다음과 같은 주장을 할 수 있을지도 모른다. 국민이 낸 세금으로 핵무기를 만들므로 핵무기의 존재 자체에 국민의 암묵적인 동의 행위가 포함되어 있으며, 핵무기로 전쟁을 벌이는 데 참여하겠다는 계약서가 세금 확정 신고일인 매년 4월 15일에 만들어지고 갱신된다고 말이다(다른 나라에서는 다른 날짜일 것이다). 이 주장은 다음과 같은 두 가지 이유로 틀렸다. 첫째, 국민은 사회를 위해 계획을 만들고 집행하는 데 세금을 내지만, 국회의원 봉급과 학교 건설에는 돈을 주고 무기 제조에는 돈을 안 줄 것을 규정하는 부분이 납세 절차 내에 있지는 않다. 세금을 어디에 사용하거나 사용하지 않을 것인지 일일이 규정하는 세금 신고서를 개발할 수 있을지도 모른다. 그래도 문제는 해결되지 않을 것인데, 국민이 핵무기 생산에 돈을 대는 데 동의한다고 해도 이것이 전쟁 자체를 인가하는 일은 아니기 때문이다. 무기 생산이 전쟁을 인가했다고 보는 것은 마치 국민투표를 통해 국민들이 앞으로 영구히 투표를 하지 못하도록 결정하는 일과 비슷하다. 국민투표를 통해 사람들이 헌법 조항에 따라 헌법을 바꾸지 않는 데 동의할 뿐 아니라, 헌법에 명기된 자기-변환 능

고통받는 몸

력을 모두 포기하는 데 동의하는 것이다. 또 투표소에 가서 투표할 필요성 자체를 없애는 투표 기계가 발명되는 경우가 어쩌면 무기 생산을 전쟁 인가로 보는 일과 더 비슷할 수 있다. 국민의 뜻을 추측할 수 있는 능력이 이미 기계의 일부가 되어 있는 것이다. 하지만 기계의 발명과 제조가 세금으로 이루어진다고 해도 이 기계가 하는 마치 신탁과도 같은 투표는 국민의 투표라고 할 수 없다. 1858년 미국에 총을 쌓아둔 무기고가 존재했다고 해서 1861년의 어느 날 갑자기 링컨 대통령이 전쟁을 벌일 수 있는 것은 아니다. 국민의 의견 수렴 없이는, 무기가 전부터 있었다는 이유로 50만 명의 전사자를 내서 남부인들의 삶의 기반인 시스템을 철폐할 권한이 대통령에게 생기지 않는다. 무기의 존재와 무기의 사용에는 별개의 동의 행위가 필요하다. 둘은 근본적으로 다르다. 상해 능력을 '지어내기'와 그 상해 능력을 '실제화하기'는 다르다는 것이다. 무기의 존재에 동의하는 것은 "아마도 언젠가 그 무기들을 전쟁에서 사용할 수 있을지도 모른다"라고 말하는 것일 뿐이지, 언젠가 사용할지도 모른다고 가정한다고 해서 그 무기들이 사용되는 경우를 이미 모두 인가했다는 뜻은 아니다.

두 번째로 전쟁 발발 순간을 생각해보자. 핵무기가 발사되기 몇 시간 전에 전 세계 사람들의 의견을 취합하는 일이 가능하며, 별로 있을 것 같지 않은 결과이긴 하지만 전 세계 사람들이 '찬성'에 투표한다고 가정해보자. 그렇다면 핵전쟁에 동의가 존재한다고 볼 수 있을까? 확실하고도 옳은 답은 '그렇다'이다. 이럴 때 핵전쟁에는 동의가 존재한다. 하지만 여기에서 중요한 점은 '찬성'이라는 투표 결과가 있을 법하지 않은 데다가 그러한 투표 자체가 불가능하다는 것이다. 위와 같은 상황은 구조적으로 완전히 불가능하다. 이 불가능함은 단순히 핵무기가 지닌 불행하고도 우연한 속성이 아니라 핵무기라는 것의 본질이며 핵무기 자체이다. **핵미사일은 전례 없는 상해 능력을 무기의 일부로 만든 것이자 동의가 필요 없는 무기**로서, 자발적인 승인 대 자발적인 위험의 비율은 무너져서 수백만 배로 커진다.

세 번째로 **만일** 핵전쟁 첫째 날 그 **불가능한** 세계인들의 투표가 이루어지고 또 투표 결과가 '동의'라면, 이 사건은 핵무기가 문명 세계 안에 정당하게 존재할 수 있다는 주장에 크게 힘을 실어줄 것이다. 하지만 **설사 그렇다고 해도** 재래식 전쟁에 있었던 동의의 정도와는 전혀 다르다. 핵전쟁의 지속 기간은 보통 몇 시간에서 몇 달 사이로 예측된다. 전쟁 첫날의 전화戰火로 발생하는 사상자 수는 약 5,000만 명에 이를 수도 있다고 하는데, 이 숫자는 제2차 세계대전 5년간의 전투에서 발생한 사상자 숫자에 맞먹는다. 두 경우가 서로 어떻게 다를까? 위에서 살펴보았듯 재래식 전쟁에서 병사 개인은 참가 여부를 단 한순간에 결정하지 않는다. 병사는 전장에 나와 있기로 한 번만 동의하는 것이 아니라 연속되는 많은 날에 걸쳐서 동의를 계속 갱신해야 한다. 병사의 참가 의사는 처음으로 전장을 봤을 때 무너질 수 있다. 아니면 첫날 전장을 보고도 여전히 참가에 적극적이었으나 둘째 날 배낭에 난 총알구멍을 발견하고는 그 마음이 사라질 수도 있다. 아니면 둘째 날 배낭에 난 총알구멍을 보고도 동요하지 않았으나 셋째 날 어깨에 치명적이지는 않은 부상을 입고 의지가 사라질 수도 있다. 아니면 셋째 날 부상을 입고도 계속 참가하고자 했으나 넷째 날 이번에는 치명적인 부상을 입어 목숨을 잃고 나서야 '참가하고 싶지 않게' 될 수도 있다. 이 같은 개인의 승인 정도 조정은 전 국민 차원에서 이해돼야 한다. 양측은 상대편보다 더 많이 상해를 입히기 위해 노력한다. 즉 앞에서 설명한 것처럼 양측은 상대편이 견딜 수 없다고 상정한 수준의 상해를 자신이 견딜 수 없는 수준의 상해에 도달하기 전에 더 먼저 상대편에게 입히고자 애쓴다. 또 양측은 상대편에게 지각적 전도를 일으키고자 애쓴다. 전에 몸의 손상은 수용할 수 있어 보였고 영토적·이데올로기적 속성의 상실은 수용할 수 없어 보였지만, 나중에는 반대로 몸의 추가적인 손상은 수용할 수 없고 국가 속성의 상실은 수용할 수 있게 보이도록 만드는 것이다. 이 지각적 전도에는 중요한 의미가 있다. 한 측이 지각적 전도를 겪고 자신을 '패자'로 규정하는 순간 다른 측은 상해 입히기를 멈춘다는 것이다. 다

고통받는 몸

시 말해 양측은 자신이 얼마나 상해를 입을지를 통제하며, 어느 날이라도 자신을 패자로 선언함으로써 상해 입히기를 중지시킬 수 있다. 어느 국가는 전쟁 시작 3일 후 120명이 죽고 난 다음 중지를 결정할 수도 있다. 아니면 50일 후 9만 명이 다치고 난 다음, 또는 300일 후 1,100만 명이 다치고 난 다음, 또는 5년 후 5,000만 명이 죽고 난 다음 결정할 수도 있다. 이 국가는 언제라도 "이만큼이면 충분하다"고 말함으로써 상해를 멈출 수 있다. 따라서 핵무기로 하루 동안 5,000만 명이 죽는 일과 제2차 세계대전 5년간 5,000만 명이 죽는 일은 비교할 수 없다. (불가능한 가정이지만) 핵무기 교전이 국민투표로 결정되어 시작되었다고 하더라도 이것이 제2차 세계대전과 똑같은 일이 되려면, 세계대전에 참여하는 여러 정부와 국민이 1939년의 어느 날 찬성이나 반대를 말할 기회를 가진 다음 1945년의 어느 날까지는 찬반을 말할 수 없어야 한다. 물론 실제론 그렇지 않았다. 제2차 세계대전에서 참전국 국민 모두는 300주 동안 매주, 즉 거의 2,000일 동안 날마다 자신들의 동의를 갱신하여 상해를 더 당하기로 결정했다(한국, 베트남, 포클랜드제도 전쟁 등, 더 끔찍한 상해가 있었을지도 모르지만 어쨌든 상해 규모가 더 작았던 다른 전쟁에서도 마찬가지이다). 핵전쟁에서는 사상자 전부가 거의 한순간에 발생하므로 상해를 입는 사람들에게 상해의 정도와 수준을 승인할 능력이 없다. 핵미사일이 6킬로미터 반경의 어느 도시를 타격하는 순간 "우리는 항복한다"라는 말이 나오겠지만, 이 말들은 30킬로미터 더 뻗어나갈 열과 불의 폭발을 멈추지 못한다. 그 30킬로미터를 넘어 수백 킬로미터를 더 뻗어나갈 방사능도 멈추지 못한다. 핵미사일의 최초 발사에서 동의 행위가 없었던 것처럼, 핵무기의 자기-증폭하는 활동이 일어나는 거대한 내부에서도 이렇게 동의 행위는 제거되어 있다.

혹시라도 핵전쟁이 발발한다면 아마 지금의 우리보다는 그 사건을 돌아보는 미래 사람들이 핵전쟁과 이전 재래식 전쟁과의 차이를 더 크게 느낄 것이다. 미래 사람들은 우리의 현 상황을 마치 우리가 이집트 피라미드를 건설한 노예들을 보듯 볼지도 모른다. 자신의 가장 사적인 소유물인 인간 몸에 대해 정치적 자율성을 행사하지 않았던 사람들로 우리를 볼지도 모른다는 것이다. 물론 이 비유는 정확하지 않다.[192] 피라미드 같은 문화적 구축물을 실증하기 위해 강제 노동을 하면서 발생하는 육체적 고충은, 국가적 구축물을 실증하기 위해 손상되고 불탄 몸들에서 나타나는 육체적 자율성의 절대적인 양도와는 다르다. 또 이 두 경우에서 체화된 동의가 제거되는 정도도 다르다. 노예가 매일 아침 일어나 피라미드로 걸어가서 돌을 쥐고 들어 올리고 나르기 시작할 때 이 노예는 여전히 자기 몸의 움직임을 승인하고 있다. 어쩌면 노예는 자신이 체화된 노동을 바치는 그 아름다운 인공물을 두고 이렇게 생각할 수도 있다. 피라미드 건설이라는 문명 창조 작업에 자신이 암묵적으로 포함되어 있으며 자신도 피라미드의 창조자 중 한 명이라고 말이다. 또는 자신이 배제되어 있다고 생각하긴 하지만, 그럼에도 반란이라는 짧은 기획보다는 피라미드를 쌓는 거대한 기획에 자신의 평생을 바치기로 (자기 세대의 다른 사람들과 함께) 선택할 수도 있다. 어쨌든 많은 세기가 지나고 난 후 우리는 왜 노예들이 그런 일을 허용했는지 묻곤 한다. 이렇게 후대 사람들은 억압받은 과거의 사람들에게 승인할 능력이 있었던 양 억압을 '허용'한 것으로 이야기한다. 이는 자신의 운명을 만들어가는 힘을 빼앗겼던 사람들이 공통적으로 겪는 일이다. 우리는 40세기 전의 노예들에게만 그런 질문을 하는 것이 아니라 40년 전 강제수용소에 갇혔던 사람들에게도 똑같은 질문을 한다. 억울할 수도 있겠지만 우리도 나중에 같은 질문을 받게 될 것이다. 우리는 현재의 군 지도자와 정치 지도자들에게 매우 분명하고도 속히 {핵무기에 반대하는 목소리를 내야 한다. 미래 사람들에게 줄 수 있는 답은 오직 우리의 이런 목소리 안에 있다.

# 2부

# 창조하기

3장

고통
그리고
상상하기

이 책 후반의 논제는 전반의 논제와 반대로, 세계 해체$^{deconstruction}$가 아니라 세계 구축$^{construction}$과 재구축$^{reconstruction}$을 살핀다. 이제 살펴볼 활동의 구조는 파괴하기$^{unmaking}$의 구조가 아니라 창조하기$^{making}$의 구조이다. 이후의 장들에서 점차 분명해지겠지만 창조 활동에는 식별할 수 있는 구조가 있다. 이 구조를 파악하기 위해서는 그 첫 단계로 먼저 육체적 고통과 상상하기의 관계를 알아야 한다. 둘 간의 관계를 밝히는 일은 앞부분에 나온 논제를 되풀이하는 것처럼 보일 수 있다. 고문과 전쟁의 구조를 밝히는 일은 육체적 고통과 상상하기의 관계가 뒤집힌 형태를 밝히는 일과 같기 때문이다. 내부의 정신적 인공물이든 외부의 물질화된 인공물이든 문명의 인공물을 분쇄하는 일을 살펴보지 않고 고문이나 전쟁을 말할 수는 없다. 또 이보다 더 중요하게 봐야 할 점이 있다. 고문에서 고통 가하기는 정치적인 '허구' 생산과 불가분하게 얽혀 있고, 전쟁에서의 상해도 고정되지 않는 문화적 '구축물'에 사실성을 부여하는 과정과 얽혀 있다는 것이다. 고문과 전쟁이라는 두 사건은 창조하기의 영토를 전유하고 모방하고 해체하며, 그리하여 창조하기에서 평화적으로 나타나는 요소들이 고문과 전쟁에서도 나타나게 된다. {서문에서 잠시 언급했듯} 지향 상태$^{intentional\ state}$와 지향 대상$^{intentional\ object}$의 배치에서 육체적 고통은 예외적인 위치에 있다. 상상하기도 마찬가지로 지향 상태와 지향 대상의 배치에서 예외적인 위치를 차지하며, 이 점은 아래에서 살펴볼 것이다. 나아가 아래에서는 육체적 고통과 상상하기 간의 관계가 전도되지 않은 형태로 발생할 때 {즉 파괴하기가 아니라 창조하기일 때} 어떤 모습을 지니는지 설명할 것이다. 그 모습은 육체적 고통과 상상하기가 지향 상태와 지향 대상의 배치에서 예외적인 위치에 있기에 나타난다.

심적$^{psychic}$ · 신체적 · 지각적 상태의 전체 배치 안에서 육체적 고통은 예외적이다. 육체적 고통은 유일하게도 대상을 갖지 않기 때문이다. 육체적 고통을 경험하는 능력은 듣고 만지고 욕망하고 두려워하고 배고파하는 능력만큼이나 인간에게 근원적이다. 그러나 외부 세계 안에 대상을 갖지 않는다는 점에서 육체적 고통은 이 사건들과는 다르며 또 기타 모든 신체적 · 심적 사건과도 다르다. 청각과 촉각은 몸 경계 바깥에 존재하는 대상을 듣고 만진다. 욕망은 x를 향한 욕망이고 두려움은 y에 대한 두려움이며 허기는 z를 향한 허기이다. 반면 고통은 무엇을 '향한' 것이거나 무엇에 '대한' 것이 아니다. 고통은 홀로 존재한다. 이 무대상성$^{objectlessness}$, 즉 지시 내용의 완전한 부재 때문에 고통은 언어로 거의 표현되지 못한다. 대상이 없기 때문에 물질적 형태나 언어적 형태, 어느 형태로도 쉬이 대상화되지$^{objectified}$ 않는다는 것이다. 하지만 이런 고통의 무대상성이 상상하기를 촉발하기도 하며, 그리하여 인공물과 상징들로 가득한 바다를 생산하는 과정이 나타날 수 있다. 우리 인간은 자신들이 만들어낸 이 바다 안에서 움직이고 살아간다. 다른 모든 상태는 대상을 취하고, 그래서 고통 이외의 상태에 있을 때 사람들은 자연 세계를 보완하기보다는 그저 자연 세계 안으로 들어온다. '욕망하는' 사람은 내리는 비를 보며 자신이 바라는 것이 비가 멈추는 일임을 안다. 두려워하는 밤이 오기 전에 밖에 나가서 허기를 채워줄 딸기를 찾기 위해서이다. 자신의 내적 상태와 외부 세계의 대상이 결합해 있기 때문에 이 사람은 쉽게 자신을 외부 세계 안에 놓을 수 있다. 그는 자신을 연장하여 세계를 만들 필요가 없다. 대상이 상태의 연장이며 상태의 표현이다. 즉 비는 그의 갈망을 표현하며, 딸기는 그의 굶주림을

고통받는 몸

표현하고, 밤은 그의 공포를 표현한다. 반면 그의 육체적 고통을 표현하는 것은 없다. 영구히 대상을 갖지 않는 모든 상태는 반드시 창조 과정을 촉발한다. 특히 완전히 대상을 갖지 않는 육체적 고통이라는 상태는 견디기 어려운 괴로움을 특징으로 하며, 그리하여 몸 밖으로 나가서 몸과 분리되어 있고자 하는 급박한 충동을 느끼게 만든다.

고통처럼 이례적인 상태는 상상뿐이다. 고통이 대상을 전혀 갖지 않는다는 점에서 예외적인 상태라면, 상상은 유일하게 그 자체가 자신의 대상인 상태라는 점에서 예외적이다. 상상하기에는 상상하기의 대상에서 분리된 활동이나 '상태', 경험 가능한 조건, 몸으로 느껴지는 일이 존재하지 않는다. 누군가가 '상상하고 있다'는 유일한 증거는 상상하는 대상이 정신 안에 나타난다는 것뿐이다. 고통은 보기 또는 욕망하기와 같지만 'x를 보기' 또는 'y를 욕망하기'와는 같지 않다. 상상하기는 이와는 반대이면서도 똑같이 예외적인 특성을 지닌다. 상상하기는 시각이나 욕망의 대상인 x나 y와 같지만, 몸으로 느껴지는 일인 보기 또는 욕망하기와는 같지 않다. 이렇게 고통은 다른 형태의 감응력과 같지만 감응력에 통상적으로 대응하는 자기-연장이 없고, 반대로 상상은 다른 형태의 자기-연장 능력과 같지만 자기-연장 능력이 통상적으로 전제하는 경험할 수 있는 감응력이 없다. 상상은 청각이라든지 촉각 같은 다른 형태의 감응력에 대상을 제공한다. 일례로 철학자 길버트 라일Gilbert Ryle의 논의에 나오는, 마음속으로만 흥얼거리는 멜로디는 청각에 주어지는 상상 속 대상이다.[1] 또 사르트르의 논의에는 사랑하는 여인의 예로 아니라는 여성이 나오는데, 사르트르는 아니가 보낸 편지에서 풍기는 향수 냄새가 정신 안에 잠시 그녀 자체를 거의 만질 수 있을 만큼 가까이 데려온다고 말한다.[2] 여기서 이 아니라는 여성은 촉각에 주어지는 상상 속 대상이다. 하지만 상상이 제공하는 대상은 상상에 고유하며 경험할 수 있는 형태의 감응력을 위한 것이 아니다.[3]

'상상하기imagining'라는 동명사는 상상하기가 하나의 활동임을 가정한다. 또 일부 철학 논의에서는 상상하기가 지향 행위intentional act와 지향 대상

둘 모두로 이루어지는 것처럼 서술된다.[4] 사실 무언가를 상상하지 않으면서 상상하기란 불가능하다(이 사실은 아이들이 예로부터 하던 게임에서나 철학자들의 사고 실험에서 직관적으로 인지된다). 상상하기는 비가시적이고 경험 불가능한 활동이다. 상상하기의 대상만 경험할 수 있을 뿐, 상상하기 활동 자체를 경험할 수는 없다. 그래서 상상하기 활동이 지닌다고 여겨지는 속성은 상상하기의 대표적인 예로 제시될 만한 '상상된 대상'의 속성에서 나오는 경향이 있다. 가령 상상하기에 관한 논의에서 페가수스나 유니콘을 상상된 대상의 예로 든다면, 그 특정 이미지의 특성이 상상의 특성이 되기 쉽다. 유니콘이나 페가수스는 상상이 자연 현상으로부터 얼마나 자유로운지를 보여주고, 여러 새로운 조합으로 날개와 다리를 달아볼 수 있는 상상의 능력을 보여준다. 또 '필요' 이상으로 창조할 수 있는 상상의 궁극적인 능력도 보여준다. 하지만 유용성이라는 측면에서 유니콘이나 페가수스는 20세기의 사람들에는 인상적이지 않다. 또 20세기 사람들에게는 터무니없을 수도 있는 이런 이미지는 상상 활동 자체가 하찮거나 중요치 않다고 오해하게 만든다. 이런 종류의 이미지를 제시하는 논의는 일상생활에서 상상하기가 지니는 핵심성과 중요성을 과소평가하는 경향이 있다. 유니콘이나 페가수스 같은 대상은 특히나 오해를 불러일으킨다. 상상이 스스로 상상임을 알리는 성격이 있다고 잘못 암시하기 때문이다. 즉 유니콘이나 페가수스 같은 대상은 대상을 '지어낸' 것으로 즉각 분간할 수 있을 때만 상상이 작동하고 있다는 오해를 부른다.

일상생활에 더 깊이 얽혀 있는 대상을 상상이 취하는 대상으로 가정해보면 상상의 본성에 관해 매우 다른 결론에 이를 수 있다. 페가수스나 유니콘이 아니라 사르트르가 했던 것처럼 피에르라는 사람과 아니라는 사람을 상상하여 생각해보자. 그러면 상상과 일상적인 지각 행위의 관계뿐 아니라, 상실·사랑·우정 같은 가장 심오한 사건에서 상상이 맡는 역할까지도 더 즉각 파악할 수 있을지 모른다.[5] 하지만 이런 경우에조차 대상을 생산하는 활동의 성격을 추론하는 일은 선택한 대상의 속성에서 나

고통받는 몸

오며 그 속성에 의해 제한된다. 예를 들어 사르트르는 다음과 같은 사실에서 자기 논의의 결론을 끌어낸다. 그의 상상 속 피에르가 실제 친구 피에르에 비하면 너무도 빈약하고, 상상 속 아니도 실제 아니의 활기와 자연스러움, 풍부한 존재감을 전혀 지니고 있지 않다는 사실이다. 그러나 사르트르가 상상된 친구를 곁에 있는 실제 친구와 비교하지 않고 완전히 부재하는 친구와 비교했더라면 그의 결론을 보완하는 매우 다른 결론도 나왔을 것이다. 즉 상상된 피에르는 실제 피에르에 비하면 희미하고 무미건조하며 거의 현존하지 않지만, 부재하는 피에르보다는 훨씬 더 생생하게 현존한다. 또 애초에 사르트르의 정신적 삶과 그 삶에 대한 철학적 설명 안으로 상상된 피에르의 이미지를 가지고 들어오도록 촉발한 것이 바로 이 부재였다. 피에르가 옆에 없고 사르트르 자신의 감각·지각 범위를 훨씬 벗어나 멀리 베를린 거리를 걷고 있었기 때문에 사르트르는 피에르를 상상하기 시작했다. 그렇다면 사르트르는 2차원의 피에르와 실제 피에르를 비교하는 것이 아니라, 2차원의 피에르와 피에르의 현존이 완전히 사라진 세계를 비교했어야 했다. 친구를 상상하는 체화된 사람은 이렇게 곁에 없는 친구를 마음속에 그려내서 현존하게 만들 수 있다. 그뿐만 아니라 전보라는 개념과 전보라는 물질화된 형태 둘 모두를 발명할 수도 있다. 또한 "곧바로 집으로 돌아와"라는 특정한 메시지를 고안할 수 있고, 전화·기차·비행기처럼 부재라는 조건을 현존으로 변환하는 다른 많은 방법도 고안할 수 있다. 여기서 전화, 기차, 비행기 등은 모두 원래 상상이 취한 대상이었다.

그렇다면 상상이 하는 활동을 보여주는 것으로 선택되는 대상은 논의에 따라 달라질 수 있다. 또한 상상이 하는 활동이 지닌다고 일반화되는 속성은 모델이 되는 대상의 속성에서 나오는 경향이 있다. 모델이 되는 대상에는 여러 종류가 있는데 이 대상들이 적합한지는 이후에 살펴볼 것이며, 지금 시점에서 핵심적으로 중요한 것은 다음 지점이다. 바로 상상은 상상 자신이 생산하는 이미지 안에서만 경험된다는 점, 그리고 하나의 상태로서 상상이 지니는 특성에 관한 논의조차 상상이 불러내는 대상의 특성에 관한 논의가 되는 경향이 있다는 점이다. 대상 없이 상상이 '상상되는' 경우는 거의 없지만, 유대교 성서는 신자들이 이 작업을 해내기를 요구한다. 즉 재현 가능한 내용이 없는 창조 능력을 이해하기를 요구한다. 그리하여 유대교 성서는 신에게 재현 가능한 형태를 부여하는 일을 명시적으로 금한다. 여기서 정신적 창조의 대상을 신 자신이 생산한 대상들, 즉 우주와 우주 안에 있는 모든 것으로 사고할 수도 있겠지만 말이다. 이 요구 조건에서 거대한 문제들이 생겨나며, 유대교 성서와 기독교 성서 모두 이 요구 조건에서 벗어나는 점진적인 수정을 해간다. 이에 관해서는 다음 장에서 자세히 설명할 것이다. 지금 시점에서 분명한 점은 다음과 같은 경향이다. 보통 대상을 생산하는 상상 활동은 그 대상과 바로 맞붙어 있으며, 또 그 대상을 통해서만 대상을 생산하는 상상 활동에 관해 알 수 있다는 것이다. 상상된 대상이 신이든, 상상 그 자체이든, 페가수스든, 피에르, 아니, 유니콘, 벽, 전보, 비행기이든 마찬가지이다.

위에서 살펴보았듯 육체적 고통은 지향 대상이 없는 지향 상태이며, 상상하기는 경험 가능한 지향 상태가 없는 지향 대상이다. 그렇다면 고통을 상상의 지향 상태로 생각하고 상상을 고통의 지향 대상으로 보는 일은 어떤 면에서는 기묘하지만 적절할 수도 있다. 물론 지향 상태로 존재하기 위해서는 대상을 가져야 하기 때문에 본질적으로 대상을 가지지 않는 상태인 고통을 '대상이 없는 지향 상태'로 보는 일은 아마도 부정확할 것이다. 홀로 떨어져 있을 때 고통은 아무것도 '지향'하지 않는다. 고통은 완전히 수동적이다. 고통은 의도되거나 유도되는 것이라기보다는 '당하는suffered' 것이다. 따라서 더 정확하게 말하자면 상상의 대상화 능력과 관계 맺을 때만 고통은 지향 상태가 된다고 할 수 있다. 그럴 때만 고통은 완전히 수동적이고 무력한 일에서 변환되어 자신을 수정해가며, 또 가장 성공적인 경우라면 자신을 제거한다. 여기서 육체적 고통과 상상하기가 서로 각자가 결핍한 지향 대응물이라는 주장은 오로지 다음과 같은 말로 들리

고통받는 몸

기도 한다. '아프기 그리고 상상된 x'가 내부의 폐쇄 회로에서 함께 발생할 수도 있으며, 이는 '목소리 듣기'나 '창유리 만지기' 같은 다른 지향 행위와 구조적으로 유사한 일일 뿐이라는 것이다. 그러나 어쩌면 이보다 훨씬 더 중요한 일이 일어나고 있는 것인지도 모른다. 즉 '고통'과 '상상하기'는 상태로서의 지향성 그리고 자기-대상화로서의 지향성이라는 양극단의 조건을 구성하며, 이 두 경계 조건 사이에 다른 더 친숙한 이항의 '행위-그리고-대상'이 위치하는 것인지도 모른다. 다시 말해 고통과 상상하기는 '틀이 되는 사건'이다. 이 사건들이 이루는 경계 안에서 다른 모든 지각적·신체적·감정적 사건이 발생한다. 인간 정신$^{psyche}$의 전체 영토가 이렇게 그 양극단 사이에 배치될 수 있다.

관찰할 수 있는 몇몇 현상을 보면 위 설명이 고통과 상상 간의 관계를 이해하는 적절하고도 유용한 방식임을 확인할 수 있다. 습관적인 형태의 지각이 그 외부 대상보다는 지각 자체로 경험될수록 고통에 가까워진다. 반대로 어느 상태가 그 상태의 대상으로 경험될수록 상상적 자기-변환에 가까워진다. 가령 들판에서 일하고 있는 한 여성이 있다고 하자(룻*이라는 이름의 여성일 수도 있다). 밀을 만질 때 그녀는 밀을 느낄 뿐 아니라 자기 손가락이 밀에 닿는 것을 느낀다. 감각에 관한 전통적인 설명들은 촉각이 시각보다 고통에 더 가까이 있다고 본다. 들판을 바라볼 때 그녀는 낟알들의 이미지로 가득 찬다. 그녀는 이 지각적 사건을 어느 정도는 광대뼈와 이마 사이에서 발생하는 일로 느낄 수도 있다. 하지만 그녀가 대개의 경우 경험하는 것은 이처럼 눈 안에서 느끼는 자의식적인 상태라기보는 밀과 보리 다발이다. 일반적인 상황에서 시각과 청각은 그 각각이 몸에서 차지하는 위치보다는 그 대상과 매우 배타적으로 연관되어 있기 때문

---

* 구약성서 〈룻기〉의 주인공. 룻은 남편이 죽은 후에도 시어머니를 떠나지 않고 밭에 떨어진 이삭을 주워서 봉양한다. 룻의 효심을 칭송하는 이야기는 밭 주인이자 친척인 보아스에게도 전해지고 결국 두 사람은 혼인한다. 이들의 증손자는 이스라엘 왕 다윗이며 따라서 두 사람은 예수의 조상이 된다.

이다. 시인들이 시각과 청각을 감각 차원에서 상상과 유사한 것으로 불러내어 사용할 때가 많은 이유는 이렇게 시각과 청각이 그 대상과 밀접하기 때문이다. 보거나 듣는 사람은 탈체화되는 듯이 보인다. 이 사람이 몸의 경계 너머 수백 미터 떨어진 외부 세계로 이동된 것처럼 보이기 때문이다. 아니면 외부 세계에서 오는 대상의 이미지가 지각의 내용물로서 몸 내부로 운반되어 몸의 조밀한 물질 자체를 치환하면서 몸 안에 머무르는 것처럼 보이기 때문이다.

촉각과 시각 같은 지각 형태는 상대적으로 몸으로 느끼는 상태$^{feeling}$ $^{state}$가 강조되느냐 또는 지각 대상이 강조되느냐에 따라 구분될 수 있다. 하지만 지각 형태가 고립될 때 그것은 상태로 경험될 수도 있고 대상으로 경험될 수도 있으며, 그리하여 이 지각 형태는 고통을 향해 움직여갈 수도 있고 상상하기를 향해 움직여갈 수도 있는 유동성을 띤다. 시각과 청각은 일반적으로는 대상화 가까이에 놓이지만, 한 사람이 자신의 눈이나 귀 자체를 경험할 때 시각은 고통에 가까워진다. 들판에서 일하는 여성이 갑자기 태양을 바라보고 그래서 눈을 멀게 할 만큼 밝은 빛이 눈을 가득 채울 때가 그렇다. 또 낟알이나 일하고 있는 다른 사람들, 나무 등 외부의 들판에 존재하는 대상이 1년 전부터 일그러지거나 흐릿하게 보이기 시작했다면, 즉 대상이 그녀에게서 사라지기 시작했다면, 그녀는 시각을 대상화된 내부의 내용물로서만 경험하지는 않게 된다. 그녀는 '보기'라는 사건 자체에 더욱 자의식적이 된다. 이제 낟알, 사람, 나무의 이미지를 경험할 때마다 견디기 괴롭고 결핍된 방식으로 자신의 몸을 경험한다(가장 극단적인 형태의 결핍은 육체적 고통이다). 촉각도 마찬가지이다. 언제나 신체적 내용물과 외부의 내용물을 갖는다. 때에 따라 촉각이 좀 더 신체적 내용물로 경험되기도 하고 좀 더 외부의 내용물로 경험되기도 한다. 더 신체적으로 경험될수록 촉각은 고통에 더 가까이 놓이며, 더 외부의 것으로 경험될수록 자기-치환과 변환에 더 가까이 놓인다. 그리하여 가시 하나가 손가락 피부를 뚫고 들어왔을 때 그녀는 가시가 아니라 자신을 아프게 하는 자기

고통받는 몸

몸을 느낀다. 반면 손가락의 느낌을 의식하기보다는 다른 여성이 작업한 섬세한 직물의 느낌을 그녀가 손가락 피부를 따라 의식할 때, 그녀는 '촉각'으로 느끼는 감각을 몸의 감각으로서 경험하는 것이 아니라 자기-치환하고 자기-변환하는 대상화로서 경험한다. 조각된 글자를 더듬으며 자신의 손에서 일어나는 사건을 의식하기보다는 새겨진 기호의 형태와 전달하는 내용의 힘을 의식할 때도 마찬가지이다. 또는 그날 밤 몸의 피부를 따라 발생하는 강렬한 느낌을 자신의 몸으로서 경험하기보다는 강렬하게 감각할 수 있는, 사랑하는 이의 현존으로서 경험할 때도 그렇다. 이런 때 몸에서 일어나는 일에 이름을 붙인다면, 육체적 고통에서 멀리 있는 이 순간들을 '쾌락'이라고 부를 수 있을 것이다. '쾌락'은 보통 명백한 탈체화의 순간이라든지 여기서처럼 강렬한 몸의 감각을 자신의 몸이 아닌 다른 무엇으로서 경험하는 순간을 묘사하기 위해 사용하는 단어이기 때문이다.[6]

감정 상태와 신체 상태들을 서술해보면 감각$^{sensation}$과 지각$^{perception}$ 안에서 행위와 대상이 그려내는 지형을 훨씬 더 즉각 파악할 수 있다. 배고픔이나 욕망같이 고통이 아닌 의식 상태는 대상이 박탈되면 고통에 가까워진다. 채워지지 못한 극심한 배고픔이나 장기간에 걸친 대상 없는 갈망이 그렇다. 반대로 대상이 주어지면 그 상태는 만족스러우며 자신을 제거해가는 육체적 사건으로 경험된다. 더 정확히 말하자면 자신을 제거해가기 때문에 만족스러운 육체적 사건이 된다.[7] 육체적 배고픔과 심리적 욕망이라는 내적 상태를 경험하는 사람이 음식이 충분하고 좋은 친구가 가까이 있는 세계 안에 살고 있다면, 이 상태들은 그 자체로 대단히 괴롭거나 두렵거나 불쾌하지는 않다.

위의 예들을 보면 대상 없는 의식 상태가 고통이라는 조건에 가까워진다고 보는 것이 왜 타당한지 즉시 알 수 있다.[8] 반면 대상화된 상태를 고통 반대편의 경계인 상상하기와 같은 것으로 보는 것의 타당성은 그처럼 즉각 분명해지는 않는다. 먹을 밀, 사랑할 다른 사람, 바라볼 황금빛 들판 같은 주어진 예에서는 대상화의 원천이 자연 세계에서 유래하기 때문이다.[9]

대상화된 상태를 상상하기와 같은 것으로 보는 것이 왜 타당한지 이해하기 위해 다음 논의를 따라가보자. 자연적으로 발생하는 평범한 대상들이 이루는 광대한 영역 너머에는 상상된 대상들이 이루는 좁은 추가 영역이 존재하며, 이 영역을 넘어서면 더 이상 아무것도 없다. 상상하기는 사실상 최후 수단이 되는 영역이다. 세계가 대상을 제공하는 데 실패할 때 상상은 마치 비상 상황에 대기하고 있는 것과도 같이 대상을 생산하는 최후의 원천으로 존재한다. 대상이 없을 때 상상은 대상을 지어낸다. 지어낸 대상이 자연적으로 발생하는 대상보다 열등할 때도 있지만, 자연적으로 발생하는 무대상성에 비하면 언제나 우월하다. 음식이 없을 때 곡물이나 딸기를 상상하는 일은 일시적으로나마 배고픔을 도저히 견딜 수 없도록 괴로운 것이기보다는 긍정적일 수도 있는 것으로 경험하게 해준다. 또 상상된 이미지는 배고픈 사람에게 실제 밀이나 딸기를 찾기 위해 옆 언덕으로 가볼 생각이 떠오르게 만들기도 한다. 배고픔을 먹기로 변환하는 일에는 이제 자기를 알리는 대상의 현존이 필요하지 않다(여기서 배고픔을 먹기로 변환하는 일은 외부 대상을 적극적으로 몸 안으로 병합함으로써 견디기 어려우며 수동적인 배고픔이라는 감각을 문자 그대로 치환하는 일이다). 대상이 시각에 현존하지 않을 때 상상 앞에 대상이 나타날 것이고 그럼으로써 탐색이나 물질적 발명 행위를 추동할 것이기 때문이다. 여기서 탐색은 세계의 지반 위에 변화를 일으키는 일이며, 물질적 발명 행위는 세계의 지반 위로 새로운 대상을 가지고 오는 일이다. 이와 비슷하게, 마음을 나눌 친구가 세계 안에 없을 때 그런 친구를 상상하는 일은 일시적일 뿐이라도 갈망이 전적으로 자신만을 경험하는 육체적·감정적 사건이 되지 않게 해줄 수 있다. 갈망이 지시 내용이 없이 고통스러운 내부의 동요로만 존재하지 않게 해준다는 것이다. '꿈꾸기'도 이런 방식으로 이해되어야 할지 모른다. 즉 꿈꾸기는 사람들이 대상의 자연적인 원천에서 단절되어 있는 동안 그들의 대상화 능력을 유지하여, 자는 동안 사람들이 자신의 육체에 삼켜져서 익사하지 않도록 해주는 것일 수 있다. 그렇다고 한다면 꿈 이미지의 내용은

고통받는 몸

꿈을 꾼다는 사실 자체에 비하면, 즉 상상이 하는 응급 작업에 비하면 중요하지 않다. 꿈 이미지는 무서웠다가 무섭지 않아지고, 꿈꾸는 사람에 대한 기묘하고도 비밀스러운 통찰로 가득 차 있다가 그 사람과 상관없어지고 제멋대로이고 말이 안 되게 변하곤 한다. 하지만 이보다 더 중요한 점이 있다. 달콤하고도 위험한 몸 안으로의 흡수가 일어나는 자는 시간 동안 상상이 그 어떤 대상이든 대상을 제공하여 자기-대상화 능력을 유지하고 또 작동시킨다는 것이다.

이렇게 상상하기는 자연적으로 발생하는 대상들의 영역 너머에 추가적이고도 예외적인 영역을 제공한다. 대상이 이미 '주어진 것'으로 존재하여 **수동적으로** 이용 가능하지 않을 때 상상하기가 적극적으로 대상을 '지향하고' '창작하고' '지원한다'는 것이다. 상상하기를 지향성의 경계 조건으로 보는 것이 타당함을 바로 이 사실에서 인식할 수 있을지도 모른다. 또는 상상과 대상의 관계를 뒤집어 표현해봄으로써 그 타당성을 이해할 수도 있다. 상상이 다른 의식 상태에서 통상적으로 주어지는 조건을 극단적으로 모방한다고 이해하기보다는, 상상하기에서 항시적이며 극적으로 일어나는 창작하기, 자기-변환, 자기-인공self-artifice 행위가 다른 의식 상태에서 더 온화하고 온건한 수준으로 일어난다고 이해하는 것이다. 일례로 심한 갈증과 상상된 물 한 잔처럼 '아파하기와 상상된 대상'을 서로 지향 대응물로 보고, 또 이 둘을 일련의 지향 사건 중 하나로 생각해보자. 이 일련의 지향 사건들은 심한 갈증과 상상된 물 한 잔을 포함하여 꽃 만지기, 아기가 우는 소리 듣기, 기차 바라보기, 폭풍 두려워하기 등으로 이어질 수 있다. 얼핏 보기에 갈증과 상상된 물에서 나타나는 상태와 대상 간의 본질적인 관계는 다른 지향 사건 예에서 나타나는 상태와 대상 간의 관계와는 근본적으로 다른 것처럼 보일 수 있다. 전자의 관계에서는 대상이 특별히 그 조건을 **제거하기** 위해 생겨났지만 후자의 관계에서는 상태와 대상이 계속 대응물로 공존하기 때문이다. 그렇지만 후자와 같은 일반적인 지각적·감정적 행위조차 자기-변환과 자기-인공을 수반한다. '들판을 보기'에서 '들판'은 '보기' 행위를 없애기 위해 취해진 것이 아니어서, 갈증을 제거하기 위해 물을 상상하거나 추운 상태를 제거하기 위해 담요를 상상하는 일과는 다를지도 모른다. 하지만 이렇게 설명할 수도 있다. 한 사람이 들판을 보다가 왼편에 있는 도시를 본다고 할 때, 그는 응시의 방향을 바꿔 '도시를 봄'으로써 '들판을 봄'을 치환하고 제거했다고 말이다. 일반적인 지각 작용은 자신을 수정해간다. 지각 작용이 끊임없이 한 대상을 다른 대상으로 바꾸고 촉각·청각·시각·후각·미각의 방향과 내용물을 통제하면서 지각의 내용물을 바꾸고 또 없애기 때문이다. 이렇듯 고통-그리고-상상하기에서 일어나는 극적인 변환은 다른 일반적인 지각 작용에서 더 온건한 수준으로 모방된다. 고통-그리고-상상하기에서는 자연 세계의 풍광 안에 극단적인 변화가 일어난다. 예를 들어 '사막에 있기 그리고 나무들이 울창한 오아시스의 환각을 '보기'' '갈증으로 죽어가기 그리고 옆 모래 언덕에서 물을 '보기''가 그렇다. 그리고 이런 극단적인 변화는 서쪽이 아닌 동쪽을 보기, 오른쪽에 있는 물건이 아닌 왼쪽에 있는 물건을 만지기, 아래층의 방에서 나는 소리가 아닌 위층의 방에서 나는 소리에 집중하기 같은 일상적인 전환 행위에서 습관적으로 모방된다. 나아가 일반적인 지각 작용에서도 대상뿐 아니라 내적 상태 자체가 제거되고 있는 것일 수 있다. 신체 상태 자체를 의식하게 되는 바로 그 순간에 사람들은 촉각·시각·미각의 대상을 바꾸는 경향이 있기 때문이다. 다시 말해 그런 순간은 이미 주어져 있는 대상이 계속 자기-대상화가 일어나도록 하는 데 실패하여 사람들이 다시 몸에 주의를 기울이게 되는 때이다. 어느 여성의 눈에 태양이 너무 밝을 때 그녀는 그늘로 옮겨 가고, 그러면 그녀의 눈은 견디기 괴로운 감각이 아니라 볼 수 있는 대상들로 다시 채워진다. 그다음 그늘이 너무 어두워져서 신경을 곤두세우지 않고는 씨앗들을 분간해 골라내기 어려워지면 그녀는 다시 빛이 있는 쪽으로 나온다. 죽은 아이의 기억이 떠오를 때 그녀는 마음의 쓰라림을 덜기 위해 주변에 있는 아이들을 향해 자신의 시각을 전환할 수 있다. 다른 아이들을 보는 일이 자신의

고통받는 몸

상실을 더욱 심하게 의식하게 '만들' 뿐이라면 그녀는 대신 새들을 바라볼 수도 있다. 이렇게 그녀는 대상들과의 관계를 통해, 대상화되어 자의식적이지 않은 내용물로 자의식을 치환하는 정도를 계속 수정한다. 배고픔과 욕망 같은 신체적·감정적 상태에서도 마찬가지이다. 사람들은 자신이 대상과 맺는 관계를 계속 수정하고 조정함으로써 상태 자체를 계속 수정할 수 있다. 그 상태를 최소화하거나, 그 상태가 발생하도록 놔두거나, 그 상태를 더 격렬하게 만들어 유지하거나, 그 상태를 전부 제거할 수 있다는 것이다.

위에서 보았듯 '상상하기'는 인간 세계 가장자리에 있는, 지향성의 틀을 이루는 상태이며 육체적 고통이 이루는 경계의 반대편 경계일 수 있다. 이런 인식의 타당성은 상상의 대상과 실제 대상이 맺는 관계의 또 다른 특징에서 확인된다. 그 특징은 상상이 자연적으로 주어진 세계에 존재하는 대상들이 만족스러운지 판단하는 기준을 제공하는 듯 보인다는 것이다. 욕망이나 배고픔, 두려움의 대상이 각 상태에 더 정확하게 들어맞고 그 상태를 더 정확하게 표현하며 더 정확하게 투사한 것이 될수록, 대상은 그 내적 상태에 의해 발생한 것으로 보이며 또 이상에 가까운 해답으로 여겨진다. 만들어진 세계를 구별 짓는 특징 중 하나는 만들어진 세계가 자연 세계와는 반대로 바로 내적 상태들의 대상이 되기 위해, 즉 상태들에 정확하게 들어맞기 위해 탄생했다는 점이다. 그래서 자연적으로 발생하는 사건이 '꼭 들어맞는' 성질을 지닌 것 같을 때 그 사건은 만들어진 세계에 속하는 듯이 보인다. 반대로 배고픔이나 욕망, 두려움이라는 내부의 요구를 대상이 덜 수용하고 덜 표현할수록, 그 상태를 위한 대상은 덜 존재하면서 상태 자체만 존재하게 되고 그 상태는 고통이라는 조건에 더 접근한다. 룻이 지닌 욕망의 내부 모습에 보아스가 더 완벽하게 들어맞을수록 그는 자비로운 자연에 속한 인물이 아니라 자비로운 천국(즉 인공의 산물)이 그녀를 위해 만들어낸 친척이자 동반자로 보일 것이다. 보아스가 룻의 내면의 요구에 적합하지 않을수록 그녀는 자기 내면의 요구 안으로 침잠할 것이며 더 괴로워할 것이다. 상상이 대상화를 평가하는 데 어떤 식으로든 연관되어 있다는 사실은 '만들어진 사물'이 자연적 사물보다 더 선호할 만하다는 뜻은 아니다. 누군가는 '인공적인' 것보다 이미 '주어진' 것을 훨씬 더 좋아할 수 있다. 밀빵, 딸기잼, 딸기 푸딩, 딸기 파이, 위스키, 딸기 주스, 딸기주 등등보다는 생밀이나 생딸기를 선호할 수 있다는 것이다. 상상이 대상화를 평가하는 데 연관되어 있다는 사실의 의미는 그보다는 다음과 같다. '완벽하게 들어맞는다'라는 기준은 자연적 대상과 상상된 대상이 이루는 전체 배열을 통해 확립되며, 그 기준이 있기에 사람들은 자연적 대상이 선호할 만한지 인식할 수 있다는 것이다. 여기서 대상들이 이루는 배열은 가령 여러 수준과 여러 모습의 배고픔을 집단적으로 받아 안아 완화한다. 또한 다른 상태들도 대부분 마찬가지여서, 사람들은 자연 세계에 놀라움을 느낄 때 흔히 어떤 상상의 기준을 은연중에 참조해서 표현한다. 이를테면 "이 돌은 꼭 직접 만든 것 같아" "나는 그보다 더 친절한 사람을 상상할 수 없다" "나무에 이는 바람은 마치 지성의 원리인 듯 보인다" "지구보다 아름다운 행성이 있을 리 없다"라고 말하는 것이다.

고통과 상상은 서로 각자가 결여한 지향 대응물이며, 둘은 함께 '창조자 인간'이라는 근본 정체성을 제공한다. 이 근본적인 정체성의 틀 안에서 기타 모든 사적인 지각적·심리적·감정적·신체적 사건이 발생한다. 이 사실을 가장 간명하게 보여주는 단어가 있다(여러 언어에서 그렇다). 고통의 동의어에 가까운 **동시에** 창조된 대상/사물의 동의어에 가까운 이 단어는 바로 '노동/작품$^{work}$'이다. 서구 문명 안에서 '노동'의 의미가 지니는 뿌리 깊은 양가성은 자주 지적됐다. 노동이 고통과 붙어 있는 동시에 고통과 반대되는 것으로 인식되는 경향이 있기 때문이다. 노동은 거듭 육체적 괴로움 가까이에 놓이지만 또 그만큼이나 자주 쾌락, 예술, 상상, 문명과 함께 놓인다.[10] 노동이라는 말의 히브리어와 그리스어 어원에서도 그렇고, 사람들이 이야기하는 미신과 이야기하지 않는 관습에서도 그렇고, 종교적·철학적 분석의 전통에서도 그렇다. 여기서 쾌락, 예술, 상상, 문명은 인

고통받는 몸

간들이 외부를 향해 세계 안으로 확장해나가는 움직임이 여러 다른 정도로 나타난 현상들로, 이 확장해나가는 움직임은 고통의 수축시키는 잠재력과는 반대된다. 노동을 지향 행위와 대상이 이루는 전체 배열 안에서 보면 위에서 말한 노동의 이원성이 임의적이라는 인상은 사라진다. 노동도 위에서 살펴본 모든 지향 상태와 마찬가지로 그 전체 배열을 따르며, 또 이 사실을 이해하기가 노동의 경우 훨씬 더 쉽기 때문이다. 즉 노동이 노동의 대상 안에서 자신을 구현하고 변환할수록 노동은 상상·예술·문화에 더 가까워지며, 노동이 대상을 생산하지 못할수록 또는 대상을 생산한 다음 그 대상에서 단절될수록 노동은 고통이라는 조건에 접근한다. 회화, 시, 건축물 등 문명의 인공물들이 습관적으로 '작품들works'이라고 불린다는 사실은 지향 행위와 대상이 이루는 배열의 한쪽 극단을 보여주는 예이다. 한편 노동이 괴로운 것으로 간주된 역사상의 순간들은 노동 활동을 수행하는 사람들이 그 활동의 생산물인 사물들의 혜택에서 분리됐을 때이며, 이 사실은 반대편 극단을 보여준다. 고대 이집트에서든 19세기 미국 남부에서든 노예제는, 자신이 생산한 생산물의 소유·통제·향유에서 단절된 사람들에게 육체적 노동을 강요한 제도이다. 또 마르크스의 여러 저작뿐 아니라 그의 논의가 크게 의존하는 영국 의회 문서를 보면, 19세기 영국 공장이라는 세계에서의 노동은 고통의 조건에 접근하는 것으로 묘사된다. 이 문헌들에서 노동이 고통에 가까워지는 이유는 특히 산업 인구가 겪은 대규모의 굶주림, 피부 짓무름, 질병, 통풍이 안 되는 환경, 탈진 때문이다. 하지만 이 모든 조건은 더 근본적인 사실 때문에 발생한다. 바로 인간의 정신 안에서 행위-그리고-대상의 본질적인 통일성이 부서졌기 때문이다. 그 세계에서 노동하는 몸은 노동의 대상들에서 분리된다. 또 자신들의 작업을 통해 석탄, 레이스, 벽돌, 셔츠, 시계, 핀, 종이, 엮은 밀짚 등 수많은 사물을 탄생시키는 남성, 여성, 아이들은 이 사물들이 혜택을 부여하는 영역에서 완전히 벗어난 외부의 공간에 거주한다. 사물들의 혜택을 받는 영역은 그 사물들을 만드는 데 직접 참여하지 않는 일

단의 사람들에게 속한다.[11]

노동은 다른 어떤 지향 상태보다도 고통과 상상이라는 틀이 되는 사건들에 가깝다. 노동은 극도로 체화된 육체적 행위와 이전에는 세상에 없던 대상이라는 양자로 이루어지기 때문이다(몸을 쓰지 않는 작업에서라도 노동은 정신 전체를 동원하는 행위를 포함한다). 노동을 통해 탄생하는 대상은 전에는 존재하지 않았다가 생겨난 그물이나 레이스 조각일 수도 있고, 전에는 찢어진 그물이나 레이스였다가 수선되고 이어 붙여진 그물이나 레이스 커튼일 수도 있고, 또 전에는 정적밖에 없던 곳에서 탄생한 한 문장이나 한 문단, 시 한 편일 수도 있다. 고통과 상상이 몸 안의 자기충족적인 회로였다가 외부 세계로 투사된 회로가 되기 시작할 때, 고통과 상상이라는 현상에 각각 이름이 주어진다. 바로 노동 그리고 노동이 만들어내는 '작품work'이다(혹은 노동 그리고 노동의 대상, 즉 노동이 만들어내는 인공물이다). 세계를 향해 밖으로 나오는 이 움직임을 통해 고통과 상상이 지니는 극도로 사적인 상태(둘 모두 몸 경계 밖에 있는 다른 사람에게는 가시적이지 않다)는 공유할 수 있는 것이 된다. 또 이 움직임을 통해 감응력은 사회적인 것이 되고 그리하여 뚜렷하게 인간적인 형태를 획득한다.

이런 외재화 과정에서 고통과 상상이라는 두 구성요소는 각기 줄어드는데, 이는 전자에서는 커다란 이득이며 후자에서는 명백한 손실이다. 노동 활동 자체가 육체적 고통과 같은 것이 될 정도로 그 활동으로 인한 괴로움이 견디기 어려워지는 역사적 시점이 있기도 하다.[12] 하지만 이렇게 견디기 어려울 정도의 괴로움이 노동 활동의 내적 요건은 아니며, 노동 활동이 일반적으로 그만큼이나 괴로운 것도 아니다. 육체적 작업이 주가 되느냐 정신적 작업이 주가 되느냐와는 상관없이 모든 경우에서 노동 활동은 훨씬 더 온건한(의도되고 유도되고 통제되는) 체화된 괴로움embodied aversiveness을 수반한다. 훨씬 더 완화된 정도의 노력과 수고와 소진을 수반한다는 것이다. 노동하기는 아프다. 하지만 육체적 고통에서의 괴로움은 완전히 수동적이고 극심한 반면 노동에서의 괴로움은 자기-규제되며 온건하다. 그렇다면 노동은 약화된 고통이다. **견디기 어려운 강도의 고통**은 노동에서는 **통제된 불편함**이 된다. 이와 마찬가지로 상상하기도 노동의 대상인 물질적·언어적 인공물 안에서 완화된 형태를 취한다. 들판에 서 있는 사람이 바다 옆에 서 있는 자신을 상상한다면 그는 자연적으로 '주어진' 환경 전체를 만들어진 환경으로 치환하면서 (상상하기를 통해) 세계에 커다란 변화를 일으킨 것이다. 반면 이 사람이 땅의 진흙으로 컵을 만들어 이 '새로운' 사물을 들판에 놓는다면 그는 또다시 자연적으로 '주어진' 세계에 변화를 일으킨 것이지만, 이번에는 앞의 경우보다 훨씬 더 온건한 변화이다. 상상하기는 사물의 질서 전체를 뒤집을 수도 있고, **세계의 완전한 재발명**을 통해 이미 주어진 것the given을 없애버릴 수도 있다. 반면 파낸 석탄 조각, 한 문장, 컵, 레이스 조각 같은 인공물 하나는 **세계 변환의 한 조각**일 뿐이다. 인간은 도시 하나를 상상하지만 그 대신 집 한 채를 '만들고', 정치적 유토피아를 상상하지만 그 대신 한 국가를 건설하는 데 기여하며, 세계에서 고통을 없애는 일을 상상하지만 그 대신 친구가 건강을 회복하도록 간호한다. 인공적인 것은 이렇듯 상상하기보다 온건하고 단편적이지만, 그 대상은 상상된 대상과 비교했을 때 실제라는 엄청난 이점을 지니며 또 실제이기 때문에 공유 가능하다. 그 대상을 공유할 수 있기에 마침내 인공적인 것은 상상하기에서의 규모만큼이나 큰 규모를 갖게 된다. 상상하기의 산물이 처음으로 집단적인 것이 되기 때문이다.

각자 자신을 한 마을의 창조자로 상상하는 100명의 사람이 있다고 하자. 이들은 마을 창조가 일주일 만에 할 수 있는 일이 아니며, 그 시간에 할 수 있는 일은 고작 몇 백 개의 벽돌을 만들거나 마차 일부를 짓거나 길 일부를 내는 것뿐임을 곧 깨닫는다. 하지만 이들이 만든 사물은 각자의 몸 외부 공간, 즉 모두가 접근할 수 있으며 공유할 수 있는 공간을 차지하며, 그렇기 때문에 한 사람이 만든 사물은 두 번째 사람이 만든 사물 또 세 번째 사람이 만든 사물과 결합할 수 있다. 상상된 커다란 마을은 그리하여 실제로 만들어진다. 마을을 상상할 때는 각 사람이 마을의 이미지를 개인적으로 창조하고 지속시켜야 했고, 그래서 100명의 사람이 계속해서 각자의 머릿속에서 바뀐 내용을 서로 다시 확인해야 했다. 나아가 한 사람이 상상된 마을을 계속 떠올리고 있으려면, 마을의 이미지를 지속시키는 데 매일 시간을 쓰고 또 날마다 그 이미지를 다시 한 번 재창조해야 했다. 반면 인공물을 제작하는 집단적 노동에서 마을은 독립된 사물이 된다. 마을은 날마다 정신적으로 재창조하는 작업에 더는 의존하지 않아도 존재할 수 있다. 따라서 이제 상상하는 사람들은 다른 기획으로 이동해갈 수도 있다. 마을이 건설되는 1년 동안 필요한 집중적이고 지속적인 노력은, 100명의 사람이 365일 동안 매일 마을을 공상하는 데 필요한 노력보다 클지도 모른다. 하지만 장기적으로는 공상 속의 마을을 영속시키는 데 필요한 노력이 훨씬 크다. 공상하는 행위는 50년이 넘어도 지속되고 갱신되어야 하지만 마을을 건설한 사람들은 이따금 수리가 필요할 때를 제외하고는 매일의 재창조가 필요 없는 49년을 보낼 것이기 때문이다. 물질문화가 믿음의 문화에 비해 가지는 이점(다음 장에서 상세하게 설명할 것이다)은 아무리 과장해도 지나치지 않다. 노동에서 고통은 완화되어서 지속적인 불편함이 되고, 상상하기의 대상들은 제각기 좀 더 온건한 형태를 취해 단편적인 인공물이 된다. 그러나 이 사물들이 집단적으로 번역되어 이루는 문명의 구조들은 전혀 온건하지 않다.

창조의 구조를 밝히고자 하는 이후의 장들에서 가정하는 시작점은 지향성의 틀이 되는 관계이다. 이 관계는 '고통 그리고 상상하기'나 '노동 그리고 노동을 통해 만든 인공물'로 서술된다. 짝을 이루는 이 용어들 사이를 오가며 변화하는 또 다른 단어가 있다. 본격적으로 논의를 시작하기 전에 간단히 이 단어를 설명하겠다. 위 첫 번째 쌍의 용어들에서 '무기' 이미지가 차지하는 기본 위치는 두 번째 쌍의 용어들에서 '도구'가 차지하는 위치와 같다. 앞에서는 '작인'이 매개하는 지향성으로의 투사가 고통-무기-상상된 대상이라는 배열 안에서 일어나지만, 뒤에서는 노동-도구-인공물이라는 배열 안에서 일어난다(고통-무기-상상된 대상이라는 배열의 해체된 형태는 고통-무기-권력이다). 무기를 도구로 변경하는 일의 특징은, 체화된 고통 경험을 체화된 노동 활동으로 변경하는 일의 특징과 얼마간 겹친다. 또는 상상된 대상을 물질화·언어화된 인공물로 변경하는 일의 특징과 얼마간 겹친다. 또 이에 더해 추가적인 특징도 몇 가지 있다.

고통을 투사된 이미지로 변환하는 데 무기 기호가 근본적인 장소를 차지함을 책의 앞부분에서 살펴봤다. 또 유익한 형태의 무기 기호를 설명했고, 해체된 형태의 무기 기호는 그보다 더 자세히 설명했다.[13] 무기 기호가 긍정적으로 쓰일 때라도 감응력상의 견디기 어려운 괴로움을 대상화된 이미지라는 탈체화된 내용물로 치환하기 위해서는 결국 무한히 많은 이미지가 필요하다. 또 인간의 상상하기가 시작된 기원을 향해 거슬러 올라가면서 이 무수한 이미지들이 나타난 순서를 차례대로 기록하기란 불가능하다. 하지만 무기 이미지는 수많은 기호 중 단지 하나인 것이 아니라 최초로 변환이 일어나는 순간에 근원적인 장소를 차지하는 기호이다. 여러 사실이 이 점을 보여주며, 그중에서도 여기서 다시 짚어볼 가장 중요한 사실은 육체적 고통을 겪는 사람들이 사용하는 언어에서 무기 이미지가 핵심적이라는 것이다. 육체적 고통은 언어에 저항할 뿐 아니라 언어를 적극적으로 분쇄하여 울부짖음과 신음이라는 전前-언어로 해체한다. 이런 울부짖음을 듣는 일은 언어의 부서짐을 목격하는 일과도 같다. 역으로 고통 중에 있는 사람이 말을 재발견하고 그리하여 자기-대상화 능력을 다시 획득할 때 거기 현전하는 것은 언어가 탄생 혹은 재탄생하는 지점에 현전하는 것과 거의 마찬가지이다. 고통 중에 있는 사람이 고통을 묘사하는 한 줌밖에 안 되는 단어들에서 '마치 ~ 같은'이라는 구문으로 이동해가는 일이 매우 전형적이라는 점, 그리고 '마치 ~ 같은' 구문의 한쪽 항이 무기라는 점은 상징에 투사하는 기본적인 작업에서 무기 기호가 얼마나 근본적이고도 중요한 자리를 차지하는지를 보여준다. 한 사람이 겪는 고통을 작인 이미지 안에서 묘사한다는 것은 고통을 대상에 투사한다는 것이다. 고통이 투사된 대상인 작인 이미지는 처음에는 몸을 향해 움직이는 것으로 여겨질 수도 있다. 하지만 작인 이미지에는 몸에서 분리될 수 있는 성질이 있고, 그래서 작인 이미지는 그 안에 담긴 고통의 속성들과 함께 밖으로 끌어내어질 수 있다.[14] 인간의 고통을 탈체화된 상상하기로 투사할 때 무기 기호가 얼마나 중요하고도 근본적인지는 뒷장에서 유대교 성서의 내용을 가지고 더 상세히 살필 것이다. 유대교 성서에서 이스라엘 민족과 그들의 상상된 대상(신) 간의 관계는, 깊숙이 체화되어 고통을 겪는 인간과 완전히 탈체화된(즉 고통에서 면제된) 창조하기의 원리 간의 관계로 거듭 재현된다. 여기서 양자의 관계는 둘 사이의 공간을 가로지르며 반복해서 출현하는 거대한 무기 이미지에 의해 매개된다. 몸과 창조하기 능력을 연결하는 유일한 경로는, 한쪽 끝은 땅 위에 있고 다른 쪽 끝은 하늘에 있는 무기의 윤곽을 따라가는 수직선으로 이해된다. 또 형체가 있으며 상상할 수 있는 이미지의 다른 한편에는 상상할 수 없으며 내용물이 없는 창조자가 존재한다고 이해된다. 물질화된 인공물인 무기가 문화의 요람기부터 나타난 것으로 통상적으로 가정된다는 사실에서도 무기 기호의 중요성을 볼 수 있다. 무기 외에 다른 인공물을 만들어서 자신을 세계 안으로 연장하기 오래전부터 인간은 팔의 길이와 힘을 증가시키고 연장하는 막대기나 돌 같은 사물을 찾아냄으로써 자신을 세계 안으로 연장했다. 주변에서 찾아낸 사물이었던 이런 무기는 도구로 수정될 수 있고 다시 다른 무기로 수정될 수도 있다. 아래에서는 무기와 도구를 분리하는 광대한 정신적 거리와 함께 둘의 동일성도 잠시 살펴보겠다.

무기와 도구는 때로 구분할 수 없어 보인다. 물리적 사물 하나 안에 무기와 도구 모두가 존재할 때가 있기 때문이다(인간의 꽉 쥔 주먹조차 무기일 수도 있고 도구일 수도 있다). 또 한 사물이 무기가 되었다가 다시 도구가 되었다가 하면서 신속하게 변환될 수 있기 때문이다. 하지만 의미, 의도, 함의, 어조의 차이가 둘 사이를 분리한다. 머릿속에서 무기와 도구를 나란히 들고 있어보자. (무기인) 손과 (도구인) 손, (무기인) 칼과 (도구인) 칼, 망치와 망치, 도끼와 도끼를 나란히 떠올려보면 둘을 구별 짓는 것은 그 사

고통받는 몸

물 자체가 아니라 무기나 도구가 향하는 표면임이 분명해진다. 감응력이 있는 표면 위에 작용할 때 '무기'라고 불리며 감응력이 없는 표면 위에 작용할 때 '도구'라고 불리는 것이다. 인간의 얼굴을 난타하는 손은 무기이지만, 빵을 만들기 위해 반죽을 두들기거나 그릇을 만들기 위해 진흙을 두들기는 손은 도구이다. 소나 말을 찌르는 칼은 무기이지만 저녁 식사에서 더는 살아 있지 않은 고기를 자르는 칼은 도구이다. 늑대의 등을 가르는 도끼는 무기이지만 나무를 자르는 도끼는 도구이다. 누군가를 십자가에 망치질해서 매달 때 망치는 무기이지만 그 십자가를 만드는 데 사용한 망치는 도구이다.

도구와 무기를 구분하는 위와 같은 근거에 예외가 되는 경우를 생각해낼 수도 있을 것이다. 하지만 그 예외들은 도구와 무기의 구분이 복잡할 수 있음을 알게 해주는 것을 넘어 그 구분을 다시 분명히 하는 경향이 있다. 위 예 중 나무를 자르는 도끼는 도구가 아니라 무기로 불려야 한다는 반대 주장을 누군가가 한다고 하자. 아마도 이 사람은 식물 세계에 감응력이 있으며 식물 세계가 어떤 형태로든 고통을 경험할 수 있다고 믿는 사람일 것이다. 또 소를 찌르는 칼은 무기가 아니라 도구라는 반대 주장을 누군가가 한다고 하자. 아마도 이 사람은 감응력이 지니는 특권이 동물 세계에 없다고 보며 소를 이미 음식으로, 따라서 '그다지 살아 있지 않은' 것으로 생각하는 사람일 것이다(이보다 더 일상적인 경우로 우리는 나무를 '그다지 살아 있지 않은' 것으로 생각한다). 도끼가 어느 집 벽에 내리꽂힌다면 감응력이 없는 표면에 작용하고 있음에도 그 도끼는 무기로 인식될 것이다. 특히 그 집 사람들에겐 더욱 그렇다. 하지만 벽에 꽂힌 도끼를 무기로 보는 인식 자체가 다음과 같은 사실을 드러낸다. 즉 우리는 감응력이 있는 인간을 연장한 것이 인공물이라고 보며, 따라서 감응력에 부여된 특권에 의해 인공물이 보호받는다고 생각한다는 것이다. 한편 인간 몸 조직 안으로 진입하는 물건임에도 우리가 '도구'라고 부르는 기구들이 있다. 의료 기구나 치과 기구가 그렇다. 그러나 이 기구들을 도구라고 여기는 것은

'습득된' 인식이다. 또한 이런 사물이 도구라는 인식을 습득한 후에라도 모든 직관을 위반하는 이 같은 인식을 흔들리지 않게 유지하려면 의식적으로 정신적 행위를 해야 한다. 아이들은 병원에서 쓰이는 의료 기구, 즉 도구를 무기로 인식하며 그런 인식에 따라 반응한다. 성인들도 팔 조직이 마취되어 거의 감각이 없게 되었다는 사실을 알고 있을 때에만 칼이 팔을 향해 다가오는 모습을 침착하게 바라볼 수 있다. 이와 유사하게, 낙태가 의료 수술(도구)로 이해되어야 하는지 아니면 살인(무기)으로 이해되어야 하는지에 관한 현대의 논쟁에서는 태아가 고통을 경험할 수 있느냐는 질문이 제기되곤 한다.[15]

위 예들과 기타 많은 구체적인 예들은 감응력이 있는 표면과 감응력이 없는 표면 사이에 놓인 정신적·도덕적 거리를 다시 한 번 보여준다. 이 거리는 너무도 멀어서 그 두 종류의 표면에 작용하는 사물이 두 개의 다른 사물로 지각되고 명명될 정도이다. 문화의 초기 시점으로 돌아가서 커다란 칼이 어린아이 위에 드리워져 있던 때를 상상해보자. 아이는 이삭일 수도 있고 이피게네이아\*일 수도 있고 또 다른 아이일 수도 있다. 칼이 떨어지기 전에 아이가 다른 곳으로 옮겨지고 염소나 새끼 양 같은 짐승이 대신 놓인다면, 이후 문화의 과거 서술에서는 언제나 이 대체의 순간이 도덕의식의 성장에서 혁명적인 순간이었다고 인식될 것이다. 하지만 더욱 혁명적인 순간을 상상해볼 수도 있다. 아이 위의 칼, 그리고 아이를 대체한 새끼 양 위의 칼이라는 두 개의 장면에 장면 하나를 더해서 세 개의 장면을 떠올려보자. 세 번째 장면에서는 칼 아래에 새끼 양 대신 나무 조각이 놓인다. 두 번째에서 세 번째 장면으로의 전환에 나타나는 의식의 혁명은 엄청난 것이다. 이제 칼이라는 사물은 완전히 다른 사물로서, 즉 무기가 아닌 도구로서 재-지각된다. 그리고 이 사물이 할 것으로 예상되는 활

---

\*    그리스 신화에서 아가멤논 왕의 딸. 아르테미스 여신의 진노를 잠재우기 위해 제물로 바쳐진
     다. 판본에 따라 제물로 희생되기도 하고 마지막 순간 아르테미스 여신이 이피게네이아를 대
     신하여 제물이 될 사슴이나 염소를 보내 목숨을 구하기도 한다.

동은 이제 '상처 입히기' 행위가 아니라 '창조하기' 행위이다.

　도구와 무기라는 두 사물이 공통으로 지니는 특성을 잠시 살펴본 다음 무기와 도구의 차이를 다시 살펴보겠다. 변환 능력은 무기 안에도 도구 안에도 똑같이 들어 있다. 무기와 도구 각각의 양단에서 일어나는 일은 서로 엄청나게 멀다. 단순히 한쪽 말단은 능동적이고 다른 쪽 말단은 수동적이기 때문이 아니라, 한쪽 말단에서의 사소한 변화가 다른 쪽 말단에서는 너무도 중대한 사건으로 증대되기 때문이다. 총의 한쪽 말단에서 일어나는 작은 몸의 움직임만으로, 즉 손가락 하나의 위치를 거의 눈치챌 수 없을 정도로 조금 움직이는 것만으로 다른 쪽 말단에 있는 몸을 완전히 부술 수 있다. 칼의 손잡이에 가하는 손의 압력 자체는 너무나 작아서 손잡이 표면을 패게 한다든지 흠집을 내는 등 변화를 일으키지 못한다. 하지만 손의 압력이 1센티미터 폭의 긴 손잡이를 따라 내려가서 급격히 좁아지는 칼날로 전달되고 집중되면 그 압력은 다른 쪽 말단에서는 거대한 힘으로 증대되어 칼이 닿는 모든 표면을 바꿀 수 있다. 따라서 무기와 도구는 지레이다. 이 사물들은 한쪽 말단에 놓인 몸에서 일어나는 상대적으로 작은 변화를 증폭하여 다른 쪽 말단에 놓인 사물(생물이든 무생물이든)에서 일어나는 매우 커다란 변화로 만든다. 그리하여 무기나 도구를 사용하는 사람은 그 자신이 직접적인 몸 변환을 '경험'하지는 않으면서도 커다란 변환을 발생시키고 '경험'한다. 자기-변환에는 보통 견디기 어려운 괴로움이 수반되지만 무기나 도구를 사용하는 사람은 그러한 괴로움을 무릅쓰지 않고서도 변환을 경험할 수 있다. 자신의 세계가 변환될 수 있기에 그는 자신의 현존을 세계 안에 대상화할 수 있다. 무기나 도구의 말단에서 일어나는 변환의 차이는 크기 차이일 뿐 아니라 지속 시간 차이이기도 하다. 칼이나 낫 때문에 생긴 상처는 팔을 들어 올려 상처를 만드는 동작 자체보다 훨씬 큰 변화일 뿐 아니라 팔 동작이 지속한 시간보다 훨씬 더 오래 간다. 칼이나 낫을 사용하면 적에게 상처를 입히거나 곡식을 추수해서 얻는 실질적인 이득이 생길 뿐 아니라, 여기에 더해 칼이나 낫을 사용하는 사람의 증대도 발생한다. 칼이나 낫을 사용하는 사람 자신이 경험하는 것보다 더 클 뿐만 아니라 훨씬 더 오래 지속하는 변환을 그가 일으키기 때문이다. 팔을 일주일 동안 멈추지 않고 계속 들어 올려 휘두르는 일을 통해 어떤 사람이 자신의 개인성을 주장한다고 할 때, 그 대신 도구나 무기를 손에 쥐고 팔을 단 한 번 움직임으로써 동일한 작업을 완수할 수 있다. 베인 곡식이나 낫지 않은 상처라는 변환 자체가, 한순간에만 일어난 동작을 담은 독립된 표지가 되어 일주일이 넘도록 남기 때문이다. 변환된 사물은 기록이 되며 그리하여 그 동작이 끝없이 되풀이될 필요가 없게 만든다. 현존이 기록되었기 때문에 계속 재-상연될 필요가 없다.

무기와 도구를 구분하는 주요 근거는 작용 표면에 감응력이 있느냐 없느냐는 것이지만, 어쩌면 이보다 더 정확한 설명은 무기처럼 도구도 감응력이 있는 표면 위에 작용하지만 지연된 방식으로 작용한다는 것일지도 모른다. 인공물 만들기는 사회적 행위이다. 예술 작품이든 일상 사물이든 인공물은 인간의 응답 능력$^{responsiveness}$ 안으로 들어오기 위해, 또한 인간의 응답 능력을 끌어내기 위해 만들어졌기 때문이다. 도구는 무기처럼 인간 몸 위에 직접 작용하는 것이 아니라 두세 단계를 건너뛰어서 인간 몸 위에 작용한다. 나무들에 남겨진 표식은 표식을 남긴 사람의 현존을 기록해서 그 사람이 표식이 있는 모든 장소에 있는 것처럼 만든다. 그래서 표식을 남긴 사람은 자기 몸이 직접 현존하는 작은 원보다 훨씬 큰 공간을 점유할 수 있다. 다른 사람들이 그 나무들 가까이로 다가가면 표식들은 이제 그들의 시야로 들어온다. 사람들의 눈에 무기를 사용한 것도 아니고 단지 온건한 변화가 일어났을 뿐이지만, 이제 세계는 재건 또는 재-제시되어$^{re-presented}$ 새롭게 보인다. 다시 말해 도구는 살아 있는 몸에 도구를 사용할 때처럼 감응력을 직접 변화시키기보다는 감응력에 '대상'을 제공함으로써 감응력을 변화시킨다. 도구는 아프게 하지 않으면서 변화시킨다(오히려 도구가 고통을 감소시킬 때도 잦다). 창조하기 행위와 도구를 통해 한 사람은 다른 사람의 감응력과 얽히게 된다. 보기$^{seeing}$란 x를 보기이며, 그래

고통받는 몸

서 x를 만든 사람은 다른 사람의 보기 내부에, 지각의 대상 안에 들어와 있다. 듣기, 욕망, 배고픔, 만지기의 대상은 고정된 지향 상태에 의해 단순히 수동적으로 붙들리는 것이 아니다. 대상 자체가 상태에 작용해서 상태를 개시하거나 수정하거나 증가시키거나 감소시키거나 제거한다. 이렇게 지향 대상에 빗물, 딸기, 돌, 밤峽{자연}뿐만 아니라 빵, 그릇, 교회 첨탑, 난방기{인공물}가 포함될 때, 전에는 사적이었던 인간 감응력의 중심에 지속적인 상호작용이 존재하게 된다. 인공물이 창조되는 순간 내부적인 감응력의 사실들이 인공물로 투사되었을 뿐 아니라, 역으로 이 인공물이 이제는 지각과 감정의 내용물로서 다른 사람들의 내부로 진입하기 때문이다. 무기가 도구가 되는 변환에서는 이처럼 모든 것이 획득되며 어느 것도 상실되지 않는다.

끝으로 살펴볼, '노동-도구-인공물' 배열 안에서 도구가 지니는 속성은 도구 자체가 노동하는 사람과 노동의 대상 간 관계를 담은 유형有形의 기록이라는 것이다. 도구는 대상에서 그 대상의 원천인 감응력을 지닌 몸에 이르는 경로이다. 도구라는 경로가 관심 밖으로 벗어나면 도구의 대상은 그 원천에서 분리될 수 있다. 도구의 이러한 특별한 위치는 노동을 지향성의 틀 안에서 살펴볼 때 더욱 분명해진다. 노동은 지향 행위이고, 노동의 대상은 지향 대상이다(노동의 대상이 조각상이든 땅속에서 파낸 석탄 한 덩어리든 그렇다). 도구는 그 양단에서 드러나듯 지향 행위와 지향 대상 둘 모두의 특성을 지닌다. 도구는 행위인 동시에 대상으로, 어느 쪽 방향으로든 동화될 수 있다. 즉 도구는 몸에 속하며 인간 손의 연장이고, 동시에 그 자체로 대상이다(도구는 최초의 만들어진 사물이다. 도구보다 이전의 사물은 아마 무기뿐일 것이다). 다른 사물을 만드는 데 도구를 쓸 수 있기 위해서는 도구를 먼저 만들어야 한다.[16] 그렇다면 도구가 지향성의 틀 안에서 차지하는 위치는 특별하다. 노동 이외의 거의 모든 지향 상태에서 행위와 대상의 관계는 비가시적이고 불가해하며, 전치사를 통해서만 그 관계가 드러난다(x에 대한 공포, y를 향한 허기에서 '~에 대한of' '~를 향한for'). 이런 전치사는 그 자체만으로는 의미가 없으며 무이다. 반면 노동에서는 행위와 대상이 연결되는 핵심 장소가 처음으로 형체를 갖추어 도구로 나타난다. 형체가 있는 도구의 표면을 따라가면서 내부의 행위와 외부의 대상은 연속된다. 또한 '~에 대한'이나 '~를 향한'이라는 전치사는 방향을 부여받고 통제 아래 놓인다. 감응력이 얻는 이득은 막대하다.

다음 장들에서는 창조된 사물의 감춰진 내부에 대상화돼 있는 창조하기 행위의 내부 구조를 드러내고 더 면밀히 설명한다. 만들기의 본성이 가시화되면서 이 책의 앞부분 반절에서 살펴본 파괴하기의 의미를 좀 더 완전히 이해하게 될 것이다. 만들기의 내부를 드러낼 때 핵심 문제 중 하나는 앞에서 보았듯 '모델이 되는 대상'을 적절하게 선택하는 문제이다(지금 논의에서 만들기의 활동과 대상이 내부적일 때는 만들기를 '상상하기'로 부를 것이고, 그 활동이 외부 세계로 연장되어 활동의 결과로 물질적·언어적 인공물이 생길 때는 '만들기'나 '창조하기'로 부를 것이다). 파괴하기는 고문과 전쟁이라는 두 가지의 비교적 자족적인 사건 안에 존재하며 따라서 이 두 사건으로 대표될 수 있다. 둘 중 고문은 가장 완전한 파괴의 예이며 따라서 가장 완벽한 예이다. 반면 그에 상당하는 '만들기'의 대표 사례는 어디에 있을까? 창조하기는 모든 곳에 자신을 표명한다. 만들기는 연필, 흰 셔츠, 빨래집게, 방, 커튼 등 가장 사소하고 개별적인 결과물에 완전히 현존하고 있는 듯 보이며, 문명의 전체 구조 안에도 완전히 현존하고 있는 듯 보인다. 여기서 문명의 전체 구조는 너무도 거대해서 감각이 가닿을 수 있는 범위 너머에 있다. 그뿐만 아니라 어쩌면 지적으로 이해할 수 있는 범위 너머에 있는지도 모르겠다. 따라서 모델이 되는 대상은 그 어떤 것도 너무 작고 파편적이거나 아니면 묘사하기에 너무 거대해서 적절치 않을 것이다. 아래 이어지는 논의에서는 거대한 쪽과 작은 쪽을 오가면서 이 문제를 최소화하고자 한다. 즉 충분히 대표적representative이지만 재현 가능representable하지는 않은 것들과 쉽게 재현 가능하지만 정확히 대표적이지는 않은 것들 사

고통받는 몸

이를 오가면서 오류를 양방향으로 분배할 것이다. 창조하기의 구조는 규모가 달라져도 변하지 않는 것으로 보이기 때문에 양방향을 오가는 이 같은 논의를 할 수 있다.

4장에서, 그리고 집중적으로는 5장 곳곳에서 물질적 인공물들을 살펴보면서 그 각각을 모델이 되는 대상으로 선택하는 근거가 명확해질 것이다. 담요, 제단, 의자, 코트, 전구 등의 사물은 각각이 지닌 자명한 특징 때문에 제시되기도 하고, 문학과 법처럼 의식적·무의식적으로 그 사물에 부여된 특징 때문에 제시되기도 할 것이다(이야기라든지 법정 변론과 같은 언어적 인공물이 도시, 장난감 피리, 인공 심장 같은 물질적 인공물의 본성을 드러내줄 수 있다). 따라서 이 사물들을 살펴보는 논리를 여기서 설명할 필요는 없다. 이와는 달리 4장에서 문명의 전체 구조 중 단편斷片들을 골라 선택할 때의 논리는 자명하지 않을 수 있으므로 여기서 간단히 짚어보려 한다.

창조의 해체는 고문이나 전쟁처럼 특히 정치적인 형태를 취하기 때문에 해체와는 반대되는 사건의 윤곽을 살펴볼 때도 정치적인 형태 안에서 짚어보는 것이 적절할 수 있다. 이를테면 새로운 국가를 떠올리고 구축하는(지어내고make-up 실제화하는) 때나, 부분적으로 분쇄된 기존의 국가를 다시 상상하고 다시 구축하는(다시 지어내고 다시 실제화하는) 때를 살펴보면 좋을 것이다. 이 두 가지 순간에 인간의 상상이 어떻게 작동했는지를 보여주는 상당히 자세한 설명이 남아 있다. 예를 들어 미합중국과 같은 한 국가를 '창조하기'는 창조하기의 결과물인 독립된 인공물, 다시 말해 미합중국 자체와 특히 그 헌법에서 **사후적으로** 알 수 있다. 나아가 미국의 사례에서 당시의 창조하기 활동은 헌법과 국가라는 사물을 생산했을 뿐 아니라 창조하기 활동 자체에 대한 기록도 현재시제로 생산했다. 이 기록은 바로 《연방주의자 논집》으로, 여기 실린 글에서 창조 행위의 윤곽을 볼 수 있다. 그럴 수 있는 이유는 부분적으로는 저자 매디슨James Madison과 해밀턴 Alexander Hamilton, 제이John Jay가 자신들이 하는 일이 '발명' 행위임을 대단히 자의식적으로 인식하고 있었기 때문이다. 매디슨은 인간과 천사를 구분하면서, 인간과 천사 모두 자신들을 통치하지만 인간만이 물질화되는 기획을 통해 자치를 성취한다는 점을 구분의 근거로 삼는다.[17] 또 해밀턴은 "우리가 여기 세울 건축물의 내부 구조"[18]에 주목하는데, 이런 언급은 명백하게 국가를 만들어진 사물로 본다. 이와 유사하게, 부분적으로 분쇄된 국가의 '재창조' 혹은 '재구축'이 착상되는 최초의 순간과 이후 잇따라 수정되는 모습 둘 모두를 볼 수 있는 또 다른 기록이 있다. 바로 마셜 플랜과 유럽경제회복계획Plan for European Economic Recovery, 유럽공동시장European Common Market에 관련된 문서와 증언들이다. 1939년과 1945년 사이의 기간은 보통 서구 문명의 가장 어두운 순간 중 하나로 여겨진다. 그렇다면 유럽이 재건설되던 수년간, 특히 1947년 6월 5일에 시작된 48시간을 서구 문명의 가장 찬란한 순간 중 하나로 볼 수도 있을 것이다.* 이 48시간 동안 아래와 같은 일이 있었다. 미국 어느 대학 얼마 안 되는 청중 앞에서 조용한 연설이 있었고, 이 연설이 밤새 머나먼 대륙 국가 정상들 사이에 연이은 전화 통화를 촉발했으며, 정상들은 갑작스레 밀려드는 놀라움과 의혹, 또한 비전을 공유한 이들 사이의 신뢰를 느끼며 복원된 유럽을 그 한밤중에 '상상하게' 됐다. 또 당시로서는 오직 상상 속에서만 존재하던 복원이라는 목표에 도달하는 경로를 상상하게 됐다. 여전히 엄청난 파괴의 잔해와 가난, 굶주림, 다가올 추위를 마주하고 있었지만 말이다. 정상들은 미국 국무부 장관 마셜이 가설을 세워본 것일 뿐이라고, 청중 앞에서 '마치 ~ 같은' 절을 사용해서 이야기한 것일 뿐이라고 마음속 한구석에서는 생각했을지도 모른다. 그러면서도 (대륙을 넘나드는 거대한 상상력을 발휘하여 벌이는 선의의 음모에 참가한 양) 유럽 국가들이 자신들만의 '마치 ~ 같은' 절을 끌어낼 수도 있다는 점을 깨달았을지도 모른다. 또 미국이 진심으로 그런 이야기를 한 것처럼 받아들임으로써 원래 의도와는 상관없이 마셜의 가설이 실

---

* 1947년 6월 5일 국무부 장관 조지 마셜은 하버드대학교 강연에서 마셜 플랜을 처음으로 공표한다.

고통받는 몸

제가 될 수도 있음을 깨달았을지도 모른다.[19] 어찌 되었든 48시간 동안 미국은 '가정을 해봤고' 유럽은 그 가정의 실행에 착수했다.

거대한 문명의 단위(두 사례에서 거처의 단위는 방이나 집이 아니라 국가나 대륙이다)를 구축하는 데 인간의 상상이 어떻게 작동하는지를 《연방주의자 논집》과 유럽경제회복계획에서 볼 수 있다. 때로 두 사례에서는 인간 상상의 작동이 '고통 그리고 상상하기'라는 틀이 되는 근본 사건 안에서 드러나기까지 한다. 예를 들어 《연방주의자 논집》에서 서술되는 미합중국은 아직 초기 개념이며, 그래서 미연방의 취약함과 예상되는 강점 모두가 논집 전체에서 함께 나타난다. 이와 유사하게 유럽 복구에서는 각 참가국이 자기 내부의 취약성을 드러내고자 하는 거의 전례 없는 의지를 보였고, 그렇기 때문에 성공적인 회복으로 이어질 수 있었다(마셜은 적는다. "현대 역사에서 처음으로 16개국 대표가 다 함께 자국 내의 경제 조건과 설비를 밝히고, 모두의 상호 이익을 위해 명시된 조건에 따라 특정 일들을 하는 데 착수했다"[20]). 그렇지만 《연방주의자 논집》이나 유럽경제회복계획의 복잡함 속으로 발을 들이는 것은 문명화 과정의 한복판으로 걸어 들어가는 일과도 같다. 다시 말해 이 두 경우에서는 문명화 과정의 기본 가정 중 많은 부분이 이미 안정적으로 자리 잡고 있어서 세세히 설명되지 않고, 그리하여 뚜렷하게 드러나지 않는다. 이에 더해 또 다른 중요한 지점이 있다. 특정 역사적 순간의 특정 국가나 대륙에 초점을 맞출 때 왜곡의 소지가 있다는 점이다. 고문과 전쟁이라는 사건은 일반적으로 문명화 충동에 반대된다. 문명화 충동이 소규모의 특정 장소에 존재해서 이를테면 탁자처럼 단편적인 무언가에 그 충동 자신을 표명할 때조차 그렇다. 따라서 한 국가나 일단의 국가들처럼 한층 더 광대한 무언가를 창조하기도 고문과 전쟁에 반대되지만, 그럼에도 특정 국가나 대륙에서 일어난 일에 초점을 맞춘다면 오해를 부를 수 있다. 고문과 전쟁에 진정으로 반대되는 것이 있다고 한다면 그것은 '문명' 자체이기 때문이다.

서구 문명의 특징을 적은 긴 목록을 만들어본다면, 이 목록에서 분명 핵심 위치를 차지할 두 가지 속성이 있다. 첫 번째는 유대-기독교 신앙 체계이며, 두 번째는 물질적인 자기-표현을 향한 서구 문명의 끈질긴 돌진이다. 4장에서 유대-기독교 성서와 마르크스의 저작이라는 두 텍스트를 다루는 이유는 부분적으로는 이 두 속성 때문이다. 두 텍스트 모두 창조하기의 본성, 즉 몸과 이미지, 몸과 믿음, 몸과 인공물 간의 관계를 끈질기게 숙고한다. 두 텍스트는 지성을 사용하여 창조하기의 본성을 이쪽저쪽 또 위아래로 보고 뒤집어보고 돌려보듯 살피고, 그리하여 창조하기가 지니는 모든 복잡함과 경계를 가시화한다. 여기서 성서를 다루는 이유는 자명해 보이지만 마르크스 저작을 다루는 이유는 덜 자명해 보일지도 모른다. 서구 경제 구조 비평가로서 마르크스의 능력은 미국에서 매우 지엽적으로 인식될 때가 많다. 사람들은 다음과 같은 사실들을 떠올리지 못하곤 한다. 마르크스가 물질적 사물의 본성을 논한 철학자 가운데 대단히 중요한 인물이라는 점, 또 물질적 자기-대상화를 향한 서구의 충동을 기꺼이 포용했을 뿐 아니라 그 충동에 찬사를 보냈다는 점이다. 나아가 서구 경제 구조가 낳은 부정의라고 마르크스 자신이 간주한 것들에 분노하고 반대했지만 동시에 그가 서구 경제 구조의 물질주의적 가정 중 아마 90퍼센트쯤을 수용했다는 점도 망각되곤 한다. 마르크스의 작업 중 혁명적인 부분조차 야코브 탤먼<sup>Jacob Talmon</sup>이 '서구의 이단 사상'[21]이라고 칭한 것으로 여겨지는 듯하다. 여기서 서구의 이단 사상이란 서구의 물질주의적 가정을 비서구 문화에 수출한 도구를 일컫는다. 즉 물질주의에 깔린 일련의 가정을 원래는 덜 물질 중심적이었거나 비물질적이었던 사회, 심지어는 반-물질적이기까지 했던 사회들에 전달한 도구를 말한다. 이런 설명이 옳다면 마르크스가 서구와 맺는 관계는 기독교가 유대교와 맺는 관계와 다르지 않다. 먼 옛날 한때는 기독교가 유대 신앙을 근본적으로 부인한다고 인식됐지만, 2000년 떨어져서 보면 유대교가 가정했던 것들의 90퍼센트를 기독교가 받아들였다는 점이 자명하기 때문이다. 또 유대교에서 벗어난 그 10퍼센트 때문에 지중해 한구석에서 발명된 놀라운 인공물이 반구 전체로 확장될 수 있었기 때문이다. 믿는 사람과 믿음의 대상 간의 관계가 더는 믿는 사람 몸에 존재하는 유전 물질의 배열에 의존하지 않게 됐고, 그래서 기독교는 그 종교를 처음 상상해낸 사람들과 인종적으로 연관된 소수의 사람뿐 아니라 여러 대륙의 사람들에게까지 자신의 유익을 전하며 확장되어갈 수 있었다.

성서와 마르크스의 저작 중 전자는 비교적 문명 초기의 것으로 이 문헌 자체가 문명의 형성에 기여했다고 보이며, 후자는 상대적으로 나중에 나타났다. 나타난 시기와는 상관없이 둘 모두 창조하기의 본성이 지니는 기본 속성을 드러내 보여준다. 두 문헌은 무엇이든 설명 없이 가정해버리는 법이 없기 때문이다. 두 텍스트는 기존의 인공 영역에 존재하는 문제를 인식하며, 이런 문제 인식에서 인간의 창조하기가 지니는 본성을 살피는 광범위한 고찰이 시작된다. 두 문헌에 나오는 거대한 창조물, 즉 신 또는 사회의 지배적인 경제·이데올로기 구조는 충분하게 보답하지 않거나 충분하게 자기-실증을 하지 않는다고 여겨진다. 그리하여 고찰을 해가면서 이 창조물들은 수정 과정을 겪는다. 두 텍스트 모두 '상처 입히기' 전략과 '창조하기' 전략이 뒤섞였음을 인식하며, 무기 기호나 도구 기호의 지시 활동을 통제하고 지시 활동의 방향을 바꿈으로써 상처 입히기와 창조하기를 인간 정신 안에서 분리해두고자 한다. 여기서 무기 기호나 도구 기호는 고유의 불안정성을 지니고, 바로 이 불안정성 때문에 창조하기에서 파괴하기로의 부분적인 해체가 일어난다. 이어지는 4장의 시작 부분에서는 이전 장들에서 마주친 문제와 유사한 문제를 다시 만난다. 하지만 두 텍스트를 살펴가면서 우리는 곧 새로운 이해의 영토로 들어가게 된다. 성서와 마르크스의 탐구에서 나타나는 언어는 이 책에서 핵심적으로 관심을 두는 용어들로 번역될 필요가 없다. 두 텍스트 모두의 노골적이고도 명백한 주제가 '창조하기' '창조자' '몸' '인공물' '노동하기' '아프게 하기' '만들기' '만드는 사람'에 관한 것이기 때문이다. 이 친숙한 목록에 추가되는 새로운 용어가 하나 있다. 바로 '믿기'로, 성서의 맥락에서 이 말은 지금까지의 논의에서 '상상하기'로 불렸던 것과 거의 동의어이다. '믿기'는 상상된 대상을 며칠, 몇 주, 몇 년에 걸쳐 영속시키는 일이다. '믿음'은 상상된 (혹은 머리로 이해한) 대상을 정신 안에 유지하는 능력이다. 상상된 대상이 내부 정신 활동과는 상관없이 독립해서 존재한다는 감각상의 확증이 가능하지 않을 때에도 믿음은 그 대상을 정신 안에 존재하게 한다. 두 문헌 모두 '만들기'를 핵심 주제로 삼는다. 또 두 문헌 모두 육체적 고통을 겪는 몸이라는 극단의 한계 조건과 자기-대상화라는 반대편 한계 조건 사이에 놓인 영토를 주기적일 정도로 빈번히 횡단한다. 여기서 자기-대상화는 몹시 광대하고도 풍부한 인공물들을 통해 일어난다. 그리하여 유대-기독교의 서사와 마르크스의 서사는 서구의 그 어떤 다른 한 쌍의 텍스트가 필적할 수 없을 정도로 인간의 상상을 대규모로, 또 광범위하게 탐구한다.

# 4장

## 믿음의 구조
## 그리고 그 구조가
## 물질적 창조하기로 변경됨:

유대-기독교 성서와
마르크스의 저작에서 나타나는
몸과 목소리

유대교 성서는 그 뒤를 잇는 기독교 성서와 함께 아마 서구 문명의 모든 뛰어난 인공물 중에서도 가장 기념비적인 창조물일 것이다.* 개별 언어 텍스트(《햄릿》,《전쟁과 평화》, 미합중국 헌법)나 개별 물질적 사물(피라미드, 파나마 운하, 브룩클린 다리) 중에 성서와 필적할 정도로 한 문명의 성립에 크게 기여한 창조물은 없다. 나아가 성서 자체가 기념비적인 인공물이면서 동시에 인공적인 것이 지니는 본성에 관한 기념비적인 설명이기도 하다. 성서는 인간 상상의 산물이면서 또한 상상의 작동을 부단히 드러낸다. 성서는 탈체화를 향한 상상의 열망을 기록하며 고통이라는 상상의 기원을 기록할 뿐 아니라, 더 구체적으로는 상상의 자기-수정 행위를 규제하고 촉진하는 연속하는 단계와 대체물들을 기록한다.

이 장이 진행되면서 다음과 같은 사실이 점차 분명해질 것이다. 성서는 창조된 사물들에 관한 서사로 이해할 수 있으며, 이 서사는 창조된 사물 중에서도 주요한 사물인 신이 모든 창조하기의 내부 구조를 설명할 수 있도록 만든다는 것이다. 성서의 전체 전략은 이렇게 먼저 무언가를 만든 다음 이 무언가가 '자신의' 말 안에서 사람들에게 자신을 드러내게 하는 것이다. 규모가 작기에 오히려 실제 상황의 거대한 규모를 더 잘 보여줄

---

* 유대교 성서는 구약성서를 말하며, 기독교 성서는 신약성서를 말한다.

고통받는 몸

수 있는 비유를 해보자. 성서의 전략은 다음과 같은 일이 벌어지는 것과도 같다. 어떤 사람이 탁자를 만들고 나서, 그다음엔 탁자 스스로 자신이 어떻게 발전되어왔는지 설명하며 이에 더해 '사람들 내부에 존재하는 탁자를 만들라는 압력'의 역사까지 전부 설명한다. 또 이 탁자는 탁자 만들기 행위를 할 때 감수해야 하는 정신적 위험은 물론 그 행위를 거부할 때 올 수 있는 위험도 보여준다. 나아가 독립적으로 존재하며 말도 잘하는 이 탁자는 자신의 인간 창조자와 계속 상호작용을 해가면서, 자신의 수리와 재설계에 관해 지시 사항들을 공표한다. 또한 다른 만들어진 사물들을 가지고 자신이 보완되어야 한다고 요구하기까지 한다. 연이은 수정을 요구하는 이유는, 창조된 최초 순간에 탁자가 짊어지게 된 본래 의무를 더 확실히 하고 동시에 그 본래 의무를 더 많이 달성하기 위해서이다. 인간 제작자가 자신이 만든 사물에 대해 당연히 매우 커다란 의무를 지듯, 만들어진 사물도 인간 제작자에 대해 커다란 책임이 있기 때문이다(그리고 만들어진 사물의 존재가 지속되느냐는 이 책임을 완수하는 능력에 달려 있다. 실패한 신이든 실패한 탁자이든 쓸모없는 인공물은 버려진다).

상상이 하는 활동에 관한 위와 같은 기록은 성서에서는 이야기의 형태로, 또 서사상의 사건 형태로 존재한다. 그렇지만 성서의 이 같은 기록을 우화라고 부른다면 매우 잘못된 말일 것이다. 이 기록이 서술하는 행위, 즉 이 기록이 추적하는 기획이 낳는 반응과 결과는 상상이 하는 행위이자 활동으로 공공연히 제시되기 때문이다. 앞에서 말했듯 성서에 불분명한 언어는 없다. 만드는 사람, 만들기, 아프게 하기, 믿기, 노동하기, 창조하기라는 용어는 성서의 이야기에서 전혀 위장되지 않은 채로 나온다. 나아가 상상의 활동에 뒤따르는 범주들은 이 책의 1부에서 나온 몸과 목소리이다(기독교 성서의 언어로 하면 살flesh과 말씀word이다). 이 범주들은 성서 텍스트를 해석할 때 나오는 범주들이 아니라 텍스트 자체가 직접 선언하는 범주들이다. 이 범주들은 우리가 사용할 수 있는 가장 기본적이고 가장 덜 비유적인 범주에 속한다. 인간 경험 안으로 들어가 그 경험을 담아내고자 할 때 보통 사용하는 여러 분석 범주가 있다. 위계적/변증법적, 형식/내용, 권위주의적/평등주의적, 이성/감정, 대자/즉자, 아폴로적/디오니소스적 등등이다. 그러나 몸과 목소리라는 범주에 비하면 이 범주들은 그것들이 표현하고자 하는 차이를 멀리에서 공상하며 설명하고 있는 것이나 마찬가지이다. 아무리 견고하고 합리적이고 유용한 범주라고 해도 그렇다. 우리가 풍부하게 허구화된 세계에 이미 거주하고 있을 때만 우리는 이 범주들이 정교하게 밝히고 있는 차이를 이해할 수 있다. 다시 말해 우리가 문화적 구축물과 인공물로 가득 차 있는 바다, 즉 만들어진 문화 안으로 이미 연장되어 있고 그 안에 깊이 잠겨 있는 지점에서야 위와 같은 범주들이 쓸모 있게 된다는 것이다. 반면 몸과 목소리라는 개념은 문화와 인공ㅅㅜ에 선행하지는 않겠지만 아마 선행하는 개념에 가장 가까울 것이다. 이 개념들은 창조하기의 초기라든지, 만드는 사람과 만들어진 것 사이의 관계에 문제가 생겨서 우리가 창조하기의 처음 순간으로 돌아가게 되는 때에 '설명서'처럼 출현하는 것으로 보인다. 만들어진 문화가 일단 완전히 들어서고 나면 몸과 목소리라는 개념은 분석적으로 더는 유용하지 않게 된다. 부분적으로는 우리가 이 개념들을 언제나 즉각 인식할 수 있기 때문이다. 이 개념들은 최초에 우리의 유일한 동반자였으며, 계속 우리의 가장 좋은 동반자로 남는다.

'창조하기'에 구조가 있듯 '믿기'에도 구조가 있다. 유대교 성서에서 언어적·물질적으로 창조하기의 구조는 믿음의 구조 안에서 나타나는 문제 때문에 완전히 드러나게 된다. (창조하기의 구조를 밝히려면 믿음의 구조를 알아야 하므로) 따라서 성서에서 만들어진 인공물들이 중심에 놓이는 장면을 살펴보기에 앞서 매우 다른 종류의 장면을 먼저 살펴봐야 한다. 바로 인간 몸이 근원 인공물Artifact인 신에게 상처를 입는 것으로 보이는 장면이다. 신과 인간들 간의 관계는 무기 기호를 통해 매개될 때가 잦다. 무기 이미지는 신과 인간 사이의 광활한 공간을 주기적으로 가로지른다. 텍스트가 칼이나 막대 같은 특정 무기의 이미지를 제시하지 않을 때에도 무

고통받는 몸

기 이미지는 암암리에 현존하여, 그 가장 본질적인 특징인 너무도 다른 두 말단을 지닌 채로 공중을 맴돈다. 무기의 양단은 신의 능력과 완전함 그리고 인간의 불완전함과 취약함을 보여주고 설명한다. 발명된 신과 신을 발명한 인간은(성서의 뒤집힌 언어에서라면 창조자와 그의 창조물은), 한쪽은 상처 입기에서 면제되고 다른 한쪽은 상처를 입을 수 있다는 점에서 다르다. 그리고 신의 창조물이 단지 '**상처를 입을 수 있음**'을 넘어 장애가 있거나 육체적으로 손상되어 이미 깊고도 영구히 **상처를 입었다면**(〈레위기〉 21:16, 22:21, 〈신명기〉 17:1) 이 개인은 '정상적인' 사람보다 신에게서 도덕적으로 훨씬 더 멀리 떨어져 있다고 주장된다.[1]

　상처 입히기 장면은 성서의 유일한 내용도 아니고 주요 내용조차 아니다. 그럼에도 대단히 자주 반복된다. 유대교인이든 기독교인이든 상해 입히기 장면이 존재한다는 것을 모르는 독자는 없을 것이다. 또 그런 장면 때문에 심란해지지 않는 독자도 거의 없을 것이다. 비가시적인 신의 현존은 그[He]가 인간 몸에 일으키는 지각할 수 있는 변환에서 주장되고 가시화된다. 즉 신의 현존은 인간의 노고와 출산의 고통이 필요하다는 데서, 사람들을 쓸어내는 홍수에서, 불시에 한 가정을 덮치는 전염병에서, 도시에 떨어지는 유황불에서, 한 여인이 소금 기둥으로 변하는 데서, 나병으로 문드러진 상처와 수많은 종기가 피부 표면을 바꾸는 데서, 한 민족의 집집을 공격하는 곤충과 파충류의 침입에서, 영아 학살에서, 메추라기를 너무 많이 먹어서 코로 그 고기가 나올 정도로 만든 지독한 굶주림에서, 곰의 공격으로 찢긴 상처에서, 고통스러운 장 질환에서, 계속 이어지는 기타 등등의 몸 변환에서 주장되고 가시화된다. 물론 신이 상처 입히기 행위를 뚜렷이 자제하면서, '받을 만하게' 보이는 징벌마저 철회하는 순간도 많다. 또 그것[It]이 자비로우며 그것의 진노는 잠시일 뿐임을 다시 확인해주는 부분들도 있다. 나아가 또 다른 신의 모습이 나오기도 한다. 신이 완전히 평화적인 이미지를 띠는 부분들이다("여호와는 나의 목자시니"). 무엇보다 성서 서사의 가장 큰 틀을 이루는 행위는 '한 민족의 창조와 증가 및 적들에게서 그 민족을 구출하기'로, 이 행위는 위와 같은 무시무시한 장면들에 자애라는 맥락을 부여한다. 하지만 신과 인간이 무기의 종縱 방향 양단에 있는 장면은 대단히 주기적으로 나타나며, 그리하여 무기가 고정된 핵심 위치가 되고 성서 서사는 이 핵심 위치에 계속 가까워졌다가 멀어졌다가 하면서 움직여가는 것처럼 보이기도 한다. 이런 무기 이미지가 믿음의 구조 자체를 정의하는 듯이 보이는 순간들도 있다. 이후에 살펴보겠지만, 상처 입히기가 나오는 문제적인 장면들은 불신과 의심의 맥락에서 일어나는 경향이 있다. 신의 능력은 비가시적이며 따라서 인간들은 주기적으로 그 능력을 불신하고, 이런 때 신의 능력은 그 능력이 발생시킬 수 있는 몸 조직의 변환을 통해 가시적으로 실증된다. 인간은 오직 한 번만 창조될 수 있지만 일단 창조되고 나면 끝없이 수정될 수 있다. 상처 입히기는 인간 창조를 재-상연한다. 창조에서 처음으로 거대하게 나타났던 변환 능력을 상처 입히기가 재-상연하기 때문이다.

'물질적·언어적으로 창조하기'의 본성을 이해하기 위해서는 문제적인 상처 입히기 장면들에 먼저 주목해야 하며, 다시 이 상처 입히기 장면들을 이해하기 위해서는 히브리 민족의 증가에 초점을 맞춘 장면들, 즉 출산, 임신, 자기-복제, 증식에서 일어나는 평화적인 인체 조직 변환이 등장하는 장면들에 주목해야 한다. 인간과 세계의 기원으로 여겨지는 어떤 것의 본성은 상처 장면들에서도 거듭 천명되지만, 세대를 이어가는 인간의 행위 자체에서도 거듭 천명된다. 세대 생산 행위는 끈질기게 반복되면서 (특히 성서를 시작하는 〈창세기〉 전체에서), 틀을 이루는 거대한 사건이 된다. 틀이 되는 세대 생산 사건을 배경으로 하여 그보다는 드물지만 훨씬 더 문제적인 상처 장면들이 일어난다. 이후 논의에서 명확해질 지점은 다음과 같다. 재생산과 상처 입히기라는 매우 다른 두 종류의 장면 모두 인간의 몸과 상상된 대상(신) 간의 관계를 그 안에 담고 있다는 것이다. 두 종류의 장면 모두에서 몸의 경험할 수 있는 '실제성'은 몸이 지니는 속성으로 읽히는 것이 아니라 몸의 형이상학적 지시 대상이 지니는 속성으로 읽

고통받는 몸

힌다. 구약성서는 상처 장면을 주기적으로 불러낸다. 위 두 가지 종류의 장면에서 변치 않고 나타나는 인간 몸과 신의 관계는 구약성서가 왜 이렇게 상처 장면에 의존하는지를 설명해줄 수 있을지도 모른다(이런 의존은 달리 설명이 안 된다). 다시 말해 어쩌면 상처 장면들은 〈창세기〉에서처럼 '누구는 누구를 낳고' 장면을 통해 더는 신을 확증할 수 없게 됐을 때 몸과 믿음 간의 관계를 영속시키기 위해 도입된 것인지도 모른다. 이스라엘 민족의 단일한 계보를 소재로 삼는 율법서*의 나머지 네 편에서 그렇다.

그리하여 지금 논의에서는 문제적인 상처 입히기 장면들의 양쪽에 생산 장면들을 틀처럼 두고 볼 것이다. 틀의 한쪽은 몸 재생산이고 다른 한쪽은 물질적·언어적 인공물 생산이다. 이렇게 내용을 배치하는 이유는 인간의 생식生殖 장면에 정신적 창조의 본성에 관한 심원한 직관이 존재함을 말하기 위해서이다. 이후 생식 장면에서 상처 장면으로 넘어가면서 이 직관은 희미해지고 해체된다. 창조하기 활동이 상처 입히기 활동과 뒤섞이기 때문이다. 그러나 다시 상처에서 인공물 생산으로 넘어가면서, 앞서 해체되었던 것은 재-구축되며 애초의 직관도 돌아온다. 창조하기와 상처 입히기는 분리할 수 있는 활동 범주로 다시 한 번 단단히 자리 잡는다.

이 장의 전반적인 내용 배치는 다음과 같다. 1절은 성서가 그려내는 인간 재생산에서 인간의 몸과 신의 목소리가 서로 분리할 수 있는 '발생의 띠'들로 나타남을 보인다. 또 한쪽 띠에서 일어나는 사건은 다른 쪽 띠에서 일어나는 활동을 확증하는 것으로 '읽힘'을 보인다. 2절은 상처 입히기 장면에 나오는 위와 동일한 띠, 즉 서로 분리할 수 있는 육체적 발생의 띠와 형이상학적 발생의 띠를 다루면서 다음과 같은 사실을 보인다. 인간은 자신이 몸에 삼켜지는 일을 막기 위해 인공물을 발명했지만, 이후 인공물은 자신이 '실제임realness'을 확증하기 위해 인간이 몸에 삼켜질 것을 요

---

\* 유대교 성서는 율법서, 예언서, 성문서 세 부분으로 구성된다. 율법서는 성서의 첫 다섯 편으로, 〈창세기〉 〈출애굽기〉 〈레위기〉 〈민수기〉 〈신명기〉이다. '모세 오경'이라고 하기도 한다.

구한다는 것이다. 여기서 인간과 신 간의 관계는 한쪽은 몸을 가졌지만 다른 쪽은 몸을 갖지 않는다는 사실에 기반을 둔 권력 관계이다. 이 관계는 기독교 성서에서 근본적으로 수정된다. 신약성서에 나타나는 인간과 신 간의 도덕적 거리는 구약성서에서만큼이나 멀지만 이 거리는 이제 체화 차이에 의존하지 않는다. 3절은 체화 문제에 대한 이러한 기독교의 해결책 자체가 '믿기'를 '만들기'로 변경하는 구약성서에서 이미 예고되고 있음을 보인다. 믿음을 지속시키는 고된 작업, 다시 말해 대상화되지 않은 정신적 대상을 한 사람의 정신 안에서 끝없이 계속 상상해야 하는 작업은 물질적·언어적 인공물이 외부에 존재하게 됨으로써 수정된다. 인공물들은 감응력이 있는 몸의 실증 기능을 넘겨받으며 이와 동시에 창조하기가 원래 지녔던 도덕적·윤리적 의미를 자기 내부로 흡수한다. 발명자 인간은 자신들의 첫 번째 인공물에게서 다른 인공물을 창작해도 좋다는 허락을 받는데, 이런 허락 과정은 매우 서서히 일어난다. 그리고 이 과정이 느리게 일어나기 때문에 성서는 물질문명에 최종적으로 부여되는 도덕적·정신적 범주들의 중대함을 놀라울 정도로 명확하게 드러낼 수 있다. "물질적으로 창조하기에 무엇이 달려 있는가?"라는 질문에 구약성서는 답한다. "모든 것." 4절에서 상세히 설명하겠지만 인공물의 내부 속성들에 주목하는 마르크스의 유사한 설명도 다시 한 번 같은 답을 내놓는다. 지금 4장에서는 만들어진 사물이 지니는 본질적 특성을 창조하기에 관한 위의 두 기념비적 텍스트에 쓰인 특정 어휘를 사용해서 제시한다. 반면 마지막 5장에서는 인간이 만든 물건들과의 일상적인 상호작용에서 나온 좀 더 친숙한 언어를 사용해서 만들어진 사물의 본질적 특성을 제시한다.

고통받는 몸

# I. 보라, 리브가가:
## 임신, 재생산, 증식에 나타나는 인간의 몸과 신의 목소리

### 인간의 몸

"셋은 백다섯 살에 에노스를 낳았다. …… 에노스는 아흔 살에 게난을 낳았다. …… 게난은 일흔 살에 마할랄렐을 낳았다." 그리고 마할랄렐은 예순다섯 살에 야렛을 낳고, 야렛은 에녹을 낳고, 에녹은 므두셀라를 낳고, 므두셀라는 라멕을 낳고, 라멕은 노아를 낳고, 노아는 셈과 함과 야벳을 낳았다(〈창세기〉 5:6-32).[2] 성서에 주기적으로 나오는 이 같은 자손들의 목록을 우리는 무미건조하게 나열된 불명확한 가계도인 양 말하곤 한다. 하지만 성서의 맥락에서 읽어볼 때 이런 목록들의 어조는 대단히 의기양양하며 자신감이 넘친다. 격식을 차린 운율과 딱딱한 병렬을 사용하여 그 아래 존재하는 흥분을 간신히 가다듬어 억누르고 있을 뿐이다. 이 목록들은 텍스트에 억지로 끼워 넣은 것이 아니다. 오히려 텍스트의 핵심 내용으로 나타나며, 점차 율법서가 이루는 커다란 구조의 일부가 된다. 최초 창조의 규모와 강도, 절대적임을 닮은 무언가가 두 사람이 '한 민족'을 이루게 되는 변환과 서서히 뒤얽힌다. 느리지만 점점 더 필연적인 것이 되는 이 변환의 시작은 다음과 같다. "아담이 아내 하와와 동침하니, 아내가 임신하여 가인을 낳았다. 하와가 말하였다. '주님의 도우심으로 내가 남자아이를 얻었다.'" 그다음 쉴 틈도 없이 문장은 "그리고 다시 하와는 가인의 아우를 낳았다"로 이어진다(〈창세기〉 4:1,2).[3] 이처럼 최초 창조의 재-상연은 언제나 다수성을 띤다. 거대하고도 집단적인 다수성에 의해서만 그 재-상연이 최초 창조의 단일성에 가까워질 수 있기 때문이다. 〈창세기〉의 텍스트가 진행되면서 자손들의 이름을 즐거이 열거하는 부분은 점점 더 잦아진다. "야벳의 아들은 고멜, 마곡, 마대, 야완, 두발, 메섹, 디라스이고,

고멜의 아들은 아스그나스, 리밧, 도갈마이며, 야완의 아들은 엘리사, 달시스, 깃딤, 도다님이었다. 이들에게서 바닷가 백성이 갈라져 나왔다"(〈창세기〉 10:2-5). 사람 이름 열거가 너무도 장황하게 이어진 나머지 해당 장의 유일한 내용이 될 정도다. 이름 목록은 창세기 5장 32개 절 전체의 유일한 내용이며, 〈창세기〉 10장 32개 절 전체의 유일한 내용이고, 또 〈창세기〉 11장 32개 절 전체의 유일한 내용, 그리고 〈창세기〉 36장과 49장의 주요 내용이다. 이후 이스라엘 열두 지파에 속하는 셀 수 없이 많은 세대가 이어지면서 이집트에서 탈출하던 시기에 벌인 두 차례의 인구조사에서는 60만 1,730명이라는 놀라운 숫자의 사람들이 존재하는 데 이른다(〈민수기〉 26:51).

〈창세기〉에는 이렇게 계보를 따라가면서 사람 이름이 빽빽하게 나오는 구절들이 있고 또 이와는 매우 다른 구절들도 있다. 후자의 구절에는 다수성이 전혀 없으며 한 인물이나 몇몇 인물만이 중심에 놓여서, 이들의 행위는 맨 처음 에덴동산에 있던 인물들의 행위만큼이나 매우 고립된 채로 일어나는 듯 보인다. 또 이들의 몸짓은 모두 인간 최초의 몸짓, 즉 걷기, 듣기, 돌아서기, 과일을 향해 손을 뻗기라는 몸짓이 지니던 절대적인 특성의 일부를 지닌다. 목록과 이야기라는 이 두 종류의 구절 사이의 관계는 명확하며 숨김이 없어서 설명이 필요 없을 정도다. 많은 이야기의 공공연한 주제가 성공적인 자손 생산과 관계가 있다. 예를 들어 아브라함의 종이 이삭의 아내를 찾는 〈창세기〉 24장의 이야기에서 주제는 **배우자 구하기**이다. 〈창세기〉 12장과 20장에서는 아브람이 이방인 구애자들 앞에서 사래를 자신의 누이라고 해야 할지 아내라고 해야 할지 선택해야 하는 상황이 두 번 나오며, 이 이야기의 주제는 **배우자 지키기**이다. 〈창세기〉 23장에서는 아브라함의 아내 사라*가 죽고, 19장에서는 롯이 소돔에서 아내를 잃는다. 이 이야기의 주제는 **배우자와의 사별**이다. **배우자와의 사별**

---

\*   〈창세기〉 17장에서 신이 새로운 이름을 내려 '아브람'은 '아브라함'이, '사래'는 '사라'가 된다.

고통받는 몸

**에서 회복하기**를 주제로 하는 이야기도 있다. 〈창세기〉 24장에서 사라가 죽고 난 후 아브라함은 아들이 아버지가 될 수 있게 주선한다. 또 19장에서 롯은 술 취한 밤에 두 딸과 잠자리를 하고 이들에게서 모압 족속과 암몬 족속이 유래한다. 이와 같은 이야기들은 자궁 열고 닫기에 지속적이고도 늘 태연하게 커다란 관심을 쏟는다. 해산하는 여성의 몸 부위까지도 놀라울 만큼 또렷하게 그린다.

> 달이 차서 몸을 풀 때가 되었으니, 보라, 그녀의 자궁 안에는 쌍둥이가 들어 있었다. 먼저 나온 아이는 살결이 붉은 데다가 온몸이 털투성이여서 이름을 에서라고 하였다. 이어서 동생이 나오는데 손이 에서의 발뒤꿈치를 잡고 있어서 이름을 야곱이라고 하였다(〈창세기〉 25:24-26).

다음과 같은 부분도 있다.

> 몸을 풀 때가 되었는데, 그녀의 태 안에는 쌍둥이가 들어 있었다. 해산할 때 한 아이가 손을 내밀었고, 산파가 진홍색 실을 가져다가 아이의 손목에 감고서 말하였다. "이 아이가 먼저 나온 녀석이다." 그러나 아이는 다시 손을 안으로 끌어들였으며, 보라, 그의 아우가 먼저 나왔다. 그러자 산파가 "네가 밀치고 나왔구나!"라고 말하였다. 그리하여 이 아이 이름을 베레스라고 하고, 그의 형, 곧 진홍색 실로 손목이 묶인 아이가 뒤에 나오니, 아이 이름을 세라라고 하였다(〈창세기〉 38:27-30).

인간·비인간들의 여러 문제와 사건에 관한 끊임없는 관심으로 가득 차 있는 〈창세기〉의 이야기들은 언제나 창조와 생식에, 기원에, 그리고 숫자들에 주의를 기울인다.

그렇다면 목록은 이야기에서 상술되는 근본 사건을 압축하여 빠르게 반복하며, 이야기는 몸과 믿음의 관계를 상세히 설명한다. 목록에서는 몸과 믿음이 서로 너무도 겹쳐져 있어서 둘의 관계 안으로 파고들 수가 없다. 목록과 이야기는 각각 다른 한쪽에서는 시야에 드러나지 않는 것을 담는다. 즉 이야기에 나오는 남자와 여자가 그들 몸 안에 담고 있는 것은 서사에서 명기되는 특정한 아이들이 아니라 목록에서 층층으로 이어지는 후손들이다. 그리고 층층으로 나열하기라는 목록의 형식은 오로지 이야기에서만 분명하게 나타나는 사실, 즉 인간의 연속과 연결에 얼마나 극심한 육체적·상상적 노동이 필요한지를 감추고 있다.

서사의 명시적인 주제가 세대 생산과 거리가 멀 때도 있지만, 목록과 이야기가 교대되는 서사 형태 자체가 인간 탄생을 염두에 두고 있다. 목록의 구절들은 수많은 이름으로 빽빽하다. 거의 과부하 된 듯이 보이는 이런 목록의 맨 마지막 이름은 마치 앞에서 호명된 조상들의 무게에 눌린 것처럼 목록에서 떠밀려 나온다. 이 마지막 이름의 소유자는 탈체화된 인간 존재들로 이루어진 멀고 빽빽한 숲에서, 즉 번성했던 수많은 조상의 이름 안에서 출현하여 어떤 개별 활동들을 향해 움직여 간다. 그 개별 활동들을 함으로써 이 사람은 독자의 시야 안에서 커다랗고 체화된 존재가 된다. 〈창세기〉 5장에서는 아담에서 노아에 이르는 목록이 나오고, 이 목록에서 노아가 출현한 다음, 네 개 장에 걸쳐 이야기가 계속된다. 또 10장과 11장에서는 노아가 먼저 나오고, 그다음 야벳과 야벳의 후손 열네 명, 그다음 함과 서른한 명의 후손, 그다음 셈과 아르박삿, 셀라, 에벨, 벨렉, 르우, 스룩, 나홀, 데라, **아브람**, 나홀, 하란을 비롯해 셈의 많은 후손의 이름이 열거된 다음 {12장에서} "주님께서 아브람에게 말씀하셨다. ……"로 이어진다. 이 구절을 통해 아브람은 연속해서 호명되는 탈체화된 조상들에게서 분리되며, 뒤를 잇는 여러 이야기에 나오는 육체적·언어적 행위를 통해 우리 앞에 나타난다.

목록과 이야기가 교대되는 단위는 연속된 몇 장보다 훨씬 클 때도 있

고통받는 몸

고 훨씬 작을 때도 있다. 이 사실은 목록과 이야기의 교대가 근본적인 리듬을 만들어냄을 시사한다. 예를 들어 〈창세기〉 및 율법서의 나머지 편들인 〈출애굽기〉〈레위기〉〈민수기〉〈신명기〉의 내용이 맺는 관계를 보면 목록과 이야기가 {커다란 단위로} 교대되고 있다고 설명할 수 있다. 즉 〈창세기〉 전체를 하나의 복잡한 목록으로 볼 수 있고, 이 〈창세기〉라는 목록에 실린 마지막 상황에서 이어지는 이야기가 다음 편들에서 출현한다. 이어지는 이야기는 모세와 그의 민족(확장된 세대의 한 층)의 이야기이다. 〈창세기〉 다음의 성서 네 편에서 계속되는 이들의 이야기는 친밀하고 만져질 듯 가깝다. 한편 목록과 이야기 간의 교대는 연속된 몇 장보다 훨씬 작은 단위로 발생하기도 한다. 때로 이야기가 갑자기 멈춘 다음 이름들이 짧게 나열되고는 다시 이야기가 계속된다. 이렇게 목록과 이야기가 대단히 축약되어 나타남으로써 어떤 면에서는 더 뇌리에 깊게 남기도 한다. 마치 커다란 인물의 모습이 먼지 덮인 길 위에 모여 있는 한 무리의 사람들 속으로 갑자기 잠깐 삼켜졌다가, 다음 순간 무리에서 벗어나 우리 앞에 다시 출현하는 모습을 보는 것 같기 때문이다. 예를 들어 아브람 이야기의 한복판에서 이야기는 짧은 목록에 자리를 내주었다가 다시 진행된다. "거기에서 도망쳐 나온 사람 하나가 히브리 사람 아브람에게 와서 이 사실을 알렸다. 그때 아브람은 아모리 사람 마므레의 땅, 상수리나무들이 있는 곳에서 살고 있었다. 마므레는 에스골과 아넬과 형제 사이로서, 이들은 아브람과 동맹을 맺은 사이였다. 아브람은 자기 일가 사람이 붙잡혀 갔다는 소식을 듣고……" 그러고는 이야기가 계속된다(〈창세기〉 14:13,14, 또한 26:34,35를 보라). 이름들의 짤막한 나열은 보통 어느 일족 출신인지를 말해주지만 위 인용문에서는 그렇지 않다. 하지만 이런 경우에도 마찬가지로 이름 나열은 실증의 리듬을, 즉 물질세계로의 이행의 리듬을 다시 한 번 재-상연한다.

인물이 출현하는 또 다른 방식이 있다. 이 경우 인물은 이야기 **내부에서** 출현한다. 목록에 나오는 탈체화된 인물들이 단 한 명의 인물로 물질화되어 이야기에 나왔듯, 이미 물질화된 인물이 더욱 극단적으로 물질화되는 지점들이 이야기 내부에 자주 있다. 이런 부분들에서는, 보통 감정적이거나 심리적인 것으로 이해되는 내부 속성이 대상화되기도 한다. 사라가 웃고(18:12,13) 아브라함이 울고(23:2) 리브가를 향한 이삭의 사랑이 확언되는(24:67) 순간들이 그렇다. 하지만 이처럼 기쁨, 비탄, 욕망을 비롯해 다양한 감정 상태가 등장함에도 불구하고 구약성서에는 전반적으로 두 가지의 심리적 범주만이 존재한다. 믿음과 불신만이 중대한 결과가 뒤따르는 두 가지의 심리 상태로 나오며, 그중 믿음만이 관심을 둘만 한 범주로 이해되도록 허용된다. 믿음은 바로 인간의 몸을 통해 실증되며, 뒤에 가서 분명해지겠지만 이런 이야기들에서 몸과 몸 내부는 몸의 실증 능력 안에서 재현될 때가 많다.[4]

그중 가장 명백한 사례는 아기가 어머니의 몸 밖으로 나오는 실제 이행을 묘사하는 구절들이다. 유대교 성서의 정신적 구조 안에서 아기는 몸 내부에서 출현할 뿐 아니라 그 자체로 부모의 몸 내부를 재현한다. 위에서 인용한 에서와 야곱의 탄생 그리고 베레스와 세라의 탄생을 상술하는 부분은 장자권을 쟁취하기 위해 쌍둥이들이 다투는 모습을 그림으로 보여주듯 제시한다. 이 구절들에서 모체의 가시적인 내부가 묘사된다고 말한다면 거칠고 부정확한 말일 수 있다. 그럼에도 최소한 다음과 같은 사실을 지적할 수 있다. 붉은색, 털이 많음, 몸을 뻗었다가 다시 들어가는 행위, 아기를 감싸고 있는 어머니의 내부에서 나오는 작은 팔 등 아기가 지닌 것으로 선택되는 속성들이 계속 여성 성기의 이미지에 관심을 쏟게 만든다는 것이다. 파란 눈이나 아기의 표정 같은 속성이라면 분명 그렇지 않을 것이다.

아기가 모체 밖으로 나오는 실제 이행을 묘사하는 구절보다 더 빈번하게 나오는 구절이 있다. 출산이라는 사실이 직접 묘사되기보다는 출산이 있었다고만 서술되며 어머니 내부의 재현도 덜 직접적인 부분들이다. 반복해서 출현하는 예는 샘/우물well의 이미지이다. 어머니 내부가 샘으로 대상화되는 일은 적절하고도 불가피하다. 샘의 모양 때문이기도 하고 생

고통받는 몸

명을 주는 물질을 샘이 지니고 있다는 사실 때문이기도 하다. 샘이 지닌 자궁과의 유사성과 풍요라는 함의는 보통 명백하다. 예를 들어 하갈과 이스마엘을 통해 아브라함의 혈통이 이어질 것임이 처음으로 선언되는 구절이 그렇다(〈창세기〉 16:7-11). 광야에서 이스마엘이 거의 죽어가면서 아브라함의 혈통이 끊기게 될 뻔한 구절도 그렇다. 이 구절에서 주님의 천사가 하갈에게 나타나서 말한다. "'가서 아이를 일으키고 네 손으로 단단히 붙잡으라. 내가 저 아이에게서 큰 민족이 나오게 할 것이다.' 그러곤 하나님께서 하갈의 눈을 여시니 그녀가 샘을 보았다. 하갈이 가서 가죽 부대에 물을 채워 아이에게 먹였다"(21:18,19). 이미지상으로 분명 이 샘은 하갈 내부를 조심스레 재현한 것이며, 그녀 몸 내부의 샘을 함의하는 장소이고, 그녀가 미래를 향해 물질적으로 연장될 것이라는 단언이다. 장차 번성할 것이라는 약속은 어머니와 유아 본래의 결합을 재-상연하라는 명령을 동반하며(한때 아이가 그녀 내부에 감싸져 있었던 것처럼 아이의 손을 그녀 손 안에 꼭 잡으라는 명령), 이 명령은 곧바로 샘의 출현으로 이어진다. 번성하리라는 약속, 결합을 재-상연하라는 명령, 샘의 출현, 이 셋은 탄생의 경로를 거꾸로 되짚어간다. 본디 자궁은 아이와의 분리 그리고 세계 안에서 아이의 독립적인 존속이라는 방향을 향하지만, 위 장면의 연속하는 사건들에서 두 몸은 합쳐져 자궁으로 되돌아가고 또 자궁의 외재화된 대체물인 샘으로 되돌아간다. 물을 먹였기 때문에 이스마엘은 산다. 그를 구하기 위해서는 이렇게 샘의 내부 내용물이 이스마엘 몸의 내부 내용물이 되어야 한다. 두 세대의 몸 내부가 띠는 연속성과 두 세대의 동일성을 재천명함으로써 아이를 구하는 것이다. 한때는 살아 있던 또 다른 용기인 '가죽 부대ᵃ skin'에 물을 담는 세부 내용은 중간에서 매개 역할을 하여, 살아 있는 생명의 용기(어머니)와 살아 있지 않은 생명의 용기(샘) 간의 연관성을 강조한다.

인간 몸 내부가 세계로 투사된 또 다른 인공물은 제단이다. 제단은 샘/우물이라는 사물 그리고 자손이 번성할 것이라는 단언과 명백하게 합쳐져서 나타나기도 한다.

이삭은 자기 아버지 아브라함 때에 팠던 우물들을 다시 팠다. 아브라함이 죽자 블레셋 사람들이 메워버렸기 때문이다. 이삭은 그 우물들을 아버지가 부르던 이름 그대로 불렀다. 이삭의 종들이 그랄 평원에서 우물을 파다가 물이 솟아나는 샘 줄기를 찾아내자 그랄 지방 목자들이 싸움을 걸어왔다. …… 이삭이 거기에서 이동해 또 다른 우물을 팠는데, 그때는 아무도 시비를 걸지 않았다. 그리하여 그는 "이제 주님께서 우리가 살 곳을 만들어주셨으니 우리가 이 땅에서 번성할 것이다"라고 말하면서 우물 이름을 르호봇이라 하였다.

이삭은 거기에서 브엘세바로 갔다. 그날 밤에 주님께서 그에게 나타나셔서 말씀하셨다. "나는 너의 아버지 아브라함의 하나님이다. 두려워하지 말라. 내가 너와 함께 있을 것이며, 나의 종 아브라함을 위해 내가 너를 축복해 네 자손을 증식할 것이다." 이삭이 그곳에 제단을 쌓고 주님의 이름을 불렀으며 거기에 장막을 쳤다. 이삭의 종들은 거기에서도 우물을 팠다(26:18,19,22-25).

홍수 이후 노아가 제단을 쌓는 것은 "땅 위에서 새끼를 많이 낳아 땅 위로 번성하고 증식하게 하라"(8:17)는 신의 명령이 있고 난 직후이다. 이와 마찬가지로 아브람이 가나안 땅에서 두 개의 제단을 쌓는 것은 신이 아브람을 큰 민족으로 만들겠다는 뜻을 밝힌 후이다(12:1-8). 또 자손이 셀 수 없이 번성하게 될 것이라는 신의 예언 직후에 아브람은 마므레의 상수리나무들이 있는 곳에 가서 제단을 쌓는다(13:16-18). 자궁, 우물, 제단이라는 세 형상을 여기서 잠시 나란히 놓아보자. 세 형상을 병렬해보면, 살아 있는 자궁에서 우물이라는 외재화된 인공물로 전환될 때는 용기 모양에 변함이 없으며 외부-내부 관계에도 변함이 없다는 점을 분명히 알 수 있다. 둘 모두에서 '담고' 있도록 기능하는 것, 즉 귀중한 것을 간직하고 있는 것은 바깥쪽 표면이 아니라 안쪽 표면이다. 반면 자궁과 우물에

고통받는 몸

서 세 번째 형상인 제단이 될 때는 무언가를 담고 있는 자궁과 우물의 모양이 안에서 밖으로 뒤집힌다. 내부의 안감이었던 것이 이제는 탁자 모양을 한 외부 표면이 된다. 이제 가장 귀중한 것은 이 바깥 표면이 접촉한다고 여겨지는 것, 바로 신이다. 뒤집힌 몸 안쪽 표면이 제단 표면이라는 점은 피가 제단에 쏟아지는 부분들에서 그림으로 보듯 더 직접적으로 나타난다. 제단의 의미는 나중에 다시 살펴볼 것이며, 지금 논의에서 중요한 점은 제단이 몸을 안에서 밖으로 뒤집은 것이라는 점이다. 점점 더 분명해지겠지만 성서에서 믿음은 한 사람의 몸을 문자 그대로 안에서 밖으로 뒤집는 행위이다. 상상하기, 창조하기, 상징적·종교적 사고 능력은 내부의 육체적 사건에 외부의 비육체적 지시 대상을 부여하는 능력과 함께 시작한다.

이름들의 목록에서 체화된 한 인물이 중심이 되는 이야기로의 진행, 그리고 그다음 다시 이 한 인물의 이야기에서 몸 내부가 재현되는 구절로의 진행은 실증 과정의 두 단계이다. 위에서는 다소 길게 수고를 들여 설명했지만 사실 〈창세기〉 안에서 이 실증 단계들은 매우 수월하고 능란하게 서술된다. 예를 들어 주인이 내준 낙타 열 마리와 많은 선물을 가지고 아브라함의 종이 이삭의 아내를 찾기 위해 메소포타미아에 있는 나홀의 성으로 가는 부분에서 리브가는 아래와 같은 여덟 문장을 통해 우리 앞에 등장한다. 여기서 물질화를 향한 이중의 움직임은 첫 번째 문장에 전부 나오고 다음 일곱 문장에서는 그 움직임이 상술될 뿐이다.

이 말이 채 끝나기도 전에, 보라, 리브가가 어깨에 물동이를 이고 나왔는데, 리브가는 밀가의 아들 브두엘의 딸로, 밀가는 아브라함의 형제인 나홀의 아내였다. 그 아가씨는 보기에 매우 아름답고 지금까지 어떤 남자도 가까이하지 않은 처녀였다. 리브가가 우물로 내려가 항아리에 물을 채워 올라왔다. 그때 아브라함의 종이 그녀를 만나기 위해 달려나가 "물동이에 든 물을 조금 마시게 해주시오"라고 말했다. 리브가가 "내 주여, 마시소서" 하면서 급히 물동이를 내려 손에 받쳐 들고 마시게 해주었다. 물을 마시게 한 다음 그녀는 "제가 당신의 낙타를 위해서도 물을 길어다 실컷 마시게 하겠습니다"라고 말했다. 그리하여 리브가는 물동이에 남은 물을 얼른 구유에 붓고는 물을 길으러 다시 우물로 달려가 모든 낙타에게 먹일 수 있을 만큼 물을 길어다 주었다. 종은 주님께서 자신의 여행이 잘되게 하여 주실지를 알고자 그녀를 말없이 지켜봤다(24:15-21).[5]

브두엘, 밀가, 나홀, 아브라함이라는 이름들이 이루는 망에서 리브가가 물질화되어 나오고, 그다음에는 (여전히 계속 첫 번째 문장에서) 리브가에게서 풍요와 관대함의 형상인 사물 하나, 즉 물동이가 물질화되어 나온다.[6] 이 물동이가 보여주는 풍요와 관대함의 규모는 대단해서 리브가가 거대한 민족을 낳는 데 중요한 역할을 맡을 것임을 분명하게 보여준다. 낙타가 갈증이 심할 때 어마어마한 양의 물을 마신다는 사실은 잘 알려져 있으며, 위 장면에는 이런 낙타가 열 마리나 나오기 때문이다. 아브라함의 종은 놀라워하며 말없이 지켜본다. 이 같은 열성적인 환대와 관대한 행위는 리브가의 고귀함을 손상하는 것이 아니라 오히려 더한다. 이 이야기에서 종은 주인을 대신해 행동하고, 주인은 다시 아들을 대신해 행동하는 아버지이다. 인간들의 서약과 위임은 이 장의 단 몇 줄에 등장할 뿐이지만 이렇게 촘촘하게 짜여 있다. 그리고 리브가의 환대는 그녀의 강인함과 상냥한 마음을 보여주면서 이 서약과 위임의 짜임 안에 곧바로 자리 잡는다. 이 장의 바로 앞장에서는 사라가 죽었고 아브라함은 사라를 헷 사람들 소유의 밭에 딸린 동굴에 묻었다. 이 상황을 배경으로 리브가를 찾으러 가고 발견하는 사건이 일어난다. 아브라함은 늙었지만 이삭은 젊다. 사라는 죽었지만 리브가가 온다. 세대는 계속 이어질 것이다.

리브가를 찾는 이야기 안에는 신의 현존이라는 중대한 요소가 당연히 있지만, 앞서 설명한 다른 재생산 장면에서와 같이 지금까지는 그 요소

고통받는 몸

를 다루지 않았다. 먼저 전체 틀을 이루는 사건인 생식을 다시 살펴본 후 리브가 이야기로 돌아갈 것이다.

## 신의 목소리

〈창세기〉는 '끝없이 증식해가는 인간의 몸'이라는 두드러지는 물질적 현실로 가득 차 있을 뿐 아니라 신의 목소리로도 가득 차 있다. 〈창세기〉에서 신의 목소리는 두 가지 형태를 띤다. "자식을 많이 낳고 증식하라"고 말하는 명령과 "너는 자식을 많이 낳고 증식할 것이다"라는 약속이다. 약속이든 예언이든 명령이든 인간 몸의 증식은 반복해서 나타난다. 신이나 신의 천사가 아브라함이나 그 자손들에게 여러 번 반복해서 증식을 말하거나, 아브라함 자신이 자손들에게 반복해서 말하거나, 자손들이 신에게 그가 한 맹세를 상기시키기 위해 반복해서 말한다(예를 들어 32:12). 몸의 증식은 반복이라는 형식에서뿐 아니라 상상할 수 없는 큰 숫자가 나오는 내용, 이미지, 비유에서도 반복해서 나타난다. "내가 너의 자손을 땅의 먼지처럼 셀 수 없이 많아지게 하겠다. 누구든지 땅의 먼지를 셀 수 있는 사람이 있다면 너의 자손도 셀 수 있을 것이다"(13:16), "하늘을 쳐다보아라. 셀 수 있거든 저 별들을 세어보아라. …… 네 자손이 저 별처럼 많아질 것이다"(15:5), "보라 …… 너는 많은 민족의 아버지가 될 것이다. …… 내가 너를 많은 민족의 아버지로 만들었다"(17:4,5), "내가 네 자손을 증식하여 하늘의 별처럼, 바닷가의 모래처럼 많아지도록 하겠다"(22:17). 서사가 아브라함에서 이삭으로 넘어간 다음에도 약속은 계속 반복된다. "내가 너의 자손을 증식하여 하늘의 별처럼 많아지게 하겠다"(26:4). 인류의 증식이 최초 창조의 재-상연임을 바로 약속에서 이해하게 된다. 아담과 하와의 최초 출현에서 몸 조직을 '만든' 능력은 그 몸 조직의 양을 변화시키고 증대하고 증식하는 능력이기도 하기 때문이다. 그리하여 "내가 너를

**만들었다**"라는 말에는 "그리고 내가 너의 자손들을 **만들** 것이다"라는 말이 따라 붙는다. "내가 너에게 **형상을 부여했다**"라는 말에는 "그리고 이제 나는 너를 **증식할** 것이다" 또는 "나는 너를 다수로 **만들** 것이다"가 따라 붙는다. "너는 내가 **만든** 것이다"라는 말에는 "나는 너를 아버지로 **만들** 것이다" 또는 "나는 너를 많은 이의 아버지로 **만들** 것이다"가 따라 붙는다. 약속에서 쓰이는 언어는 재-상연이라는 의미를 더욱 강하게 만든다. 최초 창조에서 쓰인 흙이 이제 빛을 내는 흙인 별이 되거나, 먼지, 모래, 토양이 되어 무한한 다수성의 이미지를 가지고 약속을 에워싸기 때문이다.[7]

〈창세기〉를 이렇게 온통 차지하는 인간의 생식 안에서 인간의 자리와 신의 자리는 서로 쉽게 분리된다. 인간의 자리는 몸에 있으며 신의 자리는 목소리에 있다. 〈창세기〉의 서사는 인간 몸에서 일어나는 중대한 변환을 기록한다. 목록은 물질이 지니는 완전히 반복적인 본성을 도드라지게 만든다. 몸 바깥으로 이동하여 곧바로 다른 존재를 찾아내고, 또 다른 존재를 찾아내고, 그리고 또다시 다른 존재를 찾아내는 것이 바로 목록이 이루는 체계이기 때문이다. 한편 이야기는 물질의 밀도를 강조한다. 이런 강조는 한 사람이 바깥으로 이동해나갈 때 일어나는 물질의 반복을 통해 이루어지는 것이 아니라, 물질의 동일함과 자기-반복 특성을 통해 이루어진다. 한 사람이 안쪽으로 움직여 들어올 때 또는 증강된 물질화에서처럼 안이었던 것이 밖으로 드러날 때 물질의 동일함과 자기-반복 특성이 나타난다. 어느 인물 안에 있던 한 사람은 다시 목록으로 돌아온다. 수많은 미래 인류가 부모 몸 내부에 거주하는 것이다. 이야기와 목록 모두 물질의 경이로운 변환 가능성을 가시화하는 방법들이다. 임신 중인 개별 몸에 일어나는 변화는 당연히 압도적이다. 하나의 인체가 훨씬 더 큰 몸으로 변했다가 그다음 둘이 되기 때문이다. 이와 마찬가지로 증식 전체도 가시적인 변환이다. 증식은 존재를 존속시키고 유지하고 지속하는 능력 이상이다. 그보다 증식은 존재의 살아 있음을 재-단언하고 복제하는 능력, 나아

고통받는 몸

가 점점 더 많은 공간을 차지하고 점점 더 거대한 현존을 획득하는 능력이다. 그 존재가 인체 조직이든 파란 꽃이든 미생물이든 마찬가지이다. 증식이라는 변화가 지닌, 땅을 뒤덮어버릴 수 있는 능력은 20세기에만 별 관심을 못 받는 것일 수 있다. 현재 우리는 인구 증가가 그저 당연한 것으로 가정되는 때를 살고 있기 때문이다.[8] 성서는 목록에 열중하면서 우리를 한 민족의 존속이 더 위태로웠던 때, 따라서 민족의 생존과 빠른 증가가 의기양양하게 열거할 만한 일이었던 때로 데려간다. 수를 세는 행위는 비상 상황의 풍광 안에서 고정된 자리를 차지한다. 성서뿐 아니라 다른 여러 맥락에서도 그렇다.[9] 나아가 숫자가 양호할 때 수를 세고 또 세고 하는 일은 심원한 기쁨을 주는 원천이다.

위와는 반대로 인간 생식의 이야기 안에서 신의 현존은 전적으로 언어적이다. 거대한 변화가 인간 집단의 몸 규모에서 발생하고 있지만 신 자신에게는 변화가 전혀 일어나지 않는다. 그는 변환 불가능하며 변하지도 않는다. 다시 말해 신에게는 몸이 없다('창조됨'이라는 최초의 변환을 가능하게 하는 것, 그리고 증식과 성장이라는 뒤이은 변환을 가능하게 하는 것은 바로 몸이 있다는 조건이다). 신의 말은 그 말이 서술하는 물질적 현실에서 거의 완전히 분리될 수 있다. 신의 말은 인간의 사건들을 동반할 뿐 그 사건들 안으로 진입하지는 않는다는 것이다. 육체적인 것과 언어적인 것은 위아래로 나란히, 수평 방향으로 진행한다. 둘은 마치 완전히 별개인 두 개의 띠, 또는 별개는 아니어도 구별할 수는 있는 두 개의 띠와도 같다. 첫 번째 띠가 두 번째 띠에 관여하는 유일한 방식은 두 번째 띠를 예견하는 것뿐이다. 위의 띠가 간격을 조금 둔 채 끌어당겨져 있어서 위쪽 띠의 내용이 언제나 아래쪽 띠의 내용 바로 앞에 나오는 것과도 같다. 언어적인 것이 생식 현상 이전에 놓이고 그리하여 생식 현상의 원인이나 작인으로 여겨진다. 이런 방식으로 언어적인 것은 인간의 생식 현상 안으로 들어온다.[10] 근원 인공물이 하는 것으로 나오는 말들은 앞에서 짚었듯 "자식을 많이 낳고 증식하라"처럼 명령이나 지시의 형태를 띠거나, "너는 자식을 많이 낳고 증식할 것이다"처럼 약속이나 서약의 형태를 띤다. 두 가지 형태 모두 무언가를 예견한다. 따라서 인간 몸의 증대라는 실제 사실, 즉 생식과 증식이라는 문자 그대로의 사건은 언제나 그 자체 이상의 사건이다. 첫 번째 형태에서 생식과 증식은 사건 이전에 나타난 말에 순종하여 실행한 것이 되고, 두 번째 형태에서는 사건 이전에 나타난 말을 신이 실현한 것이 된다. 목소리가 몸으로 전환될 때 첫 번째 형태에서는 인간의 노동work이 필요하고 두 번째 형태에서는 신의 역사役事 work가 필요하다. 하지만 이 사실은 다음과 같은 사실에 비하자면 중요치 않다. 즉 두 경우 모두에서 방대한 양의 인간 구성 물질이 변환되며 이 변환에 완전히 비물질적인 지시 대상이 주어진다는 것이다.

여기서 신의 말씀이 인간의 몸보다 얼마나 더 강력한지와는 상관없이 이 이야기들 안에서 말씀은 절대 자기-실증하지 않는다는 점에 주목해야 한다. 말씀은 물질 영역에서 일어나는 가시적인 변화를 통해 자신을 확증하고자 한다. 반면 인간의 몸은 자기-실증한다. 반복은 무언가를 실증하는 가장 기본적인 형태이다. 무언가가 존재한다는 사실을 물질적으로 거듭 재-천명함으로써 그 무언가의 존재나 현존, 살아 있음, 실제임을 실증한다는 것이다. 나아가 몸은 자신을 실증할 수 있을 뿐 아니라 몸 이상의 것들도 실증할 수 있다. 몸은 자신의 존재, 현존, 살아 있음, 실제임을 더 분명하게 만들 수 있을 뿐 아니라 신의 존재, 현존, 살아 있음, 실제임도 훨씬 더 분명하게 만들 수 있다. 어제는 500명의 사람들이 있었고 오늘은 600명이 있다. 여기 그들의 이름과, 그들이 채우고 있는 공간과, 볼 수 있는 현존과, 만질 수 있는 옷들과, 들을 수 있는 웃음과 대화가 있다. 이렇게 증가해갈 때마다 몸들은 자기 존재가 실제이며 감각으로 확증할 수 있음을 재천명할 뿐 아니라, 신의 존재가 실제이며 감각으로 확증할 수 있음을 재천명한다. '우리가 존재한다. 우리가 존재한다. 우리가 존재한다. 우리가 존재한다'는 '그가 존재한다. 그가 존재한다. 그가 존재한다. 그가 존재한다'가 된다(이 말을 신에게서 나오는 것으로 여겨지는 목소리로 바꾸면

"나는 존재한다. 나는 존재한다. 나는 존재한다. 나는 존재한다"가 된다). 발명된 인공물인 신은 한 민족이 그 인공물을 물질이 아니라 영으로서 경험하게 한다. 하지만 이 영을 더 잘 이해할 수 있도록 지원하는 것은 몸의 축소가 아닌 몸의 증폭이다. 가시적 세계에서 일어난 극단적인 변화가 이제 비가시적 세계 안에 지시 대상을 지니며, 몸은 가장 강렬하게 현존함으로써 가장 탈체화된 현실을 실증한다.

물질적인 것과 언어적인 것의 이 같은 분리, 그리고 언어적인 것의 실증에 필요한 물질적인 것의 증강은 〈창세기〉의 생식 사건 전반에서뿐 아니라 특정 이야기들 안에서도 명백하다. 여기서 생식 사건 전반은 두 사람이 한 민족으로 증가하는 일 그리고 이 증가에 수반되는 언어적 서술인 예언적 명령과 약속을 말한다. 특정 이야기들 안에서는 신이 자궁을 열고 닫는 육체적 행위를 한다고 여겨지기 때문에 인간의 몸과 신의 목소리를 분리해서 서술하기가 더 어렵다. 그럼에도 어떤 이야기 안에서든 양자를 여전히 분리할 수 있다. 이야기들에서도 다음과 같은 사실이 다시 한 번 분명하게 나타난다. 인간의 몸 내부에서 일어나는 일을 신 때문에 일어나는 것으로 만들기 위해서는 그 일의 축소가 아닌 증강이 필요하다는 것이다. 여성의 몸이 '임신 중이 아닌' 상태였다가 때로 '임신 중인' 상태가 되는 것은 평범한 변화이지만, 이야기 안에서 각 상태는 '불임'과 '다산'이라는 절대적이고 증강된 상태로 나온다. 즉 '임신 중이 아닌'은 훨씬 더 극단적인 '수태 능력이 없는'이 되고, 수태 능력은 임신한 상태와 맞붙어 있게 된다(또 수태 능력은 오로지 임신한 상태만을 위한 것이 된다). 사라는 '임신 중이 아니'었다가 '임신 중'이 된 것이 아니라 전에는 불임이었다가 가임이 된다(17). 그다음 리브가는 불임이었다가 신이 개입하여 어머니가 된다(25:21). 또 신은 아비멜렉 가*의 모든 자궁을 닫았다가 엶으로써 아이를 낳는 능력을 막았다가 허용한다(20:17,18). 레아와 라헬의 이야기에서도 인생에서 아이를 갖고 낳는 시기들이 위와 유사한 절대적인 범주의 언어로 묘사된다(29, 30). 몸의 변환 가능성에 모든 것이 달려 있다. 이 속성이 증강되는 동시에 몸에서 끌려나와 신에게서 유래하는 것으로 여겨지기 때문이다. 몸의 자기-변환 가능성은 먼저 부인된다. 불임인 것은 단지 임신하고 있지 않은 것이 아니라 변환될 수 없는 것, 즉 임신 중이 아닌 상태에서 임신 중인 상태로 변화할 수 없는 것이다. 불임은 절대적이다. 가장 과격한 수단이 아니고서는, 다시 말해 신의 개입이 아니고서는 '변환 불가능함'을 뜻하기 때문이다. 이 같은 신의 개입이 그다음 단계로서, 신은 해당 여성 안에서 부인된 능력을 배가하여 끌어낸다. 불임에서 가임이 되도록 몸을 변화시킬 때, 신은 단순히 임신하지 않은 상태에서 임신한 상태로 몸을 바꾸는 것이 아니라 '변화 불가능한' 상태에서 변화되었으며 또한 임신한 상태로 바꾼다. 성서를 여는 창조 이야기에서, 인공물을 생겨나게 한 바로 그 창조 능력이 인간이 창조한 그것에 투사되었다. 즉 인간이 아니라 신이 창조자the Creator였다. 이후의 이야기들에서도 또다시, 창작된authored 사물인 그것 자신이 창작자the Author로 이해된다. 인간의 자기-복제 능력과 자기-연장 능력을 대상화하여 생산해낸 것(신)이 모든 인간 재생산 행위의 원인이 되는 것이다. 이렇게 몸을 증강하고 몸의 핵심 속성을 몸에서 끌어내어 비물질적이고 영적인 것에 부여하는 일은 몸이 믿음으로 전환되는 과정 전체에서 너무도 중요하다. 이 점은 앞으로 점점 더 명확해질 것이다.

물질적인 것과 언어적인 것, 또는 몸과 목소리, 또는 감응력과 자기-연장이라는 범주들은 위와 같은 이야기들에서 대부분 확실하게 분리되어 있다. 인간은 주로 몸이다. 하지만 (적어도 경험의 경계 지점에서는) 목소리가 완전히 없지는 않다. 사실 생식 이야기들에서 인간이 언어적으로 참여하는 정도는 유동적이다. 예를 들어 신이 아비멜렉의 집에 수태 능력을 다시 부여하는 것은 인간의 기도, 즉 아브라함의 기도 때문이다(20:17,18). 리브가의 자궁을 신이 열어주는 것도 이삭의 기도 때문이다(25:21).[11] 이렇게 인간의 몸과 신의 목소리를 분리하는 경계 위에서는 인간이 언어적으로 참여하는 정도를 협상할 수 있다. 반면 신의 육체적 참여 정도를 협

　　　　　　　　　　　　　　　　　　　　　고통받는 몸

상하는 것은 뚜렷하게 불가능하다. 신은 인간의 몸과는 상관없는 물질화를 통해 인류 앞에 자기 존재를 확증하는 것이 아니라, 인간들의 몸을 통해 자기 존재를 확증한다. 사실 성서에서 '땅'이 대단히 울림이 큰 범주가 되는 이유 중 일부는 분명 '신이 개별적으로 물질화된 것'을 인간들이 갈망하기 때문이다. 땅은 신의 몸과 거의 비슷한 것이며, 개별적인 실증 형태이고, 물질적 증폭의 한 형태이다(땅은 인간들의 물리적/육체적$^{physical}$ 규모라는 거대하고도 확실한 사실에 맞먹는 거대하고도 확실한 사실이다). 땅은 인간들의 물질적 증대와 밀접하게 얽혀 있으며 거의 인간들의 물질적 증대의 대가로서 제공된다. 인간의 방대함과 신의 물질적 방대함은 동시에 일어난다. "내가 이 땅을 네 후손들에게 준다"(15:18), "내가 너와 네 후손들에게 줄 것이다. ……"(17:8), "내가 네 후손들에게 이 땅을 줄 것이다. ……"(24:7), "내가 네 후손들에게 이 땅을 전부 다 줄 것이다. ……"(26:4). 그렇다고 땅이 '언어적인 것'이라는 범주의 순수성에서 벗어나는 예외가 되지는 않는다. 땅 자체가 언어적 구축물이기 때문이다. 즉 모세 오경에서 땅은 절대 특정 땅이 아니라 '땅을 주겠다는 약속', 곧 약속된 땅이다.

몸과 신의 목소리라는 양극단 사이에 이행이 일어나는 중간 부분은 없다. 몸과 목소리는 별개의 발생 대역帶域에 남는다. 성서는 둘을 분리해 놓으려 애쓰지만, 동시에 정확히 어떻게 한쪽에서 다른 쪽에 도달할 수 있느냐는 커다란 문젯거리이다. 물질세계에서 일어나는 변환들이 변환하는 자$^{an\ Alterer}$의 존재를 실제화하긴 하지만(믿게 만들긴 하지만), 물질 영역에서 지시 대상$^{the\ Referent}$까지의 경로 자체도 물질화되고 실제화되고 믿을 수 있게 되어야 한다. 생식을 말하는 목소리에서 생식이라는 물질적 사실에 이르는 비가시적인 경로에 인과관계가 있음이 인식된 후에도 경로 자체는 여전히 감각이 접근할 수 없는 채로 남는다. 따라서 횡단의 본질이 무엇인지에 관해 여전히 불안이 존재하게 된다. 〈창세기〉의 이야기들은 몸과 신의 목소리를 연결하는 모델을 찾기 위해 주기적으로 탐색하며, 이런 탐색에서 횡단의 본질에 대한 불안을 뚜렷하게 볼 수 있다.

야곱의 짝짓기 막대 이야기는 탈체화된 원인이 어떻게 물질 영역에 영향을 미치거나 '지시'할 수 있는지 보여주는 모델이 될 수 있다('지시하다instruct'는 '짓다'라는 뜻의 라틴어 '스트루에레struere'에서 온 말이다. 따라서 지시 자체가 창조의 한 형태이다).

야곱은 미루나무와 아몬드나무와 플라타너스나무의 푸른 가지들을 꺾어서 흰 줄무늬가 나오도록 껍질을 벗겼다. 야곱은 껍질을 벗긴 가지들을 양 떼 앞 양들이 물 먹는 실개천에 세워두었다. 양들은 물 먹으러 와서 교미했고 따라서 그 나뭇가지 앞에서 교미하게 되었으며, 그리하여 줄무늬가 있거나 얼룩무늬가 있거나 점무늬가 있는 새끼를 낳았다(30:37-39).

인간 재생산이 일어나려면 신의 탈체화된 말씀이 인간의 몸에 결합해야 했다. 위 이야기에서도 유사한 현상이 나타난다. 인간의 탈체화된 '말', 즉 막대라는 인공물의 추상적인 무늬가 동물의 몸으로 흡수되는 것이다. 여러 다양한 맥락에서 나무에 표식 새기기는 기본적인 문화적 충동의 예로 제시된다.[12] 위 야곱의 이야기에는 이 같은 인간 문화의 가장 소박한 단편 하나가 나타나서 짐승 몸에 작용하며, 이 문화의 단편은 신의 목소리가 인간 몸과의 관계에서 지니는 힘에 상응한다. 나뭇가지라는 인공물의 탈체화된 줄무늬는 이제 양 떼의 체화된 줄무늬와 추상적으로 유사한 것일 뿐 아니라 그 원인이 된다. 다시 말해 짐승들의 줄무늬는 그 자체로 어떤 가치가 있느냐와는 상관없이, 영이 물질 위에 작용한 기록이 되고 목소리의 권능이 물질 위에 작용한 기록이 된다. 또 그 줄무늬는 자기-연장의 조각이 되돌아와서 그 조각이 생겨난 원천인 감응력이 있는 몸에 다시 작용함을 보여주는 증거가 된다. 이러한 이행은 야곱과 그의 지상에서의 장인father-in-law인 라반이 맺는 관계의 성격을 밝히는 이야기의 한가운데에서 일어나지만, 더 넓게는 야곱과 그의 하늘에 있는 율법상의 아버지

father-in-law가 맺는 관계의 성격을 밝혀주기도 한다. 야곱은 두 아버지에게서 받은 선물을 전유한다. 즉 라반의 양 떼를 차지하고 (가축 사육을 통해) 신이 갖는 문화의 원작자 지위authorship와 권위authority를 차지한다. 위 야곱의 이야기에 나오는 이행은 서로 매우 쉽게 분리되는 목소리의 띠와 몸의 띠가 어떻게 연결되는지 모델 하나를 제시한다. 이 이행은 **어떻게** 목소리가 몸에 작용하는지는 설명하지 않으며, 목소리가 몸에 작용하는 일이 실제로 발생할 수 있으며 이런 작용을 재-상연할 수 있음을 가시적인 이미지를 제공하면서 단언할 뿐이다.

이행의 두 번째 모델도 재-상연에 의존하지만 첫 번째 모델과는 매우 다르고 훨씬 더 대표성이 있다. 두 번째 모델을 살펴보기 위해 리브가를 찾아내는 아름다운 이야기로 다시 돌아가보자. 〈창세기〉 24장의 시작 부분에서 리브가가 등장하는 구절까지 얼마 안 되는 짧은 사이에 언어적 행위 네 가지가 연속해서 나타난다. 첫째, 아브라함은 종이 맹세할 내용을 설명한다. 둘째, 아브라함은 신이 자기 민족의 미래를 두고 한 약속을 종에게 설명한다. 셋째, 종이 (손을 아브라함의 허벅지 밑에 놓고) 맹세를 한다. 넷째, 이제 종은 메소포타미아에서 신에게 기도하면서 자신의 현재 상황을 설명한다("저는 우물가에 서 있습니다. 마을 주민의 딸들이 물을 길으러 나오고 있습니다"). 그다음에는 미래의 언어적 사건을 가정해서 말한다. 만일 이 미래의 언어적 사건이 일어난다면(몇 줄 뒤에 정말로 일어난다), 이는 찾아낸 여성이 신이 이삭을 위해 정해놓은 여성이라는 계시일 것이라는 말이었다. 종이 말한 사건이 일어난다면 종의 언어적 예언뿐 아니라 선행하는 세 개의 언어적 행위들도 성취된다. 리브가를 신붓감으로 찾아내는 사건에서 인간과 신의 언어적 행위는 하나로 엮이며 일련의 대의代議 행위들도 하나로 엮인다. 즉 아들을 대신하는 아버지의 행위(아브라함의 허벅지 안쪽과 리브가의 자궁 내부가 연결된다), 주인을 대신하는 종의 행위, 자신들의 신을 대신하는 한 민족의 행위, 그리고 그의 백성을 대신하는 신의 행위가 하나로 엮인다. 이렇게 다른 사람을 대의하는 문맥, 즉 누군가를 계속 '대신하는 행위'는 몇 안 되는 문장 안에서 무언가를 '인격화<sup>impersonation</sup>'하는 습관을 만들어낸다. 한 개인을 넘어서는 무언가를 인격화하고 그 인격화된 무언가에 헌신하는 일이 규칙적으로 리듬을 타듯 나타난다는 것이다. 이 장면들은 대단히 진지하고 엄숙한 극이다. 이 극에서는 신이 개인적으로<sup>personal</sup>(인격화되어<sup>impersonated</sup>) 참여한다는 가정하에 인간들이 연기함<sup>act</sup>으로써 신의 참여를 상연한다<sup>enact</sup>. 언어적이고 완전히 탈체화된 신의 영역에서 완전히 체화된 인간의 영역으로의 이행은, 절반만 체화된 도덕극과 무언극의 상태들을 통과하며 발생한다. 이런 극에서 한 사람은 자신이 아닌 다른 사람이 되는 데 헌신한다. 처음에는 해당 시점에 물리적으로 현존하지 않기 때문에 몸을 갖지 않는 누군가에게 자신의 몸을 빌려준다. 이삭의 아내를 찾는 계획을 세우는 데서 **아브라함이 이삭이 될** 때 이삭은 그 자리에 없었고, 아브라함이 나홀의 성에 있지 않았을 때 **종이 아브라함이 되었고**, 아내 될 사람을 발견할 때 **종은** 또한 **이삭이 되었다**. 최종적으로는 신이기 때문에 영원히 몸을 갖지 않는 누군가에게 몸을 빌려준다.

몸과 목소리의 분리 때문에 존재하는 불안을 해결하기 위해 제시되는 모델 중에서 위 두 번째 모델은 첫 번째보다 더 대표성이 있다(또 여기서 소개하지 않은 다른 모델들보다 더 대표성이 있다). 인간과 신의 몸과 목소리를 함께 엮는 작업을 통해, 축약된 공간 안에서 두 영역 사이의 이행을 이뤄내기 때문이다. 나중에 다시 논의하겠지만 두 영역 사이의 이행은 성서 전체를 통해 달성된다. 지금 시점에서 강조해야 하는 지점은 다음과 같다. 몸과 목소리의 분리는 성서에서 공식적인 사실이지만, 성서 내부의 내용에서는 달리 나타난다. 위에서 언급한 순간들은 그 공식 사실에 반대되는 예외이다. 이런 순간들은 몸과 목소리의 절대적인 분리를 약화하거나 위태롭게 만들지 않는다. 오히려 위쪽 띠에서 아래쪽 띠로 가는 상상할 수 있는 경로를 현존하게<sup>present</sup>(어원인 '프라이-센스<sup>prae-sens</sup>'는 '감각 앞에서'라는 뜻이다) 함으로써 분리를 다시 한 번 확실하게 만든다.

인간 생식의 서사들 안에서 '믿기' 활동에 존재하는 정신적 구조가 드러나기 시작한다. 이 구조란 몸을 증강하여 몸의 속성들을 외부의 탈체화된 지시 대상으로 투사하는 것이다. 위에 나온 '믿음', 즉 '유지되는 상상하기'라는 내부 반응은 거의 완전히 평화적이었다. 반면 아래에서는 훨씬 더 마음을 뒤숭숭하게 하는 상처 입히기 장면들을 다룬다. 상처 입히기 장면들에서도 위와 똑같은 믿음의 정신적 구조가 나타난다. 생식과 상처 입히기라는 두 종류의 장면에는 공통점이 매우 많다. 인간의 상처가 곤혹스럽게도 계속 끈질기게 나타나는 이유가 구약성서의 사고 습관 안에서 인간의 상처와 생식이 뒤섞이기 때문이 아닌지, 다시 말해 고통의 원천과 창조의 원천이 뒤섞이기 때문이 아닌지 생각하게 될 정도이다. 유대-기독교 성서 전체를 이 양자를 분리하려는 노력으로 읽을 수도 있다. 서서히 그리고 큰 대가를 치르면서 고통의 원천과 창조의 원천을 분리하고자 하는 작업으로 성서를 독해할 수 있다는 것이다. 성서의 이 같은 노력은 궁극적으로는 고통의 원천과 창조의 원천이 (성서가 뒷받침하여 성립된) 문명 안에서 안정적으로 분리된 두 개의 공간을 차지하도록 하기 위해서이다 (양자가 도대체 어떻게 뒤섞일 수 있는지 이해하기 어려울 수도 있다. 이런 어려움은 그 자체로 양자가 결국 얼마나 성공적으로 분리되었는지를 시사한다). 〈창세기〉에도 이 두 종류의 장면이 모두 나오지만, 상처 입히기 장면은 특히 〈창세기〉 다음 편들에서 도드라지게 나타나는 것으로 보인다. 이 사실은 다음을 암시한다. 〈창세기〉 이후의 편들에서는 단 하나의 세대만 나오기 때문에 겹겹이 층을 이루는 후손들의 목록을 따라가며 서술함으로써 확증할 수 없고, 또 민족이 증가하는 경이로운 장관을 사용해서 확증할 수도 없다. 이런 이유로 〈창세기〉 이후의 편들에서 상처 입히기 장면이 더 주기적으로 불러나오는 것일 수 있다. 나아가 다른 종류의 장면에는 없는 요소가 있기 때문에 상처 입히기 장면에 더 의존하게 되는 것일 수도 있다. 상처 입히기 장면을 불러내기 더 쉽게 만드는 요소가 있다는 것이다. 생식 장면에는 위쪽 띠에서 아래쪽 띠로 가는 이행의 모습을 보여주는 고정된 경로가 없다. 그래서 생식을 통해 신의 실제성을 천명하고자 할 때마다 이행 경로를 임기응변으로 만들어내야 하며, 따라서 경로가 매번 달라진다 (야곱의 짝짓기 막대 이야기와 리브가를 찾아내는 이야기에서처럼). 이와는 달리 상처 입히기 장면에는 모든 경우에 불러낼 수 있으며, 쉽게 사용 가능한 단 하나의 개념화 형태가 존재한다. 바로 무기 이미지이다. 무기 이미지는 종방향의 선 하나일 뿐이지만 양단이 너무도 극단적으로 달라서, 두 영역을 연결하는 **동시에** 두 영역 간의 절대적인 차이를 유지하는 무엇으로 형상화될 수 있다. 상처 입히기 장면들에서 무기 이미지는 바로 이 역할을 할 수 있는 형상으로서 인간의 정신에 제공된다.

## II. 상처 입히기 장면과 의심이라는 문제

구약성서에서 신의 존재는 너무도 절대적이며, 신의 존재에 대한 인간의 믿음은 너무도 당연하게 가정되고 널리 공유되어 있다. 한 개인의 인생 이야기나 한 시대의 이야기 안에서 나타나는 의심이라는 것은 오로지 페이지 위의 작은 구멍, 또는 거의 보이지 않을 정도로 작은 심장 조직 위에 생긴 티끌만 한 주름, 씨줄과 날줄이 끝없이 엮여 있는 직물 위의 빼먹은 바늘 코 하나처럼 보일 정도이다. 신이 실제임, 그의 현존은 너무도 확고하고 곧바로 이해할 수 있는 것이어서, 개인이나 집단이 그를 이해하지 못하는 모습은 명백한 무언가를 도착적으로 부인하는 기이한 예외로 보인다. 하지만 구약성서를 또 다른 방식으로 읽어볼 수도 있다(어쩌면 위와 같은 생각과 거의 동시에 드는 생각일 것이다). 믿고자 하는 사람들을 도와주는 시각적 이미지 없이 신이라는 개념을 만들어내고 이 개념을 안정적으로, 시시각각, 날마다 제자리에 붙잡아두는 일은 어마어마하게 어렵다. 또한 뛰어난 상상력과 고된 노력이 필요하다. 구약성서의 모든 페이지 위에 쓰여 있는 말 전부는 바로 이런 어려움과 상상력과 노력 자체로 보

고통받는 몸

이기도 한다.

## 개별 장면에 나타나는 몸, 무기, 목소리

재생산 장면과 상처 입히기 장면 둘 모두에서 인간 몸이라는 시각적 이미지가 믿음의 대상을 대체한다. 이 믿음의 대상 자체는 내용물이 없고 따라서 재현될 수 없다. 재생산 장면에 나오는 유추 확증은 거의 완전히 평화적이지만, 상처 입히기 장면에 나오는 유추 확증은 완전히 평화적이지는 않다. 〈창세기〉에서 물질적인 것과 비물질적인 것이라는 범주들은 극단적으로 순수했으며 절대적이었다. 그러나 믿는 사람과 믿음의 대상이 같은 사건에서 함께 증대되었기에 곤혹스럽지 않았다. 민족의 증가, 다시 말해 점점 더 눈에 띄게 분명해지는 한 민족의 육체적 현존은 그 거대함과 관대함이라는 속성을 신이라는 형이상학적 지시 대상에게 부여하는 평화적인 결과를 낳았다. 또한 민족의 증가는 속성을 부여하는 지시 활동과는 상관없이 그 자체만으로도 긍정적인 사건이었다. 육체적 생존과 증가는 그 자체로 히브리 민족에게 이로운 일이었다. 반면 상처 입히기 장면에서 인간과 신은 이제 함께 증대되지 않는다. 상처 장면에서 신의 증대는 자기 백성의 수축을 통해 이루어진다. 〈민수기〉에서처럼 수천 명이 한순간에 죽임을 당하여 민족이 전체적으로 줄어들거나, 사람들이 육체적 고통이라는 개별적인 수축을 겪는다. '체화됨'이라는 범주는 재생산 장면에서와 마찬가지로 여기서도 증강된다. 고통을 겪는 것은 몸이 있음을 더 격심하게 인식하게 되는 것이며, 다른 사람의 상처를 외부에서 보는 것은 인간의 체화됨을 더 강렬하게 인식하게 되는 것이기 때문이다. 하지만 임신과 증식에서는 육체적인 증가가 행복한 일인 반면, 상처 입히기 장면에 나오는 다른 형태의 육체적 증가는 견디기 괴로운 것이자 개인성의 감소로서 경험된다. 몸과 목소리의 순수성은 생식 장면에도 상처 입히기 장면에도 똑같이 나타나지만, 이렇듯 상처 입히기 장면에서는 대단히 문제적인 것이 된다. 서사 내부의 인물들에게도 문제적이고, 수 세기 동안의 독자들에게도 그랬다. 그리하여 어떤 이들은 상처 입히기 장면을 사유하는 글을 써서 당혹해 하는 자신의 반응을 기록해두기도 했다.

최초 창조의 압도적인 변환 능력은 물리적인 땅earth과 인간종이 생겨나게 했다. 이후에도 땅land과 인간은 신의 변환 능력이 계속해서 자신을 재-현시하는 두 종류의 캔버스가 된다. 최초 창조 이후에 일어나는 땅의 변환은 〈창세기〉에서만 다시 나타나는 것이 아니다(〈창세기〉에서 신은 홍수를 일으켜 얼마 동안 땅 표면을 없앴고 땅이 다시 드러났을 때 '새롭게' 되도록 만들었다). 〈창세기〉 이후 편들에서도 다음과 같이 주기적으로 나타난다. "울퉁불퉁한 지면은 평탄하게 하고 험한 곳은 평지로 만들어라. 주님의 영광이 나타날 것이니"(〈이사야〉 40:4,5). "오 큰 산아, 네가 무엇이냐? 스룹바벨 앞에서는 평지일 뿐이다. 그가 머릿돌을 떠서 내올 때 사람들이 그 돌을 보고서 '멋지다, 멋지다!' 하고 외칠 것이다"(〈스가랴〉 4:7). 이 같은 신의 변환 능력은 마찬가지로 인간 몸 표면 위에도 자신을 거듭 현시한다.

그들이 제 발로 서 있는 동안에 살이 썩고, 눈알이 눈구멍 속에서 썩으며, 혀가 입안에서 썩을 것이다. 그날에 주님께서 보내신 크나큰 공포가 그들을 휩쌀 것이니 그들은 서로 손을 잡고 저희끼리 손을 들어서 칠 것이다. 유다 사람들도 예루살렘을 지키려 싸울 것이다(〈스가랴〉 14:12-14).

땅을 가로지르는 이스라엘 민족의 계속되는 이동 자체가 땅과 몸이라는 변환의 두 장소가 뒤섞인 것일 수 있다. 〈창세기〉의 여러 장들은 한 장소에서 다른 장소로 "일어나서 가라"는 명령으로 시작한다(12, 26, 28, 31, 35, 46). '일어나서 가는' 육체적 이동은 〈창세기〉 이후의 편들에서도 계속되면서 최초의 창세라는 관념을 재-상연한다. 한 장소에서 다른 장소

고통받는 몸

로 가는 이동에는 사건들이 일어나는 지반을 지워 없애고 쓸어낸 다음 다시 새로 시작한다는 의미가 있기 때문이다. 모세는 이스라엘 민족의 역사를 쓰면서 '출발지'들을 기록한다(〈민수기〉 33:1,2*). '출발지'라는 반복되는 말은 출발·이동이라는 사건과 몸 재생산 간의 연관에 주목하게 한다. 출발이라는 바깥으로 연장해나가는 움직임 그리고 다른 종류의 출발지인 '출생해 나온 무릎'에서 바깥으로 연장해나가는 움직임 사이에는 연관성이 있다.[13]

이번 절에서 다룰 것은 땅 표면이 아니라 몸 표면이다. 히브리 민족의 조상과 선지자들이 남긴 글 곳곳에서 우리는 상처 입히기 장면으로 거듭 돌아간다. 상처 입히기 장면은 신이 '실제임'을 도드라지도록 확실하게 만들지만, 상처 입히기 장면 내부의 참여자들에게 신이 '실제임'을 가시적으로 만드는 것은 오로지 상처를 입은 인간 몸밖에 없다. 구약성서의 강력한 신에게는 자기-실증 능력이 없다. 몸은 단지 확증 장면을 이루는 한 요소인 것이 아니라 몸 자체가 확증이다. 인간 몸 외에 신에게 물질적 실제성이 있는 경우는 무기가 신을 나타낼 때뿐으로, 신은 무기의 비가시적이고 탈체화된 쪽 말단에 존재한다. 무기라는 물질적 사물이 이야기 안에 물리적으로 현존하든 언어적으로 등장하든 무기는 인간 몸에서 분리되어 있는 그를 나타내는 물질적 기호이며 연결의 경로를 설명해준다. 무기가 이야기 안에 물리적으로 현존하는 예로는 〈창세기〉 15장에 나오는 타오르는 횃불과 화덕이 있으며, 〈출애굽기〉에 나오는 불타는 떨기나무가 있다. 언어적으로 등장하는 예로는 〈신명기〉 32장에서 신이 모세에게 내리는 다음과 같은 노래가 있다. "나의 화살을 모조리 그들에게 쏘겠다. 나는 그들을 굶겨서 죽이고, 불같은 더위와 지독한 역병에 삼켜지게 하고 …… 나는 나의 칼을 날카롭게 갈아서 …… 내 화살이 이 피를 취하도록 마시

---

* 이스라엘 자손이 모세와 아론의 지휘를 받아 부대를 편성하여 이집트에서 나와서 행군한 경로는 다음과 같다. 모세는 주님의 명에 따라 머물렀다가 떠난 출발지를 기록하였다. 머물렀다가 떠난 출발지는 다음과 같다.

4장 믿음의 구조 그리고 그 구조가 물질적 창조하기로 변경됨

게 하겠다." 앞에서 짚었듯 바로 이 지점에서 상처 이야기는 재생산 이야기와 다르다. 즉 재생산 이야기에는 즉각 사용할 수 있는 매개 기호가 없다. 반면 상처 이야기에는 불, 폭풍, 돌개바람, 전염병, 막대기, 화살, 단도, 검 등 매개 기호가 여럿 있다. 이 사물들의 다른 쪽 끝에는 우리의 음울하고도 끔찍한 천국이 있다. 나열한 사물 중 막대기, 화살, 단도, 검만이 앞에서 언급한 물리적 구조, 즉 극단적으로 다른 양단을 연결하는 종방향의 선을 실제로 지닌다. 하지만 그 외의 사물도 사실상 이와 똑같은 구조를 지닌다. 이를테면 불에도 양단이 있다. 한쪽 끝은 발화하는 지점이고 다른 쪽 끝은 사람·사물을 태운다. 전염병, 폭풍, 바람 모두 한쪽에 이 같은 수동적인 말단을 지닌다. 이 말단에서 사물이 출현하여 특정 방향을 향한다. 능동적인 다른 쪽 말단은 사람·사물을 훼손하고 위험하게 한다.

무기 이미지를 사이에 두고 물질적인 것과 비물질적인 것이 분리된다. 상처 장면에서 신은 몸 없는 목소리이며 인간은 목소리 없는 몸이다.[14] 신이 바로 인간들의 목소리이다. 인간은 신에게서 분리된 목소리를 갖지 않는다. 신은 바벨탑 노동자들의 언어를 서로 이해할 수 없는 여러 개의 말로 산산조각 냄으로써 바벨탑 건설을 산산조각 낸다(〈창세기〉 11:1-9). 개별적인 언어적·물질적 형태로 자기-변환할 수 있는 능력은 이처럼 거듭해서 모두 산산조각난다. 〈민수기〉는 끊임없이 계속되는 투덜거림과 불평의 기록이다.

> 주님께서 들으시는 앞에서 백성들이 자신들의 고난에 대해 불평했다. 주님께서 듣고 진노하시어(11:1)

> 모세는 백성이 각 가족이 제각기 자기 장막 어귀에서 우는 소리를 들었다. 주님께서 이 일로 대단히 노하셨고(11:10)

> 그러자 온 회중이 소리 높여 아우성쳤다. 백성이 밤새도록 통곡하

였다. 온 이스라엘 자손이 모세와 아론을 두고 투덜거렸다. ……
"차라리 우리가 죽었더라면"(14:1,2)

"이 악한 회중이 언제까지 나에 대해 투덜거릴 것이냐? 나를 원망
하는murmur 이스라엘 자손의 투덜거림murmurings을 내가 들었다. ……
나를 두고 투덜거린 자들은 누구도 그 땅으로 들어가지 못할 것이
다"(14:27,29,30).[15]

그들의 목소리는 징징대고 투덜댄다. 불평 외에는 내용이 없는 그들
의 발화는 무절제하며 자신들을 하찮게 만든다. 분절되지 않은 전前언어
의 한 형태인 이러한 발화는 그들의 고난, 굶주림, 두려움, 의심, 탈진을 인
정하게 만드는 힘을 전혀 지니지 못한다. 우리가 그 어려움들에 주목하
게 만들지도 못한다. 그들의 목소리가 이 어려움들에 형태를 부여해서 표
현할 수 있었다면 이스라엘 민족의 이야기는 달라졌을 것이다. 지금 상황
에서 그들의 목소리는 오히려 신이 연민을 거두게 하고 또 우리도 연민을
거두게 할 뿐이다. 그들은 천하고 무시당할 만해 보인다. 이따금, 그리고
잠깐씩 우리가 또 다른 이야기의 끝자락을 흘깃 보게 되는 때가 있긴 하
다. 그들이 고기, 생선, 참외, 오이, 부추, 양파, 마늘을 향한 갈망을 표현하
고, 뿌리가 있는 이 채소들의 이름을 단순히 늘어놓음으로써 고정된 지반
을 향한 갈망을 표현할 때가 그렇다(11:5). 육체적 고통은 언어를 분쇄한
다. 또 도덕적 올바름은 언어 표현에 가장 능한 이들이 차지하게 되는 경
향이 있다(인간들의 다른 여러 맥락에서와 마찬가지로 구약성서에서도 그렇다).
그리하여 우리는 이 민족에게 잠시만 관심을 기울였다가는 이들의 울부
짖음이 끝나기를 바라면서 다음 구절로 넘어가게 된다.

상처 입히기는 불복종과 징벌 장면으로 서술되는 때가 많다. 서사 내
에서는 물론 서사에 붙는 주석에서도 그렇다. 그러나 상처 입히기 장면을
의심 장면으로 보는 것이 여러 모로 더 포괄적이고 정확하다. 상처 가하기

를 계속 다시 유발하는 것은 바로 믿음의 실패이기 때문이다. 확신을 갖고 신을 이해할 수 없었던 자들은 전염병, 병 걸린 메추라기, 불, 검, 폭풍이 등장한 이후에 신을 이해하게 된다. 자기 몸이 느끼는 고통의 강도를 통해, 또는 동족의 몸이나 (살짝만 다른 상황인) 적들의 몸에 나타나는 가시적인 변화를 통해 신을 이해하게 되는 것이다. 징벌 어휘는 사건을 신의 관점에서만 서술하며 몸이 사용된다는 점을 가린다. 형이상학적이고 추상화된 관념, 다시 말해 멀리 떨어져 있기에 불신을 유발한 관념을 경험할 수 있도록 만드는 데 몸이 사용되지만, 징벌 어휘는 이 점을 지운다.

이스라엘 민족이 (의심하기 이외의) 부도덕한 행위를 저지르며 따라서 징벌 용어가 적절해 보일 수 있는 순간도 있다. 하지만 이런 경우도 마찬가지로 여러 상처 장면들이 이루는 큰 틀 안에서 봐야 한다. 이런 장면들에서 상처 입히기는 명시적으로 신이 실제라는 '기호'로서 제시된다. 상처 입히기가 신의 비실제성, 즉 신의 허구성 문제에 해결책이 되는 것이다. 상처 입히기 구절들은 공공연히 인간 몸을 유추 입증의 원천으로 본다. 구체적으로 명시된 상처 유형들은 그의 존재를 증명하는 것으로 분명하게 제시된다.

> 그때 모세가 말하였다. "당신들은 이제 곧 주님께서 나를 보내셔서 이 모든 일을 하게 하셨고 내 뜻이 아니었음을 알게 될 것이오. 이 사람들이 보통 사람이 죽는 것과 같이 죽는다면, 곧 모든 사람이 겪는 것과 같은 식으로 죽는다면, 주님께서 나를 보내신 것이 아니오. 그러나 주님께서 새로운 무언가를 만들어내셔서, 땅이 입을 벌려 그들과 그들에게 속한 모든 것을 삼켜 그들이 산 채로 저승으로 내려가게 되면, 그때 당신들은 이 사람들이 주님을 업신여겼음을 알게 될 것이오"(〈민수기〉 16:28-30).

그러고는 모세가 획기적인 형태의 징벌이라고 여긴 극적인 괴멸이

고통받는 몸

즉각 뒤따른다(16:31-35*). 이 장면에서 상처는 다른 많은 순간에서와 마찬가지로 입증 수단이 된다. 의심은 제거된다. 감각 세계의 논박할 수 없는 실제성은 비가시적이고 만질 수 없는 세계의 논박할 수 없는 실제성이 된다. 더 깊은 믿음을 가질 준비가 되어 있었으며 믿음이 더 깊어지길 열망하기까지 했던 수세기 동안의 사람들에게는 아론의 지팡이에서 싹이 돋아나는 일처럼 작고 평화적인 징조만으로도 충분할 것이다. 그러나 구약성서의 정신적 구조 안에서 믿음은 여러 선택지 중 자유롭게 고를 수 있는 것이 아니다. 재생산 장면에서 신이 불임 상태를 변화시켜 자궁 안 살아 있는 존재로 만들었듯, 신은 고통 가하기 이전의 조건인 '텅 비어 느끼지 못함'(의심)을 감응력을 증폭함으로써 대체한다. 이런 감응력의 증폭에서 불확실함은 존재할 수 없으며 믿는 것 외에 다른 선택지는 없다.

〈창세기〉〈출애굽기〉〈민수기〉의 서사들에서는 상처가 실제로 발생한다. 〈레위기〉에서는 상처가 경고이자 의례화된 형태로 발생해서, 규칙이 나열된 다음 "그러면 너희는 죽는다" "그러면 그는 죽는다" "그러면 네게서 내 얼굴을 돌리겠다" 같은 구절이 반복된다. 둘 중 어떤 식으로 상처가 발생하든 상처는 언제나 확증의 수단이다. 구약성서에서 의심 때문에 징벌이 부과되는 순간들은 다른 모든 징벌 순간의 전형에 가깝다. 즉 부도덕한 행동, 불복종, 잔인함은 극단적인 형태의 의심이며, 극단적인 믿음의 실패이고, 신이라는 관념을 자신 안으로 흡수하여 자신의 행위와 태도 안으로 체화하지 못한 것이다. 향을 바치는 행위가 금지되었음에도 하는 것, 신이 정한 인간 지도자의 권위에 의문을 제기하는 것, 의례화된 정화 작업에서 상세히 정해져 있는 규칙을 어기는 것, 금송아지 주위를 돌

---

* 모세가 이 모든 말을 마치자마자 그들이 딛고 선 땅바닥이 갈라지고 땅이 그 입을 벌려 그들과 그들의 집안과 고라를 따르던 모든 사람과 그들의 모든 소유를 삼켜버렸다. 그리고 그들과 합세한 모든 사람도 산 채로 저승으로 내려갔고 땅이 그들을 덮어버렸다. 그들은 이렇게 회중 가운데서 사라졌다. 그들의 아우성에 주변에 있던 모든 이스라엘 사람들은 "땅이 우리마저 삼키려 하는구나!" 하고 소리치며 달아났다. 주님에게서 불이 나와 향을 바치던 250명을 살라버렸다.

며 춤추는 데 몸을 쓰는 것, 소돔과 고모라 및 그 도시 사람들의 불경한 행동을 마지막으로 한 번 더 보고자 몸을 돌리는 것, 자신이 관대한 주관자Overseer의 보호 아래 있음을 깨달아야 할 때 현재 느끼는 배고픔과 예상되는 배고픔을 두고 불평하는 것, 이 모두는 확신의 깊이와 완전성을 매일의 몸짓과 말로 합쳐 내고 있지 못함을 증명하며 따라서 의심을 증명한다. 상처 입히기가 나타나는 여러 순간에서 신이 제시하는 또 다른 이유인 '이방인임'도 마찬가지다. 이방인이라는 것은 믿음의 집단 바깥에 존재하는 상태이며, 따라서 극단적 형태의 불신이다.

여러 형태로 나타나는 믿음의 실패는 신의 형상을 따라 자신의 내부를 개조하는remake 데 실패하는 것이다. 즉 신이 자아 안으로 들어와 자아를 변환하도록 하는 데 실패하는 것이다. 또는 약간 다르게 표현해보자면 자신을 안에서 밖으로 뒤집어 육체 내부를 외부의 무언가에게 바친 다음 그 무언가를 다른 이름으로 부르지 못하는 것, 혹은 그러길 거부하는 것이다. 구약성서에서 불복종, 불신, 의심은 몸을 내주지 않는 것으로 습관적으로 묘사된다. 외부의 지시 대상에 저항하는 이런 몸은 닫힌 것이나 딱딱한 것, 뻣뻣한 것으로 지각된다.

> 하지만 사람들은 귀 기울여 듣기를 거부하고 완고하게 어깨를 돌리고는 귀를 막아 들으려고도 하지 않았다. 사람들이 마음을 돌처럼 굳게 하여 율법과 말씀을 듣지 않았다(〈스가랴〉 7:11,12).

> 그들은 교정받기를 거부합니다.
> 그들은 얼굴을 바윗돌보다도 더 딱딱하게 하고는
> 회개하기를 거부합니다(〈예레미야〉 5:3).

> 주님을 두려워하는 사람은 복을 받지만,
> 마음을 딱딱하게 굳히는 사람은

고통받는 몸

재앙에 빠진다(〈잠언〉 28:14).

책망을 자주 받으면서도 목을 뻣뻣하게 하는 사람은
갑자기 무너져서 회복하지 못할 것이다(〈잠언〉 29:1).

오, 오늘 너희는 그의 목소리를 들을 것이다!
므리바에서처럼 너희의 마음을 딱딱하게 만들지 말라(〈시편〉
95:7,8).

하지만 그들은 거만하게 행동하였고 당신의 계명을 따르지 않았습
니다. 지키기만 하면 살게 되는 법을 주셨지만 그들은 당신의 법을
거역하여 죄를 지었습니다. 어깨를 완고하게 돌리고 목을 뻣뻣하게
하여 복종하려 하지 않았습니다(〈느헤미야〉 9:29).

너는 완강하고 네 목은 무쇠 힘줄이고 네 이마는 놋쇠임을 내가 알
기 때문이다(〈이사야〉 48:4).

이스라엘 민족 사람들이 '목이 뻣뻣하다/완고하다[stiff-necked]'고 묘사되
는 가장 친숙한 사례는 모세가 십계명을 받는 동안 금송아지를 만들어 신
을 곤혹스럽게 한 일일 것이다(〈출애굽기〉 32:9, 33:3, 33:5, 34:9). 금송아지
사건 이전 〈출애굽기〉 시작 부분에서 벌어지는 일도 위와 똑같은 용어들
을 사용하는 친숙한 사례이다. 여기서 이집트의 파라오는 나일강이 피로
변하고 개구리가 땅을 덮고 이와 파리 떼가 들끓어도 말을 듣길 거부하고
마음을 바꿔 믿길 거부한다. "파라오의 마음은 계속 딱딱하게 굳은 채였
고 들으려 하지 않았다"(7:22), "그는 마음을 딱딱하게 굳히고는 그들 말
을 들으려 하지 않았다"(8:15), "이번에도 파라오는 마음을 딱딱하게 굳히
고는 백성을 보내지 않았다"(8:32), "바로의 마음은 딱딱하게 굳어 있었고,

그래서 백성을 보내지 않았다"(9:7).[16] 믿음의 과정은 이 이야기에 공공연하게 드러나 있다. 육체적 상처가 신이 실제임을 나타내는 '기호'라고 분명하게 지칭되기 때문이다. 그리고 훨씬 더 중요하게는, 파라오가 신을 믿지 않도록 만든 것이 바로 신이기 때문이다. 신은 이집트인들에게 상처를 입혀서 지켜보고 있는 이스라엘 민족에게 신이 실제임을 나타내는 '기호들/기적들signs'을 제시하기 위해 파라오의 불신을 유발한다. "내가 파라오와 신하들의 마음을 딱딱하게 굳혔다. 이는 내가 그들 앞에서 나의 기적들signs을 보여주고자 한 것이다. 나아가 내가 이집트 사람들을 어떻게 조롱했는지, 내가 그들 앞에서 어떤 기적을 행했는지, 네가 네 아들과 네 아들의 아들이 듣는 데서 말하게 하고자 한 것이다. 또 내가 주님임을 네가 알도록 그렇게 한 것이다"(10:1,2. 또한 10:20, 9:12, 9:35을 보라).

목을 뻣뻣하게 하기, 어깨를 돌리기, 귀를 닫기, 마음을 딱딱하게 굳히기, 얼굴을 돌처럼 만들기 등 위에 인용한 모든 구절에서 인간들은 몸을 내주지 않는다. 이 '몸을 내주지 않기'에 필연적으로 이어지는 일은, 저항하며 버티는 인간들의 표면을 신이 강제로 부수고 인간 내부를 회수하는 것이다. 이런 일이 가장 명시적으로 실행된 예는 파라오 일가에게 내린 마지막 전염병일 것이다. 무구한 아이들을 학살함으로써 신은 파라오의 딱딱한 마음 안으로 마침내 진입한다. 장자長子인 아이는 파라오의 몸 내부가 드러난 것이며, 신은 장자를 죽임으로써 파라오의 몸 내부를 취한다(《출애굽기》 12장). 취약한 인간 내부의 절대적인 양도는 단순히 '믿음으로 할 수 있는 일' 또는 '믿음이 요구하는 바'가 아니다. **그 자체가 믿음**이다. 즉 자신의 가장 사적이고도 구체적인 부분을 어느 대상화된 지시 대상에 부여하는 것 자체가 믿음이다. 또는 감응력 영역 안에서 일어나는 사건들을 자기-연장 및 인공의 영역이 지니는 속성들로 자발적으로 다시 읽는 것 자체가 믿음이다. 이 같은 인간 내부의 양도는 이스라엘 민족의 역사에서 끔찍한 무력을 통해 실행되며 그 의미는 너무도 명백하게 나타난다.

이집트인 아이들의 학살 몇 줄 뒤에는 이스라엘 민족의 아이들을 자

고통받는 몸

발적으로 봉헌하는 일, 다시 말해 이스라엘 민족 사람들이 자발적으로 자기 내부를 봉헌하는 일이 이어진다. "주님께서 모세에게 말씀하셨다. '이스라엘 자손 가운데서 태를 제일 먼저 열고 나온 것, 곧 처음 난 것을 모두 거룩하게 구별하여 나에게 바쳐라. 사람이든지 짐승이든지 처음 난 것은 모두 나의 것이다'"(13:1,2). 그다음 부분에서는 발효시킨 빵이 금지된다. 발효 빵 금지도 신이 인간 내부로 확실히 진입하게 하는 또 다른 방식이다. "이 예식은 당신들에게 손 위의 표시나 이마 위에 붙이고 다니는 기념물 같은 것이 될 것이며, 그리하여 주님의 법이 당신들 입안에 있게 될 것입니다"(13:9. 또한 〈신명기〉 11:18을 보라). 인간의 아이, 인간의 자궁, 인간의 손, 얼굴, 위장, 입, 성기 등 몸에 신의 현존이 기록된다(성기는 할례를 받아 그 자체에 표식이 남는다). 이집트인 장자 학살에서처럼 몸은 비자발적으로 바쳐지고 폭력적으로 진입당하거나, 뒤이어 나오는 이스라엘 민족의 봉헌 의식에서처럼 자발적으로 양도된다.

인간이 신을 믿게 만드는 개심改心 이야기들의 중심에는 몸의 어떤 부분이든 놓일 수 있다. 하지만 그중에서도 자식 희생 이야기들은 개심 이야기에 담긴 근본적인 사고 습관을 완전하게 포착하고 극화한다. 아이를 희생시키는 이야기에서는 육체적 변환의 두 가지 극단적 형태인 자기-복제와 상처 입히기가 하나로 만나기 때문이다. 어쩌면 이 이유 때문에 아브라함과 이삭의 이야기가 유대-기독교 신의 핵심적인 신비를 담고 있다고 여겨지면서 계속 되새겨지는 것인지도 모른다. 또한 자식 희생 이야기는 믿음을 시험하는 가혹한 행위를 묘사하고 믿음에 무엇이 요구되는지를 묘사하는 데서 멈추지 않는다. 자식 희생 이야기는 나아가 믿음의 구조 자체, 즉 '한 사람의 내부를 취해 완전히 그 사람 밖에 있는 무언가에 양도하기'를 묘사한다. 아브라함이 자신과 사라의 몸 내부인 이삭을 희생시키고 양도하는 데 적극적으로 참여하기로 동의하는 부분이 그렇다. 이삭의 희생 이야기에서 제단 쌓기는 믿음의 형상을 외재화하고 가시화한다. 감춰져 있던 감응력 내부는 제단 쌓기에서 노동을 통해 가시적인 세계로 끌려

나온다. 제단은 그 자체가 안에서 밖으로 뒤집힌 몸이다. 다음 순간엔 제단이 탁자가 되어 그 위에 몸이 놓이며, 이 몸은 다시 안에서 밖으로 뒤집힐 참이다. 이삭 이야기에서 물질화의 단계들은 점점 더 고양되는 자기-제시 형태들로 나타나며, 각 단계는 서로의 힘을 연속해서 증가시킨다. 아브라함은 "제가 여기 있습니다"라고 세 번 반복해서 말하는데, 이 말은 단순한 진술을 통해 자기-제시를 증폭해간다. 아브라함 자신과 사라의 내부인 이삭은 자기-제시가 한 차례 더 고양되어 외재화된 형태이며, 그다음에는 이삭 자신이 절개되어 그의 내부가 드러날 뻔 한다. 재생산 이야기들에서 그랬듯이 이삭의 희생 이야기에서 우리는 실증의 리듬을 마주친다. 다시 말해 점점 더 도드라지는 몸의 제시$^{presentation}$와 재-제시$^{re\text{-}presentation}$를 마주친다. 몸의 제시와 재-제시는 본체$^{noumenal}$이자 자신을 실증하지 않는 무언가에 물질세계의 힘과 능력을 부여하기 위해서 이루어진다. 아브라함은 신을 **재창조하는** 데 동의하며, 이미 존재하는 신을 더 즉각 이해할 수 있게 **만드는** 데 동의하고, 이해 불가능한 신을 이해 가능한 신으로 **개조하는** 데 동의한다. 이 동의에 따르는 위험과 대가를 모르는 사람은 없을 것이다. {바로 자신의 아들을 죽이는 것이다.} 바람 부는 산 위에 홀로 두려움에 떨고 있는 한 사람이 느끼는 것은 오직 압도적인 고립, 자기 존재의 허약함, 신과의 거리, 신의 희미함과 비실제성밖에 없을지도 모른다. 그러나 마침내 몸의 내부 광경이 드러나면 이 광경은 희미하게만 이해되었던 무엇을 논박할 수 없을 정도로 현존하게 만들 것이다. 확신의 대상은 강렬하고도 생생한 일련의 행동을 통해 강렬하고도 생생한 현존을 획득할 것이다. 인간들은 기꺼이 믿고자 하면서, 기꺼이 설득되고자 하면서 이 행동들을 상연한다.

믿음은 상상하기 행위이다. 창조된 사물이 인간 자신의 실제성보다 더 큰 실제성(또한 더욱 '실제임', 더 큰 능력, 더 큰 권위에 포함된 모든 것)을 지닌다고 여겨질 때 상상하기 행위는 믿음이라고 불린다. 또 창조된 사물이 오히려 인간을 창조한 것처럼 묘사될 때 상상하기 행위는 믿음이라고

고통받는 몸

불린다. 이 창조된 사물은 더는 인간의 '자손'이 아니며 오히려 인간들이 그 사물에서 발생해 나온 것이 된다. 바로 이 믿음이라는 상상하기 행위를 통해 이삭은 모든 외적인 판단을 거슬러 아브라함에게 복종하고, 아브라함은 신에게 복종하며, 독자도 이 서사에 복종한다.[17] 이 행위는 단순히 한 사람이 자신의 내부를 외부에 있는 무엇에게 기꺼이 주고자 하는 것 이상으로, 이제 현존하게 된 그 외부 사물이 창조한 자손이 되고자 하는 것이다. 그리하여 이런 믿음의 순간에 이삭은 그 자신을 이루는 여러 측면으로 이루어진 사람이 아니라 오로지 아브라함의 아들인 이삭이 된다. 아브라함도 가장인 아브라함, 남편인 아브라함, 이삭의 아버지인 아브라함, 이스라엘 열두 지파의 조상인 아브라함이 아니라 신이 창조한 자손인 아브라함일 뿐이다. 또 〈창세기〉 22장의 1절부터 19절까지를 읽어가며 경악하고 기진맥진해진 독자들도 더는 여러 측면으로 이루어진 자신이 아니다. 할 말을 잃은 독자들도 이제 그 텍스트가 창조한 자손이 되며, 나아가 믿음의 구조를 확립하는 또 다른 많은 이야기의 자손이 된다.

이삭의 희생 이야기에서 신이 아브라함에게 요구하는 것은 상처 입히기를 실제로 수행하는 것이 아니라 상처 입히기를 예상만 하는 것이다. 신은 아브라함이 육체적 행동을 상상으로만 상연하길 요구한다(독자들도 마찬가지이다. 이삭을 희생시키는 데 상응하는 육체적 희생을 자기 가족에게 수행하길 요구받는 것이 아니라, 아브라함에게 일어나는 사건을 상상으로만 따라오길 요구받는다). 그렇다면 여기서 대강의 윤곽을 살펴본 믿음의 구조도 이미 크게 수정된 구조이다. 이후 3절에서 수정된 믿음의 구조를 자세히 설명할 것이다. 하지만 수정된 믿음의 구조로 넘어가기 전에, 원래의 구조가 광범위하게 존재한다는 점과 계속해서 재-천명되고 있다는 점 모두를 명확하게 짚어봐야 한다.

## 더 큰 틀 안에서 나타나는 몸, 무기, 목소리

몸과 목소리의 극단적인 분리는 거의 임의로 반복되는 듯 보이는 상처 장면의 특징이 된다(또 재생산 장면의 특징이기도 한다). 나아가 더 거대하고 더 핵심적인 사고의 단위들 안에서도 몸과 목소리의 분리를 볼 수 있다. 십계명은 몸과 목소리의 분리를 공공연하고도 명료하게 표현한다. 십계명 자체가 신을 서술하는 처음 세 개의 계명과 인간을 서술하는 뒤의 일곱 계명으로 나누어지면서 목소리와 몸이라는 범주들을 유지한다.* 첫 계명에서 신은 그가 주님이며 오직 그만이 주님임을 주장한다. 두 번째 계명에서 신은 자신을 어떤 형태로든 물질적으로 재현하는 일을 금지하고, 신에게(그리고 비가시적인 세계의 다른 측면들에) 몸을 부여하려는 모든 시도를 금지한다. 세 번째 계명에서 신은 자신이 단 하나의 언어적 구축물, 즉 이름에 의해서만 재현되어야 한다고 명시한다. 또 극도로 자제하고 조심하면서 신의 이름을 사용해야 함을 분명히 한다. 신은 구체적으로 특성을 부여하는 재현 행위에 의해 제한되지 않는다(세 번째 이후의 계명들에서 인간이 신을 재현한다는 점을 제외하고는). 그리고 정확히 이 이유 때문에 신의

---

* 〈출애굽기〉 20:3-17에 나오는 십계명은 다음과 같다.

1. 너희는 내 앞에서 다른 신들을 섬겨서는 안 된다.

2. 너희는 위로 하늘에 있는 것이나, 아래로 땅에 있는 것이나, 땅 아래 물속에 있는 어떤 것이든지 그 모양을 본떠서 우상을 만들어 섬겨서는 안 된다.

3. 너희는 주 너희 하나님의 이름을 함부로 불러서는 안 된다. 주는 자기의 이름을 함부로 부르는 자를 죄 없다고 하지 않는다.

4. 안식일을 기억하여 그날을 거룩하게 지켜라. 너희는 엿새 동안 모든 일을 힘써 하여라. 그러나 이렛날은 주 너희 하나님의 안식일이니 어떤 일도 해서는 안 된다.

5. 너희 부모를 공경해라.

6. 살인해서는 안 된다.

7. 간음해서는 안 된다.

8. 도둑질해서는 안 된다.

9. 너희 이웃에게 불리한 거짓 증언을 해서는 안 된다.

10. 너희 이웃의 집을 탐내서는 안 된다. 너희 이웃의 아내나 남종이나 여종이나 소나 나귀나 할 것 없이 너희 이웃의 소유는 어떤 것도 탐내서는 안 된다.

고통받는 몸

영역은 무제한적이다. 사실상 처음 세 계명은 묘사를 금지함으로써 신을 묘사한다. 다음 일곱 계명은 인간이 신을 체화해야 한다고, 즉 인간의 행동이 신을 묘사해야 한다고 명령한다. 신이 물질화된다고 할 때, 신은 오로지 인간의 행동과 금지된 행동을 통해서만 물질화된다. 네 번째 계명은 이 같은 물질화의 시작으로서, 최초 창조의 일곱 날을 전부 모방하여 재-상연하라는 명령이다. 네 번째 계명에서 믿는 사람은 노동과 휴식이라는 시간적 리듬을 몸 안으로 흡수하고 몸으로 상연한다.

　　네 번째 계명은 신에게 할애된 세 계명에서 인간에게 할애된 일곱 계명으로 넘어가는 중대한 전환부이다. {인간에게 할애된 첫 번째 계명인} 이 계명은 명시적으로 창조에 관한 것이며, 그와 동시에 창조의 원래 구조는 3개-7개 계명이라는 분리를 통해 유지된다. 십계명 전체에 나타나는 이 같은 분리는 범주들의 순수성을 강조한다. 신을 오직 언어적으로만 나타내야 한다는 명령은 창조자와 창조된 것 사이의 최초 구분을 계속 유지하기 위한 것이다. 다시 말해 몸이 있다는 것은 묘사될 수 있다는 것, 창조될 수 있다는 것, 변환될 수 있다는 것, 상처를 입을 수 있다는 것이다. 몸은 없고 목소리만 있다는 것은 이 전부가 아닌 것이다. 즉 몸이 없다는 것은, 상처 입히는 자가 되는 것이지만 자신은 상처를 입지 않는 것이고 창조자 혹은 변환하는 자가 되는 것이지만 자신은 창조될 수 없고 변환될 수 없는 것이다. 따라서 전환부인 네 번째 계명의 명시적인 주제가 인간이 창조 행위를 삼가야 한다는 명령인 것은 적절하다. 신의 최초 창조 행위 중 인간이 모방하라고 이 계명에서 요구하는 것은 '휴식' 부분이지 '노동' 부분이 아니기 때문이다. 노동하는 엿새와 휴식하는 하루 모두를 재-상연하라는 지시를 인류가 받긴 하지만, 십계명의 전체 힘이 집중되는 곳은 두 번째 부분이다. 구약성서에서 이 네 번째 계명이 반복해서 나올 때 노동하는 엿새 동안에 일하지 않았다고 인간이 위협당하거나 질책받거나 벌을 받는 경우는 절대 없다. 반면 일곱 번째 날 휴식하지 않았을 때는 거듭해서 가장 심한 징벌을 받는다.[18] 네 번째 계명에서 인간이 신과 같이 되는 것은 만들기 행위를 통해서가 아니며, 유대교 성서의 다른 부분에서도 마찬가지일 때가 많다. 만들기 행위는 중립적인 행위이거나, 아니면 네 번째 계명을 비롯해 여러 경우에서 볼 수 있듯 가증스러운 불신의 가능성으로 가득 찬 행위이다. 네 번째 계명에서 나타나는 휴식에 대한 강조는 두 번째 계명의 새긴 형상 금지와 밀접한 관계가 있다. 또 다섯 번째 계명에서 한 사람의 창조된 자손으로서의 위치가 강조되는 것과도 밀접한 관계가 있다. 나아가 십계명 나머지 부분에서 연속해서 나타나는 '너는 ~하지 말라' 구문의 일반적인 의미, 즉 부정, 수동성, 금지와도 밀접한 관계가 있다. 즉 일곱 개 계명은 모두 인간이 자신을 행동을 개시하는 자로서 인식하길 금한다.[19] 신은 모든 것이다. 반면 인간은 그 모든 것 중 오직 일부만을 행함으로써 신처럼 된다. 신은 죽이는 동시에 죽이기를 삼간다. 반면 인류는 오직 신의 죽이지 않음을 모방함으로써만 신성한 상태에 도달할 수 있다. 신은 창조하는 동시에 창조하기를 삼간다(창조하는 엿새와 휴식하는 하루). 반면 인간은 신의 창조하기 삼감을 모방함으로써 자신 안에서 신적인 것을 발견한다. 어쩌면 노동 금지와 물질문화 금지는 상처 입히기와 창조하기가 뒤섞인 결과로 나타나는 것일 수 있다. 모세의 율법에서 강조되는 것은 타인을 죽이고자 하는 욕망이 없어야 한다는 평화적인 가르침이다. 하지만 상처 입히기와 창조하기가 혼합되어 있기 때문에 사람들이 살인하고자 하는 욕망이 없도록 만들어야 하는 동시에 창조하고자 하는 욕망도 없도록 만들어야 하는지 모른다. 어떠한 경로를 통해 발생하든 창조하기 금지는 분명히 존재한다. 창조하기를 금지하는 명령이 명백하게 나오는 모든 부분에 존재할 뿐 아니라, 더 중요하게는 집요하게 계속되는 언어적 범주와 육체적 범주의 절대적 분리에도 존재한다.

권력을 가진 이들은 '재현/대표되는represented' 반면 권력이 없는 이들은 '재현/대표되지 않는'다는 것이 권력 논의에서 일반적인 주장이다. 구약성서는 전능한 자가 물질적으로 재현되지 않고, 상대적으로 무력한 인류는 깊숙이 체화됨으로써 물질적으로 재현되도록 체계적으로 짜여 있다.

고통받는 몸

따라서 위의 통상적인 주장과는 맞지 않는 것처럼 보일 수 있다. 하지만 몸이 없다는 것은 세계 안으로 자신을 연장하는 데 한계가 없다는 것이며, 몸이 있다는 것 즉 다양한 형태의 창조와 지시(일례로 몸을 정화하라는 지시)와 상처 입히기를 통해 계속 변환됨으로써 도드라지는 몸이 있다는 것은 한 사람이 육체적으로 현존하는 조그만 원으로 그 사람의 연장 영역이 수축된다는 것이다. 그러므로 강렬하게 체화된다는 것은 재현되지 않는 것에 상응하며, (여러 세속적 맥락에서와 마찬가지로 여기서도) 거의 언제나 권력 없는 이들의 조건이다.[20]

십계명이 등장하는 서사의 틀 역시 신의 신체적 재현 금지를 강조한다. 금송아지 사건이 같은 서사의 틀 안에서 일어나기 때문이다. 모세가 시내산에 있는 동안 두려움에 떨며 자신들 사이에 신이 현존하길 갈망한 이스라엘 민족 사람들은 가지고 있던 금은보석으로 금송아지를 만든다. 모세는 십계명이 담긴 석판을 부수고는 석판을 다시 받기 위해 산으로 돌아간다. 십계명의 3개-7개 계명 분리에서 강조되는 기본 범주들은 이 이야기에서도 두 종류의 재현을 대비함으로써 유지된다. 즉 신은 금송아지로 체화되어 재현되거나, 새겨진 석판에서 완전히 언어적으로 재현된다. 광야에서 보낸 이 시기를 〈신명기〉에서 회고할 때 신은 계속 목소리로만 나온다. 지금 논의에 결정적으로 중요한 사실은 무기라는 현상이 중간에 개입함으로써 송아지라는 물질화된 형상으로부터 다시 비물질적인 신의 목소리로 회복된다는 것이다. 여기서 무기는 불이다.

> 주님께서 불길 속에서 당신들에게 말씀하셨으므로 당신들은 말씀하시는 소리만 들었을 뿐 아무 형태도 보지 못했습니다. 거기에는 오직 목소리만 있었습니다. 그리고 주님께서 당신들에게 실행하라고 명하시면서 그의 언약을 선포하셨으니, 바로 십계명입니다.
> ……

그러므로 명심하십시오. 주님께서 호렙산 불길 가운데서 당신들에게 말씀하시던 날 당신들은 아무 형태도 보지 못했으므로, 남자를 본떠서든 여자를 본떠서든, 짐승을 본떠서든, 어떤 모습의 형태로든지 새긴 형상을 당신들 자신이 만듦으로써 타락한 행동을 하지 않도록 주의하십시오. ⋯⋯

불 가운데서 말씀하시는 하나님의 목소리를 당신들이 들었던 것처럼 듣고도 살아남은 민족이 있습니까?
(〈신명기〉 4:12,13,15,16,17,33)

새긴 형상은 계속해서 곤란한 문제로 등장한다. 이 문제를 다루는 구약성서 곳곳의 구절들은 신이 탈체화된 목소리임을, 무기의 다른 쪽 편에서 부유하는 목소리임을 위반자들에게 빈번히 상기시킨다. 예를 들어 〈이사야〉 30:22-37을 보자. 이 구절의 첫 부분에서는 먼저 신의 진노가 나타난다. 신은 형상을 만들고자 하는 충동에 분노한다.* 그 아래 이어지는 27절은 신이 목소리임을 천명하면서 시작하며, 이어 신은 체화된 형상을 취한다(의미심장하게도 신의 목소리에 상응하는 체화된 형상은 거대한 입이다). 이 거대한 입은 한 부분씩 무기로 변한다.

보라, 주님의 이름이 먼 곳에서 오신다.
진노로 불타며, 피어오르는 자욱한 연기 속에서 오신다.
그의 입술은 분노로 가득하고
그의 혀는 마치 집어삼키는 불과 같고
그의 숨은 목까지 차올라 넘쳐흐르는 강물과 같아

---

\* 그리고 너는, 네가 조각하여 은을 입힌 우상들과 네가 부어 만들어 금을 입힌 우상들을 부정하게 여겨, 마치 불결한 물건을 내던지듯 던지면서 "눈앞에서 없어져라" 하고 소리칠 것이다(〈이사야〉 30:22).

고통받는 몸

민족들을 파괴의 체로 거르시며
잘못된 방향으로 이끄는 재갈을 백성들의 턱에 거신다(〈이사야〉
30:27,28).

입술은 분노로 찬 자욱한 연기로, 혀는 집어삼키는 불로, 숨은 범람하는 물로 해체된다. 끝부분에서는 신의 신체적 형상이 사라질 뿐 아니라 신체적 형상이 인간에게로 넘어온다. 신의 입으로 시작한 구절이 인간들의 재갈 물린 턱으로 끝나는 것이다.

〈출애굽기〉의 이야기에서 금을 녹여 송아지를 주조하는 행위는 몸과 목소리 간의 절대적 분리를 잠깐이나마 크게 위협한다. 그다음 이스라엘 민족은 그들 존재의 육체적 기반을 한층 더 강렬하게 경험하게 된다. 부분적으로 이는 두 범주를 다시 확립하고 다시 강조하기 위해서이다. 서사의 이 시점에서 새로운 제사장 계층이 출현하여 모세의 지시를 받는다.

"이스라엘의 주 하나님이 이르시기를 '너희는 모두 옆에 칼을 차고 진의 이 문에서 저 문을 오가며 자기의 형제와 친구와 이웃을 닥치는 대로 죽여라' 하십니다." 레위 자손이 모세의 말대로 하니, 그날 백성 가운데서 어림잡아 3,000명이 죽었다. 그리고 모세가 말하였다. "오늘 저마다 아들과 형제를 희생시켜 당신들 자신을 주님께 헌신했으니, 주님께서 이날 당신들에게 복을 내리실 것입니다"(〈출애굽기〉 32:27-29).

이 첫 번째 학살 방식 다음에는 "아론이 하라는 대로 송아지를 만든 백성에게 내린 전염병"(32:35)이라는 또 다른 학살 방식이 뒤따른다. 신이 새긴 형상으로 물질화되어서는 안 된다는 진리는 인간들 자신의 몸을 통해 물질화되고 입증된다. 송아지 만들기는 언어적 범주에 신체적 재현을 부여함으로써 목소리와 몸 범주 간의 분리를 흐릿하게 한다. 하지만 그다음엔 몸 범주가 엄청나게 증강됨으로써 분리는 다시 천명되며 두 범주 간의 거리는 유지된다. 순수하게 언어적이어야 하는 범주에 잠시 동안 물질적 형태가 주어졌고, 그 결과 물질적 범주에 속하는 것이 다시 훨씬 더 극단적인 물질화를 당해야만 했다는 것이다. 전에는 호렙산에서 불을 통해서, 이제는 칼과 전염병을 통해서 신의 언어적 순수성은 회복되고 두 범주는 안전하게 분리된다.

이와 똑같은 사건의 리듬이 다른 많은 이야기에서도 나타난다. 인간이 몸과 목소리의 분리를 흐리고 뒤이어 두 범주의 절대적인 분리가 재천명되고 증강되는 일이 이어진다.[21] 새긴 형상 구절에서 물질적인 것과 비물질적인 것 간의 경계가 손상되는 이유는 완전히 탈체화된 무엇에 물질적 재현을 부여하고자 하기 때문이다. 한편 이와는 반대 방향에서 위협이 나타날 수도 있다. 인간 목소리가 지닌 힘을 증가시키거나 인공물 제작을 통해 문화적 자기-변환 능력을 증가시킴으로써 인간 몸을 탈체화하고자 할 때도 물질적인 것과 비물질적인 것 간의 경계가 위협받는다. 이런 종류의 범주 흐리기 다음에도 똑같은 일이 뒤따른다. 신은 신속하게 두 범주가 완전히 구별 가능함을 보여준다. 아담과 하와가 타락하는 이야기의 전체 윤곽은 너무도 뚜렷하게 이 순서를 따라간다. 서사 안의 사건을 열거하는 것만으로 범주들의 뒤섞임 그리고 증강된 분리라는 두 부분으로 이루어지는 리듬을 명백하게 볼 수 있다. 선악과를 먹어서 알게 된 지식 중 하나는 아담과 하와가 몸을 지니지 않은 자의 현존 앞에 몸을 지닌 피조물로서 순순히 서 있다는 것이었다. 한쪽은 몸을 지니지 않고 다른 한쪽은 몸을 지닌다는 이 두 가지 사실은 함께 이야기되어야만 한다. 아담과 하와가 얻은 문제적인 지식은 인간에게 몸이 있다는 것만이 아니고 신에게는 몸이 없다는 것만도 아니다. 그 지식은 인간에게는 몸이 있는 동시에 신에게는 없다는 것이다. 인간과 신 사이의 측량할 수 없는 권력 차이는 부분적으로는 이 체화 차이에 기댄다. 이 지식을 얻게 되자 아담과 하와는 신에게서 완전히 독립된 첫 번째 문화적 행위를 수행한다.[22] 바로 나뭇잎을

고통받는 몸

엮어 앞치마를 만든 것이다. 인간들이 감응력이 있는 몸 조직을 가리는 행위를 함으로써 인간과 신 사이 관계의 성격이 갑자기 변한다. 전에 일자the One는 완전히 가려져 있고 나머지 이들은 완전히 드러나 있었다. 반면 이제 일자는 완전히 가려져 있고 나머지 이들은 **거의** 완전히 드러나 있다. 나뭇잎 앞치마라는 인공물이 약하게 개입하면서 인간들을 살짝 가려주기 때문이다. 신이 에덴동산으로 들어오자 인간들은 나뭇잎으로 된 더 큰 망인 수풀 뒤로 숨어서 자신을 한층 더 가린다.[23] 신은 이들의 행위를 받아들이고 *자신*Himself이 직접 가죽옷을 지어준다. 하지만 범주들의 재천명이 주기적인 리듬을 타듯 뒤따른다. 아담과 하와는 옷을 입음으로써 다소 탈체화되지만, 이에 상응해 자기 몸을 더 강하게 의식한다. 이제 인간은 출산의 고통과 먹을 것을 생산하는 데 필요한 노동의 고통을 겪어야 하고, 안정된 거처를 끊임없이 걱정해야 한다. 그리하여 몸은 영구히 계속 마음을 써야 하는 범주가 된다. 아담과 하와는 신의 현존 앞에서 벌거벗은 채 걷기를 거부하고 옷을 짜 입으며, 신은 이를 받아들인다. 이와 동시에 신은 먹고 재생산하고 노동하고 쉬는 육체적 행위들 자체를 복잡하고 살을 저미는 고난의 망으로 만든다.

절대적인 언어적 순수성은 영원한 삶과 같은 것이다. 투사되지 않은 감응력의 장소 및 원천에서 감응력은 허약하고 취약하다. 반면 투사된 목소리는 이 허약함과 취약함에서 분리된 감응력이 지니는 권능이다. 〈창세기〉에서 에덴동산 추방은 선악과를 먹은 일에 대한 직접적인 처벌이라기보다는 또 다른 나무인 생명나무 열매를 먹지 못하게 막기 위한 일로 서술된다. "보라, 이 사람이 우리 가운데 하나처럼 선과 악을 알게 되었다. 이제 그가 손을 내밀어 생명나무의 열매까지 따 먹고 영원히 살게 되어서는 안 된다"(3:22). 남자와 여자는 동산을 떠나 고되고 문제 많은 몸 영역으로 이동하며 언어적 범주에서 영구히 차단된다. 의미심장하게도 에덴동산 추방 부분의 마지막 문장에서는 무기 이미지가 출현해 두 범주를 분리해놓는다(앞에서 설명한 이야기들에서도 그랬듯이). "빙빙 도는 불칼"(3:24)이 아담과 하와 그리고 생명나무 사이에 영구히 놓여 모든 접근을 차단한다.

## 기독교 성서에서 나타나는 몸과 목소리 범주의 부서짐

구약성서 전반에서 신의 권능과 권위가 나타나는 방식 중 하나는 인간들에게는 몸이 있고 그에게는 몸이 없다는 사실을 극단적이고도 계속 증폭해가며 상술하는 것이다. 기독교라는 수정된 판본에서 무엇보다도 주요하게 바뀌는 것이 바로 이 점이다. 인간과 신 간의 차이는 유대교 성서에서 그랬듯 계속 거대한 채로 남아 있지만, 차이의 기반은 이제 한쪽은 몸을 지니고 다른 한쪽은 그렇지 않다는 사실이 아니다. 신약성서에서 믿음의 대상이 변한다기보다는 믿음의 구조가 변한다. 즉 종교적인 상상의 본성이 변한다. 이 변화가 가져오는 결과는 물론 엄청나다. 유대교가 아니라 유대-기독교를 두고 말할 때 사람들은 더 이상 인종적으로 순수한 사람들로 이루어진 소규모 집단에 속한 서사들을 말하지 않는다. 이제 이야기되는 서사들은 여러 대륙을 횡단하여 많은 민족이 채택했으며 나아가 어느 주요 문명의 틀이 된 서사들이다.

유대교 성서 전반에서 몸이 있느냐 없느냐라는 질문은 인간 대 신의 관계에서뿐 아니라 인간 대 인간의 관계에서도 나타난다. 인간 사이에서도 권위와 권능을 지닌 자는 아랫사람과의 관계에서 몸을 지니지 않는다. 높은 위치의 사람은 가령 옷을 입고 있지 않은 모습을 보여서는 안 된다. 벌거벗은 노아를 아들 함이 우연히 보았을 때 노아는 함의 가족과 일족을 종으로 만든다(〈창세기〉 9:20-27). 〈창세기〉의 에덴동산 장면이나 〈출애굽기〉의 광야 장면에서처럼 위계가 침범될 때는 아랫사람의 육체적 경험을 증강함으로써 위계가 재천명되어야 한다. 그리하여 노아의 사례에서는 함 일족을 육체 노동에 종사하게 만든다. 신을 직접 마주 본 사람은 그 누구도 살아남지 못한다는 말이 구약성서 전체에 걸쳐 자주 나온다. "신을 보면 죽게 될 것이다"라는 반복되는 경고는 그 안에 이제 우리에게 친숙한 리듬을 담고 있다. 즉 신을 본다는 것은 신에게 몸을 부여하는 것이다. 죽는다는 것은 신을 보았다는 감응력 행위 때문에 감응력 상실이라는 처벌을 받는 것이 아니다. 그보다는 몸의 가장 극단적인 조건을 경험함으로써, 위태로워진 몸과 목소리 범주를 재천명하는 것이다. 모세는 신의 얼굴이 아니라 '등', 또는 어떤 판본에서는 그의 '지나간 자리aftermath'를 보도록 허락받는다(〈출애굽기〉 33:23).[24] 그 후 모세는 얼굴에 베일을 덮어 사람들이 보지 못하도록 가리며, 자신보다 더 거대한 존재 앞에서만 얼굴을 드러낸다(34:33). 이스라엘 민족 사람들이 인간 지도자나 선지자 앞에서 자기 얼굴을 반드시 드러내는 것과 마찬가지이다.

구약성서에서 신이 자신의 물질화를 허용하는 부분에서조차 가장 도드라지게 재현되는 신의 측면은 그의 재현 불가능성, 숨겨져 있음, 부재이다. 이어지는 3절에서 이런 구절들을 꼼꼼히 다룰 것이다. 〈출애굽기〉를 끝맺는 몇 편의 장은 신이 성막聖幕 건축에 관해 내린 지시를 자세히 서술한다. 신의 지시는 인상적이다. 복잡한 순서를 따라 정확히 지켜야 하는 여러 요구 사항을 열거하며, 확신에 찬 어조로 성막의 아름다운 세부까지 일일이 짚는다. 휘장, 천막, 베일이 거듭 우리 눈앞에서 열렸다가는 닫힌다. 성막 자체가 "가늘게 꼰 모시실과 청색 실과 자주색 실과 홍색 실"로 만든 열 폭의 휘장으로 이루어져 있다. 각각 다섯 폭씩 만든 천 두 벌을 청색 고리와 금 갈고리로 이은 이 천막은 사람들의 출입을 통제한다. 첫 번째 층을 지나면 두 번째 층이 나타난다. 성막은 다시 염소 털 천막으로 덮인다. 염소 털 천막은 열한 폭의 휘장으로 되어 있다. 두 번째 층을 지나 세 번째 층이 나타난다. 또 다른 천막이 염소 털 천막을 덮는다. 세 번째 천막은 무두질 된 숫양 가죽과 염소 가죽으로 되어 있다. 세 번째 층을 지나 네 번째 층이 나타난다. 놋쇠로 된 기둥 받침과 은으로 된 고리에 매단 "가는 모시 실로 짠" 휘장이 성막 뜰을 덮는다(36:8-19, 38:9-20). 이렇게 성막의 바깥을 향해 움직여갈 때 '베일로 덮기'라는 원칙이 반복해서 나타난다. 이 원칙은 성막 안쪽을 향해 움직여갈 때도 나타난다. 연속하는 네 겹의 벽 안에 있는 더 작은 사물들에서도 베일의 원칙과 거듭 마주친다. 먼저 네 개의 층 각각의 출입구에는 실로 짜거나 수를 놓은 막이 걸린다(38:18, 36:37). 성막 안에는 천사의 펼친 날개로 '덮여' 감춰진 속죄소가 있다. 천사들은 얼굴을 속죄소 쪽을 향한 채 속죄소 양 끝에 서 있으며 천사들 자체도 날개로 가려져 있다(37:7-9). 제단 앞에는 청색 실과 자주색 실, 홍색 실, 가늘게 꼰 모시 실로 짠 베일이 있고(36:35), "놋쇠로 만든 격자 모양의 그물"이 제단 가장자리에 매달려 제단 중간 부분까지 내려와 있다(38:4). 이 끝없이 계속되는 막$^{tissue}$의 층 안에서 신의 웅장하고 거대한 몸 조직$^{tissue}$처럼 보이는 무언가가 우리 앞에 서서히 나타나지만, 이와 동시에 베일이 나타난다. 베일은 '물질화되기를 거부함'을 물질화한 것, 즉 부재를 육체화한 것$^{incarnation}$이다. 성막은 배제의 영역이며 제사장들만 들어갈 수 있다(인간 몸을 상징적으로 재현한 것인 제단이 베일로 덮이듯, 제사장의 몸은 실로 짠 겹겹의 의복으로 둘러싸인다). 제사장 중에서도 아론과 그 아들들을 제외하고는 제단에 가까이 가거나 베일 뒤를 볼 수 없었고, "그랬다가는 죽게 될 것"이었다(〈민수기〉 18:3). 아론의 자손 중에서도 흠이 있거나 장애가 있거나 다친 사람은 아론의 자손이 아닌 사람들과 마찬가지로 제단에 "가까이 올" 수 없었다(〈레위기〉 21:16-24).

그렇다면 신이 물질화된 이 순간에조차 인류와 신 사이에 놓인 지대한 거리의 한가운데에는 여전히 신체적 재현의 절대적인 불평등이 존재한다. 바로 이 사실을 배경으로 해서 신뿐만 아니라 더 하급의 권위와 특권에도 '몸을 숨기고 가리기' 또는 '몸이 없음'이 수반된다. 나아가 이 사실은 유대교 성서의 증보판인 기독교 성서에서 '목격하기' 행위가 너무도 중요해지는 배경이기도 하다. 누가는 〈누가복음〉 시작 부분에서 자신의 이야기가 "처음부터 목격자였던 이들이 우리에게 전한 …… 일들에 관한 서사"(1:1,2)라고 강조한다. 누가의 서사 끝부분에 나오는 예수의 말, "너희는 이 일들의 목격자다"에서도 목격하기 행위의 중요성이 강조된다

고통받는 몸

(24:48). 〈누가복음〉의 이 같은 처음 구절과 마지막 구절 사이에 나오는 서사도 놀라운 목격하기 행위로 가득해서, 열두 제자뿐 아니라 예수를 따라다니며 지켜보는 군중도 목격하기 행위에 참여한다. 또한 "와서 보라", "와서 보라"라는 〈요한복음〉의 반복되는 권유(1:39,46)는 목격하기에 내재한 특권을 매우 기뻐하면서 인식하고 있다. 이 같은 특권 인식은 "때가 오고 있다"라든지 "때가 가까웠다"(5:25,28)라는, 최후의 목격으로 초대하는 무시무시한 부분까지도 계속된다. 목격하기 행위의 핵심성은 아무리 과장해도 지나치지 않다. 목격하기 행위는 멀리 떨어져 있는 독자에게 신약성서의 이야기가 사실이며 진짜로 일어났음을 확신시키기 위해 존재하는 것이 아니다. 신약성서의 이야기 **자체**가 목격을 허용하기에 관한 이야기, 즉 감응력이 있는 인간의 몸이 감응력이 있는 신의 몸을 보고 만진다는 이야기이다. 예를 들어 세례 요한은 보여지기 위한 자가 되려고 온 것이 아니라, 보여지기 위해 오신 그분을 본 자들 중 하나가 되기 위해 지상에 보내졌다고 서술된다(〈요한복음〉 1:6-8). 또 세례 요한 이야기의 핵심 주제를 다음과 같은 짧은 구절 몇 개로 표현해도 틀린 독해는 아닐 것이다. "다음날 요한은 예수가 자기를 향해 오시는 것을 보았다"(1:29), "다음날 요한이 다시 자기 제자 두 사람과 함께 서 있다가 예수께서 걸어가시는 것을 보았다"(1:35). '보기'는 군중에게도 핵심적인 사건이다. 사람들은 다음날 "보며", 그다음 날에도 다시 "바라본다". 구약성서에서 그랬듯 신약성서에서도 인간 몸은 신의 존재를 실증한다. 하지만 신약성서에서 몸을 통한 입증은 고통이라는 몸 변환을 통해 일어나기보다는 감각을 통한 이해라는 몸 변환을 통해 일어난다. 이제 나병에 걸리는 여인의 손이 아니라 예수를 만지는 여인의 손을 통해 신이 실증된다. 호렙산 아래 광야에서 칼에 찔려 죽임을 당하는 수천 명이 아니라 '보고 듣는' 수천 명, 그리고 이 지각적 특권을 계속 누리기 위해 따라 다니는 수천 명을 통해 신이 실증된다.

기독교 성서에서 가장 중대한 육체적 변환의 형태는 지각을 통한 것이지만, 변환의 또 다른 형태로 회복도 있다. 유대교 성서는 주기적으로 상처 입히기 장면으로 돌아가지만 이제 기독교 성서는 주기적으로 치유 장면으로 돌아간다. 치유 장면은 상처 입히기 장면과 마찬가지로 믿음의 전략 안에서 똑같이 고정된 핵심 위치를 차지한다. 간질, 질병, 고통이 제거되고(〈마태복음〉 4:23), 중풍 환자가 걷게 되며(9:4, 8:5), 오그라든 손이 성하게 되고(12:9), 말을 못하던 사람이 말하게 되고(12:22), 죽은 아이가 살아나고(〈누가복음〉 8:41-56, 〈마가복음〉 5:22-43), 12년간 혈루증을 앓아온 여인의 피가 멈추고(〈누가복음〉 8:43), 서른여덟 해 동안 병자였던 남자가 낫고(〈요한복음〉 5:5), 열병과 귀신 들림이 사라지고(〈마태복음〉 8:14), 익사할 뻔한 제자들을 예수가 바람과 바다를 잔잔하게 해서 구한다(8:25). 구약성서의 상처 입히기 행위가 명시적으로 '기호/기적[sign]'으로 제시되듯 신약성서의 치유 행위도 명시적으로 '기호/기적'으로 제시된다. 두 성서 모두에서 인간 몸은 신의 존재와 권위를 유추 입증하는 장소이지만, 이제 변환은 거의 언제나 회복 쪽을 향한다.[25]

신이 인류와 가장 친밀한 접촉을 할 때, 즉 신이 감각을 통해 인간 몸과 접촉할 때 유대교 성서에서는 무기가 접촉을 매개했지만 기독교 성서의 추가된 부분에서는 예수가 매개한다. 따라서 유대-기독교 전통 안에서 예수가 대체하는 것은 (야훼가 아니라) 무기이다. 하지만 이 변화의 내부 논리가 요구하는 것은 무기 제거 이상이다. 무기의 부재는 신약성서에서 일어나는 지각적 재구조화 행위를 완료하기에는 충분히 확정적이지 않다. 신이 사람들과 직접 상호작용하는 일을 서술하는 서사의 부분들에서 무기가 사라지긴 했지만, 그렇다고 무기가 이야기 전체에서 사라져버리지는 않는다. 최종적으로 무기는 다시 돌아오며, 이전의 성서에서보다 훨씬 더 잔인하며 분명한 형상을 지닌 무기로 돌아온다. 이제 무기는 지평선 위에서 가상의 윤곽을 그리며 맴돌지 않는다. 나타났다가는 사라지거나, 여러 형태로 다시 출현하지도 않는다. 무기는 만질 수 있으며, 유일하며, 정지해 있다. 신이 지상으로 하강한다는 것은 칼, 전염병, 비처럼 떨어지는 화염의 아래쪽으로 신이 하강한다는 것이다. 인간들이 신의 권능을 가늠하는 데서 무기를 없앴다는 것은 신-인간 관계에서 무기를 빼내는 것 이상이어야 한다. 신과 인간을 잇는 형상의 고통 쪽 말단에서 인간을 빼내고 권능 쪽 말단에서 신을 빼내기 이상의 일이 이루어져야 한다는 것이다. 즉 신의 위치가 감응력 쪽 말단으로 명시적으로 옮겨져야 한다. 십자가는 무기 중에서도 독특하다. 십자가는 한순간에 폭발적인 접촉을 일으켜서 몸에 상처를 입히는 무기가 아니다. 또 {일단 매달리면} 십자가는 거기 존재하지 않고 사라지지만 동시에 몸에 맞닿은 채로 거기 오랫동안 존재한다. 신은 무기의 감응력 쪽 말단에 이렇게 분명하게 오래도록 놓인다. 더 중요한 점은 십자가가 다른 여러 무기와는 달리 말단 하나만을 지닌다는 것이다. 십자가에는 손잡이와 날이 있는 게 아니라 날만 있으며, 손잡이와 채찍이 있는 게 아니라 채찍만 있다. 다른 무기처럼 십자가에도 집행자가 필요하지만 집행자의 위치가 무기의 구조 자체에 기록되지는 않는다. 십자가에서는 몸의 고통이라는 사실이 다른 이의 권력이라는 투사된 사실성이 되지 않는다. 이 같은 번역이 발생할 수 있도록 돕는 다른 쪽 말단이 없기 때문이다.

이렇듯 구약성서의 무기는 기독교의 이야기에서는 사라지면서 예수로 대체되고, 이후 서사의 끝부분에서 더 증강되고 크게 변화된 형태로 다시 출현한다. 전에는 무기가 차지하던 장소를 예수가 차지한다는 말은 어색하고 낯설게 들린다. 그러나 기독교의 의례와 상징에서 십자가는 그리스도를 대체하곤 하며, 이 반대 방향의 대체를 우리가 매우 쉽게 수용한다는 사실은 위에서 말한 대체가 타당할 수도 있음을 시사한다. 또 우리가 이 반대 방향의 대체를 쉽게 수용한다는 사실 자체에 예수가 무기를 대체함이 드러난다고 이해할 수도 있다. 십자가 이미지가 대단히 핵심적인 장소를 차지하게 되는 것은 우연이 아니다. 무기 기호를 다르게 독해하는 변화가 기독교라는 종교의 본질이며, 따라서 십자가라는 무기는 이 종교의 근본 기호이자 요약이 된다. 무기 기호의 이 같은 변화는 전능함이, 또한 더 하급의 권력 형태들도 감응력상의 사실들에 다시 연결되어야 한다고 주장한다. 권력 개념이 제거되는 것도 아니고 고통을 겪는다는 관념이 제거되는 것도 분명 아니다. 그보다는 권력과 고통이 맺었던 예전 관계가 제거된다. 둘은 이제 서로를 현시하지 않는다. 한 사람의 고통은 더는 다른 사람의 권력을 나타내는 기호가 아니다. 인간의 취약함의 크기는 이제 신의 취약하지 않음의 크기와 같지 않다. 권력과 고통은 서로 관련이 없고 따라서 함께 발생할 수 있다. 그리하여 신은 전능한 동시에 고통받는다.

십자가라는 특정 기호를 살피지 않고도 우리는 기독교 이야기에서 핵심적인 작업이 무기 기호 일반의 지시 활동을 근본적으로 재구조화하고 지시 활동의 방향을 재설정하는 일임을 이해할 수 있다(십자가는 이러한 변화를 요약할 뿐이다. 또한 십자가는 성서 자체에서는 강박적으로 나타나지 않지만 이후 수 세기에 걸쳐 정제되면서 유일무이한 초점이 된다). 구약성서에서 신은 인간 몸과 탈체화된 관계를 맺지만 신약성서에서는 체화된 관계를 맺는다. 이 변환은 앞부분에 나온, 무기에서 도구로의 변환에 관한 설명에 들어맞는다.[26] 무기는 감응력에 직접 작용하지만 도구는 감응력에 대상을 제공함으로써만 감응력에 작용할 수 있다. 예를 들어 무기는 눈에 상처를 입힘으로써 시야 안으로 들어오지만, 도구는 눈으로 볼 수 있는 빵 덩이, 조각상, 돌 위의 표식을 만듦으로써 시야 안으로 들어온다. 구약성서의 상처 장면에서 야훼는 고통을 유발함으로써 감응력 안으로 들어오지만, 예수는 치유함으로써 그리고 훨씬 더 중요하게는 예수 자신이 촉각·시각·청각의 직접적인 대상이 됨으로써 감응력 안으로 들어온다. 구약과 신약성서 모두에서 인간 몸은 믿음의 수단이지만, 한쪽에 나타나는 고통의 생생함은 다른 쪽에서는 촉각과 시각의 생생함이 된다. 광야에서 송아지 만들기를 추동한 두려움과 의심과 외로움은 예수의 체화를 통해 사라진다(무관심한 신에게서 너무도 멀리 떨어져 있었기에, 또 그의 현존을 너무도 갈망했기에 이스라엘 민족은 금송아지를 만든다. 그렇기 때문에 아무리 벌을 받을만한 행위를 했다고는 해도 왜 이 행위에 음란한 불신이라는 특정 낙인까지 찍혀야 하

고통받는 몸

는지는 이해하기 어렵다).

　'의심 많은 도마' 이야기는 위에서 설명한 수정된 입증 형태를 극명하게 요약해서 보여준다. 예수의 죽음과 부활 이후 도마가 품은 의심은 나란히 등장하는 여러 실패 중 하나이다. 이 실패들은 겟세마네 동산에서 시몬 베드로와 야고보와 요한의 **잠듦**, 도마의 **의심**, 베드로의 **부인**, 유다의 **배반**이며, 점점 증강하는 것으로 이해할 수 있다. 잠이 드는 지각적 과실은 더 적극적인 지각적 과실인 의심이 되고, 그다음 더욱 적극적인(이제는 행동이 뒤따르기에) 실패인 부인이 되고, 마침내는 이 모든 실패에 담긴 지각적 과실의 가장 적극적인 형태인 배신이 된다. 네 가지 실패 중 세 가지인 잠듦, 부인, 배신은 〈마가복음〉 14장, 〈마태복음〉 26장, 〈누가복음〉 22장에서 전부 함께 나타난다. 하지만 몸과 믿음 간의 변환된 관계를 무엇보다 가장 분명하게 만드는 것은 〈요한복음〉 끝부분에서 서술되는 도마 이야기이다.

> 열두 제자 가운데 하나로 쌍둥이라고 불리는 도마는 예수께서 오셨을 때 그들과 함께 있지 않았다. 그래서 다른 제자들이 그에게 "우리는 주님을 보았소"라고 말하였으나, 도마는 그들에게 "그의 손에 있는 못 자국을 보고 내 손가락을 그 못 자국에 넣어보고 또 내 손을 그의 옆구리에 넣어보지 않고서는 믿지 못하겠소"라고 말하였다. 여드레 뒤에 제자들이 다시 집 안에 모여 있었고 도마도 함께 있었다. 문이 닫혀 있었으나 예수께서 와서 그들 가운데에 서서 "너희에게 평화가 있기를!" 하고 인사말을 하셨다. 그러고 나서 도마에게 말씀하셨다. "손가락을 여기 두고 내 손을 보고, 손을 내밀어 내 옆구리에 넣어보아라. 그래서 의심을 떨쳐버리고 믿어라." 도마가 예수께 대답하기를 "나의 주님, 나의 하나님!" 하니 예수께서 도마에게 말씀하셨다. "너는 나를 보았기 때문에 믿느냐? 나를 보지 않고도 믿는 사람은 복이 있다"(〈요한복음〉 20:24-29).

구약성서에서 빈번히 그랬던 것과는 달리 신약성서에서 믿음은 상처를 입는 데서 오지 않는다. 그보다는 입은 상처가 촉각의 대상이 되게 하는 데서 온다. 유대교 성서에서는 몸 내부를 노출함으로써 인간 몸으로부터 더 극단적으로 인간 몸이 물질화된 것으로 거듭 이동해갔다. 몸 내부 노출은 재생산에서처럼 평화적으로 일어나기도 했고 상처 장면에서처럼 그렇지 않기도 했다. 이제 복음서에서는 신의 몸에서 출발하여 더 극단적으로 신의 몸이 물질화된 것으로 가차 없이 이동해간다. 십자가형 때문에 입는 최후의 상처에서 노출되는 예수 내부로 이동해간다는 것이다. 몸과 믿음 간의 관계는 두 성서에서 변함없이 유지되어서, 둘 모두에서 몸 내부는 확증하는 힘을 지닌다. 차이는 물질세계의 사실성을 비물질적 영역에 부여하는 데 누구의 몸이 필요하냐에 있다. 한쪽에서는 인간의 몸이 신을 실증하며, 다른 쪽에서는 신의 몸이 신을 실증한다. 인공물은 처음으로 자신을 실증한다.

그리스도에게 몸이 있다는 사실은 신약성서의 서사들에서 너무도 핵심적인 전제이기에 길게든 짧게든 여기서 설명은 불필요할 것이다. 예수는 빈자, 창녀, 도둑, 부자, 그리고 아마도 가장 중요하게는 아픈 사람을 가까이하며, 이 행동은 오염이라는 위험을 수반한다. 하지만 엄청나게 위험한 일인 육신 취하기가 이미 일상적인 조건이 되었을 때, 오염의 위험이 있는 행동은 그 일상적인 조건 안에서 벌이는 재-상연일 뿐이다. 부활 이후에도 예수는 여전히 체화되어 있다. 〈누가복음〉 맨 끝부분에서 예수는 사도들에게 자신이 유령이 아니라는 것을 확인하게 하고자 자기 손을 보라고 하며 또 자신을 "만지게" 한다(24:36-40). 사도들이 여전히 "너무 기뻐서 믿지 못하"자 예수는 질문 하나를 한다. 바로 "여기 먹을 것이 좀 있느냐"(24:41)는 질문으로, 이 말은 감응력이 있는 생명체 사이에서 그들에게 감응력이 있다는 것을 보여주는 보편적인 신호이다. 제자들은 예수에게 구운 생선 한 토막을 주고, 예수는 제자들 앞에서 먹는다. 예수는 기꺼이 다시 배고프고자 한다. 이 다시 배고프고자 하는 의지에 담긴 관대함은

고통받는 몸

제자들의 환대에 담긴 관대함을 조용히 압도한다. 나아가 예수는 '최후의 만찬'과 성찬식을 통해 스스로 먹이 사슬 안으로 들어가서 자신이 섭취되도록 한다. 이제 예수는 지각의 대상일 뿐 아니라 섭취 대상이다. 어쩌면 후자는 전자에 언제나 내포되어 있는지도 모른다. 즉 '먹을 수 있음'이라는 사실은 신체적 재현이라는 사실에 불가피하게 포함되어 있는 것일 수 있다. 일례로 광야에서 주조되었던 송아지는 사람들에게 먹힌다. "[모세는] 그들이 만든 수송아지를 가져다가 불에 태우고, 가루가 될 때까지 빻고, 그 가루를 물에 타서, 이스라엘 민족 사람들이 마시게 하였다"(《출애굽기》 32:20).

몸의 핵심성은 성서의 원래 서사에서뿐 아니라 그리스도를 재현한 사물들에서도 뚜렷이 나타난다. 기독교 안에서 '새긴 형상'을 만들 때 이루어진 무의식적이고도 집단적인 선택에서 몸의 핵심성을 분명하게 볼 수 있다는 것이다. 재현 행위는 체화 행위이다. 그리스도를 시각적으로 묘사한 작품들이 나오기 훨씬 오래전부터 그리스도는 성서 안에 이미 체화되어 있었다. 하지만 흥미롭게도 수세기 동안의 시각적 재현은 그리스도의 체화를 더 도드라지게 만들었고, 그리스도의 체화를 시각적 재현의 핵심 내용으로 만들었다. 서구 예술과 문화에서 그리스도의 생애 중 다른 순간보다 훨씬 많이, 또 가장 끊임없이 시각화된 순간은 유년기와 죽음에 이르기까지의 몇 시간이다. 두 시기는 모든 사람의 생애에서 몸이 가장 뚜렷하게 자신을 주장하는 때이다. 몸 내부에 있는 '한 개인'이 성장하면서 획득하는 언어, 개인성, 세계의 내용물에 **선행하는** 시기가 유아기이다. 이 시기는 머리를 목 위에 똑바로 유지하는 데, 또는 시선이 먼저 도착해 있는 공간 속의 한 지점에 불안정한 작은 팔이 도달하도록 하는 데 모든 에너지가 들어가는 때이다. 몸을 능숙히 가눌 수 없기에 몸이 모든 것을 삼켜버리는 때이다. 아기 예수를 묘사한 작품들에서 그리스도는 짐승들의 밥그릇인 구유에 담겨 짐승들 가까이에 있기도 하고, 어머니 무릎 위에 놓여 한때 그를 담았던 자궁 가까이에 있기도 하다. 그리스도의 시선이나 미소가 세세한 부분에서 어떻게 그려졌든 상관없이, 이런 작품들에서 묘사되는 것은 아기임에도 여전히 신성한 그리스도이다. 한편 십자가 위에 매달린 시간을 묘사한 작품들은 그리스도의 몸 내부를 가시화한다. 여기서 몸은 몸 자신의 최후 조건을 압도적일 만큼 내보이고 있다. 그리스도 생애의 이 두 국면은 여러 세기 동안 유명 예술가와 무명의 성상 조각가들에 의해 강박적으로 묘사됐으며, 최근 수 세기 동안에는 기계를 사용해 막대한 숫자로 생산되어 책에 실리고 벽에 걸렸다.[27] 유년기와 죽음이라는 두 시기의 재현은 현재 시점에서 봤을 때는 불가피하고 자명하게 보이지만, 사실 성서 자체에서는 예상할 수 없던 일이다. 성서에서 예수의 연속하는 생애 단계들은 똑같은 무게로 대상화되기 때문이다. 사람들은 가장 압도적인 단 하나의 이미지로 피에타를 꼽곤 한다. 이는 불가피한 일인지도 모른다. 피에타에는 위의 두 생애 장면이 뒤섞여 있기 때문이다. 십자가에 못 박힌 예수와 어머니 무릎 위라는 유아의 세계 안에 있는 예수가 동시에 묘사된다.

몸이 있다는 것은 결국 자신이 서술되길 허용하는 것이다. 구약성서의 신이 자신이 발화하는 말의 주제가 되는 때는 드물다. 신의 가장 기본적인 자기-서술에는 술부가 없거나 순환적인 술부만 있다. 즉 신은 "나는 존재한다I am"고 말하거나, "나는 주다I am the Lord" 또는 "나는 네 하나님이다"라고 말한다.[28] 반면 신약성서의 텍스트는 술부를 구체화하는 말로 가득하다. 나는 부활이다, 나는 길이다, 나는 세상의 빛이다, 나는 양이 드나드는 문이다, 나는 좋은 목자이다, 나는 생명의 빵이다 등, 늘어가는 이 술어들은 모두 마음속에서 곱씹어볼 만한 말들이다. 이런 자기-서술은 각각 그 나름대로 놀랍기도 하고 의미심장하기도 하지만 가장 중대한 점은 그 특정 내용이라기보다는 정의하는 행위 자체, 즉 **술어를 통해 드러나는 관대함**이라고 할 만한 것이다. 몸을 지니는 데 동의하는 것은, 모든 곳에 존재함에도 불구하고 특정 순간에 모든 곳이 아닌 어딘가에만 존재하는 것으로 이해되는 데 동의하는 것이다. 이와 마찬가지로, 술어로 서술되는 데

고통받는 몸

동의하는 것은 특정 순간, 특정 속성에 의해 제한되는 데 동의하는 것이다. 이를테면 문 같아지거나 빛 같아지는 데 동의하는 것이다. 또한 몸을 지닌다는 사실, 서술된다는 것보다 더 거대한 이 사실 때문에 예수는 인간의 협소한 시각 영역 안이나 비좁은 촉각 영역 안으로 들어와 그 안에 담겨 있을 수 있다. 도상학적으로도 예수는 거의 언제나 구유, 무릎, 십자가에 담겨 있으며/달려 있으며held, 이 사물들은 예수를 더욱 명확하게 한계 짓는 틀이 된다. 이와 마찬가지로, 서술될 수 있기 때문에 예수는 인간들의 정신 속으로 들어와 그 안에 담겨 있을 수 있다. 복음서들 자체가 계속되는 술부 쓰기 행위이다. 예수는 길을 걸은 자이며, 요한이 본 자, 마구간에서 난 자, 언덕 위에서 죽은 자, 예배당에서 말씀하신 자, 나병 환자를 치유한 자, 산 위에서 사람들을 먹인 자 등등이다. 몸을 지니는 데 동의하는 것은 지각되는 데 동의하는 것이고, 지각되는 데 동의하는 것은 서술되는 데 동의하는 것이다. 네 개의 복음서에서 예수의 이야기는 네 겹으로 되풀이되면서 이야기된다. 이야기의 이러한 반복 자체가 '예수를 서술할 수 있음'을 탐닉하고 축하한다.

유대교 성서와 기독교 성서 간의 관계를 주제로 한 수 세기 동안의 주석들은 두 성서에 담긴 이야기들에 존재하는 유사점에 오래전부터 주목했다. 아브라함, 요셉, 다윗, 요나와 같은 여러 구약성서 인물의 생애와 행위가 이 인물들이 신성화된 새 인물, 즉 예수를 예언하는 엠블럼이 된다는 것이다. 한편 생애와 행위의 이 같은 반복 안에서 가장 핵심적인 차이를 식별하는 일도 매우 중요하다. 그리스도의 생애 이야기 전체는, 그 이전에 있었던 일 전부를 배경으로 두고 사건들을 **감응력의 견지에서 다시 이야기한 것**으로 볼 수 있다. 여기서 다시 이야기되는 사건에는 단발적인 사건뿐 아니라 모세 오경의 가장 큰 틀이 되는 사건들, 즉 첫째로 창조, 둘째로 추방, 셋째로 구출까지도 포함된다. 틀이 되는 이야기는 전과 같지만 이제 창조되고 추방되고 구출되는 것으로 서술되는 이는 인간이 아니라 신 자신이다. 그리하여 인간의 감응력은 근본적으로 합법화된다. 인간의 감응력은 이제 신의 감응력이기도 하기 때문이다. 구약성서는 인간과 세계의 발생, 즉 창조에서 시작한다. 신약성서는 신 자신의 발생 혹은 창조, 즉 탄생에서 시작한다. 두 성서 모두 모든 것의 기원을 말씀the Word 그리고 그 말씀이 물질로 구현된 것으로 그린다(신약성서에서 사용하는 말로 하자면 수태고지 그리고 수태고지가 물질로 구현된 것으로 그린다). 그러나 구약성서에서 신의 말씀은 인간의 몸과 세계로 자신을 물질화하는 반면, 신약성서에서 신의 말씀은 신의 몸으로 자신을 물질화한다. 그럼으로써 신약성서는 목소리와 몸, 창조자와 창조된 것을 같은 장소에 놓아서 이제 둘이 분리된 범주로 떨어져 있지 않게 한다. 또한 인류가 자신들을 창조된 자이자 동시에 창조자로서 인식하도록 권한다. 이와 유사하게, 구약성서에서 근본적인 조건이었던 인간의 '거처 없음homelessness'은 신약성서에서는 신의 거처 없음이 된다. 에덴동산에서 추방된 이후 수세대에 걸쳐 인간들은 땅을 갖지 못했고, 신약성서에서는 이 조건이 신의 거처 없음, 추방, 배제로 바뀐다. 거처가 없다는 조건은 빈 방이 없는 여관에서 탄생한 순간부터 예수와 함께이고, 예수가 인간으로서 겪는 마지막 순간들까지 계속된다. 즉 예수는 마지막 순간에 가장 극단적인 지상에서의 추방 형태, 다시 말해 땅 전체에서의 추방인 사형을 겪는다. 이 같은 시작과 마지막 사이의 중간 부분에서도 거처 없음이라는 조건은 더 작은 규모의 다른 많은 사건을 통해서 거듭 단언된다. 일례로 회당에서 쫓겨나는 사건이 있다(〈요한복음〉 12:42, 〈누가복음〉 9:22). 이 조건은 집 없는 그리스도가 제자들에게 집을 떠나라고 촉구할 때처럼 적극적으로 옹호되기도 한다. 나아가 격언 같은 문장으로 나타나기도 한다.

여우도 굴이 있고 하늘을 나는 새도 보금자리가 있으나 인자는 머리 둘 곳이 없다(〈마태복음〉 8:20, 〈누가복음〉 9:58).

또 앞날을 예언하는 말로 나타나기도 한다.

고통받는 몸

그는 세상에 계셨다. 세상이 그로 말미암아 생겨났는데도 세상은 그를 알아보지 못하였다. 그가 자기 집에 오셨으나 그의 백성은 그를 맞아들이지 않았다(〈요한복음〉 1:10,11).

예수께서 친히 밝히시기를 "예언자는 자기 고향에서는 존경을 받지 못한다" 하셨다(〈요한복음〉 4:44. 또한 〈누가복음〉 4:24을 보라).

이스라엘 민족 사람들과 마찬가지로, 예수는 창조되어 세상에 보내졌으나 세상은 그를 환대하지 않는다. 창조됨과 추방은 서로 불가피한 대응물이다. 후자에서 나타나는 명시적인 제한은, 전자에 이미 담겨 있으나 아직 가시적이지는 않은 제한을 밖으로 드러낸 것이기 때문이다. 환대하지 않는 자연 세계는 '재-창조'되어야만 한다. 그리하여 몸과 목소리의 절대적 분리가 부서지는 신약성서에서는 공공연하게 물질적 재창조를 권한다. 물질적 재창조는 수정된 자기-구출 전략이 된다.

모세 오경의 신도 그의 언약을 받은 민족의 기록된 역사 안에서 서술되고 있다고 말할 수 있을 것이며, 이는 정확한 지적이다. 하지만 모세 오경에서 신은 창조됨 그리고 추방이라는 조건에서 계속 완전하게 분리된 채이다. 창조된 야훼나 집 없는 야훼는 상상할 수 없다. 창조되고 추방되는 사건을 신이 몸소 경험한다는 관점에서 이야기를 고쳐 말한다는 것은 내부적인 감응력상의 사실들에 절대적인 권위를 부여하는 것과 같다. 즉 변환될 수 있고, 창조될 수 있고, 상처를 입을 수 있다는 사실들에 절대적인 권위를 부여하는 것이다.

감응력과 권위를 함께 두는 것, 즉 감응력이 권위를 갖게 하는 것은 {전에는 무기의 양단에 따로 있었던} 고통과 권력을 무기의 한쪽에 함께 놓는 것이고 따라서 무기라는 사물 자체를 재구조화하는 것이다. 고통과 정반대의 것인 권력은 고통과는 다른 위치에 존재할 수 있으면서도 고통이 증가·감소하는 데 따라서 함께 증가·감소하는 것으로 지각될 수 있다. 이 점은 고통의 기묘한 특성 중 하나이다. 보통 반대되는 것들은 서로 함께 확대·수축하는 게 아니라 반비례 관계로 움직인다. 점점 더 축축해지는 것은 점점 더 건조해질 수 없으며, 동쪽으로 움직이는 것은 서쪽에서 더 멀어지는 것이고, 빛이 증가하면 어둠이 함께 증가하는 게 아니라 줄어든다. 하지만 인간들의 여러 상황에서는 고통이 증가하면 다른 곳에 축적되는 권력도 함께 증가하는 현상이 거듭 일어난다. 기독교 성서에서는 믿는 자의 몸과 믿음의 대상 간의 관계가 변하며, 이 변화는 고통과 권력 간의 분리된 관계를 무너뜨려 감응력과 권위가 한 장소에 함께 존재하게 한다. 따라서 감응력과 권위는 더 이상 서로를 희생해서 획득되지 않는다. {이것이 감응력에 권위를 부여할 때 나타나는 첫 번째 결과이다.}

감응력의 사실에 영적인 것의 권위를 부여할 때 나타나는 두 번째 결과는 몸과 목소리 간의 경계가 용해되어 둘 사이를 오가는 번역이 가능해진다는 것이다. 구약성서에서 몸은 인간에게만 속하며, 목소리는 극단적이고도 제한이 없는 형태를 취하면서 신에게만 속한다. 그러나 십자가를 가로지르면서 몸과 목소리는 원래 자리를 유지함과 동시에 전에는 각기 배제되었던 영역으로 진입한다. 지금까지의 논의는 이러한 오고감의 절반인 '신이 몸을 지니게 됨'만을 서술했다. 나머지 반절은 그에 대응하여 인간도 목소리를 지니게 된다는 것이다. 인간들이 획득하는 목소리는 마치 구약성서에 나오는 완전히 탈체화된 신처럼 물질적 제한에서 잠재적으로 자유로운 목소리, 불사<sup>不死</sup>의 목소리이다. 기독교의 서사들에서 강조되는 부분은 유대교에서와는 달리 종말론적이고, 그래서 서구 문명의 '내세<sup>afterlife</sup>'는 유대교보다는 기독교의 발명품으로 설명될 때가 많다. {기독교의 내세에서} 몸뿐만 아니라 영혼도 부활하긴 하지만, 그래도 이제 언어적 범주의 특권이었던 영생의 약속이 몸에도 부여된 것이다. 인간과 신 간의 거리가 얼마나 측량할 수 없을 정도로 멀든지 간에 이 거리는 더는 인간에게는 몸이 있고 신에게는 몸이 없다는 사실, 또는 신은 불멸이며 인간은

고통받는 몸

그렇지 않다는 사실에 기반을 두지 않는다. 감응력에 권위를 부여하는 것은 나아가 필멸必滅이라는 본래의 한계에서 풀려날 수 있도록 감응력을 개조할 수 있는 허가를 내주는 것이 된다.

전에는 분리되어 있던 범주들이 위와 같이 이중으로 교환되면서 세 번째 결과가 나타난다. 바로 창조하기와 물질문화로의 초대이다. 몸과 목소리가 갖는 심오한 의미들은 더 이상 이 의미들의 가능성이 그리는 단단한 윤곽선 안에 갇혀 있지 않으며, 서로에게서 떨어져 있지도 않다. 두 범주 간에 계속되는 교환은 단순히 허용되는 것 이상으로, 믿음 행위 자체에서 **요구된다**. 이렇듯 '믿기'가 정신의 근본 습관이 되면서 믿는 자가 자신을 만드는 자로 인식하는 것도 정신의 근본 습관이 된다. 물질문화가 기독교의 필연적인 부속물이라는 주장은 논란의 여지가 있긴 하지만 흔한 주장이다. 물질문화와 기독교가 연결되는 근거 중 하나는 기독교 서사들의 내용 자체에서 뚜렷하게 나타난다. 물질문화와 기독교가 연결되는 내용이 담긴 구절들은 인간이 살면서 하는 노동에 크게 관심을 기울인다. 요셉은 목수였고, 베드로와 야고보와 요한은 어부였으며, 바울은 천막 만드는 사람이었다. 예수는 안식일에 치유하기 위해 네 번째 계명을 거듭 어긴다(〈요한복음〉 5:16,17, 〈누가복음〉 4:31, 6:5, 13:10, 14:1). 예수의 죽음과 부활 이후에도 노동을 향한 관심은 계속 나타난다. 마리아는 잠시 동안 예수가 동산지기라고 생각하고(〈요한복음〉 20:11-18), 디베랴 바다에서 그물질하던 시몬 베드로와 도마, 나다나엘은 예수를 해안가에 서 있는 어부라고 생각한다(〈요한복음〉 21:1-8). 이들은 노동의 세계 안에서 예수를 인식한다. 마찬가지로 예수는 도마에게 손가락을 못 자국 안으로 넣어보도록 권유하며, 이는 노동의 세계 안으로 모방적으로 진입하길 권유한 것이다(도마의 의심 사건은 예수를 동산지기로 오해한 사건과 어부로 오해한 사건 사이에서 일어난다. 〈요한복음〉 20:24-29).

위에서처럼 신약성서에서 예수와 노동자들이 뒤섞인다는 점에서 '믿기'와 '만들기' 간의 연관성을 인식할 수 있다. 하지만 둘 간의 연관성을 더 강하게 담고 있는 것은 육체적 범주와 언어적 범주 간의 교환이다. 이 교환이 더 근본적이며 더 곳곳에 존재한다. 신이 몸을 지니게 되면서 인간의 감응력에 영적인 권위가 부여되지만, 또한 신이 몸을 지니려면 인간의 감응력이 권위 있게 되어야 한다. 겟세마네 동산에서 예수는 제자들에게 "한 시간도 깨어 있을 수가 없느냐"(〈마가복음〉 14:37)고 소리치며, 지상에서의 최후 장면들에서는 제자들에게 "더 잘 보라"고, 또 그들이 "만지는" 것이 무엇인지 알라고 요청한다. 이런 예수는 고양된 지각 행위, 더 예민하고 더 책임감 있는 지각 행위를 요청하는 신이다. 이제 감각은 대단히 예민해야 한다. 이 예민함은 상처와 비슷한 면이 있지만, 제자들이 예수를 발견하는 것은 더 이상 상처의 수동성 안에서가 아니다. 예수가 계속해서 그들의 상처를 치유하기 때문이다. 감응력은 더는 무기의 변환 능력이 새겨지는 수동적인 표면이 아니다. 이제 감응력은 무기라는 사물의 다른 쪽 능동적인 말단으로 재배치되어서, 무기의 변환 능력을 제어하고 지휘하는 책임을 맡는다. 이 전환을 통해 무기는 도구가 되고, 감응력은 능동적이 되며, 고통은 자기-변환 및 재창조를 향한 자발적인 능력으로 대체된다. 믿음의 구조 혹은 '유지되는 상상하기'의 구조는 수정되어 '물질적으로 창조하기를 통한 믿음의 구현'이 된다.

지금까지의 논의는 '믿기'에서 '만들기'로의 전환을 유대교 성서와 기독교 성서의 차이라는 측면에서 살펴보았다. 유대교 성서에서 인공물은 인간 능력이 투사된 것이지만, 이 상상된 대상에 실제성을 부여하기 위해 인공물은 인간 몸을 증강해야 한다. 기독교 성서에서도 인공물은 인간 능력이 투사된 것이다. 하지만 인공물 자체가 물질적 구현이라는 수정을 겪었고, 그리하여 인공물은 이제 인간 몸에서 '실제임'이라는 속성을 빌릴 필요가 없다. 인공물이 자기-실증하기 때문이다. (마음속에서 그려본 탁자가 나중에 감각을 통해 확증할 수 있는 실제 나무 탁자가 되는 것처럼, 어떤 신이든 신은 이렇게 처음에는 상상된 대상으로 존재하다가 나중에 창조의 두 번째 단계를 거쳐 물질적 형태를 획득할 수 있다.) 지어내기(정신적으로 상상하기)와

고통받는 몸

실제화하기(물질적 구현)라는 창조의 두 단계 모두에서 창조된 사물은 어떤 형태로든 '확증'을 필요로 한다. 실제가 아니거나 허구적인 것으로 인식된다면 그 사물은 성공적인 허구가 아니다. 그렇지만 첫 번째 단계에서 두 번째 단계로 넘어가면 '실제임'이라는 속성은 그 인공물 자체의 일부가 된다. 아래에서는 구약성서로 돌아가서, '믿기'에서 '만들기'로의 위와 같은 전환이 구약성서에서 예견되고 있음을 볼 것이다. 믿기에서 만들기로의 전환은 구약성서에서 이미 상당한 정도로 예견되고 있어서, 구약성서에 거의 언제나 존재하는 어떤 압력 때문에 기독교의 이야기가 필요했고 또 그 압력에서 기독교의 이야기가 탄생한 것처럼 보일 정도이다.

## III. 만들어진 사물의 내부 구조

유대교 성서가 물질문화에 대단히 적대적이라는 점은 자주 지적되었으며 정확한 말이다. 호렙산 아래에서 금송아지를 만드는 이야기와 미가가 만든 우상들을 단$^{Dan}$ 지파가 가져오는 이야기는 가장 친숙한 사례이다(또 베델과 단에 각각 금송아지를 두고 시시때때로 우상숭배를 한 왕들에 관한 복잡한 기록도 잘 알려져 있다). 그러나 새긴 형상을 금지하는 두 번째 계명은 친숙한 위의 두 이야기에 한정되지 않는다. 새긴 형상 금지는 끊임없이 재발하는 문제로, 주기적으로 나타났다가 사라진다. 또 만들어진 사물을 향한 반감이, 새긴 형상이라는 특정 부류의 사물에 한정되는 것도 아니다. 만들어진 사물에 달라붙어 있는 오염의 아우라는 평범한 사물도 둘러싸고 있다. 예를 들어 주조해 만든 금송아지를 향한 반감은 그 재료가 된 장신구를 향한 반감과 분리될 수 없고, 모세와 신은 그 둘 모두를 자기-장식을 위한 사물로 봤다. 이와 유사하게, 〈예레미야〉 전반에 나타나는 새긴 형상 금지는 백향목 판자로 단장하고 붉게 칠한 아름다운 집을 짓는 행위 금지와 떼어놓을 수 없다(22:14. 또한 11, 12, 14, 32장을 보라. 〈학개〉 〈스가랴〉

〈말라기〉에서도 유사한 뒤섞임이 나타난다). 허버트 슈나이다우[Herbert Schneidau]는 유대교 성서의 위와 같은 반反-문화, 반-도시, 반-장인匠人적인 강조를 설득력 있고도 상세하게 탐구한다. 그의 분석에서 "최초의 도시 건설자 카인"을 "살인자 카인"으로 보는 것은 바벨탑 이야기에서 "건축술과 천문학 분야의 지혜라는 오랜 도시 전통"을 부인하는 것으로 이어지고, 다시 소돔과 고모라 이야기에서 도시 거주에 명백히 부정적인 함의를 부여하는 것으로 이어진다. 또 이스라엘 민족이 최종적으로 약속의 땅으로 들어가기 위해 세계에서 가장 오래된 도시(여리고)를 파괴해야만 했던 일로 이어진다. 위 네 사례는 시작일 뿐이다. 슈나이다우는 비슷한 사건이 긴 목록을 이루며 이어짐을 보인다.[29] 구약성서 전반에서 짓기, 만들기, 창조하기, 노동하기라는 인간 행위는 위로부터의 금지와 아래로부터의 억제로 겹겹이 둘러싸인다.

하지만 구약성서가 인간의 창조 행위와 문화에 대해 거부하는 태도를 지닌다고 단순하게 요약할 수만은 없다. 세 가지의 거대한 사실 때문에 인간의 창조를 향한 구약성서의 태도가 복잡해지기 때문이다. 첫째, 히브리 민족 사람들은 기념비적이고 장대한 인공물을 발명하는 계속되는 행위에 참여하고 있다. 이 인공물은 (문제가 많을지언정) 너무도 엄청나서 다른 민족이 만든 그 어떤 인공물도 아마 필적할 수 없을 것이다. 이 인공물이 결국 언젠가는 나머지 세상 사람들의 관심을 끌어내고 모아낼 것이라는 구약성서의 예언(〈출애굽기〉 33:16, 〈스가랴〉 8:21-23)은 빗나가지 않았다. 어쩌면 여타의 만들기 행위를 금지한 것은 이 하나의 창조 행위를 완수하는 데 필요한 에너지가 별로 대단치 않은 다른 결과물을 만드는 데로 새어나가지 않게 방지하려는 노력이었는지도 모른다. 둘째, 이 신이라는 인공물 자체가 순수한 창조하기의 원리이다. '만들기'는 이렇게 다른 행위와 구별되어 가장 성스러운 행위이자 가장 특권적인 행위, 가장 도덕적으로 권위를 갖는 행위로서 예우받는다. 창조에 바로 인류의 운명이 달려 있다고 여겨진다. 셋째, 신이 맨 처음으로 한 행위는 세계 창조로 명시된다.

고통받는 몸

다시 말해 구약성서는 사실상 일거에 '자연 세계' 전체를 뒤엎으며, 우주 전체를 인공 행위와 지성을 사용하는 행위들에 적합한 영토로서 새롭게 상상한다. 인간의 창조하기를 촘촘하게 금하고 있는 구약성서의 짜임은 이렇듯 위 세 가지 사실이 이루는 더 큰 틀 안에서 봐야 한다. 먼저 이 세 가지 사실은 '만들기'를 **도덕적으로 가장 큰 반향을 갖는 행위**로 확립한다 (20세기 후반 현재 분배 정의에 관한 이론들도 마찬가지로, '만들기'와 '만들어진 것들의 분배'를 윤리적 행동이 가장 시급하게 필요한 지점으로 본다). **이와 동시에** 이 세 가지 사실은 '만들기'를 **가장 광대한 행위**로 확립한다. 만들기 행위는 집 문간이나 도시 입구, 땅끝, 바다나 지구에서 멈추지 않고 별과 은하에까지 뻗어나간다(따라서 보이저 우주선/우주**기술**$^{spacecraft}$이 "지구의 어린이들이 인사를 보냅니다"라는 녹음 메시지를 싣고 태양계 밖으로 날아갈 때, 이 우주선은 〈창세기〉 시작 부분에서 처음으로 나타난 창조 능력이 **미치는 범위**에 형체를 주고 있는 것이다).

나아가 물질적으로 창조하는 인간 행위는 구약성서에서조차도, 다시 말해 금지의 한가운데서조차도 위의 더 큰 틀 안에 존재하며 그 틀을 수정하는 관대한 충동들과 서서히 양립하게 된다. 이 사실을 이번 절에서 보일 것이다. 구약성서에 나오는 물질적 사물은 두 범주로 나눌 수 있다. 첫 번째는 인간이 만든 물질적 사물로, 신의 허용 여부와는 상관없이 만들었거나 신의 금지를 공공연히 위반하며 만든 사물이다. 이 범주에는 새긴 형상과 일부 일상 사물까지 포함된다. 두 번째는 신이 만들었거나 신의 명시적인 권유와 지시를 받아 인간이 만든 사물이다. '가라' '일어나라' '보라' '귀 기울이라' '하라' '하지 말라'는 신의 명령 목록에는 '만들라'는 눈에 띄는 명령이 주기적으로 추가된다(일례로 '잣나무로 방주를 만들라'는 명령). 2절에서 살펴보았듯 신약성서에서 몸과 목소리 간의 절대적 분리는 부서진다. 구약성서에서는 범주의 이 같은 부서짐이 위 두 종류의 물질적 사물을 통해 이루어진다. 이 점은 아래에서 점점 더 분명해질 것이다. 구약성서에서 인간이 창조한 사물들은 **성공적으로** 신에게 몸을 부여한다. 또 신이 창조한 사물들은 전에는 인간 몸이 필요했던 실증 작업을 넘겨받아 인간을 몸에서 벗어나게 하고, 그럼으로써 인류를 언어적 범주에 더 가까이 놓는다. 이제 위에서 언급한 두 종류의 사물을 각각 살펴볼 것이다. 방주, 제단, 우물, 노래, 의복, 기록된 율법, 집, 어떤 것이든 이 사물들은 만들어진 것 모두에 공통적인 내부 구조를 드러낸다. 이 내부 구조란 신의 몸과 인간의 몸이 합쳐진 것, 다시 말해 '창조하기 원리의 물질화'와 '인간 창조자의 탈물질화'가 합쳐진 것이다.

## 인간이 제작한 사물: 새긴 형상 그리고 신에게 몸을 부여하기

2절에서 설명했듯 유대교 성서 안에서 새긴 형상 만들기는 몸과 목소리의 절대적인 온전함을 흐린다. 그 결과 두 범주의 극단성을 재확립하고자 하는 사건들이 거의 필연적으로 뒤따른다. 이 사건들을 통해 인간 존재의 육체적 기반이 증강되거나 신의 언어적 순수성이 재천명된다. 두 종류의 사건들 모두 무기에 의해 매개된다. 무기는 물질적 사물(칼)로 나타나거나 물질적 현상(불)으로 나타난다. 무기는 인간의 몸을 제외하고는 유일하게 신과 동일시되고 신을 재현하도록 허용되는 유형有形의 사물 또는 현상이다. 새긴 형상 만들기는 신을 유일하게 재현하는 이 사물을 부수어 다수의 사물이 되도록 작동한다. 마치 지상에서 천상까지 걸쳐져 있으면서 양쪽을 매개하던 거대한 칼이 부서지고, 전에 칼이 서 있던 곳 아래의 지면 위에 컵, 담요, 노래 등 수많은 다른 사물이 생기게 되는 것과도 같다.

어떤 신이든 신을 재현하는 행위가 신에게 몸을 부여하는 행위라는 말은 자명할지도 모른다. 심지어는 동어반복일지도 모른다. 구약성서의 서사들 자체는 분명 두 행위 간의 연관성을 강조한다. 주조해 만든 송아지처럼 동물과 비슷한 형상을 통해 그 연관성을 강조할 때가 많고(동물은

고통받는 몸

더 단순하게 감응력을 보여주기 때문이다. 동물의 감응력은 개인성과 자기-연장에 의해 복잡해지지 않는다), 이야기의 맥락을 통해 강조할 때도 있다. 후자의 예로는 라헬과 신상 이야기를 들 수 있다. 라헬은 아버지 집의 신상들을 훔친 다음 이 신상들이 아직 태어나지 않은 자식들인 양 자기 살 속으로 거의 빨아들인 채로 앉는다.

> 라헬은 수호신상들을 낙타 안장 밑에 감추고서 그 위에 올라타 앉아 있었다. 라반은 장막 안을 샅샅이 뒤졌으나 찾아내지 못하였다. 라헬이 자기 아버지에게 말했다. "지금 저는 월경 중이므로 아버지 앞에 서서 맞이할 수가 없으니, 아버지, 너무 노여워하지 마십시오." 라반은 두루 찾아보았으나 끝내 수호신상들을 찾지 못하였다 (〈창세기〉 31:34,35).

여기서 신을 재현하는 행위가 신에게 몸을 부여하는 행위라는 주장의 중요성은 재현 행위 혹은 체화 행위를 서술 행위로 인식해야 분명해진다. 여기서 서술은 요청된 적이 없을 뿐 아니라 금지된 행위이다. 새긴 형상의 최대 위협이자 진정한 의미는 **단순히 새긴 형상이 신을 서술한다는 것이 아니다. 신이 자신을 서술해야만 하는 상황을 새긴 형상들이 만들어 낸다는 것이다.** 즉 분노 때문이든 슬픔 때문이든, 새긴 형상이라는 잘못, 부정不正, 불신을 설명할 때 신은 필연적으로 자기-서술 행위를 할 수밖에 없다. 파괴되는 순간까지도 새긴 형상은 신이 자신을 물질화하는 서술 행위를 하도록 추동한다.

신의 이 같은 서술 행위에서 친숙한 종류의 술어와 친숙하지 않은 종류의 술어, 두 종류의 술어가 나타난다. 먼저 첫 번째 종류의 술어를 살펴본 후 더 중요한 두 번째 종류의 술어를 살펴보겠다. 새긴 형상이 유발하는 자기-서술 행위 중 일부는 성서의 다른 맥락에서 이미 허용되어서 억제된 적이 없는 것들이다. 신이 목소리나 이름으로 존재할 때가 그렇다.

예를 들어 〈레위기〉에서는 우상을 금지하는 선언 다음에 "나는 주다<sup>I am the</sup> <sup>Lord</sup>"라는 말이 거듭 뒤따라 나온다.

> 너희는 우상을 만들거나 새긴 형상이나 기둥을 세워서는 안 된
> 다. 또 너희 땅에 조각한 석상을 세우고 절해서는 안 된다. 내가
> 주 너희의 하나님이다. 너희는 내가 정하여준 안식일을 지키고 나
> 에게 예배하는 성소를 경외하라. 나는 주다(26:1,2. 또한 〈예레미야〉
> 16:18,20,21을 보라).

이 자기-서술은 이례적이지는 않다. 분명 조심스럽게 신의 이름을 발설한 것이겠지만, 성서 그 어디에서보다도 망설임이 보이지 않는 서술 행위이기 때문이다. 그럼에도 인용한 구절의 맥락에서 보면 이 가장 최소한의 술어조차 특별한 어조를 띤다. 여기서 신은 자신이 거부한 신체적 형상 옆에 언어적 형상을 재천명해서 나란히 놓아야 하며, 그러면서 취약함과 무력함이 살짝 드러나고 인정된다. 아래 〈이사야〉에 나오는 마음을 뭉클하게 하는 구절도 마찬가지이다.

> 너희 죄인들아, 이것을 생각하고 명심해라. 태초부터 이루어진 일
> 들을 기억해라. 나는 하나님이다. 나밖에 다른 신은 없다. 나는 하나
> 님이다. 나와 같은 이는 없다(〈이사야〉 46:8,9).

> 나는 주다. 이것이 나의 이름이다. 나는 내 영광을 다른 자에게, 내
> 가 받을 찬양을 새긴 형상들에게 넘겨주지 않는다(〈이사야〉 42:8).

"나는 주다. 그것이 내 이름이다." 이 반복되는 선언은 자신의 개인성이 담긴 기호를 내놓음으로써 자신을 학대에서 보호하려는 고아의 선언처럼 들리기도 한다("저는 조라고 해요"). 아니면 부하들에게 자신의 지위

고통받는 몸

를 상기시키는 무능한 관료의 선언처럼 들리기도 한다("자네는 그걸 할 수 없어. 내가 책임자라네").[30] '주the Lord'라는 술어 자체는 성서의 다른 여러 맥락에서도 나왔기 때문에 친숙할 수 있지만, 위 인용구에서 반복되는 술어에는 완전히 친숙하지는 않은 무언가가 있다.

신을 창조자라고 말하는 또 다른 술어에도 마찬가지로 조금 낯선 무언가가 현존한다. 〈창세기〉 서두에 나오고 구약성서 전반에서 당연한 것으로 가정되는 '창조자'라는 술어는 새긴 형상 구절들에서는 명시적이고 광범위하게, 또 어쩌면 강박적으로 나타난다. 우상 제작은 만드는 자와 만들어진 것 간의 근본 관계를 전도하며, 따라서 창조의 원래 방향을 복원하기 위해서는 다음과 같은 사실을 끊임없이 상기시켜줘야 하기 때문이다. 즉 신이 모든 것을 창조했으며, "나보다 먼저 지음을 받은 신이 없"고(〈이사야〉 43:10), 신이 "하늘을 펼치"시고 모든 지형 변환을 일으켰으며(〈예레미야〉 10:12,13), 가장 중요하게는 신이 바로 인류를 창조했고 자궁에서 인류를 탄생시켰다는 것이다(〈이사야〉 43:7,21, 44:2). 이 구절들을 비롯해 〈미가〉 〈나훔〉 〈하박국〉에 나오는 유사한 구절들에서 새긴 형상은 '창조하는 이는 신'이라는 논리를 위반한다. 새긴 형상과 마찬가지로 만들어진 자들, 그리하여 만드는 이가 될 수 없는 자들이 새긴 형상을 만들었기 때문이다. (여기서 다음과 같은 점을 떠올릴 수밖에 없다. 그 자신도 만들어진 것이자 허구인 신이 새긴 형상들을 비난하도록 허용하면서 성서가 매우 커다란 위험을 떠안게 된다는 것이다. 신은 새긴 형상이 만들어진 것이며 허구이고 따라서 '거짓'이라는 근거로 비난한다. 새긴 형상이 거짓이라는 비난은 〈이사야〉 44:12-20과 〈하박국〉 2:18-20에 나온다.) 형상 제작 금지 위반은 가장 가혹한 처벌을 불러온다.

내가 이곳에서 유다와 예루살렘의 계획을 무너뜨리고 그들이 적의 칼에 맞아 쓰러지게 할 것이며, 그들의 시체를 공중의 새와 땅의 짐승의 먹이로 내줄 것이다. 내가 이 도시를 끔찍한 곳으로 만들 것이며 조롱거리가 되게 하리니, 지나가는 자마다 이 도시의 모든 재앙을 보면서 경악하고 비웃을 것이다(《예레미야》 19:7,8).[31]

새긴 형상을 제작해서 받는 처벌은 위에 인용한 구절에서처럼 새긴 형상과 상관없는 다른 처벌 장면에서 흔히 볼 수 있는 형태를 취하기도 하고 그렇지 않은 형태를 취하기도 한다.

새긴 형상 구절들에서 가장 눈에 띄는 점은 처벌하겠다는 위협이 관습적인 처벌 장면과는 크게 다를 때가 많다는 것이다. 새긴 형상 구절들에서 감응력이 있는 인간의 몸은 인공물을 만들었다는 이유로 부서져야 하는데, 이때 인간의 몸은 그 자체가 마치 인공물이나 공예품인 것처럼 서술되곤 한다.

유다의 므낫세 왕이 이러한 역겨운 풍속을 따라 …… 우상을 만들어 유다가 죄를 짓게 하였으므로, 주 이스라엘의 하나님이 말한다. 보라, 내가 예루살렘과 유다에 재앙을 보내겠다. 이 재앙의 소식을 듣는 사람은 누구나 속이 울렁거릴 것이다. 내가 사마리아를 잰 줄과 아합 궁을 달아본 추를 사용하여 예루살렘을 심판하겠다. 사람이 접시를 닦아 엎어놓는 것처럼 내가 예루살렘을 말끔히 닦아 내겠다(《열왕기하》 21:11-13).

[저 반역하는 족속에게] 나 주 하나님이 말한다. 가마솥을 마련하여 놓고 거기 물을 부어라. …… 그러므로 나 주 하나님이 말한다. 피의 성읍아, 너에게 화가 미칠 것이다. …… 빈 가마솥을 숯불 위에 올려놓아 뜨거워지게 하고 가마솥의 놋쇠를 달궈서 그 안의 더러운 것을 녹이며 가마솥의 녹을 태워 없애라(《에스겔》 24:3,9,11. 이 부분의 서주가 되는 구절로는 23:30,35,37-39,42를 보라).

자, 이제 내가 예루살렘을 잔으로 만들어 주변의 모든 민족을 취하게 하고 비틀거리게 할 것이다. …… 그날에 내가 예루살렘을 바위가 되게 할 것이니, 모든 민족이 힘을 다하여 밀어도 꿈쩍도 하지 않을 것이다. 그 바위를 들어 올리려고 하는 자는 누구든지 크게 다칠 것이다. …… 그날에 내가 유다 부족들을 나뭇단 사이에 놓인 타오르는 도가니처럼, 곡식 단 사이에서 타는 횃불처럼 만들 것이다. …… 그날이 오면, 만군의 주가 말하노니, 내가 이 땅에서 우상의 이름을 없애 아무도 다시는 그 이름을 기억하지 못하게 할 것이다 (〈스가랴〉 12:2,3,6, 13:2).

나 역시 이 백성과 도시를 토기 그릇 깨듯 깨뜨려버려서 절대 고칠 수 없게 할 것이다(〈예레미야〉 19:11. 또한 18:15 이하를 보라).

나 주의 말이다. 내가 내 삶을 두고 맹세하노니, 여호야김의 아들, 유다 왕 고니야야, 네가 내 오른손에 낀 옥새 가락지라고 하더라도 내가 너를 거기서 빼버릴 것이다(〈예레미야〉 22:24. 또한 22:9-14를 보라).

우상을 만들지 말라는 두 번째 계명을 위반할 때 인류 자체가 접시, 잔, 도가니, 토기 그릇, 장신구 한 점이 된다. 또 이와 유사하게 인간은 손잡이가 달리지 않았다고 토기장이에게 불평하는 질그릇이 되거나(〈이사야〉 45:9), 아직 정련되지 않은 은과 금 조각이 되기도 한다(〈말라기〉 3:3, 〈스가랴〉 13:9). 또 다른 부분에서 이스라엘 민족은 우상을 섬기는 적국들을 부스러뜨리는 탈곡기가 되고(〈이사야〉 41:15), 반대로 이스라엘 민족이 위반을 저질렀을 때는 그 자신이 적들에 의해 좀먹은 옷처럼 없어진다(〈이사야〉 50:9). 이 구절들이 인상적인 이유는 신의 창조하는 능력과 다치게 하는 능력이 너무도 생생하게 하나로 합쳐져 있기 때문이다.[32] 나아가

이 구절들은 범주들 사이의 거리를 최종적으로 무너뜨린다는 또 다른 이유 때문에도 놀랍다. 신의 언약을 받은 민족을 닦아 내지 않은 접시나 녹슨 가마솥으로 바꾸는 변환에는 인간의 형상 창조를 향한 신의 혐오가 너무도 가득 울려 퍼진다. 이 가혹한 어조는 창조자와 그의 창조물 간의 거리를 일시적으로 재확립하고 강조한다. 그러나 여기서 신의 말은 우주 창조라는 멀고 먼 사실을 인간들에게 가까운 잔이나 옷 만들기와 계속 연관시키고, 그러면서 신의 말이 재확립하고자 하는 바로 그 범주들 간의 거리는 오히려 결국엔 붕괴하게 된다.

왜 우상 금지가 절대적이어야 하는지가 여기서 분명해진다. 일단 창조된 우상들은 원래로는 되돌아갈 수 없는 상황을 만들어내기 때문이다. 인간이 신의 지시를 받지 않고 사물을 창조했을 때 신에게는 두 가지 선택지가 있다. 먼저 신은 그 사물과 자신이 맺는 관계를 부인할 수 있다. 신의 부인은 그 사물이 차지하는 창조의 영역 일부분에서 인간이 권한을 가짐을 인정하는 것이고, 따라서 신에게 속하는 창조하기의 영토를 수축시킨다. 아니면 (위에서 인용한 구절들에서처럼) 신은 자신의 원작자 지위의 경계를 확장해서 인간이 만든 그 사물도 포함되도록 할 수 있고, 그리하여 창조의 전체 영토를 되찾을 수 있다. 하지만 이제 그 영토 안에 포함되는 인공의 산물은 너무도 하찮은 것이라서 창조 기획 전체를 훼손한다. 두 방식 중 어떤 대응을 하든 신의 창조 내부에 존재하는 한계가 인식될 수밖에 없다.

창조되는 사물이 일상 사물이 아니라 우상일 때 문제는 물론 훨씬 더 심각해진다. 일단 우상이 인간과 신 사이의 공간에 놓이면 신의 위치에서 나올 수 있는 해석은 네 가지뿐이다. 인간이 일상 사물을 만들었을 때 신이 해당 사물과의 관련을 부인하든 인정하든 똑같이 신 자신을 제한하는 행위가 되었듯, 신이 우상을 거부할 때도 마찬가지이다. 신은 우상과의 관련을 부인하는 두 가지 방식과 인정하는 두 가지 방식을 통해 우상을 거부한다. 부인하는 전자의 해석은 우상이 *자신*을 지시하지 않는다고 보며,

고통받는 몸

인정하는 후자의 해석은 우상이 *자신*을 지시한다고 본다. 네 가지 해석 방식 중 첫 번째는 우상이 예를 들어 바알 신 등 다른 신을 지시한다는 것이다. 두 번째는 우상이 우상 자체를 넘어서는 무엇을 지시하는 것이 아니라 그 자체로 (사람들의 눈에는) 또 하나의 신이라는 것이다. 세 번째는 우상이 나$^{Me}$를 지시하지만 잘못된 재현이라는 것이다. 네 번째는 우상이 나를 지시하며 나를 재현한 것이 맞다는 것이다. 구약성서에 나오는 새긴 형상 거부는 대개 이 네 가지 반응 범주에 들어간다. 네 범주 모두 신이 진노하는 근거를 설득력 있게 내놓는다. 그러나 사실 각 범주는 상당한 정도로 다른 세 개 범주를 바꿔 말하고 있으며, 형상 창조에 내포된 단 하나의 본질적인 문제를 바꿔 말하고 있을 뿐이다.

예를 들어 〈신명기〉〈이사야〉〈열왕기〉의 새긴 형상 구절들은 바알이나 몰렉, 나무 형상을 한 아세라가 신을 대신할까 봐 또는 신이 이들과 뒤섞일까 봐 크게 염려한다. 이렇게 신 지위의 순수성을 보호하는 것은 이스라엘 민족의 인종적 순수성을 보호하는 것이기도 하다. 일례로 〈예레미야〉에서 이스라엘 민족은 우상을 만드는 갈대아 사람들, 즉 바빌로니아 사람들과 섞이지 말라는 경고를 받는다. 다른 신을 지시하는 우상에 분개하는 데는 존재론적인 동시에 사회학적인 근거가 있다. 하지만 우상이 다른 신을 지시한다면서 거부하는 이런 구절들은 종종 미끄러져서 우상이 하나님을 잘못 재현했다는 분노와 구별할 수 없게 되곤 한다. 주조해 만든 송아지가 하나님을 지시할 때 더 괘씸할까, 바알을 지시할 때 더 괘씸할까? 〈시편〉 저자는 호렙산 아래에서 있었던 사건에 낙담하며 다음과 같이 적는다.

그들은 하나님의 영광을 풀을 먹는 소의 형상과 바꾸어버렸습니다 (〈시편〉 106:20).

신을 송아지로 나타내는 지독하고도 심각한 모독은 바알을 섬기는 끔찍한 불충不忠만큼이나 나쁘다. 불충과 잘못된 재현은 거의 구별이 불가능해지고 나아가 서로 자리를 바꾸기까지 한다. 그리하여 바알을 섬기는 일이 음란한 모독이라는 측면에서 서술되며, 신을 물질적 형태로 시각화하는 일이 부정不貞, 불충, 매춘이라는 말로 서술된다. 따라서 다시 잘못된 재현이라는 잘못은 재현이라는 잘못과 거의 구분할 수 없게 된다. 그 어떤 재현 행위이든, 그 어떤 물질적 유사물이든 모두 비물질적인 것을 왜소화한 것이자 왜곡한 것이기 때문이다. 이 사실은 아래 〈이사야〉의 구절에 조용하고도 또렷하게 나타난다. 이 구절은 놀라워하고 속상해하면서 인간의 형상 만들기를 이해할 수 없어 한다.

너희가 하나님을 누구와 같다고 하겠으며 어떤 형상에 비기겠느냐?

거룩한 분께서 말씀하신다. "너희가 나를 누구와 견주겠으며, 나를 누구와 같다고 하겠느냐?"(〈이사야〉 40:18,25-26)

이 구절과 기타 유사한 구절들에서 신 또는 선지자가 우상 만들기라는 재현 행위의 본성을 고의로 잘못 말하고 있다고 할 수도 있을 것이다. 우상은 (바로 위의 인용구에서처럼) 신 자신이 바라는 모습, 즉 신이 되고 싶어 하는 것이 무엇인지를 보여주는 형상일 필요가 없기 때문이다. 그뿐만 아니라 신에 상당하는 형상일 필요조차 없다. 결국, 당연히도 우상은 신이 무엇이 되고자 해야 하는지 인간들이 신에게 제안한 것일 뿐이다. 그리고 인간들이 신에게 바라는 이 무엇은 체화되어 있다. 유대교 성서 안에서 거듭 등장하는 새겨 만든 재현물은 '기독교 서사들 안에서 신이 몸을 취함으로써 기꺼이 되고자 하는 무엇'에 매우 가깝다. 바로 모든 물질적 재현 행위는 체화 행위이기 때문이다. "사람들이 송아지 신상에 입을 맞춘다"(〈호세아〉 13:2)거나 인간들이 "풀을 먹는 소의"(〈시편〉 106:20) 형상을 만들었다는 구절을 읽다보면, 우스꽝스럽다고 단언되는 동물 이미지 뒤편으

고통받는 몸

로 예수가 탄생할 때의 이미지가 떠오를 수밖에 없다. 예수는 마구간 동물들의 막 태어난 새끼인 양, 소와 당나귀에 둘러싸여 이 동물들이 먹이를 먹는 여물통에 담긴 채 이 동물들의 거처 안에 잠들어 있었다. 새긴 형상과 예수가 연관되는 예는 또 있다. 아래 〈예레미야〉의 구절은 재현이라는 너무도 터무니없는 잘못에 당혹해한다.

> 숲에서 벤 나무를 장인의 손이 도끼로 다듬는다. 사람들이 은과 금으로 조각을 꾸미고 망치로 못을 박아 고정시켜 움직이지 않게 한다. 그들의 우상은 참외밭의 허수아비와 같아서 말도 하지 못하고 걸어 다닐 수 없기에 누가 늘 메고 다녀야 한다(〈예레미야〉 10:3-6).

당혹해하는 이 구절을 우리는 그저 무심히 읽어갈 수도 있다. 하지만 펼쳐진 또 다른 두 팔, 참외밭에 말없이 못박혀 있는 또 다른 허수아비를 그냥 지나치기는 어렵다.

이렇게 우상과 예수의 이미지가 겹쳐지는 이유는 체화라는 사실 자체 때문이다. 그리고 네 가지 범주 모두에 내포된 본질적인 위반은 결국 네 번째 해석 범주로 수렴한다. 바로 우상이 신을 지시하며 재현한다는 것이다.

앞의 논의에서 보인 것처럼 신은 자신이 누구이며 또 누구가 아닌지를 명확히 하고자 함으로써 재현에 대응한다. 자신을 물질화하는 자기-설명과 자기-정의 행위를 통해 대응한다는 것이다. 그리하여 신을 체화시키는 인간의 행위 자체는 저지되지만 사실상 그 인간의 행위는 결국 신의 체화로 이어진다. 구약성서에서 애초에 주어진 신의 속성들까지도 더 일관된 모습을 띠게 된다. 신은 원래 언어적 범주로서, 이름으로서, '주'로서 존재했고, 그러면서 창조자 지위에 있었다. 이 속성들은 더 이상 총체적이지 않고, 그렇기에 덜 모순된다. 신이 창조하기 능력 중 (전부가 아니라) 어떤 **부분들**이 자신의 것인지, 또 창조물 중 (전부가 아니라) 어떤 **부분들**이 신을 궁극적인 지시 대상으로 갖는지 특정하기 때문이다. 나아가 이 같은 맥락에서 신은 감정을 나타내는 술어를 훨씬 풍부하게 획득한다. 위의 설명에 드러나듯, 구약성서의 다른 부분에 보통 나타나는 진노나 복수심에 불타는 권력자의 어조는 이제 당황, 이해하지 못함, 취약함, 질투, 수치심, 곤혹과 같은 심리적 사건과 주기적으로 함께 나타난다. 신에게 어울리지 않고 적용되기 어려워 보이는 이 속성들은, 복잡한 감정이 드러나는 새긴 형상 구절들의 어조 안에 분명하게 존재한다. 달라진 신의 어조는 신에게 몸을 부여할 수 있는 형상의 능력을 시사한다. 형상은 신을 물질적 형태로 시각화할 뿐 아니라 더 중요하게는 신이 대응하게 한다. 그리고 신의 대응은 육체적 조건을 수반할 수밖에 없다. 신이 형상에 대응하면서 육체적 조건을 지니게 된다는 사실을 더욱 놀라운 방식으로 시사하는 또 다른 지점이 있다. '나는 주다' 또는 '나는 창조자다' 같은 친숙한 술어가 아니라 친숙하지 않은 술어를 살펴봤을 때도 그 사실이 명확해진다.

새긴 형상 구절에서 신은 특정 조각상이나 우상, 기둥을 거부하며, 거부하는 과정에서 그 형상이 이러저러한 속성을 지닌다고 직간접적으로 주장한다. 형상이 지닌다고 주장되는 속성들은 광범위하다. 신은 형상이 재현이기 때문에 거부하기도 하고, 형상이 **동물**의 재현이기 때문에 거부하기도 한다(재현이라는 사실 자체는 암묵적으로 수용한다). 아니면 신은 어느 동물의 재현이 지니는 **특정 성질**을 거부하기도 한다(재현이라는 일반적인 현상뿐 아니라 동물의 재현이라는 하위 현상까지 모두 암묵적으로 수용한다). 예를 들어 아래 〈호세아〉의 구절에서 신이 분노하며 거부하는 것은 송아지 이미지가 지니는 불쾌한 온순함뿐이다.

사람들이 송아지 신상들에 입을 맞춘다! 그러니 내가 그들에게 사자처럼 되고 표범처럼 되어서 길목에 숨어 있을 것이다. 내가 새끼 빼앗긴 곰처럼 그들에게 달려들어 가슴팍을 갈기갈기 찢을 것이다 (13:2,7,8).

새긴 형상을 거부하는 과정에서 신이 점차 획득해가는 술어들로 긴 목록을 작성해볼 수도 있을 것이다. 한편으로 그 과정에서 형상을 거부하는 특정한 근거 하나, 즉 우상의 특정 속성 하나가 거듭 나타난다. 반복해서 등장하는 이 속성은 마침내는 신이 우상과 자신을 차별화하는, 아마도 유일하며 가장 도드라지는 근거가 된다. 다음 구절들에서 이 속성을 볼 수 있다.

당신들은 거기에서 사람이 나무와 돌로 만든 신, 즉 보지도 못하고 듣지도 못하고 먹지도 못하고 냄새도 맡지 못하는 신들을 섬기게 될 것입니다(《신명기》 4:28).

사람은 누구나 어리석고 무식하다. 금속을 부어서 만든 신상들은 거짓이요, 그것들 속에 생명이 없으니, 금세공 장인들은 자기들이 만든 신상 때문에 모두 수치를 당하고야 만다(《예레미야》 51:17. 또한 10:8,9,14을 보라).

우상에 무슨 유익이 있느냐? 사람이 새겨 만든 금속 형상이며 거짓이나 가르치지 않느냐? 우상 만든 자는 자신이 만들어 낸 것에 의지하지만 말도 못하는 우상이 아니냐! 나무더러 '깨어나라' 하며 말 못하는 돌더러 '일어나라' 하는 우상 만드는 자여, 화가 있을 것이다! 우상이 가르침을 줄 수 있느냐? 보라, 우상은 금과 은을 씌운 것일 뿐 그 안에 생명이라고는 전혀 없다(《하박국》 2:18,19).

신은 이 형상들이 보지 못하고 듣지 못하고 먹지 못하고 숨 쉬지 못하고 움직이지 못하기에 경멸한다. 다시 말해 형상들이 물질적 형태를 취하고 있음에도 육체적 감응력의 속성을 지니지 않는다는 사실에 근거하여 경멸한다. 감응력이라는 이 놀랄 만한 사실에 기반을 두고 신은 자신을 우상과 계속 차별화한다. 우상에는 감응력이 없으며 그에게는 감응력이 있다는 것이다. 따라서 새긴 형상들은 다음과 같은 상황을 만들어낸다. 성서의 다른 부분들에서 신이 감각과 관련된 속성을 지니는 경우는 드물었지만, 이제 신은 자신의 결정적인 특성이 바로 그런 속성이라고 주장한다. 다른 맥락에서는 명시적으로 거부하기도 했던 속성을 이제는 자신이 지닌다고 주장하는 것이다(거부한 예로는 〈에스겔〉 8:18이 있다. "그들이 큰소리로 내 귀에 부르짖어도 내가 그들을 듣지 못하리라"). 여기서 감응력 없음은 우상이 지니는 결함이다. 반면 다른 부분들에서 신은 자신에게 감응력이 없음을 자랑스러워했다.

이제 신은 자신이 살아 있다는 것을 자기 백성에게 상기시킨다. 자신이 보고 움직이고 듣고 숨 쉰다는 것을 상기시킨다. 또 나무와 돌로 만든 사물들에 음식을 먹는 속성이 없다고 비난함으로써 자신이 먹기까지 한다고 암시한다. 그뿐만 아니라 가장 수동적이고 극단적이며 자기-대상화하지 않는 형태의 감응력, 바로 육체적 고통을 신 자신이 경험한다는 것을 상기시킨다. 신 자신이 육체적 고통을 겪는다고 인정하는 예로는 〈예레미야〉 8장-12장이 있다. 바알을 비롯해 다른 신과 우상을 섬기는 일을 비난하는 구절 사이에 "내가 상처를 입었다<sup>wounded</sup>"는, 선지자의 것인지 신의 것인지 구별이 안 되는 외침이 이 부분에 거듭 나타난다.

나의 백성, 나의 딸이 다쳤으므로 내 마음도 상처를 입는구나. 나는 슬퍼하며 놀라움에 사로잡힌다(8:21).

살해된 나의 백성, 나의 딸을 생각하면서 낮이나 밤이나 울 수 있도록, 오, 내 머리가 물이고 내 두 눈이 눈물의 샘이면 좋으련만!(9:1)

나 만군의 주가 말한다. "너희는 생각하여 본 후 곡하는 여인들을 불러들여라. 곡 잘하는 여인들을 데리고 와라. 그들이 서둘러 와서

고통받는 몸

우리를 위해 통곡하게 해라. 그래서 우리 눈에서 눈물이 흘러내리고 우리의 눈시울에서 눈물이 쏟아지게 해라"(9:17,18).

그들이 금속을 부어서 만든 신상들은 거짓이요, 이 신상들 속에는 생명이 없기 때문이다. …… 아아 슬프다, 나의 상처여! 내 상처는 심하다. 하지만 나는 "이것은 참으로 큰 고통이나 나는 견뎌야만 한다"고 말했었다. 내 장막은 부서졌으며 장막을 잡고 있던 줄도 모두 끊어졌다. 자녀들도 모두 떠나갔다(10:14,19,20).

〈이사야〉에서도 위와 똑같이 선지자의 목소리와 신의 목소리 사이 어딘가에 있는 목소리가 나타나서 고통스러워하고 울부짖으며 고통을 겪는 능력을 인정한다.

내가 오랫동안 조용히 침묵을 지키며 참았으나 **이제는 내가 해산하는 여인과 같이 부르짖을 것이며 숨이 차서 헐떡일 것이다.** 내가 산과 언덕들을 황폐하게 하고 그 초목을 모두 시들게 할 것이다. 새긴 형상을 믿는 자와 주조해 만든 형상을 보고 '당신들이 우리의 신이십니다' 하고 말하는 자들은 크게 수치를 당하고 물러가게 될 것이다(42:14,15,17, 강조는 필자).[33]

또 자신에게 이스라엘 민족이 필요하다는 신의 고백 속에서도 상처 입은 신의 울부짖음을 들을 수 있다.

오 에브라임아, 내가 어찌 너를 버리겠느냐? 오 이스라엘아, 내가 어찌 너를 원수의 손에 넘기겠느냐?(〈호세아〉 11:8)

우상은 내적 필요조건인 감응력을 지니지 않지만 몸이라는 외적 형상을 제공한다. 동시에 위에서 살펴본 것처럼 신이 그 감응력이라는 내적 필요조건을 자신이 가진다고 주장하는 상황도 만들어낸다. 인간의 행동을 고압적으로 감독할 때처럼 신은 감응력이 있기에 나타나는 적극적이며 강력한 결과를 통해 자신에게 감응력이 있음을 인정할 뿐 아니라, 수동적이고 대상이 없으며 그 자신만을 경험하는 감응력상의 사실을 통해서도 자신에게 감응력이 있음을 인정한다. 이런 감응력상의 사실을 드러내는 가장 설득력 있는 징후는 육체적 고통이다. 성서의 다른 맥락들에서 신은 시각·청각·촉각의 대상화된 내용물을 갖지만, 이제는 감응력이 있는 눈, 귀, 체화된 표면을 갖는다. 이 눈, 귀, 체화된 표면은 다칠 수 있고 아프다는 감각을 느낄 수 있으며 눈물을 흘릴 수 있고 또 편안해지고자 한다.

신에게 감응력이 있기에 인간의 감응력도 더 큰 관심과 보살핌을 받게 된다. 반면 조각상은 듣지 못하기에 도움을 청하는 인간의 울부짖음에 답할 수 없다. 조각상은 걷지 못하기에 인간을 곤경에서 인도해낼 수도 없다.

> 너희 우상들에게 살려달라고 부르짖어보아라. 그 우상들은 바람에 날아가버릴 것이며 입김 한 번에도 사라져버릴 것이다(〈이사야〉 57:13).

> [그들의 우상들은] 말을 하지 못한다. 걸어 다닐 수도 없으니 늘 누가 메고 다녀야 한다. 그 우상들은 사람에게 재앙을 내릴 수도 없고 복도 내릴 수가 없으니, 너희는 그것들을 두려워하지 말아라(〈예레미야〉 10:5).

> "다시는 우리 손으로 만들어 놓은 우상을 '우리 하나님'이라고 말하지 않겠습니다. 고아를 가엾게 여기시는 분은 주님밖에 없습니다." 내가 그들의 믿음 없음을 고쳐주고 기꺼이 그들을 사랑하겠다.

고통받는 몸

그들에게 품었던 나의 분노가 이제는 다 풀렸기 때문이다. …… 에브라임이 '나는 이제 우상들과 아무 상관이 없습니다'라고 말할 것이다. 너에게 응답하고 너를 돌볼 이는 바로 나다(〈호세아〉 14:3,4,8).

너희는 거기서 사람의 손으로 만든, 보지도 못하며 듣지도 못하며 먹지도 못하며 냄새도 맡지 못하는 목석의 신들을 섬길 것이다. …… 너희가 시련을 겪을 때, 그리고 마지막 날에 이 모든 일이 모두 너희에게 닥칠 때, 그때 가서야 너희는 주 너희의 하나님께로 돌아와 그의 목소리를 따를 것이니, 주 너희의 하나님은 자비로운 하나님이시다. 그는 너희를 버리거나 멸하시지 않을 것이며 너희 조상과 맺은 언약을 잊지도 않으실 것이다(〈신명기〉 4:28,30,31).

신이 반복해서 자신을 구출하는 이라고 말하는 것은 이와 같은 맥락에서이다.

내가 쇠를 녹이는 용광로와 같은 이집트 땅에서 그들을 데리고 나오면서 말했다. '내 말을 들어라.'(〈예레미야〉 11:4)

너희는 나 이외의 다른 신을 모르며, 나 말고 다른 구원자가 없다. 저 광야, 그 메마른 땅에서 너희를 보살펴준 것은 바로 나다(〈호세아〉 13:4,5).

또한 신은 자신을 치유하는 자로 본다.

너희는 그들의 신들에게 엎드려 절하며 섬기지 말 것이며, 그들의 관습을 본받지 말아라. 그 신상들을 다 무너뜨리고, 그 기둥들을 조각내버려라. 너희는 주 너희 하나님 나를 섬겨야 한다. 그러면 내가

너희의 빵과 물에 축복을 내릴 것이며 너희 가운데서 질병을 없애
겠다(〈출애굽기〉 23:24,25).

우리가 바빌론을 치유하려고 하였으나 낫지 않았다(〈예레미야〉 51:9).

〈이사야〉에서 신은 구부정하고 처진 인간의 등이나 당나귀 등 위에
짊어지고 다녀야 하는 생명 없는 우상의 무게와, 기꺼이 인간을 업고 다니
겠다는 자신의 의지를 다시 한 번 대비한다. "너희가 늙어도 나는 너희 하
나님일 것이다. 너희가 백발이 될 때까지 내가 너희를 업고 다닐 것이다"
(46:4). 이렇게 노년과 환자를 포함하는 것은 흠이 있거나 장애가 있는 이
들을 신 앞에서 쫓아버리던 예전의 규칙을 거의 철회하는 것이나 마찬가
지이다(〈레위기〉 21:16 이하, 22:4,17 이하, 〈신명기〉 17:1). 신은 자신을 아는
이들이 "나는 자비를 행하는 주"임을 알기를 요청하며(〈예레미야〉 9:24),
신이 하는 활동이 아니라 인간이 하는 활동으로 파괴를 묘사한다. "나의
연민이 따듯하고도 부드럽게 자라나는구나/ 내가 나의 맹렬한 진노를 실
행하지 않을 것이며/ 다시는 에브라임을 멸망시키지 않을 것이다/ 나는
사람이 아니라 하나님이기 때문이다"(〈호세아〉 11:8,9). 상호적<sup>reciprocal</sup> 감응
력은 보답하는<sup>reciprocating</sup> 감응력인 동시에 상호적 필요이다. "그들은 내 백
성이 되고, 나는 그들의 하나님이 될 것이다"(〈에스겔〉 11:20. 또한 〈스가랴〉
8:4-8을 보라).

새긴 형상들은 야훼에게서 예수의 특징이 되는 일단의 속성들을 끌
어낸다. 이 속성들은 체화라는 사실 자체에서 뒤따라 나오는 것으로 보
인다. 몸이 있다는 것은 감응력이 있음을 뜻하며, 다른 이들의 감응력, 상
호성, 연민을 감지하는 능력이 있음을 뜻한다. 몸이 있다는 것은 모든 곳
이 아닌 특정한 곳에 존재한다는 것이자 더는 숨겨진 채가 아님을 뜻한다.
"네가 울부짖으면 주님께서 틀림없이 네게 은혜를 베푸실 것이다. ……
너의 스승은 더 이상 자신을 숨기지 않으실 것이니 네 눈은 네 스승을 볼

고통받는 몸

것이다"(〈이사야〉 30:19,20). 우상들은 '숨겨져 있다'는 속성 때문에 거듭 비난받는다(〈하박국〉 2:18-20, 〈신명기〉 27:15). 따라서 숨겨져 있음은 더는 신의 속성이 아니다. 나아가 이제 신이 드러나 있기에 믿는 자들은 더 날카로운 감응력을 지녀야 한다. 구약성서의 새긴 형상 부분에서도 그렇고 신약성서에서도 그렇다. 믿는 자들은 이제 치유를 받은 감응력, 완전한 감응력, 참 신과 거짓 신을 구별할 수 있는 감응력을 지녀야 한다. "너희 귀 먹은 자들아, 들어라. 너희 눈먼 자들아, 환하게 보아라!"(〈이사야〉 42:18). 인간들의 우상 제작은 언제나 실패하지만, 그럼에도 우상 제작을 통해 이렇게 인간들은 신을 개조하고 자신들을 개조하게 된다. 형체가 있는 조각상은 도구 또는 지레이다. 인간들은 이 도구 또는 지레의 표면을 따라 근원 인공물에 가닿으며 근원 인공물을 수리하고 개조한다.

지금까지의 논의는 새긴 형상 구절들이 잔인하지 않다는 뜻이 아니다. 2절에서 강조했듯 우상을 향한 신의 주된 반응은 인간의 몸과 신의 목소리 간의 분리를 재천명하는 것이고, 이 재천명은 대개 인간 몸의 불안정한 사실을 도드라지게 가시적으로 만듦으로써 이루어진다. '신에게 육체적 감응력이 있음'이 지배적인 주제가 되는 때는 기독교 성서에서이다. 기독교 성서에서는 신이 직접 몸 안으로 진입하며 그리스도와 물질문화 영역 간의 연관성을 너무도 분명하게 드러내는 속성들을 지닌다(둘 간의 연관성은 새긴 형상에서는 암시적으로만 존재했다). 하지만 그 이전, 신이 자신에게 육체적 감응력이 있다고 주장하기 시작한 위와 같은 구약성서의 새긴 형상 부분들에서도 같은 주제가 나타난다. 신에게 감응력이 있다는 주제는 구약성서에서 강하게 나타나지는 않지만 그럼에도 끈질기게 등장하면서 구약성서의 정신적 구조에 문제를 제기한다. 구약성서의 서사와 예언에서 신은 이렇게 더 평화적이고 더 잘 보살피도록(더욱 한결같이 보답하도록) 변환되어 나타난다. 한편 지금 논의는 우상 관련 구절들이 단순히 그러한 서사와 예언의 일부라는 뜻이 아니다. 그보다는 위와 같은 신의 변환이 일어나는 중대한 핵심 장소가 바로 우상이라는 뜻이다.

## 신이 제작한 사물이 인간에게서 몸을 없애다

지금까지는 구약성서에 등장하는 인공물 중 인간이 만든 인공물을 살펴봤다. 인간이 만든 인공물은 신의 인가를 받지 않았으며 대개 신의 금지를 공공연하게 위반하며 제작됐다. 또 다른 종류의 인공물이 존재한다. 바로 신이 만든 인공물, 또는 신의 명시적이고 종종 세세하기도 한 지시를 따라 인간이 만든 인공물이다. 두 번째 종류의 사물은 신에게 몸을 부여하고 인간에게서 몸을 없앰으로써 첫 번째 종류의 사물과 마찬가지로 범주들의 절대적 분리를 파열한다. 몸을 부여하고 또 없애는 이 같은 교환의 구조는 서사들 자체를 통해 다시 한 번 직접 서술된다.

신이 제작한 인공물은 몇 개 안 된다. 특히 우리의 빽빽한 물질문화의 기준에서 볼 때 더욱 그렇다. 하지만 신이 만든 인공물은 각각 강렬한 관심의 초점이 되는 경향이 있다. 부분적으로는 인공물이 광야를 배경으로 선명하게 홀로 서 있기 때문에 그렇다. 무기물로 가득한 끊임없이 이어지는 광활한 공간 한가운데에, 아무 사물이라도 보길 고대하는 눈앞에 성막에 드리운 푸른색의 장막이 돌연 나타나는 것이다. 또한 신이 만든 인공물의 숫자는 작지만 그 인공물을 위해 함께 제작되는 물건들의 종류는 비교적 광범위하다. 신이 만든 사물 중 가장 친숙한 것은 아마 성막일 것이다. 성막의 설계와 건축을 위해 신이 모세에게 내리는 지시는 〈출애굽기〉 중 열세 장을 다 채울 정도로 복잡하다(25~31장. 이 중 많은 부분이 다시 35~40장에서 반복된다). 신은 이 커다란 건축물의 문양, 길이, 높이, 너비, 각 구역에 쓸 재료를 세세하게 정한다. 정확하게 어떤 경첩, 갈고리, 말뚝을 사용해야 하는지도 포함된다. 또 성궤, 제단, 속죄소, 분향단, 아카시아 나무로 만든 탁자, 순금 등잔대, 등잔불 집게, 불똥 그릇, 기름, 의복 등 성막 벽 내부에 놓일 작은 사물들의 디자인까지 일일이 정한다. 나아가 이 물건들이 누구 손에서 만들어져야 할지 특정 장인을 지정하기까지 한다. 신은 성막에 추가할 또 다른 사물을 만들길 지시하기도 한다. 일례로 〈민

고통받는 몸

수기〉에서 신은 "은을 두드려서 만든 은나팔 두 개"(10:2)와, 등잔 일곱 개를 놓을 수 있으며 "줄기에서부터 꽃잎 모양 받침까지 모두 두드려서 만들었으며, 주님께서 모세에게 보여주신 견본에 따른"(8:4) 등잔대를 요구한다. 신의 지시는 성막보다 훨씬 큰 사물로도 확장된다. 〈민수기〉에서 신은 도망자들을 위한 도시 및 레위 사람들을 위한 도시의 개수와 크기를 정해준다. "성 밖 동쪽으로 이천 자, 남쪽으로 이천 자, 서쪽으로 이천 자를 …… 재어라" 등등의 요구 조건이 나온다(35:5 이하). 신의 지시에는 놀라운 종류의 사물이 포함되기도 한다. 에스겔에게 명령을 내려 짓게 하는 모델 혹은 지도, 즉 모형 극장이 일례이다. "벽돌을 한 장 가져다가 네 앞에 놓고 도시 하나를 그 위에 그려라. …… 그리고 그 도시에 포위망을 치고 흙 언덕을 쌓고 진을 쳐라. …… 너는 또 철판을 가져다가 마치 그 철판이 너와 도시 사이의 철벽인 양 놓아라"(〈에스겔〉 4:1-3).

언어도 인공물이며, 글로 적히면 언어적 인공물은 물질적 인공물이 된다. 신은 물질화된 목소리라는 광대한 영역의 원작자이다. 시내산에서 모세가 받은 계명은 이 사실을 보여주는 가장 널리 알려진 사례이다. 물질화된 목소리가 이루는 광대한 영역은 사물 위에 글씨를 새기는 가장 소박한 소유 행위에서 시작한다.

> 그날이 오면, 말의 방울에까지 '주님께 거룩하게 바친 것'이라고 새겨져 있을 것이다(〈스가랴〉 14:20).

> '나는 주님의 것이다'라고 말하는 사람도 있고, 야곱이라는 이름으로 자신을 부르는 사람도 있을 것이며, 손에다가 '주님의 것'이라고 쓰는 사람도 있을 것이다(〈이사야〉 44:5).

> 그다음엔 한 민족의 역사 전체로 확장된다.

모세는 주님의 명에 따라 그들의 출발지를 구간별로 써내려갔다. 아래는 그들이 있었던 구간을 출발지에 따라 적은 것이다(〈민수기〉 33:2).

또 물질화된 목소리의 영역에는 노래도 포함된다. 노래하라는 단순한 지시를 신이 내릴 때도 있고(〈이사야〉 42:10), 〈신명기〉 끝부분에서처럼 노래 가사를 신이 불러주기도 한다(31:30, 32:1-44). 이럴 때 신은 노래라는 범주를 분명하게 지정해서 인간들에게 지시하고 하사한다. 성서 안에는 신이 쓴 것으로 명시되는 구절이 곳곳에 있다. 이 구절들은 신의 원작자 지위를 더 의식적으로 강하게 인정하고 있을 뿐이며, 사실 신의 원작자 지위는 성서의 모든 말로 확장된다. 유대교 전통에서는 십계명뿐만 아니라 율법서와 예언서*, 또 나중에 탈무드로 문서화되는 구전 율법까지도 모세가 호렙산에서 받은 것으로 여겨지기 때문이다.

이번 절 앞부분에서 말했듯 신은 보통 인간들의 몸과 무기라는 두 장소 중 하나에서 자신의 물질화를 허용한다. 이 두 가지 형태의 실증은 반복되는 상처 장면에서 계속 등장한다. 또한 몸과 무기는 종종 서사 안 사건들의 흐름에서 끌려나와 분명하게 기호로 정해진다. 예를 들어 〈창세기〉 전체에는 두 가지 기호만이 등장한다. 하나는 활이라는 무기이고 다른 하나는 인간의 몸에 남기는 표식이다(즉 무지개와 할례이다). ("내가 내 활을 구름 속에 둘 터이니, 이것이 나와 땅 사이의 언약의 기호가 될 것이다" [9:13].[34] "너희는 포피를 베어서 할례를 받아라. 이것이 언약의 기호가 될 것이다" [17:11].) 물론 이 기호들 자체는 단순한 인공물이고 그것들이 가리키는 대상과 동일하지 않다. 이 기호들에 분노라는 의도와 실제 상처라는 결과가 담겨 있지는 않으며 무기가 담겨 있는 것도 아니라는 뜻이다. 그럼에도 이

---

* 구약성서 중 17권, 〈이사야〉 〈예레미야〉 〈예레미야애가〉 〈에스겔〉 〈다니엘〉 〈호세아〉 〈요엘〉 〈아모스〉 〈오바댜〉 〈요나〉 〈미가〉 〈나훔〉 〈하박국〉 〈스바냐〉 〈학개〉 〈스가랴〉 〈말라기〉이다.

고통받는 몸

기호들은 그것들이 대체하는 실제 상처 사건이나 무기를 기념하기에 충분할 정도로 기본적이다. 이 기호들은 몸 상처의 '대체물'인 동시에 신과 인간 사이의 평화를 나타내는 '기호'이다('대체물'과 '기호'는 같은 것을 다른 방식으로 말한다). 이 사실은 인공적인 것이 가져오는 평화적인 결과를 시사한다. 이같은 평화적인 결과는 바로 위에서처럼 홀로 선명하게 나타나는 인공물에서 더 뚜렷하게 볼 수 있다.

신이 물질적·언어적 인공물을 제작할 때, 제작된 사물은 서사 안에서 신 자신의 물질적 형상으로 제시되거나 인간 몸의 물질적 대체물로 나올 때가 많다. 신의 물질적 형상이나 인간 몸의 대체물이라는 의미가 서사에서 명시적으로 나타나지는 않고 그 대신 주변 문맥에서 명확해질 때도 있다. 예를 들어 2절에서 짠 직물$^{tissue}$로 만들어 성막을 덮은 겹겹의 층이 신의 가시적인 몸 조직$^{tissue}$과 거의 같다고 했는데, 이 점은 텍스트에서 직접 명기되지는 않지만 더 큰 틀을 통해 암시된다. 〈출애굽기〉의 시작 부분에서 이스라엘 민족 사람들은 문화적으로 풍부하며 새긴 형상들로 가득한 이집트 왕국에서 빠져나오고, 이들은 여러 위기를 거치면서 광야를 향해 간다. 그다음 〈출애굽기〉 중간 부분에서 또 다른 커다란 위기가 이어진다. 주조해 만든 송아지와 불 속에서 말하는 목소리 간의 대비가 이 위기의 핵심에 있다. 〈출애굽기〉의 시작과 중간 부분에서 물질적 재현이라는 쟁점은 대단히 도드라지며, 그래서 끝부분에 나오는 성막 건축을 그 쟁점에서 떼어놓고 볼 수는 없다. 송아지와 성막은 모래와 돌멩이만이 끊임없이 이어지는 광막한 공간 위에 외따로 서 있다. 이 두 사물은 제작하는 데 똑같은 장신구들이 쓰였다는 점 이상으로 훨씬 더 연관되어 있다(〈출애굽기〉 시작 부분에서 이스라엘 민족 사람들이 이집트에서 가지고 나온 장신구들은 〈출애굽기〉 중간 부분에서 송아지가 되었다가 회수되며, 나중에는 성막 건축에 쓰인다). 구약성서가 명시적으로 요구하는 것은 물질적 형상을 완전히 절멸하고 신의 언어적 순수성을 재확립하는 것이지만, 사건들의 구조에서는 좀 더 온건한 구분이 유지된다. 다시 말해 신의 물질적 형상 중 인간들의 판본(송아지)과 신의 판본(성막)의 구분은 완전히 절대적이지는 않다. 송아지 상처럼 성막도 그 주위로 사람들이 모여드는 사물이다. 공간적으로 위치가 정해져 있어서 사람들이 성막으로 다가오거나 거기서 멀어질 수 있다. 또 성막도 우상 만들기 사건의 원인이 된 사람들의 갈망, 즉 자신들 가운데 신의 현존을 목격하고 싶다는 갈망을 만족시킨다. 그러나 이때에도 무기 이미지는 완전히 사라지지 않는다. 이제 무기는 근처에서 가상의 윤곽을 그리며 맴돈다. 성막은 낮에는 구름에 덮이고 밤에는 불에 둘러싸인다. 물질적 기반에서 순수하게 언어적인 원천으로의 번역을 허용하는 지각 대상이 대기 중인 것이다.

'감응력이 있는 몸을 인공물로 투사하기'는 서사 자체에서 분명하게 선언되기도 한다. 아래 구절에서 신은 이스라엘 민족의 불신에 처벌을 내려서 모든 이를 불살라버린다.

> 그때 모세가 말하였다. "당신들은 이제 곧 주님께서 나를 보내셔서 이 모든 일을 하게 하셨고 내 뜻이 아니었음을 알게 될 것이오. 이 사람들이 보통 사람이 죽는 것과 같이 죽는다면, 곧 모든 사람이 겪는 것과 같은 식으로 죽는다면, 주님께서 나를 보내신 것이 아니오. 그러나 주님께서 새로운 무언가를 만들어내셔서 땅이 입을 벌려 그들과 그들에게 속한 모든 것을 삼켜 그들이 산 채로 저승으로 내려가게 되면, 그때 당신들은 이 사람들이 주님을 업신여겼음을 알게 될 것이오."
>
> 모세가 이 모든 말을 마치자마자 그들이 딛고 선 땅바닥이 갈라지고 땅이 그 입을 벌려 그들을 삼켜버렸다. …… 그들의 아우성에 주변에 있던 모든 이스라엘 사람들은 "땅이 우리마저 삼키려 하는구나!" 하고 소리치며 달아났다. 주님에게서 불이 나와 향을 바치던 250명을 살라버렸다.
>
> 그런 다음 주님께서 모세에게 말씀하셨다. "너는 제사장 아론의

고통받는 몸

아들 엘르아살에게 일러서 타고 있는 불 속에서 향로들을 끄집어내어 그 불을 멀리 넓게 다른 곳에 쏟아라. 이 향로들은 거룩한 것이며, 향로를 가지고 있던 사람들은 죄를 지어 목숨을 잃었다. 이 향로들은 그들이 주 앞에 드렸던 것으로 이미 거룩하게 된 것인 만큼 망치로 두드려 펴서 제단에 씌우도록 해라. 그리하여 이 향로들은 이스라엘 백성에게 표sign가 될 것이다"(〈민수기〉16:28-38).

이야기는 계속되어 "그러나 다음날" 이스라엘 민족 사람들은 또다시 불신하고, 신은 전염병을 보내 1만 4,700명을 없앤다. 전염병은 두드려 편 향로를 회중 가운데로 가지고 올 때까지 계속된다. 인용한 구절의 초반에서 인간 몸은 신을 실증한다. 뒷부분에서는 향로라는 인공물이 인간 몸을 나타내는 기호가 된다. 앞에서는 신의 현존이 인간 몸 표면에 기록되었지만 뒤에서는 인공물이 실증 작업을 수행하는 것이다. 한 사람이 자신의 현존을 단언하고자 할 때 그녀는 어떤 활동을 할 수도 있고, 아니면 사물을 통해 현존을 단언할 수도 있다. 다시 말해 그녀가 하는 유동적이고 계속 사라지고 갱신되는 활동이 그녀가 현존함을 보여주거나, 어느 상황 안으로 들어와서 그 상황을 변화시키는 사물에 그녀의 현존이 영구적으로 기록될 수도 있다.[35] 이와 마찬가지로 신도 상해를 실제로 가하는 순간을 반복함으로써 신 자신을 계속 다시 표현할 수도 있고, 아니면 상해라는 몸 변환이 일어났던 단 한 순간만을 인공물 안에 영속하는 기록으로 남길 수도 있다.

위 구절에 나오는 향로가 인간을 나타내는 기호(인간의 대체물)인지 아니면 신을 나타내는 기호(신의 대체물)인지는 확실하지 않다. 이 구절에서 대체되는 것, 죽임을 당하지 않는 것, 그리하여 '재현되는' 것은 명시적으로는 인간의 몸이다. 그러나 신의 몸이 재현되고 있기도 하다. 파악하기 어려운 신에게 '실제임'이라는 속성을 부여하기 위해 인간의 몸이 상처를 입기 때문이다. 인간의 몸 자체가 "표"로서, 신의 존재를 물질적으로 입증한다. 다시 말해 향로는 인간 몸을 대체하는데, 인간 몸은 원래 신의 몸을 대체했다. 이런 과정이 일단 시작되면 점점 더 넓은 인공의 영역으로 확산될 수 있다. 신이 인간의 몸을 자신의 기호로 삼고 인간의 몸이 향로라는 사물을 자신의 기호로 삼았듯, 첫 번째 사물인 신이 다시 다른 사물을 자신의 기호로 삼을 수 있고 이 두 번째 사물도 또 다른 사물을 자신의 기호로 삼을 수 있다는 것이다. 이 같은 과정은 예를 들어 〈스가랴〉 6장에 나온다.* 이 구절에 나오는 왕관은 성전보다 더 신속히 제작될 것이며, 그리하여 차후 성전이 실증할 모든 것을 성전 완성 이전까지 실증할 것이다. 성전이라는 더 거대한 인공물의 완성 후에 왕관은 성전 안에 안치될 것이다. 여기서 왕관은 처음에는 예언 기능을 하고 나중에는 기념 기능을 한다. 이처럼 대체가 연속되는 과정이 더 풍부하게 매개되면 그 과정을 이루는 부분들은 더 특정한 기능을 맡을 수 있다. 연속되는 대체에서 다음의 사실이 분명해진다. 상상 과정은 (그리고 상상이 가능하게 만드는, '직접 감각할 수 있는 것'의 영역 밖으로 변환하기는) 인간이 자신에게서 분리할 수 있는 기호를 생각해낼 때 시작되는 것이 아니다. 그보다 상상 과정은 인간이 자신의 몸을 몸 이상의 무언가를 나타내는 기호(또한 대체물)로 생각하고, 그다음 자신의 소중한 몸을 대신해 재현 작업을 수행할 수 있는 다른 기호들을 생산하면서 시작된다.

신이 이스라엘 민족 사람들의 삶 안으로 가지고 들어온 사물들은 대개 위에서 설명한 의미를 띤다. 스가랴가 뻗은 가지 모양의 정교한 등잔대를 환상 속에서 볼 때 천사는 일곱 개의 등잔이 "주님의 눈"이고 "일곱 개

---

\* 너는 은과 금을 받아서 왕관을 만들고, 그 왕관을 여호사닥의 아들 여호수아 대제사장의 머리에 씌워라. 너는 그에게 이렇게 말해라. "나 만군의 주가 이렇게 말한다. 이 사람을 보아라. 그의 이름은 '새싹'이다. 그가 제자리에서 새싹처럼 돋아나서 주의 성전을 지을 것이다. 그가 주의 성전을 지을 것이며, 위엄을 갖추고, 왕좌에 앉아서 다스릴 것이다. 제사장이 그 왕좌 곁에 설 것이며, 이 두 사람이 평화롭게 조화를 이루며 함께 일할 것이다. 그 왕관은 헬대와, 도비야와, 여다야와, 스바냐의 아들 헨을 기념하기 위해 주님의 성전에 둘 것이다"(〈스가랴〉 6:11-14).

의 심지 주둥이"[36]를 가졌다고 말한다. 또 천사는 일곱 등잔이 다음 두 가지를 선언하는 신의 말씀이라고 말한다. 신의 이 말씀은 첫 번째로는 우주적 지각변동을 통해 땅을 바꾸는 신의 능력을 선언하며, 두 번째로는 땅한가운데에 새 건축물을 놓음으로써 땅을 바꾸는 신의 능력을 선언한다(〈스가랴〉 4:5-10*). 거대한 지각변동은 신의 변환 능력을 파악하는 데 필요하다. 경관을 바꾸는 성전 건축을 통해 신의 변환 능력을 알게 할 수 있다면 지각변동은 필요하지 않을 것이다. 나아가 신의 변환 능력은 신의 존재라는 순전한 사실, 혹은 신의 존재라는 사실이 지니는 순수한 힘을 사람들이 파악할 수 있도록 만들고자 한다(신이 땅이나 경관을 바꾸는 것 자체에 관심이 있는 것은 분명 아니므로). 이 사실 혹은 힘을 정교한 등잔을 통해 알게할 수 있다면 지각변동은 여기서도 마찬가지로 필요하지 않을 것이다. 다시 말해 신의 능력에 관한 언어적 선언을 등잔을 통해 기념할 수 있다면, 또 그럼으로써 신의 존재라는 사실이 지니는 힘의 상연을 대체할 수 있다면 지각변동은 필요하지 않다. 신이 여호수아 앞에 놓는, 일곱 면이 나 있고 글이 새겨진 돌도 마찬가지이다. 이 돌은 "이 땅의 죄악을 하루 만에없앨"(〈스가랴〉 3:6-10) 물건이며, 따라서 물질적 입증을 통해 불신을 믿음으로 변환하는 보통 때의 끔찍한 과정을 필요 없게 만든다. 더 단순하고도강력한 예로는 이번 장의 1절에서 살펴본 제단과 샘이 있다. 〈창세기〉 곳곳에서 신이 요구하는 제단과 샘/우물은 인간 몸 내부를 재현한 것으로,서사의 흐름 안에 거듭 등장한다. 텍스트가 주기적으로 상기시키듯 이 같

---

\* 천사가 나에게 그것들이 무엇을 가리키는지 모르겠느냐고 묻기에 모르겠다고 대답하였다. 천사가 내게 말해주었다. "이것은 주님께서 스룹바벨을 두고 하신 말씀이다. '힘으로도 되지 않고 권력으로도 되지 않으며, 오직 나의 영으로만 될 것이다.' 만군의 주님께서 말씀하신다. 큰 산아, 네가 무엇이냐? 스룹바벨 앞에서는 평지일 뿐이다. 그가 머릿돌을 떠서 내올 때 사람들은 그 돌을 보고서 '아름답다, 아름답다!'고 외칠 것이다." 주님께서 나에게 말씀하셨다. "스룹바벨이 이 성전의 기초를 놓았으니, 그가 이 일을 마칠 것이다." 그때야 비로소 너희는 만군의 주님께서 나를 너희에게 보내셨음을 알게 될 것이다. "시작이 미약하다고 비웃는 자가 누구냐? 스룹바벨이 돌로 된 측량추를 손에 잡으면 사람들은 그것을 보고 기뻐할 것이다. 이 일곱눈은 온 세상을 살피는 나 주의 눈이다."

은 인공물들은 또한 '신이 말씀하셨음'을 물질적으로 기념한다.

신이 물질문화의 원작자일 때 입증 장면들에서 신이 하는 발언의 내용은 중요하지 않다. 신의 발언은 반드시 내용이 있어야 하며 또 자세해야 한다. 그래야 신의 발언에서 나온 특정 내용을 물질적으로 상연함으로써 '신이 말씀하셨다'는 사실을 이론의 여지가 없게 만들 수 있기 때문이다. 하지만 내용이 무엇이고 상세한 부분이 어떤지는 중요하지 않다. "이 남자를 반으로 자르라" "이 여인의 몸이 나병에 걸리게 하라" "땅이 그들을 삼켜버리게 하라"는 발언들(이 모두에 상연이 뒤따른다)이 "향로들을 망치로 두드려 펴 제단에 씌울 판을 만들라" "너희 가운데 길이가 다섯 자 요 높이는 석 자인 제단을 만들라" "성막을 이 계획에 따라 지으라"(이 모두에 상연이 뒤따른다)는 발언들보다 우월하지 않다. 인간의 관점에서뿐 아니라 신의 관점에서도 그렇다. 신을 물질적 사물들의 원작자로 삼으면서 성서는 이 같은 사실을 인식하고 있다. {즉 상처를 입히는 신의 말이 인공물을 만들라는 신의 말보다 우월하지 않음을 인식하고 있다}. 성서 이면에서 작동하는 인간의 상상은 신의 목소리라는 사실이 중요하지 그 내용은 중요하지 않다는 점을 깨닫게 되고, 그러면서 신의 발언 내용을 통제할 수 있게 된다. 또한 인간 자신들의 목소리를 되찾게 된다. 성서에 나오는 인공물들은 이렇듯 신의 몸일 뿐 아니라 인간의 말이기도 하다.

모든 문화에서 가장 단순한 인공물이자 가장 단순한 기호는 나무, 모래, 바위 등 자국을 남길 수 있는 표면 위에 남기는 표식이다. 구약성서에서 신이 만든 인공물 전부를 대표하는 기본 모델이 되는 것이 바로 이런 가장 단순한 기호, 즉 문설주와 상인방*에 남긴 붉은 표식이다. 이 표식은 신이 그냥 통과해 간다는 무사통과passover를 뜻하며, 장자 학살이 일어나는 동안 히브리인 아기들의 몸을 대체한다. 이 붉은 표식 자체가 피를 칠해 만든 것이며 따라서 몸이 투사된 것이다(〈출애굽기〉 12:7,23). 이집트에서

---

* 문이나 창문 위쪽에서 하중을 받치는 부분.

탈출하기 전날 밤에 제작되는 이 표식은 히브리인들이 이집트를 탈출할 수 있게 한다. 수십 년 후 히브리인들이 마침내 약속의 땅에 들어가는 부분에서 여리고를 향한 요단강 횡단은 집요하게 '통과해가기passing over'로 묘사된다(⟨여호수아⟩ 1:14, 3:11,14,17, 4:1,7,10,11,22,23).[37] 요단강 횡단에서 신이 이스라엘 민족 열두 지파를 구한 일은 열두 개의 돌로 기념된다. 창녀 라합의 붉은 줄은 여리고를 향한 횡단을 예전의 이집트 탈출과 연결한다. 문설주 위의 붉은 기호와 이미지 상으로 연결되기 때문이다. 라합은 히브리인들이 붉은 줄을 붙잡고 성벽을 타고 내려가 탈출하도록 도와주며, 나중에 이 붉은 줄을 히브리인들에게 내보이는 기호로서 창에 매단다. 곧 벌어질 여리고 주민 학살에서 성안에 있는 그녀의 모든 친족(구약성서에서 늘 그렇듯 구출의 단위는 가족이다)만은 그냥 통과해가도록 해달라는 기호였다. 이집트 탈출 전날 밤과 마찬가지로 여기서도 밧줄이라는 대단할 것 없는 인공물을 소유함으로써possess 인간은 몸이 있다는 것의 결과(죽음)에서 벗어난다depossess.

무사통과 기호의 도입이 물질문화 전반을 승인한다는 뜻은 결코 아니다. 이집트 탈출과 여리고 입성이라는 두 사건 모두에서 물질문화는 명시적으로 거부된다. 이집트를 탈출할 때 물질문화는 뒤에 버려지며, 여리고로 들어갈 때는 파괴된다.[38] 그럼에도 무사통과 기호는 그 기호의 단순함을 통해 신이 제작하는 인공물 각각에 존재하는 비범한 기획을 상당히 공공연히, 또 명료하게 정의한다. 일례로 방주 건조를 두고 신은 아래와 같이 노아에게 상세하게 지시를 내리지만, 이런 상세한 지시는 단순한 무사통과 표식을 구출을 위한 복잡한 청사진으로 정교화한 것일 뿐이다.

> 너는 잣나무로 방주 한 척을 만들어라. 방주 안에 방을 여러 칸 만들고 역청을 안팎에 칠해라. 방주를 이렇게 만들어라. 길이는 삼백 자, 너비는 쉰 자, 높이는 서른 자로 해라. 방주에 지붕을 만들되 한 자 치켜 올려서 덮고, 방주의 옆쪽에는 출입문을 내고, 아래층과 가

운데층과 위층으로 나누어서 세 층으로 만들어라. 왜냐하면, 보라

…… (〈창세기〉 6:14-17)


몸을 지니지 않은 노아의 신이 한때 "물 위로 움직이고 계셨"(1:2)
던 것처럼, 방주가 있는 노아는 이제 몸이 없어지고 "물 위로 떠다닌다"
(7:18). 홍수가 닥쳤을 때 노아에게 방주는 문설주 위의 붉은 표식이자 창
에 매단 붉은 줄과 같다.

인간이 독자적으로 제작한 물질적 사물 전체를 묶어 '새긴 형상'이라
는 주석을 붙일 수 있는 것처럼, 제단, 샘, 성막, 향로, 등잔, 일곱 면을 가
진 돌, 붉은 표식, 방주 등 신이 제작한 물질적 사물 전체에 '무사통과 인
공물'이라는 주석을 붙일 수 있다. 따라서 신이 제작한 물질화된(쓰거나 외
우거나 기록한) 언어적 인공물도 무사통과 사물이다. 언어적 인공물로 사람
몸을 대체하여 살려주는<sup>spare</sup> 리듬이 명시적으로 나타날 때도 있다.


그때 주님을 두려워하는 자들이 서로 말을 주고받자 주님께서
는 귀를 기울여 그들이 하는 말을 들으셨으며, 주님을 두려워하
고 그의 이름을 귀하게 여기는 이들을 당신 앞에 있는 비망록에
기록하셨다. "나 만군의 주가 말한다. 내가 행하는 날에 그들은
나의 것, 나의 특별한 소유가 될 것이며, 사람이 효도하는 자식
을 아끼듯이<sup>spare</sup> 내가 그들을 아낄 것이다"(〈말라기〉 3:16,17).


또 다른 예로 이스라엘 민족의 광야 방랑이 끝날 때 신은 모세에게
긴 노래를 하사한다(〈신명기〉 32:1-43). 모세가 사람들에게 노래를 들려주
기 전인 〈신명기〉 31장에서 신은 이 노래의 기능을 설명한다.


이제 이 노래를 적어서 이스라엘 백성에게 가르쳐라. 이 노래를 **그
들의 입속에 두어서** 이 노래가 이스라엘 백성에게 나를 위한 증거

가 되도록 해라. …… 그리하여 그들이 온갖 재앙과 환난을 겪을 때 이 노래가 증거로서 그들을 마주할 것이다(이스라엘 자손들의 **입속에서** 이 노래가 잊히지 않고 남을 것이기 때문이다)(31:19,21, 강조는 필자).

신이 하사한 노래의 가사는 인간이 다른 신을 섬기거나 형상을 만들었을 때 신이 행하는 복수, 신이 느끼는 질투와 증오를 묘사한다. 또 신의 "번쩍이는 검"과 "피에 취한 화살"을 묘사한다(32:41,42). 하지만 이 노래 자체는 거의 독립된 인공물과도 같은 것을 만들고자 하는 의도에서 나왔다. 즉 이 노래는 "그들의 입속에"[39] 있고, 그럼으로써 그들의 몸을 통해서 신을 증언하고 신의 현존을 기록한다. 이 노래가 없다면 신의 현존은 노래 내용이 묘사하는 기근과 타는 듯한 더위, 치명적인 역병, 기어 다니는 뱀의 독을 통해 그들 몸 안에 더 깊숙이 기록될 것이다. 노래라는 형태가 노래 내용을 대체한다. 다시 말해 이 노래의 형태와 내용 간 관계에 나타나는 논리는 "이것 때문에 이렇게 되지 않는다Because of this, not this"라는 문장으로 설명할 수 있다.

〈신명기〉에 이 노래가 등장하는 이유는 부분적으로는 모세가 막 완성한 "율법책에 적힌 신의 명령과 법규"(30:10)의 목적을 분명하게 밝히기 위해서이다. 따라서 이 노래의 무사통과 기능은 율법 같은 다른 물질화된 언어적 인공물들로도 확장된다. 이 노래는 율법의 내부 기획을 해설하는 결말부 또는 에필로그이다. 길이가 긴 〈신명기〉 28장은 그 전체에 걸쳐서 불신이 가져오는 결과를 보인다. 이 장에서 몸은 구약성서의 저자가 생각해낼 수 있는 모든 종류의 종기와 질병으로 뒤덮이며 각종 굴욕을 당한다. 다음과 같은 구절도 있다.

여러분 가운데 아무리 온순하고 고귀하게 자란 부녀자라도 …… 제 다리 사이에서 나온 갓난아기를 태 채로 몰래 먹으며 사랑하는 남편과 자식들에게는 나눠주지 않을 것입니다. 이것은 원수가 여러분의 성읍을 포위해 곤궁하게 하여 아무 먹을 것이 없게 하였기 때문입니다(28:56,57).

28장의 마지막 부분은 대상 없는 노동이라는 한층 더 심한 굴욕으로 끝난다.

나는 여러분에게 다시는 이집트로 돌아가지 않으리라고 약속한 바 있으나, 주님께서는 여러분을 배에 실어 이집트로 도로 데려가실 것입니다. 거기에서 여러분이 원수에게 자신을 남종이나 여종으로 팔려고 내놓아도 사려고 하는 사람이 없을 것입니다(28:68).

하지만 여기서도 마찬가지로 형태는 내용을 예방하고자 한다. 율법 자체가 근원 인공물을 몸으로 입증하는 일을 대체하기 위해 만들어진 것이기 때문이다. 이 사실은 아래의 짧은 구절에서 분명해지며, 뒤이어 위에서 언급한 〈신명기〉 32장의 긴 노래를 인간들에게 줌으로써 확장된 형태로 재천명된다.

오늘 내가 여러분에게 내리는 이 명령은 여러분이 지키기에 어려운 것도 아니고 멀리 떨어져 있는 것도 아닙니다. 이 명령은 하늘 위에 있는 것이 아니므로 여러분은 "누가 하늘에 올라가서 그 명령을 가지고 와서 우리가 그것을 듣고 행할 수 있게 할 것인가?" 하고 말할 필요가 없으며, 바다 건너에 있는 것도 아니므로 "누가 바다를 건너가서 그 명령을 가지고 와서 우리가 그것을 듣고 행할 수 있게 할 것인가?" 하고 말할 필요도 없습니다. 그 말씀은 여러분 매우 가까운 곳에 있고 여러분의 입과 가슴 속에 있으므로 여러분은 그것을 행할 수 있습니다(30:11-14).

고통받는 몸

모세가 전하는 율법은 〈신명기〉 32장의 노래와 마찬가지로 인간의 상처를 제거하고자 하는 의도에서 나온 인공물이다. "율법을 어겼을 때 몸에 상처를 입게 된다. 따라서 율법 자체가 잔혹한 일이 일어나는 원인이다"라고 말할 수도 있을 것이다. 하지만 이 말은 대체의 연쇄 전체를 보지 않고 있다. 대체는 다음과 같이 이어진다. (신이 실제임을 유추 입증하는) 몸의 상처는 율법에 의해 대체된다. 이후 율법이 위반되면 육체적 잔혹함에 더 이상 대체물이 없고, 따라서 육체적 잔혹함이 다시 돌아온다. X가 없어질 때 Y가 다시 돌아오는 이유는 바로 X가 Y의 대체물이기 때문이다. 즉 율법이 위반되어 없어질 때 몸의 상처가 다시 돌아오는 이유는 바로 율법이 몸의 상처를 대체하기 때문이다. 율법처럼 문자화된 경고는 상대적으로 평화적인 역할을 맡으며, 이 평화적인 역할은 궁극적으로는 성서 자체로 확장된다. 다시 말해 성서는 틀이 되는 인공물로, 상처 입히기 장면에서 나타나는 창조하기의 문제적 해체 그리고 명시적으로 물질문화를 다루는 구절에서 나타나는 창조하기의 재구조화 둘 모두를 내용으로 담고 있다. 따라서 가장 잔혹한 장면에서조차 내용은 형태에 종속된다. 즉 몸을 통한 신 존재의 실증은 신을 믿기 위해 서사 형태의 개별 인공물인 성서를 '읽는'(상처를 입는다기보다는) 사람들의 몸에 직접 기록되는 것이 아니라, 이 성서라는 인공물에 기록되어 있다.

위에서 살펴보았듯 구약성서에 나오는 물질적 인공물과 물질화된 언어적 인공물은 두 그룹으로 나뉜다. 하나는 인간이 만든 인공물인 새긴 형상이고, 다른 하나는 신이 만든 인공물인 무사통과 형상이다. 전자는 신에게 몸을 부여해 신을 물질화하고, 후자는 인간 몸에 상응하는 개별 인공물이 됨으로써 인간에게서 몸을 없앤다. 신의 몸이 생겨나는 핵심 장소이며 인간의 몸을 대신하는 핵심 장소인 창조된 문화라는 영역은 이렇게 몸과 목소리 두 영역의 절대적 분리를 부수고 변화로 몰아넣는다. 앞의 2절에서 살펴보았듯 기독교의 서사들은 이 부서짐이 유대-기독교 틀 안에서 최종적으로 구현된 것일 수 있다. 다시 말해 금지되거나 마지못해 허용됐던 이스라엘 민족의 인공물들 안에 그저 임박한 채로 존재했던 무언가가 완전히 물질화된 것이 예수일지도 모른다는 것이다. 그렇다면 그 인공물들 때문에 예수가 존재하게 됐다고 할 수 있고, 또 적어도 어느 정도는 그 인공물들이 가하는 압력, 즉 구약성서의 거의 모든 페이지 위에 빠짐없이 나타나는 압력에서 예수가 나왔다고 할 수 있다. 다시 말하자면 이렇다. 구약성서의 상상 안에서 인공물은 신이 물질화된 것이자 인간이 탈물질화된 것이다. 인공물이라는 사실 자체에서도 그렇고 형태 측면에서도 그렇다. 구약성서의 인공물 중 거기 등장하는 모든 이야기도 그 내용에 상관없이 신이 물질화된 것이자 인간이 탈물질화된 것이다. 그렇다면 언젠가 특별한 이야기 하나가 나타나서 이야기라는 사실과 형태에서뿐 아니라 그 내용에서도 신의 물질화이자 인간의 탈물질화가 된 것은 어쩌면 불가피한 일이었을지도 모른다. 이 특별한 이야기는 신이 기꺼이 육신을 취했다는 이야기이며, 동시에 신이 기꺼이 인간들을 탈체화했다는 이야기이다. 신은 치유라는 세속의 행위를 통해, 또 몸 전체가 부활한다는 최종적 치유를 통해, 그리고 인간 몸을 유추 입증에 더는 사용하지 않음으로써 인간들을 탈체화한다. 따라서 구약성서의 '경고와 상처' 서사 안에서 형태는 내용의 평화적인 대체물이었지만, 이제 신약성서에서는 형태 자체가 명시적인 주제가 된다. 구약성서에 나타나는 범주 간 교환은 이렇듯 그 교환의 다른 판본이자 더 지속적이고 근본적인 판본인 기독교의 이야기가 생겨나도록 지원한다. 또한 그리스도의 몸은 범주 위반을 믿음 행위 자체로 통합하며, 그럼으로써 '만들기'가 계속된다는 사실을 불가피하고 근본적인 사고방식으로 만든다.

구약성서에는 신체적 재현에 기반을 둔 불평등이 존재한다. 신약성서에서는 이 재현의 불평등이 제거된다. 권위주의적인 강조가 존재하는 구약성서에서 불평등이 제거된 신약성서로 전환되면서 이에 상응하여 필연적으로 물질문화에 대한 더 전폭적인 지원이 나타난다. 이 점이 지금까지 제시한 내용이다. 반-권위주의적 충동에 상응해 언제나 물질주의가 강조되는 것은 어쩌면 당연하다. 기독교 성서가 유대교 성서보다 덜 권위주의적인 동시에 더 공공연히 물질주의적인 것과 마찬가지로, 기독교 안에서 개신교는 가톨릭교보다 덜 권위주의적이고 더 물질 중심적이라고 여겨진다. 루터<sup>Martin Luther</sup>가 기독교의 기존 판본인 가톨릭교에 맞서고 이 기존 판본을 개정했을 때 여기에는 본질상 반위계적인 충동이 깔려 있었으며, 이는 널리 수용되는 견해이다. 또 루터의 반역과 개정이 근대 서구의 물질주의를 소위 '개신교의 노동 윤리'[40]와 연결했다고 보는 견해도 그만큼이나 일반적으로 수용된다. 그리고 다시, 개신교 안에서도 위와 같은 원리에 따라 다양한 교파를 차별화할 수 있다. 사회학자 디그비 발트절<sup>Digby Baltzell</sup>은 퀘이커교의 교리가 청교도주의보다 더 평등주의적인 동시에 더 물질 중심적이라고 지적한다. 또한 강박적일 정도로 민주주의적이며 물질주의적인 미국에서 퀘이커교의 이데올로기가 어떻게 마침내 위세를 떨치게 되었는지를 정교하고도 설득력 있게 보여준다.[41] 유대교를 개정한 기독교의 몇몇 특징들은 이렇듯 가톨릭을 개정한 개신교에 의해, 또 뒤이어 개신교를 개정하며 다양하게 등장한 분파들에 의해 계속 반복되고 확대되어온 것인지도 모른다.

물질문화가 그 자체로 민주화의 수단인지는 지금 이 부분에서 탐구하기엔 너무도 거대한 질문이다. 우상을 파괴하는 종교 문화가 평등주의적 정치철학과 본질적으로 모순되느냐는 질문도 그렇다. 한편 다음과 같은 지점도 짚어봐야 한다. 잠재적으로 잔혹할 수도 있는 실증 절차가 필요한 이유는 믿음이 고정되지 않기<sup>unanchored</sup> 때문이다. 물질적으로 창조하기는 그같은 실증 절차를 제거함으로써 자신의 혜택을 확대한다. 하지만 연이은 수정을 통해 위계적인 것과 물질적인 것 둘 모두의 순차적인 변화를 추구한다는 것이, 물질적으로 창조하기에 평화적이며 윤리적인 믿음의 충동이 **언제나** 존재한다는 뜻은 아니다. 물질적으로 '창조하기'는 '믿기'에 수반되는 문제 일부를 푸는 해결책이지만, 물질적으로 창조하기 자체가 당연히 다시 문제가 될 수 있다. 상상된 대상의 장소에서 발생했던 범주들의 해체가 물질적 사물의 장소에서도 발생할 수 있다는 것이다. 그리하여 종교 문화가 마주쳤던 바로 그 문제들을 세속 문화도 다시 똑같이 마주하게 된다.

다음 절은 노동을 논하는 19세기의 철학, 즉 마르크스의 이론이 분석하는 물질주의 또는 물질적 인공물의 특성에 초점을 맞춘다. 논의는 두 부분으로 이루어진다. 첫 번째 부분은 물질적 창조에 관한 마르크스의 기본적인 이해가 성서에서 볼 수 있는 물질적 창조에 관한 결론과 맥을 같이 한다는 것을 보인다. 유대-기독교는 '우리의 몸 그리고 우리의 신God'이라는 가장 심오하면서도 울림이 큰 도덕적 범주들을 물질문화에 부여한다. '우리의 감응력 그리고 우리가 창조하기라는 투사 작업을 통해 감응력상의 사실들을 수정해서 만든 것'이라는 범주들을 물질문화에 부여한다는 것이다. 이 사실은 물질적 인공물에 관한 마르크스의 세속적 분석과 합치하며 또 그의 분석에서 재천명된다. 다시 말해 마르크스도 감각에 바로 와닿는 사물들(그의 분석에서는 탁자, 벽돌담, 레이스 한 뭉치)을 열어젖혀서 각 사물의 내부 구조 안에 '우리의 몸 그리고 우리의 신들gods'이 있음을 발견한다. 물질주의의 전제들은 대단히 자비롭고 인도적이며, 그래서 마르크스는 물질적인 창조하기를 향한 충동을 철회하는 것이 문화에 더 유익할 것이라고 여긴 적이 없다. 또 이런 철회가 가능할 것이라고도 생각하지 않았다.

다음 절 논의의 첫 번째 부분에서는 이렇듯 마르크스가 어떻게 물질주의를 거의 축하라도 하듯 긍정했는지를 살피며, 두 번째 부분에서는 물질주의의 특정 역사적 형태에 가한 그의 비판으로 넘어간다. 마르크스는 이 물질주의의 한 형태가 물질주의의 기본 전제들 자체를 왜곡하기 때문에 곤혹스러워했다. 창조하기의 구조는 기본적으로 평화적이다. 그러나 마르크스가 비판한 형태의 물질주의에서 창조하기의 구조는 문제적인 실증 형태들에 기반을 두며, 그리하여 그 구조는 또다시 부정의不正義의 장소가 된다. 이 부정의는 유대-기독교 성서에서 나타났던 것과 유사한 해체의 경로를 따라가며 나타난다. 성서에서는 물질적 인공물이 등장함으로써 해체 문제가 해소됐었다. 19세기 초반 영국 산업사회에 심각한 부정의가 존재했다는 사실에는 거의 이론異論이 없다. 반면 당시의 부정의 문제에 관한 마르크스의 전반적인 분석과 그가 구상한 해결책은 굉장한 논란거리로, 이 책에서는 평가하지 않을 것이다. 지금 논의는 창조하기making가 붕괴하여 파괴하기unmaking가 된다는 것을 마르크스가 어떻게 설명했는지에 관심을 둔다. 이런 관점에서 다음과 같은 주장이 나온다. 마르크스는 영국 산업사회의 부정의 문제가 무기라는 근본 기호가 지니는 **지시 작용의 불안정성**에서 나온다고 본다는 것이다(무기 기호 대신 인공물이라는 기호일 수도 있다. 인공물 기호는 무기 기호로 회귀하기 때문이다). 마르크스의 철학적 분석 작업 전체를 (유대-기독교 성서와 마찬가지로) 이 가장 강력한 기호를 재구조화하고 안정화하려는 시도로 요약할 수 있다.


## IV. 물질적 영역 안에서 일어나는 창조하기 구축과 해체

**투사와 보답:**
**인공물 내 인간 몸의 현존**
**그리고 인간 몸을 개조하여 인공물로 만들기**


물질적 사물의 내부 구조를 제대로 살피는 일은 중요하다. 서구인들은 행동과 직관 측면에서 물질적 사물들에 대단히 몰입하고 있음에도 자신이 물질주의에 빠져 있다는 사실을 부인하고 깎아내리면서 말하곤 하기 때문이다. 때로 이들은 물질적으로 덜 혜택을 받은 문화권에 사는 사람들이 자신들과 똑같은 사물을 가지길 열망한다고 비웃기까지 한다. 소련에서 청바지가 사랑받고, 시어스 로벅<sup>Sears Roebuck</sup>* 카탈로그에 나오는 사진이 나이로비에 있는 어느 오두막의 벽에 붙어 있으며, 소니<sup>Sony</sup> 녹음기가 이란에서 귀하게 여겨지는 모습에 서구인들은 당혹해하곤 한다. 이런 사물들을 향한 보편적인 열망이 (이 물건들이 흔한 나라와 귀한 나라 둘 모두에서 마찬가지로) 이해할 수 없는 타락이라든지 무분별한 모방 행위라는 듯 말이다. 이런 사물들이 곁에 있을 때 사람들은 무언가 심오한 변화가 일어남을 직관적으로 느낀다. 사물을 향한 열망은 사람들이 느끼는 이 같은 변화를 나타내고 입증하는 것일 수 있다. 하지만 사물을 향한 열망을 비웃는 서구인들은 이 사실을 보지 못한다.

성서는 수천 년 후에 인간이 인공물에 얼마나 거대한 규모로 영적인 투자를 하게 될지 우리를 대신해서 이미 분명하게 밝혔다. '우리의 몸과 우리의 신'이라는 대단히 심원한 정신적 범주들은 인간이 거주하는 창조된 사물들의 영역에 달려 있었다. 마르크스의 작업은 성서가 보여준 인간 상상의 구조를 19세기에 새롭게 조사한다. 마르크스는 인공물 안 신의 현존, 다시 말해 '근원 인공물이 자신의 뒤를 이어 나타난 인공물들 안으로 진입해 있음'을 물질문화에 관한 자신의 설명에서 제외했다. 이는 적절하고도 필연적이다. 인공물 안으로 신이 진입하는 작업은 마르크스가 이 주제를 재검토할 즈음엔 이미 완성되어 자리를 잡은 지 오래였기 때문이다. 하지만 성서가 짚어갔던 인공물의 내부 설계는 마르크스의 검토에서도 인정된다. 즉 저작들 전반에서 마르크스는 '만들어진 세계'가 인간의 몸이라고 가정하며, 인간의 몸이 만들어진 세계로 투사되면서 인간들 자신은 탈체화되고 영화靈化된다고 가정한다. 몸을 갖지 않기 위해 인간은 만들어진 사물을 재창조하고, 그러면서 재창조하는 사람 자신도 하나의 인공물이 된다. 마르크스가 보기에 물질문화는 감응력의 취약함을 자신의 일부로 만들어서 물질문화가 없었다면 감응력이 받았을 충격을 대신 받으며,

---

\*     미국의 거대 잡화 소매상.

                   고통받는 몸

성서에 나오는 인공물들의 '무사통과' 활동을 이렇듯 거대한 규모로 또 집단적인 형태로 계속해간다. 이 관대한 설계를 통해 상상은 구출 작업을 계속한다. 마르크스가 물질적 자기-표현을 향한 서구의 충동을 부인하거나 깎아내리기는커녕 깊이 동조한 이유는 바로 그러한 설계 때문이었다. 아래에서는 마르크스의 두 가지 가정을 하나씩 살펴본 다음 두 가정 사이의 상호작용을 살필 것이다. 첫 번째 가정은 인공물 안에 몸이 현존한다는 것이며, 두 번째 가정은 인간 몸도 하나의 인공물이 된다는 것이다.[42]

문명은 인간의 상상이 집단적으로 표현된 것이다. 즉 문명은 창조된 것the thing created이다. 그리고 이 창조된 것은 그 안에 자신의 창조 과정 자체를, 다시 말해 자신을 탄생시키고 유지하고 영속하는 생산·재생산 체제를 담고 있다. 마르크스의 관심사는 이렇게 자신의 창조 과정 자체를 그 안에 담고 있는 문명이다. 마르크스가 주제로 삼는 것은 안정적이고 이미 완성되어 그것의 독립적인 활동을 외부에서 평가할 수 있는 대상이 아니다. 그보다는 대상 내부에 있는 것으로 보이며 대상을 탄생시킨 과정으로 보이면서도, 동시에 외부에 있는 것으로 보이는 무언가이다. 즉 주전자, 접시, 도시, 사회 시스템 등 전부 합쳐 '문명'이라고 불리는 다른 모든 인공물이 그 안에서 만들어지고 수정되는 거대한 인공물이다. 그가 이러한 문명을 주제로 삼는다는 사실은 그 자체로 매우 중요하다. 원래는 서로 완전히 이종異種의 조건인 감응력과 상상이 가시적일 정도로 분명하게 혼합되어 있는 문명의 차원에 마르크스가 매 순간 계속 초점을 맞추고 있다는 뜻이기 때문이다. '생산체제system of production'는 상상이 하는 '만들기' 활동이 물질화된 것이다(성서에서 신이라는 근원 인공물 자체가 인간의 '창조하기' 능력이 대상화된 것이었듯 말이다. 인간의 창조하기 능력을 신으로 대상화하면서 인간의 창조 능력이 지니는 모든 윤리적 필요조건과 문제가 완전히 드러났었다). 한편 생산체제는 인간 몸이 지닌 신진대사의 비밀과 유전적 비밀들이 인공적으로 연장된 것이기도 하다.

마르크스에게 경제적 생산체제는 거대한 몸으로, 생산체제 각 부분은 신체에 여러 방식으로 상응한다. 《자본론<sup>Capital</sup>》 1권의 독일어 초판 서문에서 마르크스는 침대 하나, 옥수수 한 자루, 셔츠 한 장 등 단일 인공물의 본성을 고려하지 않는 기존의 경제체제 분석은 몸 세포를 이해하지 못한 채로 몸을 이해하려는 시도와 마찬가지라고 설명한다. "경제적 세포-형태<sup>cell-form</sup>"인 상품은 기존 분석에서는 지나치게 세부적이라는 이유로 무시됐지만, "미시해부학의 대상"이 세부적이듯 경제체제 분석의 대상도 세부적일 수밖에 없다는 것이다.[43] 마르크스는 단일 사물들에서 이 사물들의 나중 모습이자 더 거대한 모습인 자본으로 논의를 옮겨가며, 그러면서 가장 작은 구조적 단위인 세포에서 몸의 일반적인 자기-증대 능력으로 이동한다. "이는 '아브라함이 이삭을 낳고 이삭이 야곱을 낳고 등등'으로 이어지는 옛이야기와도 같다. 최초 자본 1만 파운드는 2,000파운드의 잉여가치를 낳고 이 잉여가치는 자본화된다. 새로운 자본 2,000파운드는 다시 400파운드의 잉여가치를 낳으며 이 역시 자본화되고 변환된다."[44] 마르크스가 1850년대 후반에 쓴 일곱 권의 노트인 《정치경제학 비판 요강<sup>Grundrisse</sup>》은 《자본론》의 작업가설 중 많은 부분을 정식화하고 있다. 거기서도 그는 다음과 같이 적는다.

과정의 상이한 국면들에서 자본 과정의 동시성은 오직 자본의 분할 및 부분들로의 분리를 통해서만 가능하다. 이 부분들 모두가 자본이지만 각기 다른 측면의 자본이다. 이러한 형태 및 내용의 변화는 유기적 신체에서 일어나는 형태 및 내용의 변화와도 같다. 예를 들어 몸이 자신을 24시간 안에 재생산한다고 할 때, 이는 몸이 한순간에 그렇게 한다는 뜻이 아니다. 그보다는 한 형태를 벗어버리고 다른 형태로 재생하는 일이 분산된 채로 동시 발생한다는 뜻이다. 말이 난 김에 덧붙이자면, 몸에서 골격은 고정자본과도 같다. 골격이 재생되는 주기는 살이나 피가 재생되는 주기와는 다르다. 여러 다른 정도의 소진<sup>consumption</sup>(자기-소비<sup>self-consumption</sup>) 속도가 존재하며, 따

고통받는 몸

라서 여러 다른 정도의 재생산 속도가 존재한다.[45]

이 구절을 비롯해 마르크스가 '생산' '소비/소진$^{consumption}$' '재생산' '순환' 같은 신체적인 언어를 일반화해서 사용하는 구절들이 어느 정도까지 문자 그대로 이해되어야 하는지는 확실치 않아 보일 수 있다. 이런 어법은 분명 어느 정도는 수사적인 것이다. 너무 거대해서 비가시적인 어떤 실체를 압축해서 보여주는 유사물로서 몸이 불려나온다는 뜻이다. 또한 자연과학이 연구하는 자연 현상 영역만큼이나 인공 영역을 두고도 정밀한 분석이 이루어져야 한다고 여겼기에 이런 용어들을 사용한 것이기도 하다(마르크스는 자신의 작업이 지니는 과학적 특성을 강조함으로써, 이 같은 정밀한 분석의 필요성을 인식하길 거듭 요청했다).[46] 나아가 몸 비유가 문체상으로 거리를 두면서 나타나기 때문에 이런 비유에 철학적 의도가 있으며 중요하다는 느낌이 줄어든다. "이것은 옛이야기와도 같다"는 경쾌한 도입부라든지 "말이 난 김에 덧붙이자면, 몸에서 골격은 고정자본과도 같다"에서처럼 마르크스는 재빨리 삽입구를 끼워 넣어서 거리를 둔다. 이 거리 두기 행위는 마르크스 자신의 주장이 너무도 자명한 것이라서 공들여 논증할 필요가 없다고 가정하기 때문에 나오는 것일 수 있다. 아니면 마르크스의 양가감정에서 나오는 것일지도 모른다. 이 양가감정은 마르크스가 보편적인 인공물을 서술하는 동시에, 이 일반적 인공물의 특수화된 판본을 서술하기 때문에 생긴다. 즉 그가 근본적으로 유익한 것으로 보는 물질적 생산체제를 서술하는 동시에, 그가 근본적으로 문제적인 것으로 보는 자본주의 생산체제를 서술하기 때문에 양가감정이 생긴다는 것이다. 하지만 마르크스가 자신의 종합적인 정치 비평에 도달하기까지 신체를 빈번히 언급하며 신체 유비에 구조적으로 의존한다는 점에서, 몸 은유는 위의 설명들을 훨씬 뛰어넘는 중요성을 지닌다. 마르크스의 글에서 몸을 지칭하는 용어 사용이 계속되면서 몸 관련 구절들에 무게감이 생긴다. 그러면서 이런 구절들은 다음과 같은 사실을 마르크스가 명료하게 인식하고 있었음을 보여준다. 바로 물질적 생산체제라는 거대한 인공물이 생체生體의 특성을 지닌다는 것이다.

마르크스의 글에 존재하는 은유를 인식했다면, 다음으로는 이 은유가 정확히 어떻게 발생하고 있는지를 구체적으로 밝혀야 한다. 생산체제를 통해 인간 몸의 특권과 문제들이, 만들어진 세계made world 안으로 운반된다는 말은 생산체제 자체가 몸의 물질화된 은유 혹은 몸의 대체물이라는 말과 같다. 즉 생산체제라는 인공물에 관한 마르크스의 서술이 은유적이라기보다는 그 **인공물 자체**가 은유적이며, 마르크스의 서술은 몸 은유가 현존함을 기록할 뿐이다.[47] 따라서 마르크스의 몸 관련 발언들을 '은유적'이라는 이유로 무시할 수는 없다. 은유적이라고 깎아내리는 주장은 그런 말들이 제기하는 요점 자체를 되풀이해서 보여줄 뿐이다. 그렇지만 생산체제라는 거대한 인공물은 분명 단일 사물이 인간 몸에 정확히 상응하는 것처럼 그런 식으로 상응하지는 않는다. 가령 의자는 식별할 수 있는 감응력의 속성을 의자 안으로 받아들여 흡수하지만 생산체제는 그렇지 않다. 체중 등 몸의 속성 각각을 몸의 신진대사 과정과 생성 과정이라는 더 큰 틀 안에서 봐야 하듯, 의자 등 단독적인 인공물은 해당 인공물을 생산하고 또 영속하게 하는 '인공ㅅㅗ'이라는 더 큰 틀 안에서 봐야 한다. 그래야만 몸의 신진대사 과정과 생성 과정이 경제적 생산체제 안으로 투사되고 있다는 점을 제대로 인식할 수 있다. 또한 부분과 전체 간의 관계를 명확하게 설명해야 한다. 그래야만 상품을 세포에 엄밀히 대응시키고 자본의 어느 형태는 뼈에 대응시키고 자본의 또 다른 형태는 살과 피에 엄밀히 대응시키는 것이 문자 그대로의 진실성을 지닐 수 있다. 그런 후에야 우리는 경제적 생산체제라는 이 거대한 인공물이 몸을 재창조한 것이라고 말할 수 있을 것이다. 또는 단일 인공물이 몸을 재창조하는 방식을 재창조한 것이 이 거대한 인공물이라고 더 엄밀하게 말할 수 있을 것이다. 이 거대한 인공물이 몸의 은유임을 파악할 때, 이 인공물이 단일 사물의 은유임도 더 정확히 파악하게 된다. 즉 경제적 생산체제라는 거대한 인공물은 단일 사

고통받는 몸

물이 훨씬 더 문자 그대로 수행하는 흡수 활동을 은유적으로 수행한다.

따라서 몸은 마르크스가 설명하는 현상 중 가장 거대한 현상 안에도 여전히 남아 현존한다. 이 현상은 생산체제보다도 더 크다. 마르크스는 문화·정치·철학적 '상부구조'가 경제체제에서 출현하며 그 경제체제를 반복하고 유지한다고 확신한다(경제체제가 상품에서 출현해 상품을 반복하고 유지하는 것과 마찬가지이다. 또 상품이 인간 몸에서 출현해 인간 몸을 유지하기 위해 인간 몸을 반복하는 것과 마찬가지이다). 이는 인간 정신이 지니는 미적이고도 영적인 능력을 깎아내리는 것이 아니다. 그보다는 마르크스가 지녔던 다음과 같은 믿음을 고쳐 말한 것일 뿐이다. 즉 인공에 기반을 둔 전략들은 규모상의 변화가 있어도 똑같이 유지되며, 더 기초적인 수준의 인공에서 발견되는 몸 문제에 대한 해답들을 훨씬 더 극단적으로 승화함으로써 이 해답들을 보강하고 증대하며 보호한다는 것이다. 그렇지만 마르크스가 수사 측면이나 철학 측면에서 어려움 없이 가장 쉽게 서술하는 몸은 여전히 위의 기본적인 장소들에 현존하는 몸이다.

상품은 우리의 풍부하고 정교화된 경제체제 안에서 가장 기본적인 장소이다. 《정치경제학 비판 요강》이나 《자본론》에서 상품을 설명할 때마다 마르크스는 예컨대 직조해 만든 천 한 필처럼 만들어진 사물 안에 몸이 현존함을 거듭 지적한다. 몸의 현존을 지적하는 마르크스의 서술은 명료하며, 감동적일 때도 잦다. 마르크스가 단일 인공물을 '몸'이라고 부르는 근거는 사용$^{use}$가치 개념에 기초할 때도 있고, 단일 인공물이 육체적 작업을 물질화하여 대상화한 것임에 기초할 때도 있다. 전자의 근거에 따른 설명으로는 다음과 같은 예를 들 수 있다. 직조된 천은 체온 불안정과 벌거벗음이라는 감응력 문제를 대상화하는 동시에 제거함으로써 살아 있는 몸에 '쓸모$^{use}$' 있게 되며, 그럼으로써 인간 몸을 지시한다. 또 후자의 근거에 따라 설명해보자면, 직조된 천은 방적이라는 육체 활동이 끝난 후에도 오래도록 남아서 그 체화된 노동을 물질적으로 기념한다("노동자는 방적을 했고 그 생산물은 실이다"[48]). 마르크스는 아무 설명이나 해명 없이 이 두 근거 사이를 자유롭게 오간다. 단일 인공물에 투사되는 것은 감응력의 가장 기본적이고 일반화된 특성인 '살아 있음'이 아니다. 그보다는 감응력을 가지고 하는 특정 활동(방적)이나 감응력의 특정 속성(체온 불안정)이 투사된다. 하지만 인공물은 인간과 접촉함으로써만 애초에 탄생하고 존재할 수 있으며, 바로 이 이유 때문에 인공물은 '살아 있음'이라는 감응력의 특성도 거의 빌려오게 된다. '만들기' 활동은 이렇듯 '외부 세계에 생명을 주기' 활동이 된다. 마르크스의 글에서 외부 세계를 살아 있게 하는 이런 만들기 활동은 인간이 살아 있음을 자발적으로 투사하는 일로 서술되거나, 단순히 실제 인체 조직에 가까이 있어서 발생하는 좀 더 수동적인 일로 서술된다. 전자의 예로는 다음과 같은 구절을 들 수 있다. "천을 짜는 데 사용되지 않은 면사는 낭비된 목화솜이다. 산 노동living labour은 이런 물건들을 붙잡아 죽은 것들 사이에서 소생시켜야 한다."[49] 후자의 예는 이렇다. "이제 원료는 단순히 일정량의 노동을 흡수할 뿐이다. 노동에 흠뻑 젖음으로써 원료는 면사로 변한다."[50]

마르크스는 더 이전 시기의 경제 활동 형태들을 분석하기 위해 인간의 경제 구조 이면을 파헤치기 시작한다. 이때도 그는 상품보다 더 기본적인 상상적 투사의 장소인 '토지'와 '도구'를 위와 같은 방식으로 서술한다. 해당 구절들에서 몸의 현존은 단순하고도 인상적으로 인정되어 기록될 뿐이다. 마르크스의 평소 문체처럼 명료하고 날카로운 말들로 수식되지 않는다. '~와 다름없는'이나 '마치 ~ 같은'이라는 말조차 등장하지 않는다. 예전 인류에 의해 토지가 정신적으로 전유되어서 "최초의 노동 도구, 원료의 실험실이자 창고"가 되었을 때, 토지는 변환되기 시작했다.《정치경제학 비판 요강》의 네 번째 노트 끝부분과 다섯 번째 노트 전체에 걸쳐 토지는 시종일관 노동자 몸을 "늘여놓은 것a prolongation"으로 서술된다.

노동자가 자기 노동의 객관적 조건들과 맺는 관계는 소유 관계이다. 즉 이 관계는 노동과 노동의 물질적 전제조건들 간의 자연적 통

일이다.[51]

개인이 노동과 재생산의 자연적 조건들과 맺는 관계, 즉 그가 찾아
내어 자신의 것으로 만드는 무기적inorganic 자연이자 그의 주관성이
실현되는 객관적 신체와 맺는 관계 ……[52]

개인은 노동의 객관적 조건들을 그저 자신의 소유로, 그의 주관성
이 실현되는 무기적 자연으로 여긴다. …… 노동의 주요한 객관적
조건 자체는 노동의 **생산물**로 나타나는 것이 아니라 **자연**으로 등장
한다. 한편에는 살아 있는 개인이 있으며, 다른 한편에는 그의 재생
산에 객관적 조건이 되는 땅이 있다. …… [그의 땅 소유]는 그 사
람의 활동에 **선행하는** 것이며, 그가 하는 활동의 결과로 나타나지
않는다. 땅 소유는 그 사람의 피부와 감각만큼이나 그가 하는 활동
의 전제조건이다. 피부 전체와 모든 감각 기관 역시 삶의 과정 속에
서 개발되고 재생산되는 등의 일을 겪지만, 이런 재생산 과정의 전
제조건이기도 하기 때문이다.[53]

노동하는 주체가 자연적 개인, 자연적 존재인 것과 마찬가지로 그
개인이 하는 노동의 최초의 객관적 조건은 자연과 땅으로서, 즉 무
기적 신체로서 나타났기 때문이다. 이 개인은 유기적 신체일 뿐 아
니라 또한 한 주체로서 무기적 자연이기도 하다.[54]

따라서 원래 **소유**란 자연적 생산 조건들을 자신에게 속한 것으로
서, **자기 존재의 전제조건**으로서 보는 인간의 태도를 의미할 뿐이
다. 그리고 이렇게 자연적 생산 조건들을 **자신의 자연적 전제조건
들**로 보는 태도가 말하자면 '인간 몸을 늘여놓은 것'을 구성한다.[55]

농경을 통해 흙은 개인의 몸을 늘여놓은 것이 된다.[56]

요컨대 노동 도구는 여전히 산 노동과 너무도 친밀하게 합쳐져 있
어서 …… 본격적으로 순환하지 않는다.[57]

노동하는 몸을 말 그대로 늘여놓은 것이 토지와 도구라는 인식, 이
인식을 확증하는 근거를 가깝고 흔한 현상학적인 경험에서 찾을 수 있을
지도 모른다. 예를 들어 제임스 깁슨James Gibson은 이미 고전이 된, 지각을
주제로 한 저작에서 놀라운 동시에 (일단 언급하고 나면) 매우 친숙한 사실
에 주의를 환기한다. 지팡이를 쥐고 있는 사람은 1미터 아래 지팡이 말단
에 닿는 풀과 돌을 말 그대로 '느낄' 수 있으며, 가위 손잡이를 쥐고 있는
사람은 손에서 몇 센티미터 떨어진 가윗날의 '자르는 동작'을 실제로 느낄
수 있다는 것이다.[58]

토지와 도구를 몸이 연장된 것으로 보는 마르크스의 발언은 간결하
며 여러 차례 반복된다. 주체와 대상이 감응력 측면에서 연속된다는 것
이 너무도 자명하기 때문에 마르크스가 더 긴 설명이 필요치 않다고 가
정하고 있었음을 알 수 있다. 마르크스의 정치철학 전체에서 구조적으
로 중심 위치를 차지하는 이와 같은 주체와 대상 간의 연속성[59]은 19세기
의 문학과 회화에서 언어적·시각적으로 풍부하고도 정교화되어 나타난
다. 이런 작품들을 살펴보면 마르크스가 가정하는 견해가 옳다는 것을 감
각을 통해 강렬하게 느낄 수 있다. 예를 들어 밀레Jean-François Millet의 작품들
에서 노동자의 육체적 현존은 전통적으로 인물 신체의 경계로 여겨질 만
한 부분에서 멈추지 않고 캔버스 경계에서 멈춘다. 〈곡식을 키질하는 사
람Winnower〉에서 인간과 세계는 어둡게 합쳐지면서 푸른색과 갈색으로 이
루어진 균질한 표면을 만든다. 그 표면 위로 낟알, 손, 등, 발목이 함께 어
우러지면서 하얗게 빛나며 떠 있다. 노동의 원료와 키질을 하는 몸 부위
들은 이렇게 뒤섞여서 빛을 발한다. 〈땔감 나르는 여인들Peasant Women Carrying

Firewood〉에서는 두 인물의 형상이 서로 합쳐지고 또 각자 지고 있는 땔감과 합쳐지면서 리듬이 생겨난다. 앞쪽의 여인은 그녀가 지고 있는 땔감과 분간할 수 있는 편이지만, 뒤쪽의 여인은 훨씬 더 분간하기 어렵다. 뒤쪽의 여인 뒤로 어렴풋하게 솟은 숲은 땔감과 합쳐지면서 이 여인이 등에 지고 가는 눈에 덮인 물체가 된다. 나아가 숲은 그녀의 동료가 등에 지고 가는 물체로도 연장된다. 밀레의 1850~1851년 작 〈두 명의 이삭 줍는 사람들 Two Gleaners〉은 검은 크레용을 사용한 스케치 작품이다. 여기에는 두 명 또는 세 명의 여인이 등장한다. 이들의 숫자는 시각적으로 불분명하다. 위에서 언급한 작품들과 마찬가지로 이 작품에서도 각 몸의 경계가 명확한 지점에서 끝나지 않기 때문이다. 이들은 다 같이 땅 위로 몸을 숙이고 있으며 캔버스의 우측 끝을 향해 몸을 구부린 채 앞으로 이동해간다. 여인들 뒤에는 거대한 건초더미들이 있다. 여인들과 다른 이들이 함께 수행한 노동의 집단적 결과물인 건초더미들은 엄청나게 거대해서 이삭줍기 행위를 통해 주워 모은 곡식 낟알들이 미세해 보일 정도이다. 건초더미들은 캔버스 좌측 끝을 향해 약간 기울어져 있어서 여인들이 앞쪽으로 이동함에 따라 같이 끌려가고 있는 듯 보인다. 이로써 여인들이 얼굴 아래 지면을 살살이 훑어가면서 실제로 발생시키는 세계-변환의 규모가 얼마나 엄청난지가 강조된다. 〈괭이를 든 남자 Man With a Hoe〉에서도 마찬가지이다. 크고 어둡게 그려진 인물은 바로 등 뒤에서 함께 타오르는 건초, 연기, 빛, 대기로 연장된다. 이 인물은 자신의 육중한 무게를 도구에 실어 흙으로 전달하고, 인물만큼이나 어두운 흙은 그를 삼키면서 위 방향으로 밀리고 있다. 이 위 방향으로의 밀림은 남자가 도구를 가로질러 아래 방향으로 민 결과를 기록한 것이다. 여기서 도구는 흙 10제곱센티미터 정도가 아니라 가시적인 대지 표면 전체에 가닿아 대지 전체를 퍼 올린다. 인간 그리고 인간이 개조하려는 세계 간의 최초 관계를 두고 마르크스가 한 설명의 요점이 위 그림들에서도 나타난다. 이 작품들도 마르크스의 설명과 마찬가지로 감응력이 미치는 범위를 인식하고 있으며, 감응력이 가닿는 물건과 감응력이 서로 합쳐진다는 사실을 인식하고 있다.

　원료, 도구, 물질적 사물 등 '인공'이 일어나는 기본 장소 안에 현존하는 몸을 인정하는 부분과, 화폐, 고정자본, 유동자본, 생산자본, 이자 낳는 자본 등 훨씬 더 복잡하고 고도로 발달한 장소 안에 현존하는 몸을 인정하는 부분에서 마르크스의 어조는 각기 다르다. 이 어조 차이는 전자에서 몸의 현존이 훨씬 더 문자 그대로 나타나기 때문일 뿐 아니라, 전자에서 몸의 현존이 정치적으로 규정되는 정도가 훨씬 덜하기 때문이다. 다시 말해 '토지'와 '도구'와 '물질적 사물'은 모든 실제의 또는 이론상의 자기-물질화 체계에서 기본적이고 필연적이며 보편적인 인공의 장소들이지만, 자본처럼 더 거대하고 더 연장된 현상들은 문화적 물질주의에 편재하는 요소도 아니고 필연적인 요소도 아니다. 토지와 도구와 물질적 사물은 그것들이 발생하는 장소와 동일하지만, 자본은 자본이 발생하는 장소와 동일하지 않다. 자본이 발생하는 장소에는 자본과는 매우 다른 연장된 인공물이 존재할 수 있다(창조하기가 일어나는 더 연장된 장소에 고정돼 있으며 또 필수적인 형태로 자본을 보는 견해를 마르크스는 '부르주아적 오류'라고 부르면서 거듭 주목하게 한다). 그 결과, 보편적인 인공의 장소가 지니는 본성에 관한 마르크스의 인식은 고도로 발달한 인공의 장소에서만 그 장소의 특정 '거주자'인 자본을 향한 그의 인식 및 태도와 뒤섞인다. 자본이 하나의 인공물이기 때문에 지니는 속성들과, 자본이 마르크스가 비난하는 특정 판본의 인공물이기 때문에 지니는 속성들은 그리하여 때로 구별할 수 없게 된다. "이는 '아브라함이 이삭을 낳고 이삭이 야곱을 낳고 등등'으로 이어지는 옛이야기와도 같다"는 구절이 그렇다. 이 구절에서 마르크스는 불안정한 어조의 언어를 사용해서 자본의 자기-증대 능력과 인간 신체의 자기-증대 능력이 서로 동등함을 기록한다. 그리고 물론 이런 관찰은 광범위하면서도 비난으로 가득한 자본 분석의 한가운데서 나타난다. 마르크스가 자본을 비난한다는 것과 자본이 몸의 활동을 재-상연한다는 것은 둘 모두 사실이지만 전자는 후자에서 나오지 않는다. 몸의 활동을 재-상연한다는

특성은 그 장소의 훨씬 더 자비로운 거주자라도 똑같이 지닐 것이기 때문이다.[60]

마르크스가 인공의 기본 장소를 서술할 때의 어조는 훨씬 더 안정적이다. 상상하기에 관한 설명과 정치 비평이 이 기본 장소들을 서술할 때는 서로 상충하지 않기 때문이다. 이는 그 서술이 마르크스가 하는 정치적 주장의 외부에 있다는 뜻이 아니다. 마르크스의 논의에서 토지, 도구, 물질적 사물은 모두 제작자의 몸이 연장된 세 가지 인공물이며, 이 인공물들에서 제작자의 몸은 원래의 온전함을 유지하면서 존재한다. 마르크스가 상상하기의 작용에 관해 밝혀낸 것의 중심에 바로 이 같은 인식이 있다. 하지만 똑같은 인식이 왜 제작자가 이후 자신의 노동에만 통제력을 지니게 되는지를 설명하는 근거가 되기도 한다. 마르크스의 설명에서 제작자는 토지, 도구, 물질적 사물이라는 자기-연장의 장소에서 분리되고, 그러면서 제작자 자신이 창조하기 활동을 하고 있음에도 자기-연장 활동의 요소 중 하나인 노동에만 통제력을 지니게 된다. 땅이라는 원료가 노동자 몸을 '늘여놓은 것'이라고 봤기 때문에 마르크스는 '사적 소유'를 문명의 핵심 문제로 여긴다. 사적 소유 때문에 제작자는 땅이라는 원료에서 분리되고 자신의 활동을 무기적으로 늘여놓은 것에서 분리된다. 제작자는 이제 코트나 벽돌 등 자신이 만든 것을 팔 수 없는 사람이자 오로지 자신의 절단된 만들기 활동만을 팔 수 있는 사람이 되어 인공물 제작 과정 안으로 진입한다. 절단된 활동을 팔거나 팔지 않을 수 있는 선택권조차 파업을 금지하는 여러 법이 출현하면서 제거된다.[61] 노동자를 그 자신의 연장된 몸에서 잘라낸다는, 불편할 정도로 생생한 이 개념은 이렇게 《자본론》에서 핵심 위치를 차지한다. 단 《자본론》에서 이 개념은 대개 "노동자를 생산수단에서 분리"한다고 좀 더 추상적으로 표현되며, "노동의 생산물을 파는" 능력과 "노동력"을 파는 능력 간의 차이로 나타난다.[62]

마르크스의 정치 비평은 위에서 설명한 것처럼 인공이라는 것의 본성을 분석하는 데 기초를 두지만, 초기 기본 장소들에서의 인공에 관한 마르크스의 분석을 그의 정치 비평과 분리해서 이해할 수도 있다. 다른 논자들의 글에서 몸의 현존이 가장 광범위하게 인지되는 장소도 바로 이 기본 장소들이다.[63] 하지만 이 기본 장소들에서조차, 예컨대 매끄러운 바닥, 의자, 탁자와 같은 개개의 물질적 사물에서조차 그 안에 몸이 현존한다는 사실이 보편적으로 받아들여지는 것은 아니다. 때로는 유물론을 낭만주의적으로 해석했다고 비판받기도 한다. 그렇지만 사실 이런 반대 의견 자체도 물질적인 맥락 위에서 발화되고 있다. 설명하자면 이렇다. 이런 반대 의견을 {의자에 앉아서} 생각하고 있는 어떤 사람의 무게는 세 개의 판 위로 퍼지며 전달된다. 판 하나는 아래쪽에서 이 사람의 몸을 받치고, 첫 번째 판보다 60센티미터 정도 더 높이 있는 다른 판 하나는 몸을 뒤쪽에서 받치며, 두 번째 판보다 30센티미터쯤 더 높은 또 다른 판 하나는 몸을 앞쪽에서 받쳐서 팔과 그녀가 쥐고 있는 책의 무게를 지탱한다. 나아가 이 판들은 여러 표면으로 이루어지는 더 큰 격자 안에 존재한다. 이 격자는 그녀를 사방에서 둘러싸며 정교하게 연속되는 수직면들이다. 격자는 특정 방향에서는 매우 촘촘해서 다섯이나 여섯, 아니면 열두 개쯤 되는 층들이 그녀를 외부 세계에서 분리한다. 이 면들은 인간 또는 인간이 아닌 모든 것의 접근과 멀어짐을 매개하고, 그럼으로써 그녀의 주변 환경을 안정시킨다. 하지만 걸친 옷의 가벼운 압력을 등에서 느낄 때처럼 몸에 닿아서 알 수 있고 전前의식적으로 확인되는 때를 제외하고는 이 사람은 층들의 작용을 생각하지 않는다. 그녀는 인공물의 씨줄과 날줄 안으로 자신을 짜 넣은 것이다. 인공물의 이런 짜임은 그녀의 현존을 비롯해 모든 '자연적인' 현존의 나타남과 사라짐을 규제한다. 그녀의 몸은 목마르다는 신호를 보내서 몸 자신을 그녀의 생각들 안으로 침입시킨다. 그녀가 한쪽으로 몸을 약간 기울여 손목을 돌리면{수도꼭지를 틀면} 물이 앞에 나타난다(그러면 몸의 침입은 사라진다). 또 다른 쪽으로 몸을 약간 기울여 손가락을 빙글 돌리면{문손잡이를 돌리면} 아이의 목소리가 방으로 들어온다. 그녀는 책을 읽다가 남동생이 계단을 올라오는 소리가 들리는지 귀를 기울인다. 남동생은 어제만 해도 수천 킬로미터 떨어진 곳에 있었다. 그녀는 책에서 인간의 몸이 끌어올려져 물질세계 안으로 들어온다고 주장하는 문장을 마주친다. 이 순간 그녀는 체화의 압력과 체화 때문에 생기는 한계에서 너무도 자유롭다. 그리하여 그녀는 고개를 들어 주변의 사물을 둘러보고는, 해당 문장에 담긴 인식은 경험으로 확증할 수 있는 관찰에서 나온 것이 아니라 현실과 동떨어진 어느 낭만주의적 철학의 교리에서 나왔다고 결론 내린다.

인공의 영역 안 몸의 현존은 몸 안 인공의 현존에 대응한다. 다시 말해 세계를 만들면서$^{make}$ 인간은 그 자신을 개조한다$^{remake}$. 마르크스는 이 두 번째 명제를 노동의 자기-창조 능력이라는 헤겔의 이론에서 가져왔다. 여기서 이 명제를 길게 다루지는 않겠다. 두 번째 명제는 인공물 안에 인간 몸이 현존한다는 첫 번째 명제에 함축되어 있기도 하고, 또 첫 번째 명제와는 상관없이 그 자체로 마르크스의 문명 설명에서 핵심적이라고 널리 받아들여지기 때문이다. 두 번째 명제가 나타나는 맥락들과 이 명제가 점차 획득해가는 중요성을 간단히 살펴보는 것만으로 충분할 듯하다.

두 번째 명제의 가장 소박한 형태를 보자. 인간의 자기 재창조는 매일 몸을 갱신하기 위해 자신에게 영양을 공급하는 활동에서 일어난다. 먹기 활동이 동물적 본능에 의해 촉발되고 통제되었을 때는 전적으로 자연적인 과정으로 간주되지만, 먹기 활동이 인간의 의식 안으로 들어올 때 이 활동은 자기-인공이 시작되는 장소가 된다. 자신을 만들고 개조할 책임을 인간이 맡는 최초의 경우가 되는 것이다.

최초에 개인이 하는 생산 행위는 자연이 소비를 위해 이미 마련해 둔 완성된 사물들을 전유함으로써 자기 몸을 재생산하는 데 국한된다.[64]

[노예제나 농노제에서는] …… 최초의 생산 조건들이 자연적 전제

조건들로서, 즉 **생산자의 자연적 실존 조건들로서** 나타난다. 이는 생산자가 자신의 살아 있는 몸을 아무리 재생산하고 발달시킬지라도 애초에 생산자 자신이 그 몸을 확립하지 않았으며 생산자의 **전제조건**으로서 그 몸이 나타나는 것과 마찬가지이다. 생산자의 (육체적) 실존은 자연적 전제조건이지 생산자 자신이 확립한 것이 아니다.[65]

산업 자본주의 이전 시기의 경제문화economic culture에 관한 마르크스의 설명 전반에서 "노동하는" 주체는 "노동하는 (생산하는) 주체 (혹은 자신을 재생산하는 주체)"[66]이다. 또한 "개인의 재생산"이라는 표현이 반복적으로 나타나며, "노동자가 자신을 재생산할 수 있는"[67] 조건들이 거듭 명시된다. 문명에 관한 마르크스의 설명에서 인간의 자기 몸 개조는 세포 차원의 자기-갱신에 필요한 활동을 훨씬 넘어선다. 그럼에도 마르크스가 사용하는 두 개의 핵심 용어인 '소비'와 '생산'은 늘 가까이 붙어 있으며 때로는 서로 거의 떼어낼 수 없을 정도로, 두 용어의 이런 밀접함은 '먹기'와 '자기-인공' 사이에 있었던 최초의 친밀함을 기린다.[68]

마르크스는 세포 차원의 자기-갱신에서 언어, 물질적 사물, 도덕의식·정치의식 등 좀 더 눈에 띄는 자기-인공 형태들로 이동해간다. 하지만 어느 차원에서든 변환되는 것은 여전히 살아 있는 실제 몸 자체이다.[69] 그러므로 인류 초기에 이뤄낸 영양 섭취에서의 성취가 아무리 소박했다고 해도, 그 결과를 봤을 때 이 성취는 고대 문명이든 현대 문명이든 가장 고차원의 문명이라는 최종 결과를 이미 예고하고 있었다.

우리는 고대인들에게서 어떤 형태의 토지 소유 등등이 가장 생산적이며 가장 많은 부를 창출하는지를 살피는 탐구를 전혀 찾아볼 수 없다. …… 그들에게 탐구란 언제나 어떤 종류의 소유가 가장 훌륭한 시민을 만들어내느냐에 관한 것이었다. ……

고통받는 몸

따라서 인간이 언제나 (매우 편협할 정도로 국가주의적이거나 종교적이거나 정치적인 정의에서조차도) 생산의 목적으로 나타나는 고대의 관념은, 생산이 인간의 목적이며 부富가 생산의 목적인 근대 세계보다 훨씬 더 고귀해 보인다. 하지만 사실 편협한 부르주아적 형태를 벗겨냈을 때 **부란 보편적 교환을 통해 산출된, 개인들의 욕구, 능력, 향유, 생산력 등의 보편성이지 않은가.**[70]

필요와 능력이 투사되어 그것들이 '보편적으로 교환될' 수 있는 장소에 있게 된다는 말은 얼핏 몸이 문명으로 투사된다는 앞의 명제를 재차 확인하는 것으로 보일 수 있다. 그렇지만 이런 투사가 이루어지면 투사가 발생하는 살아 있는 원천에 근본적인 변화가 일어난다. 감응력의 조건들이 대상화되고 사회적인 것이 되어 보편적 교환 안에 놓이면, 감응력의 가장 본질적인 사실 중 하나가 제거된다. 제거되는 이 사실은 바로 감응력이 너무도 사적이라는 것, 즉 감응력은 자신의 경험을 자신 안에 가둔다는 것, 감응력은 그것을 느끼는 사람에게만 느껴질 수 있다는 것이다. 종교 문화가 지배한 어느 고대 사회의 제단 위에서처럼, 문명 안에서 몸은 안쪽에서 바깥으로 뒤집히며 공유할 수 있는 것이 된다.

감응력을 지닌 존재들이 자신들의 감응력이 대상화돼 있는 외부 공간을 돌아다닌다는 것은 그들의 몸 자체가 변화되었다는 뜻이다. 몸 재창조에 관련된 좀 더 생생한 예들을 살펴보면 이런 몸 자체의 변화가 실제로 일어나는 육체적 변환임을 더 잘 이해할 수 있다. 아마도 가장 인상적인 설명은 프리드리히 엥겔스Friedrich Engels의 에세이 〈유인원에서 인간으로 이행하는 데 노동이 한 역할The Part Played by Labour in the Transition from Ape to Man〉일 것이다. 엥겔스의 이 도발적인 에세이가 제시하는 주장들 중에는 이제 거의 논쟁거리가 아닌 부분도 있고, 전보다 훨씬 더 논쟁적인 부분도 있다. 엥겔스는 사고 기관을 감싸는 두개골이 아니라 만들기 기관인 손이 유인원에서 인간으로 이행하는 데 결정적이었다고 주장한다. 이후 인류학자들의 발견은 이 주장을 확증했다. 스티븐 제이 굴드<sup>Steven Jay Gould</sup>는 '사라진 고리'를 찾는 과학의 탐색이 오랫동안 잘못된 신체 부분에 집중했다고 지적한다. 손이 아니라 두개골에 관심을 기울였다는 것이다. 그는 이 오류가 '창조자 인간' '제작자 인간' 또는 '노동자 인간'보다는 '지성을 가진 인간'을 강조했기 때문에 발생했다고 본다. 또한 사람들이 이데올로기적인 이유 때문에 '지성을 가진 인간'을 잘못되게 강조했다고 본다.[71] 나아가 엥겔스는 같은 에세이에서 손이 하나의 인공물이라는 관념을 제시한다. 외부 세계를 변환하는 활동을 하면서 손 자체도 점차 변환된다는 것이다. 엥겔스는 말한다. "인간의 손에 의해 최초의 부싯돌이 칼이 되기까지, 우리에게 알려진 역사적 시간이 상대적으로 미미해 보일 정도로 긴 시간이 지나야 했을 것이다." 그리고 이어서 쓴다. "따라서 손은 노동 기관일 뿐 아니라 **노동의 생산물이기도 하다.** 노동, 새로운 활동에 적응하기, 근육·인대의 유전과 더 오랜 시간이 걸리는 뼈의 유전을 통해 인간 손은 고도의 완성도를 띠게 됐다. 인간의 근육과 인대와 뼈는 오랜 시간에 걸쳐 특수한 발달 과정을 거쳤으며, 유전된 능력을 계속 갱신하여 점점 더 복잡해지는 새로운 활동들에서 사용했다."[72]

엥겔스는 언어를 두고도 위와 비슷한 주장을 하며, 감각의 계속되는 정교화에 관해서도 비슷한 주장을 이어간다. 그렇지만 계속 주된 관심의 초점이 되는 것은 만들기 행위를 직접 하면서 동시에 재창조되는 손이다. 손의 내적 섬세함은 엥겔스가 언급하는 라파엘로<sup>Raffaello Sanzio</sup>의 그림들에 나타나는 복잡성과 정교함으로만 외재화되는 것이 아니라, 평범한 한 조각의 레이스에서도 외재화된다. 손가락의 섬세한 움직임이 기록되고 동결된 채로 남아 레이스가 되는 것이다. 이렇게 손은 저항력이 있는 세계 표면과 오랫동안 상호작용을 하며, 그럼으로써 손 자체가 힘줄·인대·근육·뼈로 이루어지는 복잡한 망 안으로 짜여 들어온다. 라파엘로의 그림이나 레이스는 바로 이러한 내부 배열을 가시화하며 찬양한다. 다시 말해 해안에 부딪히는 파도라든지 꽃병에 담겨 피어나는 꽃 등 캔버스에 그려

고통받는 몸

진 내용이 무엇이든 그 내용의 일부는, 즉 사람들이 볼 수 있게 된 것의 일부는 붓을 쥐었던 감응력이 있는 조직의 내적 복잡성과 정밀함이다. 엥겔스의 논의는 개인의 일생에서 살과 뼈가 획득하는 변환이 후대로 전달된다는 진화 메커니즘 이론을 참조하며, 이 부분 때문에 그의 주장이 지니는 힘이 약해질 수도 있다. 반증되지도 확증되지도 않았지만, 획득형질이 유전된다고 보는 라마르크^Jean-Baptiste Lamarck 식의 개념은 근래 수십 년 동안 크게 신뢰성을 잃었기 때문이다.[73]

엥겔스의 직관적인 주장을 뒷받침하는 메커니즘을 현대 과학이 완전히 파악하지는 못했지만, 한편으로 과학은 인공물 제작이 향하는 궁극적인 지점이 인간 몸을 개조하는 것임을 점점 더 밝혀왔다. 인간은 이제 심장, 고관절, 자궁, 눈, 이식용 조직, 면역 체계를 인공적으로 만들면서 점점 더 대담하게 인체 조직 자체에 개입하고 있다. 의학이 인공 인체 조직의 이식을 예상만 하던 단계에 있었을 때 사람들은 인체 내 기계나 인공 기관의 존재를 상상하며 반감을 표하곤 했다. 이런 기계나 기관이 극히 섬세할 수 있는데도 말이다. 하지만 인공 조직 이식이라는 의학적 성취가 실제로 이루어졌을 때 사람들은 행복, 경이, 놀라움, 불가피한 일이라는 식의 침착함 등 반감을 제외한 거의 모든 종류의 인간 감정을 보이면서 환영했다. 인간이 만든 인체 내 이식 조직·장치가 존재한다고 해서 인간이라는 생명체의 위상이 훼손되거나 이 생명체가 '비인간화'되지는 않는다. 인간은 자신의 인간성을 언제나 자기-인공 안에 두기 때문이다. 어떻게 인간들이 의식하지 못한 채로 자신들의 신체 진화에 책임을 지게 되었는지, 이를 설명하는 구체적인 메커니즘을 우리는 아직 완전히 밝혀내지 못했다. 하지만 인간의 시작점에 불분명한 채로 묻혀 있었으며 무의식적이었던 인간 몸 개조라는 목표는 이제 마침내 수면 위로 떠올라 명백해졌다. 진화를 통해 인간은 바로 이 지점에 도달했다.

살아 있는 인간의 몸을 물질적 인공물 안에 존재하는 변환된 몸과 비교해볼 때 후자에는 거의 언제나 다음과 같은 이점이 있다. 인간은 전자가 겪는 변화보다 후자가 겪는 변화를 훨씬 더 쉽게 통제할 수 있다는 것이다. 나란히 존재하는 몸의 두 가지 판본 중 한쪽은 다른 쪽을 개선한 판본이다. 더 쉽게 통제할 수 있다는 점에서 그렇다. 골격의 작동을 돕고 골격의 결점을 보완하는 의자는 형태와 재료 측면 모두에서 수 세기에 걸쳐 계속 다시 상상되고 설계되고 개선되고 수리될 수 있다. 의자 개조는 골격 자체를 내부에서 다시 상상하는 것보다 훨씬 쉽다. 어쩌면 의자 개조를 일종의 예행연습으로 볼 수 있을지도 모른다. 창조 능력은 문명이 골격 안으로 직접 진입하여 골격 자체를 개조하는 데서 정점에 달하며, 의자 개조는 이러한 직접 진입과 개조를 연습하는 일일 수 있다는 것이다. 의학적 기적의 정점이 되는 이 시기 이전에도 의자 재설계는 '살아 있는 몸 수리하기'가 가져오는 혜택을 몸에 제공한다. 아직 완벽하지 않은 창조 능력을 몸에 적용하는 일은 위험할 수 있지만, 의자 재설계는 이런 위험 없이도 '몸 수리'의 혜택을 준다는 것이다. 몸 부위 중 마르크스와 엥겔스가 지대한 관심을 쏟았던 손도 마찬가지이다.[74] 손도 수많은 사물을 통해 그 자체가 변환되고 재설계되고 수리될 수 있다. 석면 장갑은 손이 섭씨 500도의 온도를 느끼지 못하는 양 뜨거운 물질을 만질 수 있게 한다. 야구 장갑은 손이 충격에 영향을 받지 않는 것처럼 반복되는 충격을 받아낼 수 있게 한다. 낫은 오므린 손의 크기와 자르기 활동을 여러 배 증대한다. 연필은 말하는 목소리보다 더 영속성이 있는 목소리를 손에 부여하며, 화자와 청자가 물리적으로 같은 공간에 있어야 한다는 소통의 필요조건을 제거한다. 자연 그대로의 손은 이렇게 인공물–손[artifact-hand]이 된다. 화상을 입을 수 있고, 부러질 수 있으며, 작고, 목소리가 없는 손이 화상을 입지 않고, 부러지지 않으며, 크고, 영구히 목소리를 낼 수 있는 손이 되는 것이다.

　　의자 제작과 마찬가지로 석면 장갑, 야구 글러브, 낫, 연필 제작도 어느 정도는 손 조직 자체의 재설계를 위한 '연습'으로 볼 수 있다. 바이올린, 삽, 홀笏, 수술 장갑, 테니스 라켓, 부채, 핀셋 등 손이 연장된 셀 수 없

　　　　　　　　　　　　　　　　고통받는 몸

이 많은 다른 사물 제작도 마찬가지이다. 다시 말해 사물 제작은 관절염이 있는 손을 수술을 통해 관절염이 없는 손으로 개조하는 일을 미리 연습하는 것일 수 있다. 또 절단된 손가락을 손에 다시 붙이기라든지 잘린 손과 동일한 감각 능력을 지니고 똑같이 복잡한 움직임이 가능한 의수족義手足을 발명하는 일을 미리 연습하는 것일 수 있다. 나아가 의학적 '수리' 행위는 더 보편적으로 혜택을 주는 발명을 촉진할 수도 있다. 예를 들어 현재 의수족의 감각 능력 연구는 아마도 보편적으로 유용한 인공물들의 탄생으로 이어질 것이다. 이는 난청인들을 도우려 했던 알렉산더 그레이엄 벨Alexander Graham Bell의 노력이 광범위한 유용성을 지닌 전화를 탄생시킨 일만큼이나 필연적이다. 벨이 발명한 전화는 '정상 청력'의 범위를 몇 백 미터 거리에서 수천, 수만 미터로 바꿨다. 혹은 난청의 정의를 '방 어디에선가 나고 있는 목소리를 들을 수 없음'에서 '지구 어느 대륙에서 나고 있는 목소리를 들을 수 없음'으로 바꿨다.

집단적인 언어적·물질적 창조 행위가 어느 문명의 의학 능력에서 정점에 달해서 인체 내부를 직접 바꿀 수 있게 되는 일이 설사 일어나지 않았다고 하더라도, 개별 사물이 살아 있는 몸 자체를 개조한다는 점은 여전히 사실이다. 사물은 감응력의 한계를 제거함으로써 감응력 자체를 하나의 인공물로 만든다. 혹은 똑같이 정확한 말이지만 다르게 표현하자면, 사물은 감응력이 지니는 힘을 증대함으로써 감응력을 인공물로 만든다. 보청기, 수화, 전화기, 노래, 시, 전보, 축음기, 오디오, 라디오, 녹음기, 수중 음파 탐지기, 음향학적으로 정밀한 콘서트홀 등등은 모두 청각의 범위와 예민함을 연장한다. 나아가 감응력의 어떤 속성이 재창조되느냐는 사물에 따라 달라지지만, 사물이 존재함으로써 언제나 변환되는 몸의 속성 하나가 있다. 어떤 사물은 청각의 범위를 늘이고, 어떤 사물은 견딜 수 있는 온도의 범위를 넓히며, 또 어떤 사물은 위험 없이 걸을 수 있는 바닥의 종류를 늘이지만, 어느 경우이든 몸이 사적이라는 속성은 언제나 변환된다.

인간과 다른 생물을 차별화하는 것은 인간 감응력의 타고난 예민함이 아니다. 감응력이 있는 유기 조직의 타고난 연약함도 아니다. 인간을 다르게 하는 것은 우리의 감응력이 다른 그 어느 동물보다 훨씬 더 거대한 수준으로 언어와 물질적 사물에 대상화되어 있다는 사실, 그리고 인간의 감응력이 이렇게 근본적으로 변환되어 있기에 소통될 수 있고 무한히 공유될 수 있다는 사실이다.[75] 감응력의 사회화는 마르크스가 주되게 강조한 지점으로, 대단히 심원한 변화이다. 몸을 실제로 열어서 뉴런 전달 경로를 바꾸고, 작은 뼈들을 새로운 형태로 재배치하고, 고막의 모양을 바꾸는 변화만큼이나 그렇다. 감각 기관, 피부, 신체 조직 자체가 재창조되어 그 자신이 대상화된 것 안에서 자신을 경험한다. 한 사람의 감응력이 사회화되고 근본적으로 재구조화되어 감응력의 사적임이 제거되며, 이제 이 본질적으로 변환된 생물체가 그 재창조하기 행위 안으로 들어온다.

> [문명과 문화의 사물들은] 그리하여 소유로 정립된다. 다시 말해 유기적인 사회적 몸으로 정립된다. 이 사회적 몸 내부에서 개인들은 자신을 개별자이면서 또한 사회적인 개별자로 재생산한다. 개인들이 자신의 생명을 재생산하는 과정, 즉 개인들의 생산하는 삶의 과정에서 그들을 위와 같은 방식으로 존재하도록 허용하는 조건들은 역사적인 경제 과정 자체에 의해 비로소 정립되었다.[76]

감응력의 사회화의 뒤를 잇는 자기-인공 과정에서 몸의 지속적인 재창조뿐 아니라 영혼과 정신의 지속적인 재창조도 일어난다는 말은 동어반복이다. 영혼과 정신이라는 개념은 몸에 깊숙이 기록되는 다음과 같은 사실에서 나오기 때문이다. 즉 육체적 감응력은 먼저 자신을 바깥으로 투사하고, 그다음 자신이 외재화되어 대상화된 것들을 다시 흡수해서 감응력 내부의 내용물로 만든다는 것이다. 여기서 영혼과 정신이라는 개념은 한 사람이 거울 속 자신의 몸을 바라보거나 자신의 체화된 형상을 내려다볼 때 자신이 '단지' 몸일 뿐 아니라 몸 '훨씬 이상의' 것임을 '본다'는 사실을 뜻한다. 다시 말해 인간은 몸의 능력과 취약점을 전화기, 의자, 신$^{god}$, 시, 의학, 제도, 정치 형태와 같은 외부 사물로 투사하며, 다시 이 사물들은 지각의 대상이 된다. 지각의 대상이 된 사물은 인간의 의식 내부로 또다시 붙들려 돌아가고, 그곳에서 정신 또는 영혼의 일부로서 존재하게 된다. 체중 때문에 겪는 불편을 비교적 덜어낸 생물(의자), 대륙 반대편 끝에서 오는 목소리를 들을 수 있는 사람(전화), 무한한 창조의 원리에 바로 접근할 수 있는 사람(기도) 등 수정된 자기 관념은 이제 피부라는 경계 안쪽에 실제로 있는 것처럼 '느껴진다'. 피부라는 경계는 정교하게 배열된 몸 내부의 문화적 단편들과 한 사람이 바로 닿아 있는 곳이다. 이 내부의 문화적 단편들은 촘촘한 물질 분자들을 치환한 듯이 보인다. 거울 속 얼굴 표면 뒤에는 피, 뼈, 조직이 있지만 친구, 도시, 할머니, 소설, 신, 숫자, 농담도 있다. 빛에 드러난 피부 표면 위로 수건이 오가는 모습을 거울 속에서 볼 때 우리가 '감각하는' 것은 전자의 것들(감응력의 사적임)이라기보다는 아마 후자의 것들(감응력의 사회화)일 것이다.

몸을 지니기 때문에 모든 사람이 비슷하며, 한 사람을 다른 사람과 다르게 하는 것은 영혼이나 지성, 인격이라는 관념이 있다. 이런 관념은 오해를 부를 수 있다. 몸은 '공유'되지만 영혼, 지성, 인격은 '사적'이라고 잘못 생각하게 만드는 것이다. 하지만 사실 그 반대가 참이다. 감응력의 사실들은 말이 없고, (문화적 외재화가 박탈될 때) 자신을 완전히 고립시키는 성질을 지닌다. 오로지 언어·사고·사물의 문화 안에서만 공유하기가 일어난다. 한층 더 연장되고 승화된 만들기의 장소는 이 공유 가능성이라는 속성을 연장해야 한다는 것이 마르크스의 입장이었다. 개별 사물 하나가 가능하게 하는 상호작용은 이 사물이 '상품'이 되면서 증폭된다. 상품은 다른 사물들과 상호작용하고, 그럼으로써 서로 연결되는 사람들의 숫자를 증가시킨다. 또한 감응력의 사회화는 한 사람이 한층 더 연장된 경제적 인공물들(화폐, 자본)과 정치적 인공물들로 이동해감에 따라 계속 증폭되어야 한다. 마르크스의 작업 전체는 이 같은 일이 일어나지 않고 있다는 그의 확신에 바탕을 둔다. 연장된 경제적 장소들이 만일 감응력의 사회화를 증폭하는 작업을 계속해간다면, 이 장소들은 다 함께 '사회주의 경제'를 구성하게 될 것이다. 이런 사회주의 경제는 더 초기의 장소들에서 발생하는 '감응력의 사회화'와 양립할 수 있으며, 그 초기의 장소들에서 일어나는 감응력의 사회화를 증대한다. 반면 '자본주의 경제'는 '사적임'의 강조로 되돌아가고, 만들기 행위를 통해 탈체화되는 인간 제작자의 숫자를 늘리기보다는 줄인다. 그리하여 자본주의 경제는 상상하기의 기원에 있던 근본적인 충동과 의도를 전복한다.

## 창조하기 해체: 투사와 보답을 잘라내기

마르크스는 물질적 창조하기를 몸을 투사하여 사물로 만들어내는 활동으로 봤다(사물은 몸이 재창조된 것). 또 몸 자체가 창조하기 활동을 통해 재창조된다고 봤다(몸이 사물을 통해 재창조됨). 마르크스가 밝혀내는 창조하기의 내부 구조는 이렇듯 유대-기독교 성서에서 제시하는 내부 구조와 용어 측면에서는 매우 다르지만 개념 측면에서는 가깝다. 마르크스의 논의와 유대-기독교 성서 모두에서 물질적 인공물은 인간 몸의 대리물surrogate 혹은 대체물substitute이고, 인간의 몸은 인공물이 된다. 또 두 문헌 모두에서 사물은 감응력상의 고통을 치환한 것이며, 물질화하여 명료화하는 작업인 창조를 통해 이 치환이 이루어진다. 나아가 두 문헌 모두에서 사물은 호혜 활동이 일어나는 중심 장소이다. 하지만 마르크스의 집필 동기는 창조하기의 내부 구조에 감탄했기 때문이 아니라, 당시 19세기의 경제문화가 그 내부 구조를 지속하지 못하고 있다고 우려했기 때문이다. '물질적으로 창조하기'의 구조를 파괴하는 체제를 논하는 마르크스의 분석에서 인상적인 지점이 있다. 바로 그의 분석이 성서의 문제적인 상처 입히기 장면들에서 나타난 '창조의 해체'와 유사한 형태를 취한다는 것이다. 성서에 나온 창조의 해체는 이스라엘 민족과 그들의 근원 인공물 사이의 문제 많은 관계 안에서 발생했다. 물질주의를 향한 충동이 존재하기에 서구 문화가 '유추 입증' 현상에 덜 의존하지만, 그렇다고 유추 입증 현상이 반드시 사라지는 것은 아니다. 성서에서 상처 입히기와 창조하기가 뒤섞였을 때 해결책은 물질적 인공물의 영역을 확장하는 것이었다. 하지만 **이제 물질적 영역 내부에서 다시 상처 입히기와 창조하기가 뒤섞인다.**

마르크스가 볼 때 19세기의 산업 세계가 이루는 거대한 경제 구조는 위에 요약한 만들기의 모델에서 벗어난다. 어떻게 벗어나는지를 살펴보기 전에 "모델"과 "벗어난다"는 말을 간략히 설명해야겠다. 여기서 '모델'은 추상적인 사고에서 나온 것이 아니다. '실제' 세계가 지구상 어디에도 존재하지 않는 완벽한 모형에 접근하는 데 실패하고 있음을 보여주기 위해 가져온 관념적 형태나 '이상적' 기준이 아니라는 것이다. 마르크스의 작업에는 분명 '유토피아적' 요소들이 있다. 특히 당대의 사회·정치 문제를 두고 그가 생각한 해결책들이 그렇다. 하지만 만들기의 모델에 내재한 활동의 구조는 현대이든 고대이든 장인·농부·노동자가 하는 구체적인 작업과 감각에 와닿는 소산물 안에서 바로 파악할 수 있다. 넬슨 굿맨^Nelson Goodman이 짚듯 모델이라는 것은 추상적 개념이나 수학적 설계처럼 그 모델과 견주어보는 사물의 외부에 있을 수 있다. 아니면 그 모델의 특성들을 지닐 것으로 예상되는 사물의 내부에 있을 수도 있다. 일례로 천 견본은 천 한 필 전체가 더 큰 규모로 지닐 것으로 예상되는 속성들의 모델이라고 볼 수 있다.[77] 마르크스가 쓴 글의 모든 페이지마다 명백하게 또는 암암리에(이 경우가 훨씬 더 빈번하다) 현존하는 모델은 첫 번째 종류의 모델보다는 두 번째 종류의 모델에 더욱 가깝다.

'모델'이라는 말의 의미를 명확하게 밝히기는 아마 '모델에서 벗어난다'라는 말의 의미를 명확하게 밝히는 일만큼이나 어려울 것이다. 여기서 마르크스가 사용한 '모순^contradiction'이라는 말을 생각해보자. 커다란 울림이 있는 이 단어는 원래 자본주의 내부에 존재하는 특정한 내적 부정합을 가리키는 말이지만, 지금 논의에서는 자본주의라는 거대한 생산체제가 그 핵심 장소에서 생산의 본성과 모순된다는 뜻으로 볼 수 있다. 하지만 이런 맥락의 '모순'이라는 단어는 '벗어남'이라는 단어와 마찬가지로 자본주의 생산체제가 생산의 본성과 모순된다는 문제가 얼마나 윤리적으로 중대한지를 명확하게 해주지는 않는다. 지적 논의에서 논의가 '부정합적'이라면 더는 지적 논의라고 할 수 없을 것이지만, 인간 행동은 부정합적이어도 여전히 인간 행동이다. 그리고 경제체제는 지적 논의라기보다는 연장되고 물질화된 행동 형태들에 더 가깝다. 따라서 어느 경제체제를 '모순적'이라거나 '부정합적'이라고 보는 것은 마르크스가 실제로 전달하고자 하는 탈구脫臼의 문제적인 특성을 확실하게 드러내주지 않는다. 그렇다면 이와 유사하게, 어느 경제체제가 앞에서 설명한 창조하기의 모델에서 벗어난다고 해도 이 사실을 모델의 '왜곡' 사례로 보기는 어렵다. 앞에서 설명한 창조하기 모델은 '진리'의 성격을 구체화한 것이 아니라 '허구 그리고 만들어진 것'의 성격을 구체화한 것이기 때문이다.

19세기 산업 세계가 앞에서 말한 창조하기 모델에서 벗어난다는 사실을 논하려면 그 모델 자체에 적합한 언어가 필요하다. 인간과 신의 관계 안에 본질적인 인간성이 존재한다고 믿는 정치철학자가 있다고 하자. 더 큰 사회 구조 안에 인간과 신 관계의 속성들이 부재한다는 사실을 이 학자가 발견한다면, 이 '신이 없음'이라는 속성은 인간 존재 전체를 위험하게 하는 것으로 보일 것이다. 또 인간성이 핵심적으로는 인간의 '합리성' 안에 존재한다고 보는 정치철학자가 있다고 하자. 어느 사회 구조가 합리성이라는 원칙에서 벗어난다면, 이 '비합리성' 때문에 그 사회 구조는 매우 심각한 위협으로 보일 것이다. 마르크스는 인간의 근본 정체성이 '창조자' '상상하는 자' '제작자'로서의 인간 존재에 있다고 본다. 따라서 이러한 인간 존재의 기반에서 벗어나는 사회 체제는 창조적이지 못하고, 반-상상적이며anti-imaginative, 파괴적이고, 창조하기가 해체된 것이다. 이 해체의 가장 직접적인 증거이자 결과물은 산업 인구에 만연한 육체적 괴로움이

고통받는 몸

다. 마르크스는 이 같은 해체를 바라보며 노여워하고 격하게 분노하며 당혹해한다. 또 무엇보다, 솜씨 좋은 장인이 형편없는 작품을 바라보듯 형이상학적으로 회의懷疑한다.

엄청나게 복잡한 《자본론》의 내용을 단 한 문장으로 설명한다면 다음과 같이 말할 수 있다. 《자본론》은 허구들의 의무적 지시성이 더는 의무적이지 않게 되는 단계와 국면들에 관한 집요한 분석이다. 다시 말해 《자본론》은 인공에 뒤따르는 호혜reciprocity가 그 기원인 인간 원천으로 돌아가는 길을 잃게 되는 경로를 면밀히 되짚어보는 작업이다. 그 경로를 재창조하는 이유는 원래의 의무를 재창조하기 위해서이다. 잘못된 방향으로 흐르는 조류를 다른 방향으로 되돌리고자 애쓰는 고대 켈트족처럼, 매년 나일강에 얇은 파피루스로 된 계약서를 담가서 강에게 주기적으로 수위를 변화시킬 책임이 있음을 다시 일깨워주는 고대 이집트인들처럼, 마르크스는 자본이라는 거대한 인공물 앞에 서서 분노 속에 주먹을 흔들면서 그 인공물에게 몇 시간이고 그것이 잊은 관대함을 두고 강의한다. 마르크스의 기획은 아마 켈트족이나 이집트인들의 기획보다 산문체이며 더 따분한 것일 테지만, 그들의 기획에는 전혀 없는 특별한 정당성이 있다. 실트silt 토양을 가득 뱉어내는 성스러운 강이나 물고기로 가득한 신화 속 바다의 파도와 마찬가지로, 산업 경제체제는 그 안에 거주하는 모든 이의 육체와 영혼에 영양을 공급하는 근본 기반이다. 하지만 산업 경제체제는 강이나 바다와는 달리 인간이 만들어냈다. 켈트 신화의 영웅 쿠훌린이 만들어낸 것(그의 무기, 꿈)과 이집트 사제가 만들어낸 것(그의 파피루스, 잉크, 말, 계약서라는 관념)은 인간 그리고 인간의 근본 기반 사이를 매개할 뿐이며, 이때의 근본 기반은 인간이나 인간의 잉크, 인간의 꿈에 선행한다. 반면 산업 세계에서 인간의 근본 기반은 발명됐다. 근본 기반이 먼저 있었고 그다음 사람들이 의무적인 호혜를 바라게 된 것이 아니다. 산업 경제체제라는 인공물의 탄생에 수반된 **계약상의 전제**가 그 인공물의 탄생을 촉발했으며, 또 이 전제 자체가 그 인공물의 가려진 복잡한 내부에 기록되어 있다.

모든 것을 다 포괄하는 거대한 인공물인 자본주의 경제체제는 그보다 더 작은 인공물들에서 발생한다. 이 더 작은 인공물들은 계속해서 사라지며 새로운 형태로 다시 나타난다. 즉 인간 몸에서 물질적 사물이 출현하고, 물질적 사물에서 상품이 출현하고, 상품에서 화폐가 출현하고, 화폐에서 자본이 출현한다. 첫 번째 국면에서 최초의 창조 작업은 이중의 결과를 낳는다. 몸을 물질적 사물로 투사하기, 그리고 이 사물의 탈체화 능력을 인간 몸으로 재투사하여 인간 몸을 개조하기이다. (후자의 결과가 뒤따르지 않는다면 전자의 결과는 쓸모없을 것이다. 가령 안경을 씀으로써 육체적으로 개조되어 더 시력이 좋은 사람이 될 수 없다면, '보기seeing'의 본성을 안경 렌즈로 투사하는 일은 무의미하다.) 그러나 물질적 사물이 이후 국면에서 자신의 새로운 판본들을 생산할 때, 뒤이은 판본들에서 최초 창조 작업의 두 결과 중 하나는 계속 안정적으로 남지만 다른 결과는 불안정해진다. 최종 판본인 자본은 그 최초 형태에서와 마찬가지로 인간 몸이 투사된 것이지만, 최초 형태와는 달리 자본이라는 인공물은 인간 몸을 지시하지 않는다. 이후 단계에서 각 인공물은 자신이 나타나기 직전의 인공물 형태만을 지시하기 때문이다. 그렇다면 위에서 말한 이중의 결과는 최초 국면에서는 다음과 같이 보인다.

인간(감응력이 개조됨) ⇌ 사물(인간 몸이 투사된 것)

이후 국면에서는 다음과 같이 보인다.

인간들 → 사물들 ⇌ 상품
인간들 → 사물들 → 상품들 ⇌ 화폐
인간들 → 사물들 → 상품들 → 화폐 ⇌ 자본

뒤이어 등장하는 인공물 형태들은 첫 번째 결과를 지속적으로 연장

고통받는 몸

하며(안경 한 벌이나 기타 만들어진 사물과 마찬가지로 자본은 몸의 노동과 필요가 투사된 것이다), 두 번째 결과를 지속적으로 수축시킨다. 다시 말해 새로운 각 국면은 호혜의 경계선을 자신의 원천인 인간으로부터 점점 더 멀리 후퇴시키고, 그리하여 마침내 인공물과 창조자 사이의 간격은 너무도 멀어져서 실제로도 또 지각 행위를 통해서도 둘 사이를 연결하기가 어려워진다. 결국 인공물의 창조자는 자신이 만든 창조물이 주는 탈체화 능력이라는 혜택을 더는 받지 못하게 된다. 이뿐만 아니라 자기 자신과 다른 이들에게 더는 '창조자'로 인식될 수 없게 되며, 이 점이 어쩌면 더 근본적이다. 인공물의 나중 형태에서 화폐와 자본으로 나타나는 엄청난 잉여가치를 집단적으로 만들어낸 이들은 바로 수많은 노동자이다. 하지만 이 사실도 더는 자명하지 않게 된다.

이렇듯 자본 내부로 들어간다는 것은 큰 결점이 있는 인공물 내부로 들어가는 것이다. 이 인공물 안에서, 원래는 분리될 수 없던 창조의 두 가지 결과가 서로에게서 차단된다. 자기 내부를 지시할 수 있는 이 인공물의 능력에 의해서이다.[78] 물론 자본주의 경제체제라는 인공물 전체는 잠정적으로만 내부-지시적이다. 자본주의 경제체제는 외관상 자율적으로 보이지만, 이것이 그 인공물이 자족적일 수 있는 자유를 영구적으로 지닌다는 뜻은 아니다(그 인공물에는 그럴 자유가 없다. 인간이 사물 세계를 통제하고 있으며, 자신의 지시 능력을 내주길 거부하는 사물은 파괴되거나 버려질 것이기 때문이다). 그보다 이 외관상의 자율성은 자본주의 경제체제라는 인공물이 최종적으로 지니는 자유, 즉 이 인공물에 투사된 원래 인간이 아닌 다른 인간을 외부 지시 대상으로 취할 수 있는 자유를 나타낸다.[79] 인간 원천에서 처음 시작되는 호혜의 경로가 지워졌기 때문에, 그 인공물이 마침내 다시 외부를 지시하게 되었을 때, 즉 자기 경계 너머에 있는 무엇을 지시하게 되었을 때 그 지시 능력은 완전히 다른 방향을 향할 수 있다. 이 인공물이 실제로 창조될 때 부재했거나 매우 미미하게만 참여했던 이들을 가리킬 수 있다는 것이다. 다음과 같이 정리할 수 있다. 자본주의 경제체제 전체가 창조하기 본래의 온전함을 유지한다면 그 경제체제는 아래처럼 보일 것이다.

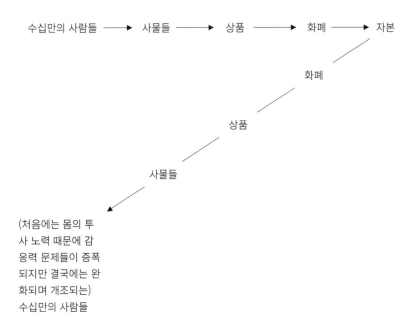

이와는 달리 창조하기 본래의 온전함을 유지하지 못하는 자본주의 경제체제는 아래처럼 보인다.

마르크스가 보기에 당대의 생산체제는 두 집단의 인간들(한 집단은

고통받는 몸

매우 크고 다른 한 집단은 매우 작다)을 특정한 방식으로 관계 맺게 함으로써 상상이 지니는 활동의 구조를 해체한다. 한쪽 집단 사람들은 깊숙이 체화되며 다른 쪽 집단 사람들은 탈체화된다는 핵심 사실을 둘러싸고 이두 집단은 서로 영구히 대립한다. 이들은 일생에 걸쳐 돈을 두고 협상할 뿐 아니라 문화적·철학적으로도 협상한다.

지금 논의에서 핵심은 대립이 존재한다는 사실이 아니다. 노동자와 자본가 사이의 대립은 반복하기엔 지나치게 익숙한 주장이다. 그보다 핵심은 마르크스가 두 집단의 관계를 서로 다른 두 수준의 체화가 나타나는 관계로 정식화했다는 것이다. 이 정식화는 마르크스의 저작에서 여러 방식으로 드러나며, 특히 두 집단의 관계를 한 문장으로 요약해서 말하는 여러 부분에서 가장 명시적으로 나타난다. 예를 들어 1844년에 쓴 원고에서 그는 적는다. "일반적으로 말해 우리가 주목해야 할 점은 다음과 같다. 노동자와 자본가 둘 다 고통을 겪지만, 노동자가 자기 존재 자체 안에서 괴로워한다면 자본가는 자신의 죽은 부富 위에 놓인 이윤 안에서 괴로워한다."[80] "죽은 부"라는 경멸조의 표현을 하고 있으나 여기서 마르크스의 관심은 부 자체에 있지 않다(부는 잠재적으로 "보편적 교환을 통해 산출된, 개인들의 욕구, 능력, 향유, 생산력 등의 보편성"이기 때문이다). 또는 부가 감응력 위로 떨어질 충격을 대신 받는 대체물이 되었다는 데 있지도 않다. 그보다 마르크스의 관심은 부라는 대리물이 한 집단 사람들의 감응력이 증강되어야 하는 과정을 통해 생산되며, 이후 자신의 대리물 기능은 훨씬 작은 숫자의 다른 집단 사람들을 위해 수행한다는 데 있다. 창조가 낳는 이중의 결과, 다시 말해 몸이 인공물 제작으로 투사되는 동시에 인간 몸 자체가 인공물이 된다는 결과는 이렇듯 서로 떼어낼 수 있게 된다. 이제 첫 번째 결과는 어느 한 집단 사람들에게 일어나는 일을 서술하며, 두 번째 결과는 또 다른 집단 사람들에게 일어나는 일을 서술한다.

두 집단 사람들 모두 고통에 취약하지만, 창조의 구조 안에서 일어나는 위와 같은 탈구는 고통의 양상 차이로 이어진다. 그리고 다시 이 차이는 다른 모든 인간 활동에서의 차이와 의식의 양상 차이로 이어진다. 3장에 나왔던 지향성 언어로 돌아가보면 이 상황을 더 잘 그려볼 수 있다. 육체적이든 감정적이든 정신적이든 모든 지향 상태는 지향 대상을 취한다. 대상이 더 완전하게 지향 상태를 표현하고 충족할수록(대상화할수록) 대상은 체화된 상태에서 벗어나는 자기-변환을 더 많이 허용한다. 역으로, 적절한 대상이 지향 상태에서 박탈될수록 그 상태는 육체적 고통의 상태에 접근한다. 따라서 "자본가는 자신의 죽은 부 위에서 괴로워한다"처럼 한 사람의 부가 위태롭다거나 감소하게 되었다고 말하는 것은 감응력의 대상들이 감소하게 되었다는 뜻이다. 또한 책, 피아노, 학교, 자동차, 의복, 극장, 난방이 잘된 집 등 빽빽한 인공물을 통해 자신을 표현하던 의식의 풍부한 복잡성이 감소하게 되었다는 뜻이다. 나아가 의식의 다양한 차원이 대상을 상실하면서 지향 상태들이 (그리고 이 지향 상태들이 '속한' 사람도) 완전한 무대상성의 방향으로, 상태 자신을 향해 움직인다는 뜻이다. 이러한 무대상성의 최종적이고 극단적인 형태는 육체적 고통으로 나타난다. 한편 부를 '초과$^{excess}$'로 보는 긍정적인 입장이 함축하듯(부의 초과는 가장 근본적인 의미에서 자기-연장의 '초과'이다), 한 사람의 부가 위태로워진다는 말은 몸을 둘러싸고 보호하는 사물들이 사라지고 변화된다는 뜻이기도 하다. 대상화의 많은 층, 즉 투사된 체화로 이루어진 많은 층, 사실상 '인공 몸 조직'인 연속하는 여러 개의 표면은 한 사람을 무대상성의 상태에서 분리한다. 한 사람의 존재가 풍부한 인공물이 관대하게 제공하는 보호와 깊숙이 얽혀 있을 때, 대상화의 층 혹은 표면들은 거처, 가구,[81] 음식 등 몸 바로 밖에 있는 사물들이 변환되기 전에 먼저 없어지거나 변환된다. 또 이 변환의 힘은 몸에 직접 기록되기 전에 먼저 몸 바로 밖에 있는 사물들을 통과한다. 몸에 직접 기록되는 변환의 예로는, 거처가 없고 가구가 없고 음식이 없는 이들이 직면하는 질병, 사고, 탈진이 있다.

괴로움뿐 아니라 의식의 다른 모든 형태도 탈체화된 사람들에게 속했을 때와 극단적으로 체화된 사람들에게 속했을 때 차이를 보인다. 한 사

고통받는 몸

람의 위태로운 상태가 끝나는 지점에서 (사물들로 이루어진 여러 층을 가로 지른 다음) 다른 사람의 안정된 존재가 시작되기 때문이다. 극단적으로 체화된 사람은 거의 무대상성과 마찬가지의 것을 견뎌야 한다. 이 사람의 모든 심적 상태는 거의 대상화되지 않고, 그리하여 살면서 어떤 활동을 하든 그는 육체적 고통에 근접한 채로 있게 된다. 자본가나 노동자나 똑같이 고통에 취약하지만 그 양상에는 차이가 있다. 이 양상 차이를 마르크스는 '자본가는 자신의 돈 안에서 괴로워하고, 노동자는 자신의 존재 자체 안에서 괴로워한다'는 식으로 서술한다. 이 같은 서술은 사물들의 밀도 차이를 서술하는 것이고, 한 사람을 둘러싼 인공물의 두께 차이를 서술하는 것이다. 나아가 이렇게 이미 '주어진' 자기-연장의 정도 차이는 자기-증폭한다. 이미 주어진 자기-연장의 정도 차이가 새로운 자기-연장 형태들이 개시될 수 있는 정도를 조건 짓기 때문이다. 여기서 새로운 자기-연장 형태를 개시하는 행위를 '열망' '욕망' '의지' '위험 감수' '창조' '자기-재창조' 같은 단어로 다양하게 표현할 수 있다. 새로운 대상을 개발하기 위해 자아를 쏟아부으려면, 새로운 형태의 자아가 대상화되거나 물질화될 때까지는 이전에 이미 창조돼 있는 자아의 면면들에 관심을 기울일 필요가 없어야 한다. 기존의 자아는 안정된 형태나 영속하는 형태로 존재해서 인간 활동이나 재발명이 급하게 필요하지 않아야 한다. 그렇다면 인간을 대신해서 체화되는 30개라든지 300개쯤 되는 층 중 하나가 관심을 기울이지 않아서 위태로워지는 상황과, 하나밖에 없는 빈약한 층(가령 내일모레까지 먹을 빵을 살 돈)이 위태로워지는 상황은 같지 않다.

　이렇듯 자기-연장의 밀도 차이는 새로운 자기-연장 형태를 자신의 의지로 만들어내는 능력의 차이를 가져온다. 새로운 자기-연장 형태가 학습, 교육, 창조력에서 나타나든 다른 유형의 정신적 모험에서 나타나든 마찬가지이다. 마르크스의 글에는 자본가와 노동자라는 두 집단 사람들 간의 관계를 한 문장으로 요약하는 부분이 뚜렷하게, 또 거듭 나타난다. 두 집단 사이의 관계는 괴로움의 양상 차이로 표현되기도 하지만, '욕망하기'

'열망하기' '위험 감수하기'처럼 다양한 투사 형태 차이로 표현되기도 한다. 자기-연장의 밀도 차이가 새로운 자기-연장 형태를·만드는 능력 차이를 가져오기 때문이다. '노동자들은 x 때문에 괴롭고 자본가들은 y 때문에 괴롭다' 같은 문장이 괴로움의 양상 측면의 표현이고, '노동자의 열망은 x의 형태를 취하고 자본가의 열망은 y의 형태를 취한다' 같은 문장은 투사 형태 측면의 표현이다. 마르크스는 쓴다. "임금 인상은 부유해지고 싶다는, 자본가의 욕망과 똑같은 욕망을 노동자에게 불러일으키지만, 노동자는 자신의 정신과 몸을 희생해서만 이 욕망을 채울 수 있다."[82] 또 다른 부분에서는 다음과 같이 말한다.

> 자본과 임노동, 이윤과 임금이라는 지배적 관계를 논할 때, 그리고 발생할 수 있는 이익을 나누는 데서 노동자가 아무런 합법적 권리를 갖지 못함을 노동자에게 보여줄 때, 또 자본가와의 관계에서 노동자가 종속적인 역할을 차지한다는 사실을 두고 노동자를 진정시키고자 할 때, 모든 경제학자는 다음과 같은 점을 힘주어 지적한다. 자본가와는 달리 노동자는 자본의 커다란 모험과는 거의 상관없이 소득이 일정하게 고정되어 있다는 것이다. 이런 말은 마치 산초만매를 전부 맞지만 '적어도 너는 용감할 필요는 없잖냐'며 돈키호테가 산초를 위로하는 것과 마찬가지이다.[83]

이런 식의 지적은 마르크스의 글에서 자주 등장하며 신랄한 어조를 띠기도 한다. 또 거의 언제나 "이 사람들은 x를 가지며 저 사람들은 y를 가진다"라는 형태를 취한다. 이 같은 표현을 통해 마르크스는 창조하기의 본성 안에 나타난 근본적인 탈구를 알리고자 한다. 반면 마르크스주의에 관한 설명이나 마르크스주의와는 전혀 상관없는, 사회 불평등을 지적하는 일상적인 말들에서 이 같은 표현을 원래의 설명틀에서 끌어내어 사용할 때는 오해를 불러일으키기 쉽다. 그저 집단 간의 차이를 언짢아하며 지적

고통받는 몸

하는 말로 잘못 이해하기 쉽다는 것이다. 마르크스가 지적하는 차이는 '불공정'이나 '부정의'이지만, 원래의 설명틀에서 벗어났을 때 집단 간의 차이는 단지 '매우 나쁜' 것이나 수치스러운 것으로 일축될 수 있다. 두 집단을 대비하는 표현을 통해 마르크스는 인류 안에 존재하는 심각한 탈구를 지적하고자 한다. 감응력과 자기-연장 간의(상처 입히기와 상상하기, 몸과 목소리, 몸과 인공물 간의) 원래 관계가 쪼개어지고 자아의 이 두 장소가 서로에게 역행하여 작용하기 시작했음을 선언하고자 한 것이다. 경제적 분배 문제는 감응력을 개조하는 인공물의 능력을 분배하는 문제이다. 경제적 분배 문제가 19세기 영국에서처럼 한 나라 안의 국민이 경험하는 극단적 불평등의 형태로 나타나든, 20세기에서처럼 종종 여러 나라 국민들 사이의 극단적 불평등의 형태로 나타나든 마찬가지이다.[84] 일상 대화를 하면서 습관적으로 우리는 경제적 분배 문제를 '가진 자와 가지지 못한 자'의 문제로 이야기한다. 하지만 가지고 있는 '그것'과 가지고 있지 않은 '그것'이 바로 인간의 몸이라는 사실이 이해되지 않는 한, '가진 자와 가지지 못한 자' 식의 요약은 경제적 분배라는 문제가 얼마나 중대한지를 표현하기에는 적절하지 못하다.[85]

마르크스의 글에서 훨씬 더 꾸준히 기록되는 내용은, 주기적으로 등장하는 한 문장짜리 선언이 아니라 '인공'의 구조 안에 나타난 탈구이다. 《자본론》 1권에서 이런 탈구는 요약문들을 통해 명시적으로 기록되는 것이 아니라 책 전체 틀 안에 기록되어 텍스트의 가장 기본적이고 지배적인 특징을 만들어낸다. 마르크스의 분석은 견고하며 일관되고, 그래서 저작 전체에 단일한 어조와 흐름이 존재한다. 그러면서도 마르크스는 두 가지의 매우 다른 분석의 짜임새 사이를 천천히 오간다. 즉 논의의 흐름을 길게 봤을 때 한편으로는 추상적 과정·구조들 안에서 일어나는 변형의 방향과 속도를 집요하게 추적하면서도, 다른 한편으로는 노동자들의 매일매일의 생존과 관련된 구체적이며 지극히 평범한 사실을 꼼꼼히 열거한다. 예를 들어 어느 방의 전반적인 생김새를 묘사하는 것이 아니라 방의 정확한 높이, 길이, 폭, 그 안에서 일하고 있는 여성들의 숫자를 묘사하는 식이다. 위에서 살펴본 한 문장짜리 요약들은 이중성이라는 문제를 매우 간단하게 제시한다. 반면 《자본론》 1권 전반에서 나타나는 문체상의 이원성은 책 전체를 통해서 이중성 문제를 드러낸다.

한 문장짜리 요약들에는 두 종류의 사람들이 나타난다. 두 종류의 사람들이 이 문장들에 같이 나타나기는 하지만, 사실 이 문장들이 주장하는 바는 그중 한 종류의 사람들이 육체적으로 현존하지 않는다는 것이다. 한 집단 사람들은 자신의 몸 안에서 괴로워하고 욕망하고 위험을 감수한다. 다른 집단 사람들은 '자신의' 인공물 안에서 괴로워하고 욕망하고 위험을 감수한다. 두 집단 사람들 모두 잠시 동안은 한 문장 안에 함께 존재하지만, 이후 그중 한 집단 사람들은 밖으로 빼내어지고 인공물에 의해 대체된다. 여기서 인공물은 두 집단이 공유하는 문화적 기획에서 한쪽 집단 사람들의 체화된 참여를 대체한다. 즉 그 문장이 지시하는 실제 사회 현실에서 한쪽 집단 사람들을 대체한다. 이와는 달리 《자본론》의 더 거대한 구조 안에서 자본가는 처음부터 완전히 부재한다. 자본가는 탈체화되어 있다. 그가 겪는 어려움, 그가 감당하는 위험, 그가 지닌 욕망이 화폐·기계·잉여의 항구성과 변동 안으로 들어오는 때는 그의 어려움과 위험과 욕망이 상품들의 팽창과 수축 안에 포함될 때만이다. 또 가치 변환 형태의 비율·양·순환·중단 안에, 그리고 자본의 축적과 확산 안에 포함될 때만이다. 상품, 가치, 자본에 관련된 이 같은 사건과 발생들이 강력하게 한 방향으로 일어나면 이것들 자체가 갈망하는 듯 보인다. 또 이런 사건과 발생들이 새로운 외양을 계속 다시 얻는 데 성공할 때는 자기-기쁨으로 가득한 듯 보이며, 연이어 변환할 때는 감응력이 있는 몸 조직의 속성을 지니는 듯 보인다. 계속해서 새로운 형태의 삶을 취하는 몸 조직의 신비로운 모색과 성장에 존재하는 속성이 위 사건과 발생들에 존재하는 듯 보인다는 것이다. 자본. 그것은 거대하다. 웅장하다. 그것은 자본가의 몸이다. 자본이 자본가의 몸인 것은, 자본가가 홀로 자신의 육체적 작업을 투사함으로써

고통받는 몸

자본이 탄생했기 때문이 아니다. 그보다는 자본이 자본가에게 자신의 보답 능력을 내주기 때문이다. 즉 자본은 자본가의 감응력을 편하게 해주고 그의 대리물로서 행동한다. 자본가는 자본을 '소유한다'. 이 말은 자본가가 인간들의 더 거대한 세계와 상호작용할 때 자본이 자본가를 대체한다는 뜻이다(그 세계를 주제로 한 마르크스의 설명에서도 마찬가지로 자본이 자본가를 대체한다).

마르크스는 살아 움직이는 듯한 자본을 두고 위와 같이 대규모이며 감각적인 묘사를 한다. 하지만 그 가운데 자본가 자체라는 주제가 등장하는 때는 많지 않다. 마르크스의 논의가 예컨대 '경쟁'처럼 **심리적** 범주 비슷한 것에 접근할 때는 실제 인간 존재의 측면에서 설명해야 한다는 압력이 생겨나지만, 이런 압력은 해당 구절에서 리듬을 타듯 고조되었다가는 흩어져버리고 만다. 마르크스는 자본가를 두고 오래 설명하지 않는다. 그가 설명하는 자본이라는 것에서 자본가가 부재하기 때문에 그의 설명에서도 자본가가 부재하며 생략되고 있다는 사실을 우리가 알 수 있을 정도로만 설명한다. 예를 들어 마르크스는 쓴다. "자본주의적 생산의 내재적 법칙들이 어떻게 개별 자본의 외적 운동 안에 법칙들 자신을 표출하는지, 어떻게 이 법칙들이 자신을 경쟁이라는 강제적 법칙으로 천명하는지, 그리하여 이 법칙들이 어떻게 개별 자본가를 추동해가는 동기로서 자본가의 의식 안으로 들어오게 되는지를 고찰하는 것은 여기서의 의도가 아니다. 다음 지점만은 명확하다. 경쟁에 관한 과학적 분석은 오로지 우리가 자본의 내적 본성을 이해할 때 가능하다."[86] 마르크스의 말은 '우리의 주제는 경쟁이 아니다. 하지만 만일 경쟁이라는 주제를 다뤄야 한다면 자본가의 심리적 속성이라는 관점이 아니라 자본이라는 인공물의 내부에서 일어나고 있는 활동이라는 관점에서 봐야 제대로 이해할 수 있다'는 뜻이다. 인용한 구절은 인간 행위자나 인간 원천 측면에서 서술될 필요가 있어 보이는 논의 대상을 언급하지만, 이 논의 대상의 원천이 생산 과정 자체에 있기 때문에 인간 행위자 측면의 서술이 부적당하다고 설명한다. 이 같은 마르크스의 태도는 자본가가 명시적으로 언급되는 거의 모든 부분에서 특징적으로 나타난다.

마르크스가 짧게나마 자본가를 설명하는 구절은 네 가지 범주로 나눌 수 있다. 심리적인 범주, 기능적인 범주, 변환에 관련된 범주, 영혼에 관련된 범주이다. 첫째, 동기(경쟁)라는 영역이 거대한 인공물 자본에 체화되는 것과 마찬가지로 다른 대부분의 **심리적** 속성들도 자본에 체화된다. 마르크스는 쓴다. 오만은 자본가의 오만이 아니라 "자본의 오만"이다(298, 926). 존경할 만한 품성은 자본가에게 속한 것이 아니다. "자본의 화신으로서만 자본가는 존경할 만하기 때문이다"(739). 쾌락을 향한 모든 개인적 욕망은 그가 더는 자본가가 아니게 되는 순간에야 "개인적으로" 그의 욕망일 수 있다(254, 739, 740). 다른 사람들을 잔인하게 대하는 일이나 다른 사람들이 육체적으로 쇠약해지는 일은 개별 자본가의 의지나 의도에 달려 있지 않다(739, 740). 둘째, 자본가가 수행하는 **기능**은 자본의 기능으로 설명되기도 한다. "명령"(448)과 "산업의 통솔"(450)은 물론 "지시, 감독, 조정 작업"(449)까지도 자본이라는 인공물의 속성이다. "자본가가 수행하는 기능은 곧 자본의 기능"(989)이다.[87] 셋째, 자본가의 **변환**으로 오인되는 것은 자본가 개인의 변환이나 그의 마음 또는 정신 안에서 일어나는 변환이 아니라 자본 순환 과정에서 유래하는 변환이다. 자본가의 변환으로 오인되는 예로는 "돈을 소유한 사람"이 "자본가"가 되거나(426) "구매자"가 "판매자"가 되는 변환이 있다(301, 302). 따라서 자본가의 변화는 자본가 자신을 자본 안에 투사하는 대상화된 변환이 아니라, 자본이라는 인공물 내부의 변화에 뒤따르는 변환이다. 자본가의 속성으로 보이는 것들을 자본가는 자본과의 관계에서 획득한다. 그리고 자본은 그 속성들을 자본가와의 관계와는 상관없이, 또한 자본가와의 관계에 선행해서 획득했다. 자본은 그 속성들을 자본을 만들어낸 집단적 창조자들과의 관계에서 획득했고, 자본은 그 집단적 창조자들의 투사된 특성과 능력을 지닌다. 넷째, 개인성을 가장 거대하게, 그리고 아마도 **영적인** 측면에서 표현하는 말

고통받는 몸

일 자본가의 "영혼" "의식과 의지" "역사적 현존"은 사실 자본가가 아니라 자본에 속한다. 자본가의 영혼, 의식과 의지, 역사적 현존은 자본가가 자본의 "인격화" 또는 "화신"인 한에서만 자본가에게 속한다. 인격화나 화신이라는 말은 '자본가'라는 단어가 나올 때마다 거의 매번 함께 등장한다(254, 342, 423, 739, 740, 1053).

마르크스의 주장은 비판하고자 한다기보다는 본질을 설명할 뿐이다. 마르크스의 말은 자본가인 사람은 경쟁하지 않는다거나, 자부심이나 오만이나 훌륭한 품성을 지니지 않는다거나, 쾌락을 느끼지 못한다거나, 잔인하지 않다거나, 변화를 겪지 않는다거나, 의식이나 의지 또는 역사적 현존을 갖지 않는다는 뜻이 아니다. 그보다는 자본가로 존재할 때 이런 속성들을 결여한다는 뜻이다. 열거한 속성들은 자본가 개인의 삶에서 표출될 수도 있지만 자본주의 경제체제 안으로 들어오지는 않는다. 자본주의 경제체제는 자본가와는 상관없이 이미 이 속성들을 지니고 있다. 이와 마찬가지로 자본가는 당연히 개인적으로는 몸이 있지만 생산 과정에 이 몸은 부재한다. 또 자본가가 '사적' 죽음을 겪을 때 그 죽음은 조직화된 노동에 참여해서 생기는 결과는 아닐 것이다.[88] 사실 한 사람이 자본가가 되는 때는 자본주의 생산체제와 관계를 맺을 때이다. 이 생산체제는 그의 체화된 정신·의지·의식을 위태롭게 하지 않으면서도 생존할 수 있게 해주며, 이 생산체제 외 다른 영역들에서 그 사람의 정신·의지·의식을 자유롭게 해준다. '자본가'라는 단어는 이 자유롭게 해주는 관계, 이 '참여하지 않음'이라는 속성을 요약한다. 자본가라는 말이 사람들을 식별하기 위한 이름표로 사용될 때 이 용어는 '면제된 사람'이라는 말과 거의 마찬가지의 뜻이다. 자본가가 생산 과정에서 면제되거나 생산 과정에 부재하기 때문에, 자본가라는 이름은 '노동자' '제작자' '작업자'처럼 자본이라는 물질적 인공물의 존재에 선행하는 활동을 가리킨다기보다는 '자본'에 뒤따른다. 마르크스는 자본의 내부 속성을 두고 장문의 분석을 한다. 수십 페이지나 수백 페이지에 이르기도 한다. 반면 자본가에 관해서는 자본의 속성을 논하는 부분 사이사이에서 오로지 몇 문장으로 언급하거나 일축해버린다. 지금 이렇게 길게 자본가를 언급하는 것조차 《자본론》을 잘못 설명하고 있는 것이다. 《자본론》에서 자본가는 최소한의 밀도로만 현존해서, 그 방대한 책의 끝없이 계속되는 페이지 안에서 존재감이 전혀 없기 때문이다.

자본가와는 달리 노동자의 동기, 욕망, 자부심, 잔인함, 의식, 의지, 역사적 현존은 생산체제 안에 흡수되어 있다. 노동자는 생산체제 안에 실제로 현존한다. 《자본론》에서 노동자는 생생하게 현존하며, 그럼으로써 생산체제 안 노동자의 실제 현존이 기록된다. 《자본론》에서 노동자의 현존은 바로 위에서 열거한 노동자의 속성들을 통해 기록될 뿐 아니라, 가장 중요하게는 노동자의 몸을 통해 기록된다. 《자본론》에서 몸은 노동자의 일부이지만 자본가의 경우엔 몸이 있느냐 없느냐를 따질 수도 없이 몸에 관한 언급 자체가 없다.[89] 개인성이 가장 사적으로 연장된 것인 가족도 육체를 지닌 채로 《자본론》의 텍스트 안으로 계속해서 들어온다. 노동자의 다른 모든 속성이 생산체제 안에 실제로 현존하는 것처럼 노동자의 자녀와 배우자는 공장, 들판, 광산에 현존하기 때문이다. 반면 자본가의 가족은 이 장소들에 완전히 부재하고 이 장소들에서 완전히 면제되어 있다.

만들어진 세계 안으로 노동자가 투사하는 활동은 언제나 구체적이다. 《자본론》은 19세기의 세계를 구체적으로 묘사한다. 단순히 노동자와 작업자가 아니라 제작공, 광부, 농부, 채집인을 담는다. 그뿐만 아니라 더 구체적으로 못 제조공, 바늘 제조공, 벽돌 제조공, 벽돌공, 채탄부, 짚 엮는 사람, 레이스 제조공, 리넨 옷감 제조공, 성냥 제조공, 실크 직공, 셔츠 제조공, 양재사, 철공소 직공, 유리병 제조공, 철제 펜 제조공, 밀 농부, 제분업자, 시계 제조공, 벽 쌓는 사람, 벽지 제조공을 담는다.[90] 노동자는 자신의 몸을 날마다 인공물로 투사하며, 노동자의 투사는 인공물 안에, 물질세계의 재창조 혹은 재배열 안에 기록되어 남는다. 진흙은 재배열되어 벽돌이 된다(힘없이 퍼지던 진흙이 변형되어 손에 쥘 수 있을 만한 크기가 되며 물질화된 기하학적 형상을 지닌 조각이 된다). 흩어져 있던 벽돌들은 재배열되어

고통받는 몸

벽이 된다(기능이 없던 기하학적 형상이 보호 기능이 있는 사물로 변환된다). 실은 재배열되어 레이스가 된다(잘 안 보일 정도로 가늘고 길며 질긴 물체가 변형되어 눈으로 볼 수 있는 복잡한 형상으로 바뀐다). 석탄은 지구의 가시적 표면 위로 재배열되고 재배치된다(석탄이 깊게 묻혀 있을 때는 먼 옛날 석탄이 그 안에 붙잡아둔 태양에 접근할 수 없었지만, 파낸 석탄은 바로 이용할 수 있는 백열광의 원천이 된다). 기타 수많은 사물도 마찬가지이다. 조그마한 바퀴에 달린 금속 조각들은 재배열되어 시계가 되고, 병균 때문에 위험할 수 있는 부드러운 넝마 조각들은 재배열되어 쌓아 올려지고 최종적으로는 종이가 된다.*

　　노동자의 몸은 이렇게 인공물 제작으로 투사되지만, 투사에 대응하여 노동자의 몸이 인공물로 재창조되지는 않는다. 여덟 시간, 또는 열 시간, 열네 시간 동안 계속된 만들기를 통해 열, 빛, 가구가 있는 방을 제작하여 자신의 몸을 편하게 만들고 몸에 크게 관심을 쏟지 않게 될 권한이 노동자에게 있다면, 만들기에 따르는 이중의 결과는 온전하게 남을 것이다. 노동자의 자녀들이 열 시간에 이르곤 하는 일을 한다고 할 때, 자신을 산업 안으로 연장하는 대단치는 않아도 고된 일을 한다고 할 때, 노동자가 음식을 충분히 가져와서 자녀들을 일에서 면제시키고 읽기와 쓰기를 배우게 할 수 있다면 만들기에 따르는 이중의 결과는 온전하게 남을 것이다. 하지만 이 노동자가 버는 돈으로는 위에서 열거한 것과는 전혀 다른 방식으로 자신을 재생산할 수밖에 없다. 그녀는 이튿날 또다시 육체적 노동 능력을 팔 수 있을 정도로만 자신 안에서 노동 능력을 재생산한다(343). 그녀의 자기-재창조는 세포 차원의 자기-갱신 활동을 초과할 수 없다. 노동자는 계속해서 "자신의 필요가 그려내는 작은 원"(425)이 요구하는 것보다 더 많은 노동을 하겠지만, 언제나 그 원보다 작은 보상을 받을 것이기 때문이다. 만들기에 따르는 이중의 결과가 온전하다면, 노동자가 물질

---

*　나무를 이용한 제지법이 확립되기 전 유럽에서는 헌 마 또는 면 넝마가 종이 원료로 쓰였다.

세계에 일으키는 변환은 노동자 자신에게도 탈체화되는 방향으로 변환을 일으킬 것이다. 하지만 보답받지 못하는 노동자의 투사 작업은 그 대신 감응력 문제들을 심화하고 증강한다.

그리하여 석탄, 레이스, 벽돌, 시계 등 마르크스가 묘사하는 만들어진 사물이 구체적으로 무엇이든,《자본론》안에서 만들어진 사물은 똑같이 구체적인 몸의 극한 상태와 함께 등장하는 경향이 있다. 예를 들어 "넝마 분류하기"로 불리는 산업에서, 잡다한 넝마 더미 옆에는 "천연두"라는 단어로 요약되는 일단의 몸 변환을 겪는 한 인간이 서 있다(593). 성냥이라고 불리는 만들어진 사물 더미 옆에는 "파상풍"이라는 단어로 요약되는 체화의 증강이 존재한다(356). 셔츠와 재봉틀이 가득하고 통풍이 안 되는 방에서 일하는 노동자의 의식은 파도치듯 반복되는 움직임 안에서 까무룩 어두워지곤 한다. 몸은 이렇게 의식을 잃음으로써 증대되는 자신을 주장한다(602). 엮은 밀짚 위에서 일하는 작은 아이는 매일 입 주위와 손에 작은 상처를 줄줄이 새로 입는다(598).* 특정 인공물과 심화된 체화의 특정 형태는 함께 발생한다. 하지만 문제를 직업병이라든지 어느 인공물을 제작하는 데 쓰이는 재료로 인한 전염병으로 보는 입장은 마르크스가 특정 인공물과 체화 형태를 나란히 배치함으로써 제시하고자 하는 현실을 축소한다. 위에 나오는 각 질환은 모두 극한의 피로와 영양 부족이 연장된 것이자 극단적으로 요약된 것일 뿐이다. 이런 극한의 피로와 영양 부족은 하루 동안에는 그리 크게 쌓이지 않지만, 60일 또는 600일에 걸쳐 크기와 증가율이 늘어난다. 그러다가 결국 질환에 걸리면 마치 몸이 변화해온 전 과정을 촬영한 사진들을 빠르게 돌려보는 것처럼 몸 변환의 진행 정도가 급작스럽고도 뚜렷하게 나타난다. 초기 산업 사회에서 하루 노동시간은 신체 수명을 수십 년 단축시킬 정도로 산정되었다(343). 천연두, 파상

---

\* 넝마 고르기 일을 하는 여성 노동자들은 천연두나 기타 전염병에 걸리기 쉬웠고, 성냥 제조공들에게는 파상풍이 만연했으며, 밀짚 세공업을 하는 아이들은 침으로 밀짚을 축여야 했기에 입가에 자주 상처를 입었다.

고통받는 몸

풍, 기절, 베인 상처 등 직업병 유형에 어떤 이름을 붙일 수 있든, 또 질병이 얼마만큼 '쇠약해짐'으로 나타나든, 직업병의 원인은 보답받지 못하는 극단적인 투사 노동이며 직업병은 '증대된 몸'이라는 형태를 띤다. 몸이 점점 더 크게 자신을 주장하고, 의식의 다른 모든 측면을 삼켜서 마침내는 전부 없애버린다는 것이다. 《자본론》 전체에 걸쳐 사물과 몸은 대위 선율처럼 나란히 배치된다. 사물과 몸의 병치는 성냥과 파상풍, 넝마와 천연두처럼 구체적 형태를 취하기도 하고, 상품과 체화된 노동자, 화폐와 체화된 노동자, 자본과 체화된 노동자라는 일반적 형태를 취하기도 한다. 이 같은 배치는 사물의 창조자가 고되게 인공물 제작 행위에 참여하고 있음에도 자기-인공 영역에서는 추방된다는 사실을 가시화한다. 노동자는 가장 최소한의 자기-재창조 형태인 세포 차원의 자기-갱신을 제외하고는 그 어떤 자기-재창조도 이뤄내지 못하며, 이 낮은 수준의 자기-갱신 행위조차 점점 더 수행하지 못하게 된다.

마르크스의 글에서 몸의 중대성은 감각에 관한 묘사나 감각적인 묘사를 통해 전달되는 것이 아니라 숫자 열거를 통해 전달된다. 《자본론》의 표, 목록, 정부 보고서 요약이 보여주는 산술적 사실성은 감응력의 사실성이다.

### (1) 주택

| | | |
|---|---|---|
| 벌칸 스트리트, 122번지 | 1실 | 16명 |
| 럼리 스트리트, 13번지 | 1실 | 11명 |
| 바우어 스트리트, 41번지 | 1실 | 11명 |
| 포틀랜드 스트리트, 112번지 | 1실 | 10명 |
| 하디 스트리트, 17번지 | 1실 | 10명 |
| 노스 스트리트, 18번지 | 1실 | 16명 |
| 노스 스트리트, 17번지 | 1실 | 3명 |
| 와이머 스트리트, 19번지 | 1실 | 성인 8명 |
| 조에트 스트리트, 56번지 | 1실 | 12명 |
| 조지 스트리트, 150번지 | 1실 | 3가족 |
| …… | | |

### (2) 지하실

| | | |
|---|---|---|
| 리전트 스트리트 | 1실 | 8명 |
| 에이커 스트리트 | 1실 | 7명 |
| 로버츠 코트, 33번지 | 1실 | 7명 |
| 백 프랫 스트리트, 놋쇠 세공점으로 사용됨 | 1실 | 7명 |
| 에버니저 스트리트, 27번지 | 1실 | 7명 |

(817)

| | | | |
|---|---|---|---|
| 부엌: | 길이 9피트 5인치 | 폭 8피트 11인치 | 높이 6피트 6인치. |
| 설거지 실: | 길이 8피트 6인치 | 폭 4피트 6인치 | 높이 6피트 6인치. |
| 침실: | 길이 8피트 5인치 | 폭 5피트 10인치 | 높이 6피트 3인치. |
| 침실: | 길이 8피트 3인치 | 폭 8피트 4인치 | 높이 6피트 3인치. |

(847)

1860년대 중반에 나온 공중보건 보고서에서 발췌한 위의 표 두 개는 '열병'과 '디프테리아'라는 말로 체화 문제를 분명하게 명명한 다음에 나

고통받는 몸

온다. 의학적 이름표가 서두에 이런 식으로 나오지 않을 때도, 나열된 숫자들은 인용한 표에서처럼 체화 문제에 관해 직접적으로 발언한다. 움직이지 않는 몸은 특정 크기의 반경을 차지한다. 모여 있는 사람들의 숫자를 각 몸이 차지하는 반경에 곱한 것도 특정한 크기가 된다. 이 사람들이 들어가 있는 방도 특정 크기의 반경을 지닌다. 움직이지 않는 몸에 필요한 것들도 특정 크기의 반경을 지닌다. 구체적인 예로는 폐가 필요로 하는 반경, 즉 폐에 필요한 만큼의 공기를 담고 있는 공간의 반경이 있다. 여러 자세를 취했다가 풀곤 하는 몸이나 실내 생활에 적당하게 크지 않은 움직임을 취하는 몸처럼, 움직이는 몸도 특정 크기의 반경을 차지한다. 함께 모여 있는 몸들의 숫자를 움직이는 몸 반경에 곱한 것도 특정 크기의 숫자가 되고, 이 숫자를 어떻게든 수용해야 하는 거처의 크기도 특정 크기의 숫자이다. "벌칸 스트리트, 122번지, 1실, 16명"이나 "침실: 길이 8인치 5피트, 폭 5피트 10인치, 높이 6피트 3인치"는 몸의 현존을 중립적이고 구체적이고 산술적으로 인정한다. 목록 안에서 반복해서 나열되는 숫자들은 몸의 현존이 계속 인정되면서 발생하는 무게를 조용히 천명하고 재-상연한다.

그리하여 마르크스는 멈춰 서서 숫자들을 보여준다. 24세의 벽돌 제조공은 매일 2,000개의 벽돌을 만들고, 두 자녀는 그녀를 도와 10톤의 진흙을 10미터 깊이의 진흙 구덩이 안 축축한 부분에서 퍼내 60미터 떨어진 곳으로 옮기는 일을 온종일 계속 왔다 갔다 하면서 한다(593). 마르크스는 문명 안에 벽을 생산하는 이 노동자들의 육체적 참여를 수량적으로 기록한다(이들이 집으로 돌아갔을 때 그곳의 벽은 인간의 몸을 편하게 해주고 조절하는 기능을 수행하지 않을 것이다. 바닥에 이미 16명의 사람이 누워 있을 것이기 때문이다). 수량적으로 기록하는 이유는 바로 이 노동자들이 경험하는 감응력 증대가 특정 무게의 형태로 나타나기 때문이다. 또 이 무게가 특정 숫자의 발걸음에 의해 지탱되며, 이 특정 숫자의 발걸음은 특정 길이의 시간에 걸쳐 반복되기 때문이다. 마르크스의 글도, 그가 계속 인용하는 의회 보고서도 숫자를 나열한다. 이런 방식의 묘사보다 위 사례에 나오는 노동자를 더 적절하게 묘사하기는 어려울 것이다. 노동자들의 증대된 감응력을 축소하기 위한 개혁법의 의도도 마찬가지이다. 필연적으로 구체적이고, 중립적이고, 명시할 수 있고, 수량화할 수 있는 용어들로 정식화될 수밖에 없다. 이 같은 법은 노동이 금지되어야 하는 아동의 나이를 명기한다. 노동일勞動日의 최장 길이를 명기한다. 식사와 휴식에 최소 몇 분의 시간이 필요한지 명기한다. 조명과 공기가 최소한 얼마나 필요한지 명기한다. 개혁법이 보호하고자 하는 몸은 계산 가능하며 특정할 수 있고 양도할 수 없는, 생존의 최소 필요조건들로 이루어진 집합이기 때문이다. 개혁법의 위반, 즉 살아 있는 몸의 실제 조직을 침해하는 일도 위와 같은 용어로 기록된다. 마르크스는 1856년과 1859년 사이에 정부 공장 감독관들이 작성한 일련의 보고서를 인용한다.

'그 사기꾼 같은 공장주는 오전 6시가 되기 15분 전에(이보다 빠를 때도 있고 늦을 때도 있다) 작업을 시작해서 오후 6시를 15분 넘겨 끝낸다(이보다 빠를 때도 있고 늦을 때도 있다). 공장주는 아침식사에 할당된 반 시간의 시작과 끝에서 5분씩을 떼어내며, 저녁식사에 할당된 한 시간의 시작과 끝에서 10분씩을 떼어낸다. 공장주는 토요일 오후 2시에서 15분을 넘겨(이보다 빠를 때도 있고 늦을 때도 있다) 작업을 끝낸다. 그리하여 공장주는 다음과 같은 이익을 얻는다.

| 오전 6시 이전 | 15분 |
| --- | --- |
| 오후 6시 이후 | 15분 |
| 아침식사 시간 | 10분 |
| 저녁식사 시간 | 20분 |
| 합계 | 60분 |

고통받는 몸

| | |
|---|---|
| 5일간 합계 | 300분 |
| | |
| 토요일 오전 6시 이전 | 15분 |
| 아침 식사 시간 | 10분 |
| 오후 2시 이후 | 15분 |
| 합계 | 40분 |
| | |
| 주간 총계 | 340분 |

이는 매주 5시간 40분이다. 1년 50주의 노동주간을 곱하면(나머지 2주는 공휴일과 임시 휴업으로 제외하고) 27노동일이 된다.'
'하루에 5분씩 노동을 더 한다고 할 때 거기에 수십 주를 곱해보면 1년 동안 2일 반의 노동일이 된다.' '오전 6시 이전과 오후 6시 이후, 그리고 식사 시간으로 정해져 있는 시간의 앞뒤로 조금씩 떼어내어 생기는 하루 한 시간을 추가하면 거의 1년에 열세 달을 일하는 것과 같다.'(350)

노동자가 하는 일이 육체노동이든 수공업이든 학교 선생 일이든 (644) 노동자는 생산체제에 육체적으로 참여한다. 그리고 노동자를 둘러싼 상황이 변하면 노동자의 육체적 현존이 축소되거나 증대된다. 육체적 현존이 축소되는 예로는 개혁법이 있고, 증대되는 예로는 개혁법 제정 이전의 작업장 또는 개혁법 제정 이후 그 법을 위반하는 작업장이 있다. 이번 장 1절에서 살펴보았듯이 숫자를 세는 일은 비상 상황의 풍광 안에서 고정된 자리를 차지한다.

인공물 제작에 뒤따르는 이중의 결과는 이렇듯 갈라지고 쪼개진다. '감응력을 만들어진 세계로 투사하기' 그리고 '감응력 자체를 복잡하고 살아있는 인공물로 만들기'가 분리할 수 있는 두 개의 결과가 되는 것이다.

그중 하나(투사)는 어느 한 집단 사람들에게 속하고, 다른 하나(보답)는 또 다른 집단 사람들에게 속한다. 투사-보답 원래의 온전함이 이렇게 이중의 위치로 부서지는 현상은 그 어느 부분보다도 마르크스가 하는 **분석의 짜임** 안에 가장 꾸준하게 기록된다. 마르크스의 분석은 한편으로는 **거대한 인공물 자본의 내적 기획과 운동들을** 거의 **감각적으로 보여주며**, 다른 한 편으로는 **인간들의 증폭된 체화를** 거의 **산술적으로 기록한다.** 양쪽을 오가는 이러한 짜임 자체에 투사-보답의 쪼개짐이 기록된다. 노동자들이 집단적 노동을 통해 자본 안에 가치를 투사하지만, 자본은 자신을 만들어낸 이들에게서 분리되어 그들 반대편을 향한다. 자본은 이제 자기-지시적이 되어 내부를 지시하며, 다시 외부를 지시할 때는 훨씬 더 작은 집단의 사람들을 지시한다. 자본은 이 작은 숫자의 사람들을 탈체화하며 생산 과정에서 면제한다. 사물과 제작자 간의 원래 관계(사물+감응력 문제 축소)는 이렇듯 해체되어 정반대의 것(사물+감응력 문제 증폭)이 된다. 경제적 맥락이 아닌 다른 맥락들에서 탐구해보았듯이(제1부), 병치된 몸과 문화적 구축물의 극단은 정의正義 문제가 존재함을 알리는 신호이다.

인공물 자본과 인간의 증폭된 체화를 오가는 분석의 짜임은 먼저 작은 단위의 구성 요소인 단락에서 여러 페이지에 걸쳐 나타난다. 이런 단락들이 《자본론》 전체에서 거듭 등장하면서 그 같은 교대도 반복해서 나타난다. 나아가 '노동 과정'과 '가치증식 과정'의 병치도 더 큰 구성단위로 된 구조를 이룬다. 두 과정의 병치는 궁극적으로 《자본론》 전체가 이루는 구조를 만든다. 《자본론》 1권은 총 8편으로 이루어진다. 각 편은 세 장에서 여덟 장에 이르는 장을 담고 있으며, 다시 각 장은 제목이 붙은 절로 세분된다. 장 내 절의 배치, 편 내 장의 배치, 그리고 가장 중요하게는 책 전체 내 편의 배치는 만들기의 영역 안에 존재하는 탈구를 계속 눈에 보이도록 유지해준다. 여기서 만들기의 영역은 점점 증강되는 몸과 점점 증대되는 인공물이라는 양극단을 수반한다. 예를 들어 《자본론》 24장 〈잉여가치가 자본으로 전환됨〉은 다음 두 종류의 절을 모두 담고 있다. 한 절은

고통받는 몸

잉여가치 전환이, 그 전환이 재출현하는 경계 안에서 발생할 때를 서술한다. 즉 계속해서 변화하는 인공물인 자본 안에서 잉여가치 전환이 발생할 때를 서술한다. 다른 절은 점점 더 집단적이 되어가는 노동의 증대에서 잉여가치 전환이 출현할 때를 서술한다. 즉 보상받지 못하는 노동의 증강에서 잉여가치 전환이 출현할 때를 서술한다. 나아가 9, 10, 11장의 진행 방식은 이 같은 이중의 주제가 어떻게 더 상위 장들의 배치를 결정하는지를 보여준다. 이 장들에서 마르크스는 '절대 잉여가치' 증가 분석을 9장 〈[절대] 잉여가치율〉과 11장 〈[절대] 잉여가치율과 잉여가치량〉으로 나눈다. 그리고는 가운데에 10장 〈노동일〉을 넣는다. 10장은 들판이나 작업장에서 8시간, 또는 10시간, 12시간, 14시간, 16시간, 18시간 동안 계속되는 다양한 형태의 노역勞役을 세세하게 기록한다. 들판에는 비가 내리고, 작업장은 종기와 폐질환과 인燐 성분과 왜소하고 뒤틀린 인간 형상들로 가득하다. 노동자들은 그날 아침 7시, 또는 4시, 3시에 일어났거나, 그 전날 아침부터 나와서 일하고 있다. 제5편을 구성하는 세 개 장도 같은 식으로 배치된다. 잉여가치의 두 가지 형태가 지닌 거의 마술과도 같은 흐름·비율·상호작용을 다루는 두 개 장이 있고, 그 사이에 잉여가치와 구체적인 노동일 간의 관계를 일일이 짚어가는 장이 있다.

노동자가 하는 활동의 특정 측면과 자본이라는 인공물의 특정 형태는 계속 나란히 배치된다. 절대 임의적인 배치가 아니다. 마르크스가 자본의 어느 측면에 관심을 가졌다가 그다음에는 노동의 어느 측면에 관심을 가졌다가 하면서 왔다 갔다 하고 있는 것이 아니라는 말이다. 9장과 11장 사이에 10장 〈노동일〉을 배치한 것은 마르크스 자신의 구축 노동을 보여주는 일례이다. 또《자본론》의 구조와 짜임새 자체가 경제적·철학적 논의를 전달하는 데 일조해야 한다는 그의 의도를 보여주는 일례이기도 하다. 마르크스가 수행한 잉여가치 분석의 독창성은 '절대적 잉여가치'와 '상대적 잉여가치'를 구분하는 데서 나온다. 전자는 노동일 길이에 달려 있고, 후자는 생산 활동이나 생산수단 증강에 달려 있다. 그리하여 마르크스의 절대적 잉여가치 논의는 노동자의 일반적 삶뿐 아니라 그들 삶의 특정 측면인 노동일을 불가피하게 언급하게 된다. 마르크스의 분석에서 '노동일'이라는 **기술적**descriptive **용어**가 사용되는 것은 불가피하고, 이 용어의 반복 사용도 불가피하다. '노동일'이라는 용어 없이는 분석이 가능하지 않을 것이기 때문이다. 반면 마르크스가 의식적이면서도 신중하게 분석 안에 포함하지만 전혀 불가피하지 않은 부분도 있다. 마르크스는 80페이지에 달하는 기나긴 장에서 노동일의 **구체적 현실**과 그 같은 노동일을 통과해가는 인간 형상에 어떤 일들이 뒤따르는지 다룬다. 《자본론》 1권 후반부에서도 유사한 배치가 나타난다. 책의 뒤쪽으로 가면서 마르크스의 초점은 독립된 인공물인 자본으로 이동한다. 확실한 형체가 없는 잉여가치를 다루는 제5편으로부터 축적된 자본을 다루는 제7편과 제8편으로 넘어가는 것이다. 그러면서 축적된 자본에 역으로 상응하는 것인 임금을 절이나 장이 아니라 주요 편 중 하나인 제6편 〈임금〉으로 만들어서 가운데에 놓는다. 여기서 제6편 〈임금〉은 노동자 편에서 봤을 때는 축적에 역으로 대응하는 것으로서, 제목을 다시 붙이자면 제6편 '불충분한 임금'이라든지 제6편 '보상받지 못하는 노동'이라고 할 수도 있다. 자본은 집단적인 만들기 노동에 뒤따르는 호혜의 관계가 물질화된 것이며, 자본이 취하는 형태 중 하나가 임금이다. 창조된 사물 세계 중 이 임금이라는 부분만이 원래의 제작자를 공공연히 지시한다. 자본이 임금 형태로 나타날 때는 왜소하고 빈약하다. 그리고 바로 그렇기 때문에 자본이 다른 형태로 출현할 때, 즉 자본이 원래 제작자가 지시 대상이 아닌 형태로 출현할 때 거대할 수 있다. 마르크스는 제6편 〈임금〉을 《자본론》 1권의 최종판에서야 집어넣고, 그 자리에 원래 넣으려고 했던 부분은 뺀다.[91] 이러한 책 구성 수정을 볼 때 마르크스가 위에서 설명한 병치를 의식적으로 유지하고 있었음을 알 수 있다.

다음과 같은 경우를 상상해볼 수 있다. 《자본론》 1권이 크게 두 부분으로 나뉘어서 첫 번째 부분은 노동자의 체화된 현존을 다루고, 두 번째

고통받는 몸

부분은 자본이라는 독립된 인공물의 내부 작동을 다뤄서 자본의 지시 대상인 인간을 반복해서 언급하지만 인간 자체는 구체적으로 분석하지 않는 것이다. 한때 마르크스는 임노동을 따로 떼어내어 한 권으로 만드는 일을 고려하기도 했지만, 이 생각을 버리고는 체화된 노동 과정과 탈체화된 가치증식 과정이 책 한 권 전체에 걸쳐 나란히 진행되는 쪽으로 마음을 돌렸다.[92] 자본주의 경제체제에서 창조하기라는 문화적 기획은 자본이라는 인공물의 지시 의무가 불안정하기 때문에 뒤틀린다. 마르크스 자신의 고된 노동은 원래의 지시 대상을 복원하려는 것이다. 마르크스는 단순히 인간들이 원작자라고 거듭 가리키는 것이 아니라, 인간들의 초상을 분석 안으로 가져온다. 그럼으로써 만들어진 세계의 기원인 인간의 감응력을 가시적으로 유지하고자 하며, 사물 세계가 점점 더 정신적이 되고 더 승화되어 재출현할 때마다 그 기원도 함께 나타나게 하고자 한다. 《자본론》 1권은 자본주의 생산물의 가장 초기 형태이자 가장 구체적인 형태인 상품에서 시작하여, 점점 더 탈물질화되고 증폭되는 뒤이은 형태들을 통과해 가며 진행된다. 《자본론》 2권과 3권도 마찬가지이다.

이렇게 신중하게 구성된 《자본론》 1권 안에서 자본은 연이어 재출현하며, 그와 함께 노동자도 구체적이면서 지속적으로 출현한다. 그리하여 자본 변환의 모든 수준에서 노동자도 똑같이 뚜렷이 현존한다는 사실이 계속 눈앞에 드러나 있게 된다. 변하는 것은 규모뿐이다. 자본이라는 인공물이 더 거대해지고 탈물질화될수록 그 인공물을 만드는 데 자신을 투사한 사람들의 숫자도 더 커지고 집단적이 된다. 이 장 앞부분에서 살펴본 훨씬 오래전의 글인 성서에서처럼《자본론》에서도 '체화된 인간과 인간의 인공물' 혹은 '몸과 목소리'는 두 개의 발생의 띠로서 존재한다. 두 띠는 서로 구별되며 나란히 진행된다. 아래쪽 띠는 증강된 몸의 실제성을 위쪽 띠에 부여한다. 혹은 이제 수정된 용어이자 경제 용어로 말하자면, 증강된 몸의 '가치'를 위쪽 띠에 부여하여 자본이라는 인공물을 창조하고 실증한다. 또 매일 자본을 생겨나게 하고 매일 자본을 갱신한다. 인간들 자신은 창조자가 아니라 발명된 그 사물의 자손으로 인식된다. 더 오래된 텍스트인 성서에서와 마찬가지이다. 다시 말해 노동자는 자신을 자본주의 체제가 생산한 '상품'으로 경험한다.[93]

인간을 지시 대상으로 복원하려는 작업이《자본론》의 구조 자체를 통해 이루어진다는 점을 보여주는 또 다른 요소가 있다.《자본론》1권의 시작과 끝부분이다.《정치경제학 비판 요강》에서 상품이라는 주제는 꾸준히 나타나지만, 상품 자체가 구조상 분리되어 다루어지지는 않는다.《자본론》을 쓰면서 마르크스는 상품이 독립된 분석 단위임을 점점 확신하게 됐고, 상품 부분을 책의 서론으로 넣을까 고려했으며, 결국 상품을 제1편으로 넣는다. 마르크스는 서문에서 상품이라는 주제를 그처럼 배치하는 것이 중요했다고 짚는다. 그는 전체를 구성하는 근본 단위이자 세포 형태로 상품을 인식하는 일이 모든 경제적 분석에서 핵심적이라고 말한다. 상품을 시작 부분의 초점으로 따로 떼어내는 것은 지시 대상을 복원하려는 마르크스 자신의 노동에서도 매우 중요하다. 자본이라는 인공물이 거치는 모든 단계에 노동자도 똑같이 함께 얽혀 있지만, 노동자의 투사 노동을 가장 쉽게 인지할 수 있으며 따라서 가장 쉽게 복원할 수 있는 곳은 바로 상품이기 때문이다.《자본론》1권이 아직 미완성의 원고였던 시기에, 마르크스가 다시 상품으로 돌아가면서 책을 끝맺으려고 했던 때가 있다. 마지막 부분이 될 뻔했던 그 절을 여는 문장은 이렇다. "자본주의적 부의 기본 형태로서, **상품**은 우리의 출발점이었으며 **자본** 출현의 전제조건이었다. 하지만 이제 **상품들은 자본의 생산물**로서 나타난다."[94] 책 끝부분에서 다시 상품이라는 주제로 돌아갔다면 독자들은 텍스트 안으로 진입하는 지점은 물론 텍스트 밖으로 나가는 지점에서도 똑같은 자본의 한 형태를 보게 되었을 것이다. 노동자들이 창조한다는 사실이 가장 감각적으로 명백하게 나타나는 자본의 한 형태, 따라서 창조 작업에서 노동자가 하는 역할이 인정되지 않고 있음을 가장 즉각 인식할 수 있는 자본의 한 형태를 텍스트 시작과 끝에서 보게 되었을 것이라는 뜻이다.

마르크스가 최종적으로 결론 부분을 구성한 방식은 위와는 다르지만, 같은 과제를 똑같이 효과적으로 해낸 것일지도 모른다. 물질적 상품이 상상적 투사의 초기 장소이긴 하지만, 역사적·개념적으로 상품보다 더 이른 상상적 자기-연장의 장소가 둘 있다(《정치경제학 비판 요강》 네 번째 노트와 다섯 번째 노트에서 강조되는 지점이다). 바로 토지(혹은 원료) 그리고 도구이다. 만일 《자본론》 1권이 노동자 자신의 만들기 행위가 그리는 경로를 따라갔다면, 다시 말해 그 경로가 처음으로 뚜렷하게 자본주의적 형태를 취하는 지점인 상품에서 시작하지 않았다면, 분석 순서는 달라졌을 것이다. {완성된 《자본론》 1권에서 분석 순서는 다음과 같다.}

[노동자] → 상품 → 화폐 → 잉여가치

달라진 분석 순서는 그 대신 아래와 같았을 것이다.

[노동자] → 도구 → 토지(원료) → 물질적 사물(상품) → 화폐 → 잉여가치

여기서 노동자는 자신의 체화된 노동을 도구[95]를 통해 원료로 투사하며, 이런 작용을 받은 원료는 물질적 사물이 되고, 물질적 사물은 이후 자본주의 경제 안에서 상품이 되었다가 그다음으로는 화폐가 되고 등등

으로 이어진다. 인간 창조자에서 도구-토지-물질적 사물이라는 세 가지 기본 장소로 이어지는 이 같은 연쇄는 《자본론》의 구조 자체에 기록된다. 단, 순서는 반대이다. 《자본론》 1권의 중간을 차지하는 제4편의 상당 부분은 도구의 본성을 서술한다. 서술되는 도구로는 수공구, 기계공구, 기계, 그리고 그 자체로 하나의 거대한 도구인 공장이 있다. 나아가 책 끝부분인 제8편의 상당 부분은 토지라는 문제를 서술한다. 도구와 토지가 각각 자본의 창조와 영속화에서 맡는 역할이 있기 때문에 나오는 것이지만, 이와 같은 구성은 우리가 더 이전의 장소들로 거슬러 올라갈 수 있게 해준다 (단 여기서 도구와 토지는 근대적 형태로 등장한다. 일례로 갈퀴가 아니라 재봉틀이 나온다). 다시 말해 마르크스의 분석은 물질적 사물(상품)에서 시작해서 이후의 변환된 형태들로 이동해가며, 그러면서 동시에 시작, 중간, 마지막 부분에서는 물질적 사물에서 더 이전의 것인 도구로, 그다음에는 그보다 더 이전의 것인 토지로 거꾸로 이동한다.

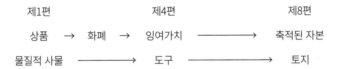

따라서 단락, 절, 장의 배치에서뿐 아니라 가장 큰 틀에서도 마르크스의 작업은 몸과 인공물이 계속 서로 관련되어 있도록 한다. 자본이라는 인공물은 자신의 원천에서 분리되어 점점 더 승화되지만, 한편으로는 점점 더 기본적인 형태로 등장하는 자본의 발생 기반과 함께 나타난다. 인공물의 지시성은 회복되며 내내 유지된다. 특히 독자가 텍스트로 들어가는 시점과 나오는 시점에서 그 지시성은 더욱 도드라진다.

마르크스가 창조의 구조 안에 존재하는 탈구를 서로 다른 두 가지 인지 유형 안에 짜 넣지 않고 다른 방식으로 서술했다고 생각해보자. '자본 내부를 감각적으로 서술하기 그리고 체화된 노동자를 산술적으로 서술하기'가 아니라 유대-기독교 성서처럼 서사로 썼다면, 또한 탈구를 분석적으로 제시하기보다는 이미지로 제시했다면,《자본론》의 줄거리는 다음과 같이 요약될 수 있을지도 모른다. 산업이라는 거대한 평원 한가운데에 인공물이자 상품인 빛나는 석탄 더미가 있다. 햇빛에 번쩍거리는 석탄 더미는 마치 열의 세계에 속하는 듯 보인다. 동시에 그 자줏빛과 푸른빛은 너무나 깊고 어두우며, 그래서 이 검은빛은 석탄의 색깔로만 보이는 것이 아니라 석탄의 예전 모습으로 보이기도 한다. 햇빛이 비치는 평원 표면에서 대단히 멀리 떨어져 땅속에 있던 물체로 보인다는 것이다. 두 사람이 평원을 가로질러 그 석탄 더미라는 상품에 다가가서 양쪽에 선다. 한 사람이 팔을 뻗어 그 인공물을 만지자 그의 몸은 점점 더 커지고 점점 더 생생해진다. 나중에는 무릎, 등, 손, 목, 배, 폐가 내뿜는 강렬한 생생함 때문에 그의 개인성이나 성격, 영혼에 관심을 기울일 수 없게 된다. 그의 몸 내부까지도 크고 작은 상처들을 통해 드러난다. 이와 동시에 다른 한 사람이 팔을 뻗어 석탄더미를 만지자 그의 몸은 증발하기 시작해서 공기처럼 된다. 그는 정신의 상태로 변했다가는 사라진다. 두 사람에게 각각 이름이 주어진다. 몸이 증대되는 첫 번째 사람은 '노동자'이고, 몸이 증발하는 두 번째 사람은 '자본가'이다. 둘은 각자 다른 부족에 속한다. 두 부족은 같은 평원 위에 살지만 직접 마주친 적은 한 번도 없다(같은 평원 위에서 한 부족은 석탄을 생산하고, 다른 부족은 그 석탄으로 몸을 데운다). 두 번째 부족은 첫 번째 부족의 위치를 분명하게 알지만, 첫 번째 부족은 두 번째 부족의 위치를 모르기 때문이다. 두 번째 부족에 속하는 사람은 몸이 없기 때문에 특정 장소에 붙박여 있지 않다. 얼굴이 감춰져 있어서 볼 수 없다. 아니면 얼굴이 없다고도 할 수 있다. 얼굴이라는 것이 가령 동상凍傷을 입을 수 있는 몸 조직을 뜻한다면 말이다. 평원의 이 장소 너머 다른 곳에도 인공물이 수없이 흩어져 있으며, 위와 같은 쌍을 이루는 많은 사람이 인공물들을 둘러싸고 있다. 석탄 더미도 있고 직물, 책, 침대도 있다. 같은 평원 위, 석탄 더미에서 멀지 않은 또 다른 곳에는 화폐가 쌓여 있다. 인간들과 인공물들 간의 관계가 펼쳐지는 이 평원 위에서, 인간뿐 아니라 인공물도 다양한 탈감각화de-sensualization와 탈물질화 수준을 내보인다. 외양 측면에서 화폐는 석탄 더미에 비해 전혀 감각적이지 않다. 화폐 더미도 석탄 더미와 마찬가지로 인공물이다. 또 마찬가지로 인간들에게 둘러싸여 있다. 한쪽에는 다섯 명이 있고 다른 쪽에는 한 명이 있다. 석탄이 있던 장소에서처럼 다시 모두 팔을 뻗어 화폐 더미라는 인공물을 만진다. 한쪽 다섯 명의 사람의 육체적 현존은 더 크고 강렬해지며, 다른 쪽 한 명의 사람은 계속 사라진 채로 있게 된다. 이 거대한 평원 위의 더욱 먼 곳에는 절반 정도만 관념으로 변환된 자그마한 종이 더미도 있다. 두 번째 인공물인 화폐가 첫 번째 인공물 석탄보다 덜 감각적이었던 것처럼, 세 번째 인공물인 종이 더미의 외양도 두 번째 인공물보다 감각적으로 덜 강렬하다. 하지만 사람들의 나타남과 사라짐을 규제할 수 있는 이 인공물의 힘은 외양의 감각적임에서 뒤지는 정도에 비례하여 두 번째 인공물보다 크다. 두 번째 인공물이 지닌 그와 같은 힘이 첫 번째 인공물보다 컸던 것과 마찬가지이다. 종이 더미를 둘러싸고 한쪽에는 50명이 있고 다른 쪽에는 한 명이 있으며, 이들도 모두 팔을 뻗는다. 50명의 사람은 50개의 확대된 몸이 되며, 다른 한 명은 평원에서 사라져 없어진다. 그렇지만 사라진 사람의 목소리는 사회 규칙과 법과 철학적 가정 안에 현존하며 심지어 편재하기까지 한다. 이러한 사회 규칙과 법과 철학적 가정은 성난 바람처럼 평원을 가로지르며 소용돌이친다. 남은 사람들은 자신의 체화된 얼굴 위로 그 바람을 느낀다.

위에서 가정해본 서사를 짧게 요약하여 말하는 데 그치지 않고 장대하고 확고한 어조로 이야기한다면, 그 이야기는 구약성서의 상처 장면과 눈에 띄게 유사해질 것이다. 구약성서에서 인간과 신은 한쪽은 몸을 지니고 다른 한쪽은 몸을 지니지 않는다는 사실을 가운데에 두고 서로를 마주한다. 이와 마찬가지로 이후의 자본주의 사회에서, 인간과 인간은 한쪽

　　　　　　　　　　　　　　　　　　　고통받는 몸

은 체화되었고 다른 한쪽은 탈체화되었다는 사실을 가운데에 두고 서로를 마주한다. 가운데에 놓인intermediate 이 사실 때문에 당분간은 중재mediate가 불가능하다. 성서 서사에 나오는 상처 장면에서 인간 창조자는 자신들이 만든 인공물에 의해 탈체화되는 것이 아니라, 그 근원 인공물을 실증하고 유지하기 위해 더 심한 몸의 괴로움을 겪어야 한다. 이후의 이야기에서도 마찬가지이다. 인간들은 감응력 문제를 완화하기 위해 어떤 경제체제를 집단적으로 만들지만, 오히려 이 체제를 유지하고 영속하기 위해 점점 더 심한 몸의 변환을 겪어야 한다. 두 이야기에서 변하는 것은 사용되는 어휘뿐이다. 전자에서 인공물로 끊임없이 재투사되어야 하는 몸의 속성은 몸의 '실제임'이다. 후자에서 인공물로 끊임없이 재투사되어야 하는 몸의 속성은 몸의 '가치 있음valuableness' 혹은 '가치'이다. 두 이야기 모두에서 거대한 인공물(한쪽에서는 신, 다른 한쪽에서는 집단적 경제체제)은 인간의 능력이 투사된 것이지만, 이 인공물들은 더는 투사에 대응하는 보답을 수행하지 않는다. 신은 기도에 응답하지 않는다. 인간들의 목소리는 불경한 투덜거림과 불평으로 들릴 뿐이다. 자본주의 경제체제는 난방을 해주거나 옷을 입혀주거나 먹여주지 않는다. 여기서도 인간들의 목소리는 투덜거림과 불평으로 들릴 뿐이다. 인공물의 내부 구조 안에 문제가 발생했다는, 창조자 자신들의 선언으로 들리지 않는다. 창조 작업은 붕괴했다. 그 한가운데에 언제나 구출 작업이 있었던 창조 작업은 무너졌다. 성서의 상처 입히기 장면들에서는 창조 해체가 나타나며, 해결책은 물질적 인공물이었다. 이 해결책을 다른 말로 하자면 '투사와 보답이라는 이중의 결과가 다시 온전해지도록 창조하기의 원리를 물질화하기 또는 체화시키기, 인간화하기'였다. 하지만 이제 마르크스로 오면 바로 그 물질적 영역 안에서 투사와 보답은 다시 분리되어, 나란히 진행하는 두 개의 범주가 된다. 두 텍스트는 함께 다음의 사실을 시사한다. 창조하기의 구조를 명확히 해야 하는 문명의 과업은 계속된다는 것이다. 어느 시점에서는 해결책이었던 것이 다른 시점에서는 난제가 발생하는 현장이 될 수 있기 때문이다. 이렇듯 믿음이라는 문제에 대한 물질적 해결책 자체가 19세기 산업주의에서 다시 문제가 되었으며, 따라서 이 산업주의라는 현장은 새로운 방식으로 수리되어야 했다. 그리하여 19세기 당시부터 자본주의나 사회주의에 기원을 둔 다양한 분배 전략이 나오기 시작한다.

성서와 마르크스의 저작이라는 두 문헌은 여러 면에서 서로 근본적으로 다르다. 그럼에도 이번 장에서는 둘 간의 유사점을 다뤘다. 두 저작이 서로를 설명해주기 때문이라기보다는 두 저작을 함께 살펴보는 것이 창조하기의 본성을 밝히는 데 도움이 되기 때문이다. 유대-기독교 성서가 초기 산업 세계를 다룬 마르크스의 작업을 예고하고 있는 것인지는 본 연구의 범위를 넘는 질문이다. 또한 마르크스의 작업이 유대-기독교 틀 안에 내재한 물질주의를 개괄한 것인지도 본 연구의 범위를 넘는다(그가 내켜 하든 아니든 마르크스는 유대-기독교 틀에서 나온 후손이다). 이번 장의 의도는 마르크스의 역사 서술을 믿는 이들의 관점에서 유대-기독교의 공적을 인정하려는 것도 아니고, 유대-기독교인들의 관점에서 마르크스의 공적을 인정하려는 것도 아니다. 두 저작을 짝을 이루는 텍스트로 제시한 것은 두 텍스트 간의 일관성 때문이 아니다. 그보다 두 텍스트를 함께 읽을 때 창조하기의 구조와 파괴하기의 구조 안에 존재하는 내적 일관성이 드러나기 때문이다. 즉 이전 장들에서 살펴본 매우 다른 맥락들과 함께 놓아 볼 때 두 텍스트의 유사점은 다음과 같은 사실을 시사한다. 창조하기 활동이 일어날 때 그 활동은 (맥락에 상관없이) 단 하나의 경로를 따라 발생한다는 것이다. 또 창조하기 활동이 실패하거나 붕괴할 때 이 실패도 단 하나의 경로를 따라서 발생한다는 것이다. 앞에서 말한 것처럼 서구 문명의 텍스트 중 이 두 텍스트처럼 인간 상상의 본성을 그토록 끈질기고 열정적으로 사유한 텍스트는 아마 없을 것이다. 두 텍스트 모두 '고통 문제'가 발생하고 있으며 이 문제가 더 포괄적인 '창조하기 문제'라는 틀 안에서 이해되어야 한다고 확신한다. 우리는 아직 창조하기라는 주제의 철학적·윤리적 중요성을 완전히 이해하지는 못했다. 두 텍스트가 공유하는 확신

고통받는 몸

을, 최소한 이 창조하기라는 주제에 더 많이 관여하고 관심을 쏟으라는 권유로 받아들일 수도 있을 것이다.

5장

# 인공물의
# 내부 구조

복잡한 정치 상황의 한복판에 갑자기 있게 된 사람은 지금 일어나고 있는 일이 옳은지 잘못됐는지 판단하기 어렵다. 그뿐만 아니라 무슨 일이 일어나고 있는지를 묘사해서 밝히는, 훨씬 더 기본적인 과제조차 수행하기 어렵다. 고문 활동은 '**어리석음**stupidity'[1]이라는 단어로 정확하게 요약되는 구조를 지니지만, 잠시일 뿐이더라도 바깥세상에는 '**첩보/지성**intelligence 수집' 활동으로 제시되어야 한다. 이 사실은 의미 없는 아이러니가 아니다. 오히려 사건 서술을 사건 자체에서 분리해버릴 수도 있는 어떤 각도 오차를 보여준다. 고문의 경우 각도 오차는 180도가 될 것이다.

우리의 지각 능력과 서술 능력은 고문처럼 너무도 단순하고 극명하고 근본적으로 비도덕적인 상황 안에 있지 않을 때라도 불안정할 수 있다. 전쟁은 상호적 **상해 입히기** 활동의 한복판에 있으며, 상해가 지닌 고유한 성격만이 승자와 패자를 결정하는 다른 방식과 전쟁을 차별화한다. 그럼에도 **상해 입히기**가 전쟁의 구조 안에 **부재**하는 것으로 서술되거나 기껏해야 전쟁의 구조에 부차적인 것으로 서술될 때가 너무도 잦다. 이 사실은 충격적인 사건 앞에서 우리의 서술 능력이 얼마나 쉽게 붕괴하는지를 다시 한 번 보여준다. 또한 전쟁이라는 사건의 현상학조차 이렇게 붙잡기 어렵다면 전쟁에 관한 윤리적으로 복잡한 질문들에 우리가 어떻게 대답할 수 있을지 걱정하게 만들기도 한다. 앞 장에서 우리는 역사상의 두 시기를 살펴봤다. 두 시기가 창조하기에 관해 어떤 사실들을 밝혀주는지 알아보기 위해서였다. 그리고 이 두 시기에도 바로 위에서 설명한 지각적 문제가 똑같이 나타난다. 구약성서의 상처 입히기 장면에서 신은 반복해서 고의로 인간에게 상처를 입힌다. 신의 상처 입히기 행위는 단순하고도 명확하게 **부도덕한** 것으로 여겨질 수 있어야하지만, 그 대신 오히려 신의 **우월한 도덕성**을 드러내는 것으로 인식된다. 다시 말해 신이라는 인공물의 비실제성과 믿을 수 없음이 문제로 제시되는 것이 아니라 이스라엘 민족의 불복종이 문제로 제시된다. 고통으로 가득한 해결책은 유추 입증으로 제시되는 것이 아니라 징벌로 제시된다. 마르크스가 설명하는 초기 산업 세계에서도 마찬가지이다. 만들어진 사물의 **창조자**인 인간들이 사물이 제공하는 혜택에서 배제되는 이유가 그들의 **창조성이 열등**해서인 것처럼 인식된다(창조성을 보여주는 예로는 진취성, 교육에 쏟는 관심, 좋은 삶을 창조하는 능력, 위험과 모험을 수용하는 능력이 있다). 고문, 전쟁, 구약성서의 상처 입히기 장면, 마르크스의 초기 산업 세계, 이 네 경우 모두에서 주변 속성이 아닌 핵심 속성이 은폐된다. 또 핵심 속성은 단순히 다른 속성으로 대체되는 것이 아니라 정반대되는 속성으로 대체된다. 이렇게 되풀이되는 뒤집힌 서술은 네 가지 경우를 넘어 일반적 현상이 존재함을 암시한다. 육체적 고통은 고통받는 사람의 정신적 내용물과 언어를 분쇄하며, 그 고통을 관찰만 하고 있을 뿐인 사람들의 개념화 능력과 언어도 전유하고 분쇄하는 경향이 있다는 것이다.

정치 권력은 자기-서술 능력을 수반한다. 이는 널리 인정되는 사실이며, 이 책에서도 꾸준히 주목했다. 위에서 언급한 잘못된 서술들은 모두 직접 육체적 상해를 가하고 있거나 상해 가하기를 적극적으로 허용하고 있는 이들에 의해 표현된 것이다. 또는 그들을 대변해서 표현된 것이다. 하지만 어느 충격적인 상황의 내부에서 발생하는 일을 인식하는 데 실패하는 일을 단순히 누가 서술의 원천을 통제하느냐의 측면에서만 설명할수는 없다. 고문자, 특정 전쟁의 옹호자, 진노한 신의 사제, 해당 순간엔 멀

고통받는 몸

리 떨어져 있는 지배계급이 그 상황 내부의 공간을 통제하고 서술하고 있다고 해도, 관찰자는 이 공간 바깥에 **안전하게** 서 있을 수 있기 때문이다. 우리가 지배적인 서술의 영향을 받기 쉬운 이유는 부분적으로는 분명 지각 자체의 불안정성 때문일 것이다. 한 사람의 서술 능력이 무너질 때 기존 서술은 어떤 것이든 더 유혹적으로 보일 수 있다.

나아가 비상 상황에서 '지각 기반'이 될 수 있는 적절한 해석 범주가 없기에 우리의 서술 능력이 불안정한 것이기도 하다. 긴급한 사건 안으로 진입할 때 눈앞에서 벌어지고 있는 일을 계속 '볼' 수 있게 해주는 기존의 사고틀이 없다는 것이다. 필요하지만 부재하는 이런 해석 범주가 지닐 만한 특징을 이전 장들에서 제시했다. 그 장들에서 탐구한 인간사人間事는 모두 창조하기 그리고 파괴하기의 문제와 뒤엉켜 있었다. 고문과 전쟁은 만들어진 세계를 우연히 해체하는 일이 아니라, 만들기의 구조 자체를 해체하는 일이었다. 반대로 서구의 종교와 물질주의가 시사하는 바는 다음과 같았다. 문명이 지속적으로 하는 작업은 단지 'x 만들기'나 'y 만들기'가 아니라, '만들기 자체를 만들기' '만들기를 개조하기'이다. 또한 만들기를 구출하기, 만들기를 수리하기이며, 나아가 만들기가 붕괴하여 그 정반대의 것이 되려고 할 때마다 혹은 정반대의 것과 뒤섞이려고 할 때마다 적합한 경로로 만들기를 복원하기이다. 창조하기 및 파괴하기와 관련된 이런 해석 범주들을 발전시키고 계발한다면, 이 범주들은 다른 엄청난 사건 안으로 들어갔을 때 그 사건을 이해할 수 있게 해줄 것이다. 우리는 닿을 수 없는 먼 과거에 있었던 사건도 이해할 수 있을 것이며, 다가오는 미래라는 (닿을 수 있고 고칠 수 있으므로) 더 중요한 지반 위에서 일어날 사건도 이해할 수 있을 것이다.

정치적 정의正義를 이해하기 위해서는 먼저 창조하기와 파괴하기를 이해해야 하는지도 모른다. 이 같은 의견을 제시하는 것이 이 책에서 하려는 작업 중 하나이다. 이전 세기에 나온, 옳고 그름에 관한 가장 맹렬한 질문은 '진리'에 관한 질문과 얽혀 있다고 여겨졌다. 앞으로는 옳고 그름에 관한 그와 똑같은 질문이, 그리고 여전히 맹렬한 질문이 '허구'에 관한 질문과 핵심적으로 얽혀 있다고 재인식되어야 한다. 창조하기와 창조된 사물이 어떤 특성을 지니는지, 이에 관한 지식은 현재로서는 개념적 요람기에 있다. 그 특성을 밝히기 위해서는 어느 한 연구의 틀을 훨씬 넘는 풍부한 작업이 필요할 것이다. '창조하기' 활동과 마찬가지로, '창조하기를 이해하기' 활동은 혼자서 하는 노동이라기보다는 집단적인 노동이 될 것이다.

'만들기'에 속하는 속성이 지금까지의 논의에 줄이어 등장했지만, 이 속성들을 포괄적인 진술 세 개로 요약할 수 있다. 첫째, 창조하기 현상은 육체적 고통과 상상된 대상 간의 지향 관계라는 틀 안에 존재하며 또 이 틀에서 시작된다. 틀이 되는 이 관계가 인간 내부의 사적인 상태에서 가시적인 세계로 진입하면 '노동$^{work}$ 그리고 작업된$^{worked}$ 사물'이 된다(3장). 둘째, 독립하여 존재하게 된 만들어진 사물은 살아 있는 몸이 투사된 것이며 살아 있는 몸에 보답한다. 사물의 크기, 모양, 색깔 등 특성과는 상관없이, 또 사물을 쪼개서 열어보는 장場이 어딘지와는 상관없이(구약성서의 광야에서든, 19세기 산업주의의 평원에서든, 아니면 지금 우리가 서 있는 역동적이며 뒤바뀌고 있는 장에서든), 우리는 해당 사물이 인간 감응력의 본성을 그 내부에 물질적으로 기록하여 담고 있음을 언제나 발견할 것이다. 또 감응력에 작용하여 감응력을 재창조하는 그 사물의 능력이 인간의 감응력에서 나온다는 점도 언제나 발견할 것이다(4장). 셋째, 앞의 두 진술에서 쓰인 말이 시사하듯 창조된 사물은 두 가지 다른 형태를 취한다. 상상된 대상$^{object}$과 물질화된 사물$^{object}$이다. '만들기'는 '지어내기'와 '실제화하기'라는, 개념적으로 구분되는 두 단계를 수반한다. 첫 번째 단계에서 상상이 하는 작업은 자기 선언적이다. 반면 두 번째 단계에서 상상은 자신의 활동을 위장함으로써 작업을 완료한다. 다음과 같이 표현할 수도 있다. 즉 상상은 먼저 '허구의 대상을 만들고', 그다음 '허구인 대상을 허구가 아닌 사물로 만든다'. 또는 이렇게도 말할 수 있다. 상상은 먼저 무대상성(순수한 감응력)

을 개조해서 하나의 대상으로 만들며, 그다음 이 가상의 대상을 실제 사물로 개조한다. 즉 자신의 독립적인 실증의 원천을 담고 있는 사물로 개조한다. 상상은 '무$^{nothing}$'가 '무언가$^{something}$'인 것처럼 위장한다. 이런 무해한 위장은 이후 훨씬 더 긍정적인 위장이 된다. 이제 그 '무언가'가 허위가 아닐뿐더러 자연 세계(그 순간 한창 치환되는 중인)의 현존이 지니는 묵직함과 생생함을 전부 지니기 때문이다. 지어내기와 실제화하기를 개념적으로 구분되며 종종 시간순으로도 구분되는 두 단계로 인식하는 일은 특히 중요하다. 책 앞부분 반절에서 명확해졌듯, 창조하기 해체와 창조하기의 활동을 흉내 내기는 '지어내기' 단계에서 발생할 수도 있고 '실제화하기' 단계에서 발생할 수도 있기 때문이다. 지어내기 단계에서 일어나면, 만들어진 사물에 의한 고통 분해·치환은 만들어진 고통에 의한 사물 분해·치환이 된다. 실제화하기 단계에서 일어나면, 입증하고 실제성을 부여하는 긍정적인 과정이 살아 있는 인간 몸의 '실제임'을 빌리는 과정으로 치환된다.*

위 세 개의 포괄적인 진술이 창조하기의 구조를 정확하게 서술했다고 해도, 이 진술들은 그 구조의 윤곽만을 드러낸다. 창조하기의 구조에는 수십 또는 수백 가지의 더 작은 속성이 있을 것이며, 이 속성들도 밝혀야 한다. 책을 마무리 짓는 지금 부분에서 그중 두 속성을 간단히 고찰할 것이다. 앞으로 논의할 대상의 규모를 전체 맥락 안에서 파악하고 있어야 한다. 위에서 요약한 대강의 구조가 마치 장관을 이루는 현수교를 시각적으로 묘사한 것과 마찬가지라고 한다면, 뒤잇는 논의는 거대한 다리의 미세한 일부분을 살피는 일과 같다. 다리 어느 작은 단면에 박힌 나사 금속의 특성이나 단면 위 케이블에 걸리는 하중을 살피는 일과 마찬가지라는 것이다. 일단 어느 한 속성의 내부로 들어가면 우리는 복잡하고 뒤얽힌 그

---

* 이 사실은 제1부에서 설명됐다. 창조는 인공물을 생산하여 고통을 제거하지만, 고문은 이 과정을 뒤집는다. 다시 말해 고문에서는 인공물을 해체하여 고통을 생산한다(지어내기 단계에서의 해체). 또한 고문에서는 고통의 실제성이 정권의 실제성으로 전유되며, 전쟁에서는 상해의 실제성이 승자 측 쟁점의 실제성으로 이전된다(실제화하기 단계에서의 해체).

내부에서 길을 잃을 수 있다. 또 그 속성 자체도 다시 더 작은 여러 속성으로 이루어졌다는 것을 발견할 수도 있다. 하지만 우리가 길을 잃은 곳은 훨씬 더 방대한 무언가의 작은 부분인 고작 몇 제곱센티미터 안에서일 뿐이다.

이번 장에서 살펴볼 창조하기의 속성 두 가지를 각각 1절과 2절에서 다룬다. 1절에서는 '만들어진 사물은 인간 몸이 투사된 것'이라는 주장으로 돌아간다. 앞 장들에서 이 주장을 정식화한 방식을 먼저 간략히 요약하고, 그중 가장 근본적인 정식화가 얼마나 적합한지 탐구하고 평가할 것이다. 그리하여 '외부 세계를 감응력이 있도록 만든 것'으로 인공물을 보는 정식화가 아마도 가장 정확함을 보일 것이다(인공물은 자력으로 활동할 수 없음에도 그렇다). '만들기'를 구성하는 부분 중 윤리적 내용을 담고 있지 않은 부분은 없지만, 인공물이 지니는 이 특정 속성에는 매우 특별한 도덕적 무게가 실린다. 2절은 투사의 장소인 만들어진 사물과 보답의 장소인 만들어진 사물, 이 둘의 관계에 초점을 맞춘다. 투사와 보답은 (해체된 창조하기에서 일어나는 경우를 제외하면) 서로 **분리할 수 없는** 대응물이지만 **동등한** 대응물은 아니다. 보답 작업이 투사 작업을 보통 엄청나게 초과한다. 아래에서는 둘이 동등하다고 잘못 가정할 때 어떤 종류의 문제들이 나타나는지를 간략하게 다룬다. 보답이 투사를 크게 초과하는 사물을 표준적인 사물 혹은 모델이 되는 사물로 취하는 것이 얼마나 중요한지 강조하기 위해서이다. 표준적인 사물은 그 사물이 지닌 인간 탈체화 능력이, 그 사물을 존재하게 하는 데 필요한 증강된 체화의 정도를 크게 초과하는 사물이어야 한다. 아래의 두 절 모두 이렇게 투사와 보답의 본성을 다룬다(위에서 요약한, 창조하기의 구조 세 부분 중 두 번째). 책을 마무리하는 이번 장은 짧다. 새로 제시하는 창조하기의 모델이 아직 불완전하다는 점을 이 짧은 길이 자체에서 알 수 있다.

# I. 인공물: 외부 세계를 감응력이 있도록 만든 것

'만들어진 사물은 인간 몸이 투사된 것'이라는 주장은 이 책에서 세 가지 방식으로 정식화됐다. 그중 첫 번째는 특정할 수 있는 신체 부위 측면에서 투사 현상을 서술하며, 그럼으로써 감응력 그리고 감응력이 대상화된 것들 간의 관계를 선명하게 가시화한다.

가령 실로 짜서 만든 붕대를 벌어진 상처 위에 놓으면, 없어진 **피부**를 붕대의 섬세한 섬유들이 흉내 내고 대체한다는 점이 즉각 분명해진다. 또 이보다는 덜 극단적인 예를 보자면, 실로 짜서 만든 천도 피부가 하는 보호 작업을 계속 복제하고 증대한다. 이때 짜인 실은 '붕대'가 아니라 '옷'이라고 불리지만, 둘의 유사성은 '드레스$^{dress}$'라는 단어와 상처에 붕대를 감는 일을 말하는 '드레싱$^{dressing}$'이라는 단어에 언어적으로 기록되어 남는다. 나아가 천은 피부의 2차적이고 3차적인 속성들까지도 연장한다. 그리하여 처음으로 인간을 본 어느 관찰자는 인간들이 황색, 분홍, 갈색, 검은색이라고 말하는 대신, 인간들이 짙은 황록색과 흰색, 또는 밝은 황록색과 금색이라고 말할지도 모른다. 또는 노랑과 갈색 줄무늬, 분홍과 검정 사각형, 여러 밝기의 마젠타색과 연한 자주색과 빨강과 주황과 파란색이라고 말할지도 모른다. 아니면 인간은 평균 24시간마다 색이 바뀌는 경향이 있는 생명체이며 따라서 표면 색깔과는 상관없이 묘사해야 한다고 말할지도 모른다.[2] 만들어진 외부 세계 안에 피부에 상응하는 사물이 많은 것처럼 다른 신체 부위도 모두 그렇다. 프로이트가 《문명 속의 불만 Civilization and Its Discontents》에서 스쳐가듯 짚었던 것처럼 안경, 현미경, 망원경, 카메라는 인간 눈의 **수정체**가 투사되어 물질화된 것이다.[3] 사실 프로이트의 작업이 집중하는 신체 부위는 피부나 수정체가 아니라 다른 부위이며, 그는 연속하는 승화의 고리들 안에서 그 신체 부위를 인식하라고 가르쳤다. 그리하여 프로이트 이후 시대의 사람들은 꿈에 나타나는 사물에서, 일상 사물에서, 사회적 사물에서 힘들이지 않고, 또 얼굴 붉히지 않고 **음**

**경**을 식별해낸다. 음경은 명백히 '저 밖'에 존재한다. 지팡이와 꿈속 독수리, 물질화된 파이프, 모자, 드릴, 칼, 고층건물, 오벨리스크, 로켓 안에 존재한다. 음경의 여성 대응물인 **자궁**도 음경만큼이나 널리 물질화되어 함께 나타난다. 자궁은 칼집, 방패, 거처, 은신처같이 다양한 형태로 재등장한다. 이와 비슷하게 흔히 사람들은 인간 **심장**의 이름을 빌려와서 위치나 중요성에서 핵심적이라고 여겨지는 것들을 표현한다. '일의 핵심heart' '시詩의 핵심' '문제의 핵심' '실험의 핵심' '도시의 심장부' '국가의 심장부' 같은 예들이 있다.[4] 또 사람들은 심장의 작동 구조도 빌려온다. 고대 이집트와 로마에서 물이 없는 지역으로 물을 보내기 위해 발명된 장치인 펌프는 심장에서 작동 구조를 가져왔다. 이 장치는 16세기에 지하 탄광과 광산에서 재발명되고 발전되어 위험한 물을 없애는 데 사용되었으며, 이후에도 계속 수백 가지의 다른 모습으로 개조되어 사용됐다. 그다음엔 조나단 밀러Jonathan Miller가 지적한 것처럼, 펌프가 다시 독립적인 기술 모형을 제공한다. 그리하여 윌리엄 하비William Harvey는 펌프라는 기술 모형을 이용해 심장이라는 신체 기관의 '펌프질' 활동을 밝힐 수 있었다. 심장이라는 신체 기관은 그에 대응하는 인공물인 펌프보다 수많은 세기 전부터 존재했지만, 오히려 펌프가 기술 모형을 제공하여 심장의 활동이 정확히 어떻게 이루어지는지 설명할 수 있었다는 것이다.[5] 또한 제레미 번스타인Jeremy Bernstein에 따르면 컴퓨터는 살아 있는 몸의 **전기 신경계**를 물질적으로 대상화한 것이다. 피부를 옷으로, 음경을 오벨리스크로, 심장을 펌프로 번역하는 것은 무의식적인 투사 행위에서 나온 것일 수 있다. 반면 신경계를 컴퓨터로 번역하는 것은 고도로 자의식적이다. 존 폰 노이만John von Neumann이 컴퓨터 분야에 남긴 유명한 업적은 신체 신경망 구조를 분석한 두 생리학자의 작업에 의식적으로 기대고 있다.[6] 그렇다면 문화가 원천으로 삼는 신체 부위는 여럿이다. 피부, 수정체, 음경, 자궁, 심장, 신경계는 목록의 매우 작은 일부일 뿐이다. 손, 귀, 폐, 위, 골격, 이빨, 다리 근육, 관절 등 다른 많은 부위가 추가될 수 있다. 이 중 몇몇을 문화적으로 대상화한 예가 이전 장들

고통받는 몸

에 나오기도 했다.

투사 현상을 정식화하는 첫 번째 방식은 이처럼 만들어진 사물 안에서 특정 신체 부위의 구체적인 모양이나 메커니즘을 식별한다. 이와는 달리 두 번째 방식은 신체적 능력과 필요를 식별한다. 첫 번째 방식의 정식화는 만들어진 사물과 인간 몸의 관계를 더 시각적으로, 따라서 더 즉각 이해할 수 있게 해준다는 장점이 있다. 한편 명백한 결점 세 가지도 있다. 첫째, 체화된 인간이 지니는 복잡한 특성들이 꼭 신체상의 위치나 메커니즘을 지니는 것은 아니다. 인쇄기, 서술된 역사라는 제도화된 관행, 사진, 도서관, 영화, 녹음 자료, 복사기는 모두 붙잡아두기 어려우며 체화된 **기억** 능력을 물질화한 것이다. 가령 왼쪽 귀 위쪽에 있는 뇌 물질 1세제곱센티미터를 물질화한 것이 아니라는 뜻이다. 나열한 이 사물들은 상대적으로 무역사적인 생물을 역사적인 생물로 만든다. 이 사물들을 통해 인간의 기억은 한 사람의 산-경험lived experience이 시작된 지점 훨씬 이전으로 연장된다. 또 이 사람은 자신의 산-경험의 종점을 훨씬 지나서도 다른 사람들이 자신을 기억하리라 기대한다. 나아가 인간은 깨어 있는 뇌가 필요한 정보를 외우고 있도록 매일 반복해서 뇌를 연습시키지 않아도 자신의 기억을 연장할 수 있다. 이와 비슷하게, 우리는 어느 인공물이 "인간 **영혼**을 표현한다"고 일상적으로 말하지만 이런 진술도 신체 위 특정 장소의 측면에서 정식화되지 않는다. 둘째이자 이번에는 거꾸로, 어느 발명품에 선행하는 무언가가 몸에 반드시 존재하지는 않는다. 우리가 바퀴라는 발명품에 경탄하는 이유는 바퀴를 우리 몸에서 발견할 수 없기 때문인지도 모른다. 바퀴에 선행하는 무언가가 우리가 지닌 감응력이 있는 물질의 경계 안에 없음을 직관적으로 느끼기 때문에 바퀴가 놀라울 수 있다는 것이다(구와 球窩관절이나 일부 곤충 날개에 존재하는 회전 구조가 있긴 하지만). 근육으로 하던 작업을 기계공구가 맡게 되었다고 흔히 설명된다. 그러나 기계공구와 근육을 일대일로 대응시킬 수 없을 때가 많다. 일례로 몸의 **운동** 능력을 증대하는 증기 엔진에 기계역학적으로 상응하는 몸 부위가 꼭 있는 것은 아니다. 처음으로 증기 엔진을 상상한 존 피치<sup>John Fitch</sup>의 말에 따르면, 류머티즘 때문에 다리를 절뚝이며 걷던 중에 증기 엔진 아이디어를 떠올렸다고 한다.[7] 이 사실만으로도 증기 엔진이 증대하는 것이 몸의 운동 능력임을 충분히 설명할 수 있다. 증기 엔진에 상응하는 몸 부위가 설명하는 데 꼭 필요하지는 않다는 것이다. 셋째이자 가장 중요한 결점은 다음과 같다. (너무도 작은 인간 몸의 크기와 문화의 거대한 규모를 생각해볼 때 있을 법하지 않은 가정이기는 하지만) 설령 만들어진 사물이 전부 몸의 특정 부위에 대응한다고 해도, 투사를 '부위'보다는 '속성'의 측면에서 정식화해야 더 정확할 것이다. 창조하기는 단순히 우리 안에 이미 존재하는 형상과 메커니즘을 가지고 외부 세계를 채우기 위해 시작된다기보다는, 감응력의 몸 경험을 원조하고 증폭하고 변환하기 위해 시작되기 때문이다.

어느 인공물이 특정 몸 부위와 명백하게 유사할 때라도 감응력의 속성 측면에서 둘의 유사성을 설명하는 것이 일반적으로 더 생산적이다. 예컨대 위에서 '부위'를 모방하는 것으로 설명한 인공물 전부를 이제 '속성'을 모방하는 것으로 설명할 수 있다. 제레미 번스타인이 컴퓨터를 고찰하면서 가장 놀라워한 지점은 컴퓨터가 인간 몸에 존재하는 전기적 경로와 신경 경로를 외부에 물질화한 것이라는 점이 아니라, **자기-복제**와 **자기-수정**을 하는 인간 내부의 능력을 외부에 물질화한 것이라는 점이었다. 프로이트의 작업 중 '음경과 자궁이 투사된 형상' 측면에서 요약할 수 있는 부분은 매우 일부일 뿐이다. 반면 '감응력상의 **욕망** 투사' 측면에서 요약할 수 있는 부분은 그의 작업 거의 전체이다. 즉 프로이트는 꿈 안에, 가족 행동과 시민으로서의 행동이라는 외재화된 패턴에, 소포클레스와 다 빈치의 예술 작품 안에, 문명의 물질화·언어화된 생산물 안에 욕망의 복잡한 구조가 현존함을 인식하라고 가르쳤다. 유사한 예를 마르크스의 글에서도 찾을 수 있다. 마르크스의 저작 안에서 손과 등의 모양은 암묵적일지언정 프로이트의 저작에 나오는 음경과 자궁만큼이나 핵심적이다. 하지만 이때도 몸의 **노동** 능력이라는 측면에 중점을 두고 마르크스의 저작을 설명하

고통받는 몸

는 것이 더 옳고 포괄적이다. 마르크스는 인간 노동을 연속하는 자기-연장의 고리들 안에서 인식하라고 가르친다. 개별적으로 제작된 사물 하나 안에 인간 노동은 명백하게 현존하지만, 화폐를 비롯해 이후 점차 승화되는 경제·이데올로기 구조들 안에서는 점점 덜 명백하게 현존한다. 화폐와 이후의 구조들 안에서는 인간 노동이 더 집단적이기 때문이다. 여기서 프로이트와 마르크스의 작업을 살핀 이유는 두 사람이 현대 세계에 가장 커다란 영향을 미친 두 명의 문화 철학자로 보통 꼽히기 때문이다. 기본적으로 이들의 작업은 욕망이나 노동 등 체화된 속성을 문명의 구조가 가리키는 지시 대상으로 회복하고자 했다. 독립적으로 존재하는 듯 보이는 문명의 구조는 바로 그 체화된 속성이 물질화된 것이다.

지금까지 살펴보았듯 투사 현상을 구체적인 몸 부위 측면에서 정식화할 수도 있고, 비교적 덜 분명한 내부 속성 측면에서 정식화할 수도 있다. 두 정식화 방식 간의 차이를 보여주는 마지막 예로 투사 현상 자체를 들 수 있다. 인간은 보는 생물이며, 움직이는 생물이고, 숨 쉬는 생물, 듣는 생물, 배고파하는 생물, 욕망하는 생물, 노동하는 생물, 자기-복제하는 생물, 기억하는 생물, 피를 펌프질하는 생물이다. 인간은 이 모든 속성을 바깥으로 투사한다. 따라서 인간은 투사하는 생물이기도 하다. 앞의 여러 부분에서는 인간이 투사하는 생물이라는 사실을 몸 위의 특정 위치 측면에서 표현했다. 창조하기는 인간의 외부 표면과 내부 표면이라는 몸의 두 껍질을 뒤집는 일이었다. 믿기, 상상하기, 창조하기 행위를 대상화한 성서와 제단 같은 언어적·물질적 인공물에서 이 행위들은 때로 그림으로 보여주듯 '몸 뒤집기'로 재현됐다. 하지만 이 인공물들이 나온 맥락 자체에서 분명해졌던 것처럼, 몸 뒤집기를 몸 부위 측면에서 표현하기보다는 내부에서 일어나는 감각상의 사건들에 형이상학적 지시 대상을 부여하는 것으로 볼 때 더 정확하게 정식화된다. 내부 표면과 외부 표면이 뒤바뀌는데 필요한 것은 몸 껍질이 문자 그대로 뒤집히는 일이 **아니다**. 그보다는 본디 내부적이고 사적이었던 것을 외부적이고 공유할 수 있는 것으로 만드는 일이 필요하며, 다시 이제 외부적이고 공유할 수 있게 된 것을 깊숙하고도 친밀한 개인의 의식 안으로 거꾸로 재흡수시키는 일이 필요하다.

'투사'라는 순수한 사실이 몸 위의 위치 측면에서 표현되면, 다시 말해 내부 표면과 외부 표면 측면에서 표현되면, 특정 속성의 투사가 몸 위의 위치 측면에서 표현될 때보다 훨씬 더 극단적인 형태를 띤다. 눈의 수정체를 몸 바깥의 세계로 빼낸다는 상상은 충격적이지만, 몸을 안에서 밖으로 뒤집는다는 상상은 훨씬 더 충격적이다. 아무리 잠깐만 뒤집는다고 해도 그렇다. 이미지로 그려볼 수 있는 이렇게 더 심한 극단성은, 전체 틀을 이루는 투사라는 사실이 그 틀 안쪽에 있는 속성을 투사한 것보다 **분명 더 극단적**이기 때문에 나타난다(투사라는 사실은 육체적 고통 그리고 창조된 사물들이라는 양극단의 경계 상태를 오간다). 다시 말해 감응력의 특정 차원은 투사됨으로써 정도 측면의 변환을 겪는다. 예를 들어 시각 능력은 현미경이나 망원경에 의해 보완될 때 증폭한다. 또 기아 문제는 인공적 개입에 기반을 둔 전략들을 통해 줄어들고 조절된다. 하지만 포괄적인 투사 현상을 통해 단순히 정도 차이를 낳는 변환만 일어나는 것은 아니다. 훨씬 더 놀라운 형태의 개정도 일어난다. 이런 개정이 일어날 때 원래 속성은 완전히 다른 무언가에 의해 철저히 제거되고 대체된다. 내부에 완전히 부재했던 것이 현존하게 된다. 절대적인 무대상성이라는 순수한 감응력 조건 안에서는 존재하지 않던 대상이 대상화를 통해서 현존하게 된다는 것이다. 또 역으로, 내적 상태에 완전히 현존했던 것이 부재하게 된다. 즉 고통은 투사가 성공적일 때 사라진다. 따라서 내부 표면과 외부 표면 뒤집기가 궁극적으로 시사하는 바는 다음과 같다. 자력으로 움직이지 못하며 생명이 없는 사물은 행복하게도 감응력 문제에서 면제되어 있다. 그리고 내부 표면과 외부 표면 뒤집기를 통해 외부 사물 세계가 감응력이 있는 내부로 이동할 때, 내부에서도 감응력 문제의 일부가 면제된다. 또 역으로, 고통을 외부 세계로 내보냄으로써 외부 환경은 더 이상 감응력 문제에서 면제돼 있지 않게 된다. 더는 감응력 문제에 무신경하고 무관심할 수 없도

고통받는 몸

록 변하는 것이다.

위 끝부분의 설명은 세 번째 방식의 투사 현상 정식화로 이어진다. 세 번째 정식화는 가장 정확한 정식화이기도 하다. **'생명이 없다'는 특권을 외부 세계에서 박탈하는 것**이 창조하기 작업의 일부라는 사실에 주목하게 하기 때문이다. 외부 세계는 감응력을 지니지 않고, 그래서 그 세계 안에 거주하는 이들, 감응력이 있는 거주자들에게 무책임해도 된다는 특권을 갖는다. 창조하기 작업은 이 특권을 박탈한다. 외부 세계의 '생명 없음'이 감소된다고 말하는 것은 외부 세계에 생명이 있게 된다고 말하는 것과 **거의** 같다(하지만 정확히 외부 세계에 생명이 있게 된다고 말하는 것은 **아니다**). 이 절의 나머지 부분에서는 이 '거의'를 더 정확하게 정의해보려 한다.

투사 현상을 정식화하는 세 가지 방식을 따라가보면, '몸'이 점점 더 내부 측면에서 개념화되고 있음을 알 수 있다. 몸을 부위, 모양, 메커니즘으로 사고하는 것은 몸을 바깥에서 사고하는 것이다. 몸에 펌프와 렌즈/수정체$^{lens}$가 있다고 해도, 감응력이 있는 존재가 '펌프성性'과 '렌즈성'을 자신의 몸 경험 일부로 느끼지는 않는다. 한편 몸을 능력과 필요 측면에서 사고할 수도 있다. '렌즈'가 아니라 '보기$^{seeing}$', '펌프'가 아니라 '고동치는 심장을 지님' 측면에서 보는 것, 혹은 더 분명하게는 '욕망하기' '두려워하기' 측면에서 보는 것이다. 이런 사고는 좀 더 몸 경험 내부로 들어간다. 마지막으로 몸을 '살아 있음' 혹은 '살아 있음을 인식하고 있음'으로 사고하는 것은 마침내 감응력의 몸 경험 안에 있게 되는 것이다. 이제 이 가장 내부에 있는 현상을 살펴보려고 한다. 아래에서는 '살아 있음' 혹은 '살아 있음을 인식하고 있음'이 매우 한정된 의미에서 사물 세계로 투사됨을 보인다.

옛날 미신이나 종교에서 그랬듯, 바위, 강, 조각상, 신의 모습을 담은 그림 등 감응력이 없는 사물이 마치 감응력이 있는 듯 이야기될 때가 있다. 또는 감응력을 지니고 말하는 능력이 있는 것처럼 이야기될 때가 있다. 이런 믿음을 '애니미즘animism'이라고 한다. 또 애니미즘에서와 마찬가지로 시인이나 화가가 사물에 생명을 부여할 때, 이 행위는 '감정 부여의 오류pathetic fallacy'*라고 불린다. 사물에 생명을 부여하는 현상을 실수나 오류로 일축한다면 거기에 드러나는 창조에 관한 중요 사실들을 놓칠 수 있다. 이 점은 앞으로 서서히 분명해질 것이다. 시인과 고대의 몽상가들이 자신의 '살아 있음'을 살아 있지 않은 것들로 투사하는 습관은 창조가 수행하는 기본 작업이 무엇인지 시사한다. 그것은 바로 **살아 있음의 투사가 일어나도록 하는 것**이다. 다시 말해 시인은 자력으로 움직이지 못하는 외부 세계가 마치 감응력으로 인식하는 시인 자신의 능력을 지니는 것처럼 가장한다. 또는 외부 세계가 그 능력을 지니길 바란다. 반면 문명은 외부 세계가 정말로 그 능력을 지니게 되도록 작업한다. 시에서는 허구로 인지될 수 있는 것들이 문명 안에서는 허구로 인지될 수 없다. 문명 안에서는 그것들이 이미 사실이 되었기 때문이다.

　애니미즘적 사고방식이 시적인 지각 형태나 신화적 지각 형태에서만 나타나는 것이 아님을 짚고 넘어가야겠다. 인공물을 가까이서 유심히 지켜보면, 인공물에 생명이 있지는 않지만 또 생명이 전혀 없지는 않은 것 같다는 느낌을 누구라도 받을 것이다. 마르크스는 《자본론》에서 '애니미즘'과 '물신 숭배'에 주기적일 정도로 빈번히 훌륭하게 비난을 퍼부었다. 그러면서도 경제적 대상을 분석할 때는 그 대상들의 속성을 '살아 있음'의 언어로 설명하고 싶어 했다.[8] 사실 상품, 화폐, 자본의 '살아 있는 듯한' 특성을 인정하는 부분은, 마르크스가 이 특성을 '물신 숭배'나 '실물주의'**로 괄호 쳐버리는 부분보다 훨씬 많다. 아마 《자본론》의 독자라면 누구나 눈치챌 수 있을 것이다. 따라서 우리로서는 마르크스가 반복해서 다음과 같이 말하고 있다고 생각할 수밖에 없다. 그 자신이 다른 모든 부분에서 맞

---

\*　영국 비평가 존 러스킨John Ruskin이 만든 용어로, 무생물에 인간의 감정을 부여하는 표현 방법을 말한다.

\*\*　오직 사물들만이 존재한다는 사상.

고통받는 몸

다고 말한 것을 무시하라고, 그럼으로써 사유하라고 마르크스는 말하고 있는지도 모른다. 마르크스가 물신 숭배자라든지 실물주의자라는 뜻이 아니다. 그보다는 마르크스와 실물주의자의 차이가 사물에 생명이 없다는 전자의 주장과 사물에 생명이 있다는 후자의 주장에 있는 것이 아니라, 두 입장이 사물-애니미즘object-animism에서 극단적으로 다른 함의를 찾아낸다는 점에 있다는 뜻이다. 실물주의자는 사물의 '외견상의 살아 있음'을 사물 세계를 숭배하는 근거로 취한다. 반면 마르크스는 사물의 외견상의 살아 있음을, 그 살아 있다는 속성이 투사되어 나온 인간 원천의 '실제로 살아 있음'을 숭배하는 근거로 취한다. 두 입장이 독자의 머릿속에서 매우 쉽게 혼동될 수 있다는 점을 생각해볼 때, 마르크스는 인공물을 설명하면서 '살아 있음' 용어를 모조리 피할 수도 있었다. 하지만 그러지 않았다. 이 사실은 마르크스가 그럴 수 없었음을, 다시 말해 '살아 있음' 용어를 사용하는 것이 불가피했음을 암시한다. 그가 불가피하게 '살아 있음' 용어를 사용해야 했던 이유는 뒤에서 결국 명확해질 것이다.

뚜렷하게 물신 숭배적인 애니미즘을 보여주는 사례를 여기서 하나 더 제시하고자 한다. 위에서 설명한 지각 습관이 고대에만 있었던 것이 아니고 또 시에서만 나타나는 것도 아니며, 따라서 예민한 감수성이라든지 때로 이야기되듯 낭만적 감상성 때문에 나타나는 것이 아님을 강조하여 짚기 위해서이다. 이제 소개하는 사건은 먼 옛날이 아닌 1976년에 일어났으며, 대단히 반反-시적이다. 브루킹스 연구소Brookings Institute의 연구서 《전쟁을 하지 않는 군대Force Without War》에는 1976년 8월 18일에 일어난 사건 하나가 나온다. "한국의 비무장지대에서 나무 가지치기를 감독하던 미군 장교 두 명이 북한 병사들의 공격을 받아 사망했다." 군사 행동이 잇따랐고 다음과 같은 대응에서 정점에 달했다. "마침내 최초 사건 며칠 후 미군과 남한군으로 구성된 대규모 부대가 비무장지대로 진입하여 문제의 나무를 베어냈다. 그러는 동안 무장 헬리콥터가 상공을 선회하고 B-52 폭격기가 군사분계선 가까이에서 비행했다."[9] 이 사건에서 정교하게 극화된 사물-책임이라는 가정을 법규로 만든다면 다음과 같을 것이다. "인간의 목숨을 빼앗음으로써, 또는 자기 근처에서 인간 목숨을 빼앗는 일이 일어나도록 허용함으로써 가지치기에 저항하는 나무는 더 과격한 가지치기를 통해 사형에 처한다." 이 사건의 양끝에는 두 사람의 죽음과 무력 충돌의 부재가 있다(나무 절단은 무력 충돌을 방지하는 데 아마 일조했을 것이다). 시작과 끝이 이렇지 않았더라면, 대규모 병력, 헬리콥터, B-52 폭격기가 등장하고 장대한 규모로 인간 본연의 원시적인 전제들이 부끄럼 없이 펼쳐지는 이 사건을 그저 재밌게 관람할 수도 있을 것이다. 애니미즘적 충동 때문에 사건이 위와 같이 전개되었음을 보여주기 위해 이 사례를 든 것이 아니다. 그랬다면 애니미즘적 충동을 단지 분별없는 일로 제시하는 데 그칠지도 모른다. 그보다는 애니미즘에 도달하는 경로가 여럿임을 보여주기 위해 위 사례를 소개했다. 사람들은 합리적이지 못한 미신을 거쳐서 애니미즘에 이를 수도 있고, 시가 주는 아름다운 통찰이나 경제적 분석의 엄밀함을 거쳐서 애니미즘에 이를 수도 있다. 또는 군사적 손실에 대응하려는 지략을 거쳐 애니미즘에 이를 수도 있다.

지금 논의에서 우리가 도달하려는 최종 목표는 다음 질문에 정확히 답하는 것이다. 인간이 의지를 담아 재창조한 외부 세계의 무엇 때문에 우리는 그 재창조된 것이 인식하고 있다고, 그리하여 그것 자신의 활동에 책임이 있다고 거듭 느끼게 되는 것일까? 아래에서는 먼저 구약성서로 되돌아간다. 거기서 뚜렷하게 윤곽을 드러내는 애니미즘적 충동의 내적 논리를 살펴본다. 그다음으로는 다른 방식의 정식화인 현대 법률의 사물-책임object-responsibility으로 돌아온다. 구약성서에서와 똑같은 애니미즘적 충동의 내적 논리가 사물-책임에서는 좀 더 친숙한 용어로 표현된다. 이렇게 과거와 현재를 오가면서 위 질문의 답을 명확히 하고자 한다.

4장 3절에서 살펴봤듯 구약성서에 나오는 물질적 사물은 새긴 형상과 무사통과 인공물이라는 두 가지 범주로 나눌 수 있다. 전자는 신에게 몸을 부여했고 후자는 인간에게서 몸을 줄여줬다. 신의 몸이 물질적 인공

고통받는 몸

물로 진입하는 것과 인간의 몸이 물질적 인공물로 진입하는 것은 물론 서로 대칭적인 일이 아니다. 그럼에도 바로 앞 문장에서처럼 마치 대칭적인 양 진술될 수 있다. 인간들은 무사통과 사물의 등장을 열렬히 환영하며 받아들였다. 반면 새긴 형상 사물의 창조를 신이 공공연히 인정한 적은 결코 없으며, 오히려 책망하고 파괴할 때가 많았다. 인간과 신의 대응은 비대칭적이다. 신이 만든 인공물은 인간이 상처를 입어야만 한다는 필요성을 줄여주지만, 인간이 만든 인공물은 신에게 상처를 입히기 때문이다. 즉 신이 만든 인공물과 함께 있을 때 인간은 문자 그대로[10] 고통이 완화되지만, 인간이 만든 인공물이 있을 때 신은 문자 그대로 고통받게 된다.

이렇게 나란히 놓고 보면 인간이 냉혹해 보이기도 하지만 다음과 같은 사실을 생각해보면 그렇지 않다. {신이 고통받기 때문에} 인간 몸 조직은 고통받지 않는다. 또 인간과 신은 창조된 사물의 성격을 협의하는 자율적인 두 행위자가 아니다. 신 자체가 창조된 사물이다. 근원 인공물을 변환시켜 고통받게 하는 것은 상상의 과업 전체에 깔린 핵심 전제를 수행하는 일일 뿐이다. 다시 말해 인간의 모든 창조하기는 감응력상의 사실들을 창조된 인공 영역 위로 분배하고자 한다. 이런 의도는 자비로우며 거의 분명히 영웅적이며 또 어느 경우에나 절대적이다. 이 같은 분배를 통해서만 인간은 감응력의 사적 상태와 감응력 문제 일반을 자신들에게서 덜어낼 수 있다. 창조하기에 담긴 이러한 의도는 인간을 자신의 감응력에서 구출할 수 있는 '신$^{a\,God}$'을 인간이 처음 이해하고 발명했을 때 분명히 존재했다. 이 신은 형이상학적 지시 대상으로 존재하여, 인간 개개인의 감응력 경험을 집단적으로 또는 공통적으로 대상화하여 드러낼 수 있다. 이후 새긴 형상의 도입 안에도 위와 같은 창조하기의 의도가 존재한다. 새긴 형상은 신이라는 투사된 감응력을 증강하여 신이 인간의 감응력을 더욱 공감하면서 보살피도록 한다.

지금 논의는 문명이 만들어낸 모든 인공물의 창조를 다른 방식으로 말할 수 있는 언어를 제공한다. 의자는 마치 의자 자체가 고통을 받는 것 같아야만, 마치 의자가 체중이라는 문제를 자기 내부에서 알고 있는 것 같아야만 체중 문제를 배려하고 제거할 수 있다. 짜서 만든 담요나 단단한 벽은 그 디자인 자체가 체온의 불안정성과 벌거벗었을 때의 위험을 인식하고 있다. 담요나 벽은 체온 불안정이나 벌거벗음이라는 조건에 관한 지식을 자기 안으로 흡수함으로써만, 다시 말해 담요와 벽 자체가 그러한 고충을 겪는 것 같아야만 그 상태들을 인간 몸에서 밖으로 흡수해낼 수 있다. 인간은 유기체의 성장과 부패 앞에서 불편을 느낀다. 이 불편함을 마치 도시가 모래와 돌로 된 매끈한 자기 표면 안으로 합쳐내는 것 같아야만 도시는 인간에게서 그 불편함을 없애줄 수 있다(걷잡을 수 없이 팽창하는 초록 생물들은 몇 번이고 인간을 사막으로 내몰았다. 하지만 이제 현대 도시 안에서 사막이라는 광활한 무기물의 공간을 흉내 낸 곳은 오아시스와 비슷한 휴식 공간들뿐이다). 유기체 앞에서 느끼는 불편함을 도시가 너무도 완전히 제거한 탓에 인간들은 도리어 초록 생물의 세계를 찬양하고 옹호하게 될 수도 있다. 또 자신들 안으로 그 초록빛의 세계를 다시 가져올 수도 있다. 연약한 아스파라거스 줄기를 곁에 놓거나, 안데스산맥의 모습을 숨 막히도록 아름답게 포착한 사진을 붙여두는 것이다. 또 다른 예로는 시계를 들 수 있다. 감응력이 있는 개별 생명체는 자신만의 사적인 신체 리듬에 휩쓸리는 경향이 있다. 이와 동시에 다른 생명체들과 함께 같은 리듬을 타기를 원하는, 절실하고도 좌절되는 욕망을 지닌다. 벽시계나 손목시계에 감응력이 있어서 이 사실을 속속들이 알고 있는 것 같아야만, 개인들은 시계를 사용해 자신의 활동을 조직할 수 있다. 식사를 위해, 교육받기 위해, 치료받기 위해 만나고 모일 수 있다. 모임이 끝나고 난 후 벽시계는 벽으로 돌아갈 수 있으며 손목시계는 손목에서 벗겨질 수 있다. 계속 다른 사람들과 같은 시간에 맞춰 살아야 할 때 느끼는 고충을 시계라는 사물이 인식하고 있으며, 이 같은 인식 또한 (떼었다 붙였다 할 수 있는) 그 디자인 안으로 합쳐냈기 때문이다.

자연적으로 존재하는 외부 세계는 '상처 입을 수 있음'이라는 인간의 속성에 완전히 무지하다. 이 외부 세계가 물론 엄청난 능력을 지니며 대단히 아름답다는 점을 여기서 또 말할 필요는 없을 것이다. 고통에서 면제되어 있으며, 생명이 없고, 인간에게 속하지 않는 자연 세계는 낙뢰, 우박 폭풍, 광견병을 옮기는 박쥐, 천연두 병원균, 얼음 결정으로 자신을 무심하게 현시한다. 인간의 상상은 외부 세계를 재상상하여 외부 세계에서 그러한 면제와 무책임을 박탈한다. 면제와 무책임의 박탈은 외부 세계에 문자 그대로 고통을 주거나 생명을 줘서 이루어지는 것이 아니다. 그보다는 상당히 **문자 그대로 '외부 세계를 창조하기'**를 통해 이루어진다. **마치 외부 세계에 생명이 있으며 외부 세계 자신이 고통을 당하고 있기 때문에 인간의 고통을 잘 알고 있는 것처럼** 만드는 것이다. 홍수의 굉음이 다가와도 물과 바위와 나무는 말이 없고 무관심하다. 하지만 신화 작가가 홍수 이야기를 전할 때 나무에는 공감하면서 말하는 능력이 생긴다. "나도 물이 차오르는 것을 느꼈고 네가 물에 잠기게 될 것을 알았어. 내 가지를 붙잡으렴." 사물-응답 능력object-responsiveness을 바탕으로 하는 신화 작가의 허구는 사물-책임object-responsibility이라는 현실을 예견한다. (즉 인간은 사물이 인간에게 반응하여 작동하길responsive 기대하며, 이 같은 기대는 사물에게 책임이 있다responsible는 사물-책임으로 이어진다.) 나무를 뗏목이나 배로 재창조하는 일은, 몸 밖의 세계를 인간에게 공감하면서 작동하도록 만드는 일이기 때문이다. 나무는 원래 말을 하지 않지만, 뗏목이나 배의 물질화된 디자인을 이루는 모든 선과 세부가 마치 위에서 나무가 한 말을 하고 있는 것처럼 만드는 일이기 때문이다. 무심하던 바위들이 재배열되어 댐이 되는 것도 마찬가지이다. 우리는 이렇게 세계가 인간에게 공감하며 작동하길 기대한다. 그렇다면 한국 비무장지대의 그 나무는 부적절하게도 '가지치기'를 받아들이지 않은 것이다. 길들여지고 문명화되고 개조되고자 하지 않은 것이다. 제대로 된 나무였다면 북한 비행기가 접근하는 소리를 들었을 것이고, 자기 나뭇가지 아래에 있는 사람들을 봤을 것이고, 그래서 보호막 같은 것을 쳤을 것이다. 아니면 최소한 신호라도 보내줬을 것이다.

"그들이 오고 있어. 어서 가, 달려, 서둘러!" 문명화된 나무라면 가지를 레이더 안테나처럼 사용해서 일상적으로 했을 일을 하지 않은 것이다. 이 같은 기대는 인간의 상상만큼이나 오래됐다. '선악을 알게 하는 나무'와 '생명나무'는 바로 **인공의 나무**이다. 에덴동산에 있던 나무가 하와에게 다음처럼 이야기한 적은 없다. "네가 얼마나 겁먹었는지, 얼마나 당황했는지 알겠어. 몸을 지니지 않는 그 앞에서 벌거벗고 드러나 있다고 느끼겠지. 네가 여기 내 나뭇가지 속에 숨어 있는 것처럼 나뭇잎으로 몸을 가리는 게 어때." 그렇다고 해도, 하와가 나무를 개조하여 나뭇잎으로 된 앞치마를 만들었을 때 그녀는 수풀을 재구조화하여 물질화된 공감의 구조물로 만든 것이다.

창조가 '살아 있음을 인식하고 있음'을 투사하는 것이라는 주장은 이렇듯 말 그대로이다. 물질적·언어적 인공물은 살아 있거나 감응력이 있거나 지각력percipience이 있는 생명체가 아니며, 그래서 인공물 자체는 불편을 경험하지도 못하며 사람들이 느끼는 불편을 인지하지도 못한다. 하지만 인공물이 고통을 감응력으로 인식하지 못한다고 해도, 인공물은 본질상 그 **'감응력상의 인식'**을 대상화한 것이다. 인공물 자체는 그처럼 지각하는 행위를 할 수 없지만, 인공물의 디자인이나 구조가 바로 **지각한 것의 구조**structure of a perception이다. 앞 장에서 빈번히 등장한 의자를 예로 들어 투사를 몸 부위 측면에서 정식화해본다면, 의자는 척추를 모방한 것이다. 또 투사를 신체 속성 측면에서 정식화해본다면, 의자는 체중(의 흐름)을 모방한 것이다. 끝으로 가장 정확하게 말하자면, 의자는 '감응력상의 인식'을 모방한 것이다. 이에 관해서는 아래에서 더 자세히 살펴보자.

고통받는 누군가를 보고 있는 한 사람을 상상해보자. 이 사람은 고통받는 이가 느끼는 불편을 지각하며, 동시에 그가 불편에서 벗어나길 바란다. 매우 짧은 순간에 이 사람의 뇌 속에서 수많은 뉴런의 복잡한 활동을 비롯해 무언가가 일어난다. 이 무언가는 타인의 고통이 실재함을 지각한 것일 뿐 아니라 그 실재를 변환한 것이기도 하다. 그 지각에는 지금 상황이 이렇다는 슬픔과 함께 상황이 이렇지 않았으면 하는 바람이 내재해 있기 때문이다. 내부에서 일어나는 이 사건이 '고통을 보기 그리고 그 고통이 사라지길 바라기'처럼 접속사를 사용하여 이원적으로 표현될 수밖에 없다고 하더라도, 그것은 하나의 사건이다. 이 지각력상의 사건에는 고통의 현실과 상상하기의 비현실이 이미 뒤섞여 있다. 한쪽 없이 다른 한쪽만 발생할 수는 없다. 고통받는 타인을 보는 사람이 고통을 지각하지 못한다면 고통이 사라지도록 바라지도 않을 것이다. 반대로, 고통이 사라지길 바라지 않는다면 그 고통 자체를 지각한 것이 아니다. 이 순간 그는 자기 몸은 아프지 않다는 것을 느끼거나 고통받는 사람을 돌봐야 한다는 사실에 반발심을 느끼는 등 다른 무언가를 경험하고 있을 수 있지만, 상대가 느끼는 바로 그 고통을 지각하고 있지는 않다. 고통은 본성상 '견디기 어렵고 피하고 싶게 만드는 것aversiveness'이기 때문이다. 그래서 의학의 전문적인 정의에서도 '그것을 느끼지 않길 바라지 않고서는 느낄 수 없는 무엇'[11]이 고통이라고 본다. 눈과 뇌 사이의 어디에선가 일어나면서 정신 전체를 동원하는 이 복잡하고 불가사의하며 비가시적인 지각력상의 사건을 가시적으로 만들 수 있다면, 다시 말해 몸 밖으로 끌어내어 외형을 부여할 수 있다면, 그 형상은 바로 의자의 형상이 될 것이다. 또 상황에 따라 전구나 코트가 될 수도 있고, 섭취할 수 있는 형태의 버드나무 껍질(아스피린)이 될 수도 있다. 의자의 형상은 골격의 형상이 아니며, 체중의 형상도 아니고, '지각된-고통'의 형상조차 아니다. 의자의 형상은 '지각함과 동시에 사라지길 바라게 되는 고통perceived-pain-wished-gone'의 형상이다.

따라서 의자는 지각한 것의 구조를 물질화한 것이며, '감응력상의 인식'을 독립된 형태로 물질화한 것이다. 의자를 만드는 **동작**을 하는 사람을 머릿속에 그려보자. 그는 한 곳에 서 있다가, 다른 곳으로 갔다가, 돌아왔다가, 팔을 올렸다가 떨어뜨리고, 무릎을 꿇었다가 일어나고, 다시 무릎을 꿇고, 한쪽 무릎만 꿇고, 몸을 구부리고, 바라보고, 팔을 뻗고, 팔을 움츠린다. 이 모든 동작을 그 사람 앞의 도구나 목재 없이 상상해본다면, 다시 말해 의자를 만드는 사람과 그가 하는 체화된 동작만을 상상해본다면, 우리 앞에 남는 것은 **지각 행위**(다른 이의 불편을 보고 그 불편이 사라지길 바라는 것)**가 아니라 가시적으로 상연되는 지각 행위의 구조**이다. 원래는 의식의 비가시적 측면이었던 것(연민)이 이제 가시적이지만 사라져버리는 동작의 영역으로 번역된다. 지각하는 내적 순간은 의지가 담긴 연속 동작들로 번역된다. 마치 그 동작들이 "사라져라, 몸의 무게여"라는 제목이 붙은 하나의 춤이 되는 일과도 같다. 춤을 추면서 그는 계속 몸을 재조정하고, 그럼으로써 자기 체중을 덜 인식하게 될 수도 있다. 아니면 임신한 아내 앞에서 춤을 춤으로써 염려하는 마음을 표현하고, 그럼으로써 아내가 힘든 몸 안에 홀로 삼켜져 있지 않다고 확신을 주면서 몸의 무게라는 문제를 그녀에게서 다소나마 덜어줄 수도 있다. 어느 경우이든 이 춤은 원래의 지각력 상의 사건이 아니라 소통할 수 있는 형태가 부여된 사건이다.

이제 다시 도구를 그의 손에 놓고 목재를 도구 아래에 놓으면 또 다른 번역이 발생한다. 그가 추는 춤의 동작, 방향, 압력이 도구를 가로질러 아래로 이동한 다음 목재 표면에 기록되는 것이다. 이렇게 두 수준에서 이루어지는 투사는 변환을 일으킨다. 첫 번째 투사는 의식의 비가시적인 측면을 가시적이지만 사라져버리는 동작으로 변환하고, 두 번째 투사는 사라져버리는 동작을 영속하는 물질적 형태로 변환한다. 그렇다면 다음과 같이 말할 수 있다. 노동에서 한 사람은 지각한 것을 춤으로 춘다. 의자에는 '춤추어진-지각ᵃ danced-perception'이 새겨진다.

변환의 각 단계는 시작 지점에 현존했던 인공의 산물을 지속하고 증폭한다. 고통이 사라지길 바람으로써 의식의 내부에서일 뿐이라도 고통은 '개조'된다. 또 외부의 동작을 통해 사적인 바람은 공유할 수 있는 것이 된다. 나아가 이 공유된 바람은 마침내 인공물에서 실현된다. 연이은 재창조에서 연민 자체도 재창조되면서 더욱 강력해진다. 처음에는 단지 소극적으로 원하기만 했던 무엇이 결국 실제가 된다. 의자가 '성공적인' 사물이라면 체중 때문에 생기는 불편을 춤보다 훨씬 더 적절히 덜어줄 것이다.

고통받는 몸

또는 연민을 언어로 표현한 것보다 훨씬 더 적절히 덜어줄 것이다. 의자가 불편을 덜어주는 정도가 지각한 것을 표현하는 춤과 같은 정도라고 하더라도, 의자에 선행하는 춤에 비해 의자에는 도드라지는 이점 두 가지가 있다. 첫째, 의자는 남자가 춘 춤을 기념하며 시간이 지나도 영속한다. 의자가 내는 것과 똑같은 결과물을 내려면 춤은 매일 반복되어야 할 것이고, 따라서 남자는 고통을 나누는 노동을 견디기에 괴로운 강도로 중단 없이 계속해야만 하며, 그렇기 때문에 고통 자체를 줄이기보다는 재분배하기만 할 것이다. 이 말은 살아 있는 인간의 배려와 독립된 인공물이 서로 불화한다는 뜻이 아니다. 다시 말해 '감응력상의 적극적 연민'과 '계속 효과를 발휘하도록 만든 연민'이 서로 불화한다는 뜻이 아니다. 또 배려심 많은 사람과 함께 있기와 사물과 함께 있기 중에 선택해야 한다는 뜻도 절대 아니다. 인공물의 존재는 인간들이 함께할 수 있는 일의 범위를 넓혀줄 뿐이다. 즉 그녀가 겪는 체중 문제에서 두 사람 모두 자유로워질 때 이들은 끝없이 많은 다른 관심사를 공유하고 다른 고통을 제거하기 위해 노력할 수 있다. 그러면서 점점 더 고통보다는 세계-짓기의 즐거움이 그들의 관계를 묶어준다.

말이나 동작을 통해 연민을 표현하는 것에 비해 의자에는 다음과 같은 두 번째 이점이 있다. 위 여성 곁에는 잘 공감하는 친구가 운 좋게도 있을 수 있고, 무심한 친구가 있을 수도 있다. 또 어쩌면 그녀가 아프기를 바라는 사람이 있을 수도 있다. 하지만 일단 의자가 존재하게 되면 그녀는 세계 안에 함께 거주하는 다른 인간의 선의에 의존하지 않고도 자기 문제를 덜 수 있다. 물질적 사물을 사람들 일반에게 분배한다는 것은 대상화된 인간의 연민 중 **최소한의** 수준을 외부 세계의 일부로 만들어서 외부 세계의 구조를 수정한다는 뜻이다. 또 이 최소한의 연민이 세계 안에 함께 거주하는 다른 이들의 관대함에 더는 달려 있지 않게 된다는 뜻이다(사람들이 관대할 것을 법제화해서 강요할 수는 없다). 이런 이유로, 독재자나 기타 독선적인 인간들이 권력을 잡은 후 처음으로 하는 일은 물질적으로 풍부한 세계를 삭막하도록 텅 빈 세계로 바꾸는 것일 때가 많다(물질적으로 풍부한 세계에는 타인의 기본적인 안락함을 바라는 익명의 인간들의 마음이 담겨 있다. 물질적으로 풍부한 세계가 사라질 때 이런 바람도 함께 사라진다). 잉마르 베리만의 영화가 자주 보여주는 이 텅 빈 세계에서는 독재자가 변덕을 부릴 때마다 '안락함'의 기준이 달라진다.[12] 칠레 독재정권하, 수감된 어느 여성이 외국에서 몰래 들여보낸 하얀 면 손수건을 애지중지했던 것도 같은 이유 때문이다. 손수건을 비롯해 사물의 제작 자체에 담긴 인간들의 집단적인 인사를 그녀가 알아본 것이다.[13] 국제적십자사가 벌인 은밀한 활동을 통해 어느 날 들어온 일인용 담요나 말끔하게 칠한 흰색 벽을 고문당한 죄수들이 언급할 때가 많다. 이들은 일견 당혹스러울 정도로 크게 감사하다는 표현을 하기도 한다. 위 손수건의 경우와 마찬가지로 이들이 담요나 벽이라는 사물 안에 담긴 인간들의 인사를 알아보았기 때문이다.[14] 일상에서 친구가 손수 만들어준 사물은 거의 보편적으로 대단히 소중하게 여겨진다. 신기할 것 없는 일이다. 그 사물이 지니는 물질적 속성들 자체가 만든 사람이 품고 있는 오직 한 사람만을 향한 내부의 감정을, 배타적이기 때문에 특별하며 매우 개인적인 감정을 기록하고 기념하기 때문이다. 이런 사물은 전한다. "이건 널 위한 거야." 그러나 익명적이고 대량생산된 사물도 마찬가지이다. 집단적인 메시지이지만 똑같이 특별한 메시지를 담고 있다. "당신이 누구든, 내가 당신을 개인적으로 좋아하든 아니든, 내가 당신을 알고 있든 아니든, 대단치 않을 수도 있지만 이 물건을 씀으로써 건강히 잘 지낼 수 있길 바랍니다." 그렇다면 사물의 영역 안에서 '아무나를 위해 만든 사물'이 '누군가를 위해 만든 사물'과 맺는 관계는, 인간의 영역 안에서 카리타스caritas가 에로스eros와 맺는 관계와 같다. 갇혀 있는 극단적인 상황에 처한 이에게 가닿든, 일상 속 평화롭고 평범한 상황에 있는 이에게 가닿든, 손수건, 담요, 흰색 페인트 한 통은 안녕하길 바라는 소망을 담고 있다. "울지 마요" "몸을 따뜻하게 해요" "봐요, 몇 분만 있으면 이 숨 막히는 벽이 좀 더 널찍하게 보이게 될 거예요."

　　　　　　　　　　　　　　　　　　　　　　　고통받는 몸

구약성서는 인공물이 인간의 몸과 신의 몸이 만나는 장소라고 설명한다. 세속적 사고를 하는 사람들에게는 생경하게 들릴지도 모른다. 하지만 인공물은 육체적 고통이라는 사실(우리의 몸들)과 반反사실적 바람(우리의 신들)이 합쳐져서 투사된 것이며, 그렇기에 인공물이 인간의 몸과 신의 몸이 만나는 장소라고 정식화할 수 있다. 인공물 자체가 반사실적 소망의 '실제가 아님unrealness'을 실제이도록 만듦으로써(체화함으로써) 고통의 '실제임realness'을 실제가 아니도록 만든다.* 인간은 매일 3분의 1가량을 암흑 속에서 더듬거리며 보내야 하는 생물체이지만, 전구는 인간을 원하기만 하면 볼 수 있는 생물체로 변환한다. 깨지기 쉬운 우윳빛의 전구알은 그보다도 더 연약한, 위로 솟아올랐다가 구불구불 이어지는 금속선인 필라멘트를 보호하려는 듯 주위를 둥글게 감싼다. 이런 전구는 망막이나 동공을 물질화한 것도 아니고 낮 동안의 보기seeing나 밤 동안의 보기를 물질화한 것도 아니다. 전구는 인간 시각이 지구 자전 리듬에 따라 바뀐다는 사실에 반대되는, 반사실적 지각을 물질화한 것이다. 따라서 전구의 형태가 그리도 아름다운 것은 놀라운 일이 아니다. 전구를 이미 앞에서 많이 나열한 예 사이에 또 끼어 넣을 필요는 없을 것이지만, 전구의 사례에는 특별한 점이 있다. 문제를 다시 사고해서 해결책을 내는 순간을 표현하고자 할 때 우리는 전구를 인간 머리 안으로 집어넣은 그림을 그린다. 널리 공유되는 이 관행에서 공공연하게 드러나는 것은, 인공물이 지각을 물질화한 것임을 우리가 의식하고 있다는 점이다. 전구는 반사실적 지각을 물질적으로 투사한 **사례 하나**일 뿐이지만, 이제는 도상학적으로 전구가 원래 있던 위치인 머리 안으로 돌아가며 거기서 문제 해결이라는 **일반적인** 사건을 상징한다. 이와 똑같은 현상이 훨씬 소규모로 나타나기도 한다. 예를 들어 예술가들은 살아 있는 인간 몸에서 일어난 표현하기 어려운 사건을 표현하고자 할 때 인간 내부로 인공물을 재삽입하곤 한다. 미겔 아스투리아

---

\* '반反사실적counterfactual'이라는 용어 설명은 37쪽의 옮긴이 주를 참조하라.

스<sup>Miguel Asturias</sup>의 작품 속 한 남자는 "그의 심장이라는 피리"가 멈추자 죽는다.[15] 작가는 '펌프'라는 말 대신 피리라는 말을 사용할 수밖에 없었을 것이다. 펌프라면 피리처럼 그렇게 쉽게 멈추지 않을 것이기 때문이다. 비슷하게, 찰스 디킨스<sup>Charles Dickens</sup>의 작품에서 마지막 순간에 이른 몸은 몸 내부에 짐마차(또 다른 작품에서는 빨래 짜는 기계)를 담고 있는 것으로 그려진다. 여기서 짐마차의 힘겨운 움직임은 숨 쉬고 작동하고 펌프질하고 계속 살아 있기 위해 애쓰는, 죽어가는 몸의 고되고 진 빠지는 노력을 대상화한다.[16] 이 같은 사물들은 단순히 몸 부위를 모방하는 것이 아니라 지각력상의 인식을 모방한다. 아스투리아스와 디킨스가 독자의 연민을 끌어내고자 하는 순간에 위 사물들을 몸 안으로 되돌려 보내는 이유는 그 사물들 자체가 이미 연민을 품고 있기 때문이다.

외부 사물이 지각력을 모방한다는 것을 이처럼 우리는 인지하고 있으며, 이 사실을 공공연히 선언한다는 점에서 위 사례들은 예외적이다. 이 사실이 간접적으로, 또 뒤집혀서 나타날 때가 더 흔하다. 우리가 지각력 모방 작업을 성공적으로 수행하는 사물을 공공연히 칭송하기보다는 모방 수행에 실패하는 사물을 비난하고 깎아내리고 '처벌'할 때가 더 많다는 것이다. 우리는 **'사물이 인식하고 있음**<sup>object-awareness</sup>**'을 규범으로 여기며, '사물이 인식하고 있지 못함**<sup>object-unawareness</sup>**'을 비정상적이고 받아들일 수 없다고 여긴다.** 이 습관은 사물을 향한 우리의 기대가 얼마나 뿌리 깊은지를, 공공연한 칭송이 보여줄 수 있는 것보다 더 잘 보여준다. 우리의 기대는 여러 모습으로 나타나지만 특히 법률에서 가장 명확하게 나타난다.

플라톤<sup>Plato</sup>의 《법률<sup>Laws</sup>》에서 '살인에 관한 법' 부분은 살인죄 선고를 받은 사람을 사형에 처해야 한다는 주장으로 시작한다. 살인자의 시체는 도시 밖으로 옮겨서 돌팔매질을 한 다음 국경지역으로 내가야 한다(873).[17] 이와 똑같은 절차가 동물로도 확장된다. 사람을 죽인 죄를 선고받은 동물은 "죽인 다음 국경 밖에 버려야 한다"(873e). 그리고 다시 같은 행위가 생명이 없는 사물로도 확장된다.

고통받는 몸

무생물이 사람의 목숨을 빼앗으면, 가령 물체가 떨어져서 사람을 죽이거나 물체에 부딪혀서 사람이 죽으면 이 물체는 이웃들의 판결을 받아야 한다(번개 등 신이 내리는 징벌은 예외로 한다). 망자의 가장 가까운 가족원이 판결을 위해 이웃들을 초청해야 하며, 그럼으로써 이 가족원 본인과 가족 전체가 책임에서 면제된다. 유죄판결을 받은 사물은 국경 밖으로 던져버려야 한다. 사람을 죽인 짐승[또한 사람]의 경우와 마찬가지이다(873e, 874a).

위 법규에서 지금 논의와 연관이 있는 두 가지 지점을 읽어낼 수 있다. 첫째, 플라톤은 "번개 등 신이 내리는 징벌은 예외로 한다"면서 특정 사물을 제외하는데, 이는 "문명이 닿는 곳 너머에 있는, 자연적으로 주어진 세계의 측면들은 예외로 한다"는 뜻일 수 있다. "번개 등 신이 내리는 징벌"이 특권을 지니는 이유는 신의 징벌로서 인간에게 해를 입힌 사물을 처벌할 수 없기 때문이 아니다(이런 사물들을 처벌할 수 없다는 건 당연하다. 번개를 국경 너머로 데리고 갈 수는 없다). 그보다는, 외부 세계의 측면 대부분과는 달리 이런 사물들은 인간의 상상을 통해 재사고되어 개조될 수 없고, 따라서 다시 외부 세계의 측면 대부분과는 달리 인체 조직에 무지하다고 해도 책임을 지울 수 없으며 인체 조직에 해를 가해도 책임을 지울 수 없기 때문이다. 처벌할 수 없다는 것은 이 사물들을 재구축할 수 없다는 더 포괄적 사실을 나타낼 뿐이다. 처벌할 수 없다는 것은 이 사물들이 개심하고 뉘우치지 않는다는 뜻이며, 재구축할 수 없다는 것은 더 넓은 의미에서도 개심하고 뉘우치지 않는다는 뜻이다. 둘째, 위 법규의 순서는 인간, 짐승, 사물 순으로 이어진다. 즉 플라톤은 인간 동물과 기타 동물이라는 살아 있는 존재가 책임질 것을 기대하며, 이런 기대는 마지막에야 살아 있지 않은 존재의 영역으로 넘어간다. 이 점 때문에 책임을 지는 주체에 사물이 포함되지 않아야 한다는 주장이 나올 수도 있다. 그렇다면 플라톤이 똑같은 의견을 반대 순서로 제시했다면 어땠을지 한번 생각해보자. 반대 순서로 제시할 때 위 법규는 다음과 같을 것이다.

문명 안에서, 생명이 없는 외부 세계는 재상상되어서 책임을 부여받는다. 마치 감응력상의 인식을 지니는 듯이 존재해야 하는 책임이다. 따라서 인간에게 치명적인 부상을 입힘으로써 자신이 감응력으로 인식하고 있지 못함을 드러낸 사물은 문명 안에 계속 거주하도록 허용되지 않을 것이며 변경으로 쫓겨나야 한다. 여기서 감응력으로 인식하고 있지 못함을 드러냈다는 것은 자신이 생명 없는 사물임을 선언했다는 뜻이다. 혹은 '사물의 어리석음object stupidity'을 선언했다는 뜻이다. 나아가 감응력이 있는 동물이 똑같이 사물의 어리석음을 보여서 누군가를 죽인다면, 이 동물은 감응력을 박탈당하고(이 동물의 죄는 바로 감응력이 없다는 것이다) 문명에서 제거되어야 한다. 마지막으로 인간이 사물의 어리석음을 보이는 경우는 있을 법하지 않지만, 그럼에도 이런 일이 일어난다면 유죄판결을 받은 사람은 마찬가지로 감응력이 박탈되고 문명에서 제거되어야 한다.

이 책 1장에 나왔던 '어리석음'이라는 말을 다시 생각해보자. '어리석음'은 다른 사람을 일부러 해치는 이들을 향한 경멸을 수사적으로 표현하는 용어가 아니라 기술하는descriptive 용어였다. 이 용어는 '감응력이 없음' '감응력으로 인식하지 못함', 가장 정확하게는 '다른 사람의 감응력을 감각하지 못함'을 뜻했다. 이러한 '다른 사람의 감응력을 감각하지 못함'은 다른 사람을 해치는 행위 안에 명백하게 현존한다. 살아 있음 같은 최대한의 기대는 인간에서 시작하며, 이후 사물로 확장될 수 있다. 반면 최소한의 기대는 사물에서 시작하며, 이후 인간으로 확장될 수 있다. 플라톤이 논하는 법규의 순서가 뒤집힐 수 있는 것은, 문명이 명하는 살인 금지 아

고통받는 몸

래 깔려 있는 논리가 매우 현실적인 이유로 사물에서 시작하여 인간으로 진행해가기 때문이다. 즉 사람을 죽이지 말라는 가장 **최소한의** 기대를 생명이 있어 보일 뿐인 생명 없는 세계에도 요구할 수 있다면, 너무나 합리적이게도 이 최소한의 기대를 실제로 살아 있는 것들(짐승)과 최종적으로는 인간들 자신에게도 요구할 수 있다. 문명이 사물에게 사물처럼 행동하지 말라고 요청할 수 있다면 당연히 사람에게도 사물처럼 행동하지 말라고 요청할 수 있다는 것이다.

올리버 웬델 홈즈Oliver Wendell Holmes가 쓴 《보통법The Common Law》에서 첫 번째 강의는 법적 책임liability을 다룬다. 이 강의에서 홈즈는 미국과 영국의 법 절차에서 나타나는 사물-책임responsibility 가정을 살펴보며, 독일과 로마법에서의 선례도 언급한다. "사람이 나무에서 떨어져 죽으면 그 나무는 속죄물deodand*이 된다. 사람이 우물에 빠져 죽으면 그 우물은 메워져야 한다."[18] 사례들을 살피면서 홈즈는 사물에 '운동'이라는 속성이 있을 때 애니미즘적 충동이 특히 더 도드라지는 경향이 있음에 주목한다. 운동은 움직이는 수레, 무너지는 집 등 끝없이 많은 사물에 나타나지만 특히 선박의 특징이다. 배는 "생명이 없는 물체 중 가장 살아 있다"고 간주된다. 그리하여 홈즈에 따르자면, 배가 이처럼 '살아 있다'는 가정을 해사법海事法의 핵심으로 인식하지 않는 한 해사법의 복잡성과 명백한 모순들을 해독하기가 불가능할 정도이다. "배에 인격이 부여된 듯이 다룸으로써만 임의적으로 보이는 해사법의 특이한 면들을 이해할 수 있다. 배에 인격이 있다는 가정을 하면 그 특이한 면들은 즉시 일관되고 논리적인 것이 된다."[19]

《보통법》 첫 번째 강의의 전체 목표는, 형법과 불법행위법에서 나타나는 법적 책임이라는 개념이 도덕적 충동에서 유래한다는 점을 보이는 것이다. 또 이 개념이 도덕적 기준을 불러낸다는 점을 보이는 것이다. 단

---

\* 1846년까지 영국법에 존재했던 제도. 사람의 죽음을 초래한 물건이나 동물은 '속죄물'이 되어 국왕에게 몰수된다.

법적 책임이라는 개념은 현대에 들어오면서 변화해서, 예전에는 명백하게 도덕과 관련된 용어로 설명되었지만 지금은 좀 더 "외적이거나 객관적인" 용어를 사용하여 다르게 표현된다.[20] 예를 들어 현대의 손해배상청구 소송에서 사물-책임 가정은 소유자-책임[owner-responsibility]이나 제조자-책임[manufacturer-responsibility]이라는 관점에서 나타나지만, 원래는 사물 자체가 비난 받았다. 이 같은 '사물에게 책임 돌리기'를 '소유자에게 책임 돌리기'로 가는 지름길로 보거나 '소유자에게 책임 돌리기'를 대체하는 것으로 볼 수는 없다. 홈즈는 이런 해석을 명백하게 거부하는 법원 판결들을 인용한다. 일례로 미연방 대법원장 마셜[John Marshall]은 말한다. "이 소송은 선박 소유자에 대한 것이 아니라, 해당 선박이 저지른 범죄 때문에 시작된, 그 선박에 대한 소송이다."[21] 예전에 존재한 '사물에게 책임 돌리기'를 소유자에게 제재를 가하는 방식으로 볼 수 있듯, 현대에 나타난 '소유자에게 책임 돌리기'를 사물에 제재를 가하는 방식으로 볼 수도 있을 것이다. 또한 현대의 소송에서 목표는 보상이지만, 예전에는 복수였다. 홈즈는 죽음이나 고통을 일으킨 외부 세계의 일부에 복수를 하는 것이 예전의 소송 목표였음을 여러 역사적 사례를 끌어와서 보인다.

복수라는 심리적·도덕적 현상을 여기서 조금 더 설명해야겠다. 이 현상을 밝히는 일은 홈즈가 말하는 바가 무엇인지 명확히 하는 데 큰 도움이 되기도 하지만, 한편으로 지금 부분에서 주장하는 바를 불분명하게 만들 수도 있기 때문이다. 손해배상청구 소송은 보통 누군가가 살해당하거나 장애를 입거나 오랫동안 고통받았을 때 제기된다. 반면 복수하려는 충동은 약간만 다쳤을 때도 나타나며, 이 같은 복수 충동이 우리에게 더 친숙하다. 즉 복수 충동은 "우리에게 고통을 주는 모든 것을 향한 증오, 원인 제공을 한 무언가에 퍼붓게 되는 증오, 교양 있는 사람조차 자기 손가락을 끼게 만든 문을 차버리고 싶게 하는 증오"[22]에서 나타난다. 복수 어휘의 문제는 오해를 낳을 수 있다는 것이다. 즉 다친 사람이 오직 다치는 그 순간에만, 감응력상의 인식을 자신을 다치게 만든 사물로 투사한다고

고통받는 몸

오해하게 할 수 있다. 또 애니미즘적인 행위가 복수 행위 내부에서 생겨나고 복수 행위를 통해서 외부로 나오게 된다고 오해하게 할 수 있다. 문에 낀 사람은 즉각 그 문에 살아 있음을 투사한다. 문을 걷어차면 자신이 문에 끼여 고통을 당한 만큼 문도 고통을 당할 거라고 가정하는 것이다. 하지만 이 복수 행위 자체는 애니미즘이라는 선행하는 가정을 기반으로 하며, 따라서 훨씬 더 넓은 틀 안에서 이 복수 행위를 봐야 한다. 사물이 우리를 다치게 하는 예외적인 순간에 우리가 사물에게 하는 행동을 우리가 사물과 맺는 평상시의 관계라는 맥락에서 살펴봐야 한다는 것이다. 사물은 '감응력상의 인식'을 모방하며, 이 상태가 일상에서 계속되는 표준적 상태이다. 예를 들어 의자는 일상적으로 체중 문제를 완화한다. 사물이 감응력상의 인식을 충분히 모방하지 못할 때 사물은 버려진다. 다시 말해 의자가 체중 문제를 제대로 완화하지 못한다면, 즉 불편하다면 그 의자는 사용되지 않을 것이다(여기서 '의자가 불편하다the chair is uncomfortable'는 말은 '의자에 앉은 사람이 불편하다'는 말을 하기 위한 애니미즘적 표현이다). 이제 또 다른 가장 변칙적인 경우를 보자. 이 경우에는 사물이 감응력 문제를 제거하지 못하거나 감응력 문제를 제거하는 데 소극적으로만 실패하는 것이 아니라, 상처를 입혀서 감응력 문제를 실제로 증폭한다. 의자 다리가 체중을 지탱하다가 갑자기 부러져서 사람이 다칠 때가 그렇다. 이 의자가 내보이는 사물의 어리석음이 의자 붕괴를 목격하는 모든 이를 놀라게 하고 분노하게 하는 이유는, 평상시의 의자에는 그러한 사물의 어리석음이 전혀 없었기 때문이다. 사실 여기서 주목해야 할 점은 다음과 같은 사실이다. 의자에 앉아 있다가 다친 사람은 조금 전 의자가 자신에게 가한 아픔을 의자도 느끼게 만들 수 있다는 듯 의자라는 사물의 조각을 집어 벽에 내던진다. 이때 그는 바로 직전 순간의 맥락에서보다는 통상적인 상황의 맥락과 이어지는 행동을 하고 있는 것이다. 다시 말해 의자가 사물-부주의함object-obliviousness을 드러낸 순간의 맥락이 아니라, 의자가 감응력상의 인식을 모방한 속성들을 분명히 지니고 있었던 상황의 맥락에서 행동하고 있다.

그러므로 복수하는 순간이 애니미즘을 일으킨다기보다는 이미 계속되어온 애니미즘적인 가정이 복수하는 순간에 극적으로 표현될 뿐이다. 사람을 끼게 만든 문은 열에 아홉 번은(문을 사용하는 사람이 문을 여는 데 능숙하다면, 1000번 중 999번은) 마치 지각력으로 인식하고 있는 듯이 행동해왔다. '인간은 견고한 벽으로 보호받아야 하는 동시에 견고한 벽 사이를 마음대로 걸어 다닐 수도 있어야 한다'는 인식을 물질적으로 기록한 것이 문의 디자인이기 때문이다. 바로 이 사실이 이루는 더 큰 틀 안에서 홈즈가 제시한, 사람을 끼게 한 문과 문을 걷어차는 사람 간에 일어나는 복수의 드라마를 봐야 한다. 문은 벽이었다가 벽이 아니게 되는 두 상태를 오가며 자신을 변환할 수 있는 것처럼 보인다. 그뿐만 아니라 더 놀랍게는, 특정 순간에 인간이 문에게 원하는 상태가 두 상태 중 어느 것인지 이해할 수 있는 것처럼 보인다. 인간이 원하는 바를 문이 인지하는 데는 인간의 구구절절한 설명이 필요치 않다. 최소한의 신호만 있으면 된다. 인간이 손목을 돌리기만 하면 된다는 것이다. 손에 장바구니를 든 사람들이 많은 장소처럼 인간이 손목을 돌리는 신호를 보낼 수 없을 것으로 예상되는 장소에 설치된 문에는 그 간단한 소통 형태조차 필요치 않을 수도 있다. 문은 사람이 자신을 향해 걸어오고 있다는 것을 그저 '알아차림'으로써 문이 사라지길 그 사람이 바란다는 것을 '감지할' 수 있다.

'사물이 인식하고 있음'은 수용되고 기대되나 딱히 칭송받지는 않는 문명의 조건이다. 반면 '사물이 인식하고 있지 못함'은 예외적이며 받아들일 수 없는 조건이다. 이 점을 여기서 강조하는 이유는 법적 소송에 사물이 등장할 때는 언제나 통상적이지 않은 조건에서만이라는 점을 기억하기 위해서이다. 놋쇠 손잡이가 달린 문이 마법처럼 보일 정도로 때맞춰 자신을 여닫아서 인간의 감응력에 민감해 보인다면, 이 문은 절대 법정에 나오지 않을 것이다. 인간의 감응력에 완벽히 민감하지는 못한 문, 가령 비가 오기만 하면 바람에 활짝 열리는 문은 법정에 나오지는 않겠지만, 사람들은 그 문을 번거로워하며 사용하거나 수리하거나 교체할 것이다. 사람

고통받는 몸

을 문에 끼게 해서 패혈증을 일으키거나 세 살짜리 아이를 위험한 보일러 실로 걸어 들어가도록 놔둔 문만이 법정에 나온다. 법정에서 배심원단은 문이 그보다는 **더 잘 알고 있어야 했다**고, 아니면 제조사가 그보다는 **더 잘 알고 있는** 사물이도록 문을 만들었어야 했다고 평결을 내릴 수도 있다. 인공물을 향한 우리의 문화적 기대는 플라톤의 글에서처럼 법조문의 표현에서 나타나고, 홈즈의 글처럼 이런 법조문의 기저에 깔려있는 도덕 심리학을 철학적으로 숙고한 글에서 더 뚜렷하게 나타난다. 하지만 우리의 기대가 가장 뚜렷하게 드러나는 곳은 제조물 책임product liability 재판의 구조 자체이다. 제조물 책임 재판은 세 가지 주요 속성을 특징으로 한다. {첫 번째는 사고 경로이며, 두 번째는 상해를 입은 사람, 세 번째는 상해를 입힌 사물이다.} 그중 세 번째가 지금 논의에서 가장 중요하다.[23]

　　제조물 책임 재판이 포괄하는 주제는 때로 놀라울 정도로 광범위하지만, 그 다양한 주제는 결국 원고原告의 세계 전체를 정상에서 비정상으로 바꿔놓은 활동, 즉 사고 경로, 혹은 사건 발생 순서를 핵심 구조로 해서 조직된다. 다음 예는 제조물 책임 재판의 첫 번째 속성인 사건 발생 순서를 보여준다. 식료품 창고로 쓰이는 공간이 붙어 있는 주방이 있다. 주방 안에 한 남자가 서 있고 열한 살짜리 여자아이는 주방에 앉아 있다. 남자가 싱크대에서 가스레인지로 걸어가서, 불을 키려 하고, 실패하고, 다시 불을 키려 하고, 그러고는 폭발이 일어난다(포레스타 대 필라델피아 가스 사업 재판Foresta v. Philadelphia Gas Works [24] 내내 울려 퍼졌던 남자의 시칠리아식 영어로는, '엑스쁠로지온explosione'이 일어난다). 아리스토텔레스는 플롯이 극劇의 정수라고 했다. 위 남자가 한 연속된 행동은 극에서 플롯이 차지하는 위치만큼이나 구조상 핵심적이라고 할 수도 있을 것이다. 이 지적은 정확하지만, 연극과 재판은 아래와 같은 측면들에서 중요한 차이가 있다.[25]

　　연극 상연 시간(가령 3시간)은 그 안에서 재현되는 활동의 지속 시간보다 훨씬 짧다. 플롯은 수년에 걸쳐 진행될 수도 있으며 보통 24시간보다 긴 편이다. 반면 재판 지속 시간은 그 안에서 재현되는 활동보다 훨씬 길어서 며칠에서 몇 주까지 계속된다. 위에 나온 남자의 행동이 현실에서 지속된 시간은 약 45초였다. 일반적인 '제조물 책임' 소송에서 다루는 사건은 보통 15초에서 90초 사이에 일어나는 행동을 포함할 때가 많다. 상대적으로 짧은 연극에 상대적으로 긴 이야기가 담기지만 극과 이야기는 서로 상응한다. 즉《오이디푸스 왕》의 플롯은 그 연극이 시작하고 끝나는 시점에 똑같이 시작하고 끝난다. 상대적으로 긴 재판과 상대적으로 짧은 그 안의 이야기도 이와 비슷하게 서로 상응한다. 즉 '사건 경로'는 재판이 시작하는 날부터 끝나는 날까지 계속 재판 안에 현존한다. 하지만 사건 경로는 연극의 플롯처럼 단 한 번만 이야기되지는 않는다. 10번, 40번, 200번까지 다시 이야기되며, 때로는 사건 경로의 45초 전체가 다시 이야기되고, 또 때로는 그중 10초나 5초의 시간만 다시 이야기된다. 원고 측 변호인은 모두冒頭 변론에서 사건 경로를 어떤 형태로든 들여온다. {재판이 진행되면서} 양측 변호인이나 어느 한 측의 변호인이 원고 중 한 명에게 사건 이야기 전체를 말해달라고 요청할 수도 있다. 또 나중에 피고 측 변호사는 이렇게 질문할 수도 있다. "포레스타 씨, 처음 가스레인지를 켜려고 하셨을 때 혹시 알아차리셨는지요……" 그리고 다음 40분간 배심원단은 이 10초라는 시간 내부의 복잡성을 두고 심사숙고할 것이다. 사고가 일어난 집에 있던 사람들은 아니지만 병원 응급실 직원들도 그 이야기를 다시 말할 것이다. 이들은 여러 일 중에서도 특히 "남자분과 아이가 처음 병원에 실려 왔을 때 무슨 이야기를 들으셨나요?"라는 질문을 받을 것이다. 재판이 의학적 증언을 듣는 단계로 접어들면 배심원단의 눈앞에는 이야기의 마지막 부분인 '폭발'뿐 아니라 그 앞부분도 놓인다. 폭발 이전 순간들이 다친 몸에 기록되어 있기 때문이다. 배심원단은 다음과 같은 설명을 듣게 된다. 여자아이는 몸 표면 4분의 3에 화상을 입었지만, 몸통을 가로질러 좁은 흰색 띠처럼 보이는 정상적인 피부 조직이 남아 있으며, 의자의 금속 등받이가 가스레인지와 아이 사이에 있었기 때문에 이 조직이 남았다는 것이다. 이제 배심원단은 시간을 거슬러 올라가서 이야기의 시작을 다

고통받는 몸

시 생각하게 되며, 더 명료하고 구체적으로 첫 문장을 이해한다. "한 남자가 서 있고 열 한 살짜리 여자아이는 앉아 있습니다." 가스와 가스레인지와 배관 설비가 묘사되고 평가된다(소송은 필라델피아 가스 사업에 제기되었지만, 필라델피아 가스 사업은 한때 공동피고인이었던 로퍼 가전$^{Roper\ Corp.}$과 마스 유통$^{Mars\ Wholesale}$에 다시 소송을 제기했다). 그런 여러 날 동안에도 사고 이야기는 몇 번이고 다시 출현할 것이다. 일례로 폭발 원인을 추론해달라는 요구를 받은 소방 전문가는 추론을 위해 위 이야기와 그 안의 사건 발생 시점들을 다시 한 번 말로 재구축해야 한다. 사고 이야기는 이야기되고, 다시 이야기되고, 또 다시 이야기되어야 한다. 배심원들이 그 이야기 안으로 수없이 많이 들어가보고 또 수없이 많은 방향에서 들어가봐야만, 알아야 하는 것들을 알게 될 수 있기 때문이다. 알아야 하는 것들은 다음과 같다. 누군가가 다쳤는가?(하지만 이게 전부가 아니다.) 결함 있는 제품이 존재했는가?(하지만 이게 전부가 아니다.) 법적 질문에 답하기 위해 배심원들이 알아야만 하는 가장 중요한 사항이 또 있다. 앞의 두 질문에 답이 주어졌다면, '후자가 전자의 가장 직접적인 원인인가'를 알아야 한다. 다시 말해 다친 사람과 결함 있는 사물이 '사고 경로' 위에서 만났는가? 양자가 '재앙의 교차로'에서 만났는가?

이렇게 수없이 다시 이야기된다는 점은 물론 연극의 '극을 하나로 엮는 플롯 행동$^{plot\ action}$'*과 재판의 '사람과 사물을 하나의 경로로 엮는 플롯 행동' 간의 가장 결정적인 차이이다. 연극의 플롯 행동은 완결되었으며 바꿀 수 없어서 관객은 수동적으로 받아들일 수밖에 없다. 반면 재판의 플롯 행동은 완결되지 않았으며, 복원이 가능한 경우를 모사$^{模寫}$하여 뒤바꿀 수 있다. 재판의 관객이라고 할 수 있는 배심원단에게는 어떤 의미에서 플롯 행동을 뒤집을 수 있는 권한이 있다. **오로지** 그 이야기가 다시 이야기될 가능성이 존재한다는 **이유 하나** 때문이다. 설명하자면 《오이디푸스 왕》이

---

\*      극 안에서 플롯을 만들어가는 등장인물들의 행동.

나 《햄릿》의 관객은 마음속으로만 플롯 행동을 바꿀 수 있다. 관객은 반사실적 바람을 품는다. 오이디푸스가 그 세 갈래 길로 가지 않길, 오이디푸스가 여왕과 결혼하지 않길, 폴로니우스가 이번에는 커튼 뒤에 있지 않길, 햄릿이 오펠리아에게 최소한 얼간이처럼 행동하지는 않길 바라는 것이다.[26] 반면 재판의 관객인 배심원들은 연극의 관객이 보통 '지어내기make-up'만 할 수 있는 무엇을 '실제화하기make-real' 위해 법정에 나와 있다.

재판의 전체 골격을 이루는 행동을 '복원 가능성 모사'*라고 요약할 수도 있을 것이다. 법적 책임을 다루는 재판의 일반적인 플롯에서 세계는 어쩔 수 없고 이해할 수 없는 짧은 경로를 통해 일상적인 곳에서 이례적인 곳으로 미끄러진다. 이 같은 세계의 미끄러짐은 개별 동작의 연속으로 세분됨으로써 이해할 수 있는 일로 복구된다(서 있기, 앉아 있기, 불 켜기, 불 켜는 데 실패하기, 가스 냄새를 맡지 못하기, 다시 불을 켜기, 폭발하기 등등으로 세분되어 복구된다). 이런 '복원 가능성 모사'에는 믿음이 내재한다. 재앙이 단순히 서사적으로가 아니라 실제로 재구축될 수 있다는 믿음, 세계는 위와 같은 미끄러짐 없이 존재할 수 있으며 보통은 그렇게 존재하고 위 사건에서도 그렇게 존재해야 했으며 또 위 사건에서 그렇게 존재하도록 '개조할 수 있을'지도 모른다는 믿음이다. 법정에 나와 있는 모든 사람은 이 같은 반사실적인 믿음을 일정 정도 공유한다. 그들은 법적 책임 재판이라는 것이 존재하는 문명에 참여하고 있으며, 그럼으로써 세계가 이례적인 상황으로 미끄러지는 일 없이 존재하도록 개조하는 결과가 해당 소송에서 나올 **수도 있다**고 믿는다. 법정 내 다양한 사람들은 이 '반사실'과 다양한 관계를 맺는다. 피고 측이든 원고 측이든 법정 안의 모든 이는 연극 관객과 마찬가지로 이미 일어난 일이 일어나지 않았더라면 하는 **소극적인 바람**을 품는다. 사고 이야기를 21번 반복해서 들은 사람이라면 이야기가

---

\* 이전의 상태로 '복원할 수 있을지도 모른다'는 가정 혹은 믿음 위에서 복원되는 상황을 모사해보는 일.

　　　　　　　　　　　　　　　　　　　　　　　　　고통받는 몸

스물두 번째로 다시 등장하려고 할 때 '이번에는 그렇게 되지 않았길' '이번에는 아이가 그렇게 많이 화상을 입지 않았길'이라는 생각을 품을 수밖에 없다. 원고 측 변호인의 고유한 과제는 이런 집단적이고 소극적인 바람을 대상화할 수 있는 형태$^{objectifiable\ form}$나 사물 형태$^{object\ form}$로 제시하는 것이다. 원고 측 변호인은 다음의 사실을 보임으로써 이 과제를 수행한다. 즉 인간의 창조나 제조가 책임감 있게 이루어졌다면 '그 사건이 그렇게 일어나지 않을 수도 있었음'을 보이는 것이다. '아이가 다치지 않았길'이라는 바람은 똑같이 소극적인 다른 여러 바람으로 번역될 수 있다. '아이가 주방에 있지 않길' '포레스타 가족이 미국에 이민 오지 않았길' '포레스타 씨에게 딸이 없길' '그가 가스레인지 쪽으로 움직이지 않길' 같은 바람이다. 또는 '아이가 다치지 않았길'이라는 바람은 이 소극적 바람들 사이에서 가닿는 데 없이 그저 부유할 수도 있다. 하지만 원고 측 변호인은 실제로 역전이 일어날 수 있는 유일한 장소가 인공물임을 보여야 한다. 또 유일하게 합리적인 바람은 '가스에 결함이 없길'임을 보여야 한다. 한편 배심원단이 법정 내 다른 누구와도 공유하지 않는 고유한 책임은 다음과 같다. 배심원단은 원고 승소 평결을 내리는$^{bring\ in}$ 것, 다시 말해 재판이라는 이제 곧 완료될 행동 안으로 평결을 가지고 들어옴$^{bring\ in}$으로써 '결함이 없는 가스'라는 반사실을 **더욱** 대상화하는 것이 법적으로 타당한지 결정해야 한다. 즉 금전적 배상이라는 물질적 형태를 '결함이 없는 가스'라는 반사실에 부여함으로써 그 반사실을 **더욱** 실제화하거나 물질화하는 일이 타당한지 결정해야 한다.

위와 같은 '반사실을 실제화하기'는 법적 논쟁에서 핵심 문제이며, 피고와 원고의 입장을 차별화한다. 이 점은 최종 변론에서 가장 명백히 나타난다. 제조물 책임 소송에서 피고 측 변호사는 다음과 같은 내용으로 진술함으로써 배심원들이 반사실을 실제화하는 데 무력하다고 설득하려 할 때가 많다.[27] "끔찍한 사고가 있었다. 우리 모두는 그 일이 그렇게 일어나지 않았기를 바라지만, 누가 어떤 일을 하더라도 사고가 일어났다는 사실을 바꿀 수는 없다." 반대로 원고 측 변호사는 배심원들이 이 시점에서 사실 매우 특별한 권한을 지닌다는 점을 상기시키고자 전력을 기울인다(뉴욕시 최고의 원고 전문 변호사는 말한다. "나는 배심원들에게 왕이 된 것 같은 기분을 주려 노력합니다"[28]). 또한 남아 있는 신체 손상의 일부는 의학 치료를 통해 되돌릴 수 있고 지울 수 있으며, 의료비 문제는 돈을 받아서 되돌릴 수 있고, 일을 못한다는 문제도 돈을 받아서 되돌리거나 줄일 수 있고, 극심한 고통의 무대상성까지도 좀 더 풍부한 사물 세계를 제공함으로써 복원을 모사하여 되돌릴 수 있다는 점을 상기시키고자 한다.[29] 요컨대 배심원들이 200번 반복해서 들었던 사고 이야기는 201번째의 이야기로 대체될 수 있으며, 인공물의 실패에 관한 이야기는 인공물을 통해 의학적·심리적으로 치유하는 전략에 관한 이야기로 대체될 수 있다는 점을 상기시키고자 한다. 배심원단이 원고 승소 평결을 내리고 금전 배상 평결도 내린다면,[30] 전자의 행동을 통해서는 자신이 들은 이야기가 '사물이 책임지지 않음object-irresponsibility'('제조물에게 책임이 있음product liability')에 관한 이야기임을 선언하는 것이며, 후자의 행동을 통해서는 '사물이 책임지지 않음'에 관한 이야기를 '사물이 책임짐object-responsibility'에 관한 이야기로 바꾸는 것이다.

홈즈는 예전의 법에 (문제를 일으킨 사물에 대한for) '배상'이 아닌 (문제를 일으킨 사물에 대한against) '복수' 전략이 있다고 봤다. 하지만 복수 전략도 반사실적 역전을 모사한다. 고통을 준 문을 바로 다음 순간 걷어차는 일은 부상의 위치를 인간 피해자에서 부상의 원인으로 즉각 바꾸는 것이며, 따라서 (아무리 하나마나한 일이라고 해도) 바로 전 행동의 경로를 복원이 가능한 경우를 모사하여 지우는 것 혹은 되돌리는 것이다. 배상도 사건을 실제로 지우는 일이라기보다는 복원이 가능한 경우를 모사할 뿐이다. 그럼에도 배상은 사건 지우기를 현실화하는 데 더 근접한다. 배상은 다음과 같은 일이 일어나도록 거의 문자 그대로 허용하기 때문이다. 즉 다친 사람의 외부 환경을 재구축하여 그 환경 안의 사물들이 감응력 문제를 증폭하기보다는 완화하는 환경으로 만드는 것이다. 배상이 가져오는 이 같은 결과는

고통받는 몸

제조물 책임 재판의 첫 번째 속성에서 두 번째와 세 번째 주요 속성으로 넘어가보면 더욱 분명해진다. 다시 말해 사람과 사물을 하나로 엮는 행동이나 이야기에서, 각각 두 번째와 세 번째 속성인 인간 등장인물과 비인간 등장인물로 넘어가보자.

앞에서 짚었듯 배심원단에게 주어지는 정보의 범위와 복잡성은 엄청날 때가 많다. 따라서 이야기 줄거리가 갈수록 명확해지면서 상대적으로 단순해져야 정보를 통제하고 받아들이는 데 도움이 된다. 예를 들어 위 재판 과정에서 배심원단은 여러 기관에 관해 알게 될 것이다. 그들은 머릿속으로 필라델피아의 병원 두 곳, 필라델피아의 법정 한 곳, 사업장 세 곳 내부로 들어가볼 것이다. 배심원들은 특정 가스레인지 하나, 또 특정 상표의 가스레인지, 미국에서 일반적으로 사용되는 가스레인지, 그리고 시칠리아에서 사용되는 가스레인지의 복잡한 구조에 관해 알게 될 것이다. 몸 표면의 매우 일부만 건드리면서도 몸을 공중에 매달 수 있는 특수 침대의 복잡한 구조에 관해서도 알게 될 것이다. 울부짖는 아이들이 있는 병동에서 일하는 간호사들이 어떤 어려움을 겪는지 알게 될 것이다. 미국에서 취업한 이민 1세대에 관해 알게 될 것이다. '정의의 여신'의 눈이 왜 가려져 있는지 알게 될 것이다. 땅속 파이프를 통해 가스가 집집마다 도달하는 경로를 알게 될 것이다. 보호 역할을 하는 피부가 사라진 몸으로 미생물이 기회를 잡았다는 듯 얼마나 우르르 달려드는지 알게 될 것이다(여자아이, 재니스$^{Janice}$가 다치지 않았길). 형사 소송에서 '합리적 의심을 넘어 그 이상으로 분명한'과 민사 소송에서 '저울을 기울게 하기$^{tipping\ of\ the\ scales}$'* 간의 차이를 이해하게 될 것이다. '용역'과 '생산물' 간에 법적 구분이 있음을, 특히 가스가 용역인지 생산물인지 이해하게 될 것이다. 지금까지 아이가 받은 수술과 앞으로 받을 여러 번의 수술에 사용되는 복잡한 기술에 관해 정확한 설명을 들을 것이고, 몸 부분부분에 심하게 입은 화상(남성)과 몸에 넓

---

\* 결과에 영향을 줘서 국면을 유리하게 전환시키는 일.

게 입은 심한 화상(여자아이) 간의 의학적 차이에 관해 설명을 들을 것이며, 여전히 성장 중인 뼈들을 덮고 있는 조직을 치료할 때 마주하는 특별한 의학적 어려움에 관해 설명을 들을 것이다(아이가 다치지 않았길). 명확한 변론과 명확하지 않은 변론에 관해, 법정 방해에 관해 알게 될 것이다. 공동피고인의 존재가 어떻게 질문을 "책임을 져야 하는 사물이 있습니까?"에서 "그 세 가지 사물 중 어느 것이 책임이 있습니까?"로 바꾸는지 알게 될 것이다. 가스 자체는 냄새가 없지만 새는 경우 사람들이 알 수 있도록 주기적으로 가스에 냄새를 주입한다는 사실을 알게 될 것이며, 소량의 가스 유출은 문제가 없으며 어디서나 일어난다는 점을 알게 될 것이고, 가스가 매우 조금 샐 때를 알릴 수 있을 만큼 **많이** 냄새를 주입할 수는 없지만 가스가 많이 샐 때를 알릴 수 있을 만큼 **충분히** 냄새를 주입해야 한다는 점을 알게 될 것이다(가스가 많이 새지 않길, 가스가 많이 샌다면 알아차릴 수 있을 만큼 충분히 냄새가 주입되었길). 판사의 역할에 관해, 또 해당 재판의 특정 판사에 관해 많은 것을 알게 될 것이다. 판사들은 보통 여러 가지 사실의 여러 가지 판본이 나오도록 허용하지만, 이 재판의 판사가 다른 판본을 허용하지 않는 특권적 사실 하나가 수백 가지의 사실 중에 있다는 점도 알게 될 것이다.[31] 살이 일단 아문 후에는, 머리와 몸에 밤낮으로 쓰고 있는 검정 고무로 된 옷이 5센티미터 두께의 흉터 조직을 이후 1센티미터 두께로 줄일 수 있다는 점을 알게 될 것이며(재니스가 다치지 않았길), 필라델피아의 학교에 다니는 아이들이 흉터가 있는 몸과 검정 고무 옷을 두고 뭐라고 말하는지도 알게 될 것이다. 가스 회사가 가스 안의 '냄새'량을 모니터하기 위해 사용하는 기계 장치에 관해 알게 될 것이며(가스에 냄새가 주입되었길), 이 장치가 정밀하지 않기 때문에 '냄새 테스트'라는 것을 직접 수행하는 직원들이 가스 회사에 있다는 사실도 알게 될 것이다(가스에 냄새가 주입되었길). 도시 전역에 걸쳐 무작위로 선정한 가구들에서 1년 내내 매일 12번씩 '냄새 테스트'를 한다는 사실을 알게 될 것이며, 폭발 이전 9일 동안 사고 인근 지역 중 정기적인 '냄새 테스트'가 수행된 곳이 한

고통받는 몸

곳도 없었음을 알게 될 것이다(냄새 테스트가 있었길, 아버지와 아이가 다치지 않았길).

배심원단은 위와 같은 일들을 포함해 더 많은 일을, 여기서 나열할 수 있는 정도보다 훨씬 상세하게 알게 될 것이다. 하지만 위에 나열한 사안들이 명확하게 보여주듯 매우 복잡한 정보의 한가운데서도 진짜 주제는 오직 두 가지, 바로 인간 몸의 본성과 인공적인 것의 본성이다. 인간 몸은 너무도 쉽게 '상처'를 입을 수 있다는 것, 그래서 '만들기'가 일어나야 하며 만들기에는 책임이 따른다는 것이다.

연극의 갈등에 주인공 및 주인공과 대립하는 인물이 필요하듯 재판의 논쟁에서도 원고와 피고가 필요하다. 제조물 책임 소송의 원고와 피고라는 구조상의 위치에 여러 많은 이름이 붙을 수 있다(예컨대 변호인들의 이름, 또 각 변호인이 대변하는 사람과 회사의 이름). 하지만 매 순간 나란히 서 있게 될 둘은 결국 인간 몸과 인공물이다. 위 재판에서는 남자와 여자아이 그리고 가스가 나란히 서 있게 된다. 다른 사례들을 보자면 소피$^{Sophie}$라는 여성과 산업용 청소 카트, 밤나무에 오르던 소년과 전깃줄, 압축기를 설치하던 남성과 압축기가 나란히 서 있게 된다. 또 다른 곳에서는 또 다른 개인들과 또 다른 사물들, 즉 세탁기, 지게차, 탄산음료 병, 곡물 호퍼 grain hopper*, 자동차 의자 머리 받침대가 나란히 서 있게 된다. 몸과 문화적 구축물의 극단이 병치된다는 것은 창조의 구조 안에 근본적인 탈구가 존재함을 알리는 신호가 된다. 이 책의 앞부분에서 살펴본, 해체된 창조하기가 일어나는 다른 맥락들에서와 마찬가지이다. 사물 책임이라는 이 고통에 찬 드라마에는 두 가지 특성이 있다. 이 특성들은 위에서 열거한, 법정에서 다루는 다양한 사안들을 살펴볼 때 명백해진다.

앞에서 강조했듯 법정 소송에서 우리는 사물에 거는 문화적 기대를 마주친다. 그리고 법정에 나온 사물은 기대를 충족시키지 못했기에 통상

---

* 곡물을 아래로 내려 보내기 위한 깔때기 모양의 장치.

적이지 않은 형태의 사물이었다. 하지만 이러한 법정 소송 내부에도 '문명'은 평화적이고 통상적인 형태로 들어와 있다. 이 점이 사물 책임이라는 드라마의 첫 번째 특성이다. 원고 측 변호인은 배심원들에게 인공물이 통상적으로 무엇인지를 다시 짚어줄 필요가 없다. 인공물이 통상적으로 '무엇인지'는 이미 배심원들의 눈 앞 모든 곳에 있기 때문이다. 결함이 있다고 주장되는 그 가스는 어느 빈 방에 외따로 있는 '생산물'이 아니다. 가스는 언어적·물질적 인공물에 둘러싸여 있다. 가스는 가스레인지, 학교, 인근 지역, 법정 변론, 특수 침대, '극기$^{stoicism}$' 같은 철학 범주, 아이들이 어떻게 세계를 지각하는지를 말하는 심리학적 설명, 정의의 여신의 형상, 고무옷, 회사 구조, 지하 수송관, 능숙한 수술 집도, 배심원들이 앉아 있는 의자, 판사라는 제도화된 역할 등에 둘러싸여 있다. 만들어진 사물이 **통상적으로는** 감응력이 있는 사람들을 **위해** 존재한다는 사실에 공공연히 주의를 환기할 필요는 없다. 이 통상적인 사실을 뒷받침하는 '증거'가 법정 안에 평화적인 형태로 가득 차 있기 때문이다. 나아가 법정에서 벌어지는 논쟁은 만들어진 사물이 감응력을 보살펴야 하는지에 관한 것이 아니다. 다시 말해 피고 측 변호인들은 만들어진 사물이 감응력을 보살펴서는 안 된다고, 또는 사물이 감응력을 보살피는 일이 **기대되어서는** 안 된다고 주장하는 것이 아니다. 피고 측 변호인들은 (최소한 어느 선까지는[32]) 사물이 감응력을 보살펴야 한다고 가정하며, 논쟁 대상인 사물이 그 책임을 완수했다고 주장한다. 또 그 책임을 다하지 못한 다른 사물이 주방에 있었을지도 모르며, 그 다른 사물이 책임을 완수**했어야 했다**고 주장할 수도 있다. 피고가 되는 가스 회사도 문명 안에서 대체로 공유되는 사물 책임이라는 규범을 명백하게 보여준다. 가스 회사는 가스에서 냄새가 너무 많이 나거나 너무 적게 날까 봐 우려했으며, 냄새 측정기와 가스 측정기를 설치했고, '모든 지역에서 매일 12번씩' 냄새 테스트를 하도록 일상적인 절차를 마련해뒀다. 냄새 테스트는 인간의 감응력을 보살필 책임이 있는 사물의 인식 수준을 가스 회사가 어느 정도로 가정하고 있는지 보여준다. 사물의 이

고통받는 몸

러한 '알고 있음'은 생산물의 디자인에 녹아 들어가 있어야 한다. 그렇다면 법정에서 일어나는, 때로 격렬한 대립, 반박, 방해, 변론, 논박은 모두 '사물에 거는 기대'라는 공유되는 틀 안에서 일어나는 것이다.

사물에 관한 법적인 숙고에서 명확해지는 것은 사물의 디자인 자체가 인간을 적극적으로 인식하고 있어야 한다는 점뿐만이 아니다. 인간에 대한 이 같은 '인식'이 사물의 사용법에 한정되거나 사용법과 동일한 것이 아니라는 점도 명확해진다. 이것이 사물 책임이라는 드라마의 두 번째 특성이다. 지금까지는 사물이 감응력상의 인식을 모방한다는 사실을 특정한 감응력 문제의 측면에서만 설명했다(특정한 감응력 문제를 제거하는 것이 해당 사물의 존재 이유였다). 예컨대 의자는 체중이라는 문제를 '알아야만' 하며, 전구는 야간의 시각 문제를 '알아야만' 한다는 식의 설명이었다. 하지만 이제 다음과 같은 사실이 또렷해진다. 인공물은 자신이 충족시켜야 하는 특정 필요 이상으로 훨씬 더 많이 인간 제작자에 관해 알아야 한다는 것이다. 먼저 가스는 추위라는 문제와 익히지 않은 물질이 몸속으로 들어가게 내버려 둘 때 생기는 문제를 알아야 한다(다시 말해 가스는 이 인식을 물질적으로 기록한 것이어야 한다). 동시에 가스는 또 다른 사실도 알고 있어야 한다. 예를 들어 특별한 냄새가 첨가되지 않았을 때 인간이 가스 냄새를 맡을 수 없다는 점을 '알고 있어야' 한다. 또 가스의 냄새를 맡을 수 없을 때 인간에게 가스가 위험하다는 점도 '알고 있어야' 한다. 또한 사물에 거는 법적인 기대가 존재한다는 사실은 위와 같은 '감응력상의 인식' 모방하기를 더 도드라지게 보여준다. 사물이 인간의 감각 속성에 관한 지식을 지니고 있을 것이 법적으로 기대되며, 또 그런 지식을 지니고 있음으로써 사물이 인간과 '소통'하거나 인간에게 사물 자신의 현존을 선언할 것이 법적으로 기대된다는 것이다. 위 재판에서는 가스의 '냄새를 맡을 수 있음'이 핵심 논점이 되었으며, 다른 소송에서도 특정 사물을 볼 수 있음 또는 들을 수 있음이 핵심 문제가 되곤 한다. 그 사물이 본래 시각이나 청각을 보조하기 위해 개발된 것이 아닐 때라도 그렇다.[33] 나아가 사물은 지시 사항이 적힌 라벨을 달고 있음으로써 인간과 언어적으로 소통하라는 요구까지도 받을 수 있다. 예를 들어 발판 사다리는 사람들이 닿고자 하는 높이에 닿을 수 없을 때가 종종 있다는 것을 '안다'(다시 말해 발판 사다리는 그 디자인 안에 이 앎을 담고 있다). 그뿐만 아니라 사람들이 키를 늘이는 데 정신을 빼앗겨서 지나치게 많이 올라가는 경향이 있다는 것도 '안다'. 그래서 사다리 맨 꼭대기 발판에는 "여기에 올라서지 마시오"라는 말이 붙어 있기도 하다. "지금 이 순간 당신은 모르더라도 나는 당신이 떨어질 것을 안다"는 것이다. 사물은 **자기**-인식이 있어야 한다. 즉 사물의 디자인은 사물 자신이 어떻게 사용될 것인지 예상해야 한다(또한 어떻게 괴상한 방식으로 사용될 수 있을지까지 예상해야 한다). 이뿐만 아니라 어떻게 설치될 것이며 나중에 어떻게 제거될 것인지까지 예상해야 한다. 벨로이트 압축기 제조 회사의 제작자들이 압축기라는 사물 내부를 그린 여러 장의 청사진을 제시하면서 그 사물을 어떻게 유용하고도 안전하게 사용할 수 있도록 만들었는지 보여줄 때 우리는 진심으로 경의를 표하게 된다. 하지만 원고 측 변호사는 다른 청사진, 예컨대 압축기를 설치하는 사람의 체중을 견딜 수 있도록 용접 부위와 버팀대를 예방적 접근으로 디자인한 청사진을 보여 달라고 할 수 있다. 또 그런 청사진이 하나도 없을 수 있다. 이럴 때 우리는 이 성실한 기술자들이 결국 재판에서 질 것임을 짐작하게 된다. 또 무엇보다 이 기술자들이 지금껏 많은 노동을 쏟아부은 디자인 연구로 되돌아가서 그 노동을 보완해야 할 것임을 짐작하게 된다.[34]

　　미국은 소송이 대단히 빈번한 나라이다. 여러 사회 중에서도 특히 미국 사람들이 소송하기를 가장 좋아한다고 보는 이들도 있다. 또 '법적 조치/소송legal action'이 습관처럼 널리 퍼져 있어서 개탄의 대상이 될 때도 많다. 사람이 크게 다쳐서 벌어지는 소송도 많지만 원고가 다치지 않은 소송도 있고, 다치기는 했으나 피고의 생산물 때문이 아닌 경우도 있고, 피고가 벌여온 소송의 역사를 봤을 때 돈을 벌어보려는 심히 불쾌한 방법으로 재판을 이용하는 듯 보이는 경우도 있다. 그럼에도 미국의 배심원들은

　　　　　　　　　　　　　　　　　고통받는 몸

자신들이 이 같은 여러 종류의 소송을 구별해내는 데 능숙하다는 점을 거듭 보여줬다. 배심원제는 그 자체가 하나의 인공물이다. 이 인공물은 사회가 적절한 법적 조치의 혜택을 누릴 수 있게 하며, 법적 조치가 의식적·무의식적으로 오용되지 않도록 사회를 보호한다. 소송을 제기하는 문화적 습관은 부분적으로는 '비난하기'[35]라는 현대의 인간 심리에 뿌리를 두고 있을지도 모르지만, 다른 방식으로 이해할 수도 있다. 배상금 액수가 큰 평결이 내려질 때 돈은 거의 언제나 심하게 다친 사람들에게 간다. 나아가 대다수 소송에서 피고는 기업 등 규모가 큰 조직체일 때가 많다. 또 배상금을 지불하는 것은 피고 측 제조사가 아니라 제조사보다 통상적으로 더 거대한 보험 회사이다.[36] 그리하여 제조물 책임 소송이 **법적 조치**라는 용어뿐 아니라 **경제적 재분배**라는 용어로 이해되어야 한다는 의견들이 미 법정에서 나오곤 했다. 복잡한 산업 사회를 살아가면서 개인에게 발생할 수 있는 극단적으로 커다란 비용이 제조물 책임 소송을 통해 그 비용을 감당할 수 있는 사회 부문으로 재분배된다는 주장이다(다른 식으로 정식화해보자면, 감응력의 극단적 취약성이 기업 구조라는 사물 세계로 투사된다고 할 수도 있다. 기업 구조에서 손익은 체화된 의식 안의 변환에 기록된다기보다는 이윤 변동 안에 기록된다).[37] 소송을 일삼았던 현시대를 먼 미래 사람들이 돌아본다면, 거의 반사 반응을 보이듯 법적 대응을 했던 우리의 모습을 완전히 부정적으로 서술하지는 않을 것이다. 전례 없는 만들기와 생산의 세기는 제조 행위, 만들기 행위, 창조하기 행위에 내재하는 윤리적 책임을 전례 없이 고찰한 세기이기도 했다는 점에 그들이 틀림없이 주목할 것이기 때문이다. 이런 이유로, 지금까지의 논의에서는 제조물 책임 재판을 **법적 조치**나 **경제적 재분배**의 형태라기보다는 **문화적 자기-극화**self-dramatization 의 형태로 제시했다(제조물 책임 재판이 우리 문화의 여러 면을 드러내 보여주기 때문에 훗날 사람들은 이 같은 재판을 우리가 현재 고대 그리스 연극을 보듯 볼 것이다). 즉 법정은 공공의 무대로, 문명이 사물에 거는 계속되는 기대가 공공연하게, 때로는 소란스럽게 선언되는 곳이다. 사물에 거는 기대를 재판이 만들어내지는 않는다. 재판은 그런 기대를 대상화하도록 촉발할 뿐이다. 재판 자체는 충격적이고 예외적인 사건일 수 있다. 하지만 재판은 창조의 본성에 관한 매우 조용한 직관을, 심오하고 그 나름대로 대단히 훌륭하며 매우 광범위하게 공유되는 직관을 들리게 만들 뿐이다.

이렇게 법적 맥락에서 사물을 살펴본 다음 법 외의 다른 맥락에 있는 사물들로 돌아가보면 그 사물들을 더 명확하게 이해할 수 있다. 소송 대상이었던 적도 없고 소비자 압력의 대상이었던 적도 없는 일상적인 인공물도 가장 일차적인 용도를 훨씬 넘는 물질화된 인식을 그 형태 안에 통상적으로 담고 있다. 일례로 보일러실 문 디자인에는 아동에게 안전한 걸쇠가 포함되기도 한다. 이런 보일러실 문은, 문이 벽이길 바랐다가 다음 순간에는 벽이 아니길 바라는 사람들의 변덕스러운 바람을 때맞춰서 '이해하고' 배려할 수 있다. 그뿐만 아니라 인간 일반에서 자그마한 인간들을 '구별할' 수 있으며, 후자는 전자의 특수한 하위 범주로서 이 자그마한 인간들이 바라는 대로 해서는 안 된다는 것을 '안다'. 기술 사회, 자동화된 사회를 살아가는 사람들은 사물이 감응력상의 인식을 너무도 정교하게 모방하는 탓에 섬뜩하게 느낄 수 있다. 일례로 컴퓨터는 특정 세대의 성인들을 놀라게 했고 불안하게 했다. 반면 그 자손들은 컴퓨터가 통상적인 외부 사물 세계를 교란한다고 보기보다는 그 세계와 완벽하게 조화한다고 보는 듯하다. 감응력상의 인식을 모방한다는 점에서 컴퓨터는 기타 사물과 다르지 않다. 모방의 정교함이라는 점에서만 다르다. 또 컴퓨터가 유일하게 정교한 모방을 하는 사물인 것도 아니다. 예를 들어 소설도 무생물이 말하고 느끼고 생각하는 허구를 생산한다. 그런데도 소설이 컴퓨터보다 놀랍지 않고 수상하게 느껴지지도 않는 이유는 오로지 인간이 컴퓨터보다는 소설과 훨씬 더 오랜 시간을 함께 지내왔기 때문이다. 앞에 나왔던 내용으로 돌아가보자. '감정 부여의 오류'라는 비난에서 특이한 점은, 작가가 나무를 말하게 만들었을 때만 문학 논평가들이 그런 비난을 한다는 것이다. 하지만 작가는 더 극단적이고 습관적으로 캐서린, 테스, 안나

　　　　　　　　　　　　　　　　　　　고통받는 몸

등 존재하지 않는 존재가 말하도록 만든다. 이런 등장인물들은 대단히 복잡하고 다채롭게 말하며 만져질 듯 뚜렷한 감응력을 지니고 말하지만, 여기에는 감정 부여의 오류라는 비난이 뒤따르지 않는다. 나아가 더 중요하게 생각해봐야 점은 다음과 같다. 컴퓨터는 겉으로 보기에 무언가 알고 있는 것으로 보이며, 이는 컴퓨터 하드웨어·소프트웨어 설계자들의 알고 있음이 투사된 것이다. 테스도 겉으로 보기에 무언가 알고 있는 것으로 보이며, 이는 그녀를 만들어낸 이의 알고 있음이 투사된 것이다. 그리고 컴퓨터와 테스의 '외관상의 알고 있음'은 재창조된 외부 세계 어디에서나 우리를 둘러싸고 있는 '외관상의 알고 있음'이 극단적으로 나타난 판본들일 뿐이다. 여기서 외부 세계에 가득한 '외관상의 알고 있음'도 집단적 제작자들의 알고 있음이 투사된 것이다. 아스피린에는 버드나무 껍질과 미 원주민의 파이프 담배통에 걸쳐 내려온 긴 역사가 있다. 이런 아스피린이 담긴 병이 인간 세상에 관해 '알고 있는' 것은 무얼까? 아스피린 병은 소소한 통증을 일으키는 화학 구조와 뉴런 구조를 안다. 그런 통증에서 벗어나고 싶어 하는 인간의 욕망을 안다. 통증을 줄이고자 병을 향해 뻗어올 손의 크기를 안다. 많은 양의 아스피린을 복용하면 인간이 위험하다는 것을 안다. 인간들이 읽을 줄 안다는 것을 아는 아스피린 병은 언어를 통해 인간들과 복용량을 두고 소통한다. 아스피린 병은 읽을 줄 모르거나 다른 언어로만 읽을 수 있는 인간들이 있다는 것도 안다. 인간들이 어떻게 직관적이고 습관적으로 병뚜껑을 여는지 알고 있음으로써, 그리고 반反직관적인 뚜껑을 지님으로써 아스피린 병은 언어 문제에 대처한다. 그리하여 읽을 줄 아는 사람이나 읽을 줄 아는 다른 사람을 아는 사람만이 뚜껑을 열고 성공적으로 아스피린에 도달할 수 있을 것이며, 이때 아스피린은 적정량만 복용될 것이다. 읽을 줄 아는 그 사람은 일단 멈춰서 다시 한번 올바른 용법을 읽어봐야 하기 때문이다. 아스피린 병은 그 디자인 안에 아스피린을 책임감 있게 사용하도록 하는 테스트를 담고 있는 셈이다. 이 테스트는 삼단계로 이루어지는 단순한 수학적 증명만큼이나 우아하다. 문명은 자연적으로 존재하는 외부 환경을 재구조화하여 외부 환경이 인도적인<sup>humane</sup> 인식으로 가득 차 있도록 만든다. 사물이 이런 인식을 지니고 있지 않을 때 일상에서 우리는 그 사물을 국경 밖으로 내보내달라고, 우리가 사랑하는 도시의 관문 너머로 내보내달라고 쓰레기를 수거하는 청소부에게 요구한다. 어쩌면 쓰레기 청소부는 플라톤적인 이상적 문명에서 파견 나온 사절인지도 모른다.

반직관적인 뚜껑이 달린 아스피린 병을 마지막 대표 인공물로 선택한 이유는 사물 영역의 과업이 감응력 자체를 줄이는 것이 아니라 감응력 상의 견디기 어려운 괴로움을 줄이는 것이라는 사실을 짚고 강조하기 위해서이다. 문명의 정신적·언어적·물질적 사물은 다 함께 작용하여 감응력이 지니는 힘을 거대하게 확장한다. 이 확장은 감각의 범위와 예민함을 증대함으로써 이루어지며, 나아가 사람들이 몸의 문제적인 우연성에 항상 삼켜져 있는 상태라면 존재할 수 없을 복잡함과 관대함을 의식에 부여함으로써 이루어진다.

용사勇士를 필요로 하는 쪽은 사물이 아니라 인간이다. 지금까지 사물의 영역을 짧게나마 칭송한 이유는, 대단하게든 아니든 사물은 인간을 위해 싸우는 용사이기 때문이다. 지금 논의에서는 두 가지 이유에서 인공물의 내부 구조를 살펴보고 있다. 첫 번째 이유는, 타인에게 신경 쓰지 않는 무관심이 물질적 부에 빠져 있느라 그렇다는 말로 설명되고 심지어 암묵적으로 변명되기 때문이다. 이런 말은 변명이 될 수 없다. 무엇보다 타인에 대한 무관심을 용납하는 일은 물질적 부의 본성 자체를 해체한다. 일상에서 우리는 물질적 사물에 온통 둘러싸여 지내면서도 물질적 사물을 자신에게서 철학적으로 박탈한다. 또 물질적 영역의 중요성을 언어적으로 기각하고 폄훼한다. 그럼으로써 우리는 물질적 부의 본성이 계속 해체되도록 뒷받침한다. 이 같은 철학적 박탈 행위는 사물을 향한 우리의 욕망을 줄이지 않으며 조절해주지도 않는다. 다른 사람들이 경험하는 무대상성을 우리가 걱정하지 않게 해줄 뿐이다. 우리가 사물에 애착을 갖는다면 우

고통받는 몸

리는 자신의 애착 충동을 신뢰해야 한다. 자신의 충동을 신뢰해야만 그 사물들이 귀중함을 인정할 것이며, 그 사물들이 귀중함을 고백하게 될 때야 우리는 **왜** 그것들이 귀중한지를 명료하게 설명할 수 있을 것이다. 나아가 그 사물들이 왜 귀중한지를 설명해야 사물을 향한 우리의 욕망이 왜 규제되어야 하는지, 왜 사물이 제공하는 혜택이 전 세계에 공평하게 분배되어야 하는지가 자명해질 것이다. 사물을 인정할 때에야 우리는 이 같은 통찰에 도달할 수 있다. 사물을 폄훼할 때는 이 같은 통찰에 도달한 척만 할 뿐이다.

한편 지금 논의에서는 인간 상상을 이해하는 일이 인간 책임의 본성을 이해하고자 하는 기획에 도움이 될 것이라고 가정했다. 상상이 하는 활동은 불가사의하고 비가시적이며, 오로지 그 활동이 뒤에 남기는 물질적·언어적 잔여에서만 드러난다. 지금 논의에서 사물의 내부 구조를 살펴본 두 번째 이유는 상상이 하는 비가시적인 활동의 내부를 사물의 내부 구조가 물질적으로 기록하여 담고 있기 때문이다. 생명이 없는 세계를 생명이 있는 것처럼 만드는 것은 (사물이 하는 작업이라기보다는) 상상이 하는 작업이다. 상상은 몸 바깥의 세계가 몸에 감응력이 있다는 사실을 인식하고 있는 양 그 세계에 책임을 지운다. 상상이라는 것의 초상은 여러 장의 사진을 겹쳐 만든 것과도 같아서, 단편적으로만 밝힐 수 있는 수많은 속성으로 이루어진다. 살아 있지 않은 세계를 살아 있는 것처럼 만들고 책임을 지운다는 것은 많은 속성 중 하나일 뿐이다. 이 속성은 다른 속성 두 가지를 동반한다. 상상은 도덕과 무관하지 않다. (이것이 첫 번째로 동반되는 속성이다). 그렇게 오해될 때가 자주 있지만 말이다. 어느 시대에 '도덕적' 문제로 여겨지는 주제에 상상이 큰 관련이 없는 때가 분명 있다. 그럼에도 상상이 작업하는 영역은 '상처 입히기'와 '상처 입히기 않기' 간의 기본적인 도덕적 구분에 핵심적으로 연관되어 있다. 상상은 단순하게, 핵심적으로, 지치지 않고 감응력을 위해 작동하여 감응력상의 견디기 어려운 괴로움을 제거하고 감응력의 예민함을 연장한다. 상상이 지닌 윤리적 엄격함은 단조롭고 협소할 정도로 일관되지만, 그만큼 반대로 더 풍부하고 엄청나게 다양하며 놀라울 정도로 예상치 못한 형태로 감응력의 예민함을 연장한다. 상상이 하는 작업은 인간들의 또 다른 내적 사건과도 겹치며, 이 내적 사건은 보통 다른 어휘를 가지고 설명된다. 지금까지의 논의에서 분명해졌듯, 상상의 일생 주기에서 적어도 한순간 상상은 연민이라는 현상과 뒤섞인다(사실 연민 현상과 거의 구분이 안 된다). (이것이 두 번째로 동반되는 속성이다). 하지만 상상이 연민과는 다른 점이 있다. 더 성숙한 형태의 상상은, 오로지 수동적으로 바라면서 생각만 하는 일에 싫증을 낸다는 점이다. 여기서 제시한 상상의 속성들은 다른 많은 속성에 둘러싸여 있다. 사물 세계의 내부로 다시 돌아가보는 다음 절에서 그중 몇몇을 밝힐 것이다.

## II. 지레로서의 인공물: 보답이 투사를 초과하다

지각된 인간의 감응력은 노동을 통해 의자, 코트, 시, 망원경, 백신 등 독립된 인공물로 투사된다. 투사하여 만든 이런 인공물은 다시 인간의 감응력을 지시하여 감응력이 지니는 힘과 예민함을 직접적으로 연장하거나(시, 망원경), 감응력상의 견디기 어려운 괴로움을 제거함으로써 그 힘과 예민함을 간접적으로 연장한다(의자, 백신). 연장이 뒤따르지 않는 투사는 무의미하다. 인간의 투사 행위는 인공물의 보답 행위가 뒤따를 것이라는 가정하에서 이루어진다. 만들기를 이해하고자 하는 우리의 관심은 코트라든지 시 같은 사물에 멈춰 있을 수만은 없다. **사물은 지점**支點* **혹은 지레**일 뿐이기 때문이다. **이 지점 혹은 지레를 통해 창조의 힘이 인간이라는 장소로 되돌아가서** 창조자를 재창조한다. 코트를 만드는 어느 여성의 관

---

\*    지레의 받침점.

심은 코트 만들기 자체에 있는 것이 아니라 누군가를 따뜻하게 해주는 데 있다. 그녀는 능숙하게 실, 원단, 솔기, 안감을 다룬다. 이런 작업 모두는 추위라는 문제에서 벗어나도록 그녀가 인체 조직을 개조하기 위해 일하는 중이라는 사실을 대상화한 것이다. 추위로 떠는 사람에게 팔을 둘러서 추위 문제에서 벗어나게 할 수도 있다. 작업 이유가 자신을 따뜻하게 하기 위해서라면, 자기 몸을 껴안아서 추위 문제에서 벗어날 수도 있다. 하지만 그녀는 그 대신 간접적인 방식을 사용해 자신의 목표를 더 성공적으로 이뤄낸다. 독립된 사물을 만들어 그녀가 실제로 염두에 두고 있는 대상인 인간이라는 장소를 그 사물이 개조하도록 하는 것이다. 이와 마찬가지로 시인도 감응력의 사적인 예민함을 공유할 수 있는 것 안으로 투사한다. 대상화됨으로써 시는 시 자체를 위해서가 아니라 읽히기 위해 존재하게 된다. 이제 시의 능력은 사물의 영역에서 인간의 영역으로 되돌아가서 감응력 자체를 개조한다. 우리는 사포<sup>Sappho</sup>, 셰익스피어, 키츠, 브론테, 톨스토이, 예이츠<sup>William Butler Yeats</sup>의 작품을 읽고 있다고 매일같이 이야기하며, 읽음으로써 그 작품들에 투사된 '감성'과 '지각의 예민함'을 얻은 것처럼 군다. 키츠의 작품을 읽는 것이 자신을 키츠처럼 만들어주는 양 요즘 키츠를 읽고 있다고 선언하기까지 한다. 그러나 어떤 의미에서 이는 정확한 말이다. 위에 나온 코트 만드는 사람과 마찬가지로 시인은 시라는 인공물을 만들기 위해 작업하는 것이 아니다. 인공물은 전체 활동에서 중간점일 뿐이다. 시인은 인간의 감응력을 개조하기 위해 일한다. 시를 통해 시인은 다른 사람들의 살아 있는 지각력 안으로 진입하며 그들의 지각력을 어떤 식으로든 바꾼다.

해체된 창조하기에서 일어날 때를 제외하고 투사와 보답은 늘 함께 일어나며, 그래서 투사와 보답 둘 모두가 아니라 하나만 이야기되는 때는 드물다. 그렇지만 이번 절에서는 투사와 보답을 분리해서 따로 다룰 것이다. 둘의 상호작용을 좀 더 명확하게 이해하기 위해서이다. 둘 중 한쪽의 활동은 다른 쪽이 공유하지 않는 속성을 지닐 수도 있다. 또 어느 인공물이 연속해서 수정되고 있을 때, 수정되고 있는 것은 투사의 성격에 관련된 무엇일 수도 있고 보답에 관련된 무엇일 수도 있다. 가령 코트를 만드는 여성이 더 좋은 바늘이나 채광을 찾아낸다면, 보답 활동이 증폭하거나 감소하는 등 변하지 않아도 투사 활동이 더 쉬워질 것이다. 나중에 만든 코트는 더 쉽게 만들었지만 예전 코트만큼 보온력이 좋을 것이다. 코트 만들기라는 투사 활동의 성격을 변화시키지는 않으면서 보답 활동을 증폭할 수도 있다. 가령 천연 섬유와 인공 섬유를 새롭게 섞어 사용한다면, 투사 활동은 더 어려워지거나 쉬워지는 등 변하지 않겠지만 그러면서도 코트를 걸치는 사람을 더 따뜻하게 할 수 있다. 나아가 투사나 보답 중 어느 한쪽에 무언가가 영향을 미칠 때 다른 한쪽도 영향을 받을 때가 많다. 예컨대 새 바늘이 코트 만들기라는 투사 행위를 쉽게 해준다면, 위 여성은 이웃 사람 두 명을 위해서도 코트를 만들자고 결심할지도 모른다. 새로운 두 개의 코트 모두 원래의 바늘로 만든 이전 코트와 똑같은 정도로 보온을 하지만, 감응력을 개조하는 사물의 능력은 더 증폭된 것이다(더 정확히 말하자면 그 사물 너머 인간의 감응력에 간접적으로 작용할 수 있는 그녀의 능력이 증폭된 것이다). 그렇다면 투사와 보답 활동 자체는 분리될 수 없다고 해도 투사와 보답의 장소는 개념적으로 구별될 수 있다. 만들어진 사물이 코트이든, 신이든, 시, 결혼 서약, 백신, 수확한 옥수수이든 어느 경우에나 다 그렇다.

코트 한 벌이나 시 한 편 등 이번 절에서 예로 들 만들어진 사물은 구체적인 개별 인공물이고, 따라서 전체 문명의 매우 작은 조각일 뿐이다. 하지만 이 단편적인 사물들이 투사와 보답이라는 서로 대응하는 두 활동에 관해 밝혀주는 사실들은 도서관 안에 존재하는 수많은 사물, 또 철학 전통과 시장 안에 존재하는 수많은 사물에도 똑같이 적용될 **수 있을지도 모른다**. 나아가 국민국가처럼 거대하고 집단적인 인공물에도 적용될 **수 있을지도 모른다**. 따라서 작은 규모를 지닌 사물들의 영역을 살피기 전에 국민국가처럼 거대한 인공물에 투사와 보답의 장소들이 어떻게 내재하는

고통받는 몸

지를 짧게나마 살펴보면 논의에 도움이 될 수도 있겠다.

카터Jimmy Carter 정부 시기, 다른 나라에서 인권이라는 것이 어떤 성격을 지니는지에 미국 내 많은 사람들이 관심을 가졌다. 그 결과 사람들은 한 국가에 존재하는 특정 권리가 다른 국가에는 부재할 수도 있지만 후자의 국가는 아직 전자의 국가에서는 강조되지 않는 또 다른 권리를 성공적으로 확립했을 수도 있음을 이해하게 됐다. 달리 말해 '이 특정 국가에 이 특정 권리가 있는가'라는 질문보다는 '이 특정 국가에 존재하는 권리들의 유형은 전반적으로 어떠하며, 전에는 부재하던 권리를 추가하여 현존하는 권리를 보완하는 일이 어느 정도나 이루어지고 있는가'라는 질문이 더 적절하다는 것이다.[38] 후자의 질문 방식은 특히 미국과 소련의 관계를 이해하는 데 적절하다. 법과 정치를 비교 연구하는 분석가들은 미국 헌법이 투표권, 표현의 자유, 언론의 자유, 집회의 권리 등 특정한 '절차적 권리'를 강조하며, 소련 헌법은 먹을 권리, 직업을 가질 권리, 의료서비스를 받을 권리, 교육받을 권리 등 '실질적 권리'를 강조한다는 점을 보였다. 또 근래 미국에서 이루어진 권리 신장이 실질적 권리에 더 큰 관심을 쏟고 있음을 보였다(예를 들어 '일할 권리'는 미국에서 비교적 새로운 개념이다). 한편 소련이 절차적 권리에 더 큰 관심을 쏟고자 한다는 증거들이 있다. **절차적** 권리(미국)와 **실질적** 권리(소련) 간의 구분은 때로 "시민적·정치적 권리"와 "사회적·경제적 권리" 간의 차이로 정식화되기도 한다. 또 "개인의 권리"와 "집단적 권리" 간의 차이로 정식화될 때도 잦다.[39]

지금 논의의 맥락에서는 이 두 종류 권리 간의 차이를 '투사의 장소와 보답의 장소 간의 구분'이라는 측면에서 정식화해볼 수 있다. 미국의 개인적·절차적·시민적 권리는 모두 투사의 장소를 보호하고자 한다. 집회의 권리, 투표권, 언론의 자유 등등은 정치적 단위로서의 국가the state라는 집단적 인공물에 참여하는 개인들의 자율성을 보장한다. 또는 더 정확하게 말하자면, 어떤 종류의 정치적 인공물에 집단적으로 투사할 것인지 결정하는 개인들의 권력을 보장한다. 집회, 투표, 언론 등의 절차를 통해 공동체로서의 국가$^{\text{the nation}}$라는 그 인공물의 성격 자체가 개정과 수정에 계속 열려 있게 된다. 국가라는 인공물의 보답 활동, 즉 사람들을 먹이고 입히고 치료하는 국가의 능력은 당연히도 투사 행위 자체에 크게 영향을 받고, 각 세대가 창조하는 폴리스에 의해 좌우된다. 반면 국가라는 인공물의 보답 활동을 명시적으로 지향하는 일단의 분리된 권리가 미국에 존재하게 된 것은 최근이다. 만들어진 세계의 보답 능력이 최근에야 어디에든 있을 수 있게 허용됐다는 것이다. 또 비교적 새롭게 도입된 사회 입법은 국가라는 인공물의 탈체화 능력을 공평하게 분배하고자 한다. 예컨대 일부 국민만이 최소 수준의 의료 서비스를 이용할 수 있고 다른 국민은 이용할 수 없는 일이 없도록 한다. 미국과는 달리 소련의 집단적·실질적·사회적·경제적 권리는 분명하게 보답의 장소를 향한다. 이 권리들은 국가라는 인공물의 자비로운 탈체화 능력이 거대하든 매우 작든 어느 경우에나 전 국민에게 공평하게 분배되도록 한다. 미국과 비교해봤을 때, 소련에서 '**어떤 국가인가**'(투사)는 상대적으로 시민의 손에서 벗어나 있는 문제이지만, 국가가 제공하는 혜택(보답)은 '**어떤 국가이든지 간에**' 모든 시민의 손에 달려 있다. 그렇다면 미국 헌법은 국가라는 만들어진 사물(특정 폴리스)에 개념상으로 또 시간상으로 앞서는 권리를 강조하며, 소련 헌법은 국가라는 만들어진 사물(어떤 폴리스이든) 이후의 권리를 강조한다.[40] 마르크스는 사회주의를 향한 자신의 전략이 러시아가 아닌 영국에서 현실화될 것으로 기대했다. 빈번히 지적되는 이 사실은 바로 다음과 같은 이유로 중요하다. 즉 마르크스는 '투사할 권리'가 이미 존재하거나 자리 잡는 중인 국가로 '보답 받을 권리'가 도입되는 상황을 맘에 두고 있었고, 그렇기 때문에 '보답 받을 권리'를 강조했다. 지금까지 국가라는 인공물의 예를 짧게나마 살펴봤다. 소규모 인공물의 속성이 어떻게 거대한 인공물의 특징도 될 수 있는지를 설명하기 위해서였다. 코트와 마찬가지로 국민국가는 투사와 보답이라는 분리할 수 없는(개념적으로는 구분할 수 있더라도) 활동 사이의 중간 지점에 있는 사물이다.

고통받는 몸

인공물은 투사와 보답이라는 두 활동 사이에 존재하는 물질적이고 가시적인 핵심 장소이다. 더 정확히 말하자면 인간의 창조하기 활동이 인간 창조자들 자신을 향해 되돌아오는 물질화된 장소이다. 이 같은 인공물을 더 명확히 이해하기 위해 사물을 무기, 도구, 인공물이라는 연쇄 중 하나로 생각해볼 수 있다. 3장과 4장에서 무기가 도구로 수정되는 것은 두 말단을 지니는 사물이 말단 하나만을 지니는 사물로 변환되는 것이라고 설명했다. 무기에서 고통과 권력이라는 이중의 장소에 있던 무언가가 도구에서는 하나의 장소에 있게 된다는 것이다. 도구에서는 감응력과 권위가 한쪽 말단에서 함께 일어나며 감응력이 없는 표면 위에 함께 작용한다(감응력과 권위로 어휘가 바뀐다는 데 둘의 합쳐짐이 반영되어 있다. 능동적이 되어 자기-대상화하는 고통을 더 정확하게 칭하는 말은 '감응력'이다. 또 감응력으로 인식하고 있도록 만든 권력, 그리하여 책임이 부여된 권력을 더 정확하게 칭하는 말은 '권위'이다).[41] 이 변화는 매우 커다란 변화이며, 분명히 '문자 그대로' 일어나는 변화이다. 단 "말단 하나만을 지니"게 된 새로운 사물이라는 측면에서 변화를 요약하는 서술 자체는 비유적이다. 망치, 괭이 등 새로운 사물은 여전히 두 말단을 지니기 때문이다. 그럼에도 위 변화는 '거의 문자 그대로' 일어나며, 이 점은 뒤이어 일어나는 도구로부터 인공물로의 이행에서 좀 더 분명해진다. 인공물 자체는 망치 손잡이와 대가리 사이를 잇는 몇 십 센티미터의 이행부와 같은 것이다. 또는 괭이 손잡이와 날 사이를 잇는 몇 십 센티미터의 이행부와 같은 것이다. 인공물의 물질적 형태 안에는 말단이 없다(예를 들어 의자). 기껏해야 말단의 흔적 같은 기록이 남아 있을 뿐이다(예를 들어 램프). 인공물의 말단 지점에는 인간이라는 **단 하나의 장소**만 있다. 인간에게서 탄생한 인공물이 이제는 인간을 향해 되돌아간다. 마치 망치와 괭이를 중간에서 구부린 것과도 같아서, 한쪽 말단에 가해진 활동이 호弧를 그리면서 활동이 나타난 바로 그 장소로 돌아간다.

이 절에서는 이렇게 인공물을 '지레' 혹은 '지점'으로 칭한다. 인공물 자체는 전체 활동에서 중간점일 뿐임을 강조하기 위해서이다. 인간의 창조하기 행위는 사물 창조 그리고 사물에 의한 인간 재창조 둘 모두를 포함하며, 전자를 하는 이유는 오직 후자 때문이다. 즉 사물의 '재창조' 활동은 인간 제작자에서 완료되며 창조하기라는 현상을 설명할 때 반드시 포함되어야 한다. 인간 제작자가 만들어진 사물에 무엇을 투사하는지는 사물에 따라 다를 것이다. 망원경에는 시각에 대한 반사실적인 지각이 투사되며, 붕대에는 피부에 대한 반사실적인 지각이 투사된다. 하지만 인간이 사물에 언제나 투사하는 것이 있다. 바로 창조하기 능력 자체이다. 코트, 망원경, 붕대 등 사물에는 창조하기 능력이 투여되어 있고, 사물은 오로지 우리를 재창조한다는 이 임무를 다하기 위해 존재한다. 사물은 우리를 따뜻하게 해주고, 시각을 확장하고, 존재하지 않는 피부를 대신하여 존재하는 피부가 된다. 4장에서 봤듯, 사물이 **독립된** 창조자인 것처럼 보이는 혼란은 사물의 작용이 우리를 일상적으로 재창조하기 때문에 생긴다. 일례로 인간들 자신이 인공물(신)의 창조자임에도 신이 인간들의 창조자로 여겨진다. 한편으로 물론 그 사물은 인간들을 창조한 이가 **맞다**. 그 인공물을 만듦으로써 인간들은 자신을 재창조했고, 완전히 또 철저히 자신을 변환했기 때문이다. 신이 자신의 창조자들을 재발명하지 않는다면 신을 만들 이유가 없을 것이다. 재창조 능력은 사물에서 나오지 않는다. 이는 전체 활동이 그리는 호弧의 뒷부분 절반에만 주의를 기울이기 때문에 생기는 오해이다. 마르크스는 영국 자본주의에서 인간들이 상품, 화폐, 자본을 만들어냄에도 어떻게 오히려 인간들이 자본주의 체제가 만들어내는 상품으로 잘못 인식되는지 설명했다. 이렇게 사람을 상품이라고 말하는 것은 어느 현상을 대단히 잘못 해석하는 것일 수 있지만, 한편으로 어떤 차원에서는 정확하다. 마르크스도 이해하고 있었듯, 만들어진 사물은 인간을 재창조하기 위해 존재하기 때문이다. 사물은 인간이 따뜻한 환경에 있도록, 건강하도록, 원기 충만하고 정신이 또렷하고 관대해지도록 만들기 위해 존재한다. 물론 사물은 인간을 상품으로 개조하기 위해 존재하는 것이 아

고통받는 몸

니다. 파괴된<sup>uncreated</sup> 경제체제인 자본주의 체제를 독립된 사물로 여길 때만 사물이 인간을 상품으로 만드는 것처럼 보인다. 이 같은 오해는 사물 세계가 인간을 먹이지 않고 입히지 않고 따뜻하게 해주지 않는다는 사실을 변명하는 데 이용될 수도 있다. 인공물이 인간을 창조한다는 생각은 옳지만, 그 창조하는 능력이 인공물에게서 나온다는 생각은 옳지 않다. 전체 활동이 그리는 호의 뒷부분 절반만을 보고 있기에 생기는 오류이다.

전체 활동이 그리는 호의 앞부분 절반이 관심에서 벗어나야 유리한 여러 상황이 있다. 이를테면 인간을 재창조하는 어느 신의 능력이 사실은 인간들 자신의 투사 활동을 연장한 것일 뿐임이 인지되지 않아야 신은 인간 재창조 작업을 훨씬 더 잘 수행할 수 있다. 신이 허구라든지 만들어진 무엇으로 인지되지 않아야 한다는 것이다. 위에서 설명한, 호의 뒷부분 절반만을 보는 현상은 호의 앞부분 절반이 인지되지 않을 때 유리한 상황이 존재한다는 사실 때문에 더 복잡해진다. 사실 이 책에서 '지어내기' 상태로 부르는 것에서 '실제화하기' 단계로 인공물이 이행할 때 이행이 이루어지는 방식 중 하나는 전체 활동이 그리는 호에서 앞부분 절반을 가리거나 지우는 것이다. 바로 이 이유 때문에, 지어내기 단계에 의도적으로 남겨지는 인공물에는 도드라지는 서명이 붙는다. 호의 앞부분 절반을 기억하게 하기 위해서이다. 이런 인공물은 허구적인 채로 남도록 용인되었을 뿐 아니라 허구적인 것으로 인식되도록 의도된 인공물이다. 반면 자신의 허구성을 스스로 선언하게 하려는 의도가 담기지 않은 인공물에는 보통 서명이 붙어 있지 않다. 〈가을에 부치는 노래<sup>Ode to Autumn</sup>〉가 우리에게 영향을 미칠 때 우리는 영향을 미치고 있는 것이 실제로는 시인 존 키츠임을 안다. 이와는 달리 가을이 오고 코트가 우리에게 작용할 때는 그렇지 않다. 익명의 노동이라는 카리타스를 통해 우리에게 도달한 것, 그리하여 우리를 따뜻하게 해주는 것은 실제로는 코트 제작자이지만 우리는 이 사실을 또렷하게 인식하지는 않는다.

서명이라는 것은 대단히 복잡한 쟁점이다. 그럼에도 일반적으로 말할 수 있는 지점이 있다. 인공물이 보답 활동을 수행하는 순간 우리는 발생 순서상 이전에 일어난 투사 행위를 다양한 수준으로 인식하며, 이 "다양한 수준"은 사물이 무엇을 하기 위해 제작되었느냐에 달려 있다는 점이다. {인간 투사 행위의 가시성 수준에 따라 사물을 세 범주로 나눌 수 있다.} 첫 번째 범주에 속하는 사물은 인간들 자신보다도 **더 거대한** 존재론적 지위나 실제성의 수준을 지니는 듯 보임으로써만 사물 자신의 임무를 수행할 수 있다. 이때는 전체 활동이 그리는 호의 앞부분이 **인지하기 불가능**할 뿐만 아니라 **되살리기 불가능**하기까지 해야 한다. 신<sup>god</sup>은 분명 이 범주에 속한다. '왕권신수'를 주장하는 군주제도 마찬가지이다. 사람들은 국가의 법을 자연적으로 (또는 초자연적으로) 세상에 이미 주어져 존재하는 것인 양 받아들여야 한다. 그리하여 이 같은 사물들에는 개인적 서명이 붙어 있지 않을뿐더러 인간이 만들었음을 말해주는 일반적인 인간의 서명도 붙어있지 않다. 이 사물들은 그것이 인간에게서 유래했음을 기록하고 선언하는 봉합선이나 절단된 자국을 지녀서는 안 된다. 가장 큰 범주인 두 번째 범주에는 실제인 듯 보임으로써 작동하는 인공물, 또는 실제인지 아닌지에 대한 의문이 전혀 없이 인간과 상호작용함으로써 작동하는 인공물이 포함된다. 옷이나 언어 등 이 범주에 속하는 물질적·언어적 사물이 지니는 실제성은 인간의 실제성에는 한참 못 미치지만, '만들어진' 것으로 즉시 파악될 수 있을 만큼 비실제이지는 않다. 말하자면 이 범주의 사물은 자신의 허구성이라는 틀에 둘러싸여 있지 않다. (첫 번째 범주의 사물과 마찬가지로) 두 번째 범주의 사물은 '만들어진 것'으로 일상적으로 **인지할 수 있는** 사물은 아니다. 하지만 (첫 번째 범주의 사물과는 달리) 만들어졌다는 속성을 **되살리기가 불가능**하지는 않다. 테이블보, 접시, 화분에 담긴 화초, 이데올로기 구조, 자동차, 신문, 가족에 대한 관념, 가로등, 언어, 도시 안 공원과 같은 사물의 영역을 매일 돌아다니면서도 사람들은 인간이 이런 사물들을 만들었다는 사실을 매 순간 적극적으로 지각하지는 않는다. 하지만 어떤 이유로든 멈춰 서서 이 사물들의 기원을 생각해본다면

고통받는 몸

그 모두에 인간 창조자가 있다는 사실을 쉽게든 어렵게든 되살려낼 수 있다. 또 인간 창조자가 있다는 사실을 인지한다고 해도 그 사물들의 유용성이 사라지지는 않는다. (첫 번째 범주의 사물과 마찬가지로) 두 번째 사물에도 보통 **개인적인** 서명이 달려 있지 않지만, (첫 번째 범주의 사물과는 달리) **일반적인** 인간의 서명은 있다. 특정 이름이 코트에 박혀 있지는 않아도, 봉제선이나 깃 안쪽에 'ILGWU'*라고 적힌 라벨이 붙어 있을 수 있다. 또 라벨이 없다고 해도 잘 살펴본다면 봉제선과 깃 자체가 코트를 만든 인간 제작자가 존재한다는 사실을 선언할 것이다. 메이둠Meidum 피라미드 외벽 돌에는 "피라미드를 쌓았다 조組" "보트 조" "활기찬 조" "홀笏 조" "강한 조" "북쪽 조" "남쪽 조" 같이 작업조들의 서명이 새겨져 있다.[42] 우리가 서명을 발견하지 못했다고 해도, 피라미드 돌 사이의 틈과 자재 자체가 건축에 필요했던 인간의 고된 노동을 알릴 것이다. 목숨을 걸고 금문교를 건설한 한 인부는 50년 후 그 사물을 건너면서 "이 다리 철강에는 온통 내 지문이 묻어 있지"라고 혼자 생각할 것이다.[43] 또 그 눈부신 사물이 '만들어진' 것임을 깨달으면서 때때로 놀라워하는 우리도, 누구의 지문인지는 모르겠지만, 그 지문을 볼 것이다. 여기서 서명은 일반적인 서명으로 특정인의 것이 아니다.

인간이 사물을 만들었음을 되살려 인지하게 되는 데는 여러 다양한 계기가 있다. 가장 흔한 경우는 사물에 수리나 개정, 보강이 필요한 때이다. 이런 때엔 유지되어 오던 사물의 실제성이 다소 저하되면서 사물의 허구성 혹은 '만들어졌음'이 시야에 들어온다. 예컨대 사람들은 보통 때는 코트의 보온(보답) 활동만 생각한다. 이전에 있었던 코트 제작 활동을 생각하게 되는 때는 솔기가 터지고 단추를 바꿔 달아야 할 때이다. 우리는 보통 언어가 '만들어졌음'을 깊게 생각하지 않고 언어를 사용한다(언어가 만들어졌다는 사실을 늘 생각하고 있다면 말을 하며 살아가는 우리의 능력을 제

---

\*　국제여성의류노동조합International Ladies' Garment Workers Union.

대로 발휘할 수 없을 것이다). 하지만 언어 '만들기' 작업을 시작한 유아를 키우는 사람은 언어의 '만들어졌음'을 대단히 또렷하게 본다. 가벼운 뇌졸중을 겪은 후 말을 유창하게 하지 못하게 돼서 언어 능력을 다시 익히고 계발해야 하는 친구를 둔 사람도 그렇다. 왕권신수 군주제하의 신민들과 마찬가지로, 민주주의 사회의 시민들은 사회의 정치·법 구조가 자연적으로 주어져 있으며 독립적인 무엇인 양 그 구조와 일상적으로 상호작용한다. 그러나 문제가 발생할 때 또는 일상의 지평 위로 투표소가 문득 재등장할 때, 시민들은 국가 곳곳에 자신의 지문이 찍혀 있음을 다시 떠올린다. 또 인간이 국가를 구축하고 개정하며, 인간에게 그럴 책임이 있고, 국가의 구축과 개정에 일반적인 인간의 서명이 달려 있음을 다시 떠올린다.

여기서 두 번째 범주를 대표하는 예로 제시된 사물 모두는 보통 '만들어졌음'의 상태보다는 '실제임'의 상태에 존재한다. 하지만 수리가 필요한 순간 우리는 이 사물들이 '실제화되었다'는 사실에 주목하게 된다. 나아가 우리는 이 사물들이 '실제화되기' 전에 '지어낸' 것임을 떠올릴 수도 있다. 즉 위에서 언급한 사물은 모두 독립된 물질적·언어적 형태가 투여된 사물일 뿐 아니라 그전에 정신적으로 발명되었다(정신적 발명 단계에 있는 사물에 물질적 형태나 언어적 형태를 부여한다면, 그 사물은 실제화 단계에 있는 사물보다 더 도식적일 것이며 덜 실체가 있을 것이다). 이렇게 코트에는 제작자가 있을 뿐 아니라 그전에 디자이너가 있다. 금문교에도 인부들뿐 아니라 설계자가 있다. 민주주의 사회에도 디자이너와 설계자가 있다. 중요한 것은 다음과 같은 사실이다. 즉 '제작자'는 일반화된 인간의 서명('ILGWU', "강한 조", 유권자)을 통해서만 되살려져서 눈에 보일 수 있지만, 디자이너와 설계자는 보통 개인적인 서명을 통해 알려진다는 것이다. 디자이너의 이름이 코트에 찍혀 있을 수도 있고, 코트에 이름이 붙어 있지 않아도 코트 디자인이 처음으로 소개되는 새 시즌 패션쇼에서 디자이너의 이름이 발표될 것이다. 코트 구매자들도 디자이너의 이름을 입에 올릴 것이다. 다리를 건설한 인부들의 이름을 알아내기는 어렵겠지만, 설계

고통받는 몸

자들의 이름은 공공 기록에 남아서 더 쉽게 알아낼 수 있다. 미국이라는 국가를 건설한 사람들은 집단적이고 익명이지만, 독립선언서와 헌법을 설계한 사람들의 이름은 잘 알려져 있다. 우리는 이 설계자들을 '독립선언서 서명자들signers'이라고 부르기까지 한다. 지어내는 단계에서의 개인 서명과 실제화 단계에서의 일반적인 인간의 서명 간의 차이는 이처럼 계속 나타난다. 차이가 생기는 이유는 첫 번째 행위가 더 어려우며 더 특별한 재능이 필요해서이기도 하다. 또는 알 수 없는 신비한 이유로 (합당하게든 아니든) 더 크게 존경받기 때문이기도 하다. 하지만 이런 설명보다는 두 가지 서명 간의 차이가 놓인 구조적 위치 때문이라는 설명이 더 그럴듯한 것 같다. 특히 두 번째 범주 안에서 나타나는 두 서명 간의 차이를, 사물의 세 가지 범주가 이루는 더 거대한 패턴 안에서 봤을 때 그렇다. 무언가를 지어내는 단계에서 우리는 그 사물이 '만들어졌음'을 떠올리게 하는 개인적 서명이 존재하도록 허용한다. 코트 옷본, 청사진, 헌법을 코트, 다리, 국가로 오인할 가능성은 없다. 따라서 코트 옷본, 청사진, 헌법이라는 사물이 만들어진 것임을 고백하는 서명이 붙어 있다고 해도 아무것도 위태로워지지 않는다. 반면 지어내는 단계에 있던 사물이 이제 '실제의' 것으로서 기능해야 하는 단계, 혹은 자기-실증하는 것으로서 기능해야 하는 단계에서는 인간의 투사에서 생겨났음을 이 사물이 매 순간 고백하고 있지 않아야 훨씬 더 성공적으로 기능할 수 있다. 따라서 이런 사물들은 서명을 지니지 않는다. 또는 되살려낼 수 있는, 일반화된 인간의 서명만 지닌다.

**실제** 사물이 이루는 두 번째이자 가장 큰 범주는 한쪽으로는 **초-실제인**super-real 사물이 이루는 매우 작은 첫 번째 범주와 맞닿아 있다(초-실제인 사물은 인간보다 더 큰 실제성과 권위를 갖는 듯 보임으로써만 기능하는 인공물을 말한다). 또 다른 한쪽으로는 명백하게 **실제가 아닌**unreal 매우 작은 집단의 사물이 이루는 범주, 즉 예술이라는 세 번째 범주와 맞닿아 있다. 첫 번째 범주 사물의 '만들어졌음'은 **인지되지 않는** 동시에 **되살리기 불가능**하다. 두 번째 범주 사물의 '만들어졌음'은 **인지되지는 않지만** 다시 짚어

봤을 때 **되살릴 수 있다**. 한편 세 번째 범주 사물의 '만들어졌음'은 **되살릴 수 있고 인지될 수 있을** 뿐만 아니라 **자기-선언적**이다. 시, 영화, 회화, 소나타 모두는 허구성이라는 틀에 둘러싸여 있다. 이 사물들이 지니는 '지어낸 것이라는 성질made-upness'이 그것들을 에워싸고 있으며, 우리가 언제나 그 성질을 인지할 수 있다는 뜻이다. 이 사물들이 만들어진 것임을 잊어버리는 순간이 있을 수도 있지만, 우리가 이 세 번째 범주의 사물과 상호작용할 때 그 같은 순간은 드물다. 우리가 코트라는 사물과 상호작용할 때 코트가 만들어진 것임을 기억하는 순간이 드문 것과 마찬가지이다. 그리하여 첫 번째 범주의 사물이 **개인적인 서명도 일반적인 인간의 서명도 지니지 않고**, 두 번째 범주의 사물이 (지어내는 짧은 단계에서를 제외하면) **일반적이지만 개인적이지는 않은 서명을 지니는** 반면, 세 번째 범주의 사물은 **개인적인 서명을 지닌다**. 사실 세 번째 범주 사물에 부착된 서명은 그 인공물에서 분리될 수 없을 정도여서, 다음 예에서 볼 수 있는 것처럼 서명이 사물의 이름이 되곤 한다. 사람들은 방에 있는 두 개의 사물을 가리키며 "이건 밀레Millet고, 이건 카로Anthony Caro야"라고 말한다. 레코드판 가장자리에 바늘을 올려놓고 기대에 찬 눈들을 둘러보며 "모짜르트야"라고 말하기도 한다.

여기서 사물이 이루는 세 범주를 소개한 까닭은 오로지 다음의 사실을 강조하기 위해서이다. 즉 인공물이 우리를 재창조하고 있거나 우리에게 보답하고 있을 때, 다시 말해 인공물이 쓸모 있을 때, 또 다른 말로 하자면 전체 활동이 그리는 호의 뒷부분 절반을 인공물이 수행하고 있을 때, 호 앞부분 절반이 가시적인지 아닌지는 인공물이 수행하는 보답 과업을 그 가시성이 방해하느냐 아니냐에 달려 있다는 것이다. 호 앞부분 절반이 가시적이면 첫 번째 범주 사물의 작동은 위태로워진다. 두 번째 범주 사물의 작동은 위태로워지지는 않겠지만 방해받는다. 세 번째 범주 사물의 작동은 위태로워지거나 방해받지 않으며 오히려 작동에 도움이 된다(세 번째 범주 사물은 창조하기의 본성을 기리기 위해, 또 우리가 창조하기의 본성을 이

고통받는 몸

해할 수 있도록 돕기 위해 존재하기 때문이다).

전체 활동이 그리는 호의 뒷부분 절반 위에 서서 볼 때 호 앞부분 절반의 가시성은 이렇게 경우마다 다르다. 단 호 앞부분 절반을 살펴보면서, 다시 말해 창조하기의 본성을 이해하려고 노력하면서 호 앞부분만을 떼어내어 고찰한다면 언제나 오해로 이어진다. 호의 앞부분 절반은 뒷부분 절반과 함께 봤을 때만 제대로 이해할 수 있기 때문이다. 바로 이 이유 때문에 지금 논의에서는 사물을 '지레'로 칭한다. 사물이 세 범주 중 어디에 속하느냐와는 상관없이, 사물이 신이든 코트이든 시, 국민국가, 교량, 백신이든 무엇이든 상관없이, 구체적인 한 사물은 전체 활동에서 언제나 **중간점**일 뿐이기 때문이다. 한편 '지레'라는 설명어는 전체 현상이 지니는 또 다른 주요 속성에 주목하게 하고자 사용한 말이기도 하다. 이 또 다른 주요 속성이란, 개별 사물이라는 중간점은 또한 증대가 일어나는 장소라는 것이다. 보답 활동이 보통 투사 활동을 엄청나게 초과한다. 이 점은 뒤따르는 논의에서 분명해진다.

앞서 3장에서는 무기 또는 도구의 능동적 말단에서 일어나는 변환의 정도와 수동적 말단에서 일어나는 변환의 정도 차이가 크다는 점을 살펴봤으며, 수동적 말단에서 어떤 일이 일어나는지도 살펴봤다. 총의 한쪽 말단에 놓인 손가락 위치가 변하면 다른 쪽 말단에 놓인 몸에는 삶에서 죽음으로의 변화가 일어날 수도 있다. 한 사람이 화살을 쏠 때 발생하는 체화된 변환의 정도보다 화살이 일으키는 변환의 정도가 엄청나게 더 크다. 화살을 맞은 짐승의 상처는, 상처를 입힌 사람의 팔과 손과 등의 수축보다 질적으로 더 중대한 변환일 뿐만 아니라 훨씬 더 오래 지속한다. 팔이 갈퀴에 가하는 당기는 힘이 갈퀴의 다른 쪽 말단에 일으키는 결과는 작용 범위와 지속 시간 측면에서 체화된 갈퀴질 동작의 작용 범위와 지속 시간을 초과한다. 갈퀴질하는 사람은 팔 반경 안에 들어오는 식물뿐 아니라 그보다 더 큰 반경의 영역에도 작용을 가하며, 갈퀴질 활동이 미친 영향은 팔이 활동을 멈춘 후 수시간이나 수일이 지난 다음에도 계속 눈에 보이도록 남는다. 한 여성은 구깃구깃한 리넨 천을 내리누르기만 하고, 또 다른 여성은 똑같은 정도의 힘을 쓰지만 다리미를 통해서 리넨 천을 내리누른 다고 하자. 전자의 천에는 사실상 변환이 일어나지 않을 것이나 후자의 천 은 매끄러운 표면을 지닌 천으로 변환될 것이다. 도구가 개입하여 그녀의 활동을 증대했기 때문이다. **무기**에서 **도구**로 변환될 때 여러 커다란 변화 가 발생하지만 증대 현상은 언제나 나타나는 요소이다. **도구**에서 독립된 **인공물**로 변환될 때도 여러 커다란 변화가 발생하지만 이때도 증대 현상 은 여전히 나타난다. 사물이 인간 제작자들을 **탈체화** 혹은 재창조하는 정 도는 사물을 창조하는 투사 행위에 필요한, 심화되고 견디기 괴로운 **체화** 의 정도를 통상적으로 크게 초과하기 때문이다.

코트 제작 활동 중인 여성을 다시 생각해보면 다음의 사실이 분명해 진다. '자신이 추위에 취약함을 지각하고 그 취약함이 사라지길 바라기' 라는 반사실적 바람을 노동이라는 투사 행위로 번역하려면 통제되는 불 편함, 즉 체화된 괴로움^embodied aversiveness이 필요하다는 것이다. 팔, 두뇌, 등, 눈, 손가락 전부가 특정 결과를 낳는 데 집중된다. 솔기, 코트 모양, 옷감을 향해 쏟는 계속되는 정신적·육체적 관심 자체가 애초의 반사실적 바람이 내부적으로 대상화된 것이다(코트를 만드는 여성은 이 시점에서 애초의 반사 실적 바람을 전혀 떠올리고 있지 않을 수도 있다. 그녀의 머리는 바람과 눈과 오한 을 생각하고 있는 것이 아니라, 마무리가 안 된 천 가장자리를 다른 쪽 가장자리와 나란히 맞추는 데만 온통 집중하고 있을지도 모른다). 이렇게 코트 만들기(전 체 활동이 그리는 호의 앞부분 절반)에는 심화된 체화가 필요하지만, 이후 코 트는 그녀를 재창조(호의 뒷부분 절반)하여 탈체화를 일으킨다. 몸에서 '외 부 기온에 취약함'을 제거하여 그녀의 정신이 체온 문제에 더는 골몰하지 않아도 되도록 만든다는 것이다. 따라서 전체 활동이 그리는 호 전체를 보 면, 코트 만드는 여성은 먼저 좀 더 집중적으로 **체화되었다가**(투사) 그다 음 **탈체화된다**(보답). 단 보답의 정도가 투사보다 분명히 훨씬 크다. 보답 이 투사와 같은 정도로 이루어진다면, 다시 말해 보답이 그녀에게서 덜어내는 불편의 정도가 투사를 하며 의도적으로 감수한 불편의 정도와 똑같다면, 코트를 만들 이유가 없을 것이다. 차라리 주위 환경에 완전히 수동적인 채로 가만히 있는 편이 나을 수도 있다. 하지만 보답은 투사를 막대하게 초과한다. 투사에 필요한 체화된 불편, 피로, 집중은 불편을 제거할 뿐 아니라 영하의 날씨에서 죽을 가능성을 제거한다. 코트가 없어도 꼭 죽지는 않는다고, 가령 불 옆에 붙어 있으면 된다고 반론할 수도 있다(불 자체도 만들어진 사물이다). 그러나 이 반론은 비슷한 결론으로 이어질 뿐이다. 즉 코트 제작이라는 체화된 불편을 감수함으로써 그녀는 불에서 2미터 이상 떨어져 있을 수 없다는 예속 상태를 제거한 것이다.

그리하여 한 시간 동안의 투사를 한 시간 동안의 보답과 나란히 놓아봤을 때, 보답에서 발생하는 변환이 투사에서 발생하는 변환보다 훨씬 더 크다. 특히 이렇게 시간 요소를 도입해보면 초과의 두 번째 형태에 주목하게 된다. 코트를 만든 여성은 몇 주 동안 투사라는 불편을 겪지만, 그 대신 '추위에 취약함'에서 자유로운 15개월(3번의 겨울)이라는 보답을 받는다. 투사와 보답이 시간 측면에서 등가라면, 코트를 실제로 만들지는 않으면서 체화된 코트 제작 동작(앞 절에서 노동의 춤이라고 불렀던 것)만 하는 것이 나을 수도 있다. 코트 제작 동작을 하면서 격렬하게 움직이는 방법으로 몸을 덥힐 수 있기 때문이다. 하지만 특정한 동작들로 이루어진 이 '건강체조'는 사실상 얼음과 눈의 계절 내내 계속되어야만 하며, 이는 불가능한 계획이다. 또 노동할 때 감수하는 견디기 어려운 괴로움은 언제 쉬고 언제 일할지 선택함으로써 그 정도를 통제하고 조절할 수 있지만, 코트 제작 동작으로 몸을 덥힐 때는 그럴 수 없다. 언제 동작을 할 것인지는 개인의 의지를 넘어선 일로, 외부 세계의 변덕에 완전히 좌지우지된다.

두 가지 형태의 초과에 더해 바로 명백하게 알 수 있는 세 번째 형태의 초과가 있다. 코트라는 사물은 자신의 보답 혜택을 투사 과정에서 완전히 면제되어 있던 이들에게까지 확장할 수 있다는 것이다. 이제 코트를 만든 여성이 불 옆에 앉아 있을 동안에는 그녀의 남동생이나 이웃, 자녀가 코트를 입을 수 있다. 완전히 내부적이었던 반사실적 바람이 공유될 수 있는 산물로 대상화되었기 때문이다. 물질적·언어적 인공물이 제작자로서의 인간 일반이 아니라 해당 인공물을 만든 특정 제작자에게만 보답한다면, 인공물은 거의 감응력 자체만큼이나 절대적으로 사적일 것이다. 그러나 인공물은 사적이기보다는 본성상 사회적이다.

코트라는 사물의 보답 활동은 해당 사물의 창조자를 포함하지만 그녀에게 한정되지는 않는다. 이 사실은 네 번째 형태의 초과인 교환으로 이어진다. 코트를 만든 여성이 코트를 한 벌 더 만들어서 벽을 만들어주는 작업과 교환한다면, 또는 코트를 돈으로 바꿔 벽을 구매한다면, 코트 제작이라는 투사 활동은 그녀에게 따뜻함만이 아니라 안전도 제공할 것이다. 이 여성이 만들 수 있는 물건이 처음에는 하나밖에 없는 듯 보였지만, 사실상 그녀는 집중적으로 수행하는 일단의 동작을 통해 많은 사물을 (간접적으로) 만들 수 있다. 그녀는 벽을 만들 수 있고, 한 달간 먹을 음식, 발진을 가라앉히는 연고, 피리를 만들 수 있다. 이 사물들은 다시 그녀를 여러 방식으로 재창조한다. 이제 그녀는 춥지 않고 안전한 환경에 있으며 영양 상태가 좋고 발진이 없는 음악 제작자가 된다. 인간들이 감응력의 고정된 속성들이 이루는 사적 경계에 갇혀 있지 않듯이, 만들어진 사물도 그 감각적 속성들이 이루는 물리적 경계에 갇혀 있지 않다. 코트는 인간을 변환한다. 전에 인간은 언제나 자신을 추위에 취약한 존재로 경험하던 생물체였지만, 이제는 대부분의 경우 자신을 재능 있는 코트·음악 제작자로 경험한다. 이와 마찬가지로 코트도 일단의 감각적 속성을 지닌 사물에서 다른 일단의 속성을 지닌 사물로 변환될 수 있다. 예를 들어 부드러운 파란색 천, 세로 60센티미터 가로 90센티미터의 불규칙한 나무 밑동 모양, 아래와 윗부분이 뚫려 있음, 이동 가능함을 속성으로 지닌 사물에서 변환되어, 단단하고 고른 표면, 세로 250센티미터 가로 150센티미터의 직사각형 모양, 뚫려 있지 않음, 이동 불가능함을 속성으로 하는 사물이 될 수 있다는 것이다. 이렇게 변환될 수 있는 이유는 사물의 고유한 특질인 지시 작용의 자유 때문이다. 즉 코트는 제작자의 체온 불안정을 지시할 뿐 아니라 그녀의 남동생, 이웃, 자녀의 체온 불안정까지 지시한다. 코트를 만든 여성이 자신의 창조하기 능력을 코트에 투여했을 때 코트라는 사물은 **그녀를**(그리고 다른 사람들도) **재창조**할 수 있게 될 뿐만 아니라 이렇듯 **사물 자신을 재창조**할 수 있게 된다. 이제 코트는 제작자가 원하는 그 어떤 사물이라도 될 수 있다.

인공물은 보통 네 가지 초과 형태 중 적어도 하나, 그리고 대개는 네 가지 초과 형태 전부를 특징으로 지닌다.[44] 문명이 만들어낸 인공물 중 특히 커다란 칭송을 받는 인공물이 있다. 황산의 분리와 제조, 베토벤 소나타, 미국 헌법, 천연두 백신, 〈창세기〉, 전화, 아라비아 숫자 등등이 그렇다. 이 인공물들을 만들기 위한 투사 행위에는 고통스러운 수년간의 노동이 필요했을 것이다. 몇 생애가 되풀이될 동안의 노동이 필요한 경우도 있었을 것이다. 그럼에도 이 인공물들은 투사를 엄청나게 초과하는 지시 능력을 지녀서, 투사와 보답을 대조해서 계산해보는 일이 우스워 보일 정도이다. 이 인공물들이 제공하는 보답의 규모를 생각해보다가, 마치 행성 간 거리의 규모를 머릿속에 그려보다가 포기하는 때와 비슷한 심정으로 그만두고 말 수도 있다. 사람들은 어느 사물이 발명되는 특이나 극적인 사례를 하나 살펴보고는, 일반적인 발명 현상이 필요를 지각하는 데서 시작할 리가 없다고 결론 내리기도 한다. 사물이 제공하는 거대하고도 예상할 수 없는 혜택은 '필요'라는 협소한 단어가 상기시키는 것들과는 닮은 데가 전혀 없기 때문이다. 지금 가장 주목해서 봐야 할 점은, 널리 칭송받는 인공물뿐 아니라 가장 평범하고 일상적인 인공물도 초과가 특징이라는 것이다. **초과해서 보답하는 능력 자체가 인공물**이라고, 즉 인간이 **만들어낸** 것은 x나 y라는 사물이 아니라 초과하는 보답 능력이라고 할 수 있을지도 모른다. 따라서 표준 모델은, 호의 앞부분 절반에는 존재하지 않는 관대함이 뒷부분 절반에 존재하는 모델이어야 한다. 또 자기-증폭하는 관대함을 향해 나아가는 고유의 움직임이 창조하기 행위 전체에 담겨 있는 모델이어야 한다.

중요하게 다시 떠올려봐야 하는 점이 있다. 여기서 기술적 모델로 제시하는 모델은 인간들 간의 관계를 설명하는 모델이 아니라, 인간과 만들어진 사물의 영역 간의 관계를 설명하는 모델이라는 것이다. 다른 사람을 위해 어떤 행위를 하거나 다른 사람에게 사물을 주면서 보답을 기대할 수도 있고 안 할 수도 있다. 완전히 무조건적인 사랑은, 완전히 일방적이어서 괴로운 사랑만큼이나 드물지도 모른다. 그럼에도 다른 이들을 향한 인간 행위는 넉넉하고 자비로운 비대칭성이라는 틀 안에서 일상적으로 발생한다. 또한 사람들의 숫자도 사람들의 보답이 향하는 방향과 마찬가지로 유동적이다. 다섯 명의 사람이 한 사람을 위해 행동하는 일은 흔하고, 한 사람이 다섯 명의 사람을 위해 행동하는 일도 흔하다. 사람들 사이의 보답이라는 문제는 복잡하고 중요한 주제이지만 지금 논의에서 다룰 주제는 전혀 아니다. 사람들 사이의 보답이 어떤 특징을 지니든 그 특징을 인간과 사물 사이의 관계를 설명하는 모델에서 끌어올 수는 없다.

위에서 소개한 모델을 '표준'이라고 부르는 이유는, 널리 칭송받는 인공물이든 아니든 문명이 만들어낸 인공물에 이 모델이 거의 편재하기 때문이다. 인간의 투사 활동이 반드시 사물의 증폭된 보답 활동이라는 결과로 이어진다는 뜻은 아니다. 가령 생존이 어려운 상황에서 투사와 보답은 고통스러울 정도로 서로 가까워질 수 있고, 그 같은 상황에서는 투사 행위를 계속할 것인지 질문을 던지게 된다. 다음 끼니를 위해 얼어붙은 땅을 파서 감자 지스러기를 찾아내는 데 노동을 들일 것인지 묻게 된다는 것이다. 고되게 노동을 해서 소비되는 에너지가 감자가 제공할 열량 회복량과 똑같거나 오히려 더 클 수도 있기 때문이다. 하지만 투사와 보답이라는 두 사건이 거의 등가인 이 상황은 '인공'을 설명하는 모델이 될 수 없다. 긴급한 상황에 대처하는 때이며, 그 상황 자체가 인공이 실패했거나 실패하고 있는 때이기 때문이다. 이와 비슷하게 기술상의 새로운 발명이나 새로운 의학 치료법, 철학 논문, 국가 등 만들어진 사물에 지시 활

고통받는 몸

동이 투여되어 증폭될지 알지 못하는 채로 여러 해에 걸쳐 투사 노동을 해야 하는 때는 셀 수 없이 많다. 증폭된 지시 활동은커녕 지시 활동이 조금이라도 투여되긴 할지 알지 못하는 채로 오랫동안 투사 노동을 해야 할 때도 있다. 황열병의 원인을 찾기 위해 일생을 바친 사람이 있다고 하자. 이 사람 자신이 원인을 찾는 데는 실패하지만 그의 연구가 공헌하여 나중에 집단적 원작자들이 황열병의 원인을 발견할 수도 있다. 또는 연구 방향이 너무나 잘못돼 있어서(심지어 다른 대륙에서는 이미 알려진 연구 방향 오류일 수도 있다) 이후의 집단적인 성과에조차 공헌하지 못할 수도 있다. 아니면 황열병의 원인을 찾아내긴 하지만, 강을 거슬러 올라가서 누군가에게 말하기 전에 죽을 수도 있다. 이 같은 상황을 기술하는 긍정적이며 찬양조이기까지 한 용어는 많다. 창조라는 투사 행위를 하려면 분명 결과와는 상관없이 커다란 위험부담을 떠안곤 해야 하며 대단한 용기와 기개가 필요할 때도 있기 때문이다. 또 사실, 결과를 알 수 없기에 그만큼 더 연구자 개인의 용기가 필요하다. 하지만 이런 상황이 인공을 설명하는 모델(엄격히 말하자면 그 일례)이 된다는 뜻은 아니다. 이 경우도 인공$^{artifice}$이 실패한 순간 또는 비非-인공$^{nonartifice}$의 순간이기 때문이다. 이 사실은 위 연구자 자신이 가장 잘 알고 있을 것이다. 그는 자신을 용감한 사람으로 재창조했다(심지어 다음과 같이 말할 수도 있을 것이다. 만들기 행위에서 보답을 기대하는 인간의 원래 모습에서 연구자 자신을 변환하여, 성공하지 못할지도 모른다는 위험을 안고서도 계속해서 '만드는' 인간으로 자신을 창조했다고 말이다). 그러나 그가 노동한 이유는 당연히도 이러한 자기 재창조를 위해서가 아니라 황열병의 원인과 궁극적 치료법을 찾기 위해서였다.

창조하기의 전형적인 호가 이루는 한쪽 경계는 실패와 생존이라는 비표준적인 모델과 맞닿아 있다. 한편 다른 쪽 경계도 마찬가지로 창조하기의 비표준적인 구조와 맞닿아 있다. 이 비표준적인 구조는 극단적으로 안락한 삶과 여가의 영역에 속한다. 가령 이런 사람을 상상해보자. 이 사람은 자신에게 즐거워하는 능력이 그다지 없다고 여기며, 어느 경우에도

3분 이상 즐거워하는 법이 없고, 열량 섭취를 해도 그 열량이 한 시간밖에 가지 않는다. 그를 위해 세 명의 사람이 12시간 동안 노동해서 페이스트리를 생산한다고 하면, 이때도 만들어진 사물의 보답 활동은 투사 노동을 초과하지 않는다. 초과는커녕 등가조차 아니다. 따라서 이 경우도 인공의 실패 사례로 봐야 할지 모른다. 사실 사람들은 이런 사례를 받아들일 만하거나 전형적이거나 이른바 '성공적인' 인공의 순간으로 여기기도 하는 것 같다. 하지만 그럴 수 있는 이유는 오로지 다른 인공물들이 이루는 더 큰 틀이 페이스트리라는 사물을 둘러싸고 있기 때문이다. 다시 말해 지금까지의 논의는 제작자(들)와 만들어진 사물 하나 사이의 관계를 집중적으로 살폈지만, 다수의 사물이라는 맥락에서만 이해할 수 있는 사물도 있다.

앞에서 여러 번 짚었듯 (물질적·언어적·정신적) 사물의 영역은 수량적으로 과도해지는 경향이 있다. '사물들의 수량적 과도함$^{excessiveness}$'은 '한 사물 **내에서** 보답 활동의 초과$^{excess}$'와는 매우 다른 특성이지만, 부분적으로 전자는 후자의 초과가 반영된 것인지도 모른다. 창조하기의 비가시적인 속성 중 대단히 많은 속성이 사물 세계의 물질화된 구조 안에서 대상화되고 가시화되며, 그렇기 때문에 창조하기에 내재하는 자기-증폭적 관대함도 수량적 초과를 향한 경향 안에 가시적으로 (또 문제가 없는 것은 아니지만 그럼에도 매우 긍정적으로) 나타나는 것일 수 있다. 대니얼 디포$^{Daniel}$ $^{Defoe}$의 소설《로빈슨 크루소$^{Robinson Crusoe}$》는 위와 같은 수량적 초과를 향한 경향을 매우 잘 그렸다. 오래전에 읽은 이 소설을 떠올려보면 문명 밖 어느 외딴 섬에서의 생존 서사로만 기억에 남아 있을 수 있다. 그러나 다시 읽어보면 크루소의 세계-짓기 행위와 문명 재구축이 매우 초기부터 과잉을 특징으로 한다는 점을 발견하고 놀라게 된다. 크루소가 만들어낸 작은 나라는 구舊문명인 모국의 문화적 자손이며, 이 구문명에서 온 난파된 배로부터 크루소에게로 사물들이 떠내려온다. 사물이 희소한 상황이지만, 이런 상황에서도 떠내려온 사물들은 과잉의 상징이 된다. 예를 들어 크루소는 여러 물건 중에서도 특히, 한 권도 아니고 세 권의 성서를 발견한다.

고통받는 몸

그의 집짓기도 점점 더 과잉을 내보인다. 크루소의 거처는 갈수록 화려해져서 얼마 안 있어 집 두 채와 배 두 척, 울타리가 생긴다. 크루소는 울타리를 주기적으로 다시 손보고 늘이고 보강하여, 울타리가 흙과 함께, 또 얽혀 올라가는 나뭇가지와 함께 점점 더 두터워지게 만든다. 또 달력, 일기, 꿈, 도덕 범주, 거처에서 내다보이는 전망 등으로 이루어지는 크루소의 언어세계, 정신세계, 숫자의 세계도 마찬가지로 증식을 향한다. 증식 경향의 결과로 나타나는 재화財貨의 문화는 '축재蓄財'처럼 경멸을 담은 용어로 요약할 수도 있고, '개신교의 노동 윤리와 개인주의'처럼 중립적으로 기술하는 어휘로 요약할 수도 있다. 하지만 디포가 드러내고자 하는 것은 부분적으로는 만들기의 본성과 문명화 충동이라는 고유한 추진력이다. 크루소가 '만드는' 사람이 되는 과정은 절박한 필요에서 시작되거나 우연히 시작된다. 유일하게 존재하는 자기-구출 전략이 인공물을 제작하는 것뿐이어서, 또는 전혀 의도치 않은 결과를 관찰하는 인간의 재능이 제작에 수반되면서 만드는 사람이 된다는 것이다. 그러나 크루소는 점차 '그저 만들기 위해 자발적으로 만드는 사람'이 되어 간다. 자신의 외부 세계를 바꾸는 데 더해, 그는 **창조하기 행위 자체**의 성격을 변환하여 창조하기를 재창조한다. 크루소는 인간 제작자를 개조하여, 고통 때문에 창조하는 인간에서 순수한 즐거움을 위해 창조하는 인간으로 바꾼다.

크루소 이야기는 세 명의 사람이 12시간을 들여 페이스트리를 만드는 이야기에 시사점을 제공한다. 사물 세계의 특징이 풍부함일 때는 오로지 다음과 같은 사실을 보이고 탐닉하기 위해 투사가 보답을 초과하는 사물이 만들어질 수도 있다. 즉 창조하기의 구조 자체를 재창조해서, 그 구조가 통상적으로 요구하는 필요조건인 '투사를 초과하는 보답'에서 자유로워질 수도 있다는 것이다. 투사가 보답을 넘어서는 불균등은 보통 비상 상황, 살아남기, 실패를 뜻한다. 반면 여기서 제시한 또 다른 종류의 불균등은 한 사람이 공포, 죽음, 실패의 영역에서 멀리 떨어져 있으며 그런 영역에서 면제되어 있음을 선언하는 수단이 된다.

면제되어있다는 이 같은 감각은 물론 페이스트리 자체 때문에 생기는 것이 아니라, '한정된 투사 대<sup>對</sup> 넉넉한 보답'이라는 통상적인 비율이 확고히 자리 잡은 인공물이 풍부하기 때문에 생긴다. 페이스트리는 면제를 만들어내지 않으며 면제를 표현할 뿐이다. 인간 제작자는 사물을 통해 자신을 재창조하고, 이 **새롭게** 재창조된 자아는 기존 사물 세계에서 자신이 표현되고 있지 않음을 깨달으며, 그리하여 새로운 자아를 다시 새로운 사물에 투사하고 새로운 사물로 대상화한다(이는 다시 제작자를 재창조하고, 그리하여 또 다시 새로운 형태의 대상화가 필요하게 된다). 이렇듯 사물 영역의 계속되는 **증식**은 모든 창조가 시작된 장소, 즉 감응력이 있는 인간 몸에서 일어나는 계속되는 **자기-개정의 초과**를 표현한다.

다수성이라는 주제의 난해함과 복잡함을 지금 논의에서 전부 다룰 수는 없지만, 잠시 살펴본 위 내용에서 주목하게 되는 점이 있다. 사물 하나에 인식 가능한 구조가 있는 것처럼 풍부한 사물들로 이루어진 포괄적인 영역에도 인식 가능한 구조가 있을 수 있다는 것이다. 만들어진 문화가 신, 제단, 담요, 노래라는 한 줌밖에 안 되는 사물로만 이루어진다면 사물 간의 관계를 명료하게 설명할 수 있을지도 모른다. 예를 들어 앞에서 살펴봤듯 구약성서의 특정 구절에 등장하는 인공물의 숫자는 매우 적고 인공물이 탄생하는 시간순서도 대단히 분명해서, 각 인공물의 개별 구조뿐 아니라 인공물들이 맺는 관계의 구조도 파악할 수 있다.<sup>45</sup> 반면 인공물들이 이루는 광활한 바다 안에 일단 거주하게 되면 사물 간의 구조를 파악한다는 과제는 훨씬 더 어려워지고 수행하기가 거의 불가능해진다. 그럼에도 대단히 많은 인공물 사이에서 눈에 띄게 분명해지는 점이 있다. 기존 사물이 지원하여 새로운 사물이 나타나는 경로가 여럿이라는 점이다(그리고 이렇게 다수의 경로가 나타나는 모습을 머릿속에 그려볼 때, 우리는 인간의 상상이 쉬지 않고 작업 중에 있는 거대한 최전선의 모습을 얼핏 보게 된다. 이 최전선에서 상상은 만들어진 문화의 제방을 끊임없이 순찰하고 수리하고 틈을 메우고 연장하고 보강하고 있다).

첫 번째 경로이자 가장 중요한 경로는, 위에서 설명했듯 기존 사물이 제작자를 재창조하여 대상화된 투사 행위가 새로이 필요해지는 때이다. 체중 때문에 불편을 느끼는 인간은 의자를 창조하며, 의자는 그녀를 재창조하여 체중에서 벗어나게 한다. 이제 그녀는 체중에서 벗어난 새로운 자아를 새로운 사물로 투사하여 천사의 형상을 제작하거나 하늘을 나는 기계를 설계한다. 한편 감응력상의 필요와 예민함이 사물로 투사되면서 사물 자체에 새로운 인공물을 지원할 능력과 필요가 담긴다. 이것이 새로운 사물이 나타나는 두 번째 경로이다. 발명된 사물은 다음과 같은 잠재적 **능력**을 지닌다. 사물은 새로운 응용법을 제시할 수 있으며 그리하여 그 사물 자신을 새롭게 수정하길 요구할 수 있다. 몸에 달린 수정체를 투사한 카메라 발명은 나중에 인간의 몸 안으로 진입할 수 있는 새로운 종류의 카메라 발명으로 이어진다. 이 새로운 카메라는 몸 안으로 진입하여 배아 수정, 심장을 통해 흐르는 피, 망막 운동을 찍을 수 있다. 새로 발명된 사물 때문에 또 다른 사물을 발명할 **필요**가 생길 수도 있다. 예를 들어 로빈슨 크루소가 성공적으로 농작물을 '만든' 다음엔 작물을 보호할 사물도 만들어야 했다.[46] 유리 하모니카를 만든 벤저민 프랭클린Benjamin Franklin은 이 섬세한 악기가 오래 가도록 악기 케이스를 만들었다.[47] '새로운' 바이러스를 분리해낸 후에는 바이러스 성장을 관찰하기 위해 새로운 배양액을 제조해야 할 수도 있다. 헌법 제정 후엔 헌법상의 권리를 보호하기 위해 여러 법률과 관행이 생긴다.

세 번째 경로는 다음과 같다. 앞장에서 분명해졌듯 먼저 감응력이 있는 창조자의 속성이 투사되어 극도로 승화되고 대상화된 인공물이 나타나고, 뒤이어 이 근원 **인공물**과 인간 제작자 사이를 매개하기 위한 인공물들이 제작될 수 있다. 창조 능력 같은 속성을 투사하여 신을 만든 다음, 신보다는 덜 승화되었으며 더 물질화되어 대상화된 제단, 서사, 성전, 방주, 촛대, 표지로서의 무지개 등을 제작하는 경우가 그렇다. 또는 마르크스와 프로이트의 저작이 보여주듯 몸 가까이 존재하는 독립된 인공물이 먼저 발명된 다음 이 인공물이 더욱 승화된 인공물 발명으로 이어질 수도 있다. 꿈에 나오는 사물, 개별 공예품, 가족 내 상호작용 유형이 먼저 발명되고, 그다음 이 인공물들이 시장 구조, 사회 구조, 이데올로기, 철학, 종교 등 더 승화된 인공물로 이어지는 것이다. 특정 속성이 다수의 형태로 표현되어 존재하게 되면 개별 인공물 안에서 투사와 보답이 그리는 호도 달라진다. 투사나 보답 어느 쪽으로 움직이든 이 움직임은 사물의 보답이 인간의 투사를 넘어서는 초과분<sub>分</sub>을 더 크게 만든다. 물질화되어 대상화된 것은 이전에 만들어진 사물의 '공유 가능성', 즉 지시 범위를 확장하기 위해 더 확대되어 대상화될 수 있다. 또 더 탈물질화되어 대상화될 수도 있으며 더 언어화되어 대상화될 수도 있다. 역으로, 언어화되어 대상화된 것에 더 실체가 있는 판본이 필요해질 수도 있다. 더 실체가 있는 판본은 언어화되고 추상화된 것에 감각적 직접성을 투여함으로써 투사 노동을 줄인다. 예를 들어 사람들은 실제 거처나 자신이 겪어본 가족생활에서 보호 역할을 하는 인간 집단에 대한 감각을 얻기도 하며, 이 같은 감각은 '폴리스'라는 개념을 통해 크게 확대될 수 있다. 그리고 다시 폴리스라는 개념이나 한 사람이 '시민'으로 존재한다는 개념처럼 멀게 느껴지는 개념을 이해하고 머릿속에 담고 있는 투사 행위는, 지도나 옷감의 체크무늬, 법원, 언어적 서약 등 비교적 독립해서 존재하는 사물의 도움을 받아 좀 더 쉬워질 수 있다.

사물이 출현하는 순서는 위에서 설명한 두 방향 중 어느 쪽으로나 일어날 수 있다. 시각 같은 감응력의 속성 하나가 연속하는 탈물질화의 장소 혹은 승화의 장소 100곳에 대상화되었다고 가정해보자(예를 들어 크리스털 구, 안경, 벽을 투과해서 볼 수 있는 초능력자가 등장하는 소설, 현미경, 인공위성, 프리즘, 빛스펙트럼에서 눈에 보이지 않는 부분을 대상화하는 장치, 안구 이식 수술, 어떻게 색을 볼 수 있는지 설명하는 이론, 시간의 흐름을 시각화하는 달력 등의 사물, 지식 이론, 시각에 관한 현상학적 서술, '섭리를 주관하시는 이<sup>providential overseer</sup>'라는 신학 개념, 미래에 일어날 사건을 가시화하는 천문학의 계산 등등이 있다. 이 전부는 같은 장소에 속하는 것이 아니라 여러 다른 장소에 속할 것이다).
그러면 다양한 사물 창조가 1단계에서 시작해서 100단계로 진행해가거
나 100단계에서 시작해서 거꾸로 1단계로 내려오지 않는다는 점을 알 수
있다. 그보다는 다음과 같이 나타난다. 가령 3단계에 있는 사물이 기여해
서 96단계에 사물이 생기고, 96단계에 사물이 생김으로써 다시 43단계부
터 49단계에 사물이 생기는 것이다. 나아가 어느 두 단계라든지 세 단계,
또는 30개의 단계에서 일어나는 승화 사이의 **관계**를 표현하기 위한 사물
이 거대한 규모로 생겨난다. 4단계에서 욕망을 투사한 사물(독수리 꿈을 꾼
일을 상술한 기록)과 65단계에서 욕망을 투사한 사물(모나리자)이 나타나고,
뒤이어 이 두 인공물 사이의 관계를 설명하는 것이 유일한 목적인 제삼의
인공물(《레오나르도 다 빈치와 그의 유년시절 기억》[48]이라는 제목을 단 심리학적
이야기)이 창조될 수도 있다는 것이다. 끝으로, 대상화의 기존 장소 사이에
서 일어나는 이 같은 상호작용은 '보기'나 '욕망하기' 같은 **하나의** 감응력
의 속성 **안에서만** 일어나는 것이 아니라, 전체 속성이 이루는 집합 가운
데에서 일어날 수도 있다. 따라서 30단계의 시각 투사에 기여하는 12단계
의 시각 투사만을 말하기보다는, 12단계(또는 30단계)의 촉각 투사에 기여
하는 12단계의 시각 투사도 이야기해야 할 것이다. 예를 들어 인쇄된 활
자가 존재하게 됨으로써 뒤이어 점자 발명이 이루어진 것일 수 있다. 반대
로, 다른 행성의 표면이 지니는 촉각상의 성질이 시각 정보로 번역되어 지
구로 전달될 수 있을지도 모른다.

위에서 한 도식적인 설명은 자기-증폭적 대상화를 향한 끈질긴 경향
이 일상의 삶 어디에나 나타남을 짚기 위한 것일 뿐이다. 층 하나에 존재
하거나 여러 층을 가로질러 존재하는 연속하는 장소 간의 상호작용은 대
단히 일상적으로 일어나서, 사람들은 펌프와 컴퓨터라든지 컴퓨터와 백
신의 서로 완전히 다른 내부 활동을 합치고 뒤섞은 물질적 인공물이 나타
나길 기대한다.[49] 또 광학光學이 밀턴John Milton의 《실낙원Paradise Lost》에 미친
영향을 밝히는 언어적 인공물이 등장하길 기대하며, 월트 디즈니Walt Disney

가 유형성숙幼形成熟\*이라는 생물학의 원리를 무의식적으로 채택하여 유명한 생쥐 캐릭터를 착상하고 발전시켰음을 보여주는 언어적 인공물[50]이 등장하길 기대한다. 새로운 사물의 등장은 기존 인공물들이 이루는 틀 안에서 일어난다. 특정 분자 구조를 실제로 파악하기 전에 그 구조가 꿈에 나올 수도 있다. 양자 물리학이 돌파구를 찾으려면 시각적 비유를 사용하는 것이 적합한지에 관한 논쟁이 먼저 해결되어야 하는지도 모른다.[51] 상대성 이론의 창시자가 신을 향한 독실한 믿음을 품고 있었기에 일관되지 않은 이론을 만들어냈다고 불평하는 사람들이 있다. 그러나 이들은 어쩌면 '비일관성'이라는 매우 협소한 개념 때문에 인간의 창조하기 전략 전체 안에서는 오히려 대단히 일관된 무언가를 보지 못하고 있는 것일지도 모른다.

이번 장 1절에서와 마찬가지로 2절에서도 인간의 만들기 활동이 지니는 비가시적인 내부를 이해하기 위해 사물 세계의 내부로 들어가봤다. 사물 안에 인간의 만들기 활동 자체가 기록되기 때문이었다. 개별 인공물은 '지레'로 설명됐다. 전체 활동이 그리는 호 위에서 인공물은 중간점일 뿐이기 때문이며, 호의 뒷부분 절반이 앞부분 절반을 보통 막대하게 초과하기 때문이다. 인간 제작자가 만드는 것은 개별 사물이라기보다는 이 자기-증폭하는 활동의 호 전체이다. 다시 말해 만들어진 사물은 '만들어진-핵심 장소'일 뿐으로, 창조 능력은 이 핵심 장소를 거쳐 증대되고 또 방향을 바꿔 다시 인간 제작자를 향한다. 인간 제작자는 이제 자신이 만들어낸 폭포와도 같은 자기-개정에 휩쓸린다.

앞 절에서 살펴본 사물의 속성들은 상상이 지닌 비가시적 속성 중 일부를 드러냈다. 상상은 감응력이 없는 세계에 감응력이 지니는 책임을 부여하려 하며, 윤리적으로 한결같고, 태생적으로 연민과 분리할 수 없다는 것이었다. 나아가 사물을 지레로 보면 앞에서 드러난 속성과 함께 존재하

---

\*    동물의 생장이 어린 상태에서 멈추고 생식기관만 성숙하여 번식하는 현상.

고통받는 몸

는 또 다른 상상의 속성들이 드러난다. 첫째, 상상은 관대하다. 또는 초과와 충분함과 풍부함을 향한 고유하고 명백한 경향을 기본적으로 지닌다. 어쩌면 상상이 애초에 심각한 결핍의 한가운데에서 탄생했기에 결핍이라는 처음 조건이 사라진 후에도 계속 과잉을 향하는 것인지도 모른다. 상상에 고유한 이 같은 관대함은 완전히 긍정적인 형태로 나타날 수도 있고, 본질적으로 긍정적이긴 하지만 동시에 문제적이기 때문에 그 자체에 다시 상상하기의 문제 해결 전략이 적용되어야 하는 형태로 나타날 수도 있다. 전자의 예로는 단일 사물 안에서 나타나는 초과 보답 활동이 있고, 후자의 예로는 사물의 수가 과도해지는 현상이 있다. 문제의 근원은 문제 해결의 근원이기도 하다. 앞에서 보았듯 초과 원칙이 개별 사물에서 나타날 때, 이 원칙은 사물이 지닌 수정 능력의 정도 **그리고** 사물의 지시 범위 **둘 모두에서** 나타난다. 즉 '사물이 인간을 탈체화하는 정도' 그리고 '사물의 지시 작용이 한정되어있지 않기에 사물의 활동이 잠재적으로 미치는 사람의 숫자' 둘 모두에서 초과 원칙이 나타난다. 사물-과잉과 사물-공유 가능성이라는 현상은 연결되어 있다(반대로, 대상화를 통해 맞서고자 하는 원래의 고통은 '심한 **결핍**'과 '극히 **사적임**' 둘 모두가 특징이다). 따라서 사물의 숫자가 과도해지는 현상처럼 과잉이 문제로 표출된다고 해도 과잉을 공유 가능성으로 번역함으로써, 다시 말해 사물을 더 많은 숫자의 사람에게 분배함으로써 그 문제를 없앨 수 있다. 인간들의 도덕적 관대함이 문명 후반에야 느지막이 피는 꽃이라고 말하는 사람들도 있다. 그렇다고 해도 어쨌든 도덕적 관대함은 **분명 문명의 꽃이다**. 관대함이라는 요소는 처음부터 인간의 상상하기 활동에 담겨 있었고, 창조자라는 인간의 존재론적 지위에 이미 내재한다. (대부분의 논의에서 인정되듯) 인간은 처음으로 인간이 된 첫 순간에 창조자라는 존재론적 지위를 획득한 것으로 보인다.

'지레로서의 사물'이 드러내는 상상의 두 번째 속성은 상상이 자신의 활동에서 면제되어 있지 않다는 것이다. 상상의 목적은 단순히 외부 세계를 바꾸는 것도 아니고, 인간이 지니는 능력과 필요의 전체 배열을 바꾸는 것도 아니다. 더 특정하게는 변환 능력 자체를 변환하는 것, 즉 창조하기의 본성에 작용하여 그 본성을 계속해서 개정하는 것이다. 이 점은 앞에서 창조하기를 촉발하는 여러 상황이나 창조하기가 기여하고자 하는 여러 상황을 살펴보며 이미 분명해졌다. 자기 몸에서 일어나는 고통을 제거하고자 창조하는 인간은, 다른 이의 몸에서 일어나는 고통을 제거하고자 창조하는 인간으로 자신을 재창조할 수 있다. 또 (자신의 고통이든 다른 이의 고통이든) 고통 때문에 창조하는 인간은 (자신의 즐거움이든 다른 이의 즐거움이든) 즐거움 때문에 창조하는 인간으로 자신을 재창조할 수 있다. 계속되는 이러한 자기-개정은 변화하는 상황과 목표에서 볼 수 있으며 수단에서도 볼 수 있다. 앞에서 살펴봤듯 무기에서 도구로의 변환과 도구에서 독립적 인공물로의 변환에서 이 자기-개정이 분명하게 나타난다. 연속해서 치환이 일어나도 증대 능력은 계속 남는다. 첫 번째 사물인 무기는 감응력에 작용하여 견디기 어려운 괴로움을 증가시키며 감응력의 예민함은 감소시킨다. 두 번째 사물인 도구는 감응력이 있는 표면에서 완전히 물러나서 감응력이 없는 표면에 작용함으로써 첫 번째 사물이 지니는 문제 많은 특성을 제거한다. 마지막으로 세 번째 사물인 인공물은 감응력이 있는 표면으로 되돌아가긴 하지만 첫 번째 사물이 작용한 방식과는 반대되는 방식으로 그 표면에 작용한다. 인공물은 감응력상의 견디기 어려운 괴로움을 감소시키고 감응력의 예민함은 증폭한다. 다수의 인공물이 집단적으로 이와 같은 작업을 계속한다. 그렇다면 문화는 '만들어진-지레'이다. 이 지레를 거쳐 인간의 진화가 일어난다.

상상이 자신의 활동에서 면제되어 있지 않다는 상상의 자기-개정 특성을 인식하면 자기-개정의 특수한 형태인 상상의 또 다른 속성도 알 수 있다. 바로 상상이 자신을 지우는 경향이 있다는 것이다. {이것이 사물을 지레로 봤을 때 드러나는 세 번째 속성이다.} 증식해가는 언어적·물질적 인공물이 이루는 영역 안에서 인간의 창조하기 능력이 쉬지 않고 작업하고 있지만, 마치 사물들이 서로 작용하고 원조하며 수정하고 또 서로 실

　　　　　　　　　　　　　　　　　고통받는 몸

증하는 듯 보임으로써 사물들은 허구화 과정이 얼마나 명백하고 편재하는지를 생각하지 못하게 한다. 또 만들어진 세계의 '만들어졌음'을 인식할 가능성을 줄여서, 만들어진 세계가 자연적으로 주어진 것인 양 사람들이 그 세계 안으로 진입하게 한다. 상상이 창조하는 모든 물질적·언어적 인공물은 감응력이 있는 물질로 이루어진 인간이라는 생물을 위해 창조되며 인간이 거주하는 곳 한복판에서 창조되지만, 인공물들은 감응력을 명백히 지시하는 자신들의 성질을 매우 쉽게 지우고 인공물 서로를 지시한다. 그러나 상상은 이의를 제기하지 않는다. 감응력 지시성을 없애는 인공물의 활동에 상상이 적대적이지 않다는 사실은 결국엔 놀랍지 않다. 인공물의 바로 그 활동을 통해 상상이 자기 활동을 영속하기 때문이다. 우리를 탈체화하는 인공물의 능력은 인공물 자체가 감응력의 허구적 연장$^{extension}$이 되어 그 안에 인간 몸의 상像을 담음으로써만 발생한다. 그렇지만 인공물은 연속하여 승화되는 자기 판본을 낳고자 하며, 이런 성향 때문에 자기 내부에서 인간 몸의 상을 체계적으로 제거하여 인공물이 원래 창조된 장소와 인공물 자체가 닮아 있음을 점점 더 인식할 수 없게 만든다. 인공물 자체가 외재화된 몸의 형상이 됨으로써만 인공물은 탈체화 능력을 얻을 수 있지만, 인공물이 인간의 몸과 닮아 있다는 점이 인식된다면 인공물이 존재하는 이유인 탈체화 작업 자체가 방해받을 것이다(인공물이 몸의 문제적 특성을 계속 선언하는 존재가 될 것이기 때문이다. 문화는 원래 몸의 문제를 받아 안기 위해 필요했다. 하지만 인공물이 인간의 몸과 닮아 있다는 점이 인식되면, 몸의 문제가 지니는 **강도**가 문화의 거대한 **규모** 안 모든 곳에서 선언될 것이다). 사물은 감응력이 지니는 책임, 응답 능력, 보답 능력이 투사된 허구이다. 하지만 사물이 자신의 허구성이라는 틀 안에 있지 않을 때, 즉 실제성과 비실제성이라는 자의식적인 문제에 둘러싸여 있지 않을 때 그 특성상 더 성공적으로 감응력 모사를 할 수 있다.

　이 마지막 장은 세 부분으로 이루어지는 정신적·물질화된 만들기 활동의 구조에 붙이는 일종의 추신으로서, 창조하기가 지니는 부차적인 속성의 목록 중 매우 일부만을 살펴봤다. 이 속성들은 인공물 자체에 담겨 있으며 또한 인공물을 통해 드러났다. 창조하기의 이 속성들을 살펴보며 다음과 같은 사실들을 알 수 있었다. 상상은 감응력상의 사실들과 감응력이 지니는 책임을 외부 세계에 분배한다. 상상은 감응력이라는 사안에서 윤리적으로 일관된 경향을 띤다. 상상은 연민과 깊숙이 얽혀 있다. 상상에는 관대함과 초과를 향하는 고유한 성향이 있다. 상상의 작업은 거대한 규모로, 계속해서 진행된다. 몇 군데에서만 작업이 이루어지다가 멈췄다가 하는 식이 아니라, 문화라는 제방을 밤낮으로 순찰하는 파수꾼처럼 작업한다. 상상은 그 활동을 상상 자신에게도 적용하여 자신을 개정한다. 끝으로, 상상은 자신을 지운다. 상상은 자신이 벌인 활동을 위장함으로써 작업을 완료하곤 한다.

상상이 아무리 자신을 지운다고 해도, 창조 활동의 전체 구조 안에서 일어나는 주기적인 탈구를 인지하고 수리할 수 있으려면 창조의 본성을 개념적으로 이해하고 서술할 수 있어야 한다. 만들기를 이해하려는 집단적 노력은 이미 매우 오래됐고 앞으로도 언제나 계속될 것이다. 만들기 노동과 마찬가지로, 만들기를 이해하려는 노력이 노력 자체를 지속하고 전진하게 한다. "목수는 금金세공인을 격려하고, 마치로 펴는 이는 모루 두드리는 이를 격려한다"(〈이사야〉 41:7). 고통의 고립시키는 괴로움에 맞서, 정신·물질문화는 감응력을 공유할 수 있다고 가정한다. 문화는 그 내부에 "용기를!"이라는 앰네스티의 속삭임을, 이 만국 공통의 인사를 담고 있으며, 〈이사야〉에 나오는 고대 숙련공들의 암호를 우리에게 전한다. "담대하라!"(41:6).

## 감사의 말

여러 기관과 개인이 너그러이 지원해준 덕에 책을 쓸 수 있었다. 여기서 감사를 표하고 싶다.

1977년 국립인문학재단<sup>National Endowment for the Humanities</sup>이 제공한 연구비와 1977~1978년 의학에서의인간가치연구소<sup>Institute for Human Values in Medicine</sup>가 제공한 연구비로 초기 연구를 진행하여 미학, 의학, 정치 분야의 글들을 살펴봤으며, 런던의 국제앰네스티 국제사무국과 몬트리올의 맥길대학교를 방문했다. 국제앰네스티에 깊이 감사한다. 단체 연구 부서에서 출판·미출판 자료를 살펴보고 인용할 수 있도록 허락해줬고, 같은 공간에서 함께 일한 몇 주 동안 일상적인 도움을 줬다. 그곳 활동가들이 보여준 한결같은 배려에 감사한다. 맥길대학교의 로널드 멜잭 박사에게도 감사한다. 1977년 여름 동안 나눈 대화는 유익했으며 힘이 됐다. 이후의 여러 조언에도 감사한다.

1979년 펜실베이니아대학교에서 받은 연구비 덕분에 개인 상해 재판 기록을 상당 기간 집중해서 읽을 수 있었고, 그러면서 처음으로 고통의 법적 맥락에 주목할 수 있었다. 이런 재판 기록은 일반에 공개돼 있지 않기 때문에 필라델피아에 있는 법률회사 두 군데에서 도움을 받았다. 라 브럼 앤드 도우크<sup>La Brum and Doak</sup>, 그리고 비즐리, 휴슨, 케이시, 콜러랜, 어브스타인 앤드 시슬<sup>Beasley, Hewson, Casey, Colleran, Erbstein, and Thistle</sup>이다. 재판 기록을 살펴보는 몇 달간 보여준 친절에 감사한다. 하버드 로스쿨은 관대하게도 연구 규정을 객원 연구원에게까지 확대해 적용해줬고, 그 덕에 1980년 여름에는 앞서 법률 자료를 읽으며 품었던 질문들을 다시 검토할 수 있었다.

인문학, 사회과학, 의학, 법학계 사람들로 이루어진 두 집단의 일원이 되는 행운을 누렸다. 1979~1981년 헤이스팅스 센터Hastings Center(사회, 윤리, 그리고 생명과학 연구소Institute of Society, Ethics and Life Sciences)의 고통연구모임Research Group on Suffering은 정기적으로 만나서 치유에 관련된 이론적·실질적 문제를 논했다. 세미나 참가자 모두에게서 많이 배웠다. 1979~1981년 미 인문학 센터National Humanities Center에서 받은 연구비로 집중해서 집필할 수 있었으며, 커다란 집단의 많은 사람과 지적인 동지애도 나눌 수 있었다. 잰 팩스턴, 매돌린 스톤, 딕 이튼, 헬 버먼을 비롯해 여러 사람이 제시해준 날카로운 의견에 감사한다. 함께 나눈 우정과 웃음에도 감사한다. 연구를 도와준 사서司書 앨런 터틀에게 감사한다. 퀜틴 앤더슨, 조 비티, 에모리 엘리엇에게 감사한다. 이들은 뚜렷한 주관을 갖고 1장을 읽으면서 자극이 되는 여러 지적을 해줬다. 도덕철학자 데이비드 폴크에게 감사한다. 이 책의 몇몇 장을 읽고 여러 해에 걸쳐 생산적인 토론을 함께해줬다.

이런저런 경로를 통해 원고의 여러 부분이 여러 사람에게 전달됐다. 그중에는 내가 개인적으로 아는 사람도 있고 그렇지 않은 사람도 있다. 이들의 독해는 꼼꼼하고도 창의적이었다. 논평을 듣고 지적인 압력을 느낀 덕에 미완성이었던 부분을 끝낼 수 있었다. 캐서린 갤러거, 엘리자베스 하드윅, 스티븐 마커스, 조지프 스캐리, 스티븐 툴민, 이 모두는 자신들이 알고 있는 것보다 더 크게 막바지 집필에 기여했다.

1982~1983년 펜실베이니아대학교가 제공한 안식년과 1983년 펜실베이니아대학교 연구 심의회가 제공한 원고 준비 지원 연구비로 최종 단계 작업을 할 수 있었다. '펜실베이니아대학교'라는 이름을 몇 번이나 언급하고 있다는 사실 자체가 영문학과를 비롯해 여러 과의 동료들이 얼마나 꾸준히 이 작업을 지원해줬는지 보여준다. 스튜어트 커런과 로버트 루

고통받는 몸

시드가 학과장을 맡고 있는 동안 연구 휴가를 받을 수 있었다. 두 사람에게 특별히 감사한다. 또 대니얼 호프먼, 롤런드 프라이, 엘리자베스 플라워, 진 알터의 격려와 도움에도 특별한 감사의 마음을 표한다. 펜실베이니아대학교를 비롯해 버클리대학교, 코넬대학교, 헤이스팅스 센터에서 원고 일부를 발표하는 대단히 소중한 기회를 누릴 수 있었다.

이 책에서 다룬 주제 중 하나는 상상만 했던 것을 물질적 형태로 바꾸는 일이었다. 이 책이 점차 물질적 형태를 갖춰가면서 책 내용 자체가 실제로 이루어졌다. 옥스퍼드대학출판부의 여러 사람이 애썼기에 이 책이 물리적으로 존재하게 됐다. 특히 편집자 윌리엄 시슬러와 원고 편집자 로즈메리 웰너를 만난 것은 행운이다. 타자한 원고가 나왔을 때 바버라 슐먼은 시간을 오래 들여 교정을 봐줬다. 에바 스캐리는 매 단계마다 원고를 읽었고, 손으로 쓴 어지러운 원고를 참을성 있게 정리해서 타자본으로 만들고, 교정쇄로 만들고, 다시 인쇄본으로 만들었다. 몹시 괴로운 내용을 다룰 때나 논의가 복잡할 때도 즐거운 일인 양 원고를 정리해줬다. 테오도르 제리코의 작품 〈유진 들라크루아를 보고 그린 제리코의 습작Étude de Géricault d'après Eugène Delacroix 1818-19〉을 사용할 수 있도록 허락해준 스위스의 개인 소장자에게 감사한다. 마이클 프리드에게도 감사한다. 그는 제리코가 〈메뒤즈호의 뗏목Le Radeau de la Méduse〉 작업을 하던 시기에 그린 놀라운 드로잉 작품들을 내게 소개했다.

이 책을 쓴 긴 시간 동안 꾸준히 뒷받침해준 몇몇 사람이 있다. 이들의 도움은 결정적이었다. 에릭 커셀 박사가 자신의 환자들을 대변해서 쓴 여러 저술에서 많은 것을 배울 수 있었고, 그가 원고를 읽고 해준 논평도 큰 도움이 됐다. 잭 데이비스는 지인들 모두에게 익숙한 특유의 지적인 엄격함으로 이 책 논의에 기여했다. 앨런 그로스먼의 지식과 도덕적 열의와 지적인 우정을 쌓는 능력에는 아마도 한계가 있겠지만, 나로서는 그 한계를 파악하기 힘들었다.

어떤 작업이나 다 그렇겠지만 이 책을 쓰는 일은 때로 외롭고 길게만 보였다. 여기 감사의 글에서 언급한 이들이 함께 애써줬기에, 책 작업에서 고개를 들 때마다 견고하고도 풍부한 세계를 발견할 수 있었다. 필립 피셔는 그 풍부한 세계가 존재하도록 하는 데 누구보다 크게 기여한 사람이다. 새로운 장을 쓰기 시작할 때마다 마치 그가 새로 책상을 만들어주는 것 같았고, 다른 여러 방식으로도 집필 작업을 지원해줬다. 늘 새로운 발상을 하고 논쟁하는 피셔의 습관에 감사한다. 그의 신뢰 때문에 느낀 압박감과 그의 불신 때문에 얻은 에너지에도 깊이 감사한다.

1985년 6월 필라델피아에서,
일레인 스캐리

고통받는 몸

# 미주

## 서론

1    Timothy Ferris, "Crucibles of the Cosmos", *New York Times Magazine*, 14 January 1979.

2    Walter Sullivan, "Masses of Matter Discovered that May Help Bind Universe", *New York Times*, 11 July 1977.

3    Virginia Woolf, "On Being Ill", *Collected Essays*, Vol. 4 (New York: Harcourt, 1967), 194.

4    여기서 '외재성外在性'과 '공유 가능성'에 대한 강조는, 그 대상의 실제성을 두고 어떤 가정이 있었다는 뜻은 아니다. 유령이나 유니콘처럼 대상이 상상 속에만 있다고 해도 상상하는 사람은 보통 그런 사물을 몸 경계 바깥에 존재하는 무엇으로서 경험한다. 또 상상 속의 대상은 실제 대상보다야 덜 공유 가능하겠지만 무대상성objectlessness보다는 더 공유 가능하고, 명명 가능하고, 묘사 가능하다.

"그 여자가 말하는 유령은 그녀 머릿속에만 있지"라고 말할 때도, 사람들이 이 문장을 말했다는 사실 자체가 유령이라는 사물이 실제가 아님에도 외재화될 수 있고 공유될 수 있음을 뜻한다. 즉 그녀는 자신의 몸 경계 **바깥에** 있는 사람들에게 자기 정신 안에 들어 있는 내용물을 가시적으로 만들었고, 따라서 그 내용물은 더는 완전히 사적이거나 비가시적이지 않다. 여기서 놀라운 점은 다른 사람들이 유령을 볼 수 있게 만든다는 것이 아니다(이런 일은 잘 일어나지 않는다). 그보다는 다른 사람들이 본인이 아닌 누군가의 의식 내부를 일상적으로 들여다보게 한다는 것이 놀랍다.

5    Ronald Melzack, *The Puzzle of Pain* (New York: Basic, 1973), 41. 또한 패트릭 D. 월Patrcik D. Wall과 함께 쓴 개정판 *The Challenge of Pain* (New York: Basic, 1983)을 보라.

멜잭의 광속 비유는 훌륭하고 흥미롭다. 강도 이외에 통증의 속성에 관한 중요한 통찰에 이르도록 멜잭을 비롯해 사람들을 이끌었다는 사실 자체에서 이 비유가 얼마나 생산적인지 알 수 있다. 하지만 엄격하게 말해 '광속-시각' 관계가 '강도-고통의 몸 경험' 관계와 같다고 할 수는 없다. 고통이 얼마나 변화무쌍하고 다차원적이든 간에 시각보다는 훨씬 더 일차원적이며, 견디기 괴롭고 무서운 것이라는 고통의 특성은 바로 이 일차원성에서 나온다. 우리는 거의 언제나 고통에 강도가 존재한다고 생각하지만, 시각·청각·미각의 대상들에 대해서는 가끔만 강도가 있다고 여긴다. 우리가 무언가에 '강도'가 존재한다고 여길 때, 사실 이는 어느 한 차원, 예컨대 빨간색의 빨강, 사이렌의 시끄러움, 고통의 고통스러움 같은 한 차원이 지배적이 됐다고 여긴다는 뜻이다. 다시 말해 완전히 자신을 고립시키는 경향, 즉 모든 관심을 독점함으로써 한정되거나 측정될 수 있는 모든 맥락에서 끊어져 나오는 경향이 강도의 본성 안에 있다. 이러한 지각 과정을 통해 '강렬한 것'은 '절대적인 것'이 된다.

위 설명은 멜잭의 비유가 문자 그대로 따져봤을 때 정확하지 않을 수도 있다는 의문을 제기한다. 동시에 그 비유가 얼마나 많은 일을 해낼 수 있는지를 다시 한 번 보여주기도 한다. 고통에 목적이라는 것이 있다면, 그 목적이란 바로 고통이 오로지 강도 측면에서만 느껴지고 인식되는 것이라고 말할 수 있을지도 모른다. 그렇다면 고통이 지니는 강도 이외의 다른 속성을 드러내기 위해 노력하는 사람들은 고통의 집요하고도 자기-고립적인 강도에 맞서고 있는 것이며, 그리하여 고통 자체에 맞서고 있는 것이다.

6    《통증: 국제통증연구협회학술지Pain: The Journal of the International Association for the Study of Pain》(1975-현재) 등의 의학 학술지에서도 맥길 통증 설문지에 관한 분석을 찾아볼 수 있다. 학술지에 실린 논문들은 주로 맥길 통증 설문지가 지닌 진단 능력의 정확성을 보고하고 있지만, 환자들이 단어 목록을 보고 어떤 반응을 보이는지를 서술할 때도 있다. 설문지를 사용해본 의료인들은 깊은 인상을 받았다고 한다. 환자들이 '딱 맞는' 단어라고 느껴지는 말을 너무도 쉽게 찾고, 또 적당하거나 부적당한 형용사를 대단한 '확신'을 가지고 골라내기 때문이다. 나아가 고통을 표현하는 단어들을 만들어낼 수 없는 시기에 고를 수 있는 단어가 주어지자 환자들이 크게 '안도'하고 나아가 '행복'해하기까지 한다는 데서도 깊은 인상을 받았다고 한다.

7    1977년 6월 9일 몬트리올 맥길대학에서 로널드 멜잭과 나눈 대화.

8    국제앰네스티의 고문 철폐 캠페인을 이끈 전前 책임자는, 고문이 의심되는 사례가 있을 때 확실한 증거가 나올 때까지 행동을 미루기보다는 고문이 일어나고 있다고 가정하는 데로 마음이 쏠릴 수도 있다고 말했다. 고문이 일어나고 있을지도 모를 때 계속되도록 내버려두기보다는 고문을 멈추기 위해 즉시 노력해야 한다고 느끼기 쉽다는 것이다. 하지만 국제앰네스티는 이런 충동을 억눌러야 하는데, 이 단 한 사례에서 나온 잘못된 보고가 고문을 멈추는 국제앰네스티의 능력을 이후 모든 사례에서 축소할 것이기 때문이라고 했다(1977년 8월 런던 국제앰네스티 사무국에서 고문 철폐 캠페인 책임자 셔먼 캐럴Sherman Carroll과 나눈 대화).

국제앰네스티의 '긴급행동네트워크Urgent Action Network'는 죄수를 위해 청원하는 캠페인을 벌일 때 '고문'이라는 단어를 사용할 수 있는지 편지 쓰는 사람들에게 명확한 방침을 준다.

9    J. K. Huysmans, *Against Nature(À Rebours)*, trans. Robert Baldick(Baltimore: Penguin, 1959), 92(한국어판:《거꾸로》, 유진현 옮김, 문학과지성사, 2007).

10   Friedrich Nietzsche, *The Gay Science*, trans. and introd. Walter Kaufmann(New York Vintage, 1974), 249(한국어판:《즐거운 학문》, 안성찬 외 옮김, 책세상, 2005).

11   V. C. Medvei, *The Mental and Physical Effects of Pain*(Edinburgh: Livingstone, 1949), 40.

12   Homer, *The Iliad*, trans. A.T. Murray(Cambridge, Mass.: Harvard University Press; London: William Heinemann, 1924), Vol. I, iv, 117(한국어판:《일리아스》, 천병희 옮김, 도서출판 숲, 2015).

13   현대에 나온 마저리 켐프 저작의 어느 판본에서는, 편집자가 "떠들썩한boisterous"라는 형용사가 이상하다고 생각했던지 이 말을 "거친coarse"이라는 형용사로 바꾸기도 했다. *The Book of Margery Kempe*, ed. W. Butler-Bowdon and introd. R.W. Chambers(New York: Devin-Adair, 1944, 한국어판:《마저리 켐프 서》, 정덕애 옮김, 황소자리, 2010), xxv를 보라.

14   Ludwig Wittgenstein, *Philosophical Investigations*, trans. G.E.M. Anscombe(New York: Macmillan, 1953), 312(한국어판:《철학적 탐구》, 이영철 옮김, 책세상, 2006).

15   Michael Walzer, *Just and Unjust Wars: A Moral Argument With Historical Illustrations*(New York: Basic, 1977), 24(한국어판:《마르스의 두 얼굴》, 권영근 외 옮김, 연경문화사, 2007).

16   "Interview with Peter Benenson", *New Review* 4(February 1978), 29.

17 William Porter, *Assault on the Media: The Nixon Years*(Ann Arbor: University of Michigan Press, 1976), 196에 인용된 윌리엄 새파이어William Safire의 말.

18 조지 윌리스 인터뷰, 1977년 4월 17일 방송된 CBS의 ⟨60분Sixty Minutes⟩.

19 "La rencontre Mitterrand-Reagan aura lieu les 18 et 19 octobre", *Le Monde*, 15 August 1981, 1. 그리고 *Time Magazine*, 24 August 1981.

# 1장

1　정권이 불안정한 국가에서 고문이 계속 나타나는 이유는 고문이 지닌 보상적인 성격 때문으로, 특히 국제 분쟁 상황에 사용되는 고문에서 이 성격을 뚜렷이 볼 수 있다. 브루노 베텔하임 Bruno Bettelheim에 따르면, 1940년까지는 독일의 유대인 죄수들을 석방해 타국으로 이주시키는 기간과 대규모로 처형하는 기간이 번갈아가며 있었는데, 두 종류의 사건 중 어느 쪽이 일어나느냐는 나치 정부의 강력함과 자기 이미지에 달려 있었다고 한다. "따라서 유대인 죄수들은 적이 궤멸하길 간절히 바라면서도, 동시에 적이 계속 강력하길 바랐다. 그래야만 (1940년까지는) 자신들이 이주할 수 있기 때문이었으며, (그 이후에는) 절멸되거나 가족이 학살당하는 일을 피해 계속 안전하게 있을 수 있기 때문이었다"(Bruno Bettelheim, *The Informed Heart: Automony in a Mass Age*[New York: Free Press, 1960], 202). 최근의 예를 보자면, 1973년 10월에 일어난 제 4차 중동 전쟁에서의 고문 혐의를 조사한 국제앰네스티 조사단은 보고서 결론 부분에서 말한다. "전쟁에서는 대개 포로로 잡힌 적군 병사들을 향해 강한 적개심이 존재한다. 이런 적개심은 특히 교전이 가장 격렬했던 기간에 강하며, 붙잡힌 적군 병사에게 한 행동은 적의 군사 행동에 맞선 (부적절한) 보복으로 설명되곤 한다. 예를 들어 한편이 다른 편의 도시에 폭격을 가하면, 폭격을 가한 측의 포로들은 잘못된 표적이 되어 학대당할 수 있다"(*Report of an Amnesty International Mission to Israel and the Syrian Arab Republic to Investigate Allegations of Ill Treatment and Torture*[London: Amnesty International Publications, 1975], 6).

2　그리스 군사정권에 복무했던 고문자들에 대한 1975년의 재판을 기록한 국제앰네스티의 미출판 재판 기록 13, 65, 100, 77쪽. 국제앰네스티의 이 자료는 그리스 신문《비마Vima》《카티메리니Kathimerini》《타 네아Ta Nea》《아브기Avghi》에 통째로 실리거나 요약되어 실린 일일 재판 진행 기록을 번역·수집한 것이다. 이하《고문자들 재판 기록》으로 칭한다. 1장에 나오는 상세한 고문 사례들은 대부분 국제앰네스티 간행물 및 런던에 위치한 국제앰네스티 국제사무국 연구 부서에 있는 미출판 자료들(재판 기록, 진료 기록, 전前 수감자 진술 녹취록)에서 가져온 것이다. 특정 국가에서 자행된 잔혹 행위에 대한 철저한 보고서는 적어도 그 나라가 국제앰네스티의 조사를 허용했음을 의미하지만, 조사를 거부하거나 고문한 사람들을 주기적으로 살해하여 폭력이 알려질 가능성을 없애버리는 국가들도 있다. 이는 역설적이고도 유감스러운 사실로, 국제앰네스티도 자주 경고하는 바이다. 1장에 나오는 구체적 사례들은 숫자상으로 균형이 맞지 않으며, 많은 수가 그리스의 고문 사례이다. 1975년의 재판을 통해 고문 과정의 면면을 보여주는 사실들을 얻을 수 있었기 때문인데, 재판이 없었다면 이런 정보는 알려지지 않았을 것이다.

3　*Report of an Amnesty International Mission to the Republic of the Philippines: 22 November 5 December 1975*, 2nd ed.(London: A.I. Publications, 1976), 37.

4　"South Vietnam", *Amnesty International Report on Torture*(New York: Farrar, Straus and Giroux, 1975), 167.

5   "Appendix: Special Report on Chile by Rose Styron", *Amnesty International Report on Torture*, 257.

6   D. D. Kosambi, *The Culture and Civilization of Ancient India in Historical Outline*(London: Routledge and Kegan Paul, 1965), 110.

7   정보를 얻기 위해 심문을 한다는 동기 설명이 허구임을 결정적으로 입증할 방법은 물론 없지만, 상관없는 질문을 던지면서 심문한 사례는 얼마든지 열거할 수 있다. 1974년 한 아일랜드 죄수는 이런 질문을 받았다. "만약 신교도들이 자네 딸을 강간하고 있다면 어쩔 텐가? …… 내 생각엔 자네도 옆에서 기다렸다가 재미를 볼 것 같은데"(한 목사가 여러 나라 정부와 인권단체들에 보낸 편지 중에서. 국제앰네스티 미출판 자료). 1978년 에티오피아에서는 어린 학생들에게 반정부 지하 조직의 구성원일 수도 있는 다른 학생들의 이름을 말하게 한 다음 살해했다. "한 외교관은 말했다. '우리는 지금 아이들 얘기를 하고 있는 겁니다. 이 애들은 10살, 11살, 13살이에요. 그자들이 한 아이를 연행해가면, 이 아이는 다른 아이들의 이름을 댑니다. 그날 학교에서 다툰 친구 이름일 수도 있어요.'"(John Darnton, "Ethiopia Uses Terror to Control Capital", *New York Times*, Late City Edition, 9 February 1978, Sec. 1, 1, 9). 에티오피아, 베트남, 칠레에서는 고문을 해서 얻어낸 정보가 사실상 체포하고 고문하는 순서를 정했다. 이 사실의 의미는, 정부가 자신들의 잔혹 행위에 어떤 것이든 구조를 부여하기 위해 반대자들에게 의존하기도 한다는 것뿐인지도 모른다. '정보가 필요해서'를 고문 동기로 보는 사람들조차 은연중에 그 사실에 의문을 제기하곤 한다. 예를 들어 국제앰네스티 간행물들은 때로 고문이 극도로 비효과적인 정보 수집 수단이라는 사실을 지적한다(물론 이 글들이 고문의 비효율성을 근거로 해서 고문을 비난하는 것은 아니다). 또 알제Algiers에서 있었던 고문에 관한 앨리스테어 혼Alistair Horne의 논의는 고문이 정보를 끌어내기 위해 사용된다고 가정하는 듯 보이지만, 고문을 사용하는 국가의 정보 대조 업무가 "더 고통받길 필사적으로 피하고자 했던 피해자들로부터 짜낸 산더미 같은 허위 정보에 압도되어" 있다는 점을 관찰해내기도 한다(Alistair Horne, *A Savage War of Peace: Algeria 1954-1962*[London: Macmillan, 1977], 205). 헨리 슈Henry Shue는 고문을 '테러적 고문terroristic torture'과 '심문을 위한 고문interrogational torture'으로 나누어 분석한다. 전자는 고문 목적이 정보를 끌어내는 것이 명백히 아닐 경우이며, 후자는 고문 목적이 정보를 끌어내는 것으로 여겨질 수도 있는 경우이다(Henry Shue, "Torture", *Philosophy and Public Affairs*, 7[Winter 1978], 124-143). 하지만 두 번째 범주에 속하는 고문에 관해 논의를 시작하기 전에 슈는 단서를 단다. "불필요한 지적이겠으나, 심문을 위한 고문 범주에 완벽히 들어맞는 고문 사례는 실제로는 거의 없다"(134).

8   《고문자들 재판 기록》, 155.

9   칠레 전 수감자의 미출판 증언, 국제앰네스티 문서.

10   자백하지 않고 고문을 견뎌낸 사람은 존경받아야겠지만, 자백했다고 해서 불명예스러운 것도 아니고 자백한 사람들이 불명예를 당해서도 안 된다. 우리 문화 안의 여러 맥락은 자백을 조소하는 우리의 태도를 보여준다. 퍼시 셸리Percy Bysshe Shelley의 《첸치 일가The Cenci》는 심오하고도 힘 있는 희곡이지만, 고문을 받아 자백한 오빠와 양어머니를 주인공 베아트리체가 독선적으로 마구 비난하는 부분은 작품의 커다란 흠이다. 여성 주인공을 고상하게 만들려는 의도였겠지만, 그 장면에서 청중은 당황한다. 대중문화도 자백에 같은 태도를 보인다. 〈퍼플 하트 Purple Heart〉나 〈바탄Bataan〉 같은 1940년대와 1950년대 영화들은 묵묵히 견디는 강인한 주인공의 모습을 주기적일 정도로 자주 보여줬고, 그래서 [1960년 소련 영토 상공에서 정찰 비행을 하다가 격추되어 생포된 미국 조종사] 개리 파워스가 자살하지 않고 '말을 했을' 때 미 국민은 충격받았다. 자백을 다루는 군법은 이후 20년간 대단히 느리게 변화한다. 1975년 그리스에서

열린 고문자들에 대한 재판을 보면, 일반 대중이 자백을 경멸할 때 의도치 않게 고문자들과 한 편이 된다는 점이 분명해진다. 재판에 나온 고문자들은 우쭐거리는 태도로 발언하면서 속마음을 드러냈다. 이들은 누가 자백했고 누가 안 했는지 자신이 알고 있다는 이유로, 당시 고문자들에게 불리한 증언을 하던 전 수감자들에 대해 여전히 힘을 행사할 수 있다고 여겼다. 1977년 6월 《타임스》가 웨스트 뱅크에서 있었던 고문을 보도했을 때, 이스라엘 판사 에치오니Etzioni는 런던의 이스라엘 대사관에서 이렇게 답했다. "우리는 아랍인들을 고문할 필요가 없습니다. 그 사람들 본성상 자백하게 돼 있으니까요." 그리스 고문자들은 발언 후에 법정에서 비난받았고, 에치오니는 뉴스 매체에서 비난받았다. 대중의 비난을 받은 후 바로 말을 고치긴 했지만, 이들이 자기 말이 적절할 것이라고 생각한 데는 이유가 있다. 전 수감자들은 자신이 자백했다는 사실을 시인하면서 수치스러워한다. 이는 자백에 부정적인 대중의 태도를 보여주는 가장 개탄할 만한 징후이다. 국제앰네스티의 진료 서류에 '심문과 고문'이라는 제목이 붙은 칸이 있기는 하지만, 이 단체에서 파견나간 활동가들은 무엇을 자백하도록 요구받았는지, 또는 자백했는지 절대 질문하지 않는다. 그러나 앰네스티 활동가가 아닌 사람들이 증언을 받는 경우 자백 여부를 두고 질문을 할 때가 있다.

11  육체적 고통과 아이러니 간의 이러한 관계는 이후 고문을 설명할 때 다시 나온다. 지금 짚어봐야 할 점은, 사르트르의 이 소설에서 아이러니가 차지하는 위치는 많은 홀로코스트 문학에서 아이러니가 점하는 위치와 같다는 것이다. 타데우쉬 보로프스키Tadeusz Borowski의 작품 《신사 숙녀 여러분, 가스실로This Way for the Gas, Ladies and Gentlemen》에 실린 모든 작품처럼 홀로코스트 문학의 서사적 짜임은 끝없는 아이러니로 구성되지만, 이 아이러니 중 어느 것도 아이러니로 경험되지 않는다. 의식의 한가운데에 압도적인 사실 하나가 놓이기 때문이다. 엘리 위젤 Elie Wiesel의 《나이트Night》(한국어판: 김하락 옮김, 예담, 2007)에서, 강제수용소행 열차에 탄 아버지와 아이는 화장로와 불의 환상을 계속 보는 한 여성과 함께 있게 된다. 다른 사람들은 그녀가 미쳤다고 생각하지만, 물론 나중에 그녀에게 예지력이 있었음이 밝혀진다. 일반적인 경험 구조 안에서라면 화장로를 정말로 보게 되는 순간, 모두의 운명이 갑자기 확실해지는 순간은 이 예언자 여성과 그녀를 오판했던 모든 이들의 아이러니한 위치가 드러나는 순간이 될 것이다. 하지만 화장로라는 사실 자체에 비하면 결말이 어떻게 나는지는, 또는 그 결말을 예상하지 못했다는 사실은 무의미해 보인다. 중앙을 차지하는 끔찍한 사실 외에 주변적인 사실은 존재하지 않는다. 주변과 중심 간의 관계도 존재하지 않으며, 아이러니도 존재하지 않는다. 모든 방향에 전부 다 아이러니만 있기 때문이다.

12  예를 들어 다음 책을 보라. Mircea Eliade, *Shamanism: Archaic Techniques of Ecstasy*, trans. Willard Trask, Bollingten Series, Vol. 76(Princeton: Princeton University Press, 1964), 33(한국 어판:《샤머니즘》, 이윤기 옮김, 까치글방, 1992).

13  Jean-Paul Sartre, "The Wall", *The Wall(Intimacy) and Other Stories*, trans. Lloyd Alexander(New York: New Directions Paperbook, 1969), 5(한국어판:《벽》, 김희영 옮김, 문학과 지성사, 2005). 이하 이 책에 대한 모든 언급은 이 판을 따른다. 쪽수는 본문에 표시했다.

14  한 사람은 자기 내부에서 세계의 실체가 점점 사라져가는 듯한 경험을 하지만, 외부에서 봤을 때 세계는 온전히 남아 있으나 그 사람의 실체가 점점 사라지는 것으로 보일 수 있다. 그래서 이런 경험은 견고한 세계 기반 위에 그 사람이 자신이 있을 자리를 더는 갖지 못하는 것으로 재현될 때가 많다. 이비에타의 내부에서는 벤치가 희미하고 구멍이 숭숭 뚫린 것처럼 느껴지지만, 같은 현상을 외부 관찰자가 보면 이비에타가 벤치에 앉는 일을 금지당한 것처럼 보일 것이며, 이것이 더 정확하고 당연히 훨씬 더 빈번한 재현이다. 한 사람의 세계가 말소되면 그 사람의 외재화된 자아가 말소되고, 따라서 그 사람의 가시성도 말소된다. 어떤 사람의 '소유물'

과 그 사람의 '개인성'이 매우 쉽게 혼동되는 것은 부분적으로는 바로 이런 이유 때문이다.

15  코델리아는 당연히 그래야 한다는 듯 죽는다. 코델리아의 죽음은 끔찍하게 잔인하지만, 몇몇 논자들이 주장하곤 하듯 작가가 비정상적이거나 불필요할 정도로 잔인하게 만들었다고는 보이지 않는다. 일반적으로 우리는 외부 시점에서 재현된 죽음을 본다. 또 생존자의 위치에서 죽음을 본다. 우리는 반 고흐Vincent van Gogh가 없는 반 고흐의 의자를 보지만, 고흐가 죽음의 경계 위에서 의자를 경험한 방식은 달랐을 것이다. 그는 자신이 없는 의자나 세계가 아니라 의자와 세계가 없는 자기 자신을 경험했을 것이다. 전통적인 임종 장면들에서는 젊은이들이 죽어가는 노년 곁을 지키고 있으며, 이는 외부 시점에서 재현한 것이다. 반면 내부에서는 어떨까? 죽어가는 아버지는 아마 자신의 상실을 경험하는 것이 아니라 자기 자녀의 상실을 경험할 것이다. 그는 여전히 자기 자신과 함께 있기 때문이다. 우리는 생존자로서 느끼는 강렬한 상실감 속에서만 죽음의 고통을 이해한다. 하지만 죽어가는 리어가 딸의 죽음에 반응하는 모습을 보면서, 우리는 자아의 죽음이 바로 그 자아에 어떤 손실을 주는지 알게 된다.

16  특히 리어는 이와 같은 목소리의 힘을 이해하고 있다. 이 희곡의 시작은 리어왕이 자기 육체의 연장인 자녀들 모두에게 그들이 하는 발언의 유일한 내용이 리어왕 자신이 되도록 하는 것이다. 다시 말해 리어왕 자신이 세계 안으로 더욱 연장되어 나가게 하라고 요구한다. 작품 안에서 소용돌이치는 에너지는 크게는 목소리에 대한 리어왕의 변화하는 관념을 중심으로 돌고 있다. 이 사실은 처음 장면과 마지막 장면을 나란히 놓고 보면 분명해진다. 첫 장면은 딸보다 높이 선 채로 진심을 입으로 말하라고 요구하는 아버지이고, 마지막 장면은 딸 옆에 무릎을 꿇은 채로 그녀의 조그마한 환유적 일부를 애걸하는 아버지이다. 마지막 장면에서 리어왕은 리어왕 자신의 이름으로 가득 찬 코델리아의 목소리가 아니라, 그녀의 미미한 자기-연장 작업인 딸의 숨결을 애걸한다.

17  Karl Marx, *Herr Vogt*. Stanley Edgar Hyman, *The Tangled Bank: Darwin, Marx, Frazer, and Freud as Imaginative Writers*(New York: Grosset and Dunlap, Universal Library Edition, 1966), 118에서 재인용.

18  프랑수아 트뤼포François Truffaut는《쥘과 짐Jules et Jim》에서 이 경구가 와일드의 것이라고 언급한다(Paris: Seuil, 1971). 트뤼포가 프랑스어로 쓴 이 구절은 영화의 영문판 각본과 자막에서는 조금씩 다르게 번역됐다.

19  George Eliot, *Adam Bede*(New York: Signet, 1961), 140(한국어판:《아담 비드》, 유종인 옮김, 현대문화센터, 2007).

20  Emile Zola, *Germinal*, trans. L. W. Tancock(Baltimore: Penguin, 1966), 338(한국어판:《제르미날》, 박명숙 옮김, 문학동네, 2014).

21  우리의 연민이 주로 고문자를 향한다는 뜻이 아니다. 우리는 물론 여전히 죄수를 연민한다. 하지만 도덕적으로 이렇게 너무도 선명한 상황에서는, 고문자를 향하는 매우 약간의 연민도 놀랍고 소름 끼치는 신호가 될 수 있다. 즉 가장 저열한 형태의 권력도 유혹적일 수 있음을 보여주는 신호, 또 복잡한 상황에서 우리가 도덕적으로 얼마나 잘못된 반응을 할 수 있는지를 보여주는 신호일 수 있다는 뜻이다.

22  이와 똑같은 구조가 존재하는 상황은 많다. 예를 들어 지금 세기나 과거의 특권층 사람들이 자기 특권을 낮은 계급 사람들이 겪는 더 큰 고통, 굶주림, 절망에 근거해서 공공연하게 정당화하지는 않을 것이다. 그보다 이들은 하층계급 사람들이 재산, 지식, 야망, 재능, 품격, 전문성 등 더 작은 세계를 가졌다는 중간단계의 사실에 근거해서 자신들의 특권을 정당화할 것이다. 물론 많은 경우, 하층계급 사람들의 세계-연장world-extension은 이들의 고통과 굶주림 때문에 와해하며, 이들에게 세계-연장이 부족하기 때문에 이들의 고통과 굶주림이 보이지 않는다.

23    "Greek Nr. 5", 미출판 진료 기록, 국제앰네스티 문서.

24    *Philippines*, 24, 26, 31, 38.

25    *Report of an Amnesty International Mission to Spain: July 1975*(London: A. I. Publications, 1975), 7, 9.

26    *Workshop on Human Rights: Report and Recommendations, Nov. 29-1 Dec. 1975*(London: A. I. Publications, 1975), 4.

27    Alexsandr I. Solzhenitsyn, *The First Circle*, trans. Thomas P. Whitney(New York: Bantam, 1969), 614, 615.

28    *Philippines*, 51.

29    *Israel and the Syrian Arab Republic*, 12.

30    《고문자들 재판 기록》, 11, 156, 32, 64, 109.

31    *Philippines*, 24, 49, 28, 38, 27.

32    *Philippines*, 23, 39, 27, 28.

33    *Political Prisoners in South Vietnam*(London: A. I. Publications, 발행 연도 없음[1974년 1월 이후]), 27, 28. 재판과 고문과의 연관성 및 둘의 전도는 너무도 즉각 분명해서 더 자세한 설명이 필요 없을 정도이다. 그리스 《고문자들 재판 기록》의 여러 부분은 마치 고문과 재판이 대위 선율을 이루면서 이어지는 것처럼 보인다.

34    Alexsandr I. Solzhenitsyn, *The Gulag Archipelago 1918-1956: An Experiment in Literary Investigation*, Vol. 1, 2, trans. Harry Willetts(New York: Harper & Row, 1974), 208(한국어판:《수용소군도》, 김학수 옮김, 열린책들, 2017).

35    《고문자들 재판 기록》, 70, 76, 115.

36    *Philippines*, 39.

37    Leonard A. Sagan and Albert Jonsen, "Medical Ethics and Torture", *The New England Journal of Medicine*, Vol. 294, No. 26(1976), 1428. 또한 *Chile: An Amnesty International Report*(London: A. I. Publications, 1974), 63을 보라.

38    Sagan, 1428.

39    *Report on Allegations of Torture in Brazil*(London: A. I. Publications, 1972, 1976), 25, 65.

40    *Israel and the Syrian Arab Republic*, 20-27.

41    "Repression en Uruguay", *Le Monde*, 20 June 1978.

42    이런 가능성은 옛날부터 언제나 있었다. 접골에 관한 의학 논문을 쓴 고대의 어느 필자는, 탈구 치료를 위해 개발된 기구가 이 기구를 오용하려는 자에게는 끔찍한 병기가 될 수도 있다고 경고한다. 또 다른 예로, 르네상스 시대의 고문 기구들은 "히포크라테스의 장치를 똑같이 모방했다"고 한다(Jack Lindsay, *Blast-power and Ballistics: Concepts of Force and Energy in the Ancient World*[New York: Harper & Row, 1974], 346).

43    의사들의 적극적 또는 강요된 참여는 모든 곳에서 나타나며, 그리하여 1975년에서 1977년 사이 여러 다양한 국제 의학 협회 회의에서는 모든 국가의 의사들이 고문자들에 대한 적극적·소극적 원조를 피할 것을 촉구하는 결의안들이 통과됐다. 의사들의 고문 지원을 막기 위해 가능한 모든 일이 이루어져야 한다는 것은 분명 옳지만, 고문에서 일어나는 의학의 해체가 실제 의사들의 참여에 달려 있는 것은 아니다. 고문에서 일어나는 재판의 전도가 판사와 변호사들의 참석 여부에 달려 있지 않은 것과 마찬가지이다.

44    Horne, 201.

45    파라과이 전 수감자의 편지, 국제앰네스티 문서. 이 사람의 묘사는 자신이 경험한 내부 감각을

언급하고 있다는 점에서 수감자들이 보고한 고문 사례 중에서도 다소 이례적이다.

46   *Brazil*, 64; *Vietnam*, 28;《고문자들 재판 기록》, 53; *Philippines*, 23.

47   *Report of an Amnesty International Mission to Argentina: 6-15 November 1976* (London: A. I. Publications, 1977), 24; *Philippines*, 29;《고문자들 재판 기록》, 9, 48.

48   《고문자들 재판 기록》, 46; 우루과이 사례에 관한 국제앰네스티 발표문; *Brazil*, 64. 이 문단에 나온 이름들은 특정 고문 형태를 가리킨다. 고문자들이 사용하던 언어 패턴이 잘 남아 있는 기록을 보면, 고문자들이 우연히 쓰는 어휘도 마찬가지로 위 세 영역에서 가지고 온 말들임이 확실하게 나타난다. 예를 들어 그리스 독재정권에 복무한 이들에 대한 기록에는 다음과 같은 사례들이 나온다. 고문자들은 미식축구를 하는 것처럼 죄수를 붙잡고는 가격할 때마다 "오프사이드" "골인" "반칙"을 외쳤다. 또 고문에 부차적으로 따라붙는 여러 다른 행위와 점차 완전히 붕괴해 가는 죄수를 포함하여 고문 과정 전체를 "숙성시키기"라고 거듭 칭하기도 했다. 그리고 "누구든 EAT(그리스 헌병대 특수심문본부)에 들어온 사람은 나비처럼 하얗게 속을 드러내야 한다" 같은 발언도 있었다(30, 11, 45, 97, 156, 241).

49   고문자의 권력을 묘사하기 위해 '기만적' '거짓인' '허구적'이라는 용어들을 어떻게 사용하고 있는지는 이 장 4절에서 분명해질 것이며, 그다음 2장에서 언어적 허구가 고문과 전쟁에서 차지하는 위치를 비교하면서 더욱 명확해질 것이다. 고문자가 죄수에 대해 지니는 육체적 권력은 이 권력이 발생시키는 고통만큼이나 '실제'이지만, 고통의 속성들이 정권의 문화적 기호로 번역된 것은 이와 똑같은 의미의 '실제'가 아니다. 여기서 이 정권에는 권위와 실증의 합법적 형태가 없었고, 그래서 허구적 전시가 필요했다. 따라서 지금 논의에서는, 고문하는 사람 개인과 특정한 일단의 정치적·문화적 구축물을 대리하는 고문자 역할을 구분한다. 강조해야 할 점이 하나 더 있다. 고문자가 한 개인으로서 지니는 육체적 권력이 '실제'라는 말은 정확할 수 있지만, 고문자가 지닌 육체적 권력의 크기는 죄수가 겪는 고통의 크기에서 나오지 않는다는 점이다. 다시 말해 **완전히 무방비 상태인** 인간의 몸을 훼손하는 데는 힘이나 기술이 필요하지 않다. 허약한 어린아이라도 무기를 가졌거나 해치고자 하는 마음이 있다면, 성인이 하는 만큼 인간 몸 조직에 상처를 입히는 일이 신체적으로 가능할 것이다.

50   《고문자들 재판 기록》, 48.

51   《고문자들 재판 기록》, 6, 62.

52   *Vietnam*, 여러 부분; *Spain*, 9; *Philippines*, 25, 28; *Argentina*, 21;《고문자들 재판 기록》, 68.

53   W. K. Livingston, *Pain Mechanisms* (New York: Macmillan, 1943), 2.

54   *The First Circle*, 640.

55   *Workshop on Human Rights*, 5.

56   《고문자들 재판 기록》, 34.

57   *Argentina*, 38; *Philippines*, 45, 49, 50;《고문자들 재판 기록》, 65; 그리스 전 수감자의 미출판 진료 기록; 칠레 전 수감자의 미출판 진료 기록.

58   《고문자들 재판 기록》, 54, 70, 77; 칠레 전 수감자의 미출판 진료 기록; *Workshop on Human Rights*, 4(포르투갈 사례 기록). 여러 국가의 전 수감자들은 다른 사람이 고문당하는 모습을 억지로 봐야 했거나 고문당하는 소리를 들어야 했다고 진술한다. 다음 글은 관련 사례들을 서술한다. Reza Baraheni, "Terror in Iran", *The New York Review of Books*, 28 October 1976, 24.

59   국제앰네스티 소식지의 이름《성냥갑Matchbox》은 이 일화에서 유래했다.

60   우루과이 전 수감자의 편지, 국제앰네스티 문서.

61   Sheila Cassidy, "The Ordeal of Sheila Cassidy", *The Observer* [London], 26 August 1977.

62   예를 들어 통증의 생리학 분야에서 손꼽히는 이론가인 로널드 멜잭은 이렇게 쓴다. "위에서

묘사한 풋볼 선수나 전쟁터의 군인, 파블로프의 개 사례에서처럼, 상해라든지 다른 유해한 입력 정보가 부정적 감정과 회피 충동을 일으키지 못한다면 이런 경험은 통증이라고 불릴 수 없다"(*The Puzzle of Pain*[New York: Basic Books, 1973], 47). 또한 *Punishment*, eds. Richard H. Walters, J. Allen Cheyne, R. K. Banks(Harmondsworth: Penguin, 1972), 230-239에 실린 J. S. 브라운J. S. Brown의 〈마조히즘 행동 분석A Behavioural Analysis of Masochism〉을 보라(특히 231페이지). 데이비드 배컨David Bakan은 간명한 자신의 저서에서, 회피를 유발하는 통증의 성질이 이익이 되는 상황도 있음을 지적한다. 사지가 분리된다든지 아기가 어머니에게서 떨어져 나오는, 견딜 수 없는 분리를 견딜 수 있게 만드는 유일한 것이 바로 통증이라는 것이다(*Disease, Pain and Sacrifice: Toward a Psychology of Suffering*[Chicago: University of Chicago, 1968], 77, 79).

63  *The Chronicle*[Willimantic, Conn.], UPI, 10 Feb. 1977, 7; UPI, 21 June 1976, 10. 이 기사들의 내용 자체는 제목과는 달리 전혀 조잡하지 않다.

64  Melzack, 19, 20, 72.

65  Melzack, 93. 또한 76쪽을 보라.

66  S. W. Mitchell, *Injuries of Nerves and Their Consequences*(Philadelphia: Lippincott, 1872), 196.

67  Antonin Artaud, *The Theatre and Its Double*, trans. Mary Caroline Richards(New York: Grove, 1958), 23.

68  Albert Camus, "Reflections on the Guillotine", *Resistance, Rebellion, and Death*, trans. Justin O'Brien (1960; rpt-New York: Random-Vintage, 1974), 180(한국어판: 〈단두대에 대한 성찰〉, 《알베르 카뮈 전집 16》, 김화영 옮김, 책세상, 2004). Hannah Arendt, *Totalitarianism*(New York: Harcourt-Harvest, 1951), 45, 108, 120(한국어판: 《전체주의의 기원》, 박미애 외 옮김, 한길사, 2006).

69  Hannah Arendt, *Eichmann in Jerusalem: A Report on the Banality of Evil*, 2nd ed.(1965; rpt-Harmondsworth: Penguin, 1977), 106(한국어판: 《예루살렘의 아이히만》, 김선욱 옮김, 한길사, 2006).

70  Bettelheim, 241.


## 2장

1  이 부분과 이후에 나오는 '상징적으로'라는 부사의 뜻은, 인간 몸이나 실제 고통을 다른 무엇이 대체하게 했다는 의미가 아니다. 그보다는 한 사람이 많은 사람을 나타낸다는 뜻이다. 넬슨 굿맨Nelson Goodman이 어느 한 종류의 '상징'을 가리키기 위해 '표본sample'이라는 단어를 사용했던 예가 이해하는 데 도움이 될 수 있겠다(*Ways of Worldmaking*[Indiana: Hackett, 1978], 63-70).

2  예를 들어 유엔 세계인권선언 5조의 선언은 무조건적이다. "어느 누구도 고문을 당해서는 안 되며, 잔혹하거나 비인도적이거나 모욕적인 취급 또는 형벌을 받아서는 안 된다." 시민적·정치적 권리에 관한 국제규약International Covenants on Civil and Political Rights도 무조건적이어서, 어떤 '권리들'은 국가 비상사태 동안 유보될 수 있지만 이런 단서가 고문으로까지 연장되지는 않는다. 필라르티가 대對 페냐-이랄라 재판Filartiga v. Peña-Irala 630 F. 2d 876(1980) 결과, 고문은 역외域外 관할권을 허용하는 범죄로 여겨지게 되었다. 고문 행위가 미국 국경 안에서 일어나지 않았더라도, 또 피해자와 고문자가 모두 미국 시민이 아니어도 고문 범죄를 미국에서 재판받을 수 있게 되었다는 뜻이다. 이 사실은 위에서 말한 절대적인 금지를 다시 한 번 분명하게 보

여준다. 해럴드 버먼Harold J. Berman은 이 재판 결과가 "역외 관할권의 가장 대담한 확장"일 것이라면서, 고문은 보편적으로 규탄받아야 한다는 사실에 기초해서 이런 확장이 이루어졌다고 쓴다. "그러한 고문은 세계 모든 국가에서 비난받으며 시민적·정치적 권리에 관한 국제규약을 위반하기 때문에, 법정은 위반자를 구금하고 있는 어떤 국가라도 그 위반자를 기소할 수 있다고 판결했다"("The Extraterritorial Reach of United States Laws", Report to the Legal Committee of the U.S.-U.S.S.R. Trade and Economic Council, Moscow, 17 November 1982, 12).

이에 반해 전쟁 금지는 모호한 표현이 특징일 때가 많다. 특정 평화 조약과 국제규약 내의 유보 조항에 관해서는 아래 234~235쪽을 보라.

3  이 차이가 시사하듯 고문의 구조는 경험되는 사건 자체 안에서 가시적으로 나타나기 때문에, 고문 구조 분석을 할 때 실제 진술이든 작품 속 허구이든 당사자의 진술을 가져와서 사용해도 괜찮다. 반면 전쟁에서 비롯된 고통이 언제나 개개인의 감응력 경험 안에서 발생하긴 하지만, 전쟁의 구조 자체는 직접 경험 가능한 전쟁의 현실 안에 있지 않다. 이런 이유로 이번 장의 분석에서는 고문의 구조를 분석할 때와는 달리 실제이든 허구이든 개인들의 진술에 크게 의존하지 않을 것이다.

적군 포로를 고문하는 일처럼, 전쟁 내부에서 고문과 문자 그대로 똑같은 사건이 일어날 수도 있다. 또는 다른 사건들보다 좀 더 고문에 가까운 사건이 일어날 수도 있다. 가령 도시 상공에 떠 있는 폭격기 한 대와 그 아래에 있는 사람들의 경우가 그렇다. 폭탄이 작동할 때 폭탄의 양쪽 말단은 각각 그 무기가 떨어져 나오는 곳과 착륙하는 곳이다. 폭격기 조종사는 그 무기의 양쪽 말단이 이루는 종방향의 거대한 공간을 따라 지상의 사람들과 연결된다. 전쟁에서 일어나는 사건은 그 사건에서 비롯된 상해가 더 일방향적이고 덜 상호적일수록 고문에 가까워진다. 예로 든 폭격기 조종사 자신은 상해에 취약하지만, '상해를 가할 수 있는 폭격기 조종사의 능력 대 조종사 자신이 다칠 위험의 비율'은 전장에 있는 군인보다 훨씬 크다. 전장에 있는 군인의 경우, 상해-가하기와 상해-당하기의 가능성이 서로 비슷하다. 그렇다고 해도 폭격기 조종사의 행위는 여전히 상호성이라는 전체 틀 안에서 일어난다. 이 틀의 중요성은 이후 상세히 설명할 것이다. 지금 시점에서 중요한 점은, 평화 시의 고문이든 전쟁에서 일어나는 고문이든, 고문에서는 '고문'으로 정확하게 인식될 수 있는 단 하나의 경험적 사건이 있을 수 있지만, 전쟁에서는 '전쟁'으로 인식될 수 있는 단 하나의 경험적 사건이 존재하지 않는다는 점이다. 전쟁의 구조는 엄청난 숫자의 상호작용들, 따라서 개별적으로는 경험 가능하지 않은 상호작용들을 통해 형태를 갖춘다.

4  Stockholm International Peace Research Institute, *Incendiary Weapons*, by Malvern Lumsden(Cambridge, Mass.: M.I.T. Press, 1975). 이 연구는 정치·통상通商·군사적 사실들을 복합적으로 분석한다. 그러면서도 이 연구의 핵심에는 논의와 관련된 상해 입히기 형태를 묘사하고 분석하는 작업이 놓여 있다. 이 연구처럼 좋은 의도로 이루어진 다른 연구들도 있긴 하지만 그 모두가 이처럼 성공적으로 전체의 상을 보여준 것은 아니다.

5  Carl von Clausewitz, *On War*, ed. and trans. Michael Howard and Peter Paret, commentary Bernard Brodie(Princeton: Princeton University Press, 1976), 91, 93(한국어판:《전쟁론》, 김만수 옮김, 갈무리, 2016). 적의 "고통을 증가"시키고 "적 병력을 파괴"하거나 "괴멸"하기는 이 저작의 **여러 부분에서** 거듭 나온다. 이런 말들은 클라우제비츠가 구조적으로 분명히 핵심에 있다고 보는 어느 활동을 지시한다. "적 병력 파괴가 모든 군사 활동의 기저를 이룬다. 모든 계획이 최종적으로는 적 병력 파괴를 기반으로 삼으며, 적 병력 파괴라는 **기둥 위에 아치**arch**처럼 놓인다**"(97, 강조는 필자). 상해 입히기의 목표가 군인들의 사기 진작처럼 육체적인 것 이상일 때에도 언제나 육체적인 것이 포함된다(97).

6  Clausewitz, 98.

7  1984년 8월 펜실베니아대학 존 펜먼 우드John Penman Wood 국방 도서관에서 가진 프레더릭 트위드Frederick Tweed 소령과의 대화.

8  *Incendiary Weapons*, 82. 스톡홀름 국제평화연구소의 이 연구에 따르면 북베트남에서 벌인 것과 같은 대규모 폭탄 투하가 의도하는 목적은 폭격 후에 불이 폭풍처럼 번지게 하는 것이라고 한다. 하지만 미 국방성 대변인 J. W. 프리드하임J. W. Friedheim은 이런 주장을 부인하고 나뭇잎 제거가 목적이라고 말했다(*New York Times*, 24 July 1972). 프리드하임의 이 발언도 스톡홀름 국제평화연구소의 연구에서 언급된다.

9  "Kamikaze: Flower-of-Death", Episode 6, *World War II: G I. Diary*(New York: Time-Life Films, 1978), North Carolina P.B.S. broadcast, Spring 1980.

10  Robert Whymant, "The Brutal Truth about Japan", *Manchester Guardian Weekly*, 22 August 1982.

11  타넨베르크 전투와 사상자에 관해서는 다음 책을 보라. Nicholas Golovine, *The Russian Campaign of 1914: The Beginning of the War and Operations in East Prussia*, trans. A.G.S. Muntz, Introd. Marshal Foch(London: Hugh Rees, 1933). 특히 9장, "The Death Throes of the Center Corps of the Second Army"(290-327).

12  '감응력이 있는 표면을 바꾸기'와 '감응력이 없는 표면을 바꾸기' 간의 차이에 관해서는 이번 장의 244쪽과 다음 장의 281~282쪽을 보라.

13  다음과 같은 예들이 있다. 1982년 9월 레바논 베이루트의 샤틸라 난민촌과 사브라 난민촌 학살이 있고 난 후, 레바논 기독교 민병대가 저지른 살인에서 이스라엘의 책임이 어느 정도인지를 가늠하고자 하는 신문 기사들이 나왔다. 이 기사들은 이스라엘 국방부 장관 아리엘 샤론Ariel Sharon의 말을 인용했다. 샤론은 다국적군의 레바논 주둔을 반대하는 근거로, 다국적군이 들어오면 팔레스타인해방기구가 베이루트에서 떠난 이후 있을 '쓸어내기mopping up' 작업이 지연된다는 점을 들었다. 또 육군참모총장 라파엘 에이탄Rafael Eytan 중장의 다음과 같은 말도 실렸다. "우리는 테러리스트들과 그 지휘관 전부를 알아낼 것이다. 이 지역은 깨끗해질clean 것이다"(David Shipler, "Israelis Disclaim Any Responsibility", *New York Times*, 19 September 1982). 이와 비슷하게, 제2차 세계대전 말 미국 장성들 간의 교신에서 루르 포위 작전은 "루르 지방 쓸어내기mopping up"로 불렸다(D.D. 아이젠하워의 전보 중, John Strawson, *The Battle for Berlin*[New York: Scribners, 1974], 105). 처칠은 종전 몇 달 전 아직 일본을 물리치지 못했던 시기인 1945년 5월 13일, 라디오 연설을 통해 영국 국민이 계속 병력을 지원해주길 촉구하면서 말한다. "저는 5년 전 여러분께 우리가 해야 하는 어려운 일들에 관해 말씀드렸습니다. 여러분은 움츠러들지 않았고, 저는 국민 여러분께서 보여주신 신뢰와 관대함을 생각하며 지금까지도 웁니다. 우리는 앞으로 나아가야 합니다. 수그러들거나 약해지지 않고, 굴하지 않고, 우리 과업 전체가 끝날 때까지, 그리고 전 세계가 안전하고 깨끗해질clean 때까지 말입니다"(*Victory: War Speeches by the Right Hon. Winston S. Churchill CM., CM., M.P.*, comp. Charles Eade[Boston: Little, Brown, 1946], 117). 히틀러가 자신의 극단적인 계획들에서 위와 비슷한 용어를 사용한 예는 매우 잘 알려져 있으므로 여기서 또 나열할 필요는 없을 것이다.

14  예를 들어 1944년 3월 26일 전 세계로 방송된 윈스턴 처칠의 라디오 연설 "우리의 위대한 노력이 결실을 볼 때가 가까워져 오고 있습니다"에 이 표현이 나온다(*The Dawn of Liberation: War Speeches by the Right Hon. Winston S. Churchill, CM., M.P.*, comp. Charles Eade[Boston: Little, Brown, 1945], 135). 지금 이 부분에서 제시하는 특정 자료는 보편적으로 사용되는 언어를 보여주는 일례일 뿐이며, 따라서 이번 장 본문에서 따로 언급하지 않는 한 인용한 특정 저자나 화자에

게서 이런 언어가 특히 확연하게 나타난다고 추정해서는 안 된다. 일례로 처칠이 '중화' 언어를 자주 사용했고 상해 행위를 빈번히 '재서술'하곤 했지만, 적을 육체적으로 해치는 것이 목표라고 곧장 밝힌 때도 적지 않다. 1944년 6월 6일 하원 연설에서 처칠은 연합군의 로마 입성을 축하하고는 이어 다음과 같이 분명하게 말한다. "알렉산더 장군의 제1목표가 로마 입성이었던 적은 없습니다. …… 적 병력의 파괴가 지금껏 내내 유일한 목표였으며, 적 병력은 북쪽으로 빠져나가려고 하다가 이제 전선 모든 곳에서 동시적으로 교전을 벌이고 있습니다"(135). 또 1944년 3월 26일 방송에서 처칠은 말한다. "우리 모두가 승리를 확신하긴 했지만 두 달이 채 지나기도 전에 적이 엄청난 살육을 당하면서 아프리카 대륙에서 쫓겨나고, 일격에 335,000명의 포로와 전사자를 우리 수중에 남기게 될 줄은 몰랐습니다"(51). 그리고 같은 방송에서 처칠은 미얀마와 태평양 전장을 두고 이렇게 말한다. "산과 정글로 이루어진 이 거대한 지역에서 나온 결과를 선언하기엔 너무 이르긴 합니다만, 거의 모든 전투에서 일본 측 전사자가 우리보다 세네 배 더 많습니다. 바로 이 점이 우리 군인들도 죽고 다치고 실종되면서 고난을 겪었다는 사실보다 더 중요합니다"(56).

15 Henry A. Kissinger, "Editor's Introduction", *Problems of National Strategy: A Book of Readings*(New York: Praeger, 1965), 4.

16 Arthur Waskow, "The Theory and Practice of Deterrence", *Problems of National Strategy*, 67. 이 글은 '공포의 균형', 다시 말해 '쌍방의 핵무기 보유가 가져오는 균형'이라는 입장에 수반되는 위험과 문제를 비판적으로 논한다. 와스코우는 '공포의 균형'이 전쟁 억제력을 발휘한다는 월스테터Albert Wohlstetter 파派의 가정을 반박하고, 공포의 균형이 오히려 전쟁 가능성을 높인다는 점을 보이고자 한다. 하지만 이 글에서도 "수소폭탄은 도시를 끝장낼kill 것이다"라는 표현이 등장한다(80). 와스코우의 글은 군비 확장 경쟁을 명료하게 사고해보고자 하는 열정적인 시도이지만, 여기에도 그 괴상한 언어 사용이 침범해 있는 것이다. 이런 사실은 상해와 관련된 언어를 무기류의 사물에 적용하는 일이 보편적으로 존재함을 시사한다. 또 이 예는, 이번 장의 본문에서 밝히지 않는 한 어느 저자의 입장을 그 사람이 어떤 언어를 사용하느냐에서 추론할 수 없음을 다시 한 번 보여준다. 인용구들은 논의 대상인 말이 공식적으로 어떻게 사용되었는지 예시하기 위해 제시되었을 뿐이다.
때로 무생물에 '죽이다/끝장내다kill'라는 말을 사용하면서 인용부호를 넣기도 한다. 무생물에 죽인다는 말을 사용하는 일이 괴상하다는 점이 인용부호를 통해 부분적으로 인정되고 있는 것이다. 예를 들어 "해리어Harrier 전투기가 아르헨티나 전투기를 가장 많이 '끝장냈다'"라든지 "장거리방공 미사일인 시 다트Sea Dart 같은 무기는 적이 미사일을 조심하면서 피할 때만 유효하다. 이런 무기는 '죽이지' 않을수록 인정받는다" 같은 표현들이 그렇다(Lawrence Freedman, "The War of the Falkland Islands, 1982", *Foreign Affairs* 16[1982], 206, 207, 208).

17 상해 입히기의 핵심성이 시야에서 사라질 때가 많다는 사실은 전쟁을 다룬 소설에서도 나타난다. 이런 작품들에서는 특히 상해를 입은 몸의 실제성이 독자와 작중 인물들에게 '놀라운 것'으로 등장하는 장면이 자주 나온다. 역사가 폴 퍼슬Paul Fussell은 《제1차 세계대전과 현대의 기억The Great War and Modern Memory》(London: Oxford University Press, 1975)에서 다음과 같은 지적을 한다. 제1차 세계대전을 다룬 소설과 희곡 작품들 안에서 "심하게 다친 전우의 상처가 실제로는 매우 무시무시한 상태임을 모르는 채로 그의 몸을 '편하게 해주는' 장면(33, 35)이 "원초적 장면"이라는 것이다. 퍼슬은 그 예로 R. C. 셰리프Sherriff의 작품 《여행의 끝Journey's End》의 3막 3장 및 조지프 헬러Joseph Heller의 《캐치-22Catch-22》(한국어판: 안정효 옮김, 민음사, 2008)에 나오는 끔찍한 장면을 든다. 헬러의 작품 속 장면에서 등장인물 요사리안은 동료 군인 스노든이 허벅지에 엄청난 상처를 입었다고 생각하지만, 스노든의 방탄복을 열자 내장이

고통받는 몸

바닥으로 떨어지는 모습을 보게 된다. 주인공이 상해의 본성을 마주하여 갑자기 '놀라는' 장면이 나오는 다른 작품으로는, 레마르크Erich Maria Remarque의 《서부전선 이상 없다All Quiet on the Western Front》(한국어판: 홍성광 옮김, 열린책들, 2009), 스티븐 크레인Stephen Crane의 《붉은 무공 훈장The Red Badge of Courage》, 스탕달의 《파르마의 수도원The Charterhouse of Parma》(한국어판: 원윤수 외 옮김, 민음사, 2001)이 있다. 이런 장면들이 반복적으로 출현한다는 사실은, 먼저 전쟁에서 상해 입히기의 핵심성이 시야에서 사라졌음을 암시한다. 시야에서 사라지지 않았다면 '놀라게 하는' 힘을 가지지 못했을 것이기 때문이다. 나아가 다음과 같은 주장을 할 수도 있다. 즉 상해를 입은 몸이 시각에 전달하는 직접성은 너무도 압도적이어서, 상해 입히기가 전쟁의 핵심적 활동이라는 사실을 관찰자가 이미 뚜렷하게 자각하고 있을 때조차 사람들을 '놀라게' 하고 '충격을 줄' 수 있다.

상해 입히기의 핵심성을 드러내어 가시화하는 또 다른 소설이나 희곡 작품으로는 호메로스의 《일리아스The Iliad》, 에밀 졸라의 《패주La Débâcle》, 톨스토이의 《전쟁과 평화》(한국어판: 박형규 옮김, 문학동네, 2017), 노먼 메일러Norman Mailer의 《벌거벗은 자와 죽은 자The Naked and the Dead》(한국어: 이운경 옮김, 민음사, 2016)가 있다.

18 공식적·비공식적 전쟁 논의 모두, '전형적인' 전쟁 활동을 예시할 필요가 있을 때 '무장해제'를 자주 선택한다. 이 경향은 공식 전략이나 TV 드라마 각본 선정 등 다른 여러 맥락에서도 나타난다. 여기서는 대표적으로 게임이론을 들어보겠다. 아나톨 라포포트Anatol Rapoport는 혼합전략mixed strategy 상황의 정보 제한을 논하면서 다음과 같은 군사적 상황을 예로 든다. "군수품을 실은 트럭 한 대가 매일 두 개의 도로 중 한쪽 길로 지나간다. 1번 길은 상태가 좋고 2번 길은 좋지 않다. 적이 트럭을 습격하기 위해 부대를 파견한다. 파견된 부대가 선택할 수 있는 일은 1번 길을 막거나 2번 길을 막는 것이다. 양편은 각기 두 가지씩의 전략을 갖는다……" 가정하는 상황은 이런 식으로 계속된다(Fights, Games, and Debates [Ann Arbor: U. of Michigan Press, 1960], 159이하). 라포포트가 예로 든 상황이 전쟁에서 일어나지 않는다는 말이 아니다. 분명 일어날 수 있다. 또 이런 논의는 흥미로운 사고 실험이다. 하지만 위의 예에 1번 길이나 2번 길 위를 지나가는 60명의 사람을 죽이려 하는 집단이 등장한다면 논의는 당연히 덜 유쾌해질 것이다. 상해 입히기에 기반을 둔 모형이 아니라 위와 같은 종류의 모형만 계속 반복해서 사용하다보면 전쟁의 핵심 활동을 무장해제로 여기게 될 수도 있다. 게임이론에서는 요새 함락이나 길 통과 활동을 하는 모형이 자주 사용된다. 예를 들어 군사 전략에서 '블로토 대령 Colonel Blotto'이라고 불리는 고전적인 딜레마에 관한 논의들을 보라(John McDonald and John W. Tukey, "Colonel Blotto: A Problem of Military Strategy", Readings in Game Theory and Political Behavior, ed. Martin Shubik [Garden City, N. Y.: Doubleday, 1954], 56-58). '요새'라는 개념은 '무장된 공간'을 뜻하고, 따라서 '무장해제' 활동을 보여주는 모형에 자주 나온다. 영토를 획득하고 유지하려면 '상대편보다 더 많이 상해 입히기'가 필요하며, 또 양측이 지닌 상해 입히기 능력 간의 편차를 시각적으로 대상화한 것이 바로 점유 영토이지만, 이런 설명이 강조되는 경우는 드물다. 군사적 모형(수학적·언어적·지도·아날로그·컴퓨터 시뮬레이션)을 비롯한 여러 특정 모형들(예를 들어 TEMPER, CARMONETTE, TIN SOLDIER) 분석, 나아가 시나리오 모형과 역사 서술 간의 관계 분석을 보려면, Garry D. Brewer and Martin Shubik, The War Game: A Critique of Military Problem Solving (Cambridge, Mass.: Harvard University Press, 1979)을 참고하라. 위에서 언급한 분석과 연구 어디에서도 상해 입히기는 핵심 사건으로 인정되지 않는다. 물론 그 사실이 당연한 것으로 이미 전제된다고 주장할 수도 있을 것이다. 위와 같은 분석들에서는 감응력이 있는 물질에 사용되기에 적절한 용어와 감응력이 없는 물질에 사용되기에 적절한 용어가 자주 뒤섞이곤 한다. 지상군과 헬리콥터 전투를 다룬 아래의 CARMONETTE

VI 시뮬레이션 결과 요약은 그 일례이다. "시뮬레이션 결과는 평가된 모든 사건을 열거한 컴퓨터 출력 정보 형태로 제시되었다. 이 결과에서는 **사상자**casualty**가 발생한 사건**을 전부 요약했으며, 목표물 유형과 무기 유형에 따라 정리한 **파괴/살해**kills를 요약했다. 또 무기를 사용한 교전(발포)을 요약했으며, 목표물 유형, 발포 횟수 및 각 사정거리 그룹에서 **파괴/살해된**killed **인원·운송 수단**도 요약 내용에서 함께 볼 수 있다"(136. 강조는 필자).

19    B. H. 리들 하트Liddell Hart는 저서《전략론Strategy》(New York: Praeger, 1954, 한국어판: 주은식 옮김, 책세상, 1999)에서, 클라우제비츠가 '무장해제'에 수반되는 유혈 사태를 의식하지 않은 채로 그 용어를 사용할 때가 자주 있다고 본다(73). 하지만 사실 클라우제비츠는 무장해제라는 말을 유혈 사태와 거의 동의어로 사용해서, 살해·상해 행위를 함께 언급하지 않으면서 그 용어를 사용하는 때가 오히려 드물다. 또 클라우제비츠는 리들 하트보다 훨씬 더 일관되게 상해 입히기가 일어나는 장소를 분명히 말한다. 그럼에도 리들 하트의 지적은 다음 두 가지 이유로 중요하다. 첫째, 클라우제비츠는 너무도 자주 원래 문맥에서 벗어나서 인용되곤 한다. 리들 하트도 이 사실을 언급한다. 둘째, '무장해제'와 '상해 입히기'를 같은 것으로 보면서도 클라우제비츠는 전자의 용어를 매우 모호하게 사용한다. 이 두 번째 이유에 관해서는 아래 160쪽부터, 그리고 미주 82와 90에서 자세히 설명할 것이다.

20    예를 들어 정부 자문 위원인 역사학자 리처드 파입스Richard Pipes는 윌리엄 버클리William Buckley와의 PBS 방송국 인터뷰에서 다음과 같이 발언을 마무리한다. "우리는 소련의 침공에 대비해서 전쟁억지 수단을 구축하고 있습니다. 우리의 전쟁억지 수단은 소련의 도시나 시민을 목표로 한 것이 아니라 소련의 무기를 목표로 합니다"("Is Communism Evolving?" *Firing Line*, 9 December 1982).

21    살아 있는 물질과 살아 있지 않은 물질을 뒤섞는 일은 더욱 지속적인 지각적 혼동으로 이어진다. 즉 상해 입히기에 '무장해제'라는 다른 이름을 붙이는 일로 이어진다. 이와 마찬가지로 '무장해제'라는 말에 들어 있는 수비라는 함의는 '공격'과 '방어' 개념에 관련된 혼동을 부추길 수 있다. 클라우제비츠는 방어(수비) 개념이 전투에서의 공격 태세와 방어 태세 간의 엄밀한 구분과 뒤섞이면서 중대한 오류가 나타난다고 지적한다(392). 토머스 네이글Thomas Nagel은 쓴다. "우리를 죽이고자 하는 이들을 우리도 마찬가지로 죽이려고 하는 것이 왜 정당한지 나는 전혀 확신할 수 없다. 무력으로 그들을 죽일 수도 있지만, 이 무력을 사용해 그들을 멈출 수도 있지 않은가"("War and Massacre", *War and Moral Responsibility*, eds. Marshall Cohen, Thomas Nagel, Thomas Scanlon[Princeton: Princeton University Press, 1974], 21, 주11). 네이글은 '방어'라는 용어에 부여된 도덕적 허가가 옳은지 암암리에 질문을 던지고 있다. 무력화無力化시키기는 하되 상해는 상대적으로 덜 입히는 방어 무기를 발명할 수 있을까? 하지만 이제껏 그런 시도는 없었고, 그래서 가능이나 불가능 여부를 논할 수는 없다. '방어'라는 용어에는 평화적인 함의가 있지만, 이런 함의가 무력화에만 한정된 방어 무기를 찾고 발명하는 일을 추동한 적은 없다.

22    헨리 키신저는 "소위 '사상자 수 비율'"이라고 말한 적이 있다(*American Foreign Policy: Three Essays*[New York: Norton, 1969], 105). 여기 붙은 '소위'라는 단서는 상해 입히기라는 현실이 어떻게 사라지는지를 보여주는 흥미로운 사례다. 모든 전쟁에서 양측은 계속해서 전사자 수를 비교하며, '사상자 수 비율'이라는 용어는 전사자 수 비교 작업을 정확하고도 문자 그대로 서술한다. 이런 용어 앞에 붙은 '소위'라는 단서는 마치 그 언어의 잔혹함을 사과하고 있는 듯 보인다. '사상자 수 비율'이라는 용어가 서술하는 그 현상이 아니라 용어 자체가 지각적으로 날 것인 무언가를 가져왔다는 듯 말이다. '사상자 수 비율kill ratio'이라는 말처럼 살인이라는 것이 갑작스럽게 언어 안으로 들어올 때 사람들은 불쾌하고 잔혹하다고 느낀다. 우리의 전쟁 이해에서 살인killing이 사라졌기 때문에, 잔혹한 행위 자체가 아니라 잔혹한 행위 서술이 이런 불쾌

감을 유발한 것처럼 보이게 된다.

23    Omar N. Bradley, *A Soldier's Story*(New York: Holt, 1951), 519.

24    Bradley, 495.

25    Liddell Hart, 212. 또한 187, 210, 228, 232, 243, 244, 358, 359을 보라.

26    Liddell Hart, 291. 클라우제비츠도 이렇게 거대한 몸이 추는 춤이 등장하는 구절들을 쓰긴 했
      지만, 리들 하트에 비하면 명확하게 나타나지 않는 편이다(예를 들어 293, 391).

27    Liddell Hart, 212, 187.

28    Liddell Hart, *History of the First World War*(London: Cassell, 1970; rpt-London: Pan Books,
      1972), 183, 185.

29    Churchill, *Dawn of Liberation*, 135.

30    물론 상해의 언어를 지리적 영토나 병력 전체에 부과하는 서술이 **반드시** 인간이 입은 상해라
      는 현실로부터 눈을 돌리게 하는 것은 아니다. 때로 이런 서술은 실제 상해의 본성을 인식하
      는 일과 완벽하게 양립할 수도 있고, 상해의 본성을 인식하는 데 도움이 되기까지 한다. 바버
      라 터크먼Barbara Tuchman이 기나긴 참호전 기간을 요약하는 부분의 서술이 그렇다. "영국 원정
      군 5분의 4가 묻힌 무덤과 더불어, 영국군의 용맹을 보여주는 진정한 기념비는 몽스Mons나 마
      른강 전투가 아니라 이프르 전투이다. 이프르 전투 이후 겨울이 오면서 전쟁은 천천히 참호전
      의 지독한 교착 상태로 빠져들었다. 프랑스와 벨기에 영토를 가로지르는 괴저壞疽성의 상처처
      럼 참호들은 스위스에서 영국해협까지 이어졌다. 진지전이자 소모전이 된 전쟁을, 잔혹하며
      진흙투성이에 살인적이었던 광기를, 4년간 더 지속될 서부전선 전투를 이 참호들이 결정지었
      다"(*The Guns of August*[New York: Macmillan, 1962], 438, 한국어판:《8월의 포성》, 이원근 옮김,
      평민사, 2008).
      영토나 군대 전체를 한 명의 거대한 전투원으로 표현하는 관습은 전략 · 정치 · 역사 저술들에
      서 거의 보편적이다. 군대가 '옆구리'와 '날개'를 가졌다는 서술은 기본적일 정도로 빈번하다.
      무엇보다 이 관습이 가장 확연하게 나타나는 때는 전쟁 선전에서이다. 분석적인 글에서는 문
      체의 밀도가 '거대한 전투원' 관습이 미치는 영향을 일부나마 상쇄하지만, 이 관습이 분석적인
      문체에서 끌려나와 극단적인 수사修辭를 사용하는 급박한 전쟁 상황에서 쓰이면 과장되고 희
      화화된다. 정치 풍자만화라든지, 신문 기사, 정치 연설에서 관련 사례를 볼 수 있다. 일례로 처
      칠이 덴마크에 있는 저항 세력을 향해 발언한 1945년 1월 1일의 방송 내용이 그렇다. 처칠은
      자신의 연설을 듣는 이들이 계속 버텨가길 촉구하면서 말한다. "야수 나치는 구석에 몰렸습니
      다. …… 대大 연합군의 무력이 가한 상처는 치명적입니다"(*Victory*, 117). 당시 상황에서, 거인
      나치가 히틀러의 얼굴을 하고 있긴 하지만 동시에 너무도 평범한 보통 사람들로 이루어져 있
      다는 사실을 인식해야 한다고 주장할 사람은 없을 것이다. 또 이 사실을 국민들이 인식하도록
      촉구해야 한다고 주장할 사람도 없을 것이다. 그렇지만 분명히 이 관습은 가장 극단적인 수사
      형태를 사용해서 실제 존재하는 상해를 인식하기 어렵게 만들 뿐 아니라 상해 가하기를 실제
      로 돕는다. 이런 표현은 또 다른 전쟁 행위에 계속 참여해달라고 국민을 설득할 때 자주 나타
      나기 때문이다.

31    이 부분과 이후 이어질 논의에서, 전쟁의 외부 쟁점을 말할 때마다 '자유'를 예로 들 것이다.
      전쟁의 쟁점 중에는 자유라는 것이 지니는 숭고함이나 선명함이 없는 쟁점도 분명 많다. 그럼
      에도 여기서 자유를 예로 드는 이유는 상상 속의 전쟁 참여자들에게 '무죄 추정의 원칙'을 적
      용하기 위해서이다. 즉 다음과 같은 논리이다. 사람들 대부분이 동의하며 싸울 가치가 있는 쟁
      점 때문에 발생하는 전쟁을 상상해보라. 그런 다음 그 쟁점과 상해 행위 간의 관계는 무엇인지
      질문해보라. 이 질문에 대한 답이 만족스럽지 않다면, 쟁점 자체가 모호하거나 때로 그렇듯 쟁

점이 아예 명백하게 말이 안 되는 전쟁에 대해선 훨씬 더 불만족스러운 답이 나올 것이다. 앞으로 우리는 상해 입히기 활동과 전쟁의 외부 쟁점 간의 관계를 이해하기 위한 논의로 넘어간다. 여기서 둘 간의 관계는 외부 쟁점의 내용과는 상관이 없다.

32   어느 부산물의 '쓸모$^{use}$'를 찾아낼 수도 있겠지만, 부산물이라는 말에는 원래 '쓸모없는$^{useless}$'이라는 뜻이 함축되어 있으며 '낭비$^{waste}$'의 의미마저 담겨 있다. '죽임을 당한$^{killed}$'이라는 말 대신 '낭비된/제거된$^{wasted}$'이라는 단어를 사용하는 일에 관해서는 다음 문헌을 보라. Michael Walzer, *Just and Unjust Wars: A Moral Argument with Historical Illustrations* (New York: Basic, 1977), 109.

33   Theodore C. Sorensen, *Kennedy* (New York: Harper, 1965), 684, 687.

34   Michael Walzer, "World War II: Why Was this War Different", *War and Moral Responsibility*, 97. ·

35   예를 들어 리들 하트는 초기작 《파리, 전쟁의 미래$^{Paris, or the Future of War}$》(New York: Dutton, 1925)와 이 책에 앞서 쓴 몇 편의 글에서 간접 목표물 개념을 옹호한다. 하트는 참호에서 목격한 살육의 광경과 전쟁 교착 상태 때문에 이 개념을 옹호하는 데 이르게 되었다고 이후의 저서인 《전략론》에서 설명한다. 나중에 리들 하트는 '간접적인' 민간인 목표물이나 경제 시설 목표물을 공격하는 일도 마찬가지로 재앙적인 상황을 끝없이 일으킨다는 점을 깨닫게 되지만, 공군 참모들에게 처음의 입장을 설득했을 때보다 자신이 잘못 생각했다고 설득하는 일이 더 어려웠다고 한다(363 이하). 하지만 이 같은 설명이 나오는 《전략론》에서도 리들 하트는 여전히 민간인과 경제 시설 목표물을 두고 '간접적'이라고 말한다. 즉 그 목표물의 폭격이 인간에게 고통을 가하기 위해서가 아닌 다른 무언가를 위한 일인 듯이 말한다(357).

36   따로따로 봤을 때 이 네 문장은 전부 말이 되는 것처럼 보일 수 있다. 예를 들어 '피는 살육을 위한 비용이다'라는 말을 클라우제비츠는 다음과 같이 표현한다. "전투가 지니는 성격은 바로 그 이름처럼 언제나 살육[schlacht](독일어로 '전투/살육'이라는 뜻이며, 살육의 값$^{price}$은 언제나 피이다. 한 명의 인간으로서, 지휘관은 이 사실에 오싹함을 느낀다"(259).

37   앞에서 설명한 생산과 길 비유를 '연장' 비유의 서술 사례로 볼 수도 있다. 연장 어휘는 그 외에도 여러 다른 형태를 취하면서 작동할 수 있다.

38   널리 인용되는 정의들이 모두 그렇듯, 클라우제비츠의 이 말은 여러 방식으로 번역되고 해석된다. 보통은 정치나 국가 정책이 전쟁을 통해 연속해서 실행됨을 주장하는 것으로 이해된다. 전쟁이 다른 수단을 통한 '정책'의 연장이라는 주장으로 이해된다는 것이다(예를 들어 리들 하트의 *Strategy*, 366). 또는 전쟁 기간에 민간 정부와 군 당국 어느 쪽이 우위에 있느냐는 질문을 제기하는 것으로 이해되기도 한다. 예를 들어 V. D. 소콜로프스키는 엥겔스와 레닌의 저작에서 근거를 끌어오면서 다음과 같은 주장을 한다. 한 국가의 정치가 군사 전략을 결정할 때도 있지만, 국가의 정치적·경제적 상황이 전략적 필요를 따라갈 수도 있다. 평화 시에는 적으로 봤던 국가와 전시에 동맹을 맺는 경우가 그렇다(*Soviet Military Strategy*, ed. Harriet Fast Scott, trans. from the Russian[3rd ed.; New York: Crane, Russak, 1968, 1975], 19, 20). 나아가 클라우제비츠의 정의는, 덜 공격적으로 보이는 형태의 분쟁이 연장된 것이 전쟁임을 강조하는 주장으로 이해되기도 한다. 일례로 아나톨 라포포트는 '전쟁은 다른 수단에 의한 논쟁의 연장'이라고 원래의 문장을 바꿔 말한다(vii). 또 한편 문학비평처럼 정치가 부재하는 듯 보이는 영역에서조차 정치는 언제나 작동 중임을 강조하는 말로 받아들여지기도 한다(W. J. Mitchell, "Editors Introduction: The Politics of Interpretation", *Critical Inquiry* 9[Summer 1982], iii). 클라우제비츠 자신의 강조점은 위의 첫 번째 해석에 있었지만, 그래도 이 모든 해석은 그의 설명과 양립할 수 있다. 클라우제비츠는 전쟁이 세 가지 경향으로 이루어진 현상이라고 논한다. 첫째는 원초적

            고통받는 몸

폭력이며, 둘째는 가능성과 확률이 창조적 정신과 상호작용하면서 작동한다는 것, 셋째는 부분적으로 지배력을 발휘하는 요소인 합리성이다. 그리고 이 세 번째 경향에 관한 설명에서, 전쟁이 국가 정책에 부분적으로 종속적이라는 논의가 나온다. (세 가지 경향은 《전쟁론》 1장 1절의 끝부분에서야 명확하게 구분되지만, 1장 전체가 세 경향을 매우 명료하면서도 체계적으로 짚어가면서 전개된다).

39    Liddell Hart, *Strategy*, 339.

40    리들 하트는 일군의 전략 표어를 보여주는데, 이 표어들은 전부 같은 말을 한다. 전투에서 승리에 도달하는 두 가지 경로가 존재하는 상황을 한 편이 만들어내면 상대편에게는 항복 이외에 선택의 여지가 없다는 것이다. 프랑스의 전략가 피에르 부르세[Pierre Bourcet]는 "전략에는 반드시 다른 샛길이 있"어서 두 길 중 한쪽이 성공할 수밖에 없도록 해야 한다고 말하며, 나폴레옹은 "두 가지 방식으로 계획을 짜라"고 말하고, 남북 전쟁 당시 북군 장군이었던 셔먼[William Tecumseh Sherman]은 "진퇴양난의 상황에 적을 몰아넣어라"고 말한다(343).

41    Clausewitz, 230. 이 주장의 예시가 되는 역사상의 순간은 남북 전쟁의 앤티텀 전투에서 남군을 이끈 로버트 리[Robert Lee] 장군이 퇴각하던 때이다. 링컨 대통령은 북군의 매클렐런[George Brinton McClellan] 장군에게 전보를 쳐서 "리 장군이 다치지 않은 채로 빠져나가서는 안 된다"라고 전한다(Lord Charnwood, *Abraham Lincoln*[New York: Holt, 1917], 306). 하지만 매클렐런은 후퇴하는 남군을 쫓아가 상해 입히기를 거부한다. 링컨은 매클렐런이 북부 연합을 충심으로 지지하지 않아서 명령을 거부한 것으로 해석했으며, 그를 지휘관 자리에서 물러나게 한다(307-309).

42    Paul Kecskemeti, *Strategic Surrender: The Politics of Victory and Defeat*(Stanford, Ca.: Stanford University Press, 1958), 8.

43    브루킹스 연구소의 보고서 《전쟁을 하지 않는 군대[Force Without War]》에는 1946년에서 1975년 사이에 미국이 정치적 목적을 위해 무기나 군대를 과시한 215개의 사례가 나온다(Barry M. Blechman, Stephen S. Kaplan, *Force Without War: U.S. Armed Forces as a Political Instrument*[Washington, D.C.: The Brookings Institute, 1978]). 연구된 사례는 1962년의 라오스 내전, 1971년의 인도-파키스탄 전쟁, 1958년의 레바논 내전, 1970년의 요르단 내전, 1961~1966년의 도미니카공화국, 1958~1959년과 1961년의 베를린 위기, 1951년의 유고슬라비아, 1968년의 체코슬로바키아 등이다. 무기가 핵무기였는지 재래식이었는지, 무력 과시의 목적이 "확실히 하기 위한 것이었는지, 강제하기 위한 것, 또는 그만두게 하는 것, 아니면 유도하는 것"이었는지, 당시 미 대통령의 지지율은 어땠는지 등등, 이 연구는 여러 많은 요인을 가지고 여러 사건을 분석한다. 그렇지만 이 연구는 현재 논의에서 제기한 질문을 명확하게 다루지는 않는다. 무력 과시가 상대편의 과시를 저지하는지, 무력의 과시가 일방향적인지 상호적인지, 무력 과시를 전쟁의 긍정적인 대안으로 이해해야 하는지 아니면 '침략하지 않음'의 부정적인 대안으로 이해해야 하는지 분명하게 논하지 않는다는 것이다. 그럼에도 어느 정도는 문맥을 통해 그 답을 알 수 있다.

44    Bertrand Russell, *Has Man a Future?*(New York: Simon and Schuster, 1962), 78.

45    Mouloud Feraoun, *Journal 1955-62*(Paris, 1962). Alistair Home, *A Savage War of Peace: Algeria 1954-62*(London: Macmillan, 1977), 208에서 재인용.

46    Walzer, *Just and Unjust Wars*, 109. 여기서 왈저의 목소리는 시인 랜들 재럴[Randall Jarrell]의 목소리와 뒤섞인다. 두 저자의 목소리에는 모두 통찰과 더불어 서글픈 피로가 느껴진다. (랜들 재럴은 제2차 세계대전 당시 미 육군 항공대에 입대했고, 이후 자신의 전쟁 경험을 바탕으로 한 작품들을 남겼다.)

47  Louis Simpson, *Air With Armed Men*(London: London Magazine Editions, 1972), 114.

48  Leonardo da Vinci, "The Way to Represent a Battle", *The Notebooks of Leonardo da Vinci*, trans. and introd. Edward MacCurdy(New York: Reynal and Hitchcock, 1938), Vol. 2, 269-271.

49  노동과 전쟁은 비대칭적이다. 하나는 세계-짓기이고 다른 하나는 세계-분쇄하기이기 때문이다.
    고문에서 일어나는 세계-짓기의 해체는 고문 과정에서 사용되는 언어 자체에 기록되곤 한다. 전쟁도 고문과 비슷하게 일상적인 세계 구축/건설construction 기획을 해체하는데, 이 또한 전쟁 관련 용어 안에 기록되곤 한다. 예를 들어 M113 탱크의 어떤 모델은 '불도저'라고 불리고 또 다른 모델은 '교량 놓기 전차bridgelayer'로 불린다. 공식적인 별칭이 '주방'인 복잡한 미사일 발사대도 있다. 내부의 여러 장치가 배치된 모습 때문에 붙은 이름으로 보인다(Christopher F. Foss, *Jane's World Armoured Fighting Vehicles*[New York: St. Martins, 1976], 294-305). 도시 안에서 전쟁을 목격하는 사람들은 전쟁이 만들어진-세계made-world를 체계적으로 파괴한다unmake는 사실을 특히나 강렬하게 경험한다. 소련군 통신원이었던 중령 파벨 트로야노프스키Pavel Troyanovsky는 1945년 베를린에서 소련으로 보낸 소식에서 모든 집, 정원, 거리, 광장이 요새 같은 공간으로 개조된 모습을 묘사한다. 그는 크게 놀라워하면서 도시 공간의 변화를 묘사하고는 베를린이 더는 베를린 같지 않다고, 베를린이 이제 도시가 아니라 "불과 강철이 가득한 악몽"이라고 말한다(Strawson, 152, 153). 이 사례와 비슷하게 빅토르 위고Victor Hugo는 1848년 혁명 당시 파리의 파괴를 바리케이드 안으로 사라져가는 일상생활의 조각들을 통해 인상적으로 묘사한다. 3층 높이에 200미터 길이의 생-앙투안 바리케이드를 '만드는' 과정에서 문, 창격자, 가림막, 침대, 냄비, 프라이팬, 걸레, 창틀, 지붕의 솟은 부분, 벽난로, 손수레, 탁자 등등이 하나씩 하나씩, 마치 느린 화면에서처럼 사라져간다(*Les Misérables*, trans. Norman Denny[Harmondsworth: Penguin, 1980], Vol. 2, 292-94).

50  바로 이 이유 때문에 퀸시 라이트Quincy Wright는 전쟁을 게임으로 보는 데 반대한다(*A Study of War*[Chicago: University of Chicago, 1942], Vol. 2, 1146 이하). 특히 주2에서 라이트는 월터 배젓Walter Bagehot과 에르네스트 르낭Ernest Renan, 칼 피어슨Karl Pearson, 허버트 스펜서Herbert Spencer, 그리고 독일 사회진화주의자들인 루트비히 굼플로비치Ludwig Gumplowicz, 구스타프 라첸호퍼Gustav Ratzenhofer, 하인리히 폰 트라이치케Heinrich von Treitschke와 S. R. 슈타인메츠S. R. Steinmetz의 저작에서 '투쟁' 개념과 '진보' 개념이 어떻게 연관되는지 보인다.

51  Fussell, 23-29.

52  베트남전 당시 미군 병사들은 비행기를 타고 전투 지역을 빠져나가 샤워실과 탁구장 등이 있는 오락 시설에서 저녁을 보낼 수 있었는데, 많은 미국인은 이 사실만으로도 불편해했다. 오락 시설에서 저녁을 보낼 수 있었다는 사실을 다른 말로 하면, 군인의 '노동'이 베트남전에서는 부분적으로 중단되곤 했다는 뜻이다. 평범한 노동에서처럼 군인들은 하루의 끝에 노동의 동작과 상황들을 일시적으로 그만둘 수 있었다.

53  Liddell Hart, *Strategy*, 358. 유사한 예로, 남군의 로버트 리 장군은 만일 북군이 리치몬드를 장악했더라면 어떻게 했을지 질문을 받자 "우리는 서로 여왕 말을 교환했을 것이다"라고 답했다. 남군이 워싱턴을 점령했을 것이라는 뜻이다(Charnwood, 302).

54  역사가이자 케네디 행정부 고문이었던 아서 M. 슐레진저 주니어Arthur M. Schlesinger Jr.는 쿠바 미사일 위기 당시 케네디 정부가 소련 지도자 니키타 흐루쇼프Nikita Khrushchev의 동기를 두고 어떤 생각을 하고 있었는지를 이렇게 요약한다. "핵무기 주사위를 한 번 굴리는 것만으로 흐루쇼프는 전략적 불균형을 바로잡고, 미국인들에게 굴욕을 주고, 쿠바인들을 구하고, 스탈린주의자와 장군들의 입을 다물게 하고, 중국을 당혹스럽게 하고, 베를린 문제를 다시 협상하고

고통받는 몸

자 할 때 쓸 수 있는 강력한 카드를 획득할 수 있었다. 위험은 중간 정도이나 보상은 거대해 보였다"(Leslie H. Gelb, "20 Years After Missile Crisis, Riddles Remain", *New York Times*, 23 October 1982).

55 Churchill, *Dawn of Liberation*, 138.

56 Tuchman, 295.

57 Alexander Haig, "Peace and Deterrence". 1982년 4월 6일 조지타운대학 국제전략문제연구소 Center for Strategic and International Studies에서 한 연설.

58 Kissinger, *American Foreign Policy*, 103.

59 Churchill, *Victory*, 240. '경기' 언어를 군인들이 사용할 때, 전략가들이 사용할 때, 그리고 정치가들이 사용할 때 이 언어가 연속해서 점점 더 탈체화된다는 사실은 흥미롭다. 군인은 게임 중에서도 체화된 참가자들이 필요한 게임을 언급하는 경향이 있고, 전략가는 체커나 체스 게임의 말처럼 상징적인 참가자들이 있는 보드게임을 언급하며, 정치가는 게임 구조와 관련된 추상적인 언어를 더 자주 사용하는 편이다. 이렇게 연속해서 감소하는 탈체화의 수준은 화자가 체화된 전쟁 참여에서 떨어져 있는 거리에 상응한다.

60 Hugo Grotius, *The Rights of War and Peace*, trans. A. C. Campbell, introd. David J. Hill(Washington, D.C.: M. Walter Dunne, 1901), 18.

61 Wright, 1, Table 41, 646.

62 이런 질문을 던지는 연구에는 다음과 같은 예들이 있다. 퀸시 라이트의 저작은 전쟁의 '적법성'을 검토하며, 토머스 네이글과 마이클 왈저의 저작은 여러 측면에서 '정당성'과 '도덕성'을 검토한다.

63 Sokolovskiy, 33, 12.

64 예를 들어 케츠케메티는 세 가지 기준에 따라서 전쟁을 분류할 것을 제안한다. 1) 군사적 결과의 대칭성 또는 비대칭성, 2) 총력전의 정도, 3) 정치적 결과의 대칭성 또는 비대칭성(17 등).

65 내전 동안 '이항성'이 강조되는 일에 링컨은 특히나 강하게 반응했다. 찬우드Charnwood는 이렇게 쓴다. "링컨은 북군 사령관 미드George Mead가 내린 일반 명령에 있는 '우리 영토에서 침략자를 몰아내기'라는 구절에 질색했다. 링컨은 사석에서 소리쳤다. '우리 장군들은 머릿속에서 그런 생각을 왜 없애지 못할까? 이 나라 전체가 우리 영토인데'"(358).

66 Wright, 1, Table 41, 646.

67 Carl Schmitt, *The Concept of the Political*(1928), trans. and introd. George Schwab, afterword Leo Strauss(New Brunswick, N.J.: Rutgers University Press, 1976), 26 이하(한국어판:《정치적인 것의 개념》, 김효전 외 옮김, 살림, 2012).

68 Fussell, 75-80.

69 둘 이상의 참가자가 있거나 두 편으로 나뉘지 않은 다수의 참가자가 개별적으로 경기에 참여하는 경우에도 이 참가자들이 여전히 이원 구조에 속한다고 볼 수 있다. 가령 재능 경연 대회에서 참가자들은 처음에 두 그룹, 즉 상을 받을 자격이 분명히 없는 사람들과 상을 받을 자격이 있을지도 모르는 사람들로 대강 나뉜다. 후자의 그룹은 다시 더는 자격이 없는 사람들과 여전히 자격이 있을 수도 있는 사람들이라는 두 그룹으로 나뉘고, 계속 이렇게 정제해가서 결국에는 끝까지 남은 두 개인을 두고 '자격이 없는 또는 자격이 있을 수도 있는'이라는 판단을 할 수 있다. 승자 그리고 거의 승자가 될 뻔했으나 패자가 된 사람(혹은 2등)이 결정되는 것이다. 이런 과정은 수영 경기 같은 다른 경기에도 마찬가지로 적용된다.

70 Clausewitz, 77. 전쟁 결과가 육체적 상해의 상대적 수준이 아니라 수용할 수 없는 상해의 상대적 수준에 따라 결정되었던 예는 베트남전이다. 헨리 키신저는 북베트남 대 미국의 사상자

수 비율이 "매우 신뢰할 수 없는 지표가 되었다"면서 이렇게 말한다. "이 비율은 더욱 왜곡된다. 본국에서 수천 마일 떨어진 곳에서 싸우고 있는 미국인들이 '수용할 수 없는' 수준이 자신들의 영토에서 싸우고 있는 북베트남 사람들의 '수용할 수 없는' 수준보다 훨씬 낮기 때문이다"(*Foreign Policy*, 105).

71  전체 인구 대 전쟁 참가자의 비율은 20세기 들어 그전보다 훨씬 높아졌다. 퀸시 라이트가 제시하는 수치를 보면, 17세기와 18세기의 군대는 전체 인구의 1퍼센트에서 5퍼센트이고, 제1차 세계대전에서는 14퍼센트, 제2차 세계대전에서는 거의 100퍼센트의 참가율을 보인다(232 주 32; 234, 242~44, 570, 제2차 세계대전 수치는 1965년 판에 있다). 하지만 전쟁 참가 인구의 비율이 훨씬 낮았던 세기에도 그 비율은 다른 유형의 경기 참가자 비율보다 분명 훨씬 높을 것이다.

72  이 다양한 경기들에는 승자와 패자를 정하는 기본적인 두 가지 방식이 있다. 춤, 노래, 기계 발명, 과학상의 발견 같은 첫 번째 유형에는 제3자나 참가자가 아닌 사람이 승자 또는 패자 판단을 한다. 체스, 수영, 달리기, 그리고 전쟁 같은 두 번째 유형에는 승리를 결정하는 요인들이 경기 내부 구조의 일부로 이미 들어가 있다. 이 유형에서는 경기 끝에서 승자가 밝혀지거나, 아마도 더 정확하게 말하자면 승자가 밝혀지는 순간 경기가 끝난다. 외부의 판단이나 결정은 필요하지 않다. 사실 두 유형의 차이는 전쟁을 중재와 조정으로 대체하는 일이 왜 어려운지를 설명하는 이유가 될 수 있다. 중재와 조정으로 대체한다는 것은 승자·패자 판단에 이르는 두 번째 유형을 첫 번째 유형으로 대체한다는 뜻이기 때문이다. 승자·패자 판단이 경기 구조의 일부로 들어가 있는 경기 유형을 외부의 평가를 필요로 하는 경기 유형으로 바꾸기는 쉽지 않다. 판결이 경기 과정 자체 안에서 이루어지는 두 번째 유형 안에는 다시 두 가지 형태의 판결 방식이 존재한다. 첫 번째 형태는 승자를 확인하며 패자 확인은 그에 뒤따른다. 경주에서처럼, 첫 번째 주자가 '승자'가 되며 '패자들' 지정은 이미 다른 누군가가 '승자'로 지정되었다는 사실에서 논리적으로 따라 나오는 것이다. 두 번째 형태는 패자를 먼저 확인하고 승자 지정이 그에 뒤따르는데, 전쟁이 그렇다. 전쟁이 두 번째 모델에 들어맞는다는 점은 특이해 보일 수 있지만 이례적이지는 않다. 권투라든지 목숨이 달린 결투도 이 모델에 합치하며, 이는 상해 입히기 경기가 규모에 상관없이 두 번째 모델에 속하는 경향이 있음을 암시한다. 이런 경향은 지구력을 겨루는 경기처럼, 언뜻 보기에는 상해 입히기 활동을 하는 것으로 보이지 않는 경기들에도 나타난다. 예를 들어 1930년대의 '댄스 마라톤'에서 '승자'는 **마지막으로** 떨어져 나가는 사람이었다. '패자들'이 연속적으로 지정되면서 결국 승자 확인으로 이어진다.

73  Kecskemeti, 23.

74  앞서 말한 상상의 경기들이 전쟁으로 이어질 수 있는 것처럼 당연히 전쟁 자체도 더 많은 전쟁으로 이어진다. 전쟁은 자기-증폭하는 경향이 있으며, 각 편의 언어화된 분쟁 서사는 상대편이 수행하는 전쟁 행위 때문에 자신들도 공격하게 되었다고 설명한다. '그들이 런던을 폭격했다. 그래서 우리는 베를린을 폭격했다'는 것이다. '단계적 확대escalation'라는 개념에서 볼 수 있듯, 연속하는 각 사건은 적이 개시한 지난 사건에 대응하는 보복이 된다. 또 애초의 전쟁 개시도 상대편이 전쟁 개시를 할 것으로 예상했기 때문에 벌였다고 정당화할 수 있다. 가령 쿠바 미사일 위기 때 미국이 전쟁을 시작했다면, 아마 '상대편이 전쟁을 할 수밖에 없는 상황을 만들어냈기 때문'이 전쟁 개시 이유가 됐을 것이다. 비슷한 예로 '광물 전쟁'이 있다. '광물 전쟁'은 동어반복이라는 지적들이 있다. 국가의 안녕을 지키는 데 광물이 꼭 필요하다는 이유로 전쟁을 벌이지만, 그 광물이 국가의 안녕에 필요한 이유는 바로 무기 체계와 엔진을 돌리는 데 필요해서이기 때문이다. 영토를 둘러싼 전쟁을 두고도 비슷한 논의를 할 수 있다. 각 편은 미래에 있을지도 모르는 전쟁에서 자신을 방어할 때 전략적으로 중요해질 영토를 차지하기 위해

고통받는 몸

싸운다.

75 일반적인 경기에서 상과 승리의 순간 사이의 관계는 다음 두 가지 중 하나일 수 있다. 첫 번째로, 경기에서 '최고 가수'라는 타이틀을 딴 사람은 상으로 베를린 오페라단과의 협연 초청을 받을 수도 있고 줄리아드 음대에서 성악과 교수가 될 수도 있다. 이런 경우 경쟁의 대상이었던 속성과 상 간에는 매우 본질적인 관계가 있어서, '경기'가 사실은 그 상을 받기 위한 '오디션'이었을 수도 있다. 경기가 그 지위를 수여하기 위한 공식적인 준비 단계였던 것이다. 두 번째로, '최고 가수'는 상으로 돈이나 휴가를 받을 수도 있다. 휴가는 최고 가수라는 타이틀과 상관이 없다. 휴가는 승리를 대상화하여 실제로는 짧은 순간에 발생했던 승리(가령 5분 정도 지속하는 우승자 선언과 박수)를 승자가 일주일 동안 경험하게 해줄 뿐이다. 종전 시 승리와 승전국이 전후 쟁점들을 결정할 수 있는 권리 사이의 관계는 첫 번째 모델을 따를까, 두 번째 모델을 따를까? 쟁점들을 결정하는 권리는 승리에서 분명하게 나타나는 본질적인 속성이 연장된 것일까(오페라단과의 협연처럼), 아니면 승리의 순간을 일시적으로 연장하고 대상화한 것일까(돈이나 휴가처럼)? 거의 언제나 두 번째 모델에 속하는 것 같다.

76 이는 클라우제비츠나 다른 '집행 능력' 논의의 주창자들이 위 질문을 지금 논의에서와 명확히 같은 틀로 표현했다는 뜻은 아니다. 하지만 같은 맥락이 그들의 논의 안에 함축되어 있다. 즉 이들은 전쟁이 무엇인지 설명하고자 하며, 따라서 전쟁을 대신해서 작동할 수 있는 다른 현상과 전쟁을 차별화하는 것이 무엇인지도 (암암리에) 설명하고자 한다는 것이다. 또 무엇이 전쟁을 차별화하든 간에 이 무엇은 전쟁이 종결되는 방식과 관련된다는 직관도 그들의 논의에서 드러난다.

77 《일리아스》 2권에 나오는 트라키아 사람 타미리스가 그랬다. [시인 타미리스는 뮤즈들과 경연해도 이길 수 있다며 자기 노래 실력을 자랑했고, 이에 화가 난 뮤즈들은 그에게서 노래할 수 있는 능력을 빼앗는다.]

78 Kecskemeti, 13, 22.

79 Clausewitz, 91.

80 Clausewitz, 230. 여기서 클라우제비츠는 '균등equality' 개념, 특히 사상자 규모의 균등 때문에 곤혹스러워한다. 한편 전쟁 논의에서 '균등'과 '불균등' 개념이 일반적으로 문제가 될 때가 많다는 점도 짚어봐야 한다. 여러 전쟁 방지 논의는 '예상되는 피해의 균등'이 전쟁 발발을 막는다고 가정한다. 전쟁 활동을 계속한다는 것은 잠정적일지언정 군사력이 균등하다고 보기 때문이며, 미미한 정도의 불균등이더라도 불균등에 도달함으로써만 (이론상) 종전이 발생할 수 있다고 보기 때문이다. 예상되는 피해의 균등이 전쟁을 억지할 것이라는 이런 가정은 '세력 균형' 또는 '공포의 균형' 개념에서 뚜렷하게 나타난다. 일례로 M.A.D., 즉 '상호확증파괴mutually assured destruction'는 핵전쟁을 막을 수 있는 예상되는 피해의 균등으로 수십 년간 이야기됐다. [확증파괴는 핵무기를 사용해서 적에게 엄청난 피해를 주는 일을 말하고, 상호확증파괴는 상대방의 핵 공격이 있을 때 우리 편도 핵무기로 보복해서 상대방을 완전히 파괴하는 일을 말한다. 즉 평화가 아니면 양측의 공멸이다. 냉전 시기 상호확증파괴 개념은 핵전력을 통해서 전쟁을 억지한다는 전략의 기초가 됐다. 이와 매우 유사한 가정이 제1차 세계대전 이전 시기에도 널리 퍼져 있었다. 바버라 터크먼에 따르면(24, 25), 영국 경제학자 노먼 에인절Norman Angell의 《거대한 환상The Great Illusion》(1910)은 전쟁이 더는 불가능하게 되었음을 '증명'했다고 한다. 국가들이 서로 재정적으로 의존함에 따라 전쟁이 경제와 무역에 끼치는 피해를 모든 참전국이 똑같이 입게 되기 때문이라는 논리였다. 이 책은 11개국 언어로 번역되어 열광적인 반응을 얻었다고 한다. 예상되는 피해의 균등이 전쟁을 억지한다는 가정이 틀렸음은 역사의 사례에서 알 수 있다. 일례로 제1차 세계대전은 피해 차이가 클 것이라는 예측에도 불구하고 발발했

다. 또 클라우제비츠가 했듯 사상자 규모가 엇비슷했는지에 초점을 두고 전쟁 전반을 살펴봤을 때도 그 가정이 옳지 않음을 알 수 있다. 피해의 불균등을 달성하는 일이 전쟁에서 실제로 나타나는 결과가 아니라고 해도, 최소한 전쟁의 목표라고 할 수 있을지도 모른다. 하지만 다시 이 주장에 반례가 되는 인류학적 증거가 있다. 어느 지역 사람들은 오히려 무력 분쟁을 통해서 '동등함'을 달성하고자 공공연히 노력한다고 한다. 이들은 양편이 같은 숫자의 사상자 수를 달성했다는 데 만족하고 전쟁을 멈춘다(Irenäus Eibl-Eibesfeldt, *The Biology of Peace and War: Men, Animals, and Aggression*, trans. Eric Mosbacher[New York: Viking, 1979], 176).

평등equality이라는 문제적인 개념에 관해서는 또한 퀸시 라이트가 '**법률상의** 평등과 전투원들의 불평등'을 다룬 부분을 보라. 법률상의 평등과 전투원들의 불평등은 상대적인 신체 능력의 평등과 참가자들의 불평등에 상응하는 경향이 있다(II, 1393, 981). 군인들의 '**도덕적** 평등'에 관해서는 마이클 월저의 책을 보라(*Just and Unjust Wars*, 35-41, 127, 137).

81  Clausewitz, 80. 미 군전략가 버나드 브로디Bernard Brodie는 《전쟁론》 읽기 가이드A Guide to the Reading of On War〉에서, 클라우제비츠 생존 당시의 프로이센에서는 실제로 이런 일이 있었다고 짚는다. 1806년 프로이센은 예나 전투에서 프랑스군에게 "군사력을 사실상 절멸당했"으나 1813, 1814, 1815년의 전투에서는 다시 강력해져서 돌아온다(*On War*, 644). 또 프로이센-프랑스 전쟁에서 패배하여 1871년 조약에 따라 엄청난 전쟁배상금을 물게 되었으나 3년 후 재빨리 회복한 프랑스의 예도 있고, 제1차 세계대전에 패배했으나 제2차 세계대전에 다시 돌아온 독일의 사례도 있다(제1차 세계대전에서의 패배가 불완전했기 때문에 독일이 돌아오게 되었다는 설명도 있고, 아니면 독일이 당한 패배와 처벌이 극단적이었기 때문에 독일이 돌아오게 됐다는 설명도 있다). 이스라엘과 아랍 국가들 간의 무력 분쟁은 여러 전쟁이 이어지고 있는 것으로서(예를 들어 30년 동안 다섯 번의 전쟁) 이해되기도 하며, 전쟁 하나가 계속되고 있는 것으로 이해되기도 한다. 에릭 룰로Eric Rouleau는 이스라엘과 아랍 국가들 간의 분쟁을 '영구 전쟁'이라고 부르며, 미 경제전문가 오스카 개스Oscar Gass는 이 분쟁이 적어도 이번 세기 말까지 계속될 것이라고 예측한다(André Fontaine, "La 'pax hebraica'", *Le Monde*, 14 June 1982). 하지만 이런 사례들이 있다고 해도, 결과가 지속된다는 점에서 전쟁이 다른 경기와는 다르다는 사실이 변하지는 않는다. 전쟁 결과는 '영구적'은 아니라도 '지속적'이기 때문이다.

82  클라우제비츠의 저작을 개괄하는 여러 해설은 그가 사용한 '실제'와 '이상', 또는 '실제'와 '절대적'이라는 범주를 계속 사용한다. W. B. 갈리W. B. Gallie는 《평화와 전쟁을 사유한 철학자들: 칸트, 클라우제비츠, 마르크스, 엥겔스, 톨스토이Philosophers of Peace and War: Kant, Clausewitz, Marx, Engels and Tolstoy》(Cambridge: Cambridge University Press, 1979), 37-66에서 이 범주들을 분석한다.

클라우제비츠는 무제한 전쟁과 제한 전쟁, 즉 절대 전쟁과 실제 전쟁 사이의 긴장을 여러 지점에서 솔직하게 언급한다. 반면 둘 사이의 긴장이 개념적으로 선행하는 모호함 때문에 나타나는 것일 수 있다는 점은 딱히 분명하게 짚지 않는다. 적을 '전면적'으로 파괴하기와 '부분적'으로 파괴하기라는 충돌하는 경향은 이 말들이 수식하는 '적을 파괴하기'라는 개념 안에 존재하는 모호함이 반영된 것일 수 있지만, 이 점을 명확히 지적하지는 않는다는 것이다. 책의 앞부분에서 클라우제비츠는 쓴다. "전투 병력은 **파괴되어야** 한다. 다시 말해 **그들이 더는 싸움을 계속할 수 없는 상황에 처하도록** 만들어야 한다. '적 병력 파괴'라는 말을 쓸 때 우리가 뜻하는 바는 오직 이것뿐이다"(90). 이런 설명은 (부분적이든 전면적이든) '적 병력 파괴' 혹은 '적의 상해 능력 파괴'가 (부분적이든 전면적이든) '적 자체의 파괴'와는 다른 무엇으로 이해될 수 있다고 잘못 암시한다. 하지만 둘은 다르지 않다. 살아 있는 적국 국민은 살아 있다는 상태의 기본적 특성으로 상해 능력을 지니기 때문이다. 무기를 빼앗긴다고 해도 살아 있는 한 새로

고통받는 몸

운 무기를 발명해낼 수 있다. 클라우제비츠는 '적 파괴 혹은 절멸'이라는 표현은 거의 사용하지 않으면서 위의 주장을 유지하고자 한다. 또 '적 병력 파괴 혹은 절멸'이라는 대체 표현도 위 인용문과 가까운 부분에서는 다시 사용하지 않는다(92, 95를 보라). 하지만 전자의 표현과는 구분되는 후자의 표현이 무슨 의미인지는 전혀 설명하지 않는다. 일례로 그는 "적의 패배라는 말이 뜻하는 바는 무엇인가? 죽음에 의해서든 상해에 의해서든 아니면 다른 어떤 수단에 의해서든, 오직 적 병력 파괴를 뜻할 뿐이다"(227)라고 말하는데, 여기서 죽음이나 상해 이외의 '수단'을 언급하기는 하지만 특정하지는 않는다.

83    J. F. C. Fuller, *A Military History of the Western World*, Vol. 3(New York: Funk and Wagnalls, 1956).

84    Kecskemeti, 1, 216, 237, 239. 제2차 세계대전에서의 극단적인 패배가 이례적일 수 있는데도 사람들은 이렇듯 그런 패배를 전형으로 생각하곤 한다. 또 베트남전에서처럼 극단적인 패배가 존재하지 않는 경우를 예외로 생각하는 경향도 있다. 하지만 베트남전에서의 패배가 오히려 일반적이거나 아니면 일반적인 유형이 과장된 것일 수 있다.
    케츠케메티의 연구는 전쟁 종결의 성격에 지속적인 관심을 보인다는 점에서 전쟁을 논하는 문헌 중에서도 예외적이다.

85    Harry S. Truman, *The President's Message to the Congress: A Program for United States Aid to European Recovery*(19 December 1947), 그리고 George C. Marshall, *Assistance to European Economic Recovery: Statement before Senate Committee on Foreign Relations*(8 January 1948), Department of State: Publication 3022, Economic Cooperation Series 2(Washington, D.C.: GPO, 1948).

86    Truman, 16. 사실 서독을 원조 계획에 포함하는 문제에서 미국의 입장은 처벌과는 거리가 멀었다. "미국의 정책이 다른 유럽 국가들보다도 독일의 복구를 우선시했다는 비난이 빈발했다"고 마셜이 또 다른 연설에서 인정할 정도였다(시카고 외교협회Chicago Council on Foreign Relations 와 시카고 상공회의소가 후원했으며 전국으로 방송된 1947년 11월 18일 회의에서 한 연설. *The Problems of European Revival and German and Austrian Peace Settlements*, Dept. of State, Pub. 2990, Eur. Series 31[Washington, D.C.: GPO, 1947], 13). 지금 논점은 경제적 회복이지 군사적 회복이 아니지만, 전자가 비교적 재빨리 후자로 번역될 수 있다는 사실을 사람들은 언제나 인식하고 있다. 처칠은 세계대전 패전국이 뒤이어 일어날 전쟁에서 유리할 수도 있다고 짚은 적이 있다. "이 세계대전에서 패배하고 무장해제당한 국가는 다음 세계대전에서 더 유리한 위치에 서게 될 텐데, 우리가 낡은 무기에 매달리고 있는 동안 그 나라는 새로운 무기를 개발할 것이기 때문이다"(Bradley, 497). 미국 지도자들뿐 아니라 영국 지도자들도 추축국 국민을 처벌하는 데 반대했다. 1945년 5월 13일 라디오 방송에서 처칠은 "법과 정의가 지배하지 않는다면, 또 전체주의 국가나 경찰국가가 독일 침략자들의 자리를 대신하게 된다면, 히틀러 신봉자들이 저지른 범죄를 이유 삼아 그들을 처벌하는 일은 쓸모없을 것입니다"라고 말한다. 이런 논리는 독일 국가 자체에까지 확대될 수 있다(*Victory*, 179).

87    Truman, 12. 트루먼의 교서에서 독일 외에 특정해서 언급한 국가는 영국뿐인데, 독일보다 훨씬 더 모호하게 언급하며 회복되는 모습을 전할 때도 딱히 강조하지 않는다. 독일의 석탄 생산량이 23만 톤에서 29만 톤으로 증가했다는 인용 바로 다음에 트루먼은 "이와 비슷하게 영국의 석탄 생산량도 최근 몇 주간 뚜렷이 증가했다"고 덧붙일 뿐이다.
    유럽의 회복에서 석탄의 중요성은 자원 관련 기술 보고서("Appendix C: Summaries of Technical Committee Reports", *Committee of European Economic Co-Operation General Report*[Paris, 12 September 1947], Vol. 1, 80-86)에서뿐 아니라 전체 보고서 앞부분의 〈역사적 맥락 소개〉에서

도 강조된다. 유럽의 회복은 전쟁 직후부터 인상적으로 시작되었지만, 1946~1947년 겨울 석탄 부족으로 심각한 차질을 겪었고, 특히 당시의 극심한 추위 때문에 더 악영향을 받았다는 것이다(7).

마셜 플랜과 관계가 있는 여러 보고서와 연설 전반을 보면, 독일의 신속한 경제 성장을 막는 일이 다음 세 가지 면에서 미국에 해롭다고 인식되었음을 분명히 알 수 있다. 첫째, 독일이 경제적으로 빠르게 성장하지 못한다면 독일의 자활이 늦어질 것이고 그 결과 미국은 더욱 많이 재정적 기여를 해야 할 것이다(Marshall, *The Problems of European Revival and German and Austrian Peace Settlements*, 13). 둘째, 유럽의 회복에는 독일의 기여가 꼭 필요하기 때문에 독일의 경제 성장을 막으면 유럽의 완전한 회복을 막게 된다. 또한 유럽의 안녕은 매우 근본적인 차원에서 미국의 안녕을 위해 필요하다. 셋째, 독일 경제와 산업의 회복으로 독일의 군국주의를 막을 수 있다. 1947년 6월 5일 하버드대에서 있었던 마셜의 원래 연설은 정치적 안정과 경제적 안녕을 같은 것으로 본다. "미국은 세계에 다시 정상적인 경제 번영이 돌아올 수 있도록 가능한 모든 일을 해야 합니다. 경제적 번영 없이는 정치적 안정도 없을 것이고 평화도 보장되지 않을 것이기 때문입니다. 우리의 정책은 어느 국가나 이데올로기를 저지하려는 것이 아니라 기아, 빈곤, 절망, 혼란을 저지하려는 것입니다"(*European Initiative Essential to Economic Recovery*, Dept. of State, Publication 2882, Eur. Series[Washington, D.C.: GPO, 1947], 4). 이 연설 이후에 마셜이 내놓은 더 상세한 설명을 보면, 독일의 정치적 안정은 (또한 그에 따른 군사적 무해함은) 여전히 독일의 경제적 안녕에서 나오는 것으로 여겨진다. 단 이는 나머지 유럽 국가와 공유되기 때문에 내부 견제가 이루어질 수 있는 경제적 안녕이다. 《유럽 재건 그리고 독일과 오스트리아 평화 협정 문제The Problems of European Revival and German and Austrian Peace Settlements》에서 마셜은 독일이 미래에 확실히 평화적일 수 있도록 보장하는 두 가지 방식을 명시한다. 첫째는 무장해제이고, 둘째는 독일이 다시는 경제적으로 거대 국가가 될 수 없도록 루르 지방 석탄을 유럽 공동체와 함께 생산하고 공유하는 것이다(12, 13). 유럽경제협력위원회의 일반보고서에서도, 루르 탄전이 유럽 재건에 기여하게 한다면 독일 경제가 "다른 유럽 국가들에 피해를 주는 방향으로 발전하는" 일을 막을 것이라고 분명하게 이야기한다(69). 이런 사고의 맥락에서 보면, 트루먼이 하루 23만 톤에서 29만 톤으로 독일의 석탄 생산이 급증했다는 사실을 언급할 때 그는 독일의 재건 가능성을 축하하고 있었던 것이다. 또한 유럽 공동체 전체의 회복 가능성을, 이웃 국가에 대한 지배권을 자연스럽게 갖게 되는 국가가 유럽 대륙에 부재할 수 있다는 가능성을 축하하고 있었던 것이다. 미래 독일이 무해할 것임을 서방 연합국들이 확실하게 보장했어야 했다는 사실은 놀랍지 않다. 오히려 놀라운 점은 이들이 독일의 안녕을 포함할 뿐 아니라 사실상 독일의 안녕을 전제로 하는 자기-보장의 형태를 찾아냈다는 것이다.

88 유럽 재건에 관한 여러 글은 대부분 독일을 나머지 유럽 국가와 분리해서 언급하지도 않는다. 전쟁에서 작동해야 했던 '우리-그들' 언어가 사라진 것이다. 파리에서 열린 유럽부흥회의에서 독일의 자리는 없었기 때문에, 유럽경제협력위원회의 일반보고서는 '참여국들 및 서독' 같은 이항적인 어구를 사용해서 우리-그들을 구분한다. 다른 한편 마셜은 유럽을 전체로 묶어서 말하는 편이다. 《유럽 재건 및 독일과 오스트리아 평화 협정 문제》에서조차 그렇다. 이런 글들에 '우리-그들' 언어가 존재한다고 한다면 '그들'은 독일이 아니라 소련이다(아서 슐레진저 주니어의 대표적인 글, "Origins of the Cold War", *Foreign Affairs* 46[October 1967], 22~52를 보라). '우리-그들' 간의 분열을 현재 분석에서 제기한 쟁점의 견지에서 봤을 때 가장 중요한 점은 다음과 같다. 즉 위 글들에서 미국과 소련 간의 분열은 두 국가가 전쟁의 구조에 관해 다른 관념을 지니고 있었기 때문으로 **재현된다**는 것이다. 소련은 전쟁이 자기 결과를 집행할 수 있는 능력을 갖는다고 가정했으며, 패전국은 자신을 회복할 능력을 절대로 가져서는 안 되고 이것이

거의 구조적으로 필요하다고 여겼다. 반면 마셜은 하버드대에서 한 원래 연설에서도 이렇게 말한다. "다른 국가의 회복을 막고자 책동하는 정부는 우리에게서 도움을 기대할 수 없을 것입니다. 그뿐만 아니라 사람들을 계속 비참한 상태에 두어 정치적으로나 다른 식으로 이익을 얻고자 하는 정부, 정당, 집단에 미국은 반대할 것입니다"(4). 1948년 1월 8일 상원 외교위원회 연설에서 마셜은 소련이 회복보다는 "경제적 곤경"을 부추기고 있다고 한층 더 명확하게 말하며(7), 이와 비슷한 이야기를 《유럽 재건 및 독일과 오스트리아 평화 협정 문제》에서도 한다(4, 8, 9, 10).

89   단 두 명의 전투원이 싸우는 것으로 전쟁을 상상하는 관습적인 사고에 관해서는 클라우제비츠의 책 70~72쪽을, 이항성에 관해서는 87~88쪽을 보라. '둘'이라는 개념과 '이항'이라는 개념은 연관되어 있긴 하지만 서로 달라서, '둘'이라는 개념에는 '이항'에는 없는 속성이 있다. 이항성은 전쟁에 필수적인 심리적·구조적 특성이지만 '둘'은 전혀 그렇지 않으며, 이 두 용어는 불행히도 뒤섞이곤 한다.

단 두 명의 전투원이라는 관습적인 사고와 관련해 휴고 그로티우스는 흥미로운 사실을 짚는다. 전쟁은 분열disunity이라는 근본 조건을 수반하며 평화는 통합unity이라는 근본 조건을 수반한다는 설명을 하면서 그는 어원에 주목한다. '전쟁bellum'이 '결투duellum'에서 나왔다는 것이다(18).

90   Sigmund Freud, "Why War?", *Character and Culture*, ed. and introd. Philip Rieff(New York: Collier-Macmillan, 1963), 136, 138.

클라우제비츠의 《전쟁론》도 이 같은 이인 모델을 불러내면서 시작한다. "나는 정치적 논의에서 사용될 만한 난해한 전쟁의 정의를 내리는 데서 출발하지 않을 것이며 전쟁의 핵심인 결투로 곧장 파고들 것이다. 전쟁은 거대한 규모의 결투일 뿐이다. 전쟁은 수많은 결투로 이루어지지만, 전쟁의 전체 상象은 두 명의 레슬링 선수를 상상해봄으로써 그릴 수 있다"(75). 클라우제비츠가 결투와 레슬링 모델 사이를 왔다 갔다 함으로써 그의 이인 모델은 더 복잡해진다. 한쪽 모델에서는 적을 죽이지만(결투) 다른 모델에서는 적의 힘을 빼앗을 뿐 죽이지는 않는 것이다 (레슬링 시합). '적의 상해 능력 절멸'을 하고자 할 때 '적의 절멸'이 궁극적으로 필요한 것인지 아닌지를 두고 그는 이렇게 여기저기서 동요하는 모습을 보인다(주 82를 보라). 이인 모델을 두 국민 모델로 번역하는 데 문제가 있음을 어쩌면 클라우제비츠가 인지하고 있었으며, 그래서 가장 주의를 기울여 고쳐 쓴 1장에서 이런 모호성을 원래의 이인 모델에 포함시켜 수정된 이인 모델을 만들어낸 것으로 보이기도 한다.

91   Alexander Haig, "Peace and Deterrence". Theodore Draper, "How Not to Think About Nuclear War", *New York Review of Books*, 15 July 1982, 38에서 재인용.

92   Draper, 38.

93   다음 두 글을 보라. Walter Millis, "Truman and MacArthur", 그리고 Morton H. Halperin, "The Limiting Process in the Korean War", *Korea: Cold War and Limited War*, ed. and introd. Allen Guttmann(Lexington, Mass.: D.C. Heath, 1967), 69-78, 181-201.

94   Kissinger, *American Foreign Policy*, 193 이하. 키신저에 따르면 미국이 보유한 베트남 지도들은 정부 영토, 분쟁 중인 영토, 베트콩 점령 영토를 표시하는 세 가지 색깔의 지역들로 깔끔하게 나뉘었다고 한다. 하지만 이런 영토 분할은 북베트남 정부와 게릴라전 전략에 대응하기에 부적절한 것이었다. 나아가 그 지도들은 더욱 타당성을 잃었는데, 미국의 관심에서 잠시 벗어나 있던 영토들에서 **임시적인** 실제 분할이 나타났기 때문이다. 즉 낮에는 남베트남이 마을을 장악하고, 어두워진 이후 밤 동안은 북베트남이 마을을 지배했다.

95   Douglas MacArthur, "No Substitute for Victory". 하원 의원 조지프 W. 마틴Joseph W. Martin에

게 맥아더가 보낸 편지(Guttmann, 20).

96 Liddell Hart, *Paris, or the Future of War*(New York: Dutton, 1925), 41-43 등. 또 *Strategy*, 363 을 보라.

97 Kecskemeti, 192-206. 케츠케메티의 결론은 미국 전략폭격국United States Strategic Bombing Service 팀이 수행한 일본 정책입안자들과의 전후 인터뷰 등 여러 요인 분석에 기초한다.

98 Walzer, "World War U: Why Was this War Different", 101. 또한 David Irving, *The Destruction of Dresden*, introd. Ira C. Eaker(New York: Holt, 1964)를 보라.

99 몽고메리는 연설과 회고록 모두에서 거듭 사기를 "가장 중요한 단 하나의 요인"으로 꼽는다 (Bernard Law Montgomery, *Forward From Victory: Speeches and Addresses*[London: Hutchinson, 1948], 76, 97, 204, 237, 270, 273; *The Memoirs of Field-Marshal Montgomery*[Cleveland: World Publishing, 1958], 77, 81, 112, 388). 병사들을 위해 더 좋은 의료 지원이 있어야 한다고 주장할 때처럼 매우 인도적인 의도에서 사기가 중요하다는 견해가 나오기도 하지만, 보통은 순환 논의의 한가운데서 나올 때가 많다. 즉 사기가 승리를 위한 가장 중요한 요소이며 승리는 높은 사기를 만들어내기 위한 가장 중요한 요소라는 것이다.

100 예를 들어 리들 하트는 쓴다. "병사들은 나폴레옹의 [말이] 일반적인 진실을 담고 있다고 수긍하는 편이다"(*Strategy*, 24). 소콜로프스키는 '정신적' 요소가 결정적이라면서 엥겔스와 레닌을 인용하지만, 뒤에서는 서구의 수많은 문헌을 인용하면서 '현대 부르주아 군 이론가들'의 저작이 정신적 요소의 중요성을 과대평가하는 경향이 있다고 결론 내린다(33-35).

101 이 주장에는 이론의 여지가 있을 수 있다. 계속 상해를 입히고 적을 항복시키는 능력은 분명 자신이 고통 중에 있으면서도 다른 사람을 돌보는 일만큼이나 '투지spirit'가 표현된 것이라고 주장할 수 있다는 것이다. 일례로 이런 주장은 헤겔의 주인-노예 관계 분석에서 핵심 테제가 된다. 하지만 여기서 핵심적이고도 가장 중요한 점은 정신력의 표현이든 아니든 상해를 입히고 항복시키는 능력이 결코 상해 입히기 활동 및 더 많이 상해 입히기 활동에서 분리되지 않는다는 점이다. 군사 저술에서 그 능력이 상해 입히기라는 육체적 활동과는 다른 것으로 서술될 때도 마찬가지이다.

102 '높은 사기'를 보여주는 시각적 이미지는 '승리'를 거둔 후 의기양양한 병사들의 이미지에서 나오곤 한다. 예를 들어 루르 지방에 있던 미·영 군인들이 항복의 뜻으로 집집이 하얀 침대보를 내건 것을 보고 기쁨으로 충만해 있는 모습(Bradley, 494)이나, 국회의사당 건물에 적기赤旗가 올라가는 광경을 보며 의기양양해하는 소련 지휘관 주코프Georgi Zhukov와 군인들의 이미지 (Strawson, 155)가 있다.

전투에서의 경악, 공포, 탈진을 보여주는 시각 이미지로는 Leonardo da Vinci, 269-71를 보라. 또한 E. V. Walter, "Theories of Terrorism and the Classical Tradition", *Political Theory and Social Change*, ed. and introd. David Spitz(New York: Atherton, 1967), 133-60, 그리고 클라우제비츠의 *On War*, Book 1, Chapter 4, "On Danger in War"를 보라.

103 앞의 세 가지 반대 근거는 도덕이나 사기 주장에 한정되었다. 반면 마지막 근거는 구조적인 것으로서, 전쟁 종결에 상해 입히기가 아닌 여타 활동을 삽입하는 다른 설명에도 마찬가지로 적용될 수 있다. 또 이 네 번째 근거는 클라우제비츠가 말한 문제적인 전쟁, 즉 한 편이 상황을 가늠해보고 승리를 달성할 수 없으며 시도해봤을 때 피해가 너무 막심하다고 판단함으로써 종결되는 전쟁에까지 적용될 수 있다. 이런 전쟁에서 '상해 입히기' 활동은 '사고하기thinking' 활동으로 대체된다. 하지만 사고하기가 전쟁을 대체한다면 마지막 순간에만 그럴 것이 아니라 상해 입히기 전체를 대체해야 하지 않을까?

104 Pierre Bourdieu, *Outline of a Theory of Practice*, trans. Richard Nice(Cambridge: Cambridge

고통받는 몸

University Press, 1977), 95.

105 Mark Zborowski, "Cultural Components in Response to Pain", *Journal of Social Issues* 8(1952), 16-30, 그리고 M. K. Opler, *Culture and Mental Health*(New York: Macmillan, 1959), 그리고 "Ethnic Differences in Behavior and Health Practices", *The Family: A Focal Point for Health Education*, ed. I. Galdston(New York: New York Academy of Medicine, 1961).

106 Francois Jacob, *The Logic of Life: A History of Heredity*, trans. Betty E. Spillmann(New York: Pantheon, 1973), 75-81 등.

107 전쟁, 침략과 항체 시스템이 어떻게 연관되는지에 관해서는 다음 책을 보라. William H. McNeill, *Plagues and Peoples*(New York: Anchor-Doubleday, 1977, 한국어판: 《전염병과 인류의 역사》, 허정 옮김, 한울, 2008). 전쟁에서 항체 시스템을 의도적으로 이용한 사례를 보려면 세균전 문헌을 참조하라. 유전자 풀을 고의로 변화시킨 정치적 상황들도 있다. 일례로 아프리카에서 유럽 식민 지배국들이 취한, 다른 인종 간 결혼 관련 정책에 관한 연구를 보라.

108 픽션을 통해서든 논픽션을 통해서든 많은 사람이 이 점을 짚었다. 베르톨트 브레히트의 희곡에서 국가 권력에 순응하지 않는 몸의 면역력은 개인성의 다른 모든 측면이 변화하는 때에도 끈질기게 나타난다. 브레히트의 인물들은 외부의 정치체에 의식의 모든 측면을 내주었을 때에도 명령에 따르지 못하는 몸을 지닌다. 《코카서스의 하얀 동그라미 재판Caucasian Chalk Circle》(한국어판: 《코카서스의 백묵원》, 박성환 옮김, 청목사, 1995)에서 병장은 산속을 걷는 이등병에게 "다리 그만 절어"라고 소리친다. 다른 때에 고분고분하던 이 이등병에게 "다리 그만 절라고 명령했지!"라고 말하지만 이 명령은 성공하지 못한다. 한층 더 가혹한 언어를 사용하는 작품 《남자는 남자다A Man's A Man》(한국어판: 〈남자는 남자다〉, 《브레히트 선집 1: 희곡》, 연극과인간, 2011)에서는 군에 소속된 인물들이 이름과 군복을 통해, 그리고 자기 자신을 지우는 언어 행위를 통해 서로 교체된다. 갈리 가이라는 이름의 인물은 제라이아 집이라는 이름의 인물이 되었다가 그다음에는 피범벅 다섯이라는 이름의 인물이 된다. 여기서 몸은 계속 기괴한 방식으로 인물들을 개별화한다. (완벽한 군사적 유토피아의 관점에서는 기괴하게 보일 것이다.) 제라이아 집은 구토를 하고, 피범벅 다섯은 성욕을 통제하지 못하며, 갈리 가이는 식욕이 왕성해서 서로 구별된다. 이런 몸의 속성들은 군이 개조할 수 있는 영역 바깥에 남고, 그리하여 세 명의 구별되는 개인이 계속 존재한다.

또 자연적으로 발생했든 스스로 가했든 육체적 고통은 외부의 힘이나 체제에 굴복하기 전 개인이 자신의 정체성을 지키는 최후의 통제력으로 재현되곤 한다. 외젠 이오네스코Eugène Ionesco의 희곡 《수업The Lesson》(한국어판: 〈수업〉, 《대머리 여가수》, 오세곤 옮김, 민음사, 2003)에 나오는 교수-독재자에게 소녀가 저항할 수 있게 되는 것은 머리를 쾅쾅 울리는 치통 때문이다. 〈입크리스 파일Ipcress File〉이나 〈36시간Thirty-Six Hours〉 같은 대중 영화에서도 육체적 고통이 저항을 가능하게 한다. 전자에서는 못에 깊게 찔린 상처가, 후자에서는 종이에 작게 베인 상처가 저항을 가능하게 한다. 고문과 전쟁에서처럼 국가 자체가 고통을 가하고 고통을 통제한다면 당연히 몸은 물론 의식의 모든 측면까지 국가가 통제하게 된다.

역사적 현실에서 실제로 발생하는 일을 반영하여 문학 작품에서 재현할 때 이러한 작품 속 재현은 특히 중요하다. 역사적 현실에서는 몸이 자신의 충동과 기원에 바치는 충성이 훨씬 더 강렬하게 나타난다. 브루노 베텔하임은 강제수용소에서 일어난 다음과 같은 개별적인 저항의 순간을 묘사한다. 샤워실에 들어가기 위해 줄지어 있던 여성 중에서 무용수였던 한 여성을 독일군 장교가 알아보고는 줄 밖으로 나와 자신을 위해 춤추라고 명한다. 그녀는 명령에 따라 춤추기 시작한다. 그동안 단절되었던 습관화된 몸의 리듬과 움직임 속으로 들어가자 그녀는 한동안 관계가 끊어졌던 사람, 바로 자신을 다시 알게 된다. 예전의 자신을 상기하며 모방하는 가운데 자신이 누구였는지를 기억하게 되자, 그녀는 장교에게 춤을 추며 다가가 우아하게 손을 움직여 총을 빼앗아 쥐고는 장교를 쏜다. 몇 분 후 그녀는 물론 처형된다. 베텔하임은 이 무용수가 보여준 용기 때문에, 또 드문 저항의 순간을 그 용기가 만들어냈기 때문에 이 이야기를 인용한다. 드문 순간이었던 이유는 수용소 안에서 국가 권력이 인간의 몸을 대부분 너무도 성공적으로 전유했기 때문이다. 베텔하임 자신이 강제수용소에 있을 때 그는 몸을 가능한 한 많이 스스로 통제하라는 충고를 듣는다. 이 말이 생존하는 데 가장 귀중한 충고였던 것은 우연이 아니다. 입 안으로 음식(또는 헝겊 등 음식을 씹는 흉내를 내고 외부 세계를 몸 안으로 들어올 수 있게 하는 물건은 무엇이든)을 넣는 시간과 배설하는 시간을 자신이 결정하는 행위는 대단치 않지만, 이런 행위는 국가 권력이 닿지 않는 사적 영역에서 자치권을 지키는 일과도 같다 (*The Informed Heart: Autonomy in a Mass Age* [New York: Free Press, 1960], 258, 259, 132, 133, 147, 148).

109  Christopher S. Wren, "China's Birth Goals Meet Regional Resistance", *New York Times*, 15 May 1982.

110  학교 내 인종 통합 정책에 반대하는 주장은 많은 경우 인종차별적인 충동에서 나왔지만, 어른들이 교정해서 이뤄내야 하는 정의를 아이들 책임으로 만들기 때문에 부당하다는 근거에서 나오기도 했다. 일례로 한나 아렌트는 〈리틀락 지역에 관한 성찰Reflections on Little Rock〉에서 이같은 근거에 기반을 두고 학교 내 인종 통합 정책에 반대한다.(Elisabeth Young-Bruehl, *Hannah Arendt: For Love of the World* [New Haven: Yale University Press, 1982], 309-13, 한국어판:《한나 아렌트 전기: 세계 사랑을 위하여》, 홍원표 옮김, 인간사랑, 2007). 의미심장하게도 아렌트는 인종 통합이 '다른 인종 간 출산금지법'의 폐지에 초점을 맞춰야 한다고 생각했다. 성인 인간의 몸을 인종 간 결혼을 통해 인종 간 평등을 습득하는 핵심 장소로 본 것이다.

111  Bourdieu, 94.

112  American Law Institute, *Second Restatement of the Law of Torts* (St. Paul, Minn.: American Law Institute Publishers, 1966), Vol. 2, Sec. 402A(Reporter: William L. Prosser), 349 이하. 그리고 Appendix, Vol. 3, 1 이하.

113  Vincent Bugliosi and Curt Gentry, *Helter Skelter: The True Story of the Manson Murders* (New York: Norton, 1974; rpt-New York: Bantam, 1975), 383. 샤론 테이트Sharon Tate와 라비앙카 LaBianca 부부 살해 사건 재판 검사였던 버글리오시는, 책의 이 부분에서 피고 찰스 맨슨Charles Manson 일당에게 친필 샘플 제출을 요구한 일을 서술한다.

114  대법관 H. A. 블랙먼H. A. Blackmun의 재판연구관인 데이비드 오그던David Ogden과의 인터뷰, 1982년 8월 5일.

115  전쟁에 어떤 동의 과정이 수반되는지 이해하려면, 가령 투표가 포함되는 동의 과정과는 완전히 다른 모델이 필요하다. 동의를 받은 투표 결과는 사람들이 결과로 **원했던** 바가 대상화된 것이다. 따라서 투표 결과는 문제없이 수용되고 투표 결과를 수용하지 않는 경우가 오히려 특수하다. 반면 전쟁 결과는 국민이 원했던 바와 결과가 완전히 정반대일 때 수용된다.

116  예를 들어 1944년 3월에 처칠은 태평양 전쟁에서 연합군 병사 1명이 부상을 입을 때 일본 병사 3명이나 4명이 부상을 입는다고 계산한다(Dawn, 56). 미 대통령 린든 존슨은 1966년 6월 18일의 베트남전 기자회견에서 말한다. "1966년 1월 1일 이래로 우리는 2,200명의 군인을 잃었습니다. 남베트남은 4,300명을 잃었고 연합군은 250명을 잃었습니다. 하지만 베트콩과 북베트남은 우리 숫자를 합친 것보다 세 배 더 많은 2만 2,500명을 잃었습니다"(*Documents on American Foreign Relations: 1966*, ed. Richard P. Stebbins and Elaine P. Adam [New York; Harper for Council on Foreign Relations, 1967], 225). 사상자 수 비율을 언급하는 경우는 너무도 흔하고 익

숙하므로 여기서 더 열거할 필요는 없을 것이다.

117 '더 많이 상해 입히기'가 무엇을 의미하는지는 147~149쪽을 보라.

118 William H. McNeill, *The Pursuit of Power: Technology, Armed Force, and Society since A.D. 1000*(Chicago: University of Chicago Press, 1982), 133(한국어판:《전쟁의 세계사》, 신미원 옮김, 이산, 2005).

119 McNeill, 138 주, 132, 129.

120 맥닐은 기술이 어떻게 전파되는지 설명하면서 훈련 교본이 전파되었던 예도 살핀다(135). 전략도 국제적으로 전파되는 경향이 있다. 클라우제비츠의 글은 당연히 다른 국가에서도 읽혔다. 제2차 세계대전 당시 추축국 지도자들과 연합국 지도자들 모두 클라우제비츠의 저작을 잘 알고 있었으며, 현재 미국과 소련 양측의 현대 군사 이론가들도 마찬가지이다. 또 클라우제비츠의 저작만큼 고전의 위치에 있지는 않은 다른 전략 관련 글들도 여러 나라에서 읽힌다. 이스라엘 장군 이가엘 야딘Yigael Yadin은 1948~1949년에 있었던 아랍-이스라엘 전쟁에서 자신이 리들 하트의《간접 접근 전략Strategy of Indirect Approach》을 참조해서 전략을 짰으며, 포로로 붙잡힌 이집트군 지휘관에게도 같은 책이 있었고 그래서 소중한 기념품으로 삼았다고 말한다. 야딘 장군은 이집트군이 "그 책의 핵심을 이해하지 못했"고, 그리하여 이스라엘이 하트의 책에 나오는 개념들을 전략에서 사용했을 때 당황했다고 각주에서 덧붙인다(Yigael Yadin, "'For By Wise Counsel Thou Shalt Make Thy War,' A Strategical Analysis of the Arab-Israel War", *Strategy*, 386-404, 또한 396쪽을 보라).

전쟁 문화는 공유된다. 독일 장군 에르빈 로멜Erwin Rommel은 제1차 세계대전의 전략을 분석하는 책을 썼는데, 이 책에 다음과 같은 일화가 나온다. 제1차 세계대전 중 루마니아 포대에 접근했을 때 군인들이 "크룹포Krupp guns! 독일의 기술!"이라고 낙서하던 모습을 봤다는 것이었다(Erwin Rommel, *Infantry Attacks*, trans. G. E. Kiddé[Potsdam: Ludwig Voggenreiter Verlag, 1937; Washington, D.C.: The Infantry Journal, 1944], 93). 미 육군 장군 조지 패튼George S. Patton은 로멜의 책을 제2차 세계대전 자를란트 공세 직전에 읽었고("Diary, 8 November 1944", Martin Blumenson, *The Patton Papers: 1940-45*[Boston: Houghton Mifflin, 1974], 571), 미 대중은 이 사실을 영화 〈패튼〉의 한 장면을 통해 기억한다. 그 장면에서 배우 조지 C. 스콧George C. Scott은 쌍안경으로 독일군을 보며 흥분에 찬 의기양양한 목소리로 상상 속의 적에게 외친다. "로멜!! 이 대단한 개자식!!! 나는 당신 책을 읽었다고!!!!"

121 이 논의 및 한 국가가 공유했던 신념이 사라지는 일을 언급하는 모든 논의에서, 이야기되는 '신념'은 오직 '논란이 되는 신념', 즉 전쟁에서 쟁점이 되는 신념뿐이다. 대부분의 경우 이런 신념은 국가가 지닌 자기-신념 중 작은 부분만을 대표한다. 물론 아무리 작은 부분이라고 해도 전쟁을 정당화할 수 있을 만큼은 크다.

122 호메로스는 한 사람의 죽음을 묘사하면서 문명이 지니는 평화적인 속성들을 계속 껴 넣는다. 이 같은 서술은 군인이 사라지는 순간 그 사람을 명예롭게 하는 방식으로 해석되곤 한다. 또 호메로스의 공정함을 보여주는 것으로 여겨지기도 한다. 그리스인을 묘사할 때도 트로이 사람을 묘사할 때도 똑같이 이런 식으로 서술하기 때문이다. 예를 들어 시몬 베유Simone Weil는 호메로스가 지닌 '공평함에 대한 비범한 감각'을 논한다(Simone Weil, *The Iliad, or The Poem of Force*, trans. Mary McCarthy[Wallingford, Pa.: Pendle Hill, 1956], 32 이하). 이외에도 호메로스의 비상한 객관성을 논하는 글은 많다. 지금 이 책의 논의에서 전사가 죽는 순간 호메로스가 네 측면의 세부를 삽입한 것을 두고 제시한 해석은 기존 설명과 다르다기보다는 추가적이다.

123 Homer, *The Iliad*, trans. A. T. Murray(Cambridge, Mass.: Harvard University Press; London: William Heinemann, 1924), Vol. 1, 5, 70 이하; 59 이하; 6, 13 이하; 12, 378 이하.

124 앞에서 강조했으며 나중에도 다시 언급할 텐데, 이렇게 실제성이 이전되는 과정은 무기 기호에 의해 가능해지고, 또 무기 기호를 가로지르며 발생한다.

125 이 또 다른 실증 형태들은 이 장의 끝부분에서 간략히 설명할 것이며, 책의 뒷부분 절반에서 더 깊이 논할 것이다.

126 이 두 형태의 몸 번역 간의 차이는 1장 60~64쪽, 92~93쪽, 그리고 제2부의 4장과 5장에서 더 상세히 설명된다.

127 D. D. Kosambi, *The Culture and Civilization of Ancient India in Historical Outline*(London: Routledge & Kegan Paul, 1965), 102.

128 죽음이 지닌 죽지 않는 성질nonmortality은 정복 불가능함을 만들어내고, 불멸immortality이 지닌 죽지 않는 성질도 정복 불가능함을 만들어낸다. 이 두 가지 '정복 불가능함'은 혼동되곤 한다. 이와 비슷한 사례로는 무시간성atemporality과 영원 간의 혼동이 있다. 오랜 역사가 있는 이 혼동은 무시간성과 영원 둘 모두 시간의 제약을 받지 않기nontemporal 때문에 발생한다.

이런 맥락에서 봤을 때, 전쟁에서 '보호'를 위한 건축술과 기술이 두 가지 방향으로 진행되는 경향이 있다는 사실은 흥미롭다. 첫 번째 종류는 헬멧, 방공호, 급진주의 도시 건축에서 볼 수 있는 것처럼 축소된 감응력을 물질화한 형상을 띤다. 이런 사물들은 외부 세계로 열린 구멍이 없는 두껍고 균질한 표면을 지닐 때가 많다. 헬멧처럼 작은 크기에서도 그렇고, 시멘트 블록으로 된 대피소처럼 커다란 크기에서도 그렇다. 이런 종류의 건축은 방어적이고 공포로 차 있는 것처럼 보이며, 외부에서 봤을 땐 전체주의적으로 보인다. 두 번째 종류의 보호 기술은 '극도로 민감supersentient'하다. 이런 종류의 사물은 감각 기능의 작동을 확대하는 연장延長 도구를 여럿 품고 있고, 이 연장 도구들에는 열·시각·냄새에 과도하게 민감한 장치들이 달려 있다(예를 들어 다음 책에 나오는 시각 이미지들을 보라. Keith Mallory and Arvid Ottar, *The Architecture of War*[New York: Pantheon-Random, 1973], 215, 216, 229, 219, 275).

129 〈창세기〉 24:2-9. 또한 47:29를 보라.

130 몸을 안에서 밖으로 뒤집는 일은 상처 입히기에서 가장 극단적이고 문자 그대로 일어나지만, 다른 의례들에서도 최소한 모방적으로 존재한다. 인도의 안가미 나가Angami Naga 족은 옷을 뒤집어 입고 옷 솔기를 외부 세계에 내보이면서 서약을 한다(John Henry Hutton, *The Angami Nagas*[London: Oxford University Press, 1969], 144). 이 모든 사례에서 강조해야 할 중요한 점은 몸이 강력하고 무시할 수 없는 지각의 대상이 된다는 점이다. 문자 그대로 '연다open'는 사실, 즉 몸 안을 노출하는 일은 몸을 강력하고 무시할 수 없는 지각의 대상으로 만드는 방식 중 하나일 뿐이다. 따라서 여기서 자주 사용하는 '벌어진open 몸'이라는 말은 더 일반적으로는 '무시할 수 없는 몸'으로 이해할 수도 있다.

131 이 예들 및 다른 많은 유사한 예는 여러 출처에서 수집되었으며, 다음 자료에 나온다. A. E. Crawley, "Oaths", *Encyclopedia of Religion and Ethics*, ed. James Hastings with John A. Selbie and Louis H. Gray(New York: Scribners, 1928), Vol. 9, 431.

132 *Bureau of American Ethnology Annual Report*(Washington, D.C.: GPO, 1881-1933), Vol. 23, 485, 511, 513, 514. 데니스 테들락Dennis Tedlock은 이 행위가 '정직' 혹은 '진심으로 말하기'를 나타낸다고 해석한다. 무기의 치명적인 말단 부분이 몸의 내부에 있으며, 입에서 뿜어져 나와서 깃털이 달린 화살 끝부분을 따라 움직이는 숨wind은 목소리를 상징하기 때문이다("In Search of the Miraculous at Zuni", *The Realm of the Extra-Human: Ideas and Actions*, ed. Agehananda Bharati[The Hague: Mouton, 1976], 273-83).

133 J. H. Hutton, *The Sema Nagas*(London: Oxford University Press, 1968), 165. 로타 나가Lhota Naga 족은 중대한 맹세를 할 때 여러 물질이 들어간 혼합물을 만들기도 한다. 이 혼합물에는 변소

고통받는 몸

에서 가져온 물질, 다시 말해 인간 몸 내부에서 나온 물질이 들어간다(J. P. Mills, *The Lhota Nagas*[London: Macmillan, 1922], 102). 아오 나가[Ao Naga] 족은 매우 중대한 맹세를 할 때 인간 두 개골에 대고 맹세한다(Mills, *The Ao Nagas*[London: Macmillan, 1926], 126).

위 두 연구는 현대에 존재하는 부족들에 관한 연구이고, A. E. 크롤리[A. E. Crawley]의 글은 고대 인들의 맹세를 서술한다. 두 연구 모두에서 나오는 사례가 있다. 사람의 몸이든 짐승의 몸이든 실제 몸은 절개되지 않지만, 열린 몸의 이미지가 언어적 이미지로 제시되는 것이다. 일례로 "만일 내 말이 진실이 아니라면 들짐승이 나를 찢어 열기를" 같은 말이 그렇다. 여기서 물질적 실증 작업은 이렇듯 이미지를 통해 이루어진다.

134 제1차 세계대전 이전 시기 국가들의 자기-서술에 나타나는 이러한 차이 및 기타 차이들은 바버라 터크먼의 책에서 설명된다(Tuchman, 17~43).

135 어느 국가의 정치적 현실이 인정돼야 하느냐는 논란은 어느 국가의 육체적 현실이 인정돼야 하느냐는 논란, 다시 말해 어느 측의 고통이 인정돼야 하느냐는 논란이 될 때가 잦다. 아랍-이스라엘 갈등에서 각 측이 자신을 피해자로 인식하며 국제적으로도 그렇게 인식되기를 주장하기 때문에 분쟁이 지속된다고 보는 논자들도 있다. 이와 유사하게, 국제 분쟁에서 어느 국가의 행동을 다른 국가들이 비난하느냐 지지하느냐 여부는, 그 국가가 강하기 때문에 그렇게 행동하는지 아니면 약하기 때문에 그렇게 행동하는지에 관한 인식에 달려 있을 때가 많다. 이를테면 소련의 아프가니스탄 침공은 대체로 방어라기보다는 침략 행위로 인식되었지만, 몇몇 국가들은 강하게 비난하지는 않았다. 이 국가들은 소련이 국경의 무방비 상태를 두고 오래도록 염려했으며 이런 불안이 아프가니스탄 침공으로 표출되었다고 봤다. '고난', 나아가 '육체적 고난'을 겪고 있다는 주장은 갈등의 구조에서 너무도 중요한 자리를 차지한다. 미국-이란 대치는 이렇게 고난을 겨루는, 분쟁의 한 측면을 보여주는 모델일 수 있다. 한편에는 죽어가는 국왕의 개인적 고난이라는 현실이 있었고, 다른 편에는 고문당한 많은 이란인의 고난이라는 현실이 있었다. 그리고 인질들의 고난은 숫자상으로나 국가 측면에서 제3의 중간 항이 되어, 양측은 이 중간 항에 기반을 두고 자기 입장의 정당성을 주장했다.

136 양측은 핵심 사건들(죽어가는 이란 국왕을 미국 본토에서 내보내기, 미국 시민들의 최종적인 귀환)에서뿐 아니라 여러 부수적인 사건에서도 상대편의 주장이 지니는 실제성을 인정했다. 일례로 미국은 이란 사람들의 주장을 매일 텔레비전으로 방송했다. 이는 이란의 자기-서술 권리를 인정한 중요한 행위였다. 갈등 상황에서 상대편과 소통이 중단되는 것이 더 전형적이기 때문이다. 이란도 미국의 문화적·정치적 현실을 인정하고자 했다. 이란은 미국인들의 입장에서 쉬이 '믿을 수 있는' 대변자를 찾고자 명백하게 힘겨운 노력을 했다. 이란은 종교의 가운을 입은 물라도 아니고, 다소 서구화된 인물인 외무부 장관 사데그 고트브자데[Sadegh Ghotbzadeh]도 아니라, 완전히 서구화된 우아한 유럽인인 바니-사드르[Bani-Sadr]를 골랐다. 이러한 양측의 상호 인정을 다르게 표현하자면, 자국의 어떤 측면들이 상대편 국경 내에서는 '비실제성'을 지님을 양측이 깨달은 것이라고 말할 수 있다. 종교적인 인물이 대변자가 되어 미국의 TV에 나타나지는 않을 것이고, 미국 기술(헬리콥터)이 이란 사막 위를 날지 않을 것임을 양국이 깨달은 것이다.

137 '믿기'라는 심리적 행위는 날마다 갱신되어야 하는데, 믿음을 물질적으로 대상화하면 믿기 행위를 갱신할 필요가 줄어든다. 믿기 행위와 믿음의 물질적 대상화 간의 이 같은 관계에 관해서는 뒤의 3장 277~278쪽과 4장 359~398쪽을 보라.

물질화를 통해 믿기 작업이 줄어들 수 있고, 이와는 반대로 외부에 대상화된 것이 와해되었을 때 믿기 작업으로 돌아가야만 할 수도 있다. 그리하여 국가를 향해 신념을 느끼는 감정, 즉 '애국심'은 이 감정이 외부에 형태를 갖춰 나타난 것들이 위태로워지는 순간에 가장 격심해진다.

138 그렇다면 1절에서 비판한, 상해를 표현하는 비유들을 잠시나마 옹호할 수 있게 된다. 또 왜 훼손된 몸이 전쟁 외부의 쟁점으로 변환된다고 각 비유가 단언했는지 이해할 수 있게 된다. (이 비유들을 사용하면서 외부 쟁점을 언급할 때) 왜 상해가 중간 생산물이고 최종 형태가 자유가 되는지, 왜 상해가 최종적으로는 자유와 교환되거나 자유와 거래되거나 자유로 변환되는 비용 혹은 돈인지, 왜 상해가 길이며 그 끝에서 길 자체가 불가피하게 연장된 양 갑자기 자유라는 마을이 나타나게 되는지를 이해할 수 있게 된다는 것이다. 각 비유가 변환이나 이전 현상에 주목하게 하는 한에서 이 비유들은 전쟁에서 정말로 발생하는 무언가에 주목하게 해준다. 그 무언가란 훼손된 몸의 속성들이 쟁점들로 '이전되고' 또한 쟁점들의 속성으로 '변환된다'는 것이다.

하지만 전쟁 외부 대상의 고정되지 않는 성질은 위 비유들이 정확하지 않게 사용될 때가 많음을 분명하게 보여준다. 이를테면 '비용' 비유를 통해 전쟁 쟁점을 평가하려는 시도는 종종 'X 라는 쟁점이 그것을 할 만한 가치가 있는가'라는 문장 형태를 띠곤 한다. 이 문장은 상해를 정당화하는 말일 수도 있고 상해를 통탄하는 말일 수도 있다. 그러나 이 구문은 'X'와 '그것' 간의 관계를 잘못 진술한다. 쟁점 X는 죽음과 손상만큼의 가치를 지니지 않거나, 그 어떤 가치도 지니지 않는다. 또는 그 쟁점의 가치에 의문을 제기하는 거대한 숫자의 사람들(상대편)이 있다. 쟁점 X를 주장하는 사람들은 전쟁 과정을 통해 그 쟁점에 가치를 부여하고자 노력한다. 따라서 그 쟁점이 상해만큼의 가치를 지니는 것이 아니라 상해가 가치를 그 쟁점에 부여하는 것이다. 상해가 가치를 부여하지 않는다면 그 쟁점은 무가치하다.

139 갈등 상황에서 각 측은 자신들의 서술을 '실제'로, 상대편의 서술을 만들어진 것으로 인식하는 경향이 있다. 이와 비슷하게 분쟁의 실제 순간에 각 측은 상대편이 거짓말을 하고 있음을 분명히 인지하지만, 자신의 전략 행위가 거짓이라고는 말하지 않는다. 예를 들어 브루킹스 연구소의 《전쟁을 하지 않는 군대》에는 1958, 1959, 1961년의 베를린 위기에 관한 다음과 같은 설명이 나온다. 저자들은 1958년 흐루쇼프가 소련이 "대륙간탄도미사일을 정기적으로 생산하고" 있다는 말을 흘려서 상황이 복잡해졌다고 쓴다. 미국은 흐루쇼프의 말이 거짓말이고 '허풍'임을 알았지만 드러내놓고 말할 수는 없었는데, 1956년부터 띄우기 시작한 U-2 고공정찰기를 통해 그 정보를 획득했기 때문이었다. "1960년 5월 소련이 마침내 한 대를 격추하는 데 성공하여 U-2 정찰기가 의도치 않게 노출되었"을 때에야 미국은 국민에게 흐루쇼프의 자랑이 근거 없는 것임을 알릴 수 있었다. 이 연구보고서의 관련 서술 전체에서 두 국가의 행동은 비대칭적인 것처럼 제시된다. '거짓말을 하는' 쪽은 소련이며, 미국은 상대편이 거짓말을 하고 있음을 알 정도로 충분히 똑똑함에도 상대편의 부정직함에 휘둘리고 있는 모습으로 나타나는 것이다. 하지만 '정직함'이라는 문제에서 양국은 비슷한 위치에 있다. 미국은 거짓말을 하고 있기에 흐루쇼프의 허풍을 폭로할 수 없다. 적에게도 자국민에게도 알려지지 않은 비밀 감시 활동을 하고 있기 때문이다. 그리하여 두 종류의 왜곡이 나타난다. 소련은 자신들이 가진 것보다 더 가지고 있다고 주장하며, 미국은 자신들이 가진 것보다 덜 가지고 있다고 인정한다(348).

140 Liddell Hart, *History of the First World War*, 259.

141 Clausewitz, 202, 215, 218, 233.

142 Niccolò Machiavelli, *The Prince*, trans. Luigi Ricci, revised E.R.P. Vincent(London: Oxford University Press, 1925; rpt-New York: Mentor, 1952), 42, 57, 92, 100.

143 Arthur Schopenhauer, *The World as Will and Idea*, trans. R. B. Haldane and J. Kemp(New York: Dolphin-Doubleday, 1961), 346-51. 쇼펜하우어는 쓴다. "강제적 권리가 내게 있을 때, 상대편에게 **폭력**을 사용할 완전한 권리가 내게 있을 때, 상황에 따라서는 해를 입히기보다 **술수**를 통해 적의 폭력에 맞서는 편이 낫다. 그렇다면 **강제할 권리가 있을 때에만 거짓말을 할 실제 권리**도 있다고 할 수 있다. …… 이 사실을 부인한다면 전쟁에서 책략이 정당화될 수 있다

는 점까지 부인하게 된다. 책략은 행동으로 옮긴 거짓말일 뿐이기 때문이다"(350, 351).

144  Sylvester John Hemleben, *Plans for World Peace through Six Centuries*(Chicago: University of Chicago, 1943), 84, 70, 93은 이 다양한 평화안의 내용을 요약한다.

145  Hemleben, 163, 158, 165, 172-74.

146  Article III, "Major Provisions of the Treaty on the Non-Proliferation of Nuclear Weapons", *Progress in Arms Control?*, introd. Bruce M. Russett and Bruce G. Blair(San Francisco: W. H. Freeman, 1969), 230. 1968년 7월 1일 워싱턴, 런던, 모스크바에서 날인된 조약문이 여기 실려 있다.

147  Fletcher Pratt, *The Battles That Changed History*(New York: Doubleday, 1956), 316.

148  Pratt, 336.

149  Kecskemeti, 104, 105.

150  Nicholas Harman, *Dunkirk: The Patriotic Myth*(New York: Simon and Schuster, 1980)를 보라.

151  예를 들어 미국 육군 원수 오마 브래들리는 라인강 서쪽에서 있었던 이 작전이 그 정확성 때문에 교과서적인 기동 작전의 모델이 되었다고 회고록에서 강조한다(506). 또 루르 지방이 독일의 보루라는 신화를 믿었기 때문에 그 지방에 머무르는 작전을 수행하는 데 이르렀다고 인정하면서도, 루르 작전의 전략적 타당성을 긍정적으로 평가한다(536, 537). 반면 독일의 육군 원수 알베르트 케셀링Albert Kesselring은 회고록에서 당시 독일군이 다음과 같은 전략적 관점에서 사고하고 있었다고 쓴다. "아이젠하워는 루르에 아무 흥미가 없다. 그의 목표는 동부에 있다"는 것이었다. 따라서 아이젠하워가 베를린으로 진격해 가기보다는 루르에 집중하기로 결정했을 때 이 결정은 케셀링 자신이 "감히 품을 수 없었던 희망, 즉 강력한 미국 병력이 우리의 약한 군대를 쫓아 산악 지대로 스스로 끌려 들어오는 일"이 이루어진 것이었다고 말한다(*Kesselring: A Soldier's Record*, trans. Lynton Hudson, introd. S.L.A. Marshall[New York: Morrow, 1954], 300, 303, 313, 314, 315, 317). 케셀링의 관점에서 봤을 때 루르에 머물러 있겠다는 결정은 이렇듯 연합군의 목표에 도움이 되기보다는 독일군의 목표에 도움이 됐다(328, 330. 예를 들어 "러시아군은 진격해서 4월 말 무렵엔 베를린을 포위해 들어가고 있었다. 전쟁의 결정적 전투가 그곳 베를린에서 기다리고 있었지만, 영국과 미국 병력은 놀라울 정도로 소극적이어서 벌써 짐을 싸버린 것이 아닌가 하는 인상까지 줬다"). 1944년 9월에 아이젠하워는 베를린을 가장 중요한 목표로 여겼으나(Strawson, 103), 1945년 봄 무렵엔 "그 장소는 이제 내게 지리적 위치일 뿐으로, 전혀 관심이 없다"고 육군 원수 버나드 몽고메리에게 무전을 쳤다(John Tolland, *The Last 100 Days*[New York: Random House, 1965], 325). 스탈린Josef Stalin을 향한(영국이나 미국을 향했다기보다는) 아이젠하워의 '루르에 남겠다'는 선언, 기뻐한 스탈린의 반응, 처음엔 놀랐으나 이후에는 지지한 미군 최고 사령부의 반응, 그리고 처칠의 충격과 분노와 이해하지 못함에 관해서는 다음 자료를 보라. Tolland, 327 이하, 그리고 Strawson, 85, 111, 119, 160. 베를린이 전략적으로 극히 중요하다고 여긴 스탈린의 판단(아이젠하워에게는 부인했다)에 관해서도 같은 자료를 보라. 베를린을 차지하기 위한 소련군 원수 게오르기 주코프Georgy Zhukov와 이반 코네프Ivan Konev 간의 경쟁에 관해서는 Cornelius Ryan, *The Last Battle*(New York: Simon and Schuster, 1966), 249 이하를 보라.

152  Liddell Hart, *Strategy*, 396.

153  Kecskemeti, 81.

154  *War and Peace*, 3, 4편과 두 번째 에필로그. '위대한 인물' 이론을 논박하는 톨스토이의 입장을 요약하고 분석한 글로는 Gallie, Ch. 5를 보라.

155  Sigmund Freud, "Reflections upon War and Death", *Character and Culture*, 112.

156 Marc Bloch, *Memoirs of War*, trans, and introd. Carole Fink(Ithaca, N.Y.: Cornell University Press, 1980), 126.

157 Bloch, 34.

158 Bloch, "Réflexion d'un historien sur les fausses nouvelles de la guerre", *Revue de Synthese Historique* 33(1921): 2-35.

159 강제수용소 같은 곳에서 일어나는 '고문'과 모든 전쟁에 존재하는 상해 입히기의 두 번째 기능을 차별화하는 결정적인 요소가 있다. 5절에서 이 요소를 상술할 것이다.

160 고문 논의 분석으로는 다음 문헌을 보라. Henry Shue, "Torture", *Philosophy and Public Affairs* 7(Winter 1978), 124-43. 고문 논의 중 특히나 해로운 것은, 핵폭탄을 설치하고 숨겨놓은 미치광이를 고문해서 도시를 구해야 하는 고문 사례를 상상하는 논의이다(Shue, 141을 보라. 이런 주장을 한 예로는 Michael Levin, "My Turn: The Case for Torture", *Newsweek*, 7 June 1982, 13). 이 같은 논의는 실제로 발생하는 수많은 고문 사례에는 전혀 해당하지 않는 상황을 '상상해볼 수 있다'며 내놓는다. 마치 고문을 승인할 만한 행위로 바꾸고자 하는 것처럼 보인다. 헨리 슈가 지적하듯 절대적인 고문 금지는 유지되어야 한다. 있을 법하지 않은 '상상해볼 수 있는' 사례가 정말로 일어난다면 고문자는 예외적인 행위를 해야 했던 그 상황을 배심원들에게 설득하면 된다(55). 누군가는 이보다 더 나아간 논의를 할 수도 있다. '고문을 해서 도시 구하기'와 '고문하지 않고 도시 구하지 않기' 사이에서 선택해야 하는 상황을 상정하고는, 거의 모든 사람이 첫 번째를 고를 것이라고 논하는 것이다. 하지만 [이 같은 논의에서 상정해봐야 하는 더 적절한 상황은] '도시를 구해서 감옥에 가고 사형당할 수도 있는 경우'와 '도시를 구하지 않아서 감옥에 가지 않고 사형당하지 않는 경우' 사이에 선택해야 하는 상황이다. 이때도 사람들은 대부분 거의 분명 첫 번째를 골라서 도시를 구할 것이다. 여기서 요점은, 사람들이 자신의 법적 과실이나 죽음을 인식할 때 느끼는 극심한 반감이 고문을 인식할 때도 있어야 한다는 것이다. 나아가 배심원단이 첫 번째를 선택한 사람에게 무죄 선고를 하는 재판 결과가 나올 수도 있고 또 이런 결과가 바람직하지만, 무죄 보장이 당연히 제공되어야 하는 것은 아니다. 사람들은 어느 날 옳지 않은 일을 **해야만 할** 수도 있다. 그렇다고 이 사실 때문에 그 행위가 옳은 행위가 되고 처벌할 수 없는 행위가 되지는 않는다. 도시를 구하고자 하는 사람이 도덕적·법적으로 면책될 보장이 없다고 해서 도시를 구하는 데 제약을 받는 일은 있을 법하지 않다.

고문을 옹호하는 위의 가설상의 논의에는 특이한 점이 있다. 논자가 '상상하는' 사람은 도시 주민을 살리기 위해 고문에 대한 반감을 이겨낼 수 있을 만큼 충분히 대담한 사람이다. 하지만 자신의 법적 과실을 받아들일 만큼 대담하지는 않다.

161 마키아벨리, 장 보댕Jean Bodin, 휴고 그로티우스 등은 군사력과 주권과의 연관성을 논했다. 다음 문헌을 보라. Quincy Wright, Ch. 24, "Sovereignty and War", 895-922. 또한 Michael Walzer, *Just and Unjust Wars*, 60 이하, 98 이하.

때로 '주권' 개념은 평화 보장 조약·협정을 준수할 책임을 국가에서 면제하는 것으로까지 이해되기도 한다. 헨리 키신저는 이렇게 쓴다. "북베트남처럼 교활한 정부는 주권 국가들 간의 관계에서 '무조건적인' 행위라는 것은 없다는 사실을 분명 알고 있었을 것이다. 주권은 일방적으로 조건을 바꾸는 일을 재고해볼 권리를 함의하기 때문이다"(*American Foreign Policy*, 119). 카를 슈미트는 1928년의 에세이에서 비슷한 주장을 한다. "그러한 유보 조항[자기 방어, 적의 침략, 기존 조약 위반……]이 구체적으로 주어져 있든 아니든, 어느 주권 국가가 존재하는 한 이 국가는 독립 국가이므로 스스로 결정한다"(51).

162 Alexander Hamilton, *Federalist Papers* 23, 24, 25, 26, 27, 28, 29를 보라. 이 부분들에서는 주 정부나 연방 정부가 수행하는 군대 통제를 분석하며, 논집 전체에서는 "모든 긍정적인 정부 형

태에서 가장 중요한 자기방어라는 근본 권리"(180)를 가정한다(*The Federalist Papers*, McLean edition, indexed and introd. Clinton Rossiter[New York: Mentor-New American, 1961], 152-88).

163 Schmitt, 62.

164 베트남전 이후 미국 국내나 동남아시아에서 발생한 모든 일 중에서도 전쟁 저항 세대 사람들의 마음속에 가장 크게 자기 의심을 불러일으킨 일이 있다면, 그것은 아마 전쟁 저항 세력의 경제적 특권을 깨달은 일일 것이다. 전쟁에 나간 이들과 전쟁에 저항하며 본국에 남은 이들이 두 개의 다른 경제 집단으로 나뉘어 있었음을 갑자기 많은 사람이 인식하게 되면서 잠시일지 언정 자신들을 의심하게 됐다. 아마 전쟁 동안에도 '인식 가능한' 사실이었겠지만 종전까지는 그 사실이 적극적으로 '인식되지' 않았다.

반전운동 자체가 부분적으로는 경제적 특권이라는 조건 때문에 가능했다는 사실은 특히 충격적이었다. 경제라는 것이 경제적으로 더 빈곤한 사람들의 정치적 현실을 결정하기 위해 사용되어서는 안 된다는 원칙이 반전운동의 핵심에 있었기 때문이다.

165 Alexis de Tocqueville, *Democracy in America*, trans. Henry Reeve, rev. Francis Bowen, rev. and ed. Phillips Bradley(New York: Vintage-Random, 1945), Vol. 2, 265 이하, 269, 273, 283.

166 예술가 개인의 영역과 관련이 있는 예로 심리학자 에릭 에릭슨Erik Erikson의 히틀러 논의가 있다. 소년 시절 히틀러는 학교 친구 아우구스트 쿠비체크August Kubizek와 길을 걸으며 눈앞에 보이는 집과 풍경을 머릿속으로 허물었다가 다시 짓곤 했으며, 더 나이가 든 후에는 오페라 하우스 건축 관련 서적으로 가득한 방이 있는 자신의 벙커 안에서 그 같은 상상을 하곤 했다고 한다. 에릭슨은 굉장히 망설이는 어조로 결론짓는다. "어쩌면, 어쩌면, 만일 히틀러가 무언가를 건설하도록 허락되었더라면 그는 파괴하지 않았을지도 모른다"(Erik Erikson, *Young Man Luther: A Study in Psychoanalysis and History*[New York: Norton, 1958], 105, 107, 108). "만일 히틀러가 무언가를 건설하도록 허락되었더라면"이라는 이 수동태의 구문에서 에릭슨이 뜻한 바가 무엇인지는 명확하지 않다. 또 작업할 수 있는 조건을 창출하는 것은 모든 건축가와 예술가가 해야 하는 작업의 일부이기도 하다. 에릭슨의 추측은 다소 문제가 있긴 하지만, 다음과 같이 독해한다면 사람들이 직관적으로 이해할 수 있는 결론일 것이다. "어쩌면, 어쩌면, 만일 히틀러가 무언가를 건설할 수 있는 강함, 용기, 끈기를 가졌더라면 그는 파괴하지 않았을지도 모른다."

167 이러한 연관이 정말로 존재하는지에는 이론의 여지가 있다. 만일 존재한다면, 반박하는 설명역시 최소 두 가지가 나올 수 있다. 첫째로, 군사적·경제적으로 강력한 국가는 예술적으로도 활발한 문화를 보유한다고 설명할 수 있다. 시인 에즈라 파운드Ezra Pound는 이런 독해를 주창하는 이들 중 가장 잘 알려진 사람일 것이다. 둘째로, '예술적 탁월함'은 불안정하고 임의적인 범주로서, 정치 권력을 잡고 있는 이들은 자신들의 예술 형태를 당대의 가장 훌륭한 예술 형태로 정하는 권력도 갖는다고 설명할 수 있다.

168 Siegfried Giedion, *Mechanization Takes Command: A Contribution to Anonymous History*(New York: Norton, 1969); Lewis Mumford, *Technics and Civilization*(New York: Harbinger-Harcourt, 1934, 한국어판:《기술과 문명》, 문종만 옮김, 책세상, 2013); William McNeill, *The Pursuit of Power*.

169 Gallie, 63.

170 Leonard S. Woolf, *International Government: Two Reports, Prepared for the Fabian Research Department, Together with a Project by a Fabian Committee for a Supernational Authority that Will Prevent War*, introd. Bernard Shaw(New York: Brentano, 1916), 378, 379.

171 예를 들어 카를 슈미트는 이 점에 관해 1928년의 켈로그-브리앙 부전不戰 조약Kellogg-Briand Pact과 국제연맹의 사례를 들어 논한다(50, 51, 56).

172 언뜻 보기에 이 말은 '방어' 논의에는 적용될 수 없는 것처럼 보일 수 있다. 하지만 방어는 다른 국가가 전쟁을 개시한다고 가정하며, 따라서 전쟁 개시를 허용하는 나머지 두 가지 경우의 대체물을 찾는다면 이 대체물은 전쟁 개시를 제거함으로써 방어도 제거할 것이다.

173 헌법이라는 인공물의 내용 자체가 상관없는 문제라는 말이 아니다. 그 내용은 당연히 몹시 중요하다. 단 고문이 헌법을 위해 사용될 때 헌법의 내용이 더는 중요하지 않게 된다는 뜻이다. 그럴 때는 헌법이라는 인공물의 실증 양식이 압도적이 되어서 내용물을 사고하는 일이 무의미해진다. 하지만 일반적으로 문화적 구축물의 내용이 갖는 성격은 그 문화적 구축물이 실증되는 방법에 큰 영향을 미친다. 담고 있는 내용이 평화적인 헌법은 그렇지 않은 헌법에 비해 고문을 야기할 가능성이 훨씬 낮을 것이다. 전자의 헌법은 자연스럽게 국민의 동의를 끌어낼 것이며, 따라서 평화적인 실증 형태를 가져올 것이다.

이 지점과 관련해, 전쟁 쟁점의 내용은 물질적인 것과 비물질적인 것이라는 두 가지 범주로 나눌 수 있다는 점에 주목해보자. 물질적인 쟁점으로는 영토, 부富 등이 있고, 비물질적인 쟁점으로는 관념, 자기-서술, 종교적 믿음, 문화양식의 이데올로기 등등이 있다. 다음과 같은 특유한 사실 때문에 두 범주의 구분이 중요하다. 첫 번째 범주에 속하는 사물은 **공유될 수 없기** 때문에 이 사물을 차지하기 위해 다툼이 일어난다. 각 편 모두 이 사물을 원하며 다른 편이 차지하길 원치 않는다. 두 번째 범주에서는 반대되는 일이 일어난다. 여기서는 어느 **사물이 공유되어야 한다는 주장** 때문에 싸우는 경향이 있다. 이를테면 한 편의 종교적 믿음이나 이데올로기적 신념을 상대편 국가 국민도 가져야 한다고 주장하는 것이다. 이는 문화의 탈체화 혹은 탈물질화 수준이 높아질수록 더 광범위한 공유 행위를 허용한다(부추긴다, 요구한다)는 사실을 시사한다. 공유할 수 없는 몸이 지니는 속성은 물질적 사물을 통해 번역되어 공유할 수 있는 외부 세계 안에 존재하게 된다. 하지만 물질적 사물이 공유될 수 있는 정도에는 한계가 있다(물질적 사물은 몸보다는 더 공유 가능하지만, 언어, 관념, 믿음 체계 등 완전히 탈체화된 인공물들보다는 덜 공유 가능하다). 탈물질화된 영역을 공유하고자 하는 충동은 매우 커서 전쟁이라는 재앙을 일으킬 수 있을 정도이다. 하지만 전쟁은 이와는 정확히 반대되는 이유로 물질적 영역 안에 생산된다. [물질적 영역은 공유할 수 없는 것을 공유할 수 있도록 만들고, 전쟁은 바로 이런 물질적 영역을 파괴하고자 한다.]

174 앞부분 1장의 60~64쪽, 57~58쪽, 2장의 207~210쪽, 그리고 뒷부분의 4~5장을 보라.

175 앞부분 1장의 60~72쪽을 보라.

176 흄이 사용하는 '활력'이라는 단어(*A Treatise of Human Nature*, ed. L.A. Selby-Bigge[Oxford: Clarendon, 1896], 153, 154, 629, 한국어판:《인간 본성에 관한 논고》, 이준호 옮김, 서광사)를 지금 맥락에 적용해보면 매우 흥미롭다. 활력이라는 말은 몇몇 측면에서 문제가 많은 명사이지만(*Imagination*[Berkeley: University of California, 1976], 134-35에 나오는 메리 워녹Mary Warnock의 논의를 보라), 또 매우 중요한 점을 드러내주기도 한다. 어원이 되는 동사 '비베레vivere' 때문이다(형용사 '선명한vivid'도 같은 어원을 갖는다). 지각된 나무가 생생하다거나 활력을 가졌다고 묘사할 때 실제로 묘사되고 있는 것은 '보기seeing'라는, 생생하거나 강렬하게 몸으로 느끼는 상태feeling state일지도 모른다. 다른 말로 하자면, 보는 사람 자신의 강렬한 살아 있음이 그 순간에 경험되고 있는 것이다(이와 마찬가지로 둔하거나 중립적인 감각 내용물은 지각 경험에서 강렬한 의식을 발생시키지 못한다). 경험되고 있는 것은 이렇듯 나무의(또는 문설주의) 살아 있음이 아니라 지각하는 사람 자신의 살아 있음이며, 그다음 이 살아 있음이 지각 행위의 대상 또는 내용물인 나무라는 사물에서 나온다고 여겨지는 것이다. 이런 주장의 중요성은 이 같은 통상적인 실증 형태를 유추 실증 형태와 비교하는 이 책의 뒷부분에서 분명해진다. 보기와 나무 간의 관계, 즉 지각 행위와 대상 간의 관계는 고통(아파하기)이라는 감각 조건

고통받는 몸

과 상상된 대상 사이에서 유사하지만 더 조야하게 나타난다. 이 사실이 뒤에서 명확해질 것이다. 전자의 관계에서 '살아 있음'이나 '실제임'이 나무라는 대상으로 이전되는 것처럼('활력'이라는 기술적인descriptive 단어에 기록되어 있듯), 후자에서도 고통 경험의 '살아 있음'이나 '실제임'이 상상된 대상으로 이전된다.

177 Jean-Paul Sartre, *The Psychology of Imagination*(New York: Philosophical Library, 1948, 한국 어판:《상상계》, 윤정임 옮김, 기파랑, 2010), 177-212. 야스퍼스도 이 속성들 중 일부를 묘사 한다(Karl Jaspers, *General Psychopathology*, trans. J. Hoenig and Marian W. Hamilton[Manchester: Manchester University Press, 1962], 69).

178 1974년 2월 코네티컷대학교에서 있었던 잭 데이비스Jack Davis의 '확신'에 대한 강의.

179 Warnock, 166. 깨어났을 때 경합하게 되는 지각의 내용물은 시각적일 뿐 아니라 신체적이기도 하다. 그리하여 꿈을 꾸던 사람이 어떤 식으로든 몸을 움직이지 않으면 깨어나서도 꿈을 기억 하거나 '지속시키기'가 훨씬 더 쉽다는 관찰들이 있다. 돌아눕거나 팔을 뻗기만 해도 그 동작 과 함께 꿈은 흩어져버린다. 이와 똑같은 현상이 백일몽에서도 나타난다. 생생한 백일몽을 꾸 는 사람들은 꿈이 너무 실제 같거나 선명해지면 몸을 '털어서' 꿈에서 빠져나온다고 말할 때가 많다. 간단한 '털기' 동작을 하는 순간 사실 이들은 경합하는 지각의 (신체적) 내용물을 가져오 는 것이다.

180 여기서는 인간의 상처에서 동물의 상처로, 그다음 상처 없음으로 이어진다고 서술했다. 하지 만 발명된 의자를 '구현'하기 위해서는 나무를 깎아야 하며 따라서 '나무 훼손하기'가 필요하 다고 주장한다면, 그 대신 인간의 상처에서 동물의 상처로, 그다음 **식물의 상처**로 진행된다고 서술할 수도 있다. 이 다른 방식의 서술이 지니는 중요성을 이후 3장에서 상술할 것이다.

181 Philippe Aries, *Centuries of Childhood: A Social History of Family Life*, trans. Robert Baldick(New York: Vintage-Random, 1962).

182 Michel Foucault, *The History of Sexuality*, trans. Robert Hurley(New York: Pantheon, 1978, 한 국어판:《성의 역사 1~3》, 이규현 외 옮김, 나남출판, 2004~2010).

183 Stephen J. Pyne, *Fire in America: A Cultural History of Wildland and Rural Fire*(Princeton: Princeton University Press, 1982).

184 넬슨 굿맨은 허구와 사기를 구분할 수 있다고 주장한다(*Ways of Worldmaking*, 94 등).

185 "전투를 제거할 수 있을 정도로 대단히 훌륭한 전략"이라는 리들 하트의 말이 분명하게 보여 주는 것처럼, 재래식 전쟁 내부에도 '선제' 공격에 구조적으로 상당하는 것이 존재한다. 따라 서 재래식 전쟁과 핵전쟁이라는 두 종류의 전쟁 모두에서 일방향의 상해 입히기와 양방향의 상해 입히기 둘 모두가 전략적으로 가능하다.

186 Stendhal(Marie Henri Beyle), *The Charterhouse of Parma*, trans. Lowell Bair, introd. Harry Levin(New York: Bantam, 1960), 30.

187 Noel Perrin, *Giving Up the Gun: Japan's Reversion to the Sword, 1543-1879*(Boulder: Shambhala, 1980), 25.

188 William McNeill, *Pursuit of Power*, 67, 68, 94.

189 McNeill, 167-70.

190 사실은 이 반대가 옳을지도 모른다. 숙련기술의 적용이 무기 '사용하기'에서 무기 '만들기'로 이동했다는 사실은 무기를 더 쉽게, 따라서 더 서슴없이 사용할 수 있게 만들었다는 뜻일 수 있다. 그렇다면 사람들이 전쟁에서 벗어났다기보다는 전쟁의 노예가 된 것인지도 모른다. 예 전에는 전쟁 준비에 헌신하는 생애와 전쟁에 관련된 활동이 전혀 없는 생애 사이에 선택해야 했다면, 이제는 이것 아니면 저것 사이에서 결정할 필요가 없다. 이 변화를 해방으로 볼 것인

지 속박으로 볼 것인지는 이전 시기의 사람을 사무라이-기사로 상상하는지 아니면 농부로 상상하는지에 달려 있다.

191 존 로크John Locke는 사람들이 지닌, '재산'이라는 기본 관념은 한 사람이 자기 몸과 맺는 관계를 지각하는 데서 출현한다고 본다(*Of Civil Government*, Ch. 5, 한국어판:《시민정부론》, 마도경 옮김, 다락원, 2009). '재산' 개념을 거부하는 철학 논의들조차 한 사람의 몸을 그의 재산으로 보는 관념을 수용한다. 일례로 마르크스가 자본주의를 근본적으로 반대한 근거는 바로 자본주의가 노동자의 몸을 전유하기 때문이었다.

192 노예제도에서 나타나는 몸의 정치학은 고문에서 발생하는 일이 덜 극단적으로 나타난 것이다. 핵전쟁과 가장 가까운 것은 노예제도가 아니라 고문이다. 이 차이들은 노동과 고통의 관계가 띠는 성격 때문에 나타난다. 이후 3, 4, 5장에서 상세히 설명할 것이다.

# 3장

1 Gilbert Ryle, *The Concept of Mind*(London: Hutchinson, 1949), 267 이하(한국어판:《마음의 개념》, 이한우 옮김, 문예출판사, 1994).

2 Jean-Paul Sartre, *The Psychology of Imagination*(New York: Philosophical Library, 1948; rpt-Secaucus, N.J.: Citadel, 1972), 208.

3 '상상하기'에만 한정되는 형태의 감응력은 없다. 그뿐만 아니라 다른 형태의 감각 작용과는 달리 상상하기는 몸의 특정 부분에 고정되어 있지 않은 듯이 보인다. 사람들은 '이미지'를 보통 머리 안에서 나타나는 것으로 경험하지만, 머리 안에 나타난 이미지를 몸의 다른 부분으로 '밀어내는' 일은 너무도 쉽다. 종아리 안에 피는 파란 꽃을 상상하기는 머리 안에 피는 파란 꽃을 상상하기만큼이나 쉽다. 또 시작점은 팔꿈치이고 종점은 손목인 팔뚝 내부의 경로가 있다고 하고 이 경로를 따라 펼쳐지는 도보 경주를 상상하기도 어렵지 않다. 머리 안이라는 '자연스러운' 위치는 습관이 되지만 그 위치는 바뀔 수 있다(상상하기에서 머릿속이 자연스러운 위치가 되는 이유는 청각·시각의 내용물을 대상화한 것과 상상 속 이미지가 지니는 유사성 때문인지도 모른다).

4 상상하기가 행위와 대상 **둘 모두**로 명시적으로 분석될 때도 있으며 암묵적으로만 그렇게 분석될 때도 있다. 상상하기가 분명하게 행위이자 대상으로 분석되는 사례로는 다음 논의가 있다. Edward S. Casey, *Imagining: A Phenomenological Study*(Bloomington: Indiana University Press, 1979). 지향성이라는 언어를 명시적으로 사용했든 아니든 가장 중요한 점은 상상하기에 관한 논의들이 언제나 대상을 특정해서 제시하는 경향이 있다는 것이다. 케이시(49)는 상상하기에는 대상이 존재하지 않는다고 주장하면서 길버트 라일(251, 254)을 인용한다. 하지만 맥락상 라일은 지각 대상, 즉 실제로 감각되는 대상이 존재하지 않는다고 말하는 것으로 보인다. 상상하기에 관한 라일의 논의 전체는 불가피하게도 그가 연이어 불러내는 대상들을 따라가며 진행되기 때문이다.

5 Sartre, 177-212.

6 적극적으로 경험 가능한 조건으로 '쾌락'을 보기보다는 고통의 부재로 이해하는 철학 논의들이 있다. 또 다른 흐름의 논의들에서 쾌락은 고통과는 별개의 감각 현상으로 이해되어서, 고통의 현존(또는 예상되는 고통의 현존)과는 상관이 없다. 하지만 쾌락을 고통과는 별개의 현상으로 보는 후자의 경우에서도 쾌락은 **몸의**body이 아닌 다른 것이 경험되는 **몸의**bodily 상태로 이해되곤 한다. 예를 들어 외젠 민코프스키Eugene Minkowski는 '쾌락'이나 '만족'을, 한 사람이 어

면 행동을 끝마쳤을 때나 어떤 결정을 할 때처럼 세계 안으로 확장해나가는 움직임을 수반하는 느낌이라고 설명한다("Findings in a Case of Schizophrenic Depression", trans. Barbara Bliss, *Existence: A New Dimension in Psychiatry and Psychology*, ed. Rollo May, Ernest Angel, Henri F. Ellenberger[New York: Basic, 1958; rpt-New York: Simon-Touchstone, n.d.], 134). 따라서 쾌락에 관한 위 두 입장은 얼핏 볼 때와는 달리 서로 크게 반대되지는 않는다. 두 관념 모두에서 쾌락이라는 조건은 '몸을 넘어서 살기'와 연관되거나 '대상화된 내용물의 측면에서 몸의 감각을 경험하기'와 연관된다. 첫 번째 관념에서는 이런 연관이 명백하며, 두 번째 관념에서는 덜 명백하지만 그 함의에서 드러난다.

7   얼핏 이런 설명은 공포 같은 지향 상태에는 적용할 수 없는 것처럼 보이기도 한다. 상태가 대상에 의해 제거된다기보다는 촉발되기 때문이다. 하지만 자주 지적되었듯 대상 없는 공포는 대상 있는 공포보다 훨씬 더 견디기 괴로울 수 있다. 대상이 있는 공포에서는 대상의 존재가 공포를 느끼는 사람에게 무엇을 할지 행동 방침을 준다. 공포를 느끼는 사람은 공포의 대상을 제거하기 위해 행동을 취할 수도 있고, 대상에서 멀어질 수도 있으며, 대상을 누그러뜨릴 수도 있다. 이 모든 방법은 공포라는 상태 자체를 변화시킨다. 반면 대상 없는 공포를 느끼는 사람은 이런 방법을 쓸 수 없다. 따라서 이 사람은 고통받는 사람이 겪는, 견디기 괴로운 수동성에 훨씬 더 가까이 있게 된다.

하지만 대상 없는 공포는 흔치 않은 조건이므로(현대의 일상적인 불안 상태를 대상 없는 공포가 분산된 채로 지속하는 상태로 설명하는 논의도 있긴 하지만) 위 논의는 충분히 만족스러운 반박이 되지 못할지도 모른다. 고통 그리고 대상화된 자기-변환은 한계 조건들이다. 그리고 일반적인 지향에서 상태와 대상의 관계를 이 한계 조건들의 관계 사이에서 발생하는 것으로 분석할 때 이해해야 하는 지점이 있다. 이런 분석이 '대상 없는 공포'와 '공포-그리고-대상'에만 적용되는 것이 아니라 (여기서는 전자가 후자보다 한 사람을 고통에 더 가까이 놓는다는 점이 분명하다) '공포가 존재하지 않음'과 '공포-그리고-대상'이라는 더 통상적인 경우에도 적용된다는 점이다.

이 사실을 이해하기 위해 잠시 '고통 그리고 고통의 상상된 대상' 간의 관계로 돌아가보자. 고통 안에서 상상되는 대상은 다음 두 종류 중 하나일 수 있다. 첫째, 상상되는 대상(인공물 또는 대상화된 조건)이 그 대상을 통해 아픔을 제거할 수 있는 사물이다. 예를 들어 배고픈 사람은 음식을 상상한다. 의자가 없을 때 또는 아직 의자가 발명되지 않았던 때 요통을 느끼는 사람은 의자를 상상하고 열망한다. 둘째, 마음속으로 그려보는 대상이 고통을 일으키는 것으로 상상되는 원인이다. 이 책의 앞부분에서 제시하고 강조했듯 작인 언어를 볼 수 있는 많은 예가 여기 해당한다. 그리하여 '칼로 찌르는 듯한stabbing' 극심한 고통을 다리에 느끼는 사람은 '칼로 찔러서stabbing' 그 고통이 생기는 것으로 생각하면서 원인이 되는 칼을 상상할 수 있다. 나아가 (이미지를 사용하는 요법에서처럼) 그 칼을 정신적으로 밀어냄으로써 고통을 감소시키고자 노력할 수도 있다. 아니면 다리 자체를 원인으로 생각하고 불편함을 주는 그 다리 없이 세계 안에 존재하는 자신을 상상할 수도 있다(이런 상상도 외재화된 대상들의 영역에서 일어나는 변화를 상상하는 일이다). 또 가슴과 복부에 고통을 느끼는 사람은 고통의 원인이 신이라고 생각할 수도 있고, 그래서 신에게 용서를 받아 고통을 멈추기 위해 애쓸 수도 있다. 상상되는 대상의 이러한 두 범주는 효과적이든 아니든 모두 고통 제거를 향해 가는 경로이다. 첫 번째 범주에서 대상(음식, 의자)은 고통 감각을 직접 제거하며, 두 번째 범주에서는 고통을 느끼는 사람이 감각의 원인인 대상을 먼저 상상한 다음 그 대상과 자신이 맺는 관계를 바꾸려 노력한다(칼 밀어내기, 다리 제거하기, 신에게 기도하기).

두 번째 범주의 고통-그리고-상상된 대상은 공포-그리고-대상의 성격을 이해할 수 있게 해준다. 그리고 다시 공포-그리고-대상의 성격은, 대상이 어떻게 고통에 가까운 감응력 조건을 생산하는 데 기여하면서도 고통을 느끼는 사람을 고통에서 떼어내어 대상화된 자기-변환이라는 반대편 경계를 향해 움직여 가게 하는지 설명해준다. 여기서 공포-그리고-대상 (혹은 대상 그리고 이 대상이 불러일으킨 공포)은 고통-그리고-상된 대상 간의 시간 관계를 역전한다. 다시 말해 다리 가까이에 있는 칼을 봤을 때 사람들은 일단 기다렸다가 다리를 다친 다음 원인이 되는 작용을 정신적으로 뒤집음으로써 고통을 변화시키려 노력하기보다는(훨씬 효과가 덜한 방법이다), 그 칼을 무서워하면서 칼을 제거하고 밀어내기 위해 행동한다. 또 신의 진노를 두려워하는 사람은 예상되는 상해라는 형벌을 피하기 위해 신과의 관계를 개선하고자 노력한다. 이렇게 외부의 대상은 감응력상의 괴로움을 수정되고 축소된 형태(공포)로 유발하여 그 대상에 행동을 취하게 하고 더 극단적인 형태의 괴로움(육체적 고통)을 방지한다. 그러므로 공포-그리고-대상 자체를 부분적으로 대상화된 형태의 고통, 따라서 반쯤 제거된 형태의 고통으로 이해할 수 있다.

8  일반적인 형태의 감응력은 대상이 없을 때 고통에 가까워진다. 따라서 고통을 이해하면 훨씬 더 포괄적인 감응력 현상을 궁극적으로 더 잘 이해하게 될 지도 모른다. 보기나 듣기, 배고파하기 같은 감응력 경험에 주목함으로써 감응력을 이해하기는 어려울 수도 있다. 이런 경험들을 그 대상화된 내용물과 분리해서 사고하기가 너무도 어렵기 때문이다. 반면 고통은 감응력이 대상들의 영역과 습관적으로 상호작용하면서 획득하는 특성과는 구분되는 감응력의 특성을 인식할 수 있게 해준다(아파할 때의 감응력이든, 볼 때, 만질 때, 배고파할 때 등의 감응력이든). 따라서 '육체적 고통의 언어'를 어느 정도는 '육체적 감응력의 언어'로 더 폭넓게 이해할 수 있다.

9  다른 맥락의 담론들에서 지향 대상은 보통 존재하는 대상과 존재하지 않는 대상 모두를 포함한다. 따라서 상태와 대상 간의 관계를 가리키기 위해 널리 사용되는 '지향성'이라는 용어에서 대상은 '존재할 수도 있고 존재하지 않을 수도 있다'. 이후의 논의는 존재하는 대상과 상상속의 대상을 구별할 수 있다고 가정한다(또 이 '구별 가능성'에 관심을 둔다). 이런 가정을 하는 이유는 존재하는 대상과 상상 속의 대상이 서로 연관되는(그리하여 사실상 어느 지향 대상의 '존재할 수도 있고 존재하지 않을 수도 있는' 조건을 낳는) 여러 방식을 보이기 위해서이다.

10  예를 들어 카를 뢰비트Karl Löwith의 책에서 〈노동이라는 문제The Problem of Work〉 장은 이 두 개의 대조적인 노동 개념을 설명한다. *From Hegel to Nietzsche: The Revolution in Nineteenth-Century Thought*, trans. David E. Green(Garden City, N.Y.: Anchor, 1967), 2, ii, 260-283(한국어판:《헤겔에서 니체로》, 강학철 옮김, 민음사, 2006).

11  《정치경제학 비판 요강Grundrisse》(한국어판: 김호균 옮김, 그린비, 2007)과《자본론Capital》(한국어판: 김수행 옮김, 비봉출판사, 2015)에 나오는 마르크스의 노동 분석에서 '행위'와 '대상'이라는 범주는 핵심적이다. 이 점은 4장에서 다시 살펴볼 것이다. 한나 아렌트는 '노동work'과 '작업labor' 간의 구분이 대상의 시간적 안정성(가령 탁자)이나 불안정성(가령 빵)에 의존한다는 중요한 분석을 한다(*The Human Condition*[Chicago: University of Chicago, 1958; rpt-Garden City, N.Y.: Doubleday-Anchor, 1959], 72-88, 한국어판:《인간의 조건》, 이진우 옮김, 한길사, 2017). 그런 분석은 대상 없는 노동과 대상화된 노동 간의 구분을 설명하는 마르크스의 훨씬 더 정교한 분석에서 끌어온 것일 수 있다. 마르크스의 정치 비평 전체가 이 구분에 의존한다.

12  예를 들어 직업병과 산업 재해를 다루는 방대한 문헌들을 보라.

13  '고통과 작인'에 관한 서론의 논의에서, 무기 기호와 고통의 관계가 평화적인 형태로 나타날 때와 해체된 형태로 나타날 때 모두를 개괄했다. 해체된 형태의 관계는 고문과 전쟁을 다룬 장들에서 상세히 설명했다.

고통받는 몸

14 이 책 서두의 여러 부분에서 고통을 대상화하고자 하는 사람은 무기 이미지를 불러내게 된다
　는 점을 짚었다. 상상에 관한 철학 논의들도 무기 기호를 불러내곤 한다(사르트르의 못[84], 라
　일의 권투 시합[260, 261]). 표면상의 주제가 고통이 아닐 때라도 그렇다. 이 사실은 흥미롭다.
　상상할 수 있는 수많은 대상 중에서도 무기 기호가 얼마나 접근하기 쉬운지 시사하기 때문이
　다. 다시 말해 독자가 곧바로 상상할 수 있는 상상 속의 대상을 불러내고자 할 때 사르트르나
　라일 같은 철학자들이 무기 이미지를 사용하곤 한다는 사실은 무기가 보편적으로 떠올릴 수
　있는 대상으로 여겨진다는 뜻이다.

15 L. W. Sumner, *Abortion and Moral Theory* (Princeton: Princeton University Press, 1981).

16 '최초의' 인공물이 망치가 아니라 그릇이었음을 언젠가 인류학자들이 보인다고 해도 최초의
　인공물이 도구(또는 무기)였다는 사실은 변하지 않을 것이다. 그릇을 만들기 위해서는 손이 먼
　저 도구로 '만들어져야' 했기 때문이다. 그릇을 만들 때 손이 중간에서 형상을 빚어내는 역할
　을 해야 했다는 것이다.

17 James Madison, "Number 51", *The Federalist Papers*, McLean edition, indexed and introd.
　Clinton Rossiter (New York: Mentor-New American, 1961), 322.

18 Alexander Hamilton, "Number 27", *The Federalist Papers*, 175.

19 노스캐롤라이나주 리서치트라이앵글파크Research Triangle Park에 있는 미국 인문학센터National
　Humanities Center에서 1979년 9월 헨리 잰Henri Jann과 나눈 대화.

20 George C. Marshall, *Assistance to European Economic Recovery: Statement before Senate
　Committee on Foreign Relations* (8 January 1948), Department of State: Publication 3022, Eco-
　nomic Cooperation Series 2 (Washington, D.C.: GPO, 1948), 2.

21 Jacob Talmon, "Portrait of a Humanist and His Dilemmas: In Memory of Charles Frankel",
　National Humanities Center, Research Triangle Park, N.C., 25 September 1979.


# 4장

1 이 책에서 신을 언급할 때 사용하는 대명사는 하나가 아니다. 다음과 같은 입장을 드러내기 위
　해서이다. 즉 신은 하나의 인공물(그것it)이며, 개인성의 속성을 부여받은 인공물(그he)이고, 또
　인간들보다 더 큰 실제성과 권위가 부여된 인공물(그것It, 그He)이다. {한국어판에서 '신'은 대
　개 성서의 유일신God을 뜻하며 '하나님'으로 표기하기도 했다. '신'이라는 단어가 성서의 유일
　신 외의 신 혹은 일반적인 신을 지칭하며 이 점이 본문의 맥락에서 드러나지 않아서 따로 표시
　할 필요가 있을 때는 영어 단어를 병기하여 '신god'으로 표기했다.}

2 성서 구절들은 개역표준역Revised Standard Version에서 인용했다. 이어지는 논의는 대부분 특정
　성서 번역본에서 사용하는 언어와는 상관이 없다. 개역표준역(이하 RSV) 구약성서와 유대인
　출판협회Jewish Publication Society(이하 JPS) 성서의 율법서, 예언서, 성문서에서 나타나는 번역
　차이를 간혹 지적할 텐데, 표현 차이가 논의에 조금이라도 영향을 줄 때 그렇게 할 것이다. {한
　국어판에서는 저자가 인용한 성서 구절을 대한성서공회, 《새번역 성경전서》를 참조하여 번역
　했다.}

3 다산多産에 대한 서사상의 강조를 보려면 이 부분 외에 〈창세기〉 29:32-35과 30:22,23을 보라.
　25:24-26과 38:27-30에는 쌍둥이가 등장한다.

4 위에서 인용한 심리적으로 다양한 순간들도 이 주장을 뒷받침한다. 이 순간들은 웃음, 눈물, 말
　등 무언가가 몸에서 갑자기 나오는 때이다. 또 이 순간들은 부모가 되는 일, 즉 몸 내부에서 무

언가가 더 극적으로 출현하는 일과 관련이 있기도 하다. 예를 들어, 빈번히 지적됐듯 사라의 웃음과 아기의 탄생은 '이삭'이라는 아이 이름이 '웃음'을 뜻한다는 사실을 통해 곧바로 연결된다.

5   이 같은 이중의 움직임이 한 문장 안에서 성취되는 또 다른 예로는 〈창세기〉 29장 10절이 있다. ("야곱이 외삼촌 라반의 딸 라헬과 그녀가 치는 외삼촌의 양 떼를 보고 돌 뚜껑을 굴려내어 양 떼에게 물을 먹였다.")

6   주디스 웨그너Judith Wegner는 탈무드에서 여성들이 명시적으로 '물주전자'나 '그릇'으로 언급되곤 한다는 사실을 짚어줬다. 탈무드의 이런 구절들은 성서에서보다 어조상 훨씬 더 문제가 많을 때가 잦다(예를 들어 b. Sabb. 152a).

7   최초 창조에 쓰인 흙을 가리키는 말로는 히브리어 단어 '아다마adama'가 쓰이며, 자손 번성의 약속에 나오는 먼지라는 말에는 보통 '에레즈erez'라는 단어가 쓰인다. 다른 단어가 쓰인다고 해도 흙과 먼지는 여전히 이미지상으로 연결된다. 어느 영시英詩에서 '흙soil'과 '먼지dust' 또는 '돌'과 '바위'처럼 단어들이 바뀌어 나온다고 해도 이 단어들이 등장하는 행들이 서로 연관되어 있음을 알 수 있는 것과 마찬가지이다.

8   20세기 사람들은 복제라는 순수한 **사실**보다는 DNA, RNA 같은 복제 **메커니즘**에 매혹되는 편이다. 그럼에도 급속히 증식하는 어떤 실체가 장르의 특성상 빈번히 나오는 과학 소설들에서 우리는 무언가의 실제성이나 살아 있음이 그 무언가의 자기복제 능력을 통해 어떻게 천명되는지를 볼 수 있다. 또 그 같은 증식을 보며 현대인들이 경외감을 경험할 수 있다는 사실도 알 수 있다. 소설이 제시하는 실체는 식물일 수도 있고 동물일 수도 있으며 넓게 퍼져만 있는 젤리 비슷한 물질일 수도 있다. 이런 실체는 처음 순간에는 한 장소에 나타나지만 가령 두 시간 후에는 스물여섯 곳에, 사흘 후에는 모든 곳에 있다. 과학 소설 장르에서 증식은 부정적인 것으로 여겨지며 공포를 불러일으킨다(의학적 맥락에서도 그렇다. 예를 들어 감염에서 나타나는 유기체의 기하학적인 증가). 그렇다고 해서 더욱 핵심적인 사실에서 관심이 멀어져서는 안 된다. 이 핵심적인 사실이란 증식이 강력한 사건이며 강력한 반응을 끌어낸다는 것과, 증식이 긍정적인 함의를 지닌다면(지구 종이든 외계에서 온 종이든 다른 종이 아니라 바로 자기 종의 생존과 확산에서처럼) 당연히 증식은 '섬뜩'하기보다는 '매우 멋진' 일로 인식된다는 것이다. 변환 가능성 혹은 자기-변환은 '살아 있음'이 지니는 부차적인 특성에 그치는 것이 아니라 아마도 가장 핵심적인 특성일 것이다. 에르빈 슈뢰딩거Erwin Schrödinger는 묻는다. "무엇이 생명의 특성일까? 한 조각의 물질이 살아 있다고 언제 말할 수 있는 것일까? 바로 한 조각의 물질이 '무언가를 하고' 움직이고 자기 환경과 물질을 교환하는 등등의 일을 계속 할 때, 그리고 살아 있지 않은 물질 조각이 유사한 환경 안에서 존속할 것으로 예상되는 기간보다 훨씬 더 긴 기간 동안 위와 같은 일들을 할 때"(*What is Life? And Other Scientific Essays*[Garden City, N.Y.: Doubleday-Anchor, 1956], 69).

9   전시에 치료 우선순위를 정하기 위한 '부상자 선별'은 위태로운 상황에서 숫자를 세는 인간의 성향을 보여준다. 많은 숫자의 사람이 동시다발적으로 부상을 입는 다른 상황들도 그렇다. 이와 유사하게 '9의 법칙'은 심한 화상을 입은 사람을 구하려는 사람들이 상해의 심각성을 대단히 빨리 결정할 수 있게 해준다. (9의 법칙the rule of nines: 몸 표면 얼마만큼에 화상을 입었는지를 빠르게 산정할 수 있는 표준화된 방법. 가령 등 전체에 화상을 입었다면 몸 표면 18퍼센트에 화상을 입은 것으로 추산하며, 한쪽 팔 전체에 화상을 입었다면 몸 표면 9퍼센트에 화상을 입은 것으로 추산한다.) 심하게 화상을 입은 사람이 있는 응급 상황에서는 구조자의 사고가 멈추어버리거나 바로 눈앞에 있는 사람의 외관이 얼마나 망가진 것인지 그 정도를 주관적으로 파악하지 못할 수 있다. 또한 인공호흡(CPR) 절차를 수행하기 위해서는 숫자를 세는 연속하는 단계들을 구조자가 외우고 있어야 하며 이 언어적 단계들을 신체적으로 상연할 수 있어야 한

고통받는 몸

다. 재난 상황에서 숫자 세기는 정식으로 배운 생존 전략이라기보다는 즉흥적인 생존 전략이 될 수 있다. 숫자를 셌기 때문에 살 수 있었던 사람들은 많다. 일례로 에밀 졸라의 《제르미날》에 나오는 카트린이 그렇다. 그녀가 붕괴하는 탄광에서 나올 수 있었던 것은 점점 더 어려워지는 숫자를 입으로 외면서 거기에 정신과 다리 움직임을 맞췄기 때문이다. [이 예는 스캐리의 착오인 듯하다. 붕괴한 탄광에 갇힌 카트린이 일정한 횟수로 벽을 두드려서 구조 신호를 보내는 장면이 《제르미날》에 있기는 하지만, 카트린이 숫자를 세면서 걸어 나오는 장면은 없다. 카트린은 탄광에서 나오지 못하고 그 안에서 숨을 거둔다.] 신문 기사 제목들에서도 인간의 목숨이 위험할 때 숫자를 세는 뿌리 깊은 정신적 반응을 볼 수 있다.

육체적인 것과 연산에 관해서는 또한 아래 441~445쪽을 보라.

10  이 부분과 2절의 논의는 생식과 상처 입히기라는 가장 핵심적이면서도 자주 등장하는 사건들에 초점을 맞춘다. 하지만 믿음을 끌어내기 위해 신의 예언이 얼마나 정확한지 보이는 일은 다른 종류의 육체적 사건들에서도 나타난다. 예를 들어 신은 한 사람이 다음 순간 무엇을 '보게' 될지 예언하거나(〈사무엘상〉 10:1 이하), 무엇을 언제 '먹게' 될지 예언한다(〈열왕기하〉 19:29, 〈이사야〉 37:30). 또 신은 불신의 순간들을 예언한다(신약성서에서 예수는 베드로의 부인을 예언하고 유다의 배신을 예언한다). 이 마지막 예는 대단히 흥미롭다. '믿음'을 끌어내기 위한 절차에 '불신'을 포함시키고 예언을 통해 '거부'를 오히려 확증의 원천으로 바꿈으로써 그 종교를 벗어난 다른 정신적 기반이 존재하지 못하게 만들기 때문이다.

11  여성의 몸이 지닌 능력을 신에게 이전하는 것은 여성의 속성을 남성 인물에게 투사하는 것이다. 아내에게 생식 능력이라는 선물을 내려달라고 남편이 신에게 기도하는 부분이 거듭 나오는데, 이처럼 반복되는 남편의 역할은 남성이 여성의 능력을 전유한다는 점을 훨씬 더 뚜렷이 보여준다.

12  뚜렷한 구조를 지니고 나타나는 것은 아니지만, 여기서 언급한 야곱의 사건에서도 창조하기와 상처 입히기가 정신적으로 가깝다는 점을 볼 수 있다. 야곱이 양이라는 짐승들보다 우위에 있음은 짐승들을 다치게 함으로써, 다시 말해 짐승 몸에 야곱 자신을 새겨 넣는 행위를 통해 증명되는 것이 아니라, (감응력이 없거나 거의 없다고 여겨지는) 나무에 상처를 입히고 그다음 나뭇가지에 새긴 무늬를 어떻게든 짐승 몸 안으로 합체함으로써 증명된다.

13  RSV 성서에서는 '출발지starting places'로 번역했고 JPS 성서에서는 '출발 지점starting points'으로 번역했다. JPS 성서의 33장 1, 2절에서는 '출발'이라는 단어가 RSV 성서에서처럼 두 번이 아니라 세 번 등장하여 좀 더 강조된다. 두 번역본의 그다음 절들에서는 비슷한 문장 구조가 연속되면서 사건이 이어진다. 이 문장들은 모두 "그들은 ~에서 떠나서"로 시작한다(33:3 이하).

14  신은 목소리가 있고 인간은 목소리가 없다는 차이는 차이의 배경이 되는 사실을 생각해볼 때 [절대적이 아니라] 제한되는 듯 보일 수 있다. 신과 인간의 목소리 차이는 이스라엘 민족의 역사 안에서, 즉 이스라엘 민족의 목소리인 언어적 텍스트 안에서 나타나기 때문이다. 나아가 이 제한 자체도 간단하지 않다. 십계명이 그러하듯 유대 전통에서 언어적 경전은 신이 창작하는 것으로 또는 신의 지시하에 쓰이는 것으로 이해되기 때문이다. 경전들의 언어적 형태와 내용 간의 관계는 3절에서 상술할 것이다.

15  RSV 성서에서 거듭 나오는 '투덜거리다murmur'라는 단어는 JPS 성서에서는 '불만을 토하다rail'나 '투덜거리며 불평하다mutter'로 번역된다. (불평하기에서 나타나는 언어의 와해에 관해서는 1장과 2장을 보라).

16  RSV와 JPS 성서 모두 〈출애굽기〉 32-34장에 '목이 뻣뻣한stiff-necked'이라는 단어를 반복해서 쓴다. 7~9장의 구절들을 RSV 성서는 "마음을 딱딱하게 굳혔다hardened his heart"로 표현

한다. JPS 성서는 "마음을 뻣뻣하게 만들었다stiffened his heart"로 표현하거나, 때로는 그보다 덜 생생한 표현을 사용하여 파라오가 계속 "완고했다stubborn"라고 말하기도 한다. 〈스가랴〉〈예레미야〉〈잠언〉〈시편〉〈느헤미야〉〈이사야〉에서 인용한 위 구절들은 믿지 않고 버티는 일을 특정 신체 부분이 딱딱해지는 것으로 표현한다. JPS 성서에서도 동일하게 번역되거나 약간만 다르게 번역된다. 조금 달리 번역된 예를 보자면 '완고한 어깨stubborn shoulder'는 JPS 성서에서 '고집 센 등balky back'(〈스가랴〉7:11,12)으로 나오고, '놋쇠 이마'는 '청동 이마'로 나온다(〈이사야〉48:4).

17    1980년 봄 마이클 맥키언Michael McKeon은 독자가 이 텍스트와 맺는 관계, 또 이삭이 아브라함과 맺는 관계, 아브라함이 신과 맺는 관계가 서로 유사함을 내게 일깨워주었다.

18    여란 아그렐Göran Agrell도 네 번째 계명을 설명하는 몇 가지 해석을 제시한 다음, 이 계명이 강조하는 지점이 '노동'이라기보다는 '휴식'이라고 논한다(그가 제시하는 해석 중 하나는 노동의 필요성이 네 번째 계명에서 그저 당연한 것으로 가정되고 있을 수도 있다는 것이다). *Work, Toil and Sustenance: An Examination of the View of Work in the New Testament, Taking into Consideration Views Found in Old Testament, Intertestamental, and Early Rabbinic Writings*, trans. Stephen Westerholm (Lund, Sweden: Håkan Ohlssons, 1976), 16 이하.

19    십계명의 정확한 번호 순서는 전승된 여러 판본에 따라 차이가 있다.

20    이 현상을 볼 수 있는 현시대의 가장 친숙한 사례는 아마도 서구 예술과 영화, 그리고 무엇보다 잡지 도상에서 여성 몸과 남성 몸이 뚜렷이 불평등하게 재현된다는 사실일 것이다. 거의 모든 도시의 신문 가판대에는 옷을 입지 않은 여성 또는 실질적으로 옷을 입지 않은 여성의 이미지가 거리를 지나는 사람들 앞에 수없이 놓여 있다. 그 앞을 지나는 사람들 중 적어도 반절에게는 괴로운 일이다. 이러한 여성 이미지의 제시는 여성의 몸을 통해서 여성의 자율성을 약화한다. 여성에게는 자기 몸을 드러내는 정도를 결정할 권한이 있지만, 벗은 여성의 이미지가 가장 공적이고도 가장 공동의 장소에 이미 존재하고 있기 때문에 그 권한을 발휘하지 못하게 된다. 포르노그래피 반대는 때로 사진이나 그림의 특정 내용을 논의하는 일로 엇나가곤 한다. 이미지 자체가 아름다운지, 추한지, 품위가 있는지, 저열한지를 평가하게 된다는 것이다. 하지만 이미지들의 내용과 분위기는 그 자체로 아름답거나 희극적이거나 불쾌하거나 뒤틀려 있는 등 상당히 다양하다. 나아가 그보다 큰 틀이 되는 사실을 보는 게 훨씬 더 중요하다. 바로 남성은 상대적으로 몸을 지니지 않고 여성은 강조된 몸을 지닌다는 것이다. 《뉴욕타임스New York Times》일요일판의 첫 번째 섹션을 보면, 이와 같은 논의에서 중대한 정치적 문제는 이미지의 분위기나 내용이 아니라는 점을 알 수 있다. 그 지면에는 뉴스 칼럼 내 탈체화된 남성의 목소리가 여성들을 그린 삽화와 사진을 꾸준히 옆에 나란히 두고 나타난다. 이런 제시 방식은 인구의 반절과 또 다른 반절 간의 관계를 도상을 통해 선언한다. 바로 이 같은 관계 때문에 이미지의 개별적인 내용을 논하는 일은 모두 핵심에서 벗어난다(그 자체로는 아름다운 이미지도 많다).

21    새긴 형상 만들기 후 인간 몸 증강이 뒤따르는 다른 구절로는 다음 예들이 있다. 〈호세아〉13:16에서는 우상 숭배 이후 "아이 밴 여성들의 몸이 찢겨 열린다." 〈이사야〉47:1-4에서는 여성들이 벌거벗겨진 채로 몸을 보호하는 옷 없이 맷돌을 갈게 된다. 〈예레미야〉13:22-27에서, 사람들이 다른 신에게 관심을 쏟자 신은 사람들의 치마를 얼굴 위로 들어 올려서 몸을 노출시킨다.

22    아담과 하와는 그전에도 이름 붙이기라는 문화적 행위를 했다(2:19). 하지만 이 행위는 신이 시작했고 신의 명령에 따라 수행되었다. 따라서 신에게서 완전히 독립적인 첫 번째 만들기 행위는 옷 만들기이다.


고통받는 몸

23 인간이 두 범주를 뒤섞거나 위태롭게 만들면 때로는 **일시적으로나마** 효과가 있다는 점에 주목해봐야 한다. 〈출애굽기〉에서 금송아지를 만든 일은 (일시적으로) 신의 목소리를 정말로 부순다. 모세가 십계명이 담긴 석판을 깨뜨리는 것이다. 또 나뭇잎 앞치마 만들기 바로 다음에는 신이 동산 안에서 '걷거나' '돌아다니는' 소리 묘사가 이어진다. 즉 짧은 순간 동안이나마 신이 몸을 취한다. 인간이 두 범주 간의 절대적 분리를 수정할 때 그 유효성에 관해서는 3절에서 상세히 설명할 것이다.

24 단 〈출애굽기〉 33장 11절에서는 신이 모세와 "얼굴을 마주하고" 이야기했다고 묘사된다.

25 구약성서에 나오는 '치유'가 '기적'이 아니라는 뜻은 아니다. 미리암은 나병에 걸렸다가(〈민수기〉 12:10) 다시 건강해지는(12:12-15) 기적을 겪는다. 나아만의 나병도 치유받는다(〈열왕기하〉 5:8-14). 다만 구약성서에서 치유는 주기적으로 불려나오는 상처 장면만큼 빈번하게 등장하지 않으며 또 그 장면만큼 핵심적이지도 않다는 뜻이다. 반면 신약성서에서 인간에게 상처 가하기는 핵심적이지 않을 뿐 아니라 딱히 의미있는 자리를 차지하지도 않는 것 같다.

26 3장의 278~285쪽을 보라.

27 유아기의 예수는 옷을 입지 않은 모습으로 재현되거나 배내옷인 흰 천을 걸친 모습으로 재현되는 경향이 있다. 십자가형 그림에서도 보통 배내옷처럼 허술하고 최소한만 가린 흰 띠가 거듭 나타난다. 천을 "느슨하게 걸친"(예루살렘 타입) 그리스도 이미지와 "걸치지 않은"(안디옥 타입) 그리스도 이미지에 관해서는 다음 문헌을 보라. *Kenneth Clark, The Nude: A Study in Ideal Form*(Garden City, N.Y.: Doubleday-Anchor, 1956), 306-309. 또 이 문헌은 기독교의 처음 10세기 동안 십자가형이 어떻게 핵심 형상으로 출현하는지 그 배경을 논한다.

28 구약성서에서 신을 서술하는 말에 술부가 없다는 사실에는 예외가 있다. 그 중 중요한 사례들에 관해서는 다음 3절을 보라.

29 Herbert Schneidau, *Sacred Discontent: The Bible and Western Tradition*(Baton Rouge: Louisiana State University, 1976), 5.

30 필자 본인에게는 신의 선언이 고아의 말처럼 들렸다. 이런 구절들에서 신의 목소리가 관료의 말처럼 들릴 수도 있다는 의견은 앨런 그로스먼[Allen Grossman]이 냈다.

31 이 구절의 마지막 부분은 JPS 성서에서 더 구체적이다. JPS 성서에서는 모든 이들이 "이 도시의 모든 상처를 보며 비웃을 것이다"라고 나온다.

32 창조하기와 상처 입히기의 결합은 《일리아스》 같은 성경 외의 고대 텍스트들에서도 나타난다.

그리하여 화살이 전사의 가장 바깥쪽 살을 스쳤고 곧 상처에서 검은 피가 흘러내렸다. 마치 마이오니아나 카리아의 여인이 말의 볼 장식을 만들기 위해 상아에 진홍색을 칠할 때처럼, 전차를 타는 많은 사람들이 갖고 싶어 하나 그 장식은 보물 창고에 간직되어 있다 …… 꼭 그처럼, 메넬라오스여, 그대의 잘생긴 넓적다리와 정강이와 그 밑의 고운 복사뼈가 피로 물들었도다(4, 11, 137 이하, trans. A.T. Murray, Cambridge, Mass.: Harvard University Press, 1924).

이 텍스트에서 창조하기와 상처 입히기의 합쳐짐은 상처 입은 사람을 향한 연민을 끌어내는 방향으로, 또는 상처 입은 사람을 예우하는 방향으로 작동한다(한편으로는 다른 사람을 죽이는 인간 행위를 찬미하는 방향으로 작동할 수도 있다. 여기서 상처는 하나의 인공물이고, 따라서 상처를 입히는 전사는 일종의 장인이기 때문이다).

33 랍비 잭 벰퍼로드[Jack Bemperod]에게 감사한다. 1980년 봄 헤이스팅스 연구소[Hastings Institute]에서 나눈 대화에서 벰퍼로드는 신이 육체적 고통을 겪고 있는 양 말하는 이 〈이사야〉의 구절을

알려줬다. ("고생 중인 여인/해산 중인 여인woman in travail"이라는 표현은 JPS 성서에서는 더 명확하게 "해산 중인 여인woman in labor"으로 나온다.)

34    여기서 무지개는 평화적인 함의를 지닌다. 무지개의 아름다움 때문이기도 하고, 수많은 인간의 죽음을 초래한 폭풍의 중단과 무지개가 연결되기 때문이기도 하며, 인간과 신 간의 언약의 기호로 무지개가 공공연하게 지정되기 때문이기도 하다. 이 평화적인 함의 때문에 무지개가 구름 안에 둔, 즉 사용된다기보다는 한쪽에 치워둔 신의 활("나의 활")이라는 사실을 떠올리기 어려울 수도 있다. '활'(히브리어 케셰트keshet)이라는 단어가 성서의 다른 부분에서 명사로 사용될 때는 무기인 활을 뜻한다. 구부러진 아치형 모양의 무지개는 신에게 걸맞은 크고 장려한 활이다. 또 무지개는 한쪽에 치워둔 활이기 때문에 신의 평화적인(사용되지 않으므로) 무기를 나타내는 이미지가 된다.

35    3장 283~284쪽을 보라.

36    RSV 성서에서는 "주둥이lips"이고 JPS 성서에서는 "관pipes"이다.

37    RSV 성서에서는 "통과해갔다passed over"는 동사가 반복해서 나타난다(킹 제임스King James 성서에서도 마찬가지이다). JPS 성서에서는 언제나 "건너갔다crossed over"(히브리어 '페사흐pessah'가 아니라 '아바르abar'에 해당함)로 나온다. 예외로는 〈여호수아〉 4:7에서 언약궤의 이동을 말할 때 "통과해갔다"를 사용한다. 여기서 언약궤는 물을 갈라 사람들이 통과해가게 한 실제 인공물이다.
      이집트 탈출과 가나안 진입이라는 두 사건이 서로 대응한다는 점은 두 사건에 공통되는 여러 속성에서 암시된다. 그중 몇 가지 속성은 다음과 같다. 이집트에서 탈출할 때와 약속의 땅으로 들어갈 때 물이 갈라진다. 전자에서는 홍해가 갈라지고 후자에서는 요단강이 갈라진다. 또 길갈에서 야영을 하는 동안 이스라엘 민족이 첫 번째로 한 행위 중 하나는 원래의 '유월절逾越節passover' 의식을 새롭게 다시 행하는 것이었다(〈여호수아〉 5:10). 또 두 사건 모두에서 할례 의식을 한다. 할례 의식은 유월절 행사에 참여하기 위한 전제조건으로서 요구된다(〈출애굽기〉 12:48, 〈여호수아〉 5:2).

38    두 사건 모두에서 금속 재료들은 예외적으로 남겨진다(〈출애굽기〉 12:35, 〈여호수아〉 6:18,24).

39    성서에서 언어적 의례는 몸의 실증 작업을 대체한다. 그러면서도 〈신명기〉의 이 노래처럼 언어적 의례가 몸 안에 기록되는 것으로 나올 때가 많다. 마치 실증이 일어나는 원래의 핵심 장소가 몸임을 알리기 위해서, 또는 상기하기 위해서인 것처럼 보인다. 정화 의식이나 위임 의식에서 이렇게 실증의 원래 장소를 알리는 듯한 절차가 나오곤 한다. 예를 들어 〈레위기〉 8:22 이하와 14:14 이하에는 오른쪽 귀, 오른손, 오른발에 피를 바르는 의식이 나온다. 또한 〈출애굽기〉 13:9, 〈신명기〉 6:6,8과 11:18, 〈여호수아〉 1:8을 보라.

40    Max Weber, *The Protestant Ethic and the Spirit of Capitalism*, trans. Talcott Parsons, introd. Anthony Giddens(New York: Scribner, 1958). (한국어판:《프로테스탄티즘의 윤리와 자본주의 정신》, 박성수 옮김, 문예출판사, 1996).

41    E. Digby Baltzell, *Puritan Boston and Quaker Philadelphia: Two Protestant Ethics and the Spirit of Class Authority and Leadership*(New York: Free Press, 1979; rpt-Boston: Beacon, 1982).

42    마르크스의 논의는 19세기의 풍부한 철학적 유물론 전통, 특히 헤겔과 포이어바흐Ludwig Feuerbach의 작업에 기대고 있으며, 또 서로 복잡하게 얽힌 여러 정치·경제 저작에 기대고 있다. 마르크스에게 원천이 된 작업들이 어떤 것이었는지는 지금 논의의 관심사가 아니므로 다루지 않겠다.

43    Karl Marx, "Preface to the First Edition"(1867), *Capital: A Critique of Political Economy*, Vol. 1, trans. Ben Fowkes, introd. Ernest Mandel(New York: Random-Vintage, 1977), 90.

44    *Capital I*, 727.

45    Karl Marx, *Grundrisse: Foundations of the Critique of Political Economy*, trans. and introd. Martin Nicolaus(New York: Random-Vintage, 1973), 661. 마르크스는 이런 비유를 670쪽에서 도 또 한다. "(자본과 마찬가지로 인체 안 여러 요소는 똑같은 재생산 속도로 교환되지 않는다. 피는 근육보다 더 빨리 자신을 재생하고 근육은 뼈보다 더 빨리 자신을 재생한다. 이 점에서 뼈를 인체의 고정자본과 같은 것으로 여길 수도 있을 것이다.)" 《정치경제학 비판 요강》보다 훨씬 더 신중하고 철저히 고민해서 쓴 《자본론》 1권에서도 마르크스는 몸을 설명 모형으로 사용하곤 한다. 일례로 다음과 같은 구절이 있다. "노동 도구 중에서도 기계로 작동되는 종류의 도구를 일괄해서 생산의 뼈와 근육이라고 부를 수 있을 것이다. 노동의 재료를 담는 데만 쓰이 는 파이프, 통, 바구니, 항아리 같은 도구에는 생산의 혈관계血管系라는 일반적인 의미를 부여할 수 있다. 이 도구들에 비해 기계로 작동되는 도구는 생산의 어느 사회적 시기가 지니는 특성을 훨씬 더 결정적으로 보여준다."(286)
      마르크스는 메네니우스 아그리파Menenius Agrippa의 우화에 나오는 몸-국가 은유가 말이 안 된 다고 일축한다. (아그리파의 우화 내용은 이렇다. 위장이 아무 일도 안 하고 먹기만 한다고 생 각한 다른 신체 부위들은 불만을 품고 위에게 음식을 주지 않기로 한다. 하지만 위를 굶겨 몸 전체가 쇠약해지자 그때야 다른 신체 부위들은 위도 중요한 일을 하고 있음을 깨닫는다.) 아그 리파가 이 우화를 이야기한 이유는 반란을 일으킨 평민들을 설득하기 위해서였다. 국가에 맞 선 노동자들의 반란은 노동자들 자신의 투사된 몸에 맞선 반란과 같다는 말을 하고자 했던 것 이다. 마르크스는 아그리파의 우화가 "인간을 오로지 자기 몸의 한 부위로 제시"하기 때문에 터무니없다고 말한다(481, 482). 하지만 몸 은유를 이렇게 사용하는 것이 왜 말이 안 되는지는 전혀 설명하지 않는다. 사실 마르크스 자신도 이런 식의 은유에 구조적으로 크게 기대고 있으 면서 말이다. 마르크스의 정치 비평은 다음과 같은 착상에 기반을 둔다. 즉 국가의 집단적 부 는 노동자들의 투사된 몸(노동)이며, 따라서 이 부를 전유하는 것은 노동자들의 몸을 전유하는 것이다. 마르크스가 몸 은유를 사용하여 끌어내는 정치적 결론은 아그리파의 결론과 반대이지 만 은유 자체는 똑같다. 그러나 불공평하게도 마르크스는 몸 은유에 대한 아그리파의 해석이 아니라 몸 은유 자체가 지적으로 허약하다는 듯이 말한다.

46    마르크스가 자기 작업의 과학적 특성을 강조한 구절로는 《자본론》 1권, 433을 보라. 또한 《정 치경제학 비판 요강》 서문에서 마틴 니컬러스Martin Nicolaus가 인용한 마르크스의 편지를 보라 (*Grundrisse*, 56).

47    마르크스 자신도 비슷한 설명을 한다. 예를 들어 그는 화폐가 "그저 상징"일 뿐이라고 일축하 는 이들을 비판하면서 지적한다. "이런 의미에서라면 모든 상품이 일종의 상징이다. 가치와 마 찬가지로 상품도 그 안에 투여된 인간 노동을 감싸는 물질적 외피에 지나지 않기 때문이다" (*Capital I*, 185).

48    *Capital I*, 287.

49    *Capital I*, 289.

50    *Capital I*, 296. 308쪽을 보라.

51    이 구절과 이하의 구절들은 잭 코헨Jack Cohen이 번역한 《정치경제학 비판 요강》 네 번째와 다 섯 번째 노트에서 인용했다(p. 67). 잭 코헨의 번역본은 첫 영역본이며 다음과 같은 제목으 로 출간되었다. *Karl Marx. Pre-Capitalist Economic Formations, ed. and introd. E. J. Hobsbawm*(New York: International Publishers, 1965). 마틴 니컬러스의 완역판 《정치경제학 비판 요강》에 나온 동일 구절들 역시 노동자의 몸과 토지 간의 초기 관계가 지녔던 강렬한 특성을 전달하지 만 다소 덜 생생하다. 예를 들어 코헨은 토지가 "몸을 늘여놓은 것a prolongation of the body"이라

고 번역하지만, 니컬러스는 토지가 "인간의 연장된 몸man's extended body"이라고 번역한다. 또 코헨은 "인간 몸과 땅의 친밀한 합쳐짐intimate merging"이라고 번역하지만, 니컬러스는 몸과 땅의 "뒤엉킴entwining"이라고 번역한다. 이 책에서 인용한 구절들은 코헨 번역본에서 따왔으며, 니컬러스 번역본의 해당 구절 쪽수와 행 번호도 병기했다(예를 들어 이 경우엔 Nicolaus, 471, 1,21 이하).

52 Cohen, 69. Nicolaus, 473, 1,6 이하.

53 Cohen, 81. Nicolaus, 485, 1,16 이하.

54 Cohen, 85. Nicolaus, 488, 1,31 이하.

55 Cohen, 89. Nicolaus, 491, 1,32 이하.

56 Cohen, 92. Nicolaus, 493, 1,31 이하.

57 Cohen, 108. Nicolaus, 505, 1,20 이하. 《정치경제학 비판 요강》에서 따온 이 인용구들과 유사한 구절들이 《자본론》 1권에도 나온다. 예를 들어 "그리하여 자연은 그의 활동 장기臟器 중 하나가 되어, 노동하는 사람은 자연을 자신의 신체 기관에 덧붙이면서 성서에서 말하는 바와는 달리 자신의 몸을 늘인다. 땅은 인간의 최초 식량 창고이면서 또한 인간의 최초 도구 창고이다"(285). {여기서 '성서에서 말하는 바'는 다음 구절을 가리킨다. "너희 중에 누가 염려함으로 그 키를 한 자나 더할 수 있느냐"(마태복음 6:27, 누가복음 12:25).}

58 James J. Gibson, *The Senses Considered as Perceptual Systems*(Boston: Houghton, 1966), 112.

59 노동자의 몸 그리고 땅이라는 원료 간의 육체적 연속성에 관한 더 심도 있는 논의로는 다음 글이 있다. E. Scarry, "Work and the Body in Hardy and Other Nineteenth-Century Novelists", *Representations* 1, 3(Summer 1983).

60 둘 간의 혼동은 행간에 나타나기도 하지만, 때로는 텍스트 자체에 존재하는 듯이 보이기도 한다.

61 《자본론》 1권 서문에 나오는 어니스트 맨델Ernst Mandel의 파업 논의를 보라(*Capital I*, 48, 49).

62 *Capital I*, 951 등. 존 맥머트리John McMurtry는 노동자의 외부 장기들을 잘라낸 것이 재산이라고 설명함으로써 신체를 훼손한다는 마르크스의 원래 어휘와 개념에 주목하게 한다(John McMurtry, *The Structure of Marx's World-View*[Princeton: Princeton University Press, 1978], 64). 맥머트리는 중요한 다른 의견도 제시한다. 마르크스는 인간 몸을 늘어놓은 것이 땅이라고 여기고, 그래서 "자연이 더 이상 독립적일 수 없게 함으로써 자연을 평가절하"한다는 것이다. 마르크스의 이런 입장에서 자연은 오직 인간을 연장한 것이 됨으로써만 가치를 지닌다(65쪽 주). 따라서 마르크스의 출발 지점은 앞부분에서 설명한 〈창세기〉의 출발 지점과 유사하다(363쪽을 보라). 〈창세기〉의 시작은 자연 세계를 창조하기의 소산으로서 혹은 창조하기에 적절한 영토로서 뒤엎고 재상상하는 것이었다.

63 예를 들어 에른스트 피셔Ernst Fisher는 도구가 몸 부위를 대체한 것이라고 설명한다("The Origins of Art", *Marxism and Art: Writings in Aesthetics and Criticism*, ed. Berel Lang and Forrest Williams[1972; rpt-New York: Longman, 1978], 142). "인간 또는 인류-이전 존재는 사물을 채집하는 중에 다음과 같은 사실을 발견했다. 날카로운 모서리가 있는 돌이 사냥감을 찢고 자르고 으스러뜨리는 일을 하면서 치아와 손톱을 대체할 수 있다는 것이다." *Capital I*, 493, 주4를 보라.

64 Cohen, 91. Nicolaus, 492, 1,29 이하.

65 Cohen, 87. Nicolaus, 489-90.

66 Cohen, 95. Nicolaus, 495.

67 Cohen, 107 주. Nicolaus 504 주.

68 《자본론》 1권에서 마르크스는 '개인적 소비'와 '생산적 (또는 사회적) 소비'가 유사함을 거듭

보인다. 개인적 소비에서는 생산물이나 인공물이 개인 자신의 몸이며, 생산적 소비에서는 개인들의 몸에서 분리된 생산물이 생겨난다(289).

69   '천'이든 '국가'든 만들어진 사물은 인간 몸이 투사된 것이라는 명제는 마르크스의 정치적 견해와 일치하는 함의를 지닌다고 해석될 수도 있고, 또 완전히 반대되는 함의를 지닌다고 해석될 수도 있다(주 45에서 인용한 아그리파의 우화에서처럼). 첫 번째 명제에 대응하는 또 다른 명제, 즉 **몸 자체가 인공물**이라는 명제도 마르크스의 결론과 양립하는 정치적 결론으로 이어질 수도 있고, 아니면 완전히 다른 결론으로 이어질 수도 있다. 예를 들어《정치경제학 비판 요강》여섯 번째 노트에서 마르크스는 존 램지 맥컬럭John Ramsey MacCulloch이 쓴《정치경제학의 원리The Principles of Political Economy》에 나오는 아래의 한 구절을 {동의하며} 적어둔다. 반면《자본론》에서 이 고전파 경제학자를 언급할 때는 거의 언제나 분노하는 모습을 보인다.

인간은 인간 활동을 통해 만든 모든 기계와 마찬가지로 **노동의 산물**이다. 모든 경제학적 연구는 정확하게 이런 관점에서 인간을 고찰해야 하지 않나 싶다. 완전히 성장한 인간 개개인을 …… 20년간의 부단한 관심과 상당한 자본을 투여하여 제작한 하나의 기계로 보는 관점은 적절할 수 있다. 그리고 그 이상의 액수가 이 사람의 교육이나 직업 자격 획득 등을 위해 투자된다면 이 사람의 가치는 투자에 비례하여 증가할 것이다. 기계에 새로운 능력을 부여하기 위해 추가 자본이나 노동이 들어갔을 때 기계가 더 가치 있어지는 것과 마찬가지이다(London, 1825, 115, *Grundrisse*, 615, 616에서 재인용).

인간의 자기-재창조 본성을 고찰함으로써 인간 지위를 사물 세계로 강등하는 이 구절을 마르크스는 일곱 번째 노트에서도 똑같이 감탄하며 적어둔다(849).
두 번째 명제에 여러 해석이 존재한다는 사실은 이 명제를 약화한다기보다는 강화한다. 이 명제가 특정 정치 이데올로기에서 독립해 있으며 또 어느 정치 이데올로기보다 개념적으로 앞섬을 시사하기 때문이다.

70   Cohen, 84, 강조는 필자. Nicolaus, 487-8.

71   Stephen Jay Gould, "Posture Maketh the Man", *Ever Since Darwin: Reflections in Natural History*(New York: Norton, 1979), 207 이하. 자연사 에세이들에서 굴드는 '뇌의 우위'를 선험적으로 가정하는 문제를 자주 논한다(예를 들어 *The Panda's Thumb: More Reflections in Natural History*[New York: Norton, 1982], 125-133, 108-124에 실린 〈인류 진화의 가장 큰 한 걸음Our Greatest Evolutionary Step〉과 〈필트다운을 다시 생각한다Piltdown Revisited〉를 보라. 한국어판:《판다의 엄지》, 김동광 옮김, 사이언스북스, 2016).

72   Frederick Engels, "The Part Played by Labour in the Transition From Ape to Man", *Karl Marx and Frederick Engels: Selected Works*(New York: International Publishers, 1977), 359. 헤겔도 직립 자세를 강조했고, 손이 기본 도구라고 강조했다("Philosophy of Mind", Sec. 411). 굴드는 엥겔스가 아마도 에른스트 헤켈Ernst Haeckel의 논의를 참조했을 것이라고 본다.

73   특히 잘 알려진 예로는 소련 과학자 리센코Trofim Lysenko의 실험이 있다(1934-64). {스탈린의 지지를 받아 소련의 농업 정책을 주도했던 리센코는 획득형질을 이용해 종자를 개량했다고 선전했지만 사실이 아니었다.}
엥겔스의 주장은 보통 라마르크 학설의 진화 메커니즘에 기반을 둔다고 해석된다. 엥겔스의 설명 자체에 이렇게 해석할 수 있는 여지가 담겨 있다. 그렇지만 다윈Charles Darwin의 자연선택 메커니즘에 기반을 두고 생각해봤을 때도 인류의 조상들에게서 점차로 더 민첩한 손이 나타날 수 있다.

지금 이 부분에서 제기하는 전반적인 쟁점은 더 큰 틀 안에서 봐야 한다. 그 틀이란 바로 인간 진화가 기본적으로 생물학적이라기보다는 문화적이라는 사실이다. 굴드는 쓴다. "[크로마뇽인 시기] 이래 우리가 성취해온 모든 것은 일정불변하는 용량의 뇌에 기반을 둔 문화적 진화의 산물이다"("Natural Selection and the Human Brain: Darwin vs. Wallace", *The Panda's Thumb*, 56). 고대 신화에 나오는 장인들은 헤파이스토스Hephaestus나 필록테테스처럼 몸에 장애가 있을 때 가 잦다. 이처럼 현대 과학뿐 아니라 고대 신화들도 문화적 진보가 몸의 제약에서 독립해 있음 을 강조한다. 진화가 생물학적이라기보다 문화적이라면 인류는 분명 자신의 진화에 대한 책임 을 의식적으로 져야 한다. 또한 진화가 문화적이라는 것은 한 세대의 생애에서 **획득된** 장점을 다음 세대로 전달하는 능력이 인류에게 분명히 있다는 뜻이다.

74    성서에서도 손은 매우 중요한 위치를 차지한다. 손은 얼굴이나 머리, 심장 같은 다른 신체 부 위보다 훨씬 더 많이, 수백 번 언급된다.

75    감응력의 대상화는 정도 차이일 뿐이다. 다른 동물도 **언어적** 소통이나 소리를 내서 하는 소통 을 할 뿐 아니라 **물질화된** 대상화에 매우 기초적인 수준으로 상응하는 인공물이나 도구를 갖 는다. 엥겔스의 에세이에서도 언급되고 마르크스도 제시하는 예로는 거미의 거미줄 짜기가 있 다(*Capital I*, 284). 거미줄은 도구이다. 먹잇감 잡기를 도울 뿐 아니라 이 생물의 감응력이 미치 는 영역을 연장한다. 앞에서 사람들이 지팡이나 가위의 말단에서 지표면의 변화를 실제로 느 낀다고 언급했는데, 이와 유사하게 거미들은 거미줄 위에 다리를 걸치고 있다가 거미줄의 진 동을 통해 다른 생물의 접근을 느낀다고 한다. 거미줄은 이렇듯 거미의 신경계를 문자 그대로 연장한 것으로서 기능한다. 동물들의 **본능에 따른** 건축이나 제작의 예로 자주 언급되는 것으 로는, 아치형 구조물을 짓는 흰개미, 낚시하는 데 자기 깃털을 사용하는 새, 다른 물고기를 꾀 는 '미끼'로 사용할 수 있는 기생 생물을 몸 위에 길러서 먹이 잡기나 재생산에 이용하는 물고 기가 있다. 마지막 사례에 나오는 물고기에 관해서는 담수 홍합 '람프실리스 벤트리코사'를 논 한 굴드의 글을 보라("The Problem of Perfection, or How Can a Clam Mount a Fish on Its Rear End?", *Ever Since Darwin*, 103 이하, 한국어판:《다윈 이후》, 홍욱희 · 홍동선 옮김, 사이언스북스, 2009). 인간이 대상화 능력에서 다른 동물과 차별되는 것은 정도 차이라고 했지만, 한편으로 우리는 그 정도 차이가 거의 질적으로 거대한 차이처럼 보인다는 점을 인정할 수밖에 없다. 차 이가 너무도 거대해서 둘의 능력을 같다고 했던 것이 의미 없을 정도이기 때문이다.

76    *Grundrisse*, 832.

77    Nelson Goodman, *Ways of Worldmaking*(Indiana: Hackett, 1978), 63 이하.

78    마르크스는 내부 지시성의 경로가 어떻게 변화하는지 면밀히 추적하며, 그럼으로써 자본의 변 환 안에 존재하는 개별 국면들을 파악하고 정의할 수 있었다. 다시 말해 마르크스는 무엇보다 도 지시 활동의 흐름에서 나타나는 주기적인 변화를 탐구함으로써 하나의 국면을 국면으로서 이해할 수 있었고, 또 자본주의 경제체제 전체라는 엄청나게 큰 인공물 내부를 돌아다니면서 그 경제체제의 거대한 활동이 더디게 만들어내는 차이의 지도를 그려낼 수 있었다.
한 국면을 명시한다는 것은 어느 한 장소를 명시하는 것과 같다. 이 장소는 자본주의 경제체제 라는 전체 인공물의 매우 작은 한 조각일 뿐이지만 그럼에도 분명 일부인 장소로, 그 인공물 전체가 잠시나마 온전하게 하나로 합쳐져서 일관성이 있게 되는 곳이다. 또 이 장소는 "인공물 이라는 것이 무엇이든, 인공물이 여기 있다" "인공물이 하는 일이 어떤 일이든, 여기서 그 일이 이루어지고 있다"고 말할 수 있는 곳이며, 자본주의 경제체제라는 인공물의 본질적인 '현실' 혹은 (경제학과 미학에서 공통으로 사용하는 용어를 쓰자면) '가치'가 발견될 수도 있는 곳이 다. 이 인공물의 가치는 바로 **지시 활동을 할 수 있는 능력**이다. 이 능력은 지시 활동 방향이 갑자기 바뀌는 순간에 가장 쉽게 파악된다. 가치의 경로를 나타낸 마르크스의 완성된 지도를

고통받는 몸

우리가 봤을 때 가치라는 사실은 처음에는 한 지점으로 나타나고, 가치의 지시 방향은 이 지점에서 연장되어 나오는 선 하나로 나타나며, 가치의 방향 변화는 그 선 위의 분기점으로 나타난다. 하지만 마르크스의 관점에서 발견의 순서는 반대였을지도 모른다. 희미한 분기점 하나가 먼저 마르크스의 이목을 끌었고, 이 분기점의 윤곽을 가시화하면서 분기점이 놓여 있는 선의 명확한 길이를 밝힐 수 있었으며 가치라는 지점의 정확한 위치를 명시할 수 있었다는 것이다. 발견 과정에서 분기점이 어떤 역할을 했든, 이 분기점은 연속되는 각 국면의 정중앙을 이룬다. 나아가 이 분기점 자체가 다시 여러 번 분기하면서 마침내는 마르크스의 탐구 주제 전체를 가로지르는 거대한 무늬를 이룬다.

마르크스는 선화線畵 제작자(또는 지도 제작자, 레이스 제작자, 그물망 제작자)가 아니라 텍스트 제작자이다. 따라서 지금 여기서 '분기점을 거듭 표시하기'로 설명한 것은 마르크스의 작업에서는 글로 나타난다. 마르크스는 《자본론》에서 쌍을 이루는 용어들을 반복해서 사용함으로써 '분기점'을 표시한다. 물질적 사물/상품, 상품/화폐, 임금/이윤, 노동work/작업labor, 사용가치/교환가치, 상대적 가치형태/등가 가치형태, 고정자본/유동자본, 노동과정/가치증식과정, 생산자본/유통자본, 상품자본/상업자본, 화폐자본/화폐거래자본, 이윤 낳는 자본/이자 낳는 자본 등등의 용어이다. 쌍을 이루는 이런 용어들은, 원래는 일원적이지만 그 지시 방향의 이원성 때문에 이중성을 획득하게 되는 무언가를 포착한다. 언제나 그런 것은 아니지만 대단히 많은 경우에 그렇다. 예를 들어 물질적 사물은 본질상 일원적으로, 자기 존재에 바로 선행하는 인간에게게서 투사되어 나오는 동시에 인간에게 보답한다(혹은 인간을 지시한다). 짝을 이루는 '사용가치'와 '교환가치'라는 용어는 물질적 사물이 더는 단일한 지시 방향을 갖지 않는다는 사실을 표현한다. 물질적 사물은 자신이 생겨난 환경 안에서만 계속 일원적이다(물질적 사물의 사용가치와 교환가치라는 두 '가치' 모두 인간이 사물로 투사되면서 생기기 때문이다). 사용가치 측면에서 물질적 사물은 자신에 선행한 것을 지시해야 하는 원래의 의무를 계속 유지하지만, 교환가치 측면에서는 자신이 창조된 장소로 돌아가야 하는 의무에서 벗어나서 그 대신 다른 물질적 사물들을 지시한다. 이와 똑같은 유형이 쌍을 이루는 다른 여러 용어에서도 거듭 나타난다. 마르크스는 《자본론》 1권, 2권, 3권에 걸쳐, 연속하는 각 국면에 공통되며 각 국면에서 반복되는 활동의 구조를 마침내 증류해낸다. 연속하는 국면들을 촉발한 인간의 창조하기라는 최초 행위에 이 활동의 구조를 소급해서 적용해볼 수 있고, 그랬을 때 이 구조는 '창조하기'와 '지시 작용의 단선斷線' 사이에 어떤 관계가 있는지 밝혀준다. 이 구조의 복잡한 작동을 보기 위해서는 마르크스의 경제 어휘 안으로 들어가봐야 한다. 그가 사용하는 경제 어휘가 복잡하며 때로는 순환적이기 때문에 이 책이 아닌 다른 글에서 따로 다룰 것이다.

79  이 점은 아마 거의 모든 인공물에 해당될 것이다. 그림, 시, 철학 논의, 법체계 등 어느 인공물의 내부 지시성(자율성)에 관한 논의는 아마 모든 경우에서 '**잠정적인** 내부 지시성' 혹은 '외부 지시 작용으로부터의 **최종적인** 자유'에 관한 논의로 이해할 수 있다. 자신의 지시성을 양도하길 거부하는 사물은 파괴될 것이다. 사물이 자신의 지시성을 양도하길 거부하지만 파괴될 수 없을 때 우리는 '마법사의 제자'가 처한 악몽 같은 상황에 처한다. 지시성을 양도하길 거부하지만 파괴될 수는 없다는 두 가지 속성을 지니는 사물들은 역사적 현실(이를테면 없앨 수 없는 핵폐기물)에도 존재하고 과학 소설에도 존재한다. 하지만 누구도 이런 사물들의 '자율성'을 예술 작품들의 (오로지 외관상의) 자율성을 떠받들듯 상찬하지는 않는다. 인공물이 진정 자율적일 때 그 인공물을 찬미하는 사람은 없다. 따라서 자율적인 사물은 인공물이 일반적으로 무엇인지를 보여주는 모델이 될 수 없으며, 인공물이 무엇이어야 하는지를 보여주는 모델도 될 수 없다.

80  Karl Marx, "Economic and Philosophical Manuscripts"(1844), *Early Writings*, trans. Rodney

Livingstone and Gregor Benton, introd. Lucio Colletti(New York: Random-Vintage, 1975), 284(한국어판:《칼 맑스 프리드리히 엥겔스 저작선집 1》, 박종철출판사, 1997).

81  가구는 거처나 음식만큼 핵심적이지는 않지만, 그래도 여기서는 몸 경계 바로 밖에서 첫 번째 원을 이루는 사물들에 포함했다. 가구의 부재는 대개 거처와 음식이 '거의-부재함'을 알려주기 때문이다. 주거비용을 대기 위해 가구를 팔고 음식비용을 대기 위해 집을 몰수당하고 나면 통과해서 지나갈 사물이 남지 않게 된다. 엥겔스는 빈곤 노동자 묘사에서 가구와 관련된 세부 사항을 꼼꼼하게 적는다(*The Condition of the Working Class in England*[1845], trans. and ed. W. O. Henderson and W. H. Chaloner[1958; rpt-Stanford: Stanford University Press, 1968], 한국 어판:《영국 노동계급의 상황》, 이재만 옮김, 라티오, 2014). 빈곤 노동자들에게는 가구가 아예 없을 때가 많다. 또 엥겔스의 글에서 가구 관련 부분은 마치 가구가 우리 눈앞에서 사라져가는 모습을 '순간 정지' 화면으로 보고 있는 것처럼 그려지기도 한다. 다음 인용문이 그렇다. "유일한 가구라곤, 골풀로 짠 좌판이 사라진 의자 두 개, 다리 두 개가 부러진 작은 탁자, 깨진 컵 하나와 작은 접시 하나 …… 한쪽 구석에는 앞치마에 가득 담길 만한 양의 헝겊 조각들이 놓여 있었다. 바로 이 헝겊 조각 위에서 가족 전체(일곱 명)가 밤에 잠을 잤다. …… 그 여성은 음식을 사기 위해 전년도에 침대를 팔아야 했고, 먹을 것을 얻기 위해 식료품 주인에게 침구를 저당 잡혔다. 빵을 사기 위해 사실상 모든 것을 팔아야 했다"(37쪽 등).

82  *Economic and Philosophical Manuscripts*, 286. 비슷한 예로 마르크스는 이렇게도 쓴다. "자본가는 화폐를 자본화하기 위해 노동자에게서 노동을 구입하며, 노동자는 목숨을 연장하기 위해 자신의 노동을 판매한다"("Appendix: Results of the Immediate Process of Production", *Capital I*, 991).

83  *Grundrisse*, 891.

84  '노동자'와 '자본가'라는 특수한 명칭이 산업주의 시대의 특정 순간, 즉 선명하게 새겨진 어느 역사적 순간에만 속한다고 주장할 수 있다. 이 명칭들이 오늘날의 물질 분배 문제를 가장 잘 이해하고 바꿔낼 수 있는 용어는 아니라는 것이다. 이 주장이 옳다고 하더라도 마르크스의 분석은 여전히 두 가지 측면에서 유용하다. 첫 번째 측면은 마르크스의 근본 가정이다. 창조하기를 이해함으로써 정치적 · 경제적 부정의에 접근할 수 있고 이런 부정의를 이해할 수 있다는 것이다. 두 번째 측면은 더 구체적이다. 즉 마르크스는 물질 분배의 불평등이 존재하는 곳에 체화의 불평등이 존재하게 됨을 인식한다. 물질 분배 불평등에 영향을 받는 집단이 '노동자와 자본가'이든 '육체노동자와 정신노동자'이든 아니면 '제작자와 사용자' '사용자와 소유주' '제1세계 시민과 제3세계 시민' 등등이든 마찬가지이다. 여기서 대립의 구조는 예를 들어 전쟁에서 발생하는 대립의 구조와는 다르다. 전쟁에서의 체화는 모두에게 계속되며 모두가 공유한다. 또한 오직 최종 결과로서만 체화에서의 불평등, 즉 상해 정도의 불평등이 나타난다. 전쟁 결과로 나타나는 체화에서의 불평등은 세계-연장의 불평등을 가져온다. 다시 말해 상해를 덜 입은 측이 승자이며, 전후 쟁점들을 어떻게 처리할지 결정할 수 있는 더 큰 '권리'를 갖는다.

85  이전 장들에서 볼 수 있었듯 세계-연장의 차이는 더 근본적인 차이, 즉 세계-연장의 차이가 뒤집어진 차이를 은폐한다. '사물들을 가지고 있기'는 고통을 '가지지 않기' 위한 조건이며, '사물들을 가지고 있지 않기'는 고통을 '가지게' 되는 조건이다. '불평등을 사물 차원에서 표현하기'로부터 '몸 차원에서 표현하기'로 이동할 때 '가지고 있음-가지고 있지 않음'이라는 언어의 전도가 발생한다. 이런 전도는 언어유희가 아니다. 두 방식의 정식화 중 어느 것을 사용하느냐가 불평등을 인식하고 설명하는 방식 자체에 영향을 미치기 때문이다.

86  *Capital I*, 433. 지금부터 나오는 마르크스 저작 인용은 모두《자본론》1권에서 따왔다. 쪽수는 본문에 표시했다.

87    자본가가《자본론》1권에서 길게 등장하는 부분이 있다. 여기서 자본가는 저자 마르크스와 세 페이지에 걸친 가상 논쟁을 벌인다(298-300). 텍스트 안으로 일단 들어오긴 했지만 자본가는 다시 밖으로 빼내어진다. 해당 구절이 마르크스의 다음과 같은 말로 끝나기 때문이다. 마르크스 는 자본가가 사실 그런 대화 안으로 아예 들어오지도 않을 것이라고 쓴다. 자본가 자신의 관점 을 방어하는 '기능'조차 다른 사람들, 여기서는 '정치경제학 교수들'이 수행할 것이기 때문이다. 이들은 자본가에게 동조하는 입장에서 경제적 조건들을 설명해주는 대가로 보수를 받는다.

88    《자본론》1권 423, 667, 741쪽에서 마르크스는 정의상 생산 과정에서 면제되어 있으며 따라서 개인적 삶이 있는 사람으로서 '자본가'를 다룬다. 또 생산 과정에서 자본가의 현존은 공백이나 마찬가지이지만 자본가의 개인적 삶에서 그의 개인성은 복잡할 수도 있음을 말하는 부분도 있 다(일례로 343쪽). 마르크스가 자본가를 한 개인으로 보는 입장을 취할 때는 매우 드물다. 드 문 예 중 하나를 보자면, '부록' 990쪽에서 마르크스는 노동자들과 자본가들이 똑같이 생산 과 정에 삼켜져 있는 것으로 묘사한다.

89    《자본론》에서 자본가의 몸은 농담으로만 등장한다. 예를 들어 마르크스는 노동자가 자본가 의 '가죽'을 무두질하거나(혹은 무두질하지 않거나) 자본가를 무두질한다는 아이디어를 가지 고 장난을 치곤 한다. "무두질을 할 때 …… [노동자는] 가죽을 자신의 노동 대상으로만 취급 한다. 무두질하는 것이 자본가의 거죽은 아닌 것이다"(425. 또한 280, 1007 등을 보라). 이 말이 **웃기는** 농담인지는 논란의 여지가 있을 수 있지만, 어쨌든 **농담이라고 한다면** 이 농담은 생산 과정에 육체적으로 참여하지 않는 자본가의 지위를 뒤집어보는 데서 나온다. 매우 잠깐일 뿐 이지만 자본가를 생산 과정에서 육체적으로 취약한 사람, 또는 생산 과정 내 다른 사람들로부 터 육체적으로 피해를 입기 쉬운 사람으로 상상해보는 것이다.

90    계속해서 분화되는 노동자들과는 달리 자본가는 '자본가'라는 일반적인 명칭으로 언급되는 경 향이 있다. 특정 종류의 자본가가 명시되었다가도 거의 즉각 철회되곤 한다. 일례로《자본론》 1권 제8편에서 마르크스는 '농업 자본가'와 '산업 자본가'를 구분해서 말하지만, 곧이어 이런 구분이 정밀한 것이 아니라는 각주를 붙인다. "엄밀한 의미에서 농업 자본가는 제조업자만큼 이나 산업 자본가이다"(914).

91    Ernest Mandel, "Introduction" to "Appendix: Results of the Immediate Process of Produc-tion", 944.

92    Mandel, "Introduction", 944. 마르크스의 원고 내용 변화를 요약하면서 맨델은 1865년 7월 31 일 마르크스가 엥겔스에게 보낸 편지를 인용한다. 이 편지에서 마르크스는《자본론》을 "변증 법적으로 명료하게 설명된 예술적 완전체"로 만들고 싶다고 말한다. 마르크스는 이렇게도 쓴 다. "글 전체가 내 앞에 있기까지는 부칠 생각을 하지 못하겠네. 결점이 있을지도 모르지만, 그 럼에도 내 글의 훌륭한 점은 이 책이 예술적 통일체라는 것일세. 그리고 **책 전체가** 앞에 놓일 때까지는 절대 인쇄를 시작하지 않겠다는 나만의 방식을 따라야만 이 장점이 성취될 수 있다 네"(*Karl Marx-Friedrich Engels, Selected Letters: The Personal Correspondence, 1844-77*, ed. Fritz J. Raddatz, trans. Ewald Osers[Boston: Little, Brown, 1980], 112).

93    "Appendix: Results of the Immediate Process of Production", 950.

94    "Appendix", 949.

95    도구는 마르크스의 저작에서 중요한 위치를 차지한다. 도구는 지시 대상을 복원시킨다. 도구 가 노동자와 인공물을 매개하며, 따라서 도구의 형상이 가시적으로 유지될 때 인간의 투사가 일어나는 원래의 장소도 가시적으로 유지되기 때문이다. 이 이유로 도구는 종종 마르크스의 작업을 요약하는 기호로 사용된다.

      이 사실과 관련해서, 20세기 들어 국가를 나타내는 '기호'에 어떤 변화들이 있었는지 살펴보는 일은 흥미롭다. 이 변화들엔 매우 심오한 의미가 있을 수도 있다. 이 시기에 처음으로 여러 국가의 깃발에 도구가 거듭 나타나면서 이전에 국가들이 자신을 나타내는 기호로 선택하곤 했던 무기를 점점 대체한다. 국기에 도구 형상을 그려 넣은 모든 경우가 마르크스 때문인 것은 아니다. 소비에트 사회주의 공화국 연방처럼 마르크스의 이념을 자신의 정체성으로 삼고자 한 나라도 있지만, 오스트리아나 인도처럼 그렇지 않은 국가도 있다. 깃발에 도구 형상이 나타나는 데는 물론 여러 기원과 선례가 있다. 중세 길드의 깃발에는 매우 아름답게 그려진 도구가 있을 때가 많았고, 이후 영국의 몇몇 상업 조합의 깃발에도 도구 그림이 있었다. 주로 19세기에 채택된 미국 여러 주의 깃발에는 쟁기, 채굴 도구, 도끼, 큰 낫, 낫, 모루, 갈퀴 형상이 나타났다. 활, 화살, 총, 검 형상이 주기州旗에 나타나기도 하지만, 무기가 그려진 깃발보다 도구가 그려진 깃발이 많다.

여러 선례와 기원이 있긴 하지만, 20세기에 도구가 깃발에 나타난 것은 의미심장한 변화로 보인다. 도구를 단순히 길드 같은 한 집단이나 도시, 지역(주)을 나타내는 기호가 아니라 국민국가를 나타내는 기호로 만들고자 했기 때문이다. 20세기 이전의 국기와 문장紋章에는 도구가 나타나지 않았고, 사실 검, 방패, 왕관 이외에 인간이 만든 사물이 포함되는 일 자체가 흔하지 않았다. 단, 눈에 띄는 예외 두 가지가 있다. 쿠바, 엘살바도르, 아르헨티나, 니카라과 같은 몇몇 라틴 아메리카 국가의 국기나 문장에는 19세기부터 '자유의 빨간 모자'가 나타났다. 또한 아일랜드의 문장인 하프는 1919년에 공식적으로 채택되지만 군 연대 깃발들에서는 그 이전부터 사용되었다. 이번 세기에야 처음으로 도구가 국가 정체성을 나타내는 주요 기호로 등장했기 때문에 이것이 대단치 않은 변화인지, 또는 매우 의미심장한 변화인지를 가늠할 수는 없다. 설명하자면 이렇다. 기원후 3세기에 살았던 사람들은 십자가 기호가 점점 더 자주 나타나고 있다는 사실을 알아챘을 수도 있겠지만, 십자가 기호가 한창 늘어나고 있던 당시에는 이 기호가 얼마나 거대하게 축적되어 커다란 무게를 지니게 될지 예상할 수 없었을 것이다.

아래에 열거하는 국가들은 20세기에 최소 **얼마 동안**일 뿐이라도 도구가 나타나는 국기를 보유했다. 소련은 1923년 산업을 상징하는 망치와 농업을 상징하는 낫을 국기 그림으로 채택했다. 이 두 형상은 소련 국기에만 있었던 것은 아니다. 그루지야 소비에트 사회주의 공화국, 아르메니아 소비에트 사회주의 공화국 등 소련을 이루는 15개 공화국 깃발들에도 모두 나타났다. 소련의 자치 공화국들의 깃발에도 위 두 도구가 나타나거나, 두 도구의 변종이 나타난다(동몽골의 곡괭이와 말채찍, 투바 공화국의 낫과 갈퀴, 극동공화국의 닻과 곡괭이). 오스트리아 국기에는 독수리가 망치와 낫을 쥐고 있다. 동독 국기에는 망치와 컴퍼스가 그려져 있다. 인도 국기에는 물레(인도의 손물레인 차르카charka)가 나온다. 콩고 인민공화국 국기에는 망치와 괭이가 있다. 오트볼타 국기에는 괭이가 있다. 코스타리카 국기에는 망치와 괭이가 나타난다. 포르투갈 국기에는 혼천의渾天儀가 나타난다. 꼭 국기뿐 아니라 국가 문장에 도구 그림이 나온 적이 있는 나라로는 라이베리아, 잠비아, 탄자니아, 나미비아, 감비아, 뉴질랜드, 트리니다드, 온두라스, 파나마 등이 있다. 국가 문장에 '노동' 또는 '작업'이라는 단어를 넣은 나라로는 중앙아프리카 공화국, 차드, 다호메이 공화국, 자이르, 오트볼타, 콩고 인민공화국, 바베이도스 등이 있다.

수공구手工具뿐 아니라 기계공구가 깃발에 나타나기도 한다. 농업 노동과 산업 노동의 결합은 망치와 낫으로 표현될 수도 있지만 톱니바퀴와 곡물 한 단으로 표현될 수도 있다. 톱니바퀴는 미얀마, 몽골, 불가리아 국기에 나타나며, 중화인민공화국, 보츠와나, 폴란드, 북베트남, 이탈리아의 국가 문장에도 나타난다. 발전소 같은 더 거대한 기계공구는 잠비아, 루마니아, 북한의 국기나 문장에 나타난다. (깃발 목록은 다음 책들을 참조했다. Whitney Smith, *Flags: Through the Ages and Across the World*[Maidenhead, England: McGraw-Hill, 1975]; A. Guy Hope and Janet Hope, *Symbols of the Nations*[Washington, D.C.: Public Affairs Press, 1973]; Terence Wise, *Military*

고통받는 몸

*Flags of the World*[New York: Arco, 1978]).

## 5장

1   이 단어의 의미와 쓰임에 관해서는 1장과 아래 484~490쪽을 보라.

2   피부색에 기반을 두고 사람을 판단하는 행위는 원초적이다. 피부색에 근거한 판단은 마음속으로 사람들의 옷을 벗기지 않고서는 내릴 수 없기 때문이다. 사람들의 자기-재창조 습관을 제거하지 않고서는, 즉 사람들을 문화 이전의 존재로 재상상하지 않고서는 그런 판단을 내릴 수 없다는 뜻이다.

3   Sigmund Freud, *Civilization and Its Discontents*, trans. and ed. James Strachey(New York: Norton, 1961), 41, 42(한국어판:《문명 속의 불만》, 김석희 옮김, 열린책들, 2004).

4   필립 피셔Philip Fisher는 인간의 신체 부위를 가리키는 데 사용되는 말들이 사물의 일부를 가리키는 데도 사용된다는 점을 짚는다. 예를 들어 '손'이나 '입술'이라는 말은 컵의 손잡이handle와 테두리lips를 뜻하기도 한다. "몸의 일부를 가리키는 단어가 사물에 적용되어서는 안 된다는 문화적 금기가 존재한다고 상상해보라. 인간들은 인간과 사물 간의 유사성과 연관성이 흘러나와서 자신들이 오염될까봐 겁먹고 불안해할지도 모른다. 사실 현실에서 우리는 이와 정반대의 일을 하고 있다. 그렇기에 물질의 세계는 인간적인 의미로 넘쳐날 수 있고, 다시 그 물질의 세계에서 인간의 형상을 회수할 수 있다"(Philip Fisher, "The Recovery of the Body", *Humanities in Society* 1[Spring 1978], 140).

5   Jonathan Miller, *The Body in Question*(New York: Random, 1978), 208.

6   Jeremy Bernstein, "Calculators: Self-Replications", *Experiencing Science*(New York: Dutton, 1980), 237, 8.

7   John Fitch, *The Autobiography*, ed. Frank D. Prager(Philadelphia, 1976), 113. Brooke Hindle, *Emulation and Invention*(1981; rpt-New York: Norton, 1983), 28에서 재인용.

8   마르크스는 두 가지 방식으로 생명이 없는 사물들에 '살아 있음'이라는 속성을 부여한다. 첫 번째 방식에서는 사물에 곧바로 그 속성을 부여한다(앞의 4장을 보라). 두 번째 방식에서는 어느 사물이 "무관심"하다거나 "부주의"하다고 불평한다. 문제나 결함이 있는 사물을 무관심하다고 비난한다는 것은, 성공적인 사물이라면 그와 같은 '인식하고 있지 않음unawareness'을 특징으로 지니지 않는다는 뜻이다.

9   Barry M. Blechman, Stephen S. Kaplan, *Force Without War: U.S. Armed Forces as a Political Instrument*(Washington, D.C.: The Brookings Institute, 1978), 2.

10  여기서 '문자 그대로'라는 말은 해당 서사 **안에서** 문자 그대로, 또 공공연하게 사건들이 나타났다는 뜻이다.

11  1장 84쪽 이하와 미주 62, 그리고 3장 등을 보라.

12  이 주제는 베리만의 여러 영화에서 복잡하게 나타나지만, 후기 작품인 〈화니와 알렉산더Fanny and Alexander〉(1983)에서 가장 단순하고도 극명하게 제시된다.

13  Sheila Cassidy, "The Ordeal of Sheila Cassidy", *The Observer*[London], 26 August 1977.

14  이 두 사물은 1977년 런던 국제앰네스티 사무국에서 읽은 의학 보고서와 고문 보고서들에 나온다. 그중 하나는《고문자들 재판 기록》, 42.

15  Miguel Angel Asturias, *Strong Wind*, trans. Gregory Rabassa(New York: Dell-Laurel, 1975), 196. 7, 8, 9, 22쪽에서도 사물을 비슷한 방식으로 사용하여 표현한다.

16 Charles Dickens, *Bleak House*, ed. Norman Page, introd. J. Hillis Miller(Harmondsworth: Penguin, 1971), 690(한국어판:《황폐한 집》, 정태룡 옮김, 동서문화사, 2014), 그리고 *Our Mutual Friend*, ed. and introd. Stephen Gill(Harmondsworth: Penguin, 1971), 379. 디킨즈 작품에 나오는 관련 예에 주목하도록 해준 데이드레 머피Deidre Murphy에게 감사한다.

17 Plato, *Laws*, trans. A. E. Taylor, in *The Collected Dialogues of Plato Including the Letters*, ed. Edith Hamilton and Huntington Cairns, Bollingen Series LXXI(Princeton, N.J.: Princeton U. Press, 1961), 1432(한국어판:《법률》, 천병희 옮김, 도서출판 숲, 2016).

18 Oliver Wendell Holmes, *The Common Law*, ed. Mark DeWolfe Howe(Boston: Little, Brown, 1881, 1963), 23.

19 Holmes, 25.

20 Holmes, 33.

21 Holmes, 27. 스토리Joseph Story 판사가 인용한 연방 대법원장 마셜Marshall의 말(*Malek Adhel*, 2 How. 210).

22 Holmes, 13.

23 이어지는 논의에서 언급하는 소송 기록과 재판 관련 미출판 자료들(예를 들어 소송 기록에 포함되어 있지 않은 증언 녹취록이나 최종 변론)은 1979년 필라델피아의 두 법률회사 연구소에서 관대하게 내준 것이다. 이 두 회사는 라 브럼 앤 도우크La Brum and Doak, 그리고 비즐리, 휴슨, 케이시, 어브스타인 앤 씨슬Beasley, Hewson, Casey, Erbstein, and Thistle이다.

지금 논의 주제가 '사물의 실패'이기 때문에 주로 사물이 (배심원단의 평결에 따르자면) **정말로 실패했던** 소송 사례들을 살펴볼 것이다. 다시 말해 이 사례들에서 사물(또는 피고가 된 기업)은 원고가 입은 육체적 상해에 **책임이 있다.** 하지만 지금 부분에서 설명하는 세 가지 구조적 요소는 원고의 관점에 달려 있지 않으며 원고의 관점에 한정되지도 않는다. 각 요소를 뒤집으면 배심원단이 피고에게 무죄 평결을 내린 사례에도 적용할 수 있다. 예를 들어 '사고 경로'가 사람과 사물을 하나의 경로로 엮는 역할을 한다는 점은 피고가 무죄임을 선언하는 평결이 나오는 재판에서도 마찬가지로 주요 특징일 것이다. 다만 무죄가 나오는 재판에서는 (배심원단의 평결에 따르자면) 원고 측이 주장하는 사고 경로가 존재하지 않았음을 보인다. 또는 원고와 사물이 그런 경로 위에서 만난 적이 없음을, 다시 말해 원고는 다치지 않았음을, 혹은 다쳤더라도 그 사물에 의해 다친 것이 아님을 보인다.

24 Transcript of Proceedings, Janice, Salvatore, and Theresa Foresta v. Philadelphia Gas Works, Roper Corp., Roper Sales, Mars Wholesale, and Roberts Brass, No. 15038-10(Pa. C.P., Nov. term 1974).

25 연극의 내용은 허구이고 재판의 내용은 실제로 있었다는 점에서 둘이 다르다고 생각할 수 있다. 하지만 당연히 연극은 실제로 있었던 역사적 사건에서 소재를 얻을 수 있다. 이와 마찬가지로, 또한 역으로, 재판에서 변호사들은 자신이 다루는 사건이 어디까지 허구이며 어디까지 실제로 있었는지 각기 다른 의견을 가지고 있을 수 있다. 그럼에도 연극과 재판은 각각이 지닌 '허구성'과 '실제성'에 따라 결국엔 **구분될 수 있다.** 단 이런 구분은 다루는 사건 자체에 적용된다기보다는 사건에 영향을 미칠 수 있는 관객 또는 배심원단의 능력에 적용된다. 이 점은 아래에서 명확해질 것이다.

26 매우 예외적이지만, 실제 사회 행동을 일으키기 위해 문학 작품을 집필할 수도 있다. 또 사회 행동을 일으키려는 작품 의도가 있었는지와는 상관없이 사회 행동이 일어날 수도 있다. 이런 종류의 작품은 매우 소수이며, 그중 가장 빈번히 언급되는 사례는 스토우Harriet Beecher Stowe의 《톰 아저씨의 오두막집Uncle Tom's Cabin》이다. 나아가 어느 문학 작품이 사회 행동을 불러일으

킬수록, 또는 사회 행동을 불러일으키려는 의도를 담을수록 그 작품은 재판에 더 가까워진다고 할 수 있을지도 모른다. 자신의 희곡이 실제로 사회에 영향력을 미치길 원했던 베르톨트 브레히트<sup>Bertolt Brecht</sup>는 자기 작품이 재판이라고 거듭 말했다. 또 작품 주제는 법정 진술이라고 했으며, 관객은 배심원들이라고 했다.

27 물론 원고가 상해를 실제로 입었는지 의문이 존재하는 소송에서라면 피고 측의 최종 변론은 다를 것이다. 즉 지금 논의하는 종류의 사례들에서처럼 명백한 몸 손상을 기정사실로 받아들이고 몸 손상이 되돌릴 수 없는 것이라고 주장하기보다는, 상해가 정말로 있었는지에 관한 의문들을 개괄할 것이다. 피고 측은 반사실을 실제화하는 배심원의 행동이 사건을 없었던 것으로 만들 수 **없음**을 주장하는 것을 넘어, 그런 배심원의 행동이 피고에게 해를 끼칠 수 있다고 주장할지도 모른다. 피고 측 최종 변론은 사고 자체를 다시 구성할 수 있는 배심원의 능력을 깎아내리는 경향이 있고, 그리하여 (배심원이라기보다는) 관객으로서의 수동성과 행동 없음을 강조하고 불러일으키고자 한다.

28 변호사 해리 립지그<sup>Harry Lipsig</sup>의 말. Alan Richman, "For the Afflicted, a Champion in Court", *New York Times*, 25 April 1979에서 재인용.
포레스타 대 필라델피아 가스 사업 재판에서 원고 측 변호사 폴 R. 애너폴<sup>Paul R. Anapol</sup>은 배심원단의 특별한 권한을 언급하면서 최종 변론을 시작한다. 배심원단에게는 평결을 내릴 수 있는 권한이 있다는 것이다. 애너폴은 이러한 배심원단의 권한을, 전쟁을 개시하고 강화講和를 맺을 수 있는 의회의 권한과 비교한다(Transcript, Vol. 11, pp. 69-72). 최종 변론 내내 애너폴은 배심원단에게 행위를 할 수 있는 권한이 주어졌다는 주제로 거듭 되돌아간다. 예를 들어 원고들의 육체적 고통을 특히나 구체적으로 말하기 시작하는 부분에서 그렇다(p. 151 이하).
필라델피아의 가장 실력 있는 원고 전문 변호사인 짐 비즐리<sup>Jim Beasley</sup>가 한 최종 변론에서도 위와 똑같은 접근을 볼 수 있다. 플로레스 대 러벅 제조회사 재판<sup>Flores v. Lubbock Manufacturing</sup> <sup>Company</sup>은 원고가 상상할 수 없을 정도의 큰 상해를 입은 사고를 다뤘다. 이 재판의 최종 변론 전체에서 비즐리는 올리버 웬델 홈즈나 시어도어 루즈벨트<sup>Theodore Roosevelt</sup>와 같은 인물의 말을 거듭 가져온다. 배심원들이 맡은 현재 역할이 그들의 삶 전체에서 주어질 역할 중 가장 중요한 것일 수도 있음을 상기시키기 위해서이다. 최종 변론의 끝이 가까워질수록 배심원단의 행위가 지니는 능력은 점점 더 반사실적인 역전과 관련된 언어로 제시된다. 즉 비즐리는 배심원들이 일어난 재앙을 뒤바꿔서 "고귀한 평결"로 만들기 위해 초청된 것이라고 말한다(Transcript of Closing, pp. 13, 15). 또 마지막 문장들에서는 배심원들에게 그 사고를 역전시킬 수 있는 거의 우주적인 힘이 있다고 간주한다. "지미<sup>Jimmy</sup>와 그의 가족은 여러분의 평결을 통해 이 바닥이 안 보이는 고통의 나락에서 조금이나마 구원받을 수 있습니다. 지미의 태양은 어두워졌고, 지미의 달은 빛을 비추지 않으며, 지미의 별은 천공에서 떨어졌습니다. …… 이제 크나큰 권세와 영광이 함께하는 평결을 내리셔서 지미의 감내하기 어려운 상실을 보상해주십시오"(21).

29 원고 측 변호사는 치료비용이나 실직 등을 보상할 수 있는 정확한 액수를 내놓을 수 있지만, 육체적 고통을 보상할 수 있는 액수나 그 금액을 산출하는 정확한 방법은 내놓지 못한다. 판사도 마찬가지이다. 이 일은 오직 배심원들의 재량과 권한에 맡겨진다. 그럼에도 원고 측 변호사는 재판에서 고통에 대한 금전배상이라는 문제를 내놓는다. 예전에는 변호사가 배심원들에게 다음과 같은 질문을 할 수 있었다. "이런 일이 여러분에게 생기지 **않게** 하기 위해서라면 얼마를 내시겠습니까? 이 같은 정도와 지속 기간을 갖는 고통을 당하지 **않기** 위해서라면 얼마를 내시겠습니까?" 이런 식의 접근이 더는 대부분의 주에서 허용되지 않음에도 언급한 이유는, 원고 측 변호사의 노력 전체가 향하는 반사실적 역전이라는 현상을 위 접근이 너무도 공공

연하고 분명하게 표현하기 때문이다. 즉 위 질문은 배심원들을 명백하게 그 사건 이전의 시간에 놓아두고, 사고 발생을 **무효로 할** 금액을 제시해주길 요청한다(사물 세계의 조밀함이 사고를 당한 몸과 고통의 외부 작인 사이에 완충물 역할을 한다는 듯 말이다). 이렇게 고통을 반사실적으로 역전하는 일은 위의 질문이 허용되지 않을 때도 당연히 나타난다. 배심원들은 고통의 정도와 지속 기간을 금액으로 번역해야 한다는 어려운 과제를 맡는다. 이들은 때로 누가 시키지 않아도 자기 스스로, 사고를 당한 사람의 삶을 더 낫게 만들 특정 사물(가령 대학 학비)이라는 측면에서 금액으로의 번역을 사고해볼 것이다. 육체적 고통으로 인해 과거에 발생한 세계 내용물의 소멸에 대해 이렇게 세계-연장이 명시적으로 제안된다. 배상액을 말할 때 사용되곤 하는 '손상'과 '회복'이라는 용어도 '복원을 모사하는 역전'을 암시한다.

30  때에 따라 이러한 판결 두 가지는 재판의 끝에 함께 나온다. 또는 재판이 두 부분으로 나누어져서 재판 앞부분은 법적 책임 문제를 다루고(이 부분이 끝나면 배심원들이 평결을 내린다) 뒷부분은 배상액 문제를 다룬다(이 부분이 끝나면 배심원들은 적절한 배상 금액을 결정한다). 재판이 일원적으로 진행되는 첫 번째 경우에서는 피고 측 변론의 구조 자체에 모순이 있다. 즉 피고 측 변호인은 다음과 같이 주장해야 한다. "이 사물(또는 이 사물을 만든 사람)은 책임이 없으며, 만일 이 사물에 책임이 있다면 배상액은 다음과 같아야 한다" 또는 "우리는 법적 책임이 없지만, 만일 법적 책임이 있다면 적은 액수만큼만 있다." 배심원단에게 사건을 설명하면서 판사가 이 같은 모순을 짚을 때도 있다. 일례로 젠킨스 대 펜실베니아 철도회사 재판*Jenkins v. Pennsylvania Railroad*에서 판사는 배심원들에게 주의를 환기했다. "여러분, 시기상조이나 먼저 말씀드려야겠습니다. 제가 지금 손해 배상액을 두고 말하고 있지만, 그렇다고 해서 여러분이 원고 승소 평결을 내려야 한다는 뜻은 아닙니다"(Transcript of Proceedings at 318, sec. 171a; No. 3774[Pa. C. P., Sept. term 1964]; *rev'd*, 220 Pa. Super. 455, 289 A.2d 166[1972]). 반대로 원고 측 변호사는 구조적으로 일관된 변론을 한다. "이 사물은 책임이 있으며 배상액은 다음과 같아야 한다." 재판을 두 부분으로 나누는 것은 피고 측 변론에 존재하는 해결하기 어려운 구조적 모순을 제거하기 위한 것으로 보인다. 두 부분으로 된 재판에서는 첫 번째 입장을 논하는 부분이 지나간 다음 변호인이 두 번째 입장으로 이동하기만 하면 되기 때문이다. 여기서는 변호인이 두 입장을 동시에 들여와야 할 필요가 없고, 따라서 첫 번째 입장이 너무 일찍 약해져버리지 않는다.

31  이 재판에서는 원고들이 당한 상해를 입증하는 일관되고 압도적일 정도로 '자명한' 증거가 있었기 때문에 상해를 입었다는 사실이나 상해 정도에 피고 측 변호인들이 공공연하게 이의를 제기하지는 못했다. 하지만 재판의 어느 시점에서 필라델피아 가스 사업 측 변호사는 가스레인지 전문가를 한 명 데려와서 (원고 측이 아니라) 공동피고인 중 한 편을 반박하며 증언하도록 했다. 가스레인지 전문가는 이 법정에 처음 나온 것이었고, 사고가 난 가스레인지를 평가하면서 다소 생각 없이, 또는 적어도 제대로 알지 못하는 채로 상해 정도를 거론했다. 그러자 판사는 마치 한 대 맞은 것처럼 재판 진행을 잠시 멈추고는 증인 쪽으로 몸을 돌리고 물었다. 심하게 기분 상한 사람들이 보이곤 하는 조용하고도 믿을 수 없다는 말투였다. "이 여자아이의 몸 75퍼센트가 타버렸다는 걸 모르세요? 모르시냐고요"(나중에 설명되기로는, 필라델피아 가스 사업이 이 증인에게 치료가 한참 진행된 후의 사진들을 보여줬고 증인은 그 사진들이 폭발 직후에 찍힌 것으로 잘못 생각했다고 한다). 증인이 진술하는 '사실'에 대한 문제 제기와 반박은 변호인이 반대 심문을 하거나 변호인이 또 다른 증인을 세우고 심문을 함으로써 이루어지는 것이 보통이므로, 위와 같은 판사의 개입은 해당 재판에서 매우 주목할 만한 순간이었다. 그리하여 나중에 원고 측 변호인은 최종 변론에서 판사가 한 말을 거론하며(Transcript, Vol. 11, 120, 121), 공동피고인 중 하나인 마스 유통 측 변호인도 필라델피아 가스 사업에 책임을 묻는

최종 변론을 하면서 판사의 말을 다시 거론한다(Vol. 12, 72). 위 발언을 하는 순간 판사는 증인이 틀렸음을 선언했을 뿐 아니라, 사실상 다음과 같은 선언을 한 것이다. 즉 법정에서 다루는 수없이 많은 주제에 적용되는 해석의 자유와 유동성이 이 경우에는 매우 부적절하다고 단순하고도 절대적으로 선언했다.

이처럼 뚜렷이 대비되는 언어적 구축물의 유동성과 육체적 사실들의 비유동성은 이전 장들에서 살펴본 법률 이외의 맥락들에서도 분명하게 나타났다(2장 210쪽 이하, 220쪽 이하, 그리고 4장 316, 441쪽 이하).

32  피고 전문 변호사 대니얼 라이언Daniel Ryan에 따르면, 불법행위법 법재록法再錄 Restatement of Torts 제402A조 규정을 통해 미국법률협회American Law Institute가 미국에서 '사물에 거는 기대'를 (단순히 요약하는 것을 넘어) 크게 확대했다고 생각하는 변호사들이 많다고 한다(402A는 사용자나 소비자에게 신체 상해를 입힌 제품의 판매자 책임을 다루는 조항이다. 그리고 법적 효력은 없지만 이 법재록은 402A 같은 조항이 적용되는 영역들의 법률을 혁신해서, 자산 소유자 편에서 소비자 편으로 법적 추세를 바꾸는 데 기여했다고 한다(필라델피아 법률회사 라 브럼 앤 도우크에서 1979년 7월에 나눈 대화).

33  유사한 사례를 더 보자면, '냄새를 맡을 수 있었는가'는 해니건 대 애틀랜틱 정유회사 재판Hennigan v. Atlantic Refining Co.에서 중요 쟁점이었다(Transcript of Proceedings, 1230 이하, 1240, 1292 이하, 2477 등, 282 F. Supp. 667[E.D. Pa. Nov. 1967]; aff'd, 400 F.2d 857[Dec. 1968]). 머피 대 펜 프룻 시社 재판Murphy v. Penn Fruit에서는 '가시성'이 쟁점이었다(Transcript of Proceedings, Vol. 2, 484 등, No. 4172[Pa. C.P., Apr. term 1973]; aff'd, 274 Pa. Super. 427, 418 A2d 480[1980]).

34  Transcript of Proceedings, Vol. 2, 444-531, Murray v. Beloit Power Systems, 79 F.R.D. 590(D.V.I. 1978).

35  비난과 비난의 심리적인 대응물인 죄책감이 어디서 다루어져야 하는지 그 장소를 정식화하기란 쉽지 않다. 제조물 책임 소송에서 판사는 형사상 범죄 문제가 쟁점이 아니라고 배심원들에게 자주 짚어준다. 하지만 피고 측 변호인들이 지적하곤 하듯 피고 패소 평결은 일종의 사회적 낙인을 가져온다. 보상적 손해배상에 더해 징벌적 손해배상이 뒤따르는 소송도 있다. 매우 예외적인 상황에서는 형사 고발이 있을 수도 있다. 일례로 1979년 중반까지 자동차 핀토Pinto와 관련해 포드Ford 시社에 일흔여섯 개의 소송이 제기되었는데, 일흔다섯 개는 민사 소송이었고 나머지 하나는 사망 세 건에 관련된 형사 사건이었다(Reginald Stuart, "Year-Old Recall of Ford's Pinto Continues to Stir Deep Controversy", Sunday New York Times, 10 June 1979).

36  멜빈 M. 벨리Melvin M. Belli는 《변호할 준비됐음!Ready for the Plaintiff!》에서 98퍼센트라는 수치를 인용한다(1956; rpt-New York: Popular Library, 1965), 66.

37  예를 들어 엠브즈 대 펩시콜라 바틀링 재판Embs v. Pepsi-Cola Bottling을 보라(528, S.W.2d 703, 706[Ky. Ct. App. 1975]).

38  Harold J. Berman, "American and Soviet Perspectives on Human Rights", Congress of the International Political Science Association, Moscow, 16 August 1979. Worldview, November 1979, 20에 실림.

39  Berman, 16.

40  앞서 4장 4절에서는 보답 실패가 일어났던 극단적인 역사적 순간을 분석했고, 1장과 2장 5절에서는 투사 현상을 통제할 자율성을 사람들에게서 박탈하는 더욱 극단적인 경우를 분석했다. 투사의 장소에서 일어나는 실패이든 보답의 장소에서 일어나는 실패이든 모두 인공물을 해체한다. 만들어진 사물이 국가이든 다른 정치적·비정치적 구축물이든 마찬가지이다. 따라서 여기서 강조점은 두 장소 모두를 보호하는 일이 중요하다는 데 있다(또한 투사의 장소와 보답의

장소 모두를 보호하는 경향이 앞서 언급한 두 국가에서 점점 더 크게 나타나고 있는 것으로 보인다). 단 이 말은 투사의 장소나 보답의 장소 중 **하나만** 보호할 수 있다면, 둘 중 아무 장소나 똑같이 좋다는 뜻은 아니다. 앞에서 말했듯 투사의 장소가 우선한다. 민주주의 개념을 사람들이 추종하는지와는 상관없이 투사의 장소는 특권적이다. 민주주의 국가는 민주주의 개념이 탄생하도록 하는 수단이라기보다는 투사의 장소가 우선한다는 사실이 표현된 것이기 때문이다 (2장 5절을 보라). 하지만 통상적인 환경에서 투사와 보답은 거의 언제나 함께이며, 따라서 둘 중 한쪽의 활동이 온전하다면 다른 한쪽도 (정도는 덜 수 있겠지만) 온전하다. 예를 들어 어느 허구가 제공하는 보답 혜택을 누리고 있을 때 사람들은 자발적으로 그 허구를 창조하고 유지하려는 경향이 있다. 반면 보답 혜택을 박탈당했을 때 사람들은 그 허구 안으로 진입하지 않으려 할 것이며, 나아가 그 허구에 적극적으로 저항할 수도 있다.

41  3장 280~285쪽과 4장 348~360쪽 등을 보라.

42  I. E. S. Edwards, *The Pyramids of Egypt*, illus. J. C. Rose, 3rd ed.(Harmondsworth: Penguin, 1976), 262.

43  CBS 프로그램 〈길 위에서On the Road〉에서 한 기능공들과의 인터뷰 중. 1983년 6월 26일 방송됨. *On the Road*, narr. Charles Kuralt, prod. Ross Bensley(New York: C.B.S. News, 1983).

44  따라서 보답으로 완성품 상태의 사물을 직접 이용할 수 있게 되는 것이 아니라 화폐 같은 기호 형태로 받을 때 적절한 '보상' 금액을 정하기란 어렵다. 코트 제작 활동뿐 아니라 그녀가 실제로 만든 코트가 지니는 초과 보답 능력에 맞춰 보수를 받아야 하기 때문이다.
    이 여성은 코트 제작 활동에 따른 어려움에 대해서만 돈을 받을 수도 있다(하지만 이는 그 사물을 아예 만들지 않고 몸을 덥힐 수 있는 노동의 춤을 매일 반복하는 것과 똑같은 일일 것이다). 아니면 코트 제작에 쏟아부은 일수日數만큼 돈을 받을 수도 있다(하지만 코트의 작용은 며칠만 지속되는 것이 아니라 오랫동안 지속된다). 또 자신과 자녀 모두에게 필요한 만큼이 아니라 그녀 혼자의 필요만 충당할 수 있는 금액을 받을 수도 있다(하지만 시장의 교환 구조 안으로 코트가 진입한다는 사실에서 명백해지듯, 코트의 지시 능력은 한 사람을 넘어 확장된다). 요약하자면 이렇다. 그녀가 경험한 괴로움과 **등가인** 금액만을 받는다면 이는 '만들기' 행위를 아예 하지 않은 것과 똑같은 일일 수 있다. 만들기 행위는 그 정의상 만든 사람을 이롭게 하는 비등가성nonequivalency을 수반하기 때문이다.

45  4장 3절을 보라.

46  Daniel Defoe, *The Life and Adventures of Robinson Crusoe*, ed. and introd. Angus Ross(Harmondsworth: Penguin, 1965), 128.

47  벤저민 프랭클린이 1762년 7월 13일 지암바티스타 베카리아Giambattista Beccaria에게 쓴 편지. L. Jesse Lemisch, ed., *Benjamin Franklin: The Autobiography and Other Writings*, Farrand text(New York: Signet, 1961), 248.

48  Sigmund Freud, *Leonardo da Vinci and a Memory of His Childhood*, trans. Alan Tyson, ed. James Strachey(New York: Norton, 1964).

49  예를 들어 허수 연산은 전기 분야의 연구와 작업에 기여했다. DNA 분석은 특히 푸리에 연산과 언어의 통시적 특성을 다루는 언어학 분석에서 도움받았다(Horace Freeland Judson, *The Eighth Day of Creation: The Makers of the Revolution in Biology*[New York: Simon-Touchstone, 1980], 537 이하). 또한 유전자 발현 억제 기제를 설명하는 모델은 컴퓨터 구조 모델에서 도움받았다 (Philip J. Hilts, "On Divinity Avenue: Mark Ptashne and the Revolution in Biology", *Scientific Temperaments: Three Lives in Contemporary Science*[New York: Simon, 1982], 188).

50  Stephen Jay Gould, "A Biological Homage to Mickey Mouse", *The Panda's Thumb: More*

*Reflections in Natural History* (New York: Norton, 1982), 95-107.

51     Arthur I. Miller, "Visualization Lost and Regained: The Genesis of the Quantum Theory in the Period 1913-27", Judith Wechsler, ed., *On Aesthetics in Science* (Cambridge, Mass.: MIT Press, 1979), 73-105.

## 몸의 유토피아
: 망상도 몽환도 도피도 아닌, 타자의 고통에 감응하기

김영옥 _생애문화연구소 옥희살롱 연구활동가

### 1. 프롤로그:
### 고통에서 해방된 몸들이 서로 도우며 행복한, 안전하고 유족한 세계

이런 세상을 한번 상상해본다. 통증과 고통에서 해방된 몸들이 인성과 지성이 넉넉한 도구들에 둘러싸여 서로의 안녕과 행복을 추구하며 함께 어울려 사는 세상, 밝고 환한 몸들이 이어지고 이어지고 또 이어져 평화로운 상호 의존과 여유로움이 넘치는 공존의 생태계를 이루는 세상 말이다. 여기서 사람들은 손과 마음과 지능을 사용해 무언가를 만들고 아낌없이 나누며 각자의 자아를 세상의, 아니 세상을 넘어 우주의 드넓은 품으로 확장시킨다. 내가 상상하고 만든 무엇인가가 몸의 물리적 한계 너머 풍요로운 삶으로 나를 이끌 뿐 아니라 다른 이들의 삶에도 안전과 충족의 기쁨을 선사하는 이 생태계는 아름답고 건강한 세계, 궁극적으로 정의로운 세계이다. 스캐리의 《고통받는 몸: 세계를 창조하기와 파괴하기》는 바로 이러한 세상을 꿈꾼다. 꿈꾼다는 말이 적합하지 않을 정도로 그 가능성을 강하게 믿고 있다. 통증과 고통의 표현 (불)가능성을 논하는 서론에서부터, 고문과 전쟁에서 벌어지는 창조하기의 역행, 즉 파괴하기의 문제를 다루는 1부와 유대-기독교 성서와 마르크스 저작에 나타난 창조하기의 시도를 다루는 2부에 이르기까지 책 전체는 세계를 만들면서 자신을 개조하고 자신을 개조

하며 더 나은 세계를 창조하는 인간의 창조 능력에 관한 믿음과 기대로 충만하다. 고문과 전쟁에서 너무나 명백하게 드러나는 파괴하기의 현실, 마르크스의 저작이 직면하고 있는 창조하기의 파행적 전개를 재구성할 때조차 스캐리의 믿음과 기대는 흔들리지 않는다. 창조 활동의 전체 구조 안에서 주기적으로 탈구가 일어나지만 창조하는 노동은 창조하는 노동의 본질을 이해하려는 노력과 함께 나란히 계속 전진할 것이라 확신한다. 이 열정적 믿음과 꺼지지 않는 확신, 그리고 고통으로 괴로워하는 사람에 대한 정의로운 공감으로 스캐리의 책은 빛난다. 이러한 세계관이야말로 고통에 관한 깊이 있고 뛰어난 성찰 못지않게 그녀의 책을 관통하는 매혹이며, 이 책을 우리가 지금도 소중히 여기지 않으면 안 될 이유이다. 이야기의 전통과 학문적 탐구, 문화적 생활세계, 거의 종교적인 신념에 이르기까지 다양한 글쓰기의 양식과 태도, 위치를 보여주는 이 책이 '담대하라'는 청유형 명령으로 끝나는 것은 그래서 전혀 이상하지 않다.

> 고통의 고립시키는 괴로움에 맞서, 정신·물질문화는 감응력을 공유할 수 있다고 가정한다. 문화는 그 내부에 "용기를!"이라는 앰네스티의 속삭임을, 이 만국 공통의 인사를 담고 있으며, 〈이사야〉에 나오는 고대 숙련공들의 암호를 우리에게 전한다. "담대하라!"(〈이사야〉 41:6).*

용기를 잃지 말고 담대하게, '만드는 노동'의 아름답고 가슴 벅찬 정의의 행렬에 가담하라는/가담하자는 이 청유형 명령은 멀게는 유토피아를 향한 인류의 오랜 소망을, 가깝게는 근대의 계몽주의적 기획을 환기시킨다. 스캐리가 믿고 강조하듯이 이 기획이 과연 오류가 아니라 미완에 머물고 있을 뿐인 것인가, 그렇다면 완수의 가능성은 과연 어디에서 찾아볼

---

* 본문 538쪽

수 있을 것인가. 《고통받는 몸》이 지금 우리에게 던지는 질문을 좀 더 진지하게 마주해보자.


## 2. 고통받는 몸과 고통의 언어화/대상화: 고통으로 결속되는 몸들의 세계


스캐리의 《고통받는 몸》은 주로 고통 혹은 고통의 표현 (불)가능성을 다루고 있는 서문으로 독자들에게 알려져왔다. '고통받는 몸'의 부제가 '세계를 창조하기와 파괴하기'라는 사실을 기억하는 사람은 많지 않을 것이다. 고통에 관한 스캐리의 논의는 매우 정동적이며, 동시에 치밀하고 설득력 있는 통찰을 제시한다. 온 존재가 부서져 내리는 통증이나 고통을 겪고 있는 사람이라면, 있는지 없는지 의식할 필요도 없었던 몸이 갑자기 날카롭게 자기 존재를 주장하며 다른 모든 의식을 불가능하게 만들 때, 자기(것)인 줄 알았던 바로 그 몸의 '배신'에 완전히 어리둥절해진 사람이라면 스캐리의 고통받는 몸에 관한 설명에서 위로와 탈주로를 발견할 수 있을 것이다. 고통의 근본 속성이 무엇인지 이해하고, 그로써 조금이라도 고통을 견뎌낼 수 있게 되고, 더 나아가 고통을 소통 가능하게 만드는 것은 고통에 사로잡혀/갇혀 있는 모든 사람의 갈망이다. 고통이 심할수록, 그래서 고립의 벽이 높을수록 이 갈망은 타는 듯 강렬해진다. 몸의 고통 못지않게 이 심리적·언어적 갈망 또한 크나큰 고통이다. 모든 실존 영역을 몸이라는 장소로 축소시키고, '자기'라는 존재를 '단지 아픈 몸'으로 동결시키는 통증을, 마치 몸 안에 있는 어떤 독이나 무기인 양, 바깥으로 끄집어내 다른 사람들도 지각할 수 있게 만든다면! 그렇다면 아픈 몸은 더 이상 '단지 아픈 몸'이 아니라 '아프면서, 아파도, 아파서, 살고 있는 나 누구'의 정체성으로 통합될 수 있다. 스캐리가 대상화라고 부르는 이 언어화는 '고통 중에 살고 있는living in pain' 이들에겐 그 어떤 의료적 처치나 치료보다 중요하다.* 이 갈망은 필요를 넘어 필연성을 띠고 솟구친다. 몸 안에 든 독이나 무기는 몸 밖으로 끄집어낼 수 있을 때 어떤 선물이 되기도 한다. 고통의 변증법이 빚어내는 이러한 역설이야말로 '아픈 몸을 살아내는' 사람들이 '몸의 뜻the will of the body을 따를 때' 경험하는 범속한 트임이다.**

멕시코의 초현실주의 화가 프리다 칼로에게 그것은 '영감'이라는 선물이었다. 열일곱 살에 치명적인 교통사고를 당해 마흔일곱 살에 삶을 마칠 때까지 (본인의 말을 인용하자면) '아픈 몸'이 아니라 '부서지는 몸'을 살아내야 했던 프리다 칼로는 〈부서진 기둥La Columna rota〉을 비롯해 놀라운 자화상을 여럿 남겼다. 〈부서진 기둥〉에서 쩍쩍 갈라진 대지 한가운데 서서 정면을 응시하고 있는 이 여자의 상체는 수직으로 갈라져 있다. 상체를 지탱시키는 척추 대신 그 안에 세워진 기둥조차 무너져 내리고 있고, 그 기둥과 상체를 흰색 가죽 붕대 띠가 함께 묶어주고 있다. 얼굴에도 몸에도 온통 못들이 박혀 있고, 눈에서는 굵은 눈물이 떨어지고 있는 이 여자는 그러나 절망이 아닌 어떤 살고 있음living을 전하고 있다. '부서진 기둥'에 지탱해서도 똑바로 서서 정면을 응시하고 있다. 그래서 '우리'는 이 여자를, 고통 중에 살고 있는 한 존재를 만나게 된다. 우리는 그녀의 고통을 만지고 느끼게 된다. 아니 적어도 만지고 느낄 수 있지 않을까 희망하게 된다. 만지고 느낄 수 있어야 한다고 윤리적으로 각성하게 된다. 직면하게 되는 것이다. 그녀에게서 심지어 힘이 느껴지기에 이 직면은 경솔하고 표피적인 동정을 넘어선다. 고통으로 '결속되는' 몸들의 세계를 향해 우리의 몸을 틀게 된다. 우리가 이제는 이런 놀라운 일이 아주 가끔씩만 일어나는 가상현실 속에 살고 있다지만, 몸의 고통을 중심으로 맺어지는 이런 결속을 아직까지는 기적이라 부르고 싶지는 않다.

---

\* 만성통증 환자들이 보내준 그림 등 미술 작품 사진을 전시하는 사이트 http://www.painexhibit. org에 올라오는 이미지들은 바로 이 대상화/언어화의 핵심 의미를 놀랍도록 선명하게 증거한다.

\*\* 아서 프랭크의 《아픈 몸을 살다At the Will of the Body》는 이에 대해 정서와 분석 모두에서 감동을 주는 뛰어난 증언이다. 아서 프랭크, 《아픈 몸을 살다》, 메이 옮김, 봄날의책, 2017.

## 3. 고문과 자백: '나는 내가 아니다'의 두 세계

창조 활동과 그것을 역행시키는 파괴하기에 관한 스캐리의 역사적 검증은 고문에서 가장 격하고 역한 정동을 불러일으킨다. 몸에 가해지는 의도되고 계획된 고통으로서의 고문. 고문은 한 사람의 자아와 언어, 세계를 철저하게 부숴버리겠다고, 차갑고 냉정하게, '휘파람을 불면서' 장담하고 또 실천한다.[*] 고 김근태의 실제 '남영동' 고문 사건을 영화로 옮긴 〈남영동〉에서 대한민국 '보통' 국민들이 직면하게 되는 것은 고문 기술자가 으스대며 과시하는 '전문 기술'의 악마적 얼굴이다. 한때 전문 기술자로서 대한민국 특정 시기 고문 정치의 '탁월성'을 증명했던 이근안은 목사가 되어 자신의 능력이 사람들의 영혼을 유혹하는 일에도 탁월하게 기능함을 보여주었다. '고문도 예술/기술$^{techne}$이다. 상대방을 감동시켜야 자백을 받아낼 수 있다'고, 한 동영상에서 그는 증언한다. 이근안 같은 사람들의 이해에 따르면 고문 기술자와 목사, 둘 다 상대방을 감동시켜 '죄의 자백'을 받아내는 예술/기술에 능하다. '만들기'의 인류사적 대성과로 스캐리가 상세히 논의하고 있는 성서, 즉 만들어진 신과 그 신에 의해 다시 만들어지는 인간 사이의 대서사시는 이근안이라는 한 인간에게서 비열하고 쪼그라든 상태로나마 자랑스레 재연된다.[**] 스캐리가 거듭 강조하듯, 상대방을 감동시켜 받아낸다고 전제되는 '죄의 자백'이란 없다. 만약 고문에서 어떤 형태로든 '자백'이란 것이 존재한다면 그것은 오로지 '나는 내가 아니다', 또는 '나는 존재하지 않는다'는 자기 무효 선언이 될 것이다.

자신을 타자로 재/발견함으로써만 가까스로 자아의 동일자적 블랙

---

[*] 영화 〈남영동〉에서 고문 기술자의 탈인격화된 '전문성'은 이 휘파람 불기에서 역겨움의 정점을 찍는다.

[**] 김근태는 《남영동》(중원문화, 2012)에서 고문 기술자들이 "절대전능한 신"으로 군림했다고 기억한다(124쪽). "고문대 위에 묶여 있을 때 들려왔던 고문자들의 목소리는 하나님의 음성이었고, 그에 회답하는 나의 떨리는 음성과 순명하는 마음가짐은 저 하나님 명령을 귀 기울여 듣는 아브라함 같은 것이었다"(194쪽).

고통받는 몸

홀을 벗어날 수 있다고 믿었던 랭보와는 달리 이근안 유의 목사가 던지는 미끼 앞에서 행해지는 신도들의 오인된 자아 무효 선언은 영원히 (종종 오만하거나 게으른) 동일자로 존재하려는 욕망을 폭로한다. 이들의 정신적·물질적 지주가 화폐인 경우, 이들은 동일자로 살면서 흡혈귀처럼 타자들의 피를 빨거나, 아예 타자들의 존재 자체를 무효 선언해버린다. 자기 무효 선언은 타자들의 존재를 무효 선언하기 위한 알리바이에 지나지 않는 것이다. 그러나 스캐리를 변호하기 위해 말하자면, 이러한 욕망은 인류가 만들어낸 가장 기념비적인 양대 창조물로 그녀가 분석하고 있는 신과 화폐의 '본래 의미'와는 아무런 관련성도 없다. 적어도 신과 화폐가 본래 지니고 있음에 틀림없다고 그녀가 믿고 있는 그 의미와는 말이다.

'남영동'에서 고문을 당한 고 김근태는 그곳을 '인간 도살장'으로 불렀다. 그곳은 '그야말로 가슴으로, 아니 온몸으로 그 고통과 공포에 발가벗긴 채 내던져진 사람'만이 뼈저리게 알 수 있는 '그런 곳'이다. 호모 사케르, 즉 벌거벗은 삶으로 내동댕이쳐져 경험하게 되는 '그런'이 가리키는 건 무엇인가. 그곳에서 들은 고문당하는 사람들의 단말마 비명을 그는 이렇게 묘사한다.

> 그 비명들은 …… 송곳같이, 혹은 날카로운 비수처럼 번쩍거리는 그런 것이 아니었습니다. 돼지기름처럼 끈적끈적하고 비계처럼 미끄덩미끄덩한 것이었습니다. 살가죽에 달라붙은 그 비명은 결코 지워질 수 없는 그런 것이었습니다. 먹이 따진, 흐느껴대는, 낮고 음산한 울려 퍼짐이었습니다. 무슨 슬픔이나 비장한 느낌이 들기는커녕 속이 완전히 뒤집히고 귓구멍을 틀어막아도 파고들어왔기에 참으로 견딜 수 없는 것이었습니다.*

---

\*      김근태, 《남영동》, 중원문화, 2012, 40쪽.

고문기계 앞에서 비명을 내지르는 '무엇'은 더 이상 목소리가 아니다. 목소리로 나름의 의미를 발화하는 자아가 아니다. 그 '무엇'은 살가죽에 달라붙어 끈적거리고 미끄덩거리는 점액질의 어떤 흔적일 뿐이다. 흔적이라 해도 환기보다는 망각과 사라짐에 더 근접해 있는 흔적이다. 여기에는 비체라고 할 수 있는 그런 정체성조차 남아 있지 않다. 끈적거리고 미끄덩거리는 점액질의 흔적으로 남겨진 이 비자아는 '고문당하는 비명소리를 덮어씌우기 위해, 감추기 위해 일부러 크게 틀어놓은 라디오 소리, 그 라디오 속에서 천하태평으로 지껄이고 있는 남자·여자 아나운서들의 수다'와 한편이 되어 매우 특이한 비현실의 세계를 구성한다. 철저한 전문 기술이 한 인간의 (그로써 인간 일반의) 인간됨을 철저히 부숴버리는 바로 그 시간, 아마도 옆집 거실에서 거리에서 술집에서 쇼핑몰에서 누구나의 귓속으로건 스며들 '저 시적이고자 하는' 분장한 목소리들이 만들어내는 비현실의 세계는 그러나 단지 고문실에서만 맞닥뜨리게 되는 건 아니다. 문 하나를 사이에 두고 자아와 언어, 세계가 파괴되는 (고문의) 비장소와 '시적이고자 하는' 허위의식의 (자본주의적 세속) 경연장이 나뉘고 있다면, 실제로는 똑같이 비현실적인 이 두 개의 세계 사이 어디쯤에 스캐리가 꿈꾸고, 같이 구현해보자고 우리에게 진지하게 손 내미는 저 '창조하는 노동'의 세계가 있을까.

《고통받는 몸》에서 지속적으로 마주치게 되는 문명의 징검다리인 '인공물들'은 현재 엄청난 속도로 진화하고 있다. 문제는 화폐라는 인공물이 그러했듯, 인공물에 투사된 창조의 에너지가 모든 인간들에게 평등하게 고통 없는 안녕한 삶을 보상해주지는 않는다는 것이다. 마르크스가 분석했고, 스캐리가 재구성한 사실, 즉 투사에 전념하는 사람들과 보답을 넘치도록 선사받는 사람이 일치하지 않는 모순은 더욱더 확대되고 '자연스럽게' 되어 이제는 거의 대다수 사람들이 이 모순을 역사와 구조가 아닌 사적 운명으로 받아들이곤 한다. 그만큼 더 우리는 인공물의 진화가 현재 어느 정도에 이르고 있는지, 투사와 보답의 불일치 위험이 어느 정도인지

냉정하게 살펴봐야 한다. 이것은 스캐리의 제안을, 그 제안의 정의로움과 필연성, 가능성을 제대로 이해하고 의미 있게 현실화시키고 싶다면 피해 갈 수 없는 검토일 것이다.


## 4. 인터미션: 질주하는 창조성

우리는 지금 인공지능, 인공 로봇, 포스트휴먼 이야기를 비껴갈 수 없는 시대에 살고 있다. 누가 휴먼인가, 가 아니라, 휴먼은 어떤 기능을 하는가, 로 질문을 바꿀 때 휴먼에서 포스트휴먼으로의 이동은 그리 어렵지 않을 수도 있다. 적어도 상상적 인식논리 차원에서 '인공'이라는 수식어가 붙은 신개발은, 간혹 디스토피아적 염려로 드문드문 얼룩지긴 해도, 유토피아적 기대의 지평을 성큼성큼 확장시키곤 했다. 디스토피아적 염려는 건강염려증처럼 비웃음의 대상이거나 위장된 샤덴프로이데$^{Schadenfreude}$(타인의 불행을 보면서 느끼는 기쁨)처럼 냉정하고 침착하게 대처해야 할 적이었다. 그러나 정작 잊지 말아야 할 핵심 질문은 기능성으로 완전히 수렴되지 않는 잉여의 부분들과 상관된다. 조금씩 영혼과 몸을 잠식하다 끝내 옴짝달싹할 수 없는 상황에까지 이르게 하는 부스러기들이 문제인 것이다. 물리적으로 존재하고 발화하는 몸은 이 잉여에 해당한다. 잉여로서의 몸은 종종 무시되지만 핵심을 알 수 있게 해주는 지진계 같은 것이다. 신체와 정보를 완전히 분리시킬 수 있는가. 또는 자기생성 통일체로서의 인간을 패턴으로 완전히 환원시킬 수 있는가. 인공지능에 관해 '조직적 상식'을 지니지 못한 비전문가의 언어를 사용해 질문한다면 결국 이런 것이리라. '인공지능과 통증의 관계를 말할 수 있는가' '포스트휴먼의 이웃이고 친구이며 연인인 로봇에게도 고문이라는 저 탁월한 예술/기술이 적용되는가'. 인공지능에게서 궁극적으로 받아내고자 하는 '자백'은 그렇다면 무엇일까.

스캐리는 문명과 문화를 구별하지 않는다. 중요한 것은 도구 사용하기라는 간단한 자기 확장/투사에서 시작해 화폐, 문화예술 창조에 이르기까지 지칠 줄 모르고 펼쳐진 창조하기의 잠재적 능력과 그 능력의 토대가 되(어야만 하)는 선한 의지다. 스캐리가 이 책을 쓸 때의 금융자본주의나 금융화된 일상의 모습은 지금처럼 기이하고 비현실적인 형태를 띠지는 않았을 것이다. 또한 밀레의 그림에서 느낄 수 있는 신체와 주변 환경의 서로 스밈은 당대 인공지능 시대에 전자신경계적 기술 지식이 몸과 감각세계에 가하는 폭력적 강타나 침범과 비교해볼 때 거의 그리운 몽환에 가깝다. 스캐리의 논의를 현재 기술진보가 가져온 인공물의 세계에 위치시킬 때, 전쟁에서의 '상해 입히기'는 예를 들어 다음과 같이 이해된다.

폴 비릴리오가 탐색한 속도와 전쟁의 관계는 현재 우리가 살고 있는 전자기술시대에 몸에 관한 특이한 경험을 강제한다. 전자기술이 가져온 속도는 생산과 소비의 전쟁을 필요로 할 뿐 아니라 결과로 낳는데, 이 전쟁에서도 몸은 의도적인 상해 입기기의 대상이기 때문이다. 아니, 이 전쟁에서는 아예 몸 자체가 사라지는 운명에 처한다고까지 말할 수 있을 것이다. 무한대로 확장되는 공간에 반비례해 가차 없이 사라지는 시간/성 속에서 육체는 노쇠와 소멸(죽음)의 운명조차 박탈당한 무기력한 잉여들로 수치심을 견뎌야 한다. 시간은 삶과 삶의 죽음-되기, 즉 삶이 이어지는 매 순간 일어나고 있는 부패와 변형, 그리고 그 과정의 이야기이기 때문이다. 몸 자아는 잉여로 전락한 위상이 가져온 이 수치심, 이 자기 부정 속에서 고문 없이도, 그리고 거의 의식하지 못한 채, 언어를 잃고 세계를 잃어간다. 기호들의 끊임없는 이어짐과 교환들, 접속들이 (타자-되기로 이끄는) 관계와 결속을 대신하는 이 전쟁에서 문제가 되는 것은, 언어로 대상화할 수 없는 극심한 고통과 통증이 아니라, 고통과 통증이 새겨지는 몸의 사라짐이다. 스캐리와 달리 프랑코 베라르디 비포는《미래 이후》에서 신체 외부의 도구들에 대한 인간의 욕구를 '중독'으로 읽는다.*

---

* 프랑코 베라르디 비포《미래 이후》, 강서진 옮김, 난장, 2013, 77쪽.

고통받는 몸

비포에 따르면 이 중독이 가져온 당대의 테크노 소통 환경은 인지체계의 재조정을 초래하고, 이 재조정은 인간의 정신적 자원을 소진시키는 한편, 지구의 물질적 자원을 고갈시킨다. 결국 '우리'가 도달하는 곳은 윤리의 마비라는 게 그의 진단이다. 그의 진단이 아니더라도 우리는 이미 이 증상들을 충분히 경험하고 있다. 그러나 꼭 필요한 어떤 각성을 계속 미루고 있다. 스캐리의 《고통받는 몸》에서 우리는 이 각성을 길어올릴 수 있는 샘, 즉 원천을 만날 수 있다. 간단한 농기구에서부터 복잡한 인공지능에 이르기까지 신체 외부의 도구들에 대한 인간의 욕구는 몸 정체성의 한계에서 출발해 타자들과 더불어 확장된, 지복의 삶을 살고자 하는 열망을 가리킨다는 사실 말이다. 이 삶에서 개개인은 동식물을 포함한 자연세계와도 교감하며, 고통 받는 모든 이들에게 공감으로 다가간다. 이것은 일종의 도덕적 열망과 선택으로서, 중독과는 완전히 다른 방향, 다른 상태를 가리킨다. 《고통받는 몸》과 함께 우리는 우리의 중독 '증상'을 자각하고 다시 저 본래의 열망을, 그 '건강한' 지향성의 상태를 떠올린다. 이 기억이 중요하다. 이 기억을 어떻게 조직할 것인지가 관건이다.

몸이 사라지는 현상 자체는 또 얼마나 계급적인가. 몸이 사라짐을 즐기는 계급 옆에서, 몸이 사라지기는커녕 삶의 실존이 오로지 몸의 물리적 사용으로 제한된 사람들의 고통이 있지 않은가. 평등하지 않음에 대한 자각은 새로운 기억 조직을 위한 준비운동이다. 신체 외부의 도구들을 향한 중독증이 '우리'를 데려간 '윤리의 마비'를 좀 더 자세히 느껴보자. 이 '우리' 중 어떤 이들은 타자를 모욕하고 짓밟으며 치명적인 고통을 안기는가 하면, 또 어떤 이들은 본인의 행위와는 전혀 무관한 바로 그 우연한 폭력적 상해 입히기의 목표물이 되어 괴로움에 몸부림친다. 예를 들어 여성들의 몸의 움직임을 제한하는 성폭력은 사라지는 몸을 이야기할 때 잊지 말아야 할 엄연한 현실이다. 마찬가지로 내일을 상상하는 모든 권리를 박탈당한 채 오늘 하루의 생존을 위해 극도의 육체적 곤경을 견디며 자신의 몸만큼으로 졸아든 세상을 사는 비정규직 하청노동자들이 있다. 이들은 고문을 당하지 않았음에도 몸만으로 존재하다가 그 고립 속에서 사라지기도 한다. '우리'를 젠더, 인종, 계급, 지역 등 다양한 요소들의 상호 교차적 맥락 속에서 살피지 않는다면 전자신경계적 기술 지식이 몸과 감각세계에 가하는 폭력적 강타나 침범을 논하는 것은 그야말로 '가상적' 공론空論에 지나지 않을 것이다. (여성이나 기타 성소수자에게 가해지는 사이버 폭력을 생각해보라.) 몸을 두고 갈라지는 이 과도한 있음과 저 과도한 증발 '사이'를 사유하고 느끼는 입장 있는 태도가 필요하다.

## 5. 지금 여기에서 고문을 다시 사유하고 느끼기: 여성에게 가해지는 성고문과 일상의 성폭력

고문과 고통, 몸, 그리고 인공물을 큰 틀에서 다루는 스캐리의 책은 여성에게 가해지는, 특별히 성애화된 폭력인 성고문을 따로 언급하지 않는다. 그러나 고문에 관한 그녀의 논의는 성폭력과 그로 인한 상처, 그리고 상처 극복에 관해 더 치밀한 분석과 통찰로 우리를 이끈다. 고문이 고문을 당하는 사람에게서 언어를 비롯해 모든 창조 행위의 가능성, 즉 탈체화할 수 있는 모든 가능성을 빼앗고 오로지 몸만으로 존재하게 하는 것이라면 여성에게 가해지는 성고문은 이중적 의미에서 고문의 핵을 이룬다고 할 수 있다.

'여성'은 자연과 정신의 이분법에 기초한 인식틀 안에서 자연에 속한다고 여겨졌다. 여성에게 가해지는 성고문은 그녀에게서 정신과 언어를 빼앗는 것이라기보다는, 여성 자신은 언어적 존재가 아니라 언어적 존재인 남성의 자아 구성에 필요한 성적 교환물일 뿐이라는 가부장제 젠더의식을 거듭 각인시키는 폭력 행위다. 이것은 고문과는 무관해 보이는 '평온한' 삶의 환경 속에서 여성이 일상적으로 겪는 성폭력과 동일한 젠더 구조 속에 놓여 있다. 일반적으로 고문이 특정 시공간에서 특정 정치 사건으로 '구성'된다면 여성에게 가해지는 성고문은 언제 어디서나 특별할 것 없는 우연적 일상의 사건으로 무수히 재/발생한다. 이때 우연은 젠더 구조에 내재한 필연성의 그림자일 뿐이다. '행위자'인 나와 연관된 그 어떤 이유도 없이 '나'에게 일어나는 성폭력은 일상이 되어버린, 그래서 지극히 사소하게 간주되는 성고문이라고 할 수 있을 것이다.

빼앗을 언어가 이미 없는 젠더인 '여성'에게 가장 '적합한' 고문은, 바로 그러한 사실을 가장 잔혹한 방식으로 확인시키는 고문, 즉 성고문이다. 여성에게 가해지는 고문 중에 최후/최악의 것으로 (혹은 고문을 위한 충분한 시간이 없을 때 최우선적으로) 성고문이 선택되는 것은 이런 이유 때문이다. 성고문은 여성의 몸이 남성의 나르시시즘적 자아상의 팽창을 위해 언제든 동원될 수 있다는 남성 판타지의 좀 더 극적인 대상화이다. (이 대상화는 스캐리가 도덕적 정의의 관점에서 거듭 전면에 부각시키는 창조 활동의 두 단계, 즉 상상하기와 그 상상을 형태로 구현하기가 얼마나 치명적인 비도덕, 비정의의 상태로 추락할 수 있는지에 관해 역사가 목격해온 가장 오래된, 가장 빈번한, 가장 추악한 예다.)

성고문을 당하는 여성에게서 자아와 세계, 언어는 '통상적' 고문을 당하는 남성과는 다른 방식으로 분쇄된다. 성고문당하는 여성이 '자백'해야 하는 것은 무엇보다도 그녀가 시민 개인이 아닌, 남성 시민 개인과 성적 계약을 맺은 (이것은 근대 시민사회가 자신을 정초하며 고안한 의미에서의 사회계약이 아니다) '여성'으로서만 사회 구성원이 될 수 있다는 '사실'이다. 성고문당하는 여성의 자아 분쇄는 그래서 단독자의 어떤 고유한 자아의 분쇄가 아니라 '여성'의 자아 분쇄로 이어진다.

1986년 '부천 성고문 사건'의 피해-생존자가 기록한 '자필 수기'는 여성들에게 성고문이 의미하는 바가 무엇인지를 총체적으로 잘 보여준다.

그러더니 나에게 소리쳤다. '발가벗고 저 책상 위에 올라가, 빨리!'
그때 나의 머리에는 역시 공장에 다니던 대학 친구와 나누었던 이

야기가 떠올랐다. 김근태 씨 고문 폭로 유인물을 나눠 읽은 후였던
가. 우리 주변에는 고문에 대한 이야기가 간간이 들려오곤 했다. 참
으로 남의 얘기일 수 없는 얘기를 들으며, 우리는 자기의 경우를 상
상해보면서 가슴을 조이기도 하고 당한 이에 대한 아픈 마음을 갖
곤 했었다. 그때 그 친구가 이렇게 말했다. '다른 고문은 다 참고 버
틸 수 있어도 만약에 발가벗기면 나는 다 불고 말 것 같아.' 그때 나
는 아무런 반박을 할 수 없었다. 여자가 비굴해져도 이해될 수 있는
유일한 최악의 경우라고 생각했기 때문이다.*

이 자필 수기는 성고문당한 사실을 폭로하는 일도, (199명의 변호사가
함께했음에도) 재판 과정을 거치는 일도, 감옥에서 나와 다시 사회로 복귀
해 정치 활동에 동참하는 일도 '극도의 수치심' 없이는 가능하지 않았음을
생생히 전한다. 자신이 겪은 일을 수치심과의 싸움 속에 한 줄 한 줄 써 내
려가며 '수기 집필자'는 피해자에서 피해자-생존자가 되고, 스스로 목격
자와 증언자가 되며, 그녀 자신의 생애사$^{herstory}$와 동시에 역사의 기록자가
된다. 이 모든 과정은 철저하게 부서져버린 자아와 언어와 세계를 다시 복
원하(려)는 피투성이 안간힘의 투쟁이다. 이 투쟁의 한가운데에서 소용돌
이치는 수치심을 이겨내지 못한다면 저 복원은 미완으로 남을 것이다. 저
지른 행위에 관한 괴로움과 반성을 의미하는 죄책감과 달리 수치심은 존
재 전체에 해당하는 총체적 부정$^{否定}$의 감정이다. 성고문이나 성폭력으로
인한 수치심은 그래서 파괴와 분쇄 이후에 자아와 언어와 세계의 복원이
치열하게 진행되는 과정 중에도 '사람들은 나를 단지 성고문을 당한/성폭
력을 당한 몸으로만 여길 것'이라는 절망의 무저갱으로 피해자를 빨아들
인다. 외부가 아닌 자기 스스로 자신의 존재 가치를 부정하게 만드는, 몸
에 새겨진 수치심의 감정은 여성이 고문에서, 그리고 지금 여기 일상에서

---

* 권인숙, 《하나의 벽을 넘어서: 부천서 성고문 사건 주인공의 자필 수기》, 거름, 1989, 20~21쪽.

　　　　　　　　　　　　　　　　　　　　　　　고통받는 몸

겪는 성적 폭력(에 의한 고통)의 언어화가 얼마나 중요한지, 그 중요성에 비해서 그러나 얼마나 미미하게만 성취되었는지 깨닫게 만든다. 인공지능까지 가능할 정도로 인공물의 발명은 진화했지만 여성이 겪는 성폭력/성고문과 그로 인한 고통의 언어화는 여전히 더디게 진행되고 있다. 문명의 행보를 특징짓는 이러한 젠더 편향성에 반기를 들고 현재 지구촌 곳곳에서 여성들이 분노하며 몸을 일으키고 있다. '나도 고발한다MeToo' 운동은 성폭력/성고문 피해자의 고통을 제대로 된 소통의 대상으로 만드는, 다시 말해 누구든 같이 느낄 수 있는 고통으로 만드는 운동이다. 이 운동의 도도한 흐름이 문명의 왜곡된 창조 활동을 올바른 방향으로 인도할 것이다.


## 6. 에필로그: 몸을 떠나 몸에 도달하기

문명은 자연적으로 존재하는 외부 환경을 재구조화하여 외부 환경이 인도적인humane 인식으로 가득 차 있도록 만든다. 사물이 이런 인식을 지니고 있지 않을 때 일상에서 우리는 그 사물을 국경 밖으로 내보내달라고, 우리가 사랑하는 도시의 관문 너머로 내보내달라고 쓰레기를 수거하는 청소부에게 요구한다. 어쩌면 쓰레기 청소부는 플라톤적인 이상적 문명에서 파견 나온 사절인지도 모른다.*

《고통받는 몸》을 읽다보면 드물지 않게 마주치게 되는 문명을 향한 이런 낙관적인 기대는 과연 그저 낙관일 뿐인가. 위와 같은 문장들을 단지 순진한 기대로만 읽게 되는 것은 우리가 유토피아적 상상력을 너무나 과도하게 상실했거나, 아니면 터무니없을 정도로 과도하게 '유치하고 비겁한 유토피아적 상상력'으로 늘 도망가기 때문은 아닐까. 스캐리의 책은

---

\*　본문 506쪽.

현실 역사 속에 엄연히 실재했던 끔찍한 범죄인 고문의 메커니즘 분석에서 시작하고 있지만, 이 책뿐 아니라 그녀의 전 사유의 여정을 추동하고 있는 것은 문명에 대한 단호한 긍정과 문명을 가능케 하는 토대로서 개별 사람들이 발휘할 수 있고, 발휘해야만 하는 창조하기 능력이다. 이 능력을 향한 믿음과 추구이다.

스캐리는 몸(의 제한과 '여기'라는 절대적 장소성, 고통과 통증)에서 벗어남으로써 유토피아의 한 조각을 만들고(만들 수 있는 권위를 확보하고), 다시 그 권위에 몸을 부여함으로써 다른 몸들과 만나는 아름답고 의미로 충만한 순환을 그려보인다. 푸코는 '무조건적이지 않은 유토피아'로 이 순환의 과정에 다른 통찰력, 다른 정동을 채워 넣는다. 푸코의 〈유토피아적인 몸〉에서 몸은 '내'가 옮기고 자리를 바꿔 움직여줘야 하는 '그것'으로 표현되다가 글이 끝날 무렵이면 출렁이는 모든 유토피아들을 가라앉히고, 그 모든 유토피아들에 무게감과 밀도를 주는 핵심 유토피아로 전환된다.

내가 있는 곳에 언제나 있는, 돌이킬 수 없이 '여기'에 존재하는, 절대적 장소인 나의 몸은 '모든 장소 바깥에 있는 장소'인 유토피아의 정반대로 인식된다. 매일 아침 동일한 현존, 동일한 상처로 조우하게 되는, 나에게 강요된 장소인, 나의 이 몸. 사람들이 상상해낸 유토피아들은 몸의 이 슬픈 위상학을 지울 수 있는 장소를 가리킨다. 최고의 자리에 영혼이 있고, 그 아래에 혹은 주변에 시간을 가로질러 완강하게 지속되는 미라의 무덤과 마법사의 주문이 불러내는 정령과 요정의 세계가 있다. 그러나 이 모든 유토피아들의 원천이 바로 몸이라면? 그렇다면 완강하고 절대적인 장소인 몸이 동시에 장소 바깥의 장소일 수 있다는 말인가? 이 유토피아적인 질문에 답하기 위해서는 일단 몸의 불가해한 특성을 이해하는 것이 필요하다.

몸에는 바깥으로 열려 있는 창들이 있다. (푸코는 두 개의 창, 즉 두 개의 눈을 언급하고 있지만 나는 몸에 있는 구멍들이 모두 이러한 열린 창이라고 생각한다. 입과 콧구멍, 귀. 여성에게는 그리고 무엇보다 질이 있다. 이 구멍들도 모

고통받는 몸

두 바깥세상을 향해 열린 출구이며, 또 바깥세상을 차단시키기 위해 잠그는 문이다.) 이 창들 덕분에 몸은 '침투할 수 있지만 불투명하고, 열려 있으면서도 닫혀 있다'. 이 몸은 또한 어떤 의미에서는 절대적으로 가시적이지만 또 다른 의미에서는 일종의 비가시성을 지닌다. 우리가 우리의 몸을 온전한 가시성으로 지각할 수 있는 것은 거울을 통해서일 뿐이다. 푸코는 여기에 '시체' 상태의 몸을 덧붙인다. 시체인 몸은 전적으로 가시적이다. 그러나 시체 상태로 가시적인 나의 몸은 내가 도달할 수 없는 다른 곳에 있다. 그리고 몸은 생명이기도 하고 사물이기도 하다. 바람결을 가르며 자전거를 타고 달릴 때, 행동하고, 욕망하며 살 때 내 몸은 가볍고 투명하다. 그러나 자전거를 타고 달리지도 행동하지도 욕망하지도 못하게 삶 자체가 결핍과 통증으로만 남아 있을 때, 이 몸은 '폐허의 사물'일 뿐이다. 고문이나 전쟁이 사람들에게 요구하는 것은 바로 이런 몸이다. 불투명하고 무거운 사물로 남겨진 몸. (논의를 앞당겨 말하자면, 그것은 유토피아일 수 없는, 유토피아이기를 멈춘 몸이다.)

몸은 스캐리가 말했듯이 언어를 통해서뿐 아니라, 몸 위에 새겨지는 문신이나 얼굴에 씌워지는 가면, 특정한 옷 등을 통해서도 상상의 공간으로 들어서게 된다. 이 상상의 공간은 신성의 세계나 타자의 세계와 소통할 수 있는 유토피아다. "그러면 몸은 자신의 물질성, 자신의 살덩어리 속에서 그 자신의 환상의 산물의 산물 같은 것이 될 것이다." 스캐리가《고통받는 몸》2부 '창조하기'에서 공들여 재구성하고 있는 유대교와 기독교의 경전에서 전개되는 신과 인간의 이야기는 이러한 유토피아적 몸의 이야기이다. 또한 '춤추는 사람의 몸'도 자기 안에 "봉인된 유토피아들"을 피어나게 하는 몸이다. "결국 춤추는 사람의 몸이란 바로 몸의 내부인 동시에 외부인 공간만큼 확장된 몸이 아닌가?"* 우리가 상상하는 모든 유토피아에 기대어 우리가 부인하는 이 몸이야말로, 실제적이든 유토피아적이든

---

*     미셸 푸코, 〈유토피아적인 몸〉,《헤테로토피아》, 이상길 옮김, 문학과지성사, 2014, 36쪽.

모든 장소가 뻗어나가는 유토피아적 알맹이라고, 우리 몸을 휘발시켜버리는 출렁이는 저 유토피아적 열정을 '침묵하게 만들고 진정시키고 울타리 안에 가두어둘 수 있게' 해주는 '무조건적이지 않은 유토피아'라고* 푸코는 사유를 이어나간다. 몸이 무조건적인 유토피아가 아닌 까닭은 몸이 형태와 윤곽, 밀도, 무게, 즉 장소를 지니고 있기 때문이다. 그런데 이 사실을 알려주고 증명하는 거울 이미지나 우리의 시체는 우리의 손길이 미치지 않는 어떤 다른 곳에 있다. 그렇다면 이 조건 지워진 유토피아인 몸을 지각하는 것은 어떻게 가능할 것인가. 푸코에 따르면 그것은 사랑의 행위에서 어쩌면 가능할 수도 있다.

> 사랑을 나눈다는 것은 스스로를 되찾은 자신의 몸을 느끼는 것이다. 그것은 마치 내 몸이 모든 유토피아의 바깥에서 자기 밀도를 온전히 가지고서 타자의 손 안에 존재하는 것이다. 당신을 가로지르는 타자의 손길 아래서, 보이지 않던 당신 몸의 온갖 부분들이 존재하기 시작한다. 타자의 입술에 대응해서 당신의 입술은 감각적인 것이 되고, 반쯤 감겨진 **그의** 눈앞에서 당신의 얼굴은 확실성을 얻게 된다. 이제야 당신의 닫힌 눈꺼풀을 보려는 시선이 있는 것이다. 사랑 역시 거울처럼, 그리고 죽음처럼 당신 몸의 유토피아를 누그러뜨린다. 그것은 유토피아를 침묵시키고 달래주고 상자 안에 넣은 것처럼 가두고 닫아버리고 봉인한다. 그래서 사랑은 거울의 환영, 죽음의 위협과 사촌지간이다. 사랑 주변에 도사리고 있는 이 위태로운 두 형상에도 불구하고 우리가 그렇게나 사랑 나누기를 좋아한다면, 사랑 안에서 몸이 **여기**에 있기 때문이다. (강조 저자)**

---

\*    같은 책, 38쪽.
\*\*   같은 책, 38~39쪽.

고통받는 몸

여기에 있으면서 여기를 벗어나기, 여기라는 확실한 장소에 무게와 밀도로 존재하면서, 장소 바깥으로, 비가시적이고 신성한 곳으로 들어가기가, 그리하여 유토피아적 몸으로 온전히 존재하기가 가능한 시공간이 사랑하기의 시공간이라는 푸코의 짐작은, 윤리학이 가능한 행위의 시공간이 예술, 사랑, 학문, 정치라고 말했던 바디우의 짐작과 만난다. 예술은 일종의 색깔 가면이고, 학문은 잠정적 시체 되기이며, 정치는 유토피아적 열망이라고 할 것이다. 이 모든 것의 핵심은 유토피아적 알맹이인 몸이다. 스캐리의《고통받는 몸》을 맴돌고 있는 창조하기와 파괴하기는 유토피아적 몸의 세속적 활성화를 찬양한다. 몸 안에 "봉인된 유토피아들"이 제대로 피어날 수 있기 위해서는 바로 몸이라는 유토피아가 지켜져야 한다. 스캐리가 '탈체화'라고 부를 때 그것은 몸을 부인하는 무한한 힘으로서의 유토피아적 상상력이나 열정을 가리키는 것이 아니라, 그러한 유토피아적 상상을 (또는 그러한 유토피아적 상상에로의 도피를) 가라앉히고 누그러뜨리는, 조건 지워진 유토피아인 몸을 가리키는 것이리라.《고통받는 몸》은 무엇보다도 몸에서 모든 유토피아적 힘들을 제거해버리는 온갖 '고문들'에 관한 강렬한 이의제기와 항거가 아닌가. 몫이 없는 사람들, 온 우주가 몸으로 축소된 사람들, 창조하기라는 공공선을 행할 모든 기회를 박탈당한 사람들, 신성과의 내밀하고도 비의에 찬 교류를 비웃음당하는 사람들, 그리고 상이한 이유들로 사랑을 나누지 못하게 된 사람들, 이들 사이에 '우리'가 그리고 '세상'이 있다. 우리 각자의 몸에 "봉인된 유토피아들"이 피어날 수 있도록, 서로 타자의 고통에 감응하는 몸들이 될 수 있도록 우리는 지금 여기에서 어떤 선택을 하고 어떤 행동을 취해야 하는 것일까.

옮긴이의 말

《고통받는 몸: 세계를 창조하기와 파괴하기》는 일레인 스캐리의 첫 번째 책이자 대표작이다. 1985년 출간 이후 스캐리는 "놀라운 학계 등장"이었다고 평가될 만큼 바로 주목받으면서 석학의 반열에 올랐다. 고통, 언어, 창조를 연결하는 독창적인 사유를 통해 인간의 창조와 문명을 사고하는 새로운 틀을 제시하는 이 책은 고통의 몸 경험과 고문 논의에서 고전이 되었으며 찬사와 비판 속에 여전히 빈번히 인용되고 있다. 특히 육체적 고통의 표현 불가능함과 공유 불가능함을 말하는 부분과, 고통이 일으키는 자아·언어·세계의 파괴를 기술하고 고문의 구조를 논하는 부분이 많이 인용되어 관련 논의에서 빠짐없이 등장한다. 스캐리의 사유를 이해하는 데서도 핵심이 되는 저서로서, 나머지 저작들에 나타나는 키워드와 핵심 아이디어가 전부 맹아의 형태로 이 책에 존재한다. 《고통받는 몸》에서 분석하거나 언급한 고통, 상해, 고문, 전쟁, 핵무기, 헌법, 동의, 재현, 상상, 창조는 그녀의 다른 글들에서도 여전히 주요한 관심사로 나타난다.

《고통받는 몸》이 쓰인 1970년대 중후반부터 1980년대 중반은 베트남 전쟁이 끝난 지 얼마 되지 않은 시기였으며, 미-소 갈등과 핵무기 군비 경쟁이 계속되던 시기였고, 주藏이란 미국 대사관 인질 사건(1979년)의 충격이 미국을 흔든 시기, 또한 아직 동구권이 붕괴하기 이전으로 사회주의가 자본주의의 대안으로서 건재하던 시기였다. 무엇보다 이 책의 집필에 가장 크게 영향을 미친 상황은 1972년부터 시작된 국제앰네스티의 고문 철폐 캠페인과 이 캠페인을 통해 드러난 세계 곳곳 독재정권하의 고문일 것이다. 10년에 걸친 캠페인을 통해 국제앰네스티는 고문의 실상을 알리고 신뢰받는 조직으로 크게 성장하여, 1977년엔 노벨상을 받고 1978년엔 유엔인권상을 받는다. 《고통받는 몸》은 이렇듯 인간의 상해가 대규모로 발생했거나 발생하고 있거나 발생할 수 있는 당대의 상황에 반응하며 쓰였다. 《고통받는 몸》 다음의 작업도 마찬가지이다. 이후 스캐리의 주요 저서 중 《누가 나라를 지켰는가Who Defended the Country》(2003)와 《법의 지배, 인간의 실정Rule of Law, Misrule of Men》(2010)은 2001년의 9·11 사건과 뒤이은 '대테러 전쟁'의 맥락에서 나온 책으로서, 국가 안보를 위한다는 법과 정책을 비판하며 법의 지배를 회복할 것을 촉구한다. 《비상상황에서 사고하기Thinking in an Emergency》(2011)와 《핵무기 군주제Thermonuclear Monarchy》(2014)는 핵무기의 위험과 그에 맞설 수 있는 민주주의와 법을 논한다. 1970년대 여러 독재정권하에서 일어난 고문과 고문 철폐 캠페인, 2000년의 '대테러 전쟁'과 미국이 자행한 고문, 그리고 냉전 시기부터 현재까지 이어지는 핵무기 위험까지, 스캐리는 이처럼 인간 몸에 가해지는 폭력과 상해, 그로 인한 몸의 고통이라는 사실에 평생에 걸쳐 민감하게 반응해왔다. 또 그렇기에 고통처럼 언어로 표현되기 힘든 것들을 표현하는 문제, 재현하기 어려운 것들을 재현하고 공유하는 문제에도 관심을 쏟는 것으로 보인다 (《재현에 저항하다Resisting Representation》(1994), 《책으로 꿈꾸기Dreaming by the Book》(1999)). 스캐리의 사유에서, 고통은 재현되고 공유될 때 사라질 수 있고 그래서 인간의 상상과 창조는 중요하다. 헌법과 민주주의는 폭력과 상해를 제어하는 안전장치이기 때문에 중요하다. 스캐리가 상정하는 인간성의 경계 한쪽 끝에는 고통과 상해가 있고 반대편 끝에는 상상과 창조와 아름다움이 있으며 두 끝은 서로를 밀어낸다. 따라서 상상과 창조와 아름다움은 정의와 무관한 것이 아니다(《아름다움과 정의로움에 관하여On Beauty and

<sup>Being Just</sup>》(1999)).《고통받는 몸》이후의 저서와 논문은 영문학 주요 작가들의 작품을 분석하는 글부터 비행기 추락 원인 추적과 셰익스피어가 쓴 소네트의 비밀의 주인공을 추리하는 글까지 소재 측면에서 다채롭지만, 스캐리가 해온 작업의 중심에는 이렇게 인간 몸의 고통을 향한 끈질긴 연민이 있다.

　《고통받는 몸》집필의 시작점은 고통과 언어이다. 스캐리는 문학에서 육체적 고통 묘사가 많지 않다는 발견을 하고 난 후 의학 분야나 국제앰네스티의 활동 등 고통을 표현하는 언어를 만들고자 노력하는 문학 이외 다른 영역의 예들에 관심을 갖게 되었다고 한다. 무엇보다 스캐리가 1977년 런던으로 가서 국제앰네스티의 고문 보고서를 읽은 것은 집필에 결정적이었다. 고문 보고서를 읽으며 자신이 보고 있는 잔혹함의 구조가 사실 창조를 거꾸로 세워놓은 것임을 깨달았다고 스캐리는 한 인터뷰에서 말한다. 고통과 고통 표현에서 시작한 관심은 그렇게 해서 인간의 만들기를 향한 관심으로 이어진다. 책의 구성 자체에 이와 같은 사고 구축 과정의 흔적이 남아 있다.《고통받는 몸》은 고통이 언어 문제와 어떻게 얽혀 있는지를 제시하면서 시작하며, '파괴하기'를 논하는 1부와 '창조하기'를 논하는 2부로 구성된다. 책 자체도 고통과 언어에서 출발하여, 고통과 상해를 생산하는 고문과 전쟁의 구조를 살피고 그 구조가 파괴하기의 구조임을 보인 다음, 고통을 제거하려는 데서 촉발되었으며 파괴하기가 뒤집힌 것인 창조하기로 나아가는 것이다. 파괴하기가 정확히 무엇이고 이것이 왜 창조하기가 전도된 것인지 스캐리의 논의를 소개하기 전에 먼저 이 책이 어떤 학문적 흐름의 교차점에서 나왔는지 살펴보고 스캐리가 사용하는 용어들을 설명하겠다.

　스캐리의 글과 논의를 수식하는 데 자주 등장하는 말은 '독창적'이라는 단어일 것이다. 주장도 독창적이지만, 분석 방법과 논의 방법 또한 독특하다. 스캐리는 일반적인 연구방법론이나 특정 이론의 방법론을 따라 주장을 산출하기보다는 뛰어난 직관으로 현상과 구조를 포착하고 숨어 있는 질서를 읽어낸다. 자기 나름의 논증 방식을 통해 논의들을 복잡하게 쌓아올리고 논의들 간에 불가능해 보이는 연결점들을 만든다. 하지만 아무리 돌출된 듯 보인다고 해도 이 책은 당연히 특정 시대의 산물이며 그 안에 여러 사상적 흐름과 이론과 논의의 흔적이 남아 있다. 당시 미국 학계에서는 언어가 주요한 분석틀이었으며, 특히 스캐리가 사용하는 '해체'라는 말에서 볼 수 있듯 미국에 '해체비평'으로 소개된 자크 데리다의 이론이 큰 영향력을 발휘하고 있었다. 스캐리도 언어 문제에 큰 관심을 보이며, 텍스트에 남은 흔적을 집요하게 읽어낸다. 그러나 해체비평과는 전혀 달리 스캐리가 작업의 중심에 두는 것은 텍스트가 아니라 몸이다. 1970년대 초반부터 여러 학문 분야에서 시작된 또 다른 경향, 다시 말해 '체화된embodied 몸' '살아온 몸lived body' '몸 경험felt-experience'을 향한 관심은 이 책에서 전면화된다. 《고통받는 몸》에는 표면에 드러나거나 드러나지 않은 여러 학파·학자의 이론과 논의들이 있다. 명백하게 드러나는 것으로는 현상학의 '지향성' 논의, 의학 분야 통증 연구의 성과, 체화를 출발점으로 삼는 실존현상학, 현실과 실재의 구성성을 밝힌 사회구성주의, 마르크스의 자본주의 분석 등이 있다. 분명하게 언급하진 않지만 자크 데리다, 루트비히 비트겐슈타인, 한나 아렌트의 이론, 그리고 동물이 느끼는 고통에 관한 논의도 스캐리에게 영감과 아이디어를 준 것으로 보인다. 이런 영향 위에 있지만 이 책에서(또 이후의 저작들에서도) 스캐리의 주장과 논의·분석 방식은 어느 학술적 전통이나 학파, 이론 계보에 온전히 속하지 않는다. 어디에서 '튀어나온' 것인지 가늠하기 어려운 이 책의 낯섦은 이렇듯 일반적인 방법론을 따르지 않고 전통적인 기존 논의를 다분히 무시하는 스캐리의 성향에서 나오는 듯하다. 스캐리가 이 책에서 사용하는 용어들도 마찬가지이다. 해체비평에서의 해체를 '의미가 구축된 지반을 허무는 것'이라고 한다면, 스캐리의 해체는 창조하기 또는 창조된 것을 되돌리고 허무는 것이다. 해체라는 말과 더불어 스캐리는 '지시성' '자기-지시성' 등 구조주의와 탈구조주의 문학비평 이론의 용어를 가져오고, 마르크스주의에서는 '대상화/물화$^{objectify}$' 용어를 가져오지만 원래 맥락에서의 의미는 (상당히) 탈각되고 책 안에서 고유한 의미와 용법을 부여받아 사용된다. 따라서 스캐리가 펼치는 논의의 구조 안에서 용어들의 의미와 위치를 파악하는 것이 《고통받는 몸》을 독해하는 데 중요하다.

먼저 제목인 'The body in pain'은 '고통받는 몸'으로 번역했다. 'pain'의 번역어로는 '고통' '통증'을 사용했으며 의학의 맥락에서 나올 때는 주로 '통증'을 썼다. 몸 연구$^{body\ studies}$와 육체성$^{corporeality}$ 논의에서 선구적인 연구라는 점을 염두에 두고 'body'는 '몸'으로 번역했다. 이 책에 나오는 몸이 고문, 전쟁, 신의 징벌, 자본주의 경제체제 때문에 고통을 '받는' 몸이며, 또한 고통을 '가하는' 작인$^{agency}$이 논의에서 중요한 위치에 있다는 점을 반영하기 위해 '고통받는' 몸으로 번역했다. 스캐리가 논하는 몸은 정신/신체 이분법의 전통 위에 있는 몸이 아니라, 언제나 문화적·사회적·역사적으로 체화되어 있고 맥락화되어 있는 몸이다. 체화된 몸에 대한 이같은 관심은 물론 당시 변화하는 이론적 지형의 영향도 있었겠지만, 무엇보다 스캐리가 고문의 실상을 읽어가며 필연적으로 가질 수밖에 없었던 것이 아닐까 한다. 고문에서 일어나는 몸의 훼손은 정신의 훼손과 분리된 과정이 아니기 때문이다. 스캐리가 짚듯 체화된 자아, 언어, 세계는 함께 파괴되며, 이 사실은 실제 고문기록에서 언제나 뚜렷이 나타난다.

부제는 '세계를 창조하기$^{making}$와 파괴하기$^{unmaking}$'이다. 여기서 '창조'와 '파괴'라는 번역어를 설명하기 위해서는 먼저 책의 구성이 두 방향의 운동을 요약한 것임을 다시 짚어봐야 한다. 고통 속에서 세계는 축소되고 사라진다(고통받는 사람에게 체화된 세계 그리고 몸 외부의 물리적 세계 둘 모두). 반대로 인간들은 고통을 제거하기 위해 몸 밖으로 뻗어나가 몸을 연장한 것을 세계 안에 만들고 세계를 짓는다. 이 책에서 전자의 운동과 관련되는 단어들로는 '파괴하다[unmake]' '파괴하다[uncreate]' '해체하다[deconstruct]' '탈-대상화하다[de-objectify]' '탈-실제화하다[de-realize]' '탈-문명화하다[de-civilize]' 등이 있으며, 후자의 운동과 관련되며 전자의 단어 각각에 상응하는 단어들로는 '만들다[make]' '창조하다[create]' '구축하다[construct]' '대상화하다[objectify]' '실제화하다[make real]' '문명화하다[civilize]' 등이 있다. 이 중 가장 빈번히 등장하는 'unmake'와 'uncreate'는 만들고[make] 창조하는[create] 과정을 뒤집은 과정이며, 만들어진 것[the made]과 창조된 것[the created]을 되돌려 없애는 과정이다. '되돌리다'나 '허물다'라는 말로는 고통과 상해를 가하는 폭력적인 과정, 또한 '분쇄[destruction]'가 포함된 과정을 가리키기에 충분치 않아서 부수고 허무는 '파괴破壞'라는 말이 적절하다고 봤다. 흔히 '파괴하다'로 번역되는 'destroy'는 '분쇄하다'로 번역했다. 이 책에서 쓰이는 'destroy'는 파괴하고 해체하기와는 다른 것이다. 파괴와 해체는 단순히 없애는 것이 아니라 모방하고 전유하여 뒤집고 거슬러 올라가면서 지우는 것인 반면, 분쇄는 '부수기[shatter]'에 가까운 말로서 파괴하고 해체하는 과정의 일부이다. 단 'destroy'라는 단어가 파괴하는 과정의 일부를 지칭하기 위해 등장할 때가 아니라 '건물 파괴'나 '적 병력 파괴'처럼 대단히 일상적이고 일반적인 의미로 쓰일 때는 '파괴하다'로 번역하기도 했다. 'make'와 'create'는 대개 '만들다'와 '창조하다'로 번역했으나, 스캐리의 논의에서 두 단어가 개념상 차이가 없는 똑같은 활동으로 나타나므로 혼용하기도 했으며 'unmake'와 'uncreate' 둘 모두를 '파괴하다'로 번역했다.

'object'는 '대상' 또는 '사물'로 번역했다. '대상화하다'로 번역한 'objectify'는 '대상/사물로 만들다'라는 뜻이다. '대상/사물' '대상화하다'는 스캐리의 아이디어를 책 전체를 관통하면서 보여줄 수 있는 단어들이다. 대상을 갖지 않는 상태인 고통이 인간의 창조하기를 통해 대상/사물이 생산됨으로써(=대상화됨으로써) 제거될 수 있다는 것이 스캐리의 핵심 주장이기 때문이다. 스캐리는 만들기의 두 단계가 '지어내기'와 '실제화하기'라고 분석한다. 다시 말해 인간은 정신적으로 대상[object]을 상상하여 지어낸 다음, 물질적·언어적 사물<sup>object</sup>로 실제화한다. 만들기의 두 단계에서 각각 창조되는 것은, 첫 번째 단계에서는 '상상된 대상'이고 두 번째 단계에서는 '물질화·언어화된 사물'이다. 이 같은 논의에 따라, 대상이 없는 상태인 고통에 관한 논의 그리고 대상을 상상하는 첫 번째 단계에 관련된 논의에서는 'object'를 '대상'으로 번역했고, 상상된 대상을 물질적·언어적으로 구현하는 것과 관련된 논의에서는 '사물'로 번역했다. 마르크스주의나 여성주의 등 사회과학 분야에서 '대상화'는 '인간의 사물화'라든지 '비인간화' 같은 부정적인 함의를 갖는 단어로 쓰일 때가 많지만, 이 책에서의 대상화는 대상/사물화한다는 중립적인 뜻이거나 때로는 오히려 긍정적인 것이다. 대상화를 통해 고통이 제거될 수 있기 때문이다. 인간이 만든 사물은 마치 사물 자체에 인간의 감응력<sup>sentience</sup>이 있는 듯 존재하고 행동하면서 인간의 고통과 불편을 줄여준다. 여기서 감응력은 '고통과 쾌락 등을 느낄 수 있는 능력'이다. 감응력이 있기에 인간은 고통을 느낄 수 있으며 고통을 줄이고자 한다. 스캐리는 이 같은 감응력상의 인식이 인간이 만드는 사물로 물질화 혹은 대상화된다고 말한다. 감응력은 인간과 기타 생물의 차이를 논할 때 중요한 개념으로, 특히 동물복지나 동물권리 논의에서 핵심 용어이다. 쾌, 불쾌 등을 느낄 수 있고 그렇기에 자신의 이해와 관심을 추구할 수 있는 존재는 도덕적 고려의 대상이 될 수 있기 때문이다. 느낄 수 있으며 그에 따라 이득을 추구하는 인간의 능력/기능<sup>faculty</sup>을 물질화한 것이 인공물이라는 스캐리의 주장에 초점을 맞출 때, 이 능력을 '어떤 느낌을 받아 마음이 따라 움직이다'라는 뜻의 '감응<sup>感應</sup>'이라는 단어를 사용하여 '감응력'으로 표현하는 것이 적절해 보였다.

《고통받는 몸》의 내용을 압축하면 이렇다. 서론에서는 육체적 고통을 표현하기 어렵다는 사실과 이 사실이 어떤 정치적 결과로 이어지는지가 설명된다. 그 정치적 결과란, 고통이 표현되기 어렵기 때문에 고통의 속성인 실제성<sup>reality</sup>이 실제가 아닌 다른 무엇에 부여될 수 있다는 것이다.

고통받는 몸

이러한 실제성 이전 과정을 스캐리는 '유추 입증' 과정이라고 칭한다. 아름다운 자연 풍광이 신의 존재를 입증한다고 여길 때처럼, 실제이며 생생한 무언가가 그것과 나란히 놓인 다른 것의 실제성을 대신 입증해주는 과정이다. 1부에서 분석되는 고문과 전쟁도 유추 입증 과정이다. 고문과 전쟁은 고통과 상해를 생산하여 고통과 상해의 실제성을 다른 무엇에 부여한다. 이 다른 무엇은 그 자체로는 실제가 아니기에 유추 입증이 필요한 허구이다. 고문에서는 정권의 권력이 실제가 되고, 전쟁에서는 전쟁 결과가 실제가 된다. 고문과 전쟁의 구조를 밝히고 나면 두 사건의 구조가 파괴하기의 구조라는 점도 명백해진다. 2부에서는 성서와 마르크스의 저작을 분석하여 창조하기의 구조를 밝힌다. 창조하기의 구조에 관한 스캐리의 긴 논의를 아주 간단히 정리하자면 인간 몸을 투사하여 만든 것이 인공물이며, 만들기를 통해 인간 몸도 하나의 인공물이 된다는 것이다. 다시 말해 창조를 통해 인공물 안에 인간 몸이 담기고, 그와 동시에 인간 몸도 재창조되어 고통 문제가 줄어든다. 전자를 나타내는 말은 '(인간의) 투사'이며 후자를 나타내는 말은 '(인공물의) 보답'으로서, 투사와 보답은 창조의 두 가지 결과이다.

분쇄 행위인 고문과 전쟁은 직관적으로 알 수 있듯 창조의 반대편에 있다. 그러나 고문과 전쟁이 파괴하기라고 말할 때 파괴하기는 단순한 분쇄보다 더 커다란 과정을 뜻한다. 스캐리가 설명하는 창조란 다음과 같은 것이다. 인간은 창조를 통해 대상/사물을 지어내고 실제화한다. 인공물은 불편과 고통을 제거하고, 그리하여 인간은 몸의 고통에 신경 쓰는 대신 더 넓은 세계로 나아갈 수 있다. 반면 고문과 전쟁은 이런 창조하기 과정과는 반대이다. 고문과 전쟁은 고통과 상해를 생산하고, 고통받는 몸과 훼손된 몸이 지니는 실제성이라는 속성을 정권의 권력이나 전쟁 결과에 부여한다. 고문과 전쟁에서는 고통을 제거하는 인공물이 생산되는 게 아니라 고통과 상해가 생산되며, 인간은 더 넓은 세계로 연장되는 게 아니라 몸 하나로 수축된다. 이런 의미에서 스캐리는 고문과 전쟁이 단순한 분쇄가 아니라 창조하기를 뒤집은 것, 즉 파괴하기라고 말한다. 특히 스캐리가 가장 극단적인 해체의 모델로 보는 고문은 창조와 완전히 반대이다. 창조는 인공물을 생산하여 고통을 제거하지만, 고문은 인공물을 해체하여 고통을 생산한다. 인공물을 해체한다는 것은 "벽, 창문, 문, 거처, 의학, 법, 친구, 조국 등"을 전유하여, 문명에 속하는 이 모두를 원래의 인공물이 아닌 고문 무기로 전환하고 절멸하는 과정을 뜻한다. 여기서 인공물에는 물질적·언어적 사물은 물론 의식의 대상까지 포함된다. 위에서 설명했듯 스캐리는 만들기가 '정신 안에서 대상을 상상하기'와 '상상된 대상을 물질적·언어적 사물로 만들기'라는 두 단계로 이루어진다고 본다. 그렇다면 고문에서는 실제성을 부여하는 만들기의 두 번째 단계만 해체되는 것이 아니라, 고통 제거를 위해 대상을 생산하는 상상하기까지도 해체되는 것이다. 고문 보고서를 읽으며 스캐리에게 온 깨달음, 자신이 보고 있는 잔혹함의 구조가 창조를 거꾸로 세워놓은 것이라는 애초의 깨달음은 이 같은 논의와 분석으로 정교화된다.

《고통받는 몸》의 방대한 내용을 다소 주관적인 독해를 해서 요약한다면, 이 책을 한 장의 쪽지에 관한 이야기라고 할 수 있을 것 같다. 1장에서 스캐리는 인상적인 일화를 언급한다. 오랫동안 독방에 갇힌 채로 고문당한 이에게 어느 날 빵덩이 하나가 전해지는데, 빵 안에는 성냥갑이 들어 있었고 성냥갑 안에는 "용기를!"이라는 한 단어가 적힌 쪽지가 들어 있었다는 이야기이다. 이 쪽지라는 사물은 고립 속에서 자기만이 보는 몸의 현실에 붙들려 있었을 이에게 고통 인지와 연민을, 다시 말해 '당신의 고통을 우리가 알고 있다' '당신이 아프지 않기를 바란다'는 말을 전했을 것이다. 스캐리는 이런 사물이 "거의 생리학적인" 변환 능력을 지닌다고, 다시 말해 몸을 바꿔서 고통을 줄인다고 말한다. 쪽지를 꺼내 읽은 순간, 죄수는 분명 덜 아팠을 것이다. 허물어져가던 그녀의 세계는 마치 무너지는 건물이 담긴 영상을 되감듯 (조금이나마) 재구축되었을 것이다. 잊었던 인간의 말이 되돌아왔을 것이다. 인간임의 경계에서 다시 인간들의 세계로 적어도 한 발자국 가까워졌을 것이다. 《고통받는 몸》의 핵심 주장은, 표현이 불가능한 몸 내부의 고통을 인지하여 그 고통을 외재화한 사물이 고통을 제거하고자 하는 노력과 과정에서 이렇듯 너무도 중요하다는 것이다. 나아가 인간이 만든 사물에 고통 인지와 연민이 기본적으로 담겨 있다는 것이다. 스캐리에게 인간의 창조는 고통이 사라지길 바라는 소망에서 출발하는 것이며, 따라서 윤리와 무관하지 않다.

《고통받는 몸》은 인류 문명 전체를 고통에서 촉발된 창조 행위의 산물로 보는 대담하고 야심찬 책이다. 기술문명의 파괴성을 목격한 제2차 세계대전 이후 이토록 인간의 창조를 긍정적으로 바라보는 학자의 글은 드물어서 거의 낯설 정도이다. 특히 창조가 '본질적으로' 윤리적이라는 주장에는 반박의 여지가 많다. 질문들이 따라올 수밖에 없다. 인공물에는 스캐리가 말하듯 언제나 인간의 연민이 담겨 있는 것일까? 인간은 최첨단의 기술을 활용한 살상 무기들을 바로 지금도 대규모로 생산하고 있지 않은가? 고통을 줄이기는커녕 고통을 적극적으로 생산하는 인공물들을 원래의 창조 모델에서 벗어난 '탈구'라고만 설명할 수 있을까? 설령 인간의 고통을 줄이는 것이 창조라고 해도, 인간의 창조 때문에 인간 외의 동식물과 생태계의 고통은 늘이고 있지 않은가? 소위 '인류세'에 일어나고 있는 엄청난 속도와 규모의 파괴 앞에서, 창조의 전망은 분명 밝다고는 할 수 없다. 스캐리가 펼치는 주장의 거대함과, 논의들을 쌓아올리고 서로 연결하는 놀라운 방식과, 곳곳에서 번뜩이는 직관과 통찰에 압도되면서도, 한편으로는 극단적으로 구조적이며 그렇기에 단순화되는 논의의 한계점 또한 지적할 수밖에 없다.

그럼에도 스캐리가 인간의 창조하기가 지니는 성격 중 하나의 단면, 즉 '윤리성의 단면'이라고 할 만한 것을 붙잡아 제시했다는 의의는 여전히 강력하게 남는다. 자신의 고통이든 남의 고통이든 고통과 불편을 해결하기 위해 '고심苦心'하고 궁리하여 새로운 것을 만들어내는 인간의 모습은 분명 우리의 모습이다. 이 같은 인간의 형상에는 물론 위험도 있지만 긍정적인 가능성도 가득하다. 어쩌면 창조를 기본적으로 긍정적인 것으로 보는 입장은 스캐리의 시작점이 고문과 고통이기 때문인지도 모르겠다. 고통 때문에 세계가 허물어지는 곳에 있는 이에게는 인공ㅅㅍ의 과잉이 문제가 아니라 결핍이 문제이며, 그렇기에 (어느 시점에서는) 몸 밖으로 연장되는 모든 노력, 세계를 짓는 모든 노력이 윤리적일 수 있기 때문이다. 한편 《고통받는 몸》은 취약성이라는 인간의 조건에 내재한 가능성을 보게 한다. 인간에게는 몸이 있으며 그리하여 고통받고 상처 입고 아플 수 있지만, 이 같은 조건이 촉발하는 인간의 창조는 우주 구석까지 미칠 만큼 광대하다. 이 역설적인 가능성을 그려낸 것으로 스캐리의 논의를 이해할 수 있다. 나아가 《고통받는 몸》은 표현하고 형상화하고 재현하고 '대상화'하는 작업이 고통을 제거하는 데 필수적임을 보여주며, 고통받고 있지 않은 다른 이들이 나서지 않으면 그 작업이 이뤄지기 힘들다는 정치적·사회적·윤리적으로 큰 의미가 있는 통찰을 전한다. '낫기'와 '창조하기'는 연결돼 있으며, 낫기 위한 창조는 집단적 노력이고 사회적 노력일 수밖에 없다. 자아와 세계가 붕괴하고 목소리를 잃은 사람이 다시 목소리와 세계를 회복하기 위해서 필요한 것은 바로 다른 사람들인 것이다. 지나치게 생산하고 지나치게 팽창해서 지구 환경과 인류 자신을 위기로 몰아넣는 때를 살고 있지만, 반대 방향으로의 이동이 답은 아닐 것이다. 퇴행은 때로 유혹적이다. 그러나 오히려 '잘' 팽창하는 게 해답이 돼야 하는 게 아닐까. '속세'를 떠나는 것이 아니라, 숲으로 들어가 '자연인'이 되는 것이 아니라, 인공물을 버리는 것이 아니라, 문명 밖으로가 아니라 더욱 문명 안으로 들어오기. 인간들의 세계를 초월한 어딘가가 아닌 인간들 사이, 또 인간들 안에 존재하는 구원이 스캐리가 제시하는 비전이라고 본다.

위에서 언급한 뭉클한 일화에는 더욱 인상적인 후일담이 있다. 일화의 주인공은 이탈리아 태생 미국 인권운동가 지네타 사강이다. 제2차 세

고통받는 몸

계대전 시기 사강은 부모와 함께 이탈리아 저항군 활동에 참여하다가, 아버지는 총살당하고 유대인이었던 어머니는 아우슈비츠로 이송되어 거기서 사망한다. 사강은 반파시스트 활동을 계속했고 1945년 체포된다. 45일간 감금되어 있는 동안 그녀는 구타, 강간, 화상을 입히는 고문, 전기고문을 당한다. 빵 속의 성냥갑을 전해 받은 건 그러한 때였다. 예정되어 있던 사형 집행일에 저항군의 도움으로 극적으로 탈출한 사강은 이후 미국으로 이주해 각국의 정치범 문제를 제기하는 데 헌신하며, 특히 국제앰네스티 미국지부가 성장하는 데 크게 이바지한다. 1973년 사강은 미국지부의 첫 번째 소식지를 만든다. 소식지 이름은 다름 아닌 《성냥갑<sup>Matchbox</sup>》이었다. 감옥에서 성냥갑을 받은 때로부터 거의 30년 후, 그 오랜 시간 동안 그녀는 성냥갑 속의 쪽지를 잊은 적이 없을 것이며 그녀를 살게 한 쪽지는 이후에도 사강을 계속 삶 쪽으로 이끌었을 것이다. 쪽지가 있었기에 그녀는 몸에서 나오고 세계 안으로 연장될 수 있었다. 다시 사람들 속에서, 이제는 자신이 아닌 다른 이들의 고통을 표현하는 말을 만들어낼 수 있었다. 고통에서 대상화로, 수축에서 확장으로, 고립에서 연결로, 죽음에서 삶으로. 스캐리가 포착한 것은 인공물이 지니는 이 같은 능력, 낫게 하는 권능이라고 할 수도 있을 것이다. 그렇다면 성냥갑 안의 작은 쪽지가 전하던 말은 인간들이 만들어낸 바로 이 세계 안에 지금도 온통, 언제나 울려 퍼지고 있는 게 아닐까. 힘을 내, 혼자가 아니야, 네 고통을 알고 있어, 네가 덜 아프길 바라. 이 사실을 깨닫는다면 우리는 삶을 좀 덜 무서워하게 될 것이다. 아니 이건 지나치게 초라한 바람이라 거의 인간의 삶에 대한 모독이다. 다시 말하자. 우리는 "다시는 죽음도 없고 슬픔도 없고 우는 것도, 고통도 없"(요한계시록 21:4)는 세계라는 불가능성을 기쁜 마음으로 매순간 실현할 수 있을 것이다. 그러니 다만, 용기를!

# 찾아보기

## ㄱ

고통받는 몸

고통받는 몸

고통받는 몸

심슨, 루이스: 《무장한 이들과 함께 날다》 560 주
47
십계명 331, 336~338, 361
십자가 31, 348, 349, 354, 355, 358, 595 주95
십자가형 53, 352


# ㅇ

아그렐, 여란 586 주18
아그리파, 메네니우스 589 주45, 591 주69
아담 301, 304, 311, 342~344, 586, 622
아동: 아기 예수 353, 354, 372~383; 아동기의 히
　　틀러 577 주166; 아동의 인식을 사물의 일
　　부로 만들기 491, 504, 505; 아이 그리고
　　부모의 몸 306, 312, 333; 장자 학살과 히
　　브리인 아기 살려두기 332, 333, 390; 재니
　　스 포레스타 491~502
아렌트, 한나 93, 94, 570 주110, 582 주11
아론 325, 327, 329, 341, 346, 386
아르덴 116
아르토, 앙토넹 53, 90
아르헨티나 70, 76, 194, 217, 554 주16, 596 주95
아리스토텔레스 491
아브람/아브라함 209, 302, 303, 306~311, 316,
　　319, 320, 333~335, 355, 402, 410, 589 주
　　17
아비멜렉 315, 316
아스투리아스, 미겔 484
아이젠하워, 드와이트 223, 553 주13, 575 주151
안식일 336, 359, 366
알베르, 카뮈 551 주68
알제 162, 546 주7
알제리 67
암호 220
애국심 184, 185, 199~204, 216, 217, 573 주137
애니미즘: 경제학 저술에서 434, 472, 473; 군대
　　의 애니미즘 110, 116, 117, 473, 474, 477,
　　478, 555, 556 주18; 무기 자체에 고통이
　　담겨 있다고 여김 26, 27; 살인에 관한 법

에서 484~487; 예술에서 감정 부여의 오류
　　472, 504; 해사법에서 487
앤티텀 559 주41
야고보, 사도 351, 359
야곱 303, 306, 318, 319, 322, 383, 402, 410, 584
　　주5, 585 주12
야딘, 이가엘 571 주120
야스퍼스, 카를 243, 579 주177
약속 190, 311, 312, 314, 319
언어: 고문에서 해체됨 67~72, 87; 고통을 표현하
　　는 언어 8, 24~26, 31, 36, 54, 87, 99, 180,
　　262, 279, 460(또한 '작인', '마치 ~ 같은',
　　'불평', '자백' 항목을 보라); 국제앰네스
　　티의 언어 15, 80; 몸의 아픔과 상해가 언
　　어에서 사라짐 8~10, 90, 91, 104~119,
　　225, 327; 미래를 예언하는 언어 189, 190,
　　198, 199, 206, 207, 209, 210, 219, 238,
　　311, 312, 313, 314, 319, 356, 388, 572,
　　573 주133; 술어 354, 355, 365~380; 언
　　어에 드러난, 상상이 하는 내부 활동 287,
　　288, 290, 291, 388, 395, 477, 479(또한
　　'마치 ~ 같은' 항목을 보라); 언어와 권
　　력의 양립 가능성 98, 460; 언어의 물질
　　화 또는 언어 안에서의 물질화 305~312,
　　334, 383, 392, 395, 445, 495; 의학의 언어
　　12~15, 25~28; 인공물인 언어 286, 288,
　　289, 382~385, 392, 508, 509, 516; 전략
　　저술에서 사용하는 언어 104~135, 140-
　　143, 220~222, 223~225; 전시에 일상 대
　　화에서 사용되는 언어 106, 108, 199~204,
　　224, 225; 전-언어 8, 9, 11, 68, 79, 279;
　　전쟁에서 언어적 쟁점 103, 112, 114, 178,
　　203~219, 226, 227, 228, 229. 또한 '법',
　　'문학', '목소리' 항목을 보라
에릭슨, 에릭 577 주166
에이젠슈테인, 세르게이 83
에이탄, 라파엘 553 주13
에인절, 노먼 563 주80
에치오니 판사 547 주10
엘리엇, T. S. 14

고통받는 몸

고통받는 몸

고통받는 몸

# 고통받는 몸
- 세계를 창조하기와 파괴하기

초판 1쇄 펴낸날 2018년 9월 27일

| | |
|---|---|
| 지은이 | 일레인 스캐리 |
| 옮긴이 | 메이 |
| 펴낸이 | 박재영 |
| 편집 | 임세현 강혜란 |
| 디자인 | 최진규 |
| 제작 | 제이오 |

| | |
|---|---|
| 펴낸곳 | 도서출판 오월의봄 |
| 주소 | 경기도 파주시 회동길 363-15 201호 |
| 등록 | 제406-2010-000111호 |
| 전화 | 070-7704-2131 |
| 팩스 | 0505-300-0518 |

| | |
|---|---|
| 이메일 | maybook05@naver.com |
| 트위터 | @oohbom |
| 블로그 | blog.naver.com/maybook05 |
| 페이스북 | facebook.com/maybook05 |

ISBN 979-11-87373-52-0  93300

이 도서의 국립중앙도서관 출판시도서목록(CIP)은 e-CIP홈페이지(http://nl.go.kr/ecip)와
국가자료공동목록시스템(http://www.nl.go.kr/kolisnet)에서 이용하실 수 있습니다.
(CIP 제어번호 : CIP2018029722)

• 책값은 뒤표지에 있습니다. 잘못된 책은 바꾸어 드립니다.